本成果得到聊城大学冲一流学科（区域国别学）经费、泰山学者工程专项经费、山东省高校青创人才引育计划立项建设团队、山东省高等学校"青创团队计划"团队（太平洋岛国青年创新研究团队）经费支持。

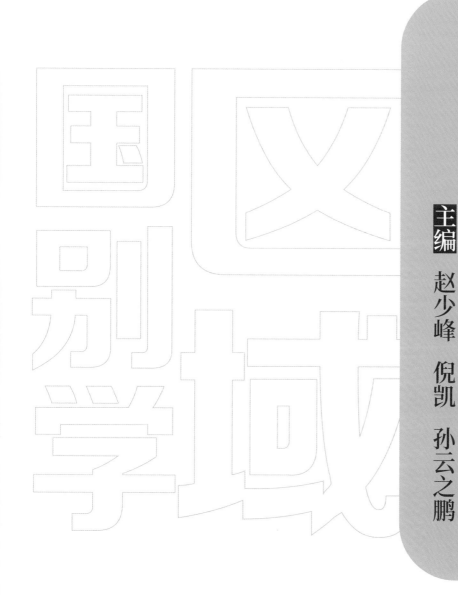

区域国别学文摘

AREA STUDIES DIGEST

主编

赵少峰　倪凯　孙云之鹏

2023年卷
创刊号

中国社会科学出版社

图书在版编目（CIP）数据

区域国别学文摘.2023 年卷：创刊号／赵少峰，倪凯，孙云之鹏主编.
—北京：中国社会科学出版社，2023.12
ISBN 978 – 7 – 5227 – 2796 – 7

Ⅰ.①区…　Ⅱ.①赵…②倪…③孙…　Ⅲ.①国际关系—文集
Ⅳ.①D81 – 53

中国国家版本馆 CIP 数据核字（2023）第 235609 号

出 版 人	赵剑英	
责任编辑	耿晓明	
责任校对	李　军	
责任印制	李寡寡	

出　　版	中国社会科学出版社	
社　　址	北京鼓楼西大街甲 158 号	
邮　　编	100720	
网　　址	http://www.csspw.cn	
发 行 部	010 – 84083685	
门 市 部	010 – 84029450	
经　　销	新华书店及其他书店	

印刷装订	北京君升印刷有限公司
版　　次	2023 年 12 月第 1 版
印　　次	2023 年 12 月第 1 次印刷

开　　本	880 × 1230　1/16
印　　张	17
字　　数	544 千字
定　　价	98.00 元

凡购买中国社会科学出版社图书，如有质量问题请与本社营销中心联系调换
电话：010 – 84083683

《区域国别学文摘》荐稿专家

(按姓氏音序排列)

创 刊 词

区域国别学已成交叉学科门类之一级学科，中国区域国别之研究拟如旭日方升。当此之时，中国区域国别之研究、学科之建设、人才之培养欣欣向荣，其文之发，亦如文山书海，不知凡几。学科之变，亟需一文赋敛，而观乎中国区域国别之研究，以求通于一而万事毕之志。《区域国别学文摘》由教育部高校国别和区域研究秘书处主办、聊城大学区域国别研究院承办，创设之义，于是乎在。

刘安《淮南子·主术训》云：乘众人之智，则无不任也；用众人之力，则无不胜也。区域国别之学，乃为新生之业，其学科建设任重而道远，唯有学界同仁合谋群力，方能众煦飘山。今中国兼资万乘，致人类命运之同体，固护公平之道，倡体真多边主义，炳废霸权主义、强权政治，以单边主义、保护主义、霸凌行径为谬胜，亟参全球治理体系之改革与建设。今日之中国，响臻世界，缘国兴位，实知中国。然一门之学，无以窥一域、一国之圆深，区域国别之学，非徒一道而为一门之科所生也，背天下之别学，不徒及人文之科，亦尽于自然之科者也。

比年以来，中国学界关于区域国别研究之热潮愈盛，外国语言文学、世界史、法学、政治学、人类学、社会学、民族学、经济学之专家相率投之此域，区域国别之学，已成显学。然往诸学者多窥蠡测，但使区域与国别为研究之一域、单元，此一隅之地，未有学科之义自知也。热潮激浪之中，吾等亦知区域国别学尚为一新生学科，内求不辨。今学界之士，赋之各其类也，如其所向，如其何归，如在直下，亦在未来，知之非艰，行之惟艰。一门之学，惟乎在人。区域国别学为新科，须有高度学科认同之学者，更须赓续发展之后继者。《文摘》之创设，以推学显才，严其刊选，意为学科发展之至意。

中国"区域国别学"研究热潮乃时代发展之现实反映。全球化进程之深，中国与世界之联系日切，须以备闻。方今天下多途，人类文明大革之时，民豫其来期，又惑之。经济全球化、社会信息化之深入，地球日一而一体；世界多极化、文化多样化之持续推进，世界政治、经济、文化之单元殊而共荣。习近平总书记提出构建人类命运共同体之时代命题，不惟人类命运之普世关怀，亦为中华民族"开放包容、和而不同"之价值追求。

欲答"世界怎么了""人类向何处去"等时代之题，解百年未有之大变局所遇各种全球性和地区性问题，需周知各国各地区之治、文、俗、史、治乱、环境，是须多学科且精于区域者，察于区域，辨于万国，为国弘道，制策智力。故而区域国别之学，乃兼资学治之学问，兼驰中国之学问，大国发聩之学问！

盖以《区域国别学文摘》为勇试，憬区域国别学定破竹之势。昔者，朱子有言：为学须觉今是而昨非，日改月化，便是长进。区域国别之学，当讲求日新，惟进取方成日新，吾敬服诸学界同志博学笃志，切问近思之学问态度，终日乾乾，与时偕行，经年日久，区域国别学必见日中天之大势，于学科之上，必开华实。

《区域国别学文摘》编辑部
2023 年 5 月

目 录
Contents

以学科建设为纲推进我国区域国别研究

钱乘旦

随着对外开放日益扩大，中国影响力日益增强，我国与外界的联系越来越密切，对外界的了解与认识也就越来越迫切。在这个背景下，"区域国别研究"作为一个新兴学术领域在国内迅速成长，呈风起云涌之势。可是，什么是"区域国别研究"，它的特征是什么，如何开展"区域国别研究"，它面临哪些困难？这些问题尚未得到充分解答，本文即就此回答一二，以期引起讨论。

一　什么是"区域国别研究"

西方的区域国别研究可追溯到 18、19 世纪，当时，西方的殖民扩张已遍及世界，出于统治殖民地的需要，以及对异域文化的好奇，西方学者开始了解和研究殖民地的文化、社会等，从而产生出"东方学""埃及学"这一类新的学术领域，这就是最早的"区域国别研究"。不过那时的研究以文化、语言、典籍等为主，与后来的"区域国别研究"不完全一样。第二次世界大战结束后，世界格局变化很快，出现了一大批新独立国家，为了解这些国家，维护西方的利益和影响力，以美国为首的西方国家开始对非西方国家进行全面研究，从而催生了现代意义上的"区域国别研究"（Area Studies，直译为"地区研究"）。美国是这个潮流的主要推动者，这与它在第二次世界大战之后的霸主地位分不开，它需要了解世界，以便控制世界。"区域国别研究"从一开始就带有很强的实用色彩，是为大国的需要服务的。继美国之后，欧洲一些国家也对区域国别展开系统研究；稍晚，日本、韩国等也进入这个领域，区域国别研究逐渐发展成一个国际性的研究领域。

区域国别研究的任务和目标是对世界各地区、各国家做全面研究了解，为政府制定政策、民间交流提供学术支撑。它的第一个特征是地域性，即有明确的地理范围，以具体的地区、具体的国家为研究对象，积累对这些地区、国家的认知。第二个特征是全面性，区域国别研究试图对具体地区和国家做全方位研究，通过研究整理出完整的知识谱系，构建整体认识论。由此产生第三个特征，即区域国别研究的跨学科性和多学科性，其研究范围涉及一国、一个地区的社会、经济、政治、历史、文化、自然、资源、民俗、军事、外交、语言、宗教等各个方面，只有通过许多学科的共同努力、合作研究才能进行。第四个特征是它的在地性和经验性，研究者必须在对象国或对象地区生活和工作一定的时间，没有当地的生活体验和实地考察是无法做研究的；研究者需要从对象国或对象地区获取第一手知识，为此就需要掌握对象国或对象地区的语言，仅仅依靠国际通用语言（英语）是无法对非英语国家做第一手研究的，即便研究像印度这样以英语为官方语言的国家，也需要掌握当地老百姓的语言，否则就做不深、做不透。

有人将区域国别研究理解为国际关系或国际政治研究，这是误解，也是不理解。区域国别研究的范围更大，国际关系和国际政治研究是其中的一部分。任何一个国家或任何一个地区都是多面相的，非常复杂，所以任何学科都无法单独将区域国别研究纳入它的范畴。只有许多学科合作互动、共同努力，才能把一个国家或一个地区的情况摸深、摸透。因此，区域国别研究最本质的特征是它的交叉性，它应该是一个交叉学科。

二　为什么要进行区域国别研究

区域国别研究是大国的需要，只有大国才有进行区域国别研究的强烈要求。19 世纪英法是世界最强国，由它们开启了对世界多地的整体研究。第二次世界大战以后，美国取得世界霸权，成为区域国别研究的领头羊。德、日、韩等国也先后开展区域国别研究，这与它们的国力提升有直接关系。我国经过 40 多年的快速发展，已跃升为世界第二大经济体，综合国力和国际地位不断提升，世界影响力持续扩大；与此同时，国际格局变化很快，我国发展的内部条件和外部环境都在发生快速演变。在此背景下，促进"一带一路"倡议，推动中外交流，加强国际传播，参与全球治理，共建人类命运共同体，已成为我国应对世界变局、保障持续稳定发展的基本方针。新形势和新目标要求我们准确把握国际形势，正确认识外部世界，精准制定国际战略，有力推进对外工作。这些都要求我国对世界各国、各地区做深刻、全面的研究，开展区域国别研究是时代需要。

党和国家对这项工作十分重视，习近平总书记多次作出重要指示，强调研究外部世界的重要性；中宣部、教育部等多个主管部门近期联合发文，提出要采取多项措施，以学术研究、人才培养、智库工作为导向，建设"三位一体"的中国特色的区域国别研究。发展区域国别研究已成为国家的战略任务。

我国的区域国别研究起步于20世纪60年代。当时，出于开展外交工作的需要，周恩来总理主持召开了关于加强国际研究的会议，会后，中央外事工作小组起草了《关于加强研究外国工作的报告》。在毛泽东主席的支持下，一批国别与区域研究机构在高校建立，包括北京大学的非洲研究所、南京大学的欧美国际关系研究室等。但当时的主要任务是翻译资料，研究工作尚待时日。"文化大革命"结束后，区域国别研究重新起步，中国社会科学院建立了几个下属的区域国别研究机构，如欧洲所、美国所、亚太所等，并创设一批专业学术刊物，在国内有很大影响。许多高校也设立相关研究机构，一时呈雨后春笋之势。

进入21世纪，随着我国的对外交流活动不断增加，对区域国别研究的需求也日益凸显，国家对区域国别研究的思路日益清晰、重视程度逐步提高。2011年教育部启动区域国别研究专项，在全国范围内建立区域国别研究机构；经过10年建设，全国已有教育部设立的培育基地和备案中心400多个，分布在180多所高校，基本上做到了对世界各国、各地区研究的全覆盖。国家其他部委、高校也分别建立了一批自设的研究机构，区域国别研究已不再是学者们的个人兴趣，而是向建制化、专门化发展。

为什么会出现这种情况？这是和强烈的现实需求分不开的。比如，改革开放后许多企业走向国外，开拓了广泛的国际业务，但目前碰到的困难，主要不是技术方面的，而是对驻在国的社会、政治、文化状况不了解，经常出现的情况是碰到了问题、但不知道问题的根子在哪里。套用国内的解决方式一定会碰壁，而寻找国外的解决方案，又必须对那个国家有深刻的了解。因此企业界特别希望学术界能为它们提供支持，而能够完成这项任务的恰恰是区域国别研究。不仅企业有强烈需求，文化、外交、民间交往、科学研究等，也都需要对国外背景有深刻了解。中国已经和全世界联系在一起，因此需要对全世界有准确的认识。

也许有人问：我国目前多个学科都在研究外国问题，为什么还需要区域国别研究？其特殊之处在哪里？回答是这样的：第一，我国确有多个

学科涉及外国问题研究，但各自从本学科角度出发，关注的是本学科问题，而不是某个国家或某个地区的问题；这些研究分散在多个学科，彼此间很难贯通，无法整合成完整的知识，难以形成对一个国家或地区的全息式理解。区域国别研究的最大特点是：它依靠多个学科参与，共同聚焦于一个地区或国家，相互配合、彼此融合，激发出任何一个单独学科都无法形成的知识谱系——这就是交叉学科的价值所在。第二，尽管有若干学科涉及外国问题研究，但总体而言参与外国研究的学科并不多；对一个国家或地区的了解，不仅涉及其历史、政治和对外关系，更涉及它的社会、文化、资源、环境、人的心理状态、风俗习惯等，而这些，也许是理解一地区、一国的更重要的因素。所以我们需要一个能够统合多学科研究的学术平台，这个平台正是区域国别研究。第三，更为重要的是，出于多种原因，我国多数学科的多数学者更多关注国内问题，而较少关注外国问题。例如，经济学家们关注中国经济或宏观经济理论，很少有人专门研究某国或某地区经济，包括美国经济。结果就是我们对外国经济的具体情况了解甚少，一旦打贸易战，就感觉炮弹不够；或者有中国企业走出国门，却对去向国的经济运作方式知之甚少。

如此就明白区域国别研究的意义了，比如：我们应该研究美国（或沙特、俄罗斯）的经济问题，于是需要一批专家，他们不仅是经济学家，也是对某国、某地区有多维度了解的地区研究专家。我们需要这样一批人：他们既掌握某一学科的专门知识，又具备跨学科的地区知识；他们既是经济学家或政治学家、社会学家，同时又对某国、某地区的文化、历史、现状有广泛了解。这种人由现有的各学科按单学科的培养模式是培养不出来的，需要有专门的培养。从事区域国别研究的学者应该具备三种能力：专业能力、地区能力和当地语言能力，这种人才只能通过特殊培养才能出现。人才的短缺是最大的短缺，我们需要培养这些人。

三 如何发展区域国别研究

此处只讲一个问题，即学科建设问题。如上所述：人才培养是关键，因此学科建设是重中之重。

我国高等教育的特殊之处在学科制。国外有学科，但没有学科制。学科制意味着一切人才培养都需要以固定的、官方正式承认的学科为依托，没有学科依托，从招生到毕业都无法进行。学科制有其优点，改革开放以来，在学科制的保障下，

我们培养了大量人才。如今在各部门工作、正发挥骨干作用的人，多数是在我国学科制下培养出来的，他们在学科制度下学习，并获得硕士、博士学位。但学科制也有缺点，表现为学科边界分明、壁垒森严，各学科都有自己的研究领地，彼此"不越界"。

学科分野是随"科学"的诞生逐步形成的。16世纪以后，科学在西方迅速发展，形成了物理学、化学、生物学、医学、地理学、天文学等特定的领域，各领域又随着研究的深入而更细地划分，形成分支学科，比如物理学就分成固体物理、流体物理、电学、光学、声学，等等。学科的形成及细化标志着研究的深入，但深入到一定程度却走向反面。人们发现：各学科其实是互相交叉的，现实中的自然不是割裂的，而是关联的；一种存在可以同时具备多个属性，无法用一个"学科"将其穷尽。比如细胞的活动，既是化学的，又是物理的，当然也是生物的，甚至还是工程学的。于是到20世纪，尤其是20世纪下半叶，学科交叉已经在自然科学家那里顺理成章了。

文科的动作比较慢。文科分为"学科"，是在自然科学影响下形成的，由此就有了文学、史学、哲学等"人文科学"，以及后来的经济学、政治学、社会学等"社会科学"。原本在传统上，"文史不分家"，东方、西方均如此；不过一旦分了家，界限就变得非常分明，尤其当"研究"不再是个人兴趣，而成为职业和谋生的手段后，就更加不可以相互越界了。

我国的现代教育体系是在19世纪末20世纪初建立的，从一开始就按"西学"的模式建立，当时恰逢西方的学科分化步入巅峰，于是"学科"意识就深深扎根在中国教育体系中。中华人民共和国成立后，一段时间里实行"全盘苏化"，在教育界的影响是进一步加强了学科意识，因为苏联的教育体系是学科式的，学科间的界限相当严格。但20世纪下半叶却是西方打破学科边界的时候，我国对此则基本不了解。在此背景下，20世纪70年代我国恢复高考、恢复研究生教育制度，为规范招生、便于学业和学籍管理，就制定了全国统一的学科目录，把国内所有的人才培养都纳入同一个学科体系里，体系外的培养是不存在的。

学科制的时代背景即如此。然而随着教育的发展和科学技术的快速进步，在理、工、医、农等部门固守某一学科（特别是其下属分支）已经很困难了，所以在这些部门，交叉就成了不得不为之的事，并且迅速发展。为解决严格的学科划分与强烈的交叉需求之间的矛盾，有些学校（比如北京大学）就设置了"交叉学科"，使得跨学科的人才培养和科学研究有可能进行。不过文科的交叉意识迄今仍不强，各学科自守边界的现象仍很普遍。

现在回到区域国别研究问题上。前面说过：区域国别研究已经是国家的需要、时代的要求，而人才的短缺是最大的短缺，没有人什么也做不了。因此，若要发展区域国别研究，就应从人才培养这个根上着手。但我国的人才培养又是在学科制框架内进行的，没有学科支撑，就无法培养人。区域国别研究所需要的人比较特别，他们既应有广博的地区知识，又需有精深的专业知识，国家现有学科目录上的任何学科都无法单独培养出这样的人，所以唯一的解决办法，就是把区域国别研究建设成一个跨学科的学科，成为它自己的学科。

2020年底教育部下发文件，在国家学科目录中新设一个门类，即"交叉学科"门类，以解决我国现有学科体系中学科界限严格、互不相通的问题。这是个聪明的办法，一方面保留了现有制度体系的延续性，不会造成脱节混乱；另一方面又在相当程度上弥补了它的缺陷，为"交叉"发放了通行证。对区域国别研究而言这是个契机：区域国别研究本来就是典型的交叉学科，不仅文文交叉，而且文理交叉，将其列入交叉学科门类，就让区域国别研究的落地发展得到了制度性保障。

【作者单位：北京大学区域国别研究院】
（摘自《大学与学科》2021年第4期）

超越以西方话语霸权和民族国家为中心的区域研究

陈　恒

　　"区域国别学"是地缘政治的学术版本，是兼顾学术与政治的战略学科。2021 年的《博士、硕士学位授予和人才培养学科专业目录》（征求意见稿）与 2011 年更加侧重学术自身发展的学科专业目录相比较，调整原则不同之处就在于：2021 年学科目录调整特别重视国家的需要，"区域国别学"的出现意味着时代需要中国学术界尽快构建我们自身的学术体系、学科体系、话语体系，以超越那些充满民族主义的学术构建，更加客观的态度描述世界。

　　区域国别研究本来是世界史一级学科中的二级学科，文学、法学、国际关系等学科的很多研究内容也涉及区域国别，这次调整升级为一级学科（属第 14 个学科门类"交叉学科"中六个一级学科中的一个），可谓是中国学术界的大事。区域国别学可授予法学、文学、历史学学位，并把社会科学类的法学放在第一位，从这个细节我们可以判断，设置本学科的首要目的是培养大量复合型高端应用人才，而不仅仅是进行学术研究。但诚如习近平总书记在"致第二十二届国际历史科学大会的贺信"中所说："历史研究是一切社会科学的基础，承担着'究天人之际，通古今之变'的使命。世界的今天是从世界的昨天发展而来的。今天世界遇到的很多事情可以在历史上找到影子，历史上发生的很多事情也可以作为今天的镜鉴。重视历史、研究历史、借鉴历史，可以给人类带来很多了解昨天、把握今天、开创明天的智慧。"可见，区域研究无论如何是要从基础开始的，这个基础就是历史学。区域国别研究的是国家竞争、生存、发展的命脉，既意味着大国的责任，也意味着学界的使命。这种学科设置反过来也倒逼世界史等学科转型发展，这些学科要有危机感，认真思考未来发展的方略与路径。

　　"一切固定的僵化的关系以及与之相适应的素被尊崇的观念和见解都被消除了，一切新形成的关系等不到固定下来就陈旧了。一切等级的和固定的东西都烟消云散了"。作为三大体系建设基础的知识生产也符合这一规律，因为学术也不是固定的、一成不变的，发展是不懈的，认知是无尽的，学术与时代互动才有价值，能回答时代所提出的问题才显现意义，才会出思想，才会发挥引领作用。当然也要给"为学术而学术"的理想留有空间，这样的世界才会更加多姿多彩。学术要回答时代所提出的问题，全球治理、大国博弈更需要国际视野、人类情怀，更要加强国际协调能力、应变能力，文化软实力的重要性日益彰显。早在 20 世纪 40 年代，毛泽东主席就提出，"中国应该大量吸收外国的进步文化，作为自己文化食粮的原料，这种工作过去还做得很不够。这不但是当前的社会主义文化和新民主主义文化，还有外国的古代文化，例如各资本主义国家启蒙时代的文化，凡属我们今天用得着的东西，都应该吸收"。这些都离不开人文社会科学的发展，尤其是世界史的发展。我们现在对外国历史和文化认识的盲点太多，有时又太盲目自信，加强区域国别研究，一方面一定会减少治理成本，提高治理效能；另一方面也会增强国人的世界公民意识，不断改善国人的形象。

一　区域是什么?

　　我们大约知道世界有多少个国家，但知道有多少个地区吗? 区域包括南极、北极吗? 包括海洋吗? 包括太空吗? 网络空间属于区域吗? 如果属于的话，我们真要重新审视已有的时空观念了，因为世界已经处于一个粘着的、不断变换的状态，可以分化出波普尔所谓的世界 1、世界 2、世界 3，又不断再生出新世界："世界 1，物质世界，我们把它划分为生物和非生物，它尤其包括诸如应力、运动力和力场之类的状态和事件。世界 2，一切有意识地经历的世界，我们可以认为，还有无意识地经历的世界。我说的'世界 3'是指人类心灵的客观产物的世界；即，世界 2 的人类部分的产物的世界。"如今又出现了对现实世界不断虚拟化、数字化过程的"元宇宙"，世界已经到了一个现实与虚拟彼此融合的临界点，每一个观念，每一项创新都意味着一个新世界的诞生。新的世界会产生新的区域吗?

如果是这样，我们如何应对？把我们研究对象的范畴加以界定，这本身就是有别于发端于西方区域研究的一个不同点。

所谓区域，就是指在政治、经济、文化、社会或历史传统等诸方面具有相同、相近或相似的某个国家或多个国家或多个国家毗邻的部分组成的广域空间。显然，区域与国家有时重叠，但大多数情况下又是跨越民族国家的，区域之间还有交叉。这使得传统的区域研究中有几个单位显得非常复杂，诸如亚洲、非洲、欧洲、拉丁美洲，其内涵、外延也是不断变化的。

亚洲研究，印度当然是亚洲的一部分，但却远离太平洋，自成一体，是否应该或能够被纳入亚太研究的范畴？我们经常说的亚洲研究似乎并不包括西亚，因为西亚属于中东研究的一部分，而中东研究又涉及北非。非洲研究，北非是与中东一起研究，还是与撒哈拉以南的非洲一起研究？如何处理中东研究中以色列研究和伊斯兰研究，以色列又如何融入中东和伊斯兰研究？欧洲研究，俄罗斯是亚洲国家还是欧洲国家？又如何看待土耳其？俄罗斯和东欧研究在很大程度上是对冷战的回应，今天如何审视？拉美研究，一直受门罗主义和罗斯福"睦邻政策"的影响，能突破吗？能进一步推进20世纪60年代所兴起的一套解释拉丁美洲社会发展和国际关系的依附理论吗？等等。

阿富汗局势再次说明研究区域国别的必要性、重要性、紧迫性。虽然我们相对比较重视大国研究，关注重要区域研究，但很多区域、很多国别还是空白的，有的根本没人从事研究。谁在研究小国？谁又愿意研究小国？但小国在历史上往往起着四两拨千斤的作用，没有"预留"，遇到小国所带来的棘手问题再去解决，所带来的投入是无法想象的，有时又是无效的。比如立陶宛问题，比如马其顿问题，比如洪都拉斯问题，等等。波罗的海、加勒比海、巴尔干地区有人在研究他们的语言、历史、文化吗？我们能培养相关学术人才吗？关于俄国史、苏联史的研究，我们现在还有多少人才储备？苏联失败的经验有人认真去反思吗？关于极地研究，我们做好准备了吗？我们从历史、文化层面去研究海洋了吗？从勘探、考古、动物、植物、地形等角度研究区域确实必要，但历史研究是综合性的整体研究，是长时段的分析研究，是促进人类共同发展的研究。历史是别的学科无法取代的，没有历史介入的研究，本质上是分散的判断。

只靠各个大学进行学术规划是不现实的，因为它们讲究的是短平快，是立竿见影，是快速的学术GDP增量，谁愿意进行长线投入？我们应该制定中国区域国别研究的战略规划，制订2035年乃至2050年的战略规划，在研究领域、研究布局、人才结构等方面制订长远规划，在人才战略储备、研究人员数量、研究质量等方面做出有效的组织规划。

在快速发展的当代世界中，我们不能视"区域"为一个固定的、静态的实体。它是一团重叠的、边界模糊的、有时是交错甚至冲突的经济和社会关系，受到宗教信仰、政治活动、工业活动、农业活动、商业活动、人口流动以及志愿者组织等等因素的影响或塑造。这些广泛领域中的每一种关系都倾向于在该地区产生通常是有一定倾向性的社会群体。可见区域研究是空间不断重组的研究，是流动文化的研究，是移民、物品、思想、信息等"从一个共同体到另一个共同体、从一个社会到另一个社会的扩散，有各种各样众所周知的方式借鉴近邻的文化、旅游、贸易、移民、殖民化、征服、书本知识的传播"，这就需要我们把经验研究与分析研究相结合，对区域内的社会问题进行系统的、全面的分析。

一方面，我们要关注区域的概念，因其内涵与外延不断变化，对研究者不断提出挑战，需要研究者发现区域的多样性和共同性，丰富我们对世界史的整体理解；另一方面，我们所拥有的地区知识必须能解释和代表该区域社会进程中真实的变化。20世纪80年代兴起的跨国史是区域研究转向的一种尝试，是去民族国家中心化的一种努力。因为这些研究试图消除当代世界仅由民族国家构成的理解。此类学术研究的主要特点是集中研究全球化和相互联系世界中的技术和人员流动的路径和流向。比较研究也是致力于打破区域国别孤立静止的传统研究范式，以宏观视野动态分析区域间的差异性以及自身发展的连续性。任何区域研究都要以世界史为基础，都要在全球范围进行审视才有其价值。

二 区域研究的内涵与兴起

"区域研究"是一个涵盖一系列学术领域和智力活动的学术术语，大致包含以下几个方面：密集的语言学习，熟练掌握研究对象地区语言，有时还不止一种语言；用当地语言进行深入的实地研究，像文化人类学一样，通过对原始材料的发现、收集、整理，以便深入直观地了解该地区的文化以及它们在当地生活方式塑造中所发挥的作用；密切关注当地的历史、文化、传统与当下的政治、经济、军事的波动，有畅通的信息渠道，并进行汇总；根据详细的观察进行解释、阐述、批判，并进而进行理论的构建；同时跨越社会科学、人文科学的界限，甚至借用自然科学进行多学科对话，携手共进地提出新问题，检验过往理论，挑战国家偏见。

区域研究倾向于关注那些被认为在某种程度上与众不同、不太被理解或具有战略重要性的国家和地区。它汇集了来自一系列不同学科背景的研究人员和这些学科的不同理论方法。它的目标是以生产新的知识来更好地了解这些国家和地区，如今，它越来越多地试图解决诸如战争与和平、国际恐怖主义、跨国犯罪、生态失衡、环境污染、南北关系、移民等这类跨越区域的全球问题。

希腊人所奠定的蛮族观念是东西方分野的源头，希波战争之后各种蛮族观念基本都是出自雅典之手。罗马人继承了这一传统，视日耳曼人为蛮族。古代世界的这些他者均为"化外之民"。历史学家经常将欧亚内陆视作一个黑洞，这里出来的游牧者骑马抢劫、掠夺"文明"世界的村庄和城市。可以说这是区域研究的"史前史"。

近代以来的埃及学、亚述学、伊朗学、印度学、斯拉夫研究等等，都可以纳入东方主义的范畴，这是区域研究中典型的殖民主义知识形式。这些"学"就为后来的人类学作为一门学科奠定了基础。爱德华·萨义德在《东方主义》《文化与帝国主义》等著述中严厉批判了帝国主义对东方所做的意识形态方面的假设。虽然这种东方主义已经被解构了，但作为记忆基因底蕴的那种文化偏见是一时难以消除的。

现代意义上的区域研究可以追溯到20世纪初，即第一次世界大战时期英国的区域研究。当时哈布斯堡帝国、奥斯曼帝国和俄罗斯帝国的瓦解导致了新民族国家的产生，它们有自己的语言、文化、经济、政治和传统。英国认识到更好地了解这种转变后的地缘政治格局是关系到国家利益的重要问题，从而在伦敦建立一些机构，如1915年建立斯拉夫研究学院（the School of Slavonic Studies，现在是 UCL 的斯拉夫和东欧研究学院），1916年建立东方和非洲研究学院（the School of Oriental and African Studies），1920年建立英国国际事务研究所（British Institute of International Affairs）。该所后来成为皇家国际事务研究所（the Royal Institute of International Affairs），现在正式称为查塔姆研究所（Chatham House）。该机构在发展对英国和其他国家的兴趣和知识方面具有巨大的影响力，美国《外交政策》杂志亦称它为美国境外排名第一的智库。

二战结束之际，美国高等教育中几乎没有关于亚洲、非洲和中东地区的课程。除了古典语言文学外，关于拉丁美洲和苏联的课程也很少。

"世界历史课程以欧洲为中心，即使课程中有亚洲、非洲和拉美的内容，也不过是附属品。"战后局势让美国人认识到培养熟知其他区域语言、历史和文化人才的重要性。1957年，苏联第一颗人造卫星升天更给美国带来了危机感。1958年《国防教育法》第六款主要是关于外国地区和语言研究的内容，历经多次修订，沿用至今。1965年出台的《高等教育法》第六款的举措就是加强美国的外语、地区、国际教育研究。第六款授权了十个主要国内项目：国家资源中心、外语和地区研究奖学金、本科生国际研究和外语项目、国际研究和学习项目、商业和国际教育项目、暑期强化语言学院、国际商业教育中心、语言资源中心、外国期刊计划（该计划于20世纪90年代取消）、美国海外研究中心。超过75%的资金用于国家资源中心、外国语言和地区研究奖学金、国际商业教育中心。

美国《国防教育法》《高等教育法》所取得的成效非常显著。国家资源中心目前有127个外语和国家间及地区研究项目，在该计划实施的五十多年里，国家资源中心培养了大约10万名具有语言和地区专长的博士和30万名硕士，目前拥有9个主要地区研究协会，其成员总数接近2万名学者。在1949年至1985年期间，富布赖特和美国国际开发署的教师交流项目将12881名拉丁美洲人带到了美国，并赞助了4589名北美人到拉丁美洲进行研究。福特基金会对国际事务和外国地区的高级培训和研究的资助在20世纪60年代每年约为2700万美元。

可见当代区域研究以美国为中心，是具有"意识形态性的和霸权性的。冷战与现代化理论是区域研究的重要背景和理论支撑。区域是特定的、专门的地理空间，同时又与整个世界相对应，特别是与美国的世界霸权相对应。"直到今天，我们谁能摆脱形成于19世纪的现代历史专业概念之"意识形态胎记"，即西方中心主义和民族主义？这是不是已经成为我们集体无意识的行为，区域国别研究也难逃这种学术藩篱？破除这种不合理话语体系的道路还很漫长，需要一代代人不断努力。

三 区域研究的期刊与队伍

期刊是传播学术研究成果的重要平台，是构建学科体系、学术体系、话语体系的重要平台，优秀刊物引导着学术发展的方向，在繁荣学术研究中发挥着不可替代的作用。

JSTOR 是1995年在纽约创办的一家收集英语世界学术期刊为主的在线期刊数据库，为学术界广泛使用。笔者按照主题检索到一组数据：历史类杂志共计393种，其中包括历史359种、科学技术史34种。区域研究共计554种，其中包括亚洲研究140种、美国研究88种、中东研究69种、非洲研究66种、犹太研究58种、拉美研究57种、斯拉夫研究20种、欧洲研究19种、英国研究9种，其他28种。上述学术期刊共计947种。

我们以历史类359种为例，分析其中的非洲研究杂志情况。其中有关非洲史的杂志有14种。（见下表）

杂志	所属机构	创办时间
《黑人历史杂志》	芝加哥大学出版社	1916年
《黑人历史公告》	美国黑人生活和历史研究协会	1937年
《非洲历史杂志》	剑桥大学出版社	1960年
《现代非洲研究杂志》	剑桥大学出版社	1963年
《非洲历史研究》	波士顿大学非洲研究中心	1968年
《跨非洲历史杂志》	吉迪恩·乌尔出版社	1971年
《国际非洲历史研究杂志》	波士顿大学非洲研究中心	1972年
《南部非洲研究杂志》	泰勒和弗朗西斯有限公司	1974年
《非洲历史》	剑桥大学出版社	1974年
《非洲经济史评论》	威斯康星大学出版社	1974年
《非洲经济史》	威斯康星大学出版社	1976年
《非裔美国历史杂志》	芝加哥大学出版社	2002年
《黑人历史公报》	美国黑人生活和历史研究协会	2002年
《西非历史杂志》	密歇根州立大学出版社	2015年

据上可知，早期创办的杂志名称中使用Negro一词，表明那时的种族主义还是一种被视为合理的现象与表述。所列14种杂志中，英国创办的只有3种，其余11种都属于美国，这说明当今世界有关非洲研究的话语权主要掌握在美国手里；14种杂志中的9种创办于1960—1976年间，说明这段时期是区域研究的繁荣昌盛时代；进入21世纪后，美国又连续创办了3种非洲研究杂志，这说明区域研究再度兴起，也许是中国快速发展影响了非洲，从而间接刺激了美国的非洲研究吧。

我们再考察中国的学术期刊现状。在原国家新闻出版广电总局已认定的6449种学术期刊中，哲学社会科学学术期刊共有2400余种（包括人文经济地理、自然资源与环境等学科期刊），约占已认定学术期刊总数的37%。其中普通高等学校主办的学术期刊（不含文摘类、其他语种、少数民族语言以及复印资料类期刊）共有1133种（未经认定的学术期刊未列入）。南京大学中国社会科学研究评价中心组织评定的CSSCI来源学术期刊567种。其中历史类30种；集刊（所谓以书

代刊）190多种，其中历史20多种。历史学类学术期刊在中国学术期刊中所占比例并不高。

再看美国学术界历史老师的人数与结构。2015年，在两年和四年制大专及本科以上院校任教的人文教员有157540人，其中英语系人数最多，达73870人，其次是外国语言系，有27120人，再次是历史系，有23650人，这是人数最多的三个专业。另据入江昭教授统计，美国历史协会在1988年约有13000名会员，其中大部分来自美国，但也有数百名来自其他国家的会员加入（2012年，会员人数约为14000人）。不同的数据有不同的统计结果，但可以估计出当今美国历史学家的人数大致在2万人左右。这支队伍的研究方向结构，按照亨特的说法：在美国历史学家中，研究美国史的占41%，欧洲史的占32%，非西方的占27%，即美国历史学家是由研究美国史、欧洲史、非西方历史三部分人员构成，其结构大致是研究美国史以外的历史学家占三分之二。这是美国史学界的状况，特别重视外国研究，这是对世界大国在学术层面的重要支持。

目前上海历史学界专业人员，在岗在编的约560人，其中从事中国史的科研人员约300人，从事世界史的科研人员约200人，从事考古学的科研人员66人。如果加上退休的历史教员，充其量不过1000人。据《中国教育统计年鉴（2019）》统计，全国高校目前有历史教员17716人，这个人数接近美国历史教员的人数，但如果考虑人均的话，中国的人口基数大约是美国的4倍，可见我们高等教育的历史教员人数距离学术大国的基本要求还有一定距离。

没有一定的数量就不会有质量，所有的人才队伍都会呈现出金字塔形状，顶层的人才总是为数不多的，基数越大，顶层人才可能就会越壮观，出现杰出学者的可能性就越大。我们今天的区域国别研究不同于先前的区域国别研究，形势更为严峻复杂。比如，区域研究是应对全球化的必要手段，在全球化时代分散发展状态下，我们更应注重国家之间关系的建构和互动，因为存在各种冲突，这些冲突主要表现为：东西方之间的冲突，这是文明之间的冲突，最明显的是所谓的亚洲价值观与西方价值观的冲突。南北之间的冲突，指的是区域国家之间发展不平衡的冲突。内外之间的冲突，指的是本土主义与东方文明或西方文明价值观之间的冲突。顶部和底部（行动者的等级）之间的冲突，指的是自上而下、自下而上的对立。诸如此类的冲突都影响着区域国别研究，需要大量的研究人员才能承担起这一任务。

全球化也好，逆全球化、去全球化、反全球

化也好，当今人类所面临的诸如环境问题、碳排放问题、毒品问题、移民问题、公平问题等等，都离不开区域之间的联系与协调。因此，这些研究与文明研究、文化研究、后殖民主义批评与全球和跨国网络纠缠在一起，与作为经济、社会、政治和文化活动场所的国家和地区纠缠在一起。这些都需要大量的具有综合素质的学者进行研究。

但区域研究还存在不少问题，例如，缺乏理论支撑，知识的流动性很大；追求眼前利益、效益，很少关注宏观规划；没有常设的、固定的研究队伍，学科人员分散，缺乏长期合作机制；与国家安全问题关系又过于紧密，目前国内的区域国别研究路子过于资政了。缺少扎实的基础研究，这样的研究之路走不远；如果不培养基础人才，就不会有长远影响；如果不联合其他学科进行综合研究，那就是在大多情况下是自说自话，新意不足。但"区域研究中心的存续和壮大也正说明，把大学组织视为学科系的单一组合的概念已经不合时宜，跨学科、非学科学术需要得到认知、承认并予以制度表达"。时代呼唤这一学科的出现。

四　超越欧洲中心主义与民族主义

当代以美国为代表的区域研究存在严重偏见。一方面，因为优发因素，欧洲和世界其他地区之间确实存在一种"历史学"的不平衡。欧洲在发明了历史学家的职业后，便用历史学家为自己效力。欧洲自己的来龙去脉既已弄清，就随时准备提供证据和提要求。非欧洲的历史学才刚起步。现代史学诞生于19世纪，是作为欧洲民族主义的工具而构思和发展的。作为民族主义意识形态的工具，欧洲各国的历史取得了巨大的成功，但它把我们对过去的理解变成了一个有毒的垃圾场，充满了民族主义的毒药，而且这种毒药已经深深渗入了大众的意识。

欧洲中心主义是一套独特的信条，具有独特的能量，因为这些信条是为欧洲精英最为强大的社会利益而知识化、学术化了的推理。欧洲中心主义从字面上说是殖民者的世界模式：它不仅是一套信条，随着时间的推移，它已经演变成为一个非常精雕细琢的模式、一个构建的整体；实际上是自成体系的理论；一套高超的理论，是许多历史、地理、心理、社会逻辑和哲学等次级理论的总架构。这一超级理论就是文化传播主义。

最好的例证当属大英博物馆了。当世界上第一座国家博物馆于1759年1月15日开放时，乔治二世和议会几乎没有想到，英国自我表达的一个新篇章正在开启。从1759年大英博物馆吸引了约5000名参观者，到2009年吸引了约500万参观者，大英博物馆一直是英国公民和政治身份的一面镜子，也是英国与周围世界关系的有力表达。因此，大英博物馆与大英帝国的兴衰同步发展，成为殖民主义和后殖民主义意识形态的公开展览，成为英国文化霸权的广告，通过其广泛的自然世界和英国所遇到的各种文明的藏品，最清楚地表达了这一点，这一点并不奇怪。纵观其历史，大英博物馆也因其古典古物而闻名，并通过其与古希腊和罗马的艺术、文学和文化的关系来定义自己。18世纪和19世纪初对古希腊的"重新发现"，以及当代对庞贝和赫库兰尼姆等重要古典遗址的发掘，意味着流行的古典意识与大英博物馆一起诞生和发展。因此，古典学和帝国都在大英博物馆找到了一个雄辩的喉舌，而这个关键的英国机构对于理解古典文化对帝国身份表达的影响，以及帝国对古典主义思想形成的意义，都是一个出色的案例。

麦克尼尔自己也承认，他极具影响力的《西方的兴起》（1963）根植于"一种（20世纪60年代）知识分子的帝国主义"，试图"在20世纪30年代美国人类学家中形成的文化传播概念的基础上理解全球历史"。

另一方面，以往的区域研究中对特定地区的划分总是表达了关于世界如何被缩放和划分的带有政治色彩的假设。但我们不能让我们的记忆被抹去，被预缩，或被引导。由于根基薄弱，我们很容易被连根拔起，被移植，被嫁接，被修剪，被改造成全球市场需要的任何方式。由于没有或很少有记忆，我们作为个体，除了对我们令人沮丧的现在的描述以外，对我们日益市场化的国家机构，对国际发展机构，没有任何参考点。国际借贷组织、跨国公司，只适合被全球化或任何化，并在人类发展指数上被安排到我们适当的位置。

如，大洋洲在帝国主义到来之前没有历史，只有所谓的"史前史"：历史之前。在大多数的历史著作中，大洋洲超过90%的存在时间被压缩在一两个关于史前史的章节中，或许还包括本土的社会组织。这些只是组成"真正历史"的简短前奏，而历史开始于欧洲人的到来。事实上，我们的历史基本上是在帝国历史的脚注中被叙述的。

可见要研究的地区这一定义，既不是稳定的、中立的，也不是给定的、既定的，而是需要对不断变化的空间和规模的生产做出反应。对特定地区的划分总是表达了关于世界如何被缩放和划分的带有政治色彩的假设。

知识的产生和应用是为了理解、呈现社会变革、交替的过程。时代变了，我们需要新的区域国别知识。全球化引起了人们对区域内地理和社会文化异质性的关注，在这个时代，理解世界仍然需要理解地方的特殊性，即在全球变化的背景下，理解广义的文化和地方的动态互动。学者们越来越多地受到米歇尔·福柯、爱德华·萨义德等人作品的影响，开始对知识和权力之间的联系提出新的问题。

国际局势的动荡不安与偶发事件的不断增加，使得区域研究愈发重要。如 2001 年的恐怖袭击之后，美国联邦资金的增加促进了地区研究项目的发展，特别是对"不太常教的语言"，如对中东语言的支持。同时区域研究作为一种消除不同文化间认知偏见的方式，无疑对国家内部民族问题的解决也起到了一定的积极作用。在美国以及一些东南亚国家，政府及民间学者们尝试通过对域外地区的研究缓解国内民族宗教矛盾。

全球化或无边界世界的说法暗示着地理空间的重组；地理规模的重构，形成了新的空间分化模式；强大的社会流动，直接挑战地方、区域、国家和跨国边界的固有配置。超国家单位——欧盟、东南亚国家联盟、北美自由贸易协定等——篡夺了民族国家的一些经济优先权，而世界银行、国际货币基金组织和世界贸易组织等全球准国家机构则享有更大的权力。另一方面，相对于民族国家而言，大都市地区在全球经济中的权力也在增加。

中国的崛起，无形之中对现行世界体系造成了影响。因为一旦由中国主导的经济市场、实体基础设施真正融入"一带一路"的共同繁荣区域中，那么战后由美国主导建立的世界秩序将无法维系。我们的目标就是要破除以往区域研究的偏见。新的世界政治、经济环境需要新的区域研究，新的区域研究要破除以往区域研究中的西方中心论，也要破除特定的知识生产与权力的关系，同时要确立人类命运共同体的终极价值。

五 未来的可能与路径

对世界各区域进行综合、详细、准确的研究而获得新知是我们解决紧迫国际问题的有效路径。知识并不能保证我们会解决这些问题，但缺乏知识可能无法解决任何问题。任何区域都可能突然成为国际关注的焦点，这时就会出现缺乏专业知识的情况，比如当下的立陶宛问题、哈萨克斯坦问题。因此，我们需要注意的是：

要做好对象区域研究的基础性工作，尤其是语言的基础训练。文字的深刻理解，档案文献的收集、整理与解释等都需要长时间的耐心的基础工作。当下区域研究文献是英语一统天下的时代，

这类文献毫无疑问带有偏见，即使看起来很公正的材料也难免隐含着很隐蔽的偏见，如何积累各个对象区域语言书写的原始资料、官方出版物、简讯、各种数据等等，对我们来说是一个巨大的挑战，需要培养大量的人才，而这是一个漫长的过程。

要做好区域研究的人才培养工作，我们的历史学家不是太多了，而是太少了，尤其是世界历史学家就更少了。因此需要增加历史学家的数量，以改变中国人文社会科学学术人才的总体结构；加强世界历史学家的培养，以改变史学群体的自身结构。哪天中国的外国研究真的做好了，研究外国的学者超过研究本土的学者了，中国才是更加伟大的国家！

要做好区域研究的体制机制工作。如何尽快实施外国语大学的转型，在加强语言训练的同时实施向注重综合文化训练的转型？院系管理体制如何突破？如何建立跨院系跨学科的组织方式？如何积极发展区域学术刊物，放松学术刊物管理，发挥学者们的能动性，鼓励学者们创办各类区域研究刊物，促进刊物国际化，"汲取世界智慧"？

要加快区域数据资源建设，倡导开放存取，避免加剧全球北方和全球南方之间的数字学术鸿沟，想方设法获得研究工具方面的主动权。一场关于历史学家们应该如何回应媒介领域变化的新争论，正在浮现。在一个数字化世界里，历史叙事会出现什么情况？我们如何在这场刚刚开始的数字学术竞争中获得优势是每一位学者都要认真思考的问题。

区域国别研究是能够兼顾学术与国家需要的战略学科，不仅是区域国家之间相互理解从而构建睦邻友好关系的需要，更是积极参与全球治理的一个有效途径，也是文化赛场的竞争，是展现思想大国的舞台，代表着国家在思想文化层面上重建世界秩序的努力与方向。区域研究亦可将研究国的学术声誉投射到全球，呈现出实实在在的软实力与文化理想。如何培养出诸如鲁斯·本尼迪克特（Ruth Benedict，1887—1948）、克里福德·格尔茨（Clifford Geertz，1926—2006）、本尼迪克特·安德森（Benedict Anderson，1936—2015）、詹姆斯·斯科特（James C. Scott, 1936—　）、安东尼·瑞德（Anthony Reid, 1939—　）之类的大学者，是我们的愿望与追求。虽然这些学者都不是传统意义上的历史学家，但你又不能说他们不是历史学家。我们期待未来！

【作者单位：上海师范大学世界史系】
（摘自《学海》2022 年第 2 期）

"一带一路"视域下国别和区域研究的大国学科体系建构

罗　林　邵玉琢

一　国别和区域研究的范畴

（一）产生背景

国别和区域研究的发起是由中央领导部署，满足国家对外开放和中外交往中具体的现实需求，在全面熟悉对象国家和地区的社会环境、历史背景的基础上，就具体问题要求原原本本反映当地情况，提出切实可行的对策建议。2012年，教育部在部分高校和研究机构启动了国别和区域研究以及国际教育研究基地遴选与培育建设工作；2013年习近平总书记提出"一带一路"倡议后，对沿线国家和地区的基础研究和对策研究成为倡议落实的迫切现实需求为国别和区域研究工作带来了重大的发展机遇；2014年开始，教育部加大了对国别和区域研究的支持力度，国别和区域研究也从单一的专项工作上升为国家工程，经过几年的发展基本上实现了中央领导提出的"全覆盖"要求。

（二）学科内涵和特点

国别和区域研究是针对特定国家或者区域的政治、经济、社会、军事、人文、法律等领域的社会科学研究，是侧重于公共事务和公共政策的专门研究，具有多学科、跨领域的基本特点。国别和区域研究以精通对象国家和地区语言为基础，以当地语言书写的一手文献为源头，以长期深入实地的调查研究为核心，系统地研究对象国家和地区的总体特征，进而预测其未来的发展动向。

国别和区域研究具有丰富的内涵和外延，涉及到社会科学和人文科学的众多领域，以求对同一国家或地区展开系统的研究；国别和区域研究也是人文科学和社会科学的基础性、骨感性学科，具有非常重要的奠基性作用，同时国别和区域研究学科是全球性大国特有的学科体系，这也标志着我国从地区性大国逐渐转向全球性大国；国别和区域研究与国际关系研究既密切关联又有内在区别，国别和区域研究从其研究的广度和深度都大于国际关系研究。

二　国别和区域研究相关命题阐述

国内有学者认为国别和区域研究是美国区域研究的"翻版"，美国的区域研究不算成功，同时国内现有国际问题研究机构能够为国家提供足够的智力支持，因此对国内发展国别和区域研究的动机和成效持怀疑态度

（一）国别和区域研究不是"翻版"

我国国别和区域研究不是将美国区域研究拿来"炒冷饭"，国别和区域研究与西方的区域研究既有联系又有区别，不能将国别和区域研究看作晒美国区域研究的"翻版"。

区域研究最早可以追溯到19世纪英法等国殖民扩张时期。为了巩固和加强对殖民地的统治，英法等欧洲强国设立专门的研究机构，成为区域研究的最早雏形。现代区域研究起源于美国，第二次世界大战使美国军事力量走出本土，控制和占领海外地区后则需要承担起当地的管理职能，这种现实需求，促使美国军方主动与美国高校合作，推动设立应对战争需求的海外培训项目，成为美国区域研究的发端。从区域研究的最早起源和快速发展的两个历史阶段来看，区域研究本质上是大国特有的研究门类。我国的国别和区域研究与西方国家的区域研究既有相似之处，也具备鲜明的中国特色，集中体现在学科创建模式是由国家有关部门进行直接领导、统一部署；学科交叉协作方面，国内哲学社会科学的共融性较西方国家要强；同时在学科创建路径上，美国采取的是"由上而下"的顶层规划路径，而我国采取了"由下至上，协同整合"的路径，为研究队伍和学科建设的可持续发展提供了保障。

（二）国别和区域研究的战略指向、研究内涵和价值导向

随着中国的发展，我们正处于无限接近世界舞台中心的位置，但是，中国对世界的了解还远远不够。党的十九大报告指出我们要加强同周边国家和发展中国家的团结合作。习近平总书记提出构建"人类命运共同体"以坚持合作共赢为核心，从根本上摒弃西方国家对霸权主义的追求和以自身利益为核心的狭隘的地缘政治战略。这种现实需求急需对全球各国和地区展开综合性研究。同时研究内涵也超越传统意义上国际关系和国际政治研究，是对国家和区域进行更深层的意解答现实问题为导向的全方面研究。

（三）美国"区域研究"的成功经验

美国的区域研究经过半个多世纪的发展，形成了学术研究服务政策制定、政策推行依托学术传播的"学术—政策"互动模式，为美国学者和官员在研究机构和政府部门之间顺畅流动建立人才"旋转门"机制奠定了基础。

（四）国别和区域研究与国际问题研究的互补关系

国别和区域研究与国际关系研究是互为补充相辅相成的关系。国内国际问题研究机构更多地关注大国和周边国家，而国别和区域研究的关注点在于处于研究空白的"关键小国"和"关键地区"，最终目标是实现对全球国家和地区的研究"全覆盖"。这两种研究的互补关系，加快了这种"全覆盖"模式的发展，我国逐渐具备了解决具体问题的对策研究能力，形成了与我国大国国际地位相适应的研究格局，为中国特色大国外交提供了强有力的智力支持。

三 "一带一路"倡议为国别和区域研究发展带来的机遇

"一带一路"倡议的推进落实给国别和区域研究提供了重要的发展机遇，沿线国家和地区的整体性研究还处于"绝对缺乏"状态，急需学术机构提供有力的知识服务。教育部充分调动研究力量对沿线国家和地区进行对策研究，使国别和区域研究成为直接服务"一带一路"倡议的基础性举措。同时国别和区域研究也为"一带一路"推进落实提供了决策支持，设立了"一带一路"沿线国家研究智库报告课题，系列报告覆盖全部66个"一带一路"沿线国家。国别和区域研究还推动了"一带一路"沿线国家

的教育对外开放与合作，为实现跨越式发展提供了强力支撑。随着国别和区域研究的发展也培养了一批了解沿线国家语言文化和当地经济发展现状的高素质复合型人才。

四、国别和区域研究服务"一带一路"

国别和区域研究作为服务"一带一路"倡议落实的基础性举措，加强自身学科建设的同时在构建中国国际话语体系、引领和支撑人文社会科学繁荣发展、挖掘高校研究队伍潜力、服务中央对外工作大局等方面具有重要作用。

（一）增强"一带一路"倡议的中国声音

"丝绸之路"是中华文明对世界文明的巨大贡献，"一带一路"倡议盘活了"丝绸之路"这一公共产品所蕴含的历史资源优势，在弘扬了经济互惠、文明互鉴与安全合作的"丝路"精神的实践中彰显出中国特色的全球治理模式。同时，"丝绸之路"对区域发展的价值意义也被国际社会所青睐，但同时也有很多曲解和杂音。针对这些情况，国别和区域研究作为中国特有的大国学科体系，应该积极构建中国的"一带一路"话语体系，从学术实践上不断阐发习近平总书记提出的"丝路精神"，为"丝绸之路"这一中国向世界贡献的古老公共产品注入中国的时代内涵，牢牢掌握"一带一路"的学术阐释权和国际话语权。

（二）打造"一带一路"倡议的知识高地

国别和区域研究作为中国特色的大国学科体系，应该使用世界各国的语言向全球围绕"一带一路"阐述中国立场、贡献中国智慧、传播中华文化，推动中国人文社会科学发展繁荣，为世界知识体系的"中国高地"奠定基础。

（三）组建"一带一路"倡议专业研究队伍

国别和区域研究的专业队伍主要集中在高校，研究主要力量为外语专业教学研究队伍。高校作为知识理论高地和科研人才高地，切实服务中央对外战略落实，解决"一带一路"的实际问题是高校履行服务中央、服务大局根本职能的应有之义。在各个领域研究的理论和实际问题的针对性研究，释放高校的智力优势和人才红利，为"一带一路"提供智力支持。

五 国别和区域研究服务"一带一路"的学科指向

回顾近年来高校加强国别和区域研究学科建设方面取得的成效，结合当前"一带一路"倡议推进落实的现实需求，高校在智库建设、

语言服务、人文交流、人才培养四个方面大有可为，助力推动国别和区域研究发展。

（一）智库建设

教育部 2014 年印发《中国特色新型高校智库建设推进计划》，计划中提出，"高校智库应当发挥战略研究、政策建言、人才培养、舆论引导、公共外交的重要功能"，明确"重点建设一批全球和区域问题研究基地"。在任务目的和力量的整合上都提出了相应的建设要求。此外，教育部还考虑与相关职能部门进行合作，打通研究和需求之间的通道，不断提升咨政服务的能力和水平，打造新型高端高校智库。

（二）语言服务

"一带一路"沿线国家和地区的语言是实现"政策沟通、设施联通、贸易畅通、资金融通、民心相通"的基础。"一带一路"建设可以用英语等作为通用语，但这种通用语只能达意、难以表情，只能通事、难以通心。欲表情、通心，需用本区域各国各族人民最乐意使用的语言。因此，加强语种建设，是对"一带一路"推进落实的有力支持。

（三）人文交流

"一带一路"提倡"五通"，实现与沿线国家长期深度合作，归根结底是要实现"民心相通"。人文交流在推动"民心相通"方面有着特殊的地位，通过推动与对象国家的人文交流，不断夯实两国"民心相通"的基础。

（四）人才培养

"一带一路"在推进落实的过程中需要大量"外语＋专业技能"的"国别通"式人才，目前国内高校专业设置中很难满足这样的人才需求。因此，需要不断加强人才培养，为"一带一路"推动落实充实"五类人才"。

六 推进国别和区域研究工作的切入点

在推动国别和区域研究工作不断深入发展的过程中，要始终围绕着"研究定位与布局，发展战略与目标，队伍建设与提升"三个重要问题，以实践为导向，在发展中解决遇到的问题，以全覆盖的研究机构、高水平的研究成果，切实提高服务"一带一路"倡议落实的能力。国别与区域研究工作开展五年来，建成了成系统成体系的研究机构群，实现了研究对象全球区域的全覆盖和"一带一路"沿线全覆盖，基本形成了与中国大国地位相匹配的学科体系，在支撑引领人文社会科学发展繁荣，增强国家"软实力"方面发挥更大的作用，为构建人类命运共同体、积极构建全球伙伴关系贡献"中国智慧"，将更加有力地服务"一带一路"倡议落实。

【作者单位：北京语言大学国别和区域研究院、外国语学部】

（摘自《新疆师范大学学报》（哲学社会科学版）2018 年第 6 期）

新时代中国区域国别学科建设的
理论意义与学术治理

杨洁勉

党的十八大以来，中国的区域国别学科在习近平新时代中国特色社会主义思想特别是习近平外交思想的指引下，在有关部门、院校和专家学者的共同努力下，已经在研究、教学和人才培养等方面取得了显著的进步，并继续向纵深方向发展。当前，"区域国别"作为继"国家安全"之后成为新的一级学科已呈呼之欲出之势。

一 中国的区域国别学科建设进程的内外背景

在革命和战争年代，中国共产党和毛泽东在推进国际共产主义和世界社会主义运动时，纵览时代风云和关心区域国别研究。在当时艰苦的革命和战争时期，这些研究不可能是学科建设，因而只能是使其直接服务于中国的新民主主义革命和反对帝国主义及反法西斯战争，重点在于苏联、欧美、日本以及亚太等的区域国别问题。在毛泽东的总体运筹和周恩来的具体关心下，中国共产党在延安时期就成立了区域国别研究的雏形机构——中央马列学院（后改为中央研究院）的西方革命史研究室和国际问题研究室等，同时还聚集了一批包括区域国别在内的国际问题专家。

中华人民共和国成立伊始，国内百废待兴，国外强敌压境。中国外交上需要冲破封锁和广交朋友，既要在朝鲜战争和印度支那战争中高举国际主义的旗帜，也要在国内经济建设中获得最大限度的国际支持。在党中央特别是周恩来总理的关心下，中国国际问题研究院和上海国际问题研究院的前身分别于1956年和1960年成立。根据中央的统一部署，北京大学、中国人民大学和复旦大学于1964年成立了国际政治系，还有一些大学也成立了区域国别研究机构，如西北大学中东研究所和四川大学南亚研究所的前身等。中央部门还专门成立了区域国别研究机构，如中联部的拉丁美洲研究所等。此外，一些学界前辈在研究单位和大学担任区域国别研究的学术骨干，如北京大学的黄绍湘、南京大学的王绳祖、中山大学

的蒋湘泽、云南大学的陈吕范、中国国际问题研究所的庄去病等。这些机构和学术骨干的研究和教学工作，为新中国区域国别研究做出了历史性的贡献。遗憾的是，20世纪六七十年代中断了这一进程，造成了机构、资料、人才的断层，有些负面影响至今仍未完全消除。

"文革"结束后，中国的区域国别研究开始恢复，并在改革开放中迎来了发展新高潮。改革开放以来，中国的区域国别研究大致经历了三个阶段：第一阶段（20世纪70年代末到80年代末），以中国社会科学院的区域国别所为先行，以高校的专业设置、机构设立和人才培养为主体，基本搭建了中国区域国别的研究、教学框架，并在国际交流中"请进来"和"走出去"；第二阶段（从20世纪80年代末到世纪之交），中国的区域国别研究和教学经历了1989年政治风波、东欧剧变和冷战结束等重大内外考验，坚持了正确的政治方向并开始探索中国特色的学理、学术和学科建设道路；第三阶段（21世纪头十年），中国区域国别的研究、教学和人才培养抓住了战略机遇期，以教育部区域国别研究基地为标志，开始重点探索为国家总体外交服务的新道路。

党的十八大以来，中国的区域国别研究又上了新的台阶。在理论建设方面，确立了以习近平新时代中国特色社会主义思想特别是习近平外交思想为中国区域国别的研究、教学和人才培养的指导思想和遵循纲领，积极创新了区域国别研究、教学和人才培养的理念和理论，开始了在国际学理和学术交流方面从仰视到平视的新阶段。与此同时，中宣部、中联部、外交部、教育部等在国家层面，加大了对区域国别研究的战略布局、资源配置和课题指南等方面的顶层设计和落地做实工作的力度。在研究、教学方面，教育部的培育基地和备案中心等机构已经超过了400多个，基本实现了地域上的全覆盖，在交叉学科和跨界合作等方面进行了新的努力和探索，并为提升区域国别成为一级学科而奋发向前。

二 新时代区域国别研究的政治和学术意义

到21世纪中叶，中国将全面实现中华民族的伟大复兴，建成富强民主文明和谐美丽的社会主义现代化强国，区域国别研究、教学和人才培养等都需要站在这一政治高度以及相应的学术深度予以认识和提升。

（一）区域国别学科建设的时代意义

纵观世界近现代史，全球和地区大国都很重视区域国别的研究、教学和人才培养。正如钱乘旦教授所指出的那样："对于一个在世界上有影响力的国家而言，国别与区域研究工作实际上也是一个大国国际地位的学术支撑。"但是，区域国别研究在不同的时代具有不同的意义。殖民大国在拓展、掠夺、压迫殖民地时在研究对象区域国别时是下过功夫的，帝国主义在争霸、称霸、护霸时更是非常重视对区域国别的研究、教学和人才培养。当前，中国走的是和平发展道路，高举和平、发展、合作、共赢的旗帜，更要在区域国别的研究和教学等方面强调主持公道和伸张正义，建构不同于西方的理论观念，促进世界的进步和人类的幸福。

因此，开创具有中国特色和世界意义的区域国别研究、教学和人才培养的新局面，是国际格局"东升西降"的有机组成部分，也是纠正500年来历史不公的必然进程，更是人类社会走向公正共富的实践和理论探索。

（二）区域国别学科建设对于当代中国的思想理论意义

中国在综合国力处于落后境地时，虽然对于区域国别学科的道义、理论、实践和学术等问题也有很多抱负和建议，但只能局部地推进。当前，中国正在比历史上任何时间都更加接近伟大复兴和世界舞台的中央，正在国际关系和全球事务上发挥中国的建设性作用，并为对人类做出更大贡献而努力奋斗。中国要在世界舞台上扮演好具有建设性的正面角色，就要更加全面、客观和深刻理解世界，加强对区域国别的研究、教学和人才培养。为此，中国要在学术领域上超越西方过时的理论观念，为广大非西方国家和地区建构符合时代潮流的区域国别学科而做出应有的贡献。

对于中国本身而言，区域国别学科建设至少具有以下四点重要意义：其一，区域国别学科建设是加强思想文化建设的重要组成部分，需要从百年变局和中华民族伟大复兴的战略全局来认识其重要性、紧迫性、必要性，从而提高在相关问题上的理论自觉和文化自信。其二，区域国别学科建设需要以历史唯物主义和辩证唯物主义的立场、观点、方法等解读历史、分析当前和面向未来，需要不断纠正西方的错误、歪曲乃至反动的相关事实、立场、观点，并在此基础上超越具体事件而进入思想理论的更新和提升。其三，中国的区域国别学科不是纯粹的学术研究，它从一开始就具有强烈的政治意义。党的十八大以来，区域国别研究、教学与国家的总体外交、"一带一路"建设、新型国际关系建设和人类命运共同体构建紧密相关，自然也就成为中国特色新型智库建设的重要组成部分。其四，中国的区域国别学科建设过程不仅需要正确的政治思想指导，而且还需要具体体现在专业领域之中，形成政治理论和学术理论的建设性互动和相辅相成。在政治理论和学术理论融合的大背景下，中国的区域国别学科建设才能开创具有中国特色又有世界意义的新局面。

（三）区域国别学科建设对于当代世界的思想理论意义

中国的区域国别学科建设也具有强烈的现实政治意义和长久的政治影响。而且，中国的区域国别研究对于整个非西方或发展中国家政治建设具有重要的促进作用甚至是引领作用。

第一，世界正面临百年巨变，国际关系中的政治安全因素突出和趋重，国际社会面临世界秩序和全球治理体系改革重组的关键时刻。中国在区域国别研究中体现出来的正确历史观、大局观和角色观，有助于国际社会认识和顺应历史潮流与共建美好明天的伟大事业。

第二，中国在区域国别领域的正确政治思想一旦成为国际主流政治思想的重要组成部分，就能极大地影响世界各国特别是大国和邻国的政治立场和思想方法，增进它们与中国的思想共识和话语共识，或是应对它们对中国的错误认识甚至是抹黑言论和话语攻击。

第三，区域国别是国际社会最为重要和基础的行为体，政治制度集中体现了区域国别的体制机制的本质、价值取向和实体运作。中国特色社会主义道路、理论、制度、文化不断发展，拓展了发展中国家走向现代化的途径，给世界上那些既希望加快发展又希望保持自身独立性的国家和民族提供了全新选择，为解决人类问题贡献了中国智慧和中国方案。

（四）区域国别学科建设的学理学术意义

中国从区域大国走向全球大国和强国是逐步渐进和全面深入的历史发展进程，其中理应包括在自然科学、人文科学和社会科学等方面的同步发展。中国学界把区域国别研究、教学提升到一级学科的高度，不仅需要提高政治思想站位，而且也需要加强相关的学理学术建设。

区域国别研究、教学作为重要的科学分支，自有其内在系统逻辑和发展规律。强调学科建设就是要在科学的基础上循序渐进，不断认识其历史轨迹，总结出主要经验和基本短板，明确学术攻关的主要任务和方向。就此而言，我们在研究区域国别问题的同时，需要而且可以对中国迄今为止的区域国别研究进行学术梳理和总结。其实，梳理和总结往往能够悟出新的学理，推进专业进步，增强中国的学术自信。

中国学界在创建新的一级学科时，自然需要发扬"筚路蓝缕，以启山林"的学术开拓精神，虚心地借鉴兄弟一级学科的建设经验，全面地建构本学科的主体框架，科学地确立学术发展重点，前瞻地培养领军和骨干人才，有序地实现学术队伍新老交替，积极地开展国际学术交流。在当前新冠疫情挥之不去的特殊环境下，也要积极有为而不能落后于国际同行。唯有如此，才能使中国的区域国别研究成为名副其实的一级学科，从而不负国家的期望和学界同人的努力。同时，需要指出的是，区域国别学科的国际性、涉外性和动态性都很强，因而，在其一级学科建设的进程中要抓住以下的学术特点和学理个性：

其一，要传承和发扬中国对待区域国别的基本原则，如知己知彼、近悦远来、睦邻友好、和为贵等，需要与时俱进地把中国的优秀文化思想学理化、当代化、大众化和国际化。

其二，要以"更加积极主动地学习借鉴世界一切优秀文明成果"的虚怀若谷的心态进行国际交流和交汇。相比于美欧国家，中国在区域国别学科建设上是个后来者。中国要充分认识到后来者的劣势，要尽可能地借鉴那些有用的学科指导思想、学科体系、研究方法和人才培养等。与此同时，中国还要充分发挥后来者优势，避免前人走过的弯路，赋予本学科以新的内涵、新的理论和新的体系，创造性地开启前进新路。

其三，抓住当前国际形势发展的机遇，创建中国特色的区域国别学科。中国的最主要特色在于坚持中国共产党的领导和社会主义道路，在学科建设时需要具体落实到学术学理上，使后者服务于中国和世界的进步事业。在专业建设方面，要夯实区域国别学科的理论研究基础，阐发学科理论于实际分析和实践贯彻，扩大学科运用范畴和教学受众范围，呼应实践的需求和接受实践的检验。在国际学术交流方面，要努力争取把中国特色、国际影响和世界意义有机地结合起来，提高中国的区域国别学科在国际上的感召力和影响力，进而共同推动全球性的区域国别学科建设及其可能的引申拓展之处。

三 区域国别学科的学术边界、主体和体系

中国的区域国别学科建设要以不懈的努力向国内一流和国际一流的方向努力。同时，在此进程中，又要牢记"千里之行，始于足下"，要把宏伟蓝图实现于脚踏实地苦干巧干之中。

（一）在学科建设中明确学术需要

成为一级学科后，区域国别学科建设就可能在学术地位、资源、人才等方面的支持或支撑下，对区域国家进行全方位、整体性、多角度、全息式的分析，不仅填补学术上的空白，还能更好地完成其被赋予的历史使命。

（二）在学科交叉中明确学术边界

区域国别研究的学科定义和学科边界是当前的一个主要议题。首先，相对稳定和动态发展。学术边界并非一成不变，区域国别学科也是如此。一个世纪以前，国际关系学科脱身于历史学学科。一个世纪以来，国关学科又在与外交学、政治学、国际政治、世界经济、国际贸易、军事学、社会学、国际传播学等的交叉互动中继续发展。同理，区域国别学科在上升为一级学科的学术发展中，有的学科边界在交叉融合中扩大，但也有的在跨界合作中缩小。后者的一个明显例子是，区域国别研究和国际新闻及国际传播等的边界日益重叠，并在相当程度上为后者所替代。就今后十年而言，区域国别学科需要在扩大中吸取其他学科的营养，如马克思主义学科、哲学学科、综合经济学、人文学科和某些高新科技学科等。道理很简单，区域国别作为新兴学科，受到西方同类学科的影响较多，但又要承担国家的应急任务，因此要借鉴上述学科的历史深度、研究宽度和思想厚度去弥补先天的不足和后天的缺失。

其次，融合交叉学科和实现跨界合作。当前，一些高校在区域国别学科建设中都有不同的努力和创新。例如，张蕴岭教授在其新作《国际区域学概论》中为国际区域学提供了一个整体与系统的分析框架，从国际区域观、国家与国际区域、国际区域政治、国际区域经济、国际区域文化、国际区域关系、国际区域合作和国际区域治理等方面进行深入分析，提出其在国际区域构成与运行中的定位、含义与相关理论。又如，2020年7月15日，浙江师范大学非洲研究院院长刘鸿武在华东师范大学的一次学术讲座中强调，中国区域国别研究获得创新发展的要务是将"领域学"与"区域学"有机结合起来，并综合与贯通。

再次，融合产生新的知识体系。区域国别学科建设需要与全国有关研究、教学单位的群策群力，共同发展。区域国别的研究、教学和人才培

养要与时俱进，主动对接国家的需求，要从"先有队伍，再有任务"再加上"先有任务，再组队伍"的双管齐下。当前，中国的区域国别研究正站在新的起点上，特别要注意与新兴社会科学和人文学科、高新科技学科、可能形成的新交叉学科进行合作互动，或至少提前做好准备。

（三）学术主体和学术体系建设

区域国别学科的主体尚在讨论的过程中，学界的意见和建议也不尽一致。有的建议以历史研究为基础的发展和拓展，有的建议以语言和人文出发而形成新的学科，也有的建议以"国际问题研究"为其主体。同时，我们还要打破思想定式，超越学科陈式，特别不能局限于通常所说的"政治、经济、社会、文化四个领域"，而应拓展到"气候、环境、地理、资源、水源、技术、人口、教育"等领域。因此，本人比较倾向于在当前阶段宜相对宽泛地把学术主体确定为"国际问题研究"，因为后者的包容性、弹性和中国特性等有利这一新兴学科的定义、界定和发展。

在确定学术主体后，还要加强学术体系建设。区域国别学科亟待建立一套具有本学科特色的知识体系、理论体系，综合平衡各学科关系。在学科交叉建设的过程中，还要以学术主体为出发点，形成主干明确、分支发达的学科体系。

此外，区域国别学科需有别于相近学科的特色，如地缘政治、战略和经济等，又如区域国别与全球治理、区域合作、次区域次国家等的互动等。还要研究重要人物的作用和影响，如欧洲联合进程中的莫内和舒曼作用和影响，非洲独立与进步进程中的恩克鲁玛、尼雷尔和曼德拉等的作用和影响，俄乌冲突中的普京、拜登和泽连斯基等的作用和影响等。

（四）学术前沿和学术创新建设

区域国别上升为一级学科，要在对已有学术研究总结的基础上推陈出新和构建未来的发展框架。首先，大体勾勒出学术主体在未来数十年的发展方向、建设路径和人才培养的重点等。学科建设需要相当时间的学术积累和人才培养，前瞻性的长远规划往往能有事半功倍的效果。其次，基本确定学术主体和交叉学科的主要内涵和基本外延，争取在宏观、中观、微观等方面实现平衡，在学科建设中实现其科学性、学理性和创新性。现在有些国内院校的区域国别研究在宏观上视野不够开阔，在微观上又不能精准细致，这些都需要在学科建设和发展中予以重视。最后，学科的创新要与未来国家和世界发展的轨迹基本一致，加强政治理论和学术理论的结合，重点培养复合型人才队伍，

在与科技、金融、社会、思潮等共同进步中实现学科的交叉和跨界合作。

四　强化中国学术治理和适时适度推进相关改革

如同其他领域一样，区域国别学科建设具有的中国特色的体制机制优势，后者在许多情况下尚未得到完全的发挥，因而需要在学术治理上狠下功夫。而且，也要集全国之智和用全国之力，与时俱进地对现行体制机制进行改革和发展，使其更加成熟和完善。

（一）辩证处理学术治理和学术自由的对立统一

区域国别的研究、教学和人才培养，需要集体行动和个人学术自由的有机结合，需要国家的总体治理和单位的部门治理加以统筹、协调和管理等。治理的内蕴和方面包括但不限于：学术道德要求、学术规范规定、学术评价体系、学术管理制度、学术权责划分和利益分配等。学术治理和学术自由是一个问题的两个方面，机械的"二元对立论"会导致学术治理与学术自由的相互排斥，而包容的"对立统一论"则能最大限度上促进治理和自由的良性互动。我们在推进区域国别学科建设时对此要有辩证的认识，不能将两者对立起来，更不能以片面强调西方所谓的"学术自治"来否定中国社会主义制度下的"学术治理"。

（二）促进现有重点基地的高质量发展

教育部的重点基地和中宣部的重点智库在相当程度上承担着主力军和先锋队的政治和学术使命，但也面临着领军人物新老交替、高级人才无序流动、学术创新动力递减和研究队伍内卷等问题。而且，当前的重点基地和重点智库进难退也难，因此要有严格的"退出"机制，即如果不能达标，则应将其除名。

（三）发挥多种区位优势和积极性

在京重点院校有着得天独厚的优势，研究实力雄厚，需要继续充分发挥。但京外院校在数量上占绝对多数，在质量上具有地方特色，而且往往还有较大的积极性。为此，要充分发挥京外院校的特殊优势，如东北对俄罗斯、日本和朝鲜半岛的研究，新疆对中亚地区的研究，华南和西南对东南亚地区的研究等。还有的院校等通过自身的努力，开创了区域国别研究的一片新天地，如北京第二外国语学院的中东研究、浙江师大的非洲研究和安徽大学的德国研究等。

（四）发挥各类院校的积极性

当前，有众多的高等院校在区域国别研究上表现出极大的热情，其情可嘉，其力可用。在此

仅挂一漏万地列举四类院校的积极性：一是综合性院校，如北京大学的区域国别研究院起到旗舰标杆作用，南京大学运用其综合学科优势而一举获得中国南海研究协同创新中心；二是理工类院校，如同济大学运用其专业特长加强了德国有关问题的研究；三是师范类院校，如华东师大借助马列和思政优势而在俄罗斯研究上独树一帜；四是外语类院校，如广外利用其多语种和多学科的优势在中东欧研究上另有一功。

（五）超越高校的视野和努力

在区域国别学科建设方面，还要充分发挥中国的体制机制优势。因此，在高校我们的目光还要超越教育部系统，争取更多的支持，加强多方合作，实现融合发展。一是与国家及省区市社会科学院的合作，在基础研究和应用合作上实现互补共进；二是与中央和地方职能部门的合作，在战略、政策、舆论、信息等方面相辅相成；三是与经济科技部门和单位的合作，在研究供需对接上实现研究成果的转化。

（六）探索新的"通才 + 专才"的培养途径

区域国别学科因其处于成长期和国际形势的急剧变化而需要在人才培养方面走出一条创新的道路。其一"通才"和"专才"的基本培养途径。有的要先专后通，如对区域国别的经济研究；有的要先通后专，如对区域国别的社会思潮研究，但最终都需要达到通才和专才的融合出新。其二，"通才"和"专才"的任务驱动。区域国别学科要超越培养什么和输送什么的路径依赖，要主动服务于国家急需和学科补缺，并在考评考核方面要有所突破。其三，"通才"和"专才"的双向互动。中国在走向学术强国的进程中，不仅需要引进国外高级人才，而且还要向国外输送引领人才，在中国对外关系的重点地域和领域下先手棋。上海社会科学院自2004年起承办年度"世界中国学论坛"，对世界各国研究中国问题具有相当的示范和引领作用。其四，"通才"和"专才"都要接受实践的检验。区域国别领域的研究、教学和人才培养不能只看过程，还要看结果。在学科建设中，要有"板凳坐得十年冷"的治学精神，也要有在国际上舌战群儒的实际能力，更要能为国家和世界的进步做出应有的贡献。其实，多管齐下和殊途同归并不矛盾，目标都是培养和善用人才，使他们对某一区域国别的基本情况具有比较全面的认识和了解，也对特定问题领域具有深刻的研究和分析。

五　结语

中国特色社会主义进入了新时代。中国走

向全球大国和全球强国的历史性进程需要不断提升实践自觉、理论自觉和文化自信，在全面推进中国特色大国外交中也需要不断从必然王国走向自由王国。因此，中国学界积极开展和努力优化区域国别学科建设，既顺应了历史发展的潮流，也呼应了时代对学界的殷切期望，更可望在实践探索和理论创新过程中培养出新一代的专家学者。

在此背景和条件下，新时代中国的区域国别学科建设和发展大有可为，未来可期。但是，区域国别学科能否最终成为"一级学科"还有待时间的验证。即使成为"一级学科"后，还有很长的路要走，需要我们持之以恒地不懈努力。中国知识界从来就有勇立时代潮头的志气和决心，中国国关界更是站在改革开放的前沿阵地。当前，我们学界同人在区域国别学科建设中既要"进得书房"作文著书，也要"出得课堂"投身实践，在百年未有之大变局中做到基础研究和应用研究的有机结合，在应答时代命题挑战中做到追求理想和砥砺前行的二者兼顾，在区域国别学科建设中做到建构学科体系和进行学科创新的相辅相成。

区域国别学科建设的指导是正确的政治方向和学术目标，基础是相关的专业，平台是研究、教育机构，抓手是研究课题，依靠则是各种人才。中国是人才大国，但还不是人才强国。而且，在区域国别研究学科中，综合型、交叉型和复合型人才的匮乏更是突出的短板。从国家层面，要真正落实对区域国别人才的政治和物质待遇；在地方和部门层面，要把功夫用在培养人才而不是互挖墙脚上；在用人单位方面，要充分发挥资深人才的指导作用、中年人才的骨干作用、青年人才的先锋作用；至于各类人才，主要应是反求诸己，努力奋发建设好区域国别学科。

区域国别是国家急需的学科，但区域国别的学科建设则不应也不能急于求成。在学科建设的进程中，要提倡各抒己见和博采众长，事先听取不同的意见和建议，事中就能少走弯路，事后也会少些遗憾。而且，中国的区域国别学科建设还需要加强国际交流。中国学界要向对象国的专家学者学习，与各国同行们切磋交流，在国际交流、交汇、交锋中把中国的区域国别研究学科提升到国内和国际的"双一流"！

【作者单位：上海国际问题研究院】
（摘自《亚太安全与海洋研究》2022年第4期）

构建中国特色"区域国别学"学科新体系

杨共乐

2021 年 12 月，国务院学位委员会公布了新的《博士、硕士学位授予和人才培养学科专业目录（征求意见稿）》。学科专业目录包括 14 个学科门类，其中在交叉学科门类下列有一级学科"区域国别学"（可授予法学、文学、历史学学位）。《光明日报》《学海》等报刊为此发表了众多学者的文章，从不同的视角与层面论述设立"区域国别学"的重要意义。首都师范大学还于近期成立了新的学科平台——国别区域研究院。应该说，设立"区域国别学"一级学科是时代的需要，也是中国经济、社会与学术发展的必然结果。因为要回答"世界怎么了""人类向何处去"等时代之题，破解百年未有之大变局中所遇到的各种迫切需要解决的全球和地区性问题，都离不开能够读懂世界、读懂区域国别传统与文化的学者，离不开学者们对世界的真实解释，离不开对相关学术资源的不断开发与利用。设立"区域国别学"一级学科将极大地推动我国"区域国别学"的学科体系、学术体系、话语体系和人才培养体系建设，极大地推进我国的区域国别研究，从而为全球治理及构建人类命运共同体提供更多、更有价值的中国方案、中国智慧和中国力量。

一

在设立"区域国别学"一级学科以前，我国从事区域国别研究的学者主要依托法学门下的"国际政治"、外国语言文学门下的"区域学"、世界史门下的"世界地区与国别史"等二级学科培养学生。高校的研究者多分布在国际关系学院、外国语类院校、外交学院以及部分高校的相关院系，研究力量相对分散，研究课题相对狭小，不能形成合力，也无法进行系统化、整体性建设。外国语言文学以语言为优势，国际政治以现实问题为导向，世界地区与国别史则主要以现当代国家为研究重心。各支力量虽然都取得了一定的成绩，但也留下了许多遗憾。世界史学科下设"世界地区与国别史"，主要以世界不同地区和国家的历史为研究对象，重点关注各地区和国家历史

的特点与不同发展道路，探讨人类文化的多样性与复杂性，揭示人类历史发展相关规律的普遍性和发展历程的特殊性。研究方向主要集中在亚洲史、欧洲史、非洲史、北美史、拉丁美洲史，以及美国史、英国史、德国史、法国史、俄罗斯（苏联）史和日本史。其重点主要放在对大区域和大国史的探究上，对世界上的中等区域、小型区域的研究以及小国在世界历史发展中的作用关注很少，更谈不上讨论中等区域与小型区域的关系、小国对大国发展的影响。

通过"区域国别学"一级学科这一平台，学者们可以更好地开阔眼界，形成整体性、全局性思维，解决相关二级学科无法解决的大问题，培养融通中外文化、促进文明交流、顺应学术发展趋势、具有国际视野的高精尖人才。

中国目前在有条件的高校设立"区域国别学"一级学科的时机已经成熟。近年来，中国的综合国力迅速增长，国家的政治、经济和文化影响力明显提高。我国越来越成为解决国际以及区域问题的重要力量。时代呼唤更多的中国学者提出中国方案，世界期盼更多的中国学者在区域国别事务方面发挥作用。与此同时，中国在"区域国别学"相关领域的学术积累已逾 40 余年，业已具备独立设置一级学科的条件。我国高校经过中华人民共和国成立 70 多年以来的发展，学科布局渐趋合理，队伍结构明显优化，与国际学术界的交往日趋频繁，学者出国考察更加常态化，相关二级学科培养出来的大批杰出人才在各专业领域担当重任。这些都为"区域国别学"一级学科的设立和发展奠定了扎实的基础。

二

就高校而言，设立"区域国别学"一级学科既是展示实力之机会，更是履行职责之所在。各校的建设速度有快有慢，建设重点也不尽相同：有的以区域学为发展重点，有的以国际政治为发展方向，有的以世界历史为发展基础，但目标都是为了服务国家战略，探寻"区域国别学"发展

与人才培养的规律。在学科建设初期,这是非常正常的现象。

"区域国别学"一级学科将众多外国问题研究,包括外国语言文学、国际政治和世界地区与国别史纳入一个统一的学科框架之中。这是学科发展的必然要求,但这并不意味着"区域国别学"可以不考虑与"外国语言文学""法学"和"世界史"等一级学科之间的关系。因为语言是工具,是载体,是沟通信息的渠道,是构建知识体系的第一要素;历史是基础,是前提,承载着"究天人之际、通古今之变"的职责,是沟通古今的桥梁,是疏通知远、认识真相的途径;法学则是规范,是准则,是为知识体系定调立规的手段。它们都是"区域国别学"建设的重要组成部分,必须予以高度关注与重视。

一般而言,以历史学科为建设基础的"区域国别学"会更审慎地区分其与"世界史"一级学科之间的异同。从区别中探寻自身的内涵,从区别中设定学科的外延。众所周知,当前的"世界史"一级学科分属于历史学门类之下,与"中国史"和"考古学"两个一级学科并列。"世界史"一级学科下设史学理论与外国史学史、世界上古中古史、世界近现代史、世界地区与国别史、专门史等二级学科。"世界史"以研究世界各地区、各国家、各民族的历史以及它们之间的交往联系、交流互动为目标,旨在探寻并还原真相,总结人类过往的经验,丰富并积累人类的知识,彰往察来,揭示人类历史演进的基本脉络与趋势,为中外文明的交往互鉴提供智识与学理支持。

从我国"世界史"学科建设的现实情况看,"世界史"的侧重点主要放在对外国历史,尤其是对外国城市国家、帝国国家、教会国家、主权国家、民族国家历史的研究上。国家是较为稳定的政治组织,虽然从古至今国家的形式变化很大,但国家毕竟是实体,而且是对人类社会产生了重要影响的实体。因此,把国家作为主要的研究标本和对象,确实比较容易拿捏,也利于把握人类社会的发展特征。不过,世界历史的发展始终是复杂的、不平衡的。某些现象与国家有关,某些现象与国家没有任何关系;某些现象是区域内多国共有的,而另一些现象却是区域内某一国家所独有的。无论是有关还是无关,无论是共有还是独有,都离不开将区域国别学的内容作为基础,否则很难看清事物的本质。因此,"区域国别学"的设立有助于弥补"世界史"学科之不足。"世界史"学科所要揭示的主要是世界历史发展的过程或纵向发展的规律,而"区域国别学"思考的是综合性的区域国别因素,涉及多个学科,领域

更广泛,内容更丰富,研究手段和方法上也更关注多个学科的融合。这显然是"世界史"学科所不及的。那么,"世界史"学科对于"区域国别学"提供的借鉴作用是什么呢?首先是世界发展的大背景,尤其是进入全球化时代以后,世界上几乎所有的区域都会受到全球化的影响。不了解世界整体,不了解世界发展的大势,要揭示区域之真,国别之真,显然是不可能的。其次是"世界史"学科可以给"区域国别学"提供众多成功的建设经验。这些经验包括:一级学科之下二级学科的设立、学科理论的完善与运用、学科带头人的遴选与学科队伍的管理,以及学科攻关项目的设定与学科拔尖人才的培养等等。

在"区域国别学"建设初期,准确处理本学科与近邻学科之间的关系,借鉴其他成熟学科的建设经验,充分发挥"区域国别学"的后发优势,这显然是所有建设单位必须认真对待的问题。

三

学科要发展,研究是基础。没有研究的学科是不存在的,没有创新性成果的学科也是很难立住脚的。中国特色"区域国别学"学科体系建设,从严格意义上说才刚刚起步,还没有成功的案例可循,但历史上涉及"区域国别学"方面的成果,尤其是区域研究的成果还是可见的。许多经典作品留存于世,等待我们去挖掘、学习与借鉴。众所周知,古代中国是史学大国,也是史学强国。历史为百科之首,"百家之学俱源于史"。区域研究的众多内容都融在史学作品之中。区域研究不仅是我国传统史学的重要内容,更是我国史书的重要组成部分。中国至少有2000多年区域研究的历史。司马迁《史记》中的《大宛列传》就是区域研究方面的杰作,其内容涵盖区域内的国家,涉及区域内的民俗风情、区域内各国的特产,区域内居民的生活环境和生活方式,区域内国家的人口结构与兵力状况。《大宛列传》这类作品的产生需要三个条件:一是国家的强大。秦汉空前的统一以及张骞的凿空,使当时的人们发现了更大的世界,为此眼界大开;二是出现了实地考察的使者和商人,他们记录并报道了许多鲜为人知的信息;三是当时学者撰写文章的水平有了明显的提高,有了把区域事务概念化的能力,将事实置于能够被理解、被传播的知识谱系范围内。直至今日,国家强大、有获取实地资料的渠道,以及具备将事实置于被理解的知识谱系的能力,这仍是从事区域研究所不可或缺的条件。

在《大宛列传》之后,我国又有《汉书》的《西域传》《后汉书》的《西域传》、裴矩的《西

域图记》、杜环的《经行记》、玄奘的《大唐西域记》、周达观的《真腊风土记》、汪大渊的《岛夷志略》等区域研究领域的杰作。除中国的作品以外，全盛时期的罗马同样产生了一系列与区域研究相关的巨著。如斯特拉波的《地理学》、老普林尼的《对自然的探究》等。它们都是当前我国在进行"区域国别学"研究时所必须重视的重要学术资源。当然，近代以后，欧美在建立和发展"区域国别学"方面也积累了很多经验，有众多的成果问世。我们也应择善而用之。

历史表明，区域研究确实是大国的经略之学，无论是古代还是现当代都是如此。区域研究的目的都是为了让大国更好地了解世界，尤其是周边的世界，区域研究的对象常常是综合性的。历史也表明，我们的前人早已在区域研究上有了探索，而且取得了丰硕的成果，综合型的区域国别研究之路是可行的。当下进行"区域国别学"学科建设，应该高度重视前人的经验和成就。前人的探索和成果是我们进行区域国别研究的基础。整理、利用好这些成果也是"区域国别学"建设不应忽略的重要任务。更何况，区域也好，国别也罢，都不是当下所特有，而是历史的客观存在。它们都从历史中走来，是历史中的一环。离开历史的"区域国别学"是走不远的，离开文明研究的"区域国别学"也很难看清事物发展的规律，无法为学术研究提供坚实的基础、为政府决策提供正确的依据。中国式"区域国别学"需要在全球化的大视野下设计未来，需要在中国特色的大框架下规划整体性的学生培养和科学研究方案，立足百年未有之大变局，立足世界发展之新变化，用中国人的勤奋与睿智撰写世界新的文明，服务人类命运共同体建设。

四

"区域国别学"一级学科的设立是新生事物。新生事物要成长、发展、壮大并真正发挥作用，必须有合理的体制作为保障。在以学科为中心的高校机构设置中，当下的"区域国别学"主要有两种建制形式：一是以北京大学为代表，在学校层面成立区域国别研究院。教师实行双聘制，其编制落在教师原来从属的学院。教师在完成原单位工作的同时，参与研究院的研究和建设工作；二是以首都师范大学为代表，以历史学院的世界史为建设基础，整合全校相关学术资源，教师实行实聘或双聘相结合的形式。两种建设模式各有利弊：第一种模式立足学科，努力实施多学科交叉；第二种模式立足综合，但培养主体还是放在

历史学院。在当前的大学体制下，无论是第一种模式，还是第二种模式，都需要得到学校的大力支持，否则工作较难推进。

在"区域国别学"建立的初期，上述两种体制模式应该是合适的，但可以肯定，它们都不是学科建设的最佳模式。"区域国别学"建设的最佳模式应该还是建设独立的学院或学部。中国即将进入世界舞台的中央，建设"区域国别学"是国家的长远之策，培养"区域国别学"人才是国家的长期任务。"区域国别学"有自己固有的研究对象，需要进行独立建设。按照学科建设的一般规律，建设一个成熟的"区域国别学"学科需要较长的时间，需要相关的理论和方法论支撑，需要专业化的科研和教学队伍，需要专业学者个人的学术积淀，需要学术团队资源的不断积累，需要完整的培养方案以及多元的知识结构和稳定的实践基地，更需要适合于各校自身发展特点的研究重点和方向。也就是说，"区域国别学"一级学科既要坚守适用于学科建设的一般原则，又要凸显自身的特色。一般原则是存在的基石，独立特色是存在的理由。成立独立的以"区域国别学"为建设单位的学院或学部，并将外国语言文学、国际政治和世界历史等纳入一个有机统一的学科体系之中加以谋划、建设，应该是学科建设的远景目标。

从学科发展规律看，将"区域国别学"放在交叉学科之下进行建设，这还是第一步，具有明显的过渡性，而第二步则必然是成立教研实体，以学院或学部为建设支撑平台，独立建设"区域国别学"。应该说，我国的"区域国别学"学科建设已经起步，其作始也简，其将毕也必巨。从本质上讲，中国特色的"区域国别学"与殖民时代英帝国所建立的"区域国别学"，以及与冷战时期美国所建立的"区域国别学"有着明显的不同。中国特色的"区域国别学"立足中国，放眼世界，服务国家需要，坚持和平、发展、公平、正义、民主、自由的全人类共同价值，以回答中国之问、世界之问、人民之问和时代之问为己任，是和平之学，服务人类之学，给世界带来福泽的智慧之学。当然，要建设好这一学科，还需一代代学者付出艰辛的劳动。实践经验十分重要，理论探索同样宝贵。我国的"区域国别学"建设者有信心、有能力在自身实践和广泛吸纳国内外优秀成果的基础上阔步前行，用中国人的智慧构建具有中国风格的"区域国别学"新体系。

【作者单位：北京师范大学历史学院】
（摘自《史学集刊》2022年第4期）

区域国别学发凡

孙　江

在 2021 年 12 月国务院学位委员会公布的《博士、硕士学位授予和人才培养学科专业目录》征求意见稿上，"区域国别学"榜上有名，被列为交叉学科门类下的一级学科。稍后，钱乘旦先生发文章指出，区域国别学有三个特征：地域性、全面性、跨学科性或多学科性。区域国别学作为一门学科的出现，预示着中国学者意欲突破现有的学科框架，追求人文社会科学发展的新境。

一　区域与国别

区域国别学由两个关键词构成：区域和国别。第一个关键词与"区域研究"（area studies）有关。区域研究是对某一区域或国家的地文和人文进行综合研究并揭示其特质的学问，由于涉及对他者的理解，因而被视为"一种翻译形式"（a form of translation）。"区域研究"对译英文是 area studies，这个英文术语在日文里被译作"地域研究"。无论是中文的"区域研究"，还是日文的"地域研究"，如果将其回译为英文的话，应该是 regional studies，德文即作 regional studien。为什么是 areas tudies，而不是 regional studies 呢？原来，region 指地方、区域、地区、范围等，而 area 除此之外还有视域、功能之意。换言之，region 是整体的一部分，area 是与整体无关的自律概念；region 有明确的领域与边界，area 是特定意图和意识作用的产物。区域研究因为有如上特点，其研究动机必然出乎当下的需求，研究对象也必然聚焦于重要国家或重要问题上。

第二个关键词与"国别研究"有关。"国别研究"旨在对一个个国家进行研究，似乎还没有涵盖所有国家的专门表述。国家既指前现代国家，也指现代主权国家和民族国家；国家无论指涉哪种形式，取其最大公约数，无外乎疆域/领土、人民/国民、支配/主权三大要素。在中文语境里，"国别"应该指称的是民族国家，当国别缀上"史"字后，国别研究就成了国别史研究，国别史涉及前现代国家、主权国家以及民族国家。

从以上粗略的勾勒可见，在现行的学术体制里，区域研究和国别研究在内容上有交叉，均以国家作为研究的基本单位。但是，二者在理念上存在一定的差异，如果强作区分的话，较之国别研究，区域研究更直接地服务于国家的对外战略或资助机构的对外需要。此外，区域研究的来历虽然可以溯及久远，但一般所说的区域研究起始于二战后的美国。从美国区域研究的问题意识看，Irish studies（爱尔兰研究）和 China studies（中国研究）的所指是不同的，前者由于位于西方—欧洲而被归入国别研究，后者因为属于非西方—亚洲而被视为区域研究。因此，区域研究的"区域"不仅仅是自然的地理空间，还是心象的认知空间。现在中国学界提出"区域国别学"作为交叉学科，区域国别学具有或应该具有怎样的内涵和品格呢？有必要先回顾一下其来路。

二　区域国别学的来路

康德（Immanuel Kant）说，地理学是"世界知识的入门"。16 世纪以降，伴随大航海开启的全球化进程，经由"入门"知识，欧洲人进而获取了康德所说的包括人的知识在内的另一部分世界知识，逐渐建构起一套认知他者的体系，这是一种自明的欧洲凝视非自明的欧洲以外的"异域"知识。异域研究产生出各种学问，如埃及学、亚述学、巴比伦学、波斯学、印度学和汉学等，名称很多，其集合单数叫"东方学"（Orientalism）。日本的"东洋学"是以此为背景出现的变异体。毋庸赘言，东方学有萨义德（Edward W. Said）所批判的欧洲中心主义色彩，以欧洲文明为标准的"科学种族主义"是欧洲中心主义的主要内容，影响所及，甚至形塑了他者的自我认识，原本自他双方都视为"白色"的中国人和日本人，最后变成了自他眼中的"黄色"。另一方面，也必须承认，东方学是经验观察乃至学科研究的产物，在知识累积上有其不可忽略的作用。

19 世纪是现代民族—国家形成的世纪，以民族国家为旨归的学术研究促成了"国别研究"的诞生。在现代分科体制下，一个国家的历史属于历史学研究的对象，政治、经济等分别被归入"政治学""经济学"等学科中，所谓国别研究是在各个学科之内进行的。回顾以往的国别研究，能够较全面呈现一个国家风貌的只有国别史，但国别史除去包罗万象、点到为止的"通史"外，实际上也被带着"史"字后缀的各学科所分割。

二战以后，对于新兴国家的出现和亚非拉民族解放运动的高涨，以往的异域研究和国别研究无法对应，倡言从多学科的视角研究他者的美国区域研究呼之即出。在区域研究的框架下，美国学界生产出大量的论著，还发展出比较政治学、发展政治学等，奠定了当今美国在关于他者认识上的文化霸权。在我所熟悉的美国区域研究——东亚研究领域，有些人把美国的中国研究称为"汉学"（Sinology），这个说法是值得商榷的。如果不嫌粗暴地加以区分的话，与汉学偏重文本和过去相比，区域研究即使研究过去，也是基于当下的问题意识和经验的。比较一下欧洲汉学和美国的中国研究不难看到，汉学脱胎于人文学科传统，而区域研究则以社会科学为主要方法。前者如海底的世界，波澜不惊；后者似海面上的波浪，一波推一波，不断更换主题，建构新的理论。这背后固然有欧洲和美国权势的一消一长，更有美国基于实际需要对他者认识权重的变化。

20 世纪 70 年代以后，伴随各国对他者认识的需要，区域研究的方法也波及美国以外的国家。被美国视为区域研究对象的日本开始摸索基于自身需要的"地域研究"，1983 年东京大学设立"地域文化"专业。与美国的区域研究不尽相同，日本语境里的"地域"有两层含义，一层指一国之内的地域，相当于中文里的"地方"，如日本中国学界的"地域社会论"；另一层含义指非西方国家，东南亚研究即为日本学界成果颇丰的一个"地域"。20 世纪 90 年代以降，在全球化和区域化的二义作用下，"区域"的内涵发生了很大的变化，人们开始反思区域研究的局限：将非西方社会视为"被写体"，轻视了其内在的多样性和复杂性。同时，西方亦非"自明体"，其自身也需要反省和再界定。由此一来，"区域"不仅不是静止的单位，还是认识自者和他者关系的方法，区域研究呈现出"再造"（re-making）的趋向。

三 区域国别学的理念

国内名为区域与国别研究的论著大多着眼于国际事务和国际纷争，这些内容即使可以归入区域国别学，也不是区域国别学的旨趣所在。钱乘旦先生在其文中指出，区域国别学包含国际关系但不等同于国际关系，我对此深表赞同，这里接着略做铺陈。

在理念上，不应将区域国别学视为区域研究和国别研究之和，而应视为对二者的超越——我个人更愿意称区域国别学为区域研究的升级版。国别研究拘泥于既有的国家框架，是在给定的国家范畴内进行研究的。但是，伴随人的迁徙、物

的移动，还有信息和资本等的流转，很多问题是不能在一国框架内研究的，有时需要在两国、三国乃至更大范围内进行跨语言、跨文化、跨国境的研究。区域国别学要想获得别异于国别研究的品格，就应该着眼于"跨界"（trans-border）。"跨界"是后民族国家的特征，区域国别学作为应时而生的学问，应从这一当下民族国家所面临的问题出发展开研究。区域国别学的"跨界"和其来路中的区域研究不无关系，如上文所说，区域研究的框架带有主观意图，因而受到时代的、地缘政治的掣肘，其边界暧昧，内涵不确定，如东亚、东南亚概念即如此。区域国别学承袭了区域研究的这一特性，同时又受到国别研究的牵制。

如果说"跨界"是区域国别学的第一个特性的话，区域国别学的第二个特性就是"再中心化"（re-centralization）。区域国别学作为一门中国的学问，其研究必不可少地带有"中国中心"的倾向。应该承认，对他者的研究难免带有自我中心的诉求，问题在于是否具有自我反省、自我超越的能力。西方世界对东方主义的批判，美国的中国（区域）研究内的自我批判——如"在中国发现历史"，日本的中国研究中的"内在视角"和"作为方法的中国"等，均表明区域研究为了接近和理解他者不断在方法论上进行调适。而在区域国别学看来，"再中心化"是建立在自—他关系对等基础上的，因而作为方法的中心是相对的，并非一个宣扬霸权的学术装置。

另一方面，"再中心化"有着客观存在的"中心"做支撑。全球史是一种去中心化的历史认识和叙事，但是，在由不同国家和地区构成的"地球"上，无处没有"中心"，确切地说是"中心性"（centeredness）。现代世界的资本市场有中心，地缘政治博弈有中心。20 世纪 90 年代日本学界反省以往以中国为中心的亚洲叙事，试图建立多中心的、非中国中心的亚洲史，为此将亚洲历史划分为十个时期，结果发现每个时期都有挥之不去的中心性——中国。这个计划的主持人是倡言去中国中心化的村井章介，由于这个经验，村井对近年日本部分学者喧嚷的解构"中心性"的"东部欧亚史"持批判态度。

由以上区域国别学的两个特性可知，区域国别学既要关注以往国别研究未曾关注或不甚重视的问题——"现在性"，解释其由以产生的机制，也要着眼于超越国与国关系的问题——"区域性"，捕捉其未来的走向。这种以问题为导向的研究预设了区域国别学的第三个特性——跨学科（cross-discipline）。区域国别学要研究的问题不是从哪个学科派生出来的，而是来自其所研究的区

域和国别；对问题的认识决定了选择怎样的研究方法，建构怎样的叙述理论。这样，自然要涉及多学科方法的运用，而社会科学研究的归纳法有助于区域国别学处理丰富多变的主题。

四 区域国别学的实际

那么，应该怎样开展区域国别学研究呢？首先应该明确的是，区域国别学尽管有其"前世"——以往中国学界的外国研究，但根本上是一门新的学科，与美国的区域研究一样，是中国对外需要所致。如何建设这门学科，需要广泛的讨论和实践。在我看来，征求意见稿中关于区域国别学授予文学、历史学和法学博士学位的条文，既规定了这门学科今后人才培养的方向，也提示了从事区域国别学研究应有的取向。

区域国别学中的"文学"不是狭义的文学作品、作者和文学流派、文学思潮等，而应理解为"文化研究"（cultural studies），尤其关注于"跨界""混杂性"（hybridity）等现象。这是有例可循的。在国外，"文化研究"常常被视为"区域研究"。在国内，"文化研究"散处于大学或研究机构的人文学科中，主要在文学专业。文化研究在欧美是一门显学，涉及诸多学科，但在中国始终未能成长起来。如果区域国别学以文化研究为"文学"内涵，不仅可以凸显出别异于文学系或外国文学系的"文学"特征，而且因为给文化研究以合乎名分的位置，也有利于推动该研究在中国的发展。

在区域国别学里，历史学的人才培养和学术研究有其独特之处。"国别"和"区域"是构成该学科历史研究的两翼。基于当下存在的一国史框架无法容纳的诸多问题，为探讨其来龙去脉，区域国别学的历史研究应侧重于现代国家的"跨界"问题；而为探究此问题的由来，则须追溯现代国家之前的历史。构成区域国别学另一翼的是区域研究，区域国别学要拥抱区域研究的"空间转向"，把区域研究的新观念注入其历史研究中。尽管上述两翼为区域国别学的历史研究提供了取之不尽的资源，但若想让区域国别研究中的历史学成为众所瞩目的领域，全球史和跨国史应该成为其主导方向。在现今"中国史"和"世界史"二分的历史学科中，从事全球史、跨国史研究的学者有着身份的焦虑：到底属于中国史还是世界史？将全球史和跨国史纳入区域国别学，既可有效地推动相关研究，也可消解学者们的不安。

在区域国别学中，"政治学"是最为活跃的一个方面，但其位置却极为尴尬，因为国际关系、国际政治、国际组织、政治思想等都是既有系、科当

中不容"侵犯"的领域。如欲突出区域国别学中的政治学的特性，进而别异于传统的政治学研究，区域国别学就需要强化对现实的研究，以便因应国家的重大需求，提供类似于"智库"的研究咨询。但在我看来，这只是表层的研究，应该从学科建设的角度提出一整套理论和方法。2020 年出版的由阿·德·沃斯克列森斯基（А. Д. Воскресенский）主编的《世界综合区域研究：专业介绍》是一本教科书。这本书重点介绍了区域化的内外因素和世界各区域的转型问题，分为三编十章。第一编"科学论述"有三章，分别为"全球综合/外国区域研究和世界政治中概念领域的形成""区域空间的结构及其主要参与者、区域化和跨区域合作""开放与封闭的、旧与新的区域主义；区域安全综合体"。第二编"国际关系学中跨区域政治分析的理论方法基础"，计四章："时空范畴和宏观区域化的趋势；全球化和区域化，区域主义和区域一体化""宏观区域化和区域综合体；区域类型、区域次系统和区域秩序""综合社会经济、社会政治和地理结构划分；具体基础""世界政治秩序中的结构性分化以及东西方社会政治进程的特殊性"。第三编"形成综合方法以创建世界模型"，共三章："国际关系和世界政治中的差异性解释和综合方法论""相互依存和文化是综合方法的基础""全球综合/外国区域研究在'科学地图'上的位置；世界政治理论的发展和理论的'检验'"。这本涵盖面很广的教科书，既追踪了最新的事项，也提出了针对性的研究方法，对于规划区域国别学中的政治学研究无疑具有参考价值。要之，作为区域国别学的政治学应该关注政治在全球化与区域化中的作用，捕捉区域单位自身伴随人与物的移动而产生的张力关系。

看到《博士、硕士学位授予和人才培养学科专业目录》征求意见稿上出现"区域国别学"，有人欢呼，有人疑惑。欢呼者，主要是从事跨学科研究的学人，这些学人在固有的学科体系之外找到了共同的家园。疑惑者，主要来自上述三个相关学科，在一些学人看来，区域国别学是一个身份不明的来客，尚有待观察。对于长期倡导跨学科研究的笔者来说，我们所从事的概念史研究与区域国别学关系密切，但和其他跨学科研究一样，在现有的学科制度里，其身份十分尴尬——雨打浮萍两不依。如今，区域国别学为跨学科研究敞开了一条宽广的大道；而区域国别学要想独树一帜，必须彰显与其他学科不同的跨学科性格，加强自身的学科建设，拿出非我莫能的标志性成果。

【作者单位：南京大学学衡研究院】
（摘自《学海》2022 年第 2 期）

区域国别学研究的他山经验与自我实践

韩东育

"区域国别学研究"中 area studies 来自英语世界。事实上，只有需要人们做这种研究的时候，才会产生这样的概念。西方的这一研究传到东亚后，日本首先起步。所以早在 1949 年，东京大学就成立了教养学部（基础部）。在此基础上，又以大学院（研究生院）为中心，开展起以培养硕士、博士研究生为核心内容的人才培养和学科建设工作。本科生前两年在教养学部的学习规划有点像中国当下的大类招生，即前两年根据兴趣学习，课程分文科一类（以法学和政治学为中心学习社会科学基础知识，深入理解相关人类科学和自然科学诸领域的知识，培养学生对人类和社会的广泛见识）、文科二类（以经济学为中心学习社会科学知识，深入理解相关人类科学和自然科学诸领域的知识，培养学生对人类和社会的广泛见识）、文科三类（以语言、思想、历史为中心学习社会科学基础知识，深入理解相关人类科学和自然科学诸领域的知识，培养学生对人类、文化和社会的广泛见识）、理科一类（以数学、物理学、化学为基础学习数理科学、物质科学、生命科学基础知识，培养学生对自然基本法则的探究心，深入理解科学技术与社会的关系）、理科二类（以生物学、物理学、化学为基础学习生命科学、物质科学、数理科学基础知识，培养学生对自然基本法则的探究心，深入理解科学技术与社会的关系）、理科三类（以生物学、物理学、化学为基础学习生命科学、物质科学、数理科学基础知识，培养学生对人类的探究心，深入了解生命与社会的关系），两年后有了固定方向后再选择学部。等本科毕业后再到相关学部去考取大学院生（研究生），攻读硕士或博士课程。1983 年，东京大学成立了综合文化研究科。研究科中，有地域文化、超域文化和广域文化等不同研究方向。但是，这种综合，并不是漫无边际的综合，更不是把所有的学科都汇集起来的杂烩式综合，而是在原有学科的基础上，将相近学科彼此打通，然后

在更深层的学理熔接基础上逐步推进的综合性研究。比如超域文化是研究人类学、表象文化与比较文学的，地域文化是研究国别史、区域史和文明比较史学的，而广域文化则更多倾向于理科或文理交叉的研究等。换句话说，它是按照某种同类框架来具体展开的综合而深入的学术研究工作，以及能够提供这一保障的体制机制配置。从教养学部成立到 1983 年设置综合文化研究科，这中间经历了很长的时间积累，因而专业培养过程与学科建设工作也实现了很好的衔接。对我们而言，这应该是一个比较有意义的启示。或许有很多事情往往不一定都要自出机杼，有些国家先行的做法已经为我们交了学费，也有了教训。现在也的确到了中国进行区域国别学研究的时候了。换句话说，与先行研究者的唯一不同点是，过去是他们在研究，而现在已轮到了我们。

跨国研究、区域研究甚至跨域研究之所以非常重要，是因为过往的历史本身就是立体的。不进行这样的研究，事实上就等于向学界告白了自己研究的不完整和意义有限。倭寇的研究如果还像以前那样，各国都关起门来，找几个孤立的个案随意联系一下就算完事，那人们就永远也看不到扑灭东亚寇掠者背后的超经济政治强权，以及这种区域性强权联合系统是如何有效地"规避"了由东方人去开辟新航路的任何可能性。

2001 年从东京大学毕业归国后，我便一直在东北师范大学尝试区域国别史的研究工作并组建了国内外约 60 人的团队和合作者组织。

东北师范大学东亚研究院，是教育部国别和区域研究中心，也是高等学校学科创新研究基地（东亚学创新引智基地）。经过长期的沉潜式研究，东北师大历史系已被教育部历史学部布局分工为国内区域国别学的研究点，而且一直以来国内外各高校、研究机构也非常肯定和支持这一研究。迄今为止，该研究的支撑平台，除了教育部国别和区域研究中心东亚研究院和东亚学创新引

智基地外，还有全国三家双一流学科之一的世界史学科、文科基础学科人才培养和科学研究基地（历史学）、世界史国家一级学科博士点、中国智库索引（CTTI）首批来源智库、教育部社科重点研究基地世界文明史研究中心、吉林省人文社科重点研究基地东亚文明研究中心等机构。2008年，教育部长江学者奖励计划特聘教授岗位"东亚史学"及由此而组建的东亚史学团队，全面展开了东亚研究计划。团队成员的学缘结构、职称结构、学历结构、年龄结构，做到了疏密有致，序列合理。在东亚研究的强力推进下，在学院世界史全体教师的共同努力下，东北师大世界史学科在 2017、2018、2019 三年间，以软科第一的成绩，蝉联全国世界史一流学科排名榜榜首。2021年，在教育部首次一流学科建设周期评估的七项指标中，东北师大世界史除最后一项"成长提升程度"被评为"第二档"外，其"整体发展水平"中的"人才培养""教师队伍建设""科学研究""社会服务""总体情况""可持续发展能力"这六项指标，均位列"第一档"，成为国内三家世界史一流学科中唯一可以申报"教育部一流学科培优行动"计划的单位。

首先是"强化基础研究"。基础研究，乃区域国别学的生命线和出发点。但这种研究与其他基础研究有所不同，它需要"淡化时代区隔""突破国界限制""打破专业壁垒"等"打破三际"（代际、国际、学际）的研究视野，需要摆脱古代近代现代的时间分断，国家主义的国族切割和现代学科的分类阻隔，需要在"文明生态"的意义上，恢复东亚史牵连互动的历史本然。

其次，"因应现实需求"，是区域国别学研究领域的题中应有之义。这些年，我们提出了"学术戍边"和"突破学术岛链"等理念，同时，面对中国的国际化大问题，我和上一届世界史学科评议组成员还对与中国接壤的周边地区国别研究状况进行调查和摸底，发现区域国别研究者多驻守于边境地区的大专院校和科研院所等布局事实。中国有陆路和海岸边境线约计 5 万公里，东北地区所对应者，自然是东亚国家（包括俄罗斯远东部分、蒙古国）和地区，而环绕在中国西北、西南或东南一带的区域国别研究对象，也大致因方位而异。这意味着，区域国别史在中国的世界史研究领域具有特殊重要的地位。

"学术戍边"是指从事国家边疆、周边邻国和区域关系的研究人员及相关工作者，为维护国家主权和区域安全而自觉承载的学术责任和职能

担当。这项工作，与民族主义无关，却与和平安全和家国情怀有关。东北师范大学所处的东北地区，国境线漫长，区域国际关系错综复杂，这些都亟需学术工作者在学理法理上、国家战略上、地缘政治上、国际关系上把历史说清楚。当年宋教仁的《间岛问题》，堪称先贤典范。他 1907 年来东北原本是想动员革命，结果却意外发现了日本欲利用合并朝鲜之机侵吞中国东北领土的阴谋。他于是搁置革命，开始深入学理法理调研工作。这是一个典型的区域国别史研究工作。为完成这项工作，他发挥了自身具有丰富的国际法和东亚历史知识的优势，穿梭于东北、朝鲜和日本之间，并写出了一决中朝边境问题的 6 万余字鸿篇——《间岛问题》。"间岛"，是当年日本人对图们江以北、海兰江以南中国延边领土的单向称谓，包括今延吉、汪清、和龙、珲春四县市。在《间岛问题》中，宋教仁厘清了所谓"间岛"的领土主权历史。他通过大量的文献，尤其是朝方文献，证实了"'间岛'之领土主权，自唐中叶迄于明末，即属通古斯人之传来取得者，不特与朝鲜国家绝无关系，即与朝鲜人民亦无丝毫之关系"等事实；而且，长白山、鸭绿江、图们江向为中朝两国天然边界，古往今来，早有定谳，毋庸置喙；与此同时，必须尊重康熙五十一年（朝鲜肃宗三十八）中朝划界的历史事实。他精心选用了两种朝方文献——《通文馆志》和《东国文献备考》，有力地证明了当时两国官员曾在长白山共立石碑并镌刻"西为鸭绿，东为土门，故于分水岭上，勒石为记"字样于石碑之上的历史经纬。由于这丝毫也不违背国际法边界条约的史实使"间岛当为中国领土，其条件已完全具备"，于是有后人记录曰：（宋教仁）"精舆地学，曾著《间岛问题》一书，清政府得之，间岛交涉，得以不败（1909）。清政府欲请先生任外交，先生不为动"。于右任也说："当间岛问题发生后，交涉者一无把握。宋先生自日本走高丽，搜求高丽之古迹遗史，抵辽沈，又得中国及日本之史迹足以为此案之佐证者。复亲历间岛，考求其地望事实，归而著《间岛问题》。书成，日本东京之有名学者，均欲求先生以此书版权归诸日本，先生不允。时袁督北洋，得此书，电召先生归国"，宋教仁只"以书付袁，而卒未归。后间岛交涉，因获此书为辅佐，得未失败。袁甚德之，电驻日公使酬先生以金二千元。先生不受。驻日使固强之，先生随散之留东之困乏者，且谓：'吾著此书，为中国一块土，非为个人之赚几文钱也！'"（徐血儿：《宋渔父先生传略》）然而，宋教仁成功的学术成

边工作，却并未成为日后中国涉外纠纷时可供效法的恒例。对此，《禹贡》杂志主编冯家昇先生曾大为感慨："东北四省，就历史上、地理上、法律上说，明明是中国的领土，而日本人为了伸展领土的野心，早几年前就在国际间宣传他们的'满蒙非支那论'，可怜我国学者没有一个能起来加以有力的反驳的。同时日本人为了实现此种基调起见，就雇用了大批学人专门致力于'满鲜学'或'满蒙学'，研究的成绩很能独树一帜"，"日人对于我国东北的研究，不论古今，不论哪一科，无不有突飞猛进的成绩。返看我国，事事落后，又事事颟顸，真不禁令人长叹息！按：中日战前有'朝鲜学'，朝鲜以灭；日俄战前有'满鲜学'，辽省以陷；'九一八'以前有'满蒙学'，四省以亡"。冯氏在如此复杂的心境下，甚至吐出了下面的忧惧："凭日本人对于东北研究的成绩，也可以把东北取走了。假使国际联盟注重学术上研究的话，凭我们临时作的几种小册子，是要失败的，东北四省仍是要送掉的。"（王中忱：《民族意识与学术生产：试论〈禹贡〉派学人的"疆域"史观与日本的"满蒙"言说》）他所说的"国际联盟"一事，指的是 1932 年的李顿调查团对日本霸占东三省事件的"国联"干预行动。在这一干预下，日本吞并东北的法理前提，已被根源性地取消。不过据研究者称，在决定李顿最终态度的问题上，来自中国的上千封民间请愿来信，曾发挥过重大的作用（张生主编：《李顿调查团档案文献集》）。

最后，我想说明的是区域国别学的人才培养工作。这是某个单一问题的研究者所无法想象的，其未来目标，也自非浅表的格致功夫所能理解。培养亟须的"国际化人才"，需要有精深的专业基础训练，而这些训练当中的重点，很多都要落在对各种小语种能力的培育和加强上。它要求培养机构不仅要开设朝鲜语、日语、俄语等语种，还要开拉丁语、希腊语、楔形文字、象形文字等业已被国家列为冷门绝学的古典语言。与此同时，区域国别学研究还需要培养"行走的历史学"等研究志趣。甲午战争 120 年祭时，东亚研究院师生背起行囊，先威海、再马关、后台湾。其意义，只有与整日面壁书本者相比较，才能得到凸显。而区域国别学研究的最终理想，似尤为重要，即如何在古今东西文明的交汇碰撞中萃取出一个与既有文明形态息脉相连的"新文明体系"。这一体系，可以被表述为近代以来形成于文明交汇区域、以熔铸各文明优长为特征的观念模式、行为模式和制度模式。它不需追问纯然的自我，因为自我与外来已无法拆分；也无需苛察体用的畛域，因为体和用已融为一体。

【作者单位：东北师范大学东北亚研究院】
（摘自《学海》2022 年第 2 期）

国别区域全球知识的重构与中国崛起的世界知识保障

杨 成

"百年未有之大变局"构成了讨论中国在新时代更新有关外部世界的知识体系的逻辑起点。"变"主要体现在以下两个方面：

第一，国际失序正在以前所未有的速度全面展开。表面看，20世纪90年代以来通过全球化使各国得以巩固信任、加强合作的，那条被阿克赛德罗称为促进人类合作的"长互动链"近年来加速消解。冷战终结了，但冷战思维反而以"制度竞争""制度对抗"等话语和形式回归，全球范围内的信任赤字不断滋长。深层看，国际新失序标志着又一轮全球转型的开端。当今世界的基本面貌是由以工业化、理性国家建设和"进步"意识形态等三要素为内核的19世纪全球转型所导致的深刻变革塑造的。某种程度上人类还处于"超长的19世纪"之中。但西方主导的发展模式现已走到极限并暴露出其日益难以克服的弊端。工业社会开始向后工业社会转变，理性国家逐渐被民粹主义、极端民族主义绑架，进步主义意识形态日益极化。从历史长时段看，在"东升西降"的"势变"作用下，过往数百年由西方主导的"中心—边缘"格局开始日益"去中心化"。

第二，中外互动呈现颠倒或双向的"冲击—反应"模式。随着改革开放的深化，中国从由西方主导的国际体系中的客体变成了主体，从受动者变为施动者，从所谓"自由国际秩序"的参与者转型为改造方。换言之，中国正在从对标、接轨西方标准的"国际化"，向基于自身主体性和本土经验、逐渐向国际上推广"中国方案"的"化国际"转变。至此，中国完成了从主动"融入"国际体系，到将自身发展经验"嵌入"其中，以及开始用中国方案"引领"世界发展的功能性转换，"东西平视"是其自然结果。现在已经到了中国可以并且愿意为人类做出重大贡献的历史性时刻。

"东升西降"的"势变"，"东西平视"的"量变"和改变"西强东弱"局面的"质变"预期，都要求中国更为全面、系统、深入地理解整个外部世界。而且，当外部世界对中国为全球治理提供替代性路径有较高期待时，如何确保用更

公正、科学、合理的中国方案引领整个世界从"破"到"立"，不仅需要勇气、责任、担当，更需要中国智慧和中国远见。如果不能及时并精确更新我们的国别区域全球知识体系和话语体系，中国稳步从"走近"到"走进"世界舞台中央的成本和难度将大大增加。中华民族伟大复兴的实现和人类命运共同体的建设，在相当程度上取决于我们对国别区域全球知识的掌握水平。

中国的区域国别研究起步较晚，学科建制化发展也相对较弱，不足之处比较明显，与现阶段国家的战略需求还存在较大差距：

第一，轻视学科和理论方法，过度强调特殊知识供给。传统上，区域国别研究基本是其他学科理论的"消费者"，而难以成为某种理论的"生产者"，因而在整个知识生产体系中往往被视为材料的"搬运工"。在以学科为中心的学术研究和人才培养体系中，区域国别研究多被鄙视为"有待解释对象但没有解释"的"伪科学"，居于"不入流"的位置。这个问题无论国内国外，至今都没有得到很好的解决。与西方日益重视理论和中国国际关系研究界自20世纪80年代中后期以来所发生的理论转向相比，中国的区域国别研究似乎长期对理论予以相当程度的漠视。

第二，轻视中小国家，过度聚焦大国研究。过去中国国力有限，只有"对大国外交"而在相当程度上没有真正意义上的"大国外交"，因此研究中出现了"重大国，轻小国""重核心，轻边缘"的路径依赖。受现有学术体制重项目获取与核心期刊论文发表的考核"指挥棒"影响，中小国家尤其是小国研究几乎无人问津。即便偶有涉及，也多将其视为大国博弈的客体而不够重视。大国研究也长期主要集中于美欧等少数西方发达国家，对俄罗斯等国的研究力量较少。

第三，轻视微观研究，过度着眼宏观和战略性研究。学界多将少量精细研究视为西方主导的"碎片化"知识生产模式在中国的重现，因而从"学术殖民"的高度加以批评和贬斥，更为推崇宏观的"战略研究"模式。问题在于，西方的自

我批判并不是说微观研究不重要，而是针对普遍缺少宏大视野的偏颇而言。作为国别区域全球知识生产的"后来者"，我们在超克西方中心主义种种弊端的同时，要掌握好平衡。在微观研究稀缺的情况下，在中国亟须根据不同国家和地区的特殊情况进行有针对性的政策设计时，构建足够精细的基础研究极为重要。

第四，轻视在地知识，过度拘泥于本本主义。作为主要体现为特殊知识的区域国别研究成果，国内相关研究多数情况下是从文本到文本，就理论谈理论，更多像是合理推测，缺乏足够的一手材料加以比对佐证。有的区域国别研究专家从没到过研究对象国或地区，没有任何当地生活、交流的经验。即便组织到研究对象国或地区进行田野调查，也往往走马观花，未能融入当地并汲取更为全面的地方性知识，难免造成盲区。

第五，轻视多语能力，过度依赖单一外语。每一种语言背后都有一套信息体系、知识偏好和叙事倾向。依靠单一语言去研究任何区域国别问题，都容易被锁定在一种"中心主义"的认知框架内，从而很难客观、准确地把握相关知识。多语能力的占有实际上包含着多种主体性的认知特定国家和地区的方式，研究者更容易避免长期被一种隐含价值取向的知识所左右。一般而言，研究某个国家或地区的专家学者，都会对研究对象有不同程度的"偏爱"。想要获得更多的客观性，多语言、多视角、多主体性是更优选择。

第六，轻视学术研究、基础研究，过于重视政策研究。梁启超曾说："泰西之政治，常随学术思想为转移；中国之学术思想，常随政治为转移。"区域国别研究作为"大国之学"，政策研究是其重要内容，这一点体现得更为明显。王逸舟曾形象地将学者的权力背景与其思想和学说的影响及社会地位之间的紧密关联戏称为"基辛格症候"。与此相关，国内的区域国别研究大多过于重视热点问题的追踪和分析，而对很多冷门但可能产生长期影响的选题关注不足。举例来说，从事阿富汗问题研究的学者屈指可数，但当2021年美军撤离阿富汗时，一下子冒出来无数专家大谈特谈。2022年2月俄罗斯和乌克兰爆发军事冲突以来，同样出现"人人皆谈此中事"的现象。应该注意到，学术研究才是政策研究之本。没有好的基础性研究，所谓的策论就失去了根基。"有学术的政策研究"和"讲政治的学术研究"二者不能偏废，一定要基于扎实的学术研究提出有针对性的政策建言。

目前，在国际失序加速的情况下，中国在相当程度上将成为影响世界未来走向的关键，国际社会和中国自身对此都抱有很大期待。同时，中国的区域国别全球知识生产仍然呈现出一种双重"边缘性"特征，并因而面临导致崛起成本增加的知识困境。

第一种边缘性体现在国内维度。在以普遍性知识生产为核心的学科框架内，以特殊性知识为主要追求的区域国别研究自然被赋予了边缘性地位。另一种隐性的鄙视链体现在区域国别研究内部，即大国研究对小国研究有优越感，大国中研究发达国家的又不太看得上研究欠发达大国的。其共同点都是基于对聚集资源能力的评判，没有真正对接国家的战略需求。

第二种边缘性体现在国际维度。20世纪80年代，我国有关苏联和东欧的研究具有很强的国际影响力。普林斯顿大学教授罗兹曼曾经强调中文应该是从事苏联东欧研究继英语、俄语之外的第三门有效工作语言。但现在中国区域国别研究的从业人员数量、成果发表、国际展示等各方面，整体而言都比较弱，能够参与国际学术界平等对话的机构和人员少之又少，国际顶级学术会议参会率也一直较低。这说明中国区域国别研究的国际话语权还很小。

那么，如何克服国别区域全球知识供给与我国日益增强的国际存在及由此不断增长的知识需求之间的张力？如何才能解决现有的各种问题？如何才能在真正意义上实现对美国及其知识生产模式的超越？

苏联解体后，与冷战结束以及随之甚嚣尘上的"历史终结论"的盲目乐观认知相关，国别区域研究20世纪90年代在欧美知识界一度遭到冷遇。美国基于"新帝国"和"单极时刻"的自信，一度以追求普遍性知识生产的学科，取代以特殊性知识生产为内涵的区域国别学，作为在全球层面推进政治民主化和经济全球化的主要支撑。而彼时全球化的迅猛发展也在一定程度上带来了经济和政治秩序上的"去区域化"和"去民族国家化"，从而进一步弱化了区域国别研究的价值。但美国很快吞下了苦果。一方面，无论是推进政治上的民主化，还是经济上的全球化，缺少区域国别知识的支撑，意味着必然只能按某种"统一药方"，而不是一国一策、一地一策，最终必然遭到各种挫折。另一方面，911恐怖袭击在某种程度上唤醒了美国，让其意识到区域国别研究的终结时刻远未到来。所以，美国教育部2014年宣布通过5类资助项目，向全国269家高校机构投资，加强区域国别研究，培养"拥有覆盖全球所有地域的坚实文化知识和语言技巧的专业人才"，以"强化美国在世界市场、全球介入和知识领域的领袖地位"。

问题是，美国虽号称要将本国作为世界的一部分而非例外者，要平等对待非西方世界的研究对象并站在其主位上进行思考，但实际上，"西方中心主义"作为一种思维方式和逻辑从未改变。作为成长中的新兴全球大国，中国显然不能走美国的老路，这不仅应该是中国学界的理论自觉，也应该是一种文化自觉。中国一直强调，无论是现代性，还是力量中心，都是多重的、复数的，因而主张基于文明对话而非文明冲突的逻辑，致力于构建一个以"人类命运共同体"为内核的"美好的世界秩序"。

近年来中国社会科学的"中国中心主义"转向，与挑战西方学术霸权、消解知识殖民和追求学术自主的旨趣有关。作为中国逐渐"走近"世界舞台中央的第一步，在知识生产领域破除对西方学术霸权的迷思，具有足够的合理性。但不能简单地用"中国中心主义"取代"美国中心主义"，而必须建立起超越"中国中心主义"的全新知识生产模式，不能再以"中心—边缘"的二分法作为逻辑起点，来组织国别区域全球知识的生产。同样，不能基于"中西二分"的逻辑，来推动区域国别全球知识生产的范式转换，否则顶多是一种历史循环，而难以实现真正的优化。

在新的时代变局中，进行世界知识体系更新，需要既突出中国的国家性、主体性，又把全球性囊括于内，使中国的主体性嵌入到全球性中。在从事区域国别知识生产时，既要从民族国家的视角来看，又要始终确保一种世界眼光。需要将研究对象和研究者置于平等的地位，把美国和西方当作一种可以对话的知识来源，基于一种普遍主义的逻辑和路径，推动构建关于外部世界的整全知识体系。这是中国知识界应有的视野和雄心。

具体而言，中国的国别区域全球知识体系重构可考虑从以下几方面推进：

第一，在时间层面上打破历史和现实间的藩篱。当下的区域国别研究过于重视现状研究，有关特定国家和区域的历史研究相对而言较为边缘化。这就导致了时间上的断裂，也使得本就主要利用不对称文献资料的研究充满了可能偏离事实的"猜想"。把历史带回区域国别研究的现场，至少可以提供基于历史路径依赖的、相对更为可靠的知识供给，使研究论断更具洞察力和穿透性。

第二，在空间层面贯穿大中小国家以及不同类型的地区。中国需要调整过去知识供给上往往由国际权力分配和研究资源获取的视角定义的优先方向，找回被歧视、被忽略甚至被忘却的传统意义上的"边缘"国家和地区，实现真正的"无盲点""无死角""全覆盖"。

第三，在"人间"层面上，不仅关注抽象的国家和地区、关注全球治理的领域，也要下沉到以人为中心的议题。区域国别研究的"以人为本"，旨在对以民族国家为绝对中心的当下范式予以适度纠偏。这两种不同的知识生产逻辑，一种强调国家主导，一种强调超越国家的"超国家""次国家"以及附着于其空间的人的行为。二者同等重要，不可偏废。在民族国家依然是国际关系核心行为体的情况下，我们不可能抛弃国家利益的研究起点；但又不应将其本质化、同质化、单一化，而需要把人的因素带回研究现场，使得区域国别研究变成一种"有温度"的学问，而不是仅被视为一种权谋、算计的艺术。

美国为例，其并未把"area studies"当作学科来建设，而更多是将其看成一种知识生产的组织形态。1947 年以降美国的主流做法是设置各类区域国别研究项目或平台，主要研究人员在身份上归属各个不同学科所在科系。根据来自国家或非国家组织的知识订货，平台组织相应的专家团队展开研究，项目终结即退出平台。这种基于议题结成的权宜学术联盟，既能保证平台的生产能力，又因非固定编制而降低了运营成本。但始终难以将相关研究科学化，而只能一次次地根据专家的经验主义获得马赛克式的特殊知识。中国即将把区域国别学当作交叉学科门类下的一级学科来建设，学科化问题注定绕不开。

我认为，参照比较政治学的学科构建路径，以方法定义区域国别学是可以实现的，即各独立学科下都可以开展相应的区域国别研究，但在交叉学科中跨学科、学科交叉融合是题中应有之义。对于区域国别学而言，历史学、地理学和人类学是必不可少的支撑学科，三者构成了时间—空间—人间的基本结构。由此出发，在将历史学—地理学—人类学内化为一种认识论和方法论起点后，再根据研究议题辅之以其他学科，在多语言知识体系和多主体性的保障下，一种理想的客观、均衡、可靠的区域国别全球知识才会生成。

总之，中国已经到了走进世界舞台中央的关键时刻，也亟待相应的区域国别全球知识加以支撑。为解决区域国别知识生产的供需严重不匹配的难题，根据时代的背景调整和中国国际地位的变化来恰当地更新世界知识体系，我们需要重构区域国别研究观念与方法，走出一条属于自己的道路。

【作者单位：上海外国语大学上海全球治理与区域国别研究院】

（摘自《探索与争鸣》2022 年第 8 期）

评中国学术界对区域国别研究和区域国别学的认知

江时学

随着中国国际地位的上升，尤其是教育部在2012年设立首批"国别和区域研究培育基地"后，中国学术界对区域国别研究的重视达到了前所未有的程度。在一定程度上，区域国别研究已成为一种"显学"。近几年，除了深入研究世界各地区和各国的政治、经济、外交、社会、历史和文化以外，许多学者还撰写了大量关于什么是区域国别研究、为什么要开展区域国别研究以及如何开展区域国别研究等问题的论文。毫无疑问，中国学术界对区域国别研究认知的加深，有助于提升这一学科的学术地位和学术影响力，有助于推动"区域国别学"的学科建设，有助于为中国特色大国外交提供有力的学术支撑。

一 关于区域国别研究的由来及其重要地位

区域国别研究被视作"舶来品"。任晓认为，自15世纪"地理大发现"以来，西方主导的资本主义世界市场快速扩展，全球范围内各个原本孤立存在的区域日益联结成为一个有机整体。在今日称之为"全球化"的历史背景下，各区域间政治、经济、文化交往的加深，使推进对外部区域的认知成为人们基本的知识需求，"区域国别研究"由此便顺理成章地出现了。钱乘旦将西方的区域国别研究追溯到18世纪。他认为，当时西方的殖民扩张已遍及世界，出于统治殖民地的需要以及对异域文化的好奇，西方学者开始了解和研究殖民地的文化、社会等，从而产生出"东方学""埃及学"这一类新的学术领域，这就是最早的"区域国别研究"。韩东育也认为，作为学科，区域国别学发轫于西方尤其是美国，之后传到东亚。

但也有人认为，中国的区域国别研究可追溯到更为久远的年代。例如，刘鸿武从学术史的视角出发，认为两千多年前的《诗经》大致可以看成是中国最早的一部"区域研究"著作。该书所体现出的认识世界的理性觉悟与思想智慧以及在此基础上形成的精神传统，深刻地影响了后来中国学术对于区域、地域、文明等"时空概念"的

独特理解。李安山认为，中国的区域和国别研究有着厚重的历史传统，中国的正史均记载了边塞及中外交往的信息和资料。在一定程度上，当今国人对周边以及世界其他地区的认识，都是建立在早期所收集的资料上的。这些历史资料包括《史记》《匈奴列传》《南越列传》《东越列传》《朝鲜列传》《西南夷列传》《大宛列传》等。唐世平等认为，作为最早发明文字的古代文明之一，中国是最早拥有"地区研究"雏形的文明和国度之一。在《山海经》的"海内经"篇中就已经可以见到"东海之内，北海之隅，有国名曰朝鲜、天毒，其人水居，偎人爱人"这样的语句。在司马迁的《史记》中，更是有了对匈奴、南越、东越、朝鲜、西南夷的相对详细的记载。张元也认为，中国在先秦时就有《山海经》，历朝历代也一直有记录周边史地的传统，如宋代赵汝适的《诸蕃志》和元朝贡珍的《西洋番国志》等。早期的异域知识大都是经验性的，对域外知识的记录也多是游记式的异域体验，如唐朝僧人玄奘的《大唐西域记》就是对今南亚和中亚一带的翔实记录，在北非有记录亚洲大部分地区和国家见闻的《伊本·白图泰游记》，在西亚有伊本·胡尔达兹比赫的《道里邦国志》，在欧洲则有著名的《马可·波罗游记》。任晓将19世纪中国"区域国别研究"的发端视为西方列强的坚船利炮下被迫融入全球体系的历史进程的产物。他认为，自鸦片战争失败，中国国门被迫打开后，中国社会遭遇"三千年未有之变局"，为应对空前严峻的外部挑战，有识中国知识分子开始"睁眼看世界"。积极探索外部世界的先贤包括林则徐、魏源、徐继畬等人，他们通过各种方式了解西方国家的语言文化、法律制度、军事技术等，并主持翻译西方文献资料，先后编纂了《四洲志》《海国图志》《瀛寰志略》等具有启蒙意义的重要著作，建立起中国人对外部世界的初步认识。

黄达远等认为，目前中国区域与国别研究仍处在探索阶段，这一判断是值得商榷的。早在1956年，中国华侨事务委员会就在厦门大学成立

了南洋研究所。这可能是中华人民共和国成立后最早设立的致力于区域国别研究的研究机构。1961年，中国科学院哲学社会科学部成立了西亚非洲研究所、拉丁美洲研究所和东南亚研究所。1963年12月14日至1964年2月4日，周恩来总理访问非洲。出访前，他主持召开了一个关于如何加强国际问题研究的会议。会后，中央外事小组起草了《关于加强研究外国工作的报告》，毛泽东主席批示"这个报告很好"。1964年，根据毛泽东主席和周恩来总理指示，经教育部批准，北京大学、中国人民大学和复旦大学均设立了国际政治系，有力地推动了区域国别研究。

近几年，中国的区域国别研究似乎成为一门"显学"。从事区域国别研究的机构如雨后春笋，探讨区域国别研究的会议、讲座和论文层出不穷。为什么要加强区域国别研究？几乎所有学者都将其必要性归功于中国综合国力的强大和国际地位的上升。例如，钱乘旦认为，区域国别研究是大国的需要，只有大国才有进行区域国别研究的强烈要求。中国经过40多年的快速发展，已跃升为世界第二大经济体，综合国力和国际地位不断提升，世界影响力持续扩大；与此同时，国际格局变化很快，中国发展的内部条件和外部环境都在发生快速演变。在此背景下，促进"一带一路"倡议，推动中外交流，加强国际传播，参与全球治理，共建人类命运共同体，已成为中国应对世界变局、保障持续稳定发展的基本方针。新形势和新目标要求我们准确把握国际形势，正确认识外部世界，精准制定国际战略，有力推进对外工作。这些都要求中国对世界各国、各地区做深刻、全面的研究，开展区域国别研究是时代需要。陈岳认为，区域国别学形成于二战后的美国，更确切地说是冷战和美苏争霸所催生的跨学科研究领域。二战后，美国确立了全球性大国的地位。与之相适应的是，美国的国家利益也辐射到了全世界，加强对世界各地区和国别的研究就成为制定美国国家战略和对外战略的迫切需求。谢韬认为，进入21纪以来，中国的综合国力飞速增长，与世界的联系日益广泛和深入，参与全球治理的意愿和能力逐渐提升，在国际事务中的影响力不断扩大。一方面，中国成为国际社会关注的焦点；另一方面，中国政府和社会各界对外部世界的知识需求急剧增加，尤其需要针对各国和地区政治、经济、文化、历史、社会等方面的深入研究。全球大国的标志之一就是有为其外交战略提供智力支撑的国别和区域研究。当前中国的国别和区域研究可谓迎来了黄金期。赵可金认为，重视国别区域研究，从严格意义上来说，是作为一个世界

大国的标配，也是走上世界舞台的"必修课"。王向远同样认为，一个国家往往在国力虚弱的时候更强调"国学"，而当国家实力增强的时候，才有余心、余力关注周边，关注外国，面向世界，才可能热心提倡区域研究与区域建构。郭树勇将开展区域国别研究的必要性归结为三个有利于：有利于丰富对相关国家的细节认知和全面认识，科学研判合作发展的形势和条件；有利于更有针对性地开展人文交流和公共外交，服务于中国特色大国外交和民心相通战略；有利于掌握国际交往枢纽的发展动向，为全球治理和合作共赢的新型国际关系贡献力量。李安山以非洲为例，指出了区域国别研究为增进国人对世界的认识、学习借鉴别国文明成果和发展经验以及促进中外人文社会科学交流作出的贡献。例如，中国可以从毛里求斯等国学习社会福利进步等方面的措施。此外，一些非洲国家的价值观也值得我们研究借鉴，如非盟提倡的"乌班图"精神。乌班图精神有两层意思："人道待人"（对别人仁慈）和"天下共享，连接众人"（共同体）。这两层意思互相关联、互为表里。

在推动中国的区域国别研究时，能否借鉴国外的做法？罗林等认为，中国的国别和区域研究不是将美国的区域研究拿来"炒冷饭"，中国的国别和区域研究与西方国家的区域研究既有相似之处，也具备鲜明的中国特色。第一，在学科创建模式方面，国别和区域研究是在中央领导部署下，教育行政管理部门直接领导的有组织有计划的学科整体建设，相比美国区域研究依靠学术界自发组织学科创建活动，具有更强大的动员力和更广泛的参与度；第二，在学科交叉协作方面，国内哲学社会科学的共融性较强，对于在具体国别或区域上建立综合性学科存在一定的共识，有助于推动学科发展，而美国人文学科和社会科学学科划分更为精细化，强调以实证主义为基础的"硬学科"发展趋势，不利于区域研究学科发展；第三，在学科创建路径上，国别和区域研究采取"由下至上，协同整合"的路径，由外国语言文学、政治学、世界史三个一级学科共同参与，而美国的区域研究的创建路径采取"由上而下"的顶层规划路径；第四，在资金支持方面，中国的国别和区域研究得到了中央财政的专项支持，能够保障研究队伍和学科建设的可持续发展，而美国区域研究创建时期依靠政府项目和私人基金会的支持，随着政府项目结束和私人基金会的撤出，区域研究面临着研究资金短缺的发展困境。但牛可认为，美国的区域研究已经在总体上呈现更加丰富、复杂的格局，正在脱离"冷战社会科学"

的样式。而且，这种情况与社会科学史、高等教育史、知识社会学、美国政治等方面研究深入和多样化的发展趋势相互呼应、同行并进。正在构建"国别和区域研究"中的中国学术界，当然应该对这样的研究予以特别的期待和关注。

二 关于区域国别研究的研究对象

顾名思义，区域国别研究的研究对象是世界上各个地区以及所有大大小小的国家。根据中国外交部网站的有关栏目，世界由亚洲、非洲、欧洲、北美洲、南美洲和大洋洲组成。除了这些洲以及近200个国家以外，还有一些次区域以及近20个未独立的地区。

一些学者在学理上对"区域"和"国家"的概念进行了解读。例如，陈恒问道：我们大约知道世界上有多少个国家，但知道有多少个地区吗？区域包括南极、北极吗？包括海洋吗？包括太空吗？网络空间属于区域吗？如果属于的话，我们真要重新审视已有的时空观念了。他认为，所谓区域，就是指在政治、经济、文化、社会或历史传统等诸方面具有相同、相近或相似的某个国家或多个国家或多个国家毗邻的部分组成的广域空间。显然，区域与国家有时重叠，但大多数情况下又是跨越民族国家的，区域之间还有交叉。这使得传统的区域研究中有几个单位显得非常复杂，诸如亚洲、非洲、欧洲、拉丁美洲，其内涵、外延也是不断变化的。在快速发展的当代世界中，我们不能视"区域"为一个固定的、静态的实体。它是一团重叠的、边界模糊的、有时是交错甚至冲突的经济和社会关系，受到宗教信仰、政治活动、工业活动、农业活动、商业活动、人口流动以及志愿者组织等因素的影响。

牛可认为，在认识论偏好、方法取径和学科文化上，以区域"实体"为对象的区域研究与当时主导社会科学的"硬实证主义"构成背离、对峙，因为区域研究内在地偏向"具体形象的"而不是"通则性的"知识形态。用涉及社会科学认识论的一些语汇说，在相对的意义上，区域研究的智识偏好和特性是特殊性取向而不是普遍性取向的，是归纳的而不是演绎的，是经验性的而不是理论的，是质化的而不是量化的，是描述的、叙述的和阐释的而不是归约论的和解释性的图式和"模型"。进而言之，区域研究更注重历史文化的整体性和"情境具体性"，更容易导向历史的和文化的相对主义和多元主义。它偏好和讲究以当地语言和"总体文化知识"达成"实体知识的广博性"，在历史和文化阐释和比较的基础上达成"跨文化理解"。

张蕴岭将"区域研究"提高到"国际区域"的层面。他认为，国际区域是多个国家共处的地区，地缘连接是国际区域的基础。国际区域是一个客观存在，具有显性的关系和直接的利益。对于国家而言，所在国际区域的关系和利益通常被置于对外关系和涉外利益的首要地位。对于世界来说，区域是国家群组的重要载体，承担着重要的发展与治理职能。我们通常把区域国别研究放在一起，尽管区域和国别两者有着不可分割的特征，即研究区域离不开对国别的研究，研究国别也不能忽视所在的区域，但国际区域研究是一门独立的学问。

张云对"国家"概念的解读似乎较为深奥难懂。他认为，在现实世界中，国家并不是"沃尔兹效应"下的简约单位，而是一个需要被"深描"的实践的共同体。区域国别研究是从区域研究延展而来，可以通过传统区域研究的学科化功能来还原"国家"的特殊性，区域、国别相互组合的研究反映的正是国家"在地化"的复杂性，是在实践中对国家单元的充实和复原。从简约国家到区域国别，是国际关系研究的单元层次从理论演绎到社会实践的回落，单元层次的本体价值介乎理论与实践之间，需要一种"卡赞斯坦式"的平衡，其中，理性国家、简约国家的假设是需要在单元层次重点拆解的。

还有人试图分析区域研究与国别研究之间的关系。例如，王向远认为，迄今为止，学术界并没有深入解释为什么采取"区域国别"这样的组合，也没有说明两者之间是什么关系。他认为，从逻辑上说，国别是区域的组成部分，无论如何也不能是区域在先，国别在后。因而我们宁愿将所谓的"区域国别研究"理解为"区域中的国别研究"，以符合学科本义。这样一来，"国别和区域研究"中的国别研究就不是单纯的、孤立的国别研究，而是区域中的国别研究。

区域国别研究具有交叉学科的性质，因此，这一学科的涵盖面应该是非常宽广的。钱乘旦认为，有人将区域国别研究理解为国际关系或国际政治研究，这是误解，也是不理解。区域国别研究的范围更大，国际关系和国际政治研究是其中的一部分。任何一个国家或任何一个地区都是多面的，非常复杂，所以任何学科都无法单独将区域国别研究纳入它的范畴。只有许多学科合作互动、共同努力，才能把一个国家或一个地区的情况摸深、摸透。因此，区域国别研究最本质的特征是它的交叉性，它应该是一个交叉学科。罗林等认为，国别和区域研究是针对特定国家或者区域的政治、经济、社会、军事、人文、法律等领域的社会科学研究，是侧重于公共事务和公共政策的专门研究，具有多学科、跨领域的基本特点。郭树勇认为，区域国别研究是针对特定国家或者区域的人文、地理、政治、经济、社会、军事等进行的全面深入研究。区域国别研究与国际问题研究和国际政治研究联系密切，但无论从广度还是深度上都大于后者。它具有全面性、深入性、及时性和战略性等特征。赵可金引述了英国经济与社会科学研究理事会（ESRC）和艺术与人文学科研究理事会（AHRC）关于国别区域研究的三部分内容界定：一是以国别为对象的区域研究（比如日本研究），二是以全球化为主题的区域研究（比如不同区域间的跨学科和比较研究），三是以重要问题为导向的区域研究（比如恐怖主义、民主等）。

确实，区域国别研究不仅仅是国际关系研究。正如张元指出的那样，国际关系的区域国别研究是运用国际关系理论和方法对区域国别进行精细作业的分类研究领域，是"国际性"和"关系性"的学科内涵在单元层次（区域、国家）的学术呈现，其主要研究对象是某一区域的特定国家或国家组群的关系性经验、国际性知识与社会化实践，其中包含了研究者、政策制定者和实践者参与其中的主客体间的互动与实践。区域国别的知识生产既是国际知识的主要来源，也是国际关系学科发展的动力源泉。区域国别对于国际关系研究的意义至少体现在两个方面：一方面，在理论上，面对国际关系大理论研究的衰退，作为单元层次，区域国别有利于国际关系研究从大理论转向中观和微观理论，为国际关系研究提供新的理论增长点；另一方面，在实践上，国际关系研究一直存在理论研究、实证研究和政策研究相互贯通的问题，也就是理论如何发挥其解释和服务现实的能力，区域国别在实践中卷入国际关系中最重要、最活跃的单位和层次，能够平衡理论导向和实践导向对国际关系研究的不同需求。

在推动区域国别研究的过程中，如何处理基础理论研究与应用对策研究两者之间的关系，是一个分歧较大的问题。谢韬认为，《教育部办公厅关于做好2017年度国别和区域研究有关工作的通知》开篇指出："高等学校开展国别和区域研究工作，对于服务国家战略和外交大局，全面推进'一带一路'建设，具有十分重要的意义。"随通知印发的《国别和区域研究中心建设指引（试行）》则明确指出："国别和区域研究中心要以资政服务为首要宗旨……造就大批满足国家重大政策研究需求的'国别通''领域通''区域通'人才。"由此可见，政策咨询是国别和区域研究的首要任务，也是其受到党和国家高度重视的最重要原因。

郑春荣认为，高校区域与国别研究人员常年从事的都是基础研究，但是，区域与国别研究天然具有服务国家外交战略和经济社会发展需求的属性。与此同时，不少学者常常割裂基础研究和应用对策研究，认为后者是智库研究人员的工作内容，而非高校一般研究人员的职责，这在本质上与咨政成果大多未纳入职称评审和业绩评估体系有关。如果割裂看待区域与国别基础研究和应用对策研究，则会使两者成为"两张皮"，无法发挥它们之间的融合联动作用。他甚至认为，高校的区域与国别研究人员在服务国家决策需求上尚缺乏自觉意识，选题的敏感度也有不足，为此，需要与实务部门加强沟通，及时了解党和国家的决策需求。事实上，长期的"冷门"研究与短期的"热点"研究并非相互无涉，相反，前者可以为后者提供素材和方法上的支撑，而后者可以为前者提供现实关切。

但李安山认为："目前，对中国的地区研究的要求似乎强调对国家战略的咨政方面，本人不赞成这一观点。诚然，在具有扎实的语言基础和长期跟踪研究的基础上收集信息，对当地局势做出判断并为国家决策提出咨询意见，确实是地区研究基地的重要任务。然而，中国的地区研究之目的和使命应该更为丰富。"他还指出，地区研究与政府机构联系紧密，对国家战略起到某种咨政作用，这正是美国推进地区研究的重要目的。

唐世平等认为，我们需要的是，一个学者能够仅仅凭自己的学术贡献就可以获得学术界的认可和作为一个学者的尊严，而不是非要有政府的认可才行。他们甚至引用美国经济学家萨缪尔森的话：经济学家是为同行们的掌声而工作，政府的认可则是意外的惊喜。牛可也认为，大学里的区域国别研究不能仅局限于智库功能，不能仅以实际效用加以界定。不能说政府需要什么样的知识，你就提供什么样的知识。

相比之下，严安林的看法比较务实。他认为，基础研究最终也是需要服务于现实政治的，但不是直接为政治服务，类似于"科学"与"技术"的关系。如果没有基础研究，政策研究与决策咨询研究是难以做好的，因此需要重视基础研究，不可偏废基础研究。但如果只有基础研究，只做基础研究，不转化为决策咨询研究，这样的学术研究也是不完美的。当然，其中需要解决专家学者的基础研究如何服务决策咨政的最后一公里的问题。需要推动学术研究与咨政研究的有机融合。

三 关于区域国别学的含义

许多人在分析中国区域国别研究存在的问题及其应对之道时,提出了将其升格为"区域国别学"的必要性。例如,胡春春认为,由于"国别和区域研究"没有进入《学位授予和人才培养学科目录(2011)》确定的学科目录,因此其发展空间严重受限,如无法以"国别和区域研究"为名招生,培养学生只能挂靠目录内学科,学生毕业后没有对口专业,后备人才的专业上升空间(如晋升职称等)在很大程度上取决于目录内学科的"脸色",以致国别和区域研究很难吸引和留住优秀人才。他说,只有把"国别和区域学"在学科目录中单独设立为一级或二级学科,才能在中国的高等教育和科研体制内顺利推动教学和科研机构的实体化建设,从而根本解决国别和区域研究的人才培养问题。李志东也认为,国别与区域研究面临的制约因素之一是其学科地位未得到普遍认同。

其实,早在2013年,国务院学位委员会就将"国别与区域研究"列入一级学科"外国语言文学"的五个"研究对象",并对其作出以下界定:"国别和区域研究借助历史学、哲学、人类学、社会学、政治学、法学、经济学等学科的理论和方法,探讨语言对象国家和区域的历史文化、政治经济社会制度和中外关系,注重全球与区域发展进程的理论和实践,提倡与国际政治、国际经济、国际法等相关学科的交叉渗透。"

王缉思认为,从学术角度看,区域与国别研究是一个多学科、跨学科的综合领域,不可能成为一个单独的学科。它需要综合社会科学、人文学科、自然科学的许多知识。历史学、人类学、语言学、社会学、政治学、经济学、法学、地理学、环境学等等,均构成这一领域的学科基础。归纳起来,这个学科基础也许可以分为四个维度:空间维度,包括地理、环境、领土、网络等按照地域和空间划分的维度;历史维度,即基于世界各个民族、国家和地区历史经验的维度;文化维度,包含语言文字、宗教、文化等人文学科领域的研究;社会维度,包含政治、经济等社会科学领域。

王缉思在2018年的预测显然言之过早。2020年12月30日,国务院学位委员会、教育部发出《关于设置"交叉学科"门类、"集成电路科学与工程"和"国家安全学"一级学科的通知》,决定设置"交叉学科"门类(门类代码为"14")。2021年12月,国务院学位委员会下发《博士、硕士学位授予和人才培养学科专业目录(征求意见稿)》及其管理办法,将区域国别学纳入第14类"交叉学科"的一级学科目录,可授予法学、文学、历史学学位。由此可见,区域国别研究有望升格为"区域国别学"。毫无疑问,这一升格既能提升区域国别研究的重要地位,也能为研究人员提供更大的用武之地;既能为中国特色大国外交服务,也能为中国社会科学研究拓展研究领域。

关于这一升格的必要性,陈恒认为,"区域国别学"的出现意味着时代需要中国学术界尽快构建我们自身的学术体系、学科体系、话语体系,以超越那些充满民族主义的学术构建,以更加客观的态度描述世界。设置本学科的首要目的是培养大量复合型高端应用人才,而不仅仅是进行学术研究。刘鸿武也认为,学科的设置与边界应该服务于人的认识活动需要,而不是束缚人的认识活动或支配人的认识活动。钱乘旦也认为,在学科目录中把"区域国别学"作为一级学科来设立是最重要的一步。中国教育体系的一个特点是学科制,在这个体系下,只有用学科这样的方式才能够把人才培养纳入学科体系里面去,否则,说要进行研究,需要这方面的人,怎么呼吁都没用,因为没有培养这种人才的手段。在目前的学科体制下,只有通过学科目录体系才能培养人才。所以就需要建设一个一级学科来培养国别与区域研究方面的人才,这是一个根本性的解决办法。

但是,如何使这一升华名至实归,如何使"区域国别学"成为一门真正意义上的一级学科,还需要更多学者发挥其聪明才智,提出更多的真知灼见。正如周方银所说的那样,"区域国别学成为一级学科后,面临的一个现实问题是,它对区域国别研究会带来什么实质性变化。换句话说,学科建设后与学科建设前有什么实质性区别?区别显然不应该只在于是否可以授予区域国别学的硕士、博士学位,更在于推动区域国别研究面貌的变化,特别是推动区域国别研究学术水平的提高"。他还指出,"与区域国别研究的相对繁荣相比,中国区域国别的学科建设显著滞后。这与区域国别研究的学科特点有很大关系:例如,与经济学、政治学、社会学、法学、历史学等根据研究领域来划分的学科不同,区域国别研究的研究对象是一定地域范围的实体,包括国际区域、次区域以及国家;又如,许多区域国别研究人员的学科归属感不强,因为不少人认为自己主要是基于求职考虑或所在单位的工作安排,才转而从事关于某个特定区域、国别的研究"。

此外,区域国别研究升格为"区域国别学"后,与国际上的区域国别研究有何异同之处也是一个需要回答的重要问题。汪晖认为，"今天在中国开展区域国别研究，与从英美发端，而后蔓延至欧洲、日本等地区的区域研究，根本性的区别到底是什么？如果不思考这些问题，除了知识范围扩大之外，似乎又是一轮模仿开始了"。他认为，"学科建设与反思需要同步进行。如果没有这个过程的话，我们会随即陷入一种循环——我不是要否定欧美的区域国别研究，我们已经从中学了很多，还将继续学习。我们需要在大规模推进的过程中重新设问：何为区域国别研究？谁的区域国别研究？当今时代中国的区域国别研究如何区别于发端于 19 世纪的英国、壮大于 20 世纪中期之后的美国并在 20 世纪六七十年代遍布世界各地的区域国别研究？如何确立每一项研究背后的动力和目标？"

区域国别学如何发挥交叉学科的优势、如何体现交叉学科的特点，同样是我们在推动其学科建设时必须要回答的问题。王中忱认为："所谓交叉学科，是否仅仅是几个学科的拼盘？以往也曾见到一些所谓交叉学科，常常是几个学科在形式上拼组到了一起，进入实际研究却仍然是各说各话。怎样才能通过多学科的合作，促使每一个相关学科都内在地发生变化，并进而形成跨学科融合的新范式？这肯定是有待探讨的新课题。"孙江也认为，区域国别研究升格为区域国别学后，"欢呼者，主要是从事跨学科研究的学人，这些学人在固有的学科体系之外找到了共同的家园。疑惑者，主要来自上述三个相关学科，在一些学人看来，区域国别学是一个身份不明的来客，尚有待观察。对于长期倡导跨学科研究的笔者来说，我们所从事的概念史研究与区域国别学关系密切，在理念上，不应将区域国别学视为区域研究和国别研究之和，而应视为对二者的超越"。

交叉学科是否等同于多学科？2018 年 4 月 15 日，云南大学曾召开过"区域国别研究理论与方法研讨会"。卢光盛说，会上有人提出这样一个观点：在构建区域国别研究时，应忌谈"多学科方法"，因为一提"多学科"，就失去了其独立存在的意义，会导致区域国别研究成为一个大筐，什么都往里面装。但钱乘旦认为，学科交叉是不可避免的潮流。我们今天所看到的学术界、科学界取得的重大突破和成就几乎都是学科交叉——"叉"出来的。他还指出，有很多人把国别与区域研究理解为要么是国际关系研究，要么是国际政治研究，要么就是外国语言文学研究的一个部分，当然还有其他的理解。这些理解大多受到了学科体系、学科目录框架下固态思维方式的影响，是一种固态思维方式产生的理解，也就是仍然要

把国别与区域研究理解为某一个界限非常清楚的、边界非常明显的固态领域。

中国学者在开展区域国别研究时，必然会与国际学术界开展交往。这就需要将"区域国别研究"翻译成外语。牛可认为，名正才能言顺，理通而事立。语汇关系到对研究的对象、单位和议题的看法，关系到潮流、方向。中国官方正式采用的"国别和区域研究"的直接英文对译是"country and area（regional）studies"。这在国际上并不通行，甚至可能给人有点怪异的感觉。纳入"国别"二字，当然是基于我们的习惯和传统。中国以往的对外研究组织中比较突出国别向度，特别是大国研究分量很重，现在又提倡对一些小国的专门研究，这里面的考虑可以理解。而且我们的"区域"一般都理解为国家之上的地理空间范畴，与"国别"没有语义上的重合。但是，英文的"area"或者"region"从区域研究在美国发端时就涵盖了国家之上、国家和次国家的地理和文化空间单位，所以，如果把"区域和国别研究"对译为"area and country studies"，则有构词法上的语义重复问题。从美国和世界范围看，自 20 世纪 40 年代以来出现过不同用语（包括"area studies""regional studies""foreign area and language studies""world area studies""foreign area studies""international studies""area and international studies"，等等），用法因时代变化而有变化，并因不同机构和个人而各有不同。赵可金也认为，根据国内外学界的阐述，国别区域研究的英语可以确定为 international and area studies。

除了区域国别学以外，我们还能看到"非洲学""欧洲学"和"美国学"等名称。那么区域国别学与这些"××学"是什么关系？刘鸿武认为，科学与学术往往在那些边缘领域、交叉领域、跨学科领域获得突破而向前推进。作为以地域为研究对象的、具有综合性和交叉性学科特质的"区域国别研究"，其成长也一样要走这种综合、分化、再综合、再分化的螺旋式上升的道路。从这个意义上来说，依据地域性研究活动而建立"地域性学科"（如非洲学、拉美学、中东学、亚洲学等），就是将分化的学术与知识又统筹、交叉起来，从而共同来关注同一特定地域的一些基本问题或共同问题。"区域学"是作为一种以聚焦地域研究为主要特征的特殊学科，它的一个基本特点就是十分重视学科知识与思想形态的地域适应性和时空关联性，尤其重视从它所关注与研究的特定地域与时空结构上来开展自己的适宜性研究，通过建构自己的适地性知识体系，努力形成可以系统说明、阐释、引领对这一特定区域的

一般性、普遍性问题具有解释力的"地域学"学科群落与知识体系。从目前我们国家的学科建构与体制来看，"区域学"（如非洲学、中东学、拉美学、亚太学等）作为一种新兴学科和交叉学科，其建设与发展可以对目前中国以"领域学"（如经济学、政治学、历史学等）为特征的学科建设起到积极的平衡与补充作用，从而让我们更好地把握和理解世界的多样性与复杂性。

刘鸿武在其《非洲学发凡——实践与思考六十问》一书中为"非洲学"给出以下定义：非洲学是一门以非洲大陆的人文与自然为研究对象、探究非洲文明历史进程及其当代政治经济与社会发展问题的综合交叉学科，其内容既包括对非洲大陆做专门化认知研究的各类探索活动与探索过程，也包括经由这些认知探索活动所积累而成的系统化的概念与方法、知识与思想。这门学科对创造中非共享知识，完善当代中国学术体系，助推中非命运共同体建构，都有重要的意义。

关于"欧洲学"，沈雁南认为，从学科属性来看，中国的欧洲学属于中国国际问题研究范畴，也属于社会科学这个更大的范畴。欧洲学源于欧洲研究。欧洲学应是有在"基础理论研究"的基础上进行"现实具体问题研究"的含义；就其研究对象而言，则又可分为政治、经济、社会文化和国际关系等四个大的分支。因此，建设中国的欧洲学并非标新立异，亦非制造一个可供学者在书斋里悉心观赏的玩物，而是要在中国欧洲研究的发展基础上建立更高、更科学的研究规范和评估体系，促进欧洲问题研究的深入发展，为中国的现代化事业服务。

刘立群认为，不能看见标以"学"字的语词就望文生义地以为一律是严格意义上的科学，尽管它们必然与学术性研究有关。从这个意义上说，把日本研究称为日本学、美国研究称为美国学等，多少会引起某种误解。不过，既然已经约定俗成地有了这类称谓，那么欧洲学这个称谓便同样可以成立，只需弄清它们并非严格意义上的一门科学，而只是对国别或洲别进行综合性学术研究便可。

中国青年出版社1990年出版的《社会科学学科辞典》认为，"美国学"是从宏观上研究美国的物质文明和精神文明的综合性学科。孙哲认为，自1979年以来，中国的"美国学"研究蓬勃发展，论文、专著、译著的数量日益增多。他在《美国学——中国对美国政治外交研究》一书中考察了1979年以来中国"美国学"的发展状况，尤其是中国人的美国观的变化，全面介绍了中国的美国研究机构和研究人员现状，归纳了中国的美国研究学术论文，并介绍了中国的美国研究领域的代表作。赵一凡认为，"美国学"在美国是一个独立的专业，是区域研究的一支，类似于俄苏研究、中国研究，强调通过跨学科的综合性研究把握美国这个宏观主体。

相比之下，聂友军为"日本学"给出的定义似较为具体："日本学"是指日本开国以后欧美学者以翻译与研读日语经典文献为中心，对日本国家、社会与文化自觉开展的体系化、学科化的研究。相比之下，《社会科学学科辞典》的这一定义则似是而非："日本学"是研究日本的人文、地理、历史、文化、社会生活、政治、法律、国防、外交、经济、科技等问题的综合性学科。

四 关于区域国别学的学科建设

学科建设就是通过完善知识体系、推动理论创新、构建一种科学的研究范式、充实研究力量、出版教科书以及开设必要的课程等途径，构建一门学问的"软件"和"硬件"。区域国别研究升格为区域国别学后，当务之急是尽快做好这一学科的学科建设。自20世纪50年代末60年代初以来，经过60多年的发展，中国的区域国别研究已为区域国别学积累了较为丰富的知识体系，尽管这一积累是永无止境的。其实，任何一个学科的知识积累都是积跬步以至千里的。区域国别学亦非例外。

赵可金认为，作为交叉学科门类的一级学科，区域国别学需完善作为一级学科的学科对象与内容、二级学科分类、学科重点布局等方面的问题。钱乘旦认为，设立区域国别学一级学科的高校，至少应该拥有十个以上的一级学科。如果没有一定数量的学科的存在，哪能形成交叉学科？陈岳认为，区域国别学的学科建设应从三个方面（师资队伍、人才培养、科学研究）入手：首先，不仅要研究对象国及地区的历史文化问题，还要研究地区国别的当代政治、经济与社会问题，而且重点在于后者；其次，不仅要研究对象国及地区自身的问题，还要研究对象国及地区与他国、大国和国际体系的关系及其与外部世界的联系；最后，不仅要依靠英语研究地区国别问题，还要尽量掌握对象国及地区当地的语言来开展深入的研究。戴长征也认为，为了推动区域国别学的学科建设，一是要进一步强化区域国别研究的学科化，二是要进一步推动区域国别学的体制化，三是要进一步推动区域国别学的机制化。

在中国的学科体制下，区域国别学必须有一定量的二级学科。如何设置二级学科是我们在推动区域国别学学科建设时必须要回答的问题。钱乘旦认为："关于二级学科怎么设置，现在已经有一些讨论。有的认为可以按照国家、地区去设置，例如设置欧洲研究、美国研究、日本研究这样的二级学科。但这种设置的弊病是难以全面涵盖所有国家和地区，世界上有 200 多个国家和地区，难道要设置上百个二级学科吗？就算设置几十个二级学科，也是不现实的。"

作为一门学科，区域国别学需要理论支撑。我们是否已经构建了区域国别学的理论体系？王缉思认为，中国的区域与国别研究的学术资源和物质条件已经得到了明显改善，如今的问题不在于缺乏资料和对外交流的机会，而在于缺乏理论创新，缺乏学科间的融合。周方银认为，区域国别研究绝不能只是为社会科学理论贡献"原材料"，而须有自己独立的基础理论，这要求在区域国别研究的基本理论、基本原理方面产生一批重要成果，改变不同区域国别研究的共有知识基础不够深厚、共通性知识不足的现象。

李晨阳认为，虽然国内外学者对区域国别研究的理论和方法进行了较长时间的探索和总结，但总体上还不够系统和成熟。李中海认为，目前很多流行的国际政治理论都是从发达国家或其他不同类型国家的历史和现实中提炼出来的，对这些理论必须进行适用性检验，否则，盲目奉行"拿来主义"，用这些理论来指导区域国别研究，不但无法解释具体区域和国别的现实问题，也不能提出具有现实意义和有针对性的政策建议。李巍也认为，作为一个全新的学科，区域国别学最大的不足是缺乏统一的理论基础和研究方法。因此，区域国别学如果要成为一个枝繁叶茂的有竞争力的学科，就必须向既有学科，特别是那些有深厚学术积淀的学科寻找理论资源。

世界只有一个，而理论不计其数。然而，迄今为止，国际上还没有一种现成的区域国别学理论。这一缺陷是其跨学科性质决定的。换言之，区域国别学研究只能借助其他学科的理论。但郭树勇认为，国别研究的常用理论很多，因为国家一直是人类社会活动的中心话题。他在《新编区域国别研究导论》一书中介绍了国别研究常用的四种理论即民族性理论、国情论、例外论和现代化理论，还介绍了区域研究的几种常用理论，包括地缘文化理论、地缘政治理论、地缘经济理论、区域一体化理论、区域治理理论以及共同体理论。

且不论郭树勇所说的几种理论是否属于区域国别研究或区域国别学固有的理论，马克思主义理论的指导作用是必不可少的。正如余南平所说的那样，深化对马克思主义政治经济学的理解将有助于区域国别研究的新学术范式的拓展。他认

为，马克思政治经济学在 19 世纪所创立的认识论和方法论，在今天对于解释区域、国际互动与国别问题演化，较之其他流行理论都拥有更高级、更深层的洞察力。他的结论是：如果在区域国别研究中仅考虑和运用一般的传统西方自由主义经济学、社会学在"现象"与社会"横切面"意义上的"科学方法"和"研究范式"，而无视甚至放弃马克思政治经济学所提出的具有通用解释力的科学理论和方法论，不仅无助于对国际关系变化的本质把握，同时更容易在细节的论证上落入"数学模型自我构建"和"数据堆砌"的泥淖，抑或沉浸于个案描述和分析中夹带的自我价值观解释和文化抽象性描述。

任何一种科学研究都是讲究方法的，区域国别研究亦非例外。但是，对于区域国别研究有多少种方法、应该使用哪些方法，中国学者似乎有不同的看法。例如，李强认为，区域与国别研究的方法有两种，即人文的方法与社会科学的方法。这两种都是区域与国别研究不可或缺的重要方法。缺乏社会科学知识背景与方法论的区域与国别研究不可能行稳致远。只有发扬并提升既有的人文学科优势，尽快加强社会科学方法在教学和研究中的运用，实现人文学科和社会科学方法的有机结合，才可能实现学科的健康发展。他认为，与其他学科相比，政治学是和区域与国别研究交织最多的社会科学学科。以美国为例，在比较政治领域有众多以区域或国别政治为研究对象的学者。在政治学研究领域，关于区域与国别研究的方法论之争最为激烈，其中诸多理论或观点对我们今天思考区域国别研究方法论具有借鉴意义。

近几年，比较政治研究在中国得到了较多的关注。如何使比较政治研究与区域国别研究相得益彰？汪卫华认为，比较政治与区域研究都是冷战时代"美国制造"的社会科学研究领域。从 20 世纪 50 年代到 80 年代，比较政治与区域研究曾有过一段相互参酌、交织发展的协作时期；但自 20 世纪 90 年代以来，两者间的分歧越来越大，渐趋疏离。通过追溯比较政治与区域研究如何从早期携手并进的"耦合"状态走向"解耦"以致"脱钩"的过程，不难发现，两者"解耦"是政治学科内聚性提升的自然结果。

为了推进区域国别学的学科建设，高校的课程设置可能会发生一定的变化。关于这个问题，常晨光等以中山大学国际翻译学院为例，提出了将"思政元素"融入区域国别学课程的设想，并进行了有益的尝试。他们认为，国别与区域研究方向的课程思政建设应涉及以下几个方面的内容：习近平新时代中国特色社会主义思想、大国外交

理念；爱国主义、家国情怀、中国立场；世情、国情、党情、民情；中华优秀传统文化；"四个自信"；社会主义核心价值观；法治教育、学风教育、职业道德教育、批判思维能力培养等。

但陈恒认为，只靠各个大学进行学术规划是不现实的，因为它们讲究的是短平快，是立竿见影，是快速的"学术GDP"增量，谁愿意进行长线投入？他建议：我们应该制定中国区域国别研究的战略规划，制订2035年乃至2050年的战略规划；在研究领域、研究布局、人才结构等方面制订长远规划；在人才战略储备、研究人员数量、研究质量等方面做出有效的组织规划。

五　关于区域国别研究的人才培养

任何一种学术研究都必须具备两个必要条件：足够的经费和高质量的人才。两者缺一不可。近几年，随着中国经济实力的日益强大，用于区域国别研究的经费不断增加。因此，绝大多数研究机构不再为经费不足而困扰。但是，高质量的研究人员却未能随着经费的增加而增加。因此，如何培养更多的区域国别研究人才，是必须要认真思考的重大问题。

关于区域国别研究人才的定义众说纷纭，莫衷一是。根据国家留学基金管理委员会在2011年11月1日发布的《2022年国别和区域研究人才支持计划》，国别与区域研究人才应该具有国际视野，通晓国际规则，能够参与国际事务。钱乘旦认为，既拥有某一区域和国别的知识，又掌握某一领域的专业知识，才是区域国别研究的人才。李安山认为，要想成为一个地区或国家的专家，或是"某国通"，不仅需要熟悉当地语言，还必须在一生的学术实践中经常到该国访问考察，接触当地社会并结交各种朋友。目前，对个别发达国家的研究可能已经产生了屈指可数的几位"专家"，但对绝大部分地区明显缺乏这类专家。

陈恒认为，区域国别研究领域的人才应该具有以下几个方面的才能：密集的语言学习，熟练掌握研究对象地区语言，有时还不止一种语言；用当地语言进行深入的实地研究，像文化人类学一样，通过对原始材料的发现、收集、整理，以便深入直观地了解该地区的文化以及它们在当地生活方式塑造中所发挥的作用；密切关注当地的历史、文化、传统与当下的政治、经济、军事的波动，有畅通的信息渠道，并能够进行汇总；根据详细的观察进行解释、阐述、批判，进而实现理论的构建；同时跨越社会科学、人文科学的界限，甚至借用自然科学进行多学科对话，携手共进地提出新问题，检验过往理论，挑战国家偏见。

刘新成等建议，这一学科人才除了要接受语言、多学科知识的综合学习，有扎根对象国深入调查的经历，还需具备特殊情怀，要有"十年磨一剑"的定力，不追名逐利，能够在广阔的学术视野下，深刻认同"中国方案"和人类命运共同体理念，客观解读"异质文化"，愿意将对立足点"我们"的理解化为自觉的行动，在中国与外部世界的互动中"架桥铺路"。陈杰也认为，国别区域研究所需的一些基本素养包括如下方面：扎实的语言基础，跨学科的知识结构，规范的学术训练，深入的海外田野调查，跨文化的交往能力。

许多人都发现了中国的区域国别研究面临着人才短缺的问题。例如，钱乘旦认为，我们最欠缺的是人才，就是在区域国别方面能够进行研究、能够去做工作的研究人才。李中海认为，近年来国内很多高校建立了多种多样的区域国别研究机构，对区域国别研究的繁荣发展起到了重要作用，但应该看到，不少区域国别研究单位都面临专业人才不足的问题，一些机构挂牌很多但学术成果很少，专业研究人员的短缺是主要制约因素。同时还存在人才供给和需求不对称的结构性问题，一方面是人才紧缺，另一方面是相关专业博士面临就业难问题。此外，在博士培养阶段还存在科学思维训练不够、论文写作基础训练不足等突出问题，尤其是写作能力的培养存在很大欠缺。李晨阳认为，学习对象国语言的学生只能做翻译，有时还因为对对象国知识以及其他学科知识的缺乏，翻译还做不好，更不用说同时具有兼做财务、公共外交（新闻发言）、法务、国际贸易和文秘工作的能力；而学财务、新闻传播、法律、国际贸易等专业的学生精通英语的很少，更不用说对象国语言，只能再配翻译人员。

区域国别研究需要外语，因此，许多学者认为，中国的外语院校应该在人才培养方面发挥更大的作用。但是，迄今为止，外语院校在培养区域国别研究人才的过程中还面临着多种多样的问题。例如，郑春荣认为，外语院校的区域国别研究在人才培养方面存在着以下四个不足之处：一是知识体系仅仅局限于单个国别或区域，缺少跨国别、跨区域以及全球层面的知识；二是研究人员对党和国家政策熟悉程度不够，对中国国情了解不够；三是轻视外语学科的优势；四是不重视研究人员的能力和素质。常俊跃等认为，就开展区域国别教育而言，中国高校英语专业课程设置存在三大问题：一是语言技能课程过多，压缩了专业知识课程的开设空间；二是课程涉及英美较多，忽视了对其他国家和地区的关注；三是知识与语言人为割裂，课程建设理念已经严重滞后。

为了解决外语院校在人才培养方面存在的各种问题，陈杰呼吁外语院校从"供给侧"改革的以下六个方面入手：设置渐进式的培养目标，开设多元化的课程体系，注重参与式的研究体验，提供多类型的资源支持，改变单维度的师资知识结构，打破传统的组织壁垒。常俊跃等建议，有必要在外语院校引入区域国别教育课程。为了做到这一点，就必须改革英语专业的课程体系。而改革课程体系的关键就是要彻底打破"以语言技能训练为导向"的传统课程建设理念，实施"专业内容与英语语言融合教学"的理念，构建内容与语言融合教学的课程体系，从根本上解决区域国别教育课程的开设空间问题。

对于如何解决这一问题，李晨阳认为，有必要对国别与区域研究人才实行本硕博的贯通式培养。对于学习外国语言专业的本科生，要全面实施"外语＋专业"的培养方案。相关高校要允许外语专业的学生辅修财务管理、会计学、国际经济与贸易、法学、公共事业管理、新闻学等专业，有条件的高校可为这些学生单独开班教授辅修课程。在硕士生和博士生阶段，政治学、应用经济、理论经济、国际法、世界史、新闻传播等学科重点招收本科专业为外语，尤其是非通用语的学生，最好在同一个二级单位内集中培养，从其他学科遴选教师来授课和担任导师，以培养适应中国特色大国外交和"一带一路"倡议实施所需要的高端人才。

钟智翔等在论述外语类专业人才的培养时引用了2018年1月30日教育部发布的《普通高等学校本科专业类教学质量国家标准》里所提的要求："外语类专业旨在培养具有良好的综合素质、扎实的外语基本功和专业知识与能力、掌握相关专业知识，适应我国对外交流、国家与地方经济社会发展、各类涉外行业、外语教育与学术研究需要的各外语语种专业人才和复合型外语人才。"此外，他们还从人才使用定位的角度入手，将本科生、硕士研究生和博士研究生的人才培养分为应用型人才、应用研究型人才、研究应用型人才和研究型人才四类。这一划分在理论上似乎是有必要的，但在现实中可能缺乏可操作性，因为用人单位很难严格区分这些类型。而且，真正的人才不能局限于"应用"或"研究"，而是应该具备两方面的技能和专长。

既然区域国别研究是跨学科的，那么，从事这一研究工作的研究人员不仅要与其他学科的研究人员多多交流，而且还要在本学科内部进行必要的沟通，但这样的沟通远远不够。王缉思认为，同在政治学领域，研究非洲的学者和研究日本的学者似乎很难找到共同的兴趣点，也不大可能在同一个学术团体中相互切磋；同在经济学领域，研究拉美的专家和研究中东的专家大概也很少有机会沟通。一些大国关系的研究者，对这些大国中任何一个国家的政治、经济、社会、文化状况都不甚了了，同国别问题专家的交流也不多，于是他们写出的著述往往只能就事论事，浮在表面。因此，要形成区域与国别研究的合力，一方面需要研究同一对象国或对象地区但分属不同学科的学者相互协调合作，另一方面也需要同一学科背景但研究不同对象国或对象地区的学者相互协调合作。相对而言，后一方面协调合作的难度更大一些，整合任务也更为迫切。

六 若干评论

通过分析中国学者对区域国别研究的认知，可以得到以下几点看法。

第一，区域国别研究要去神秘化。国际问题研究包括综合性问题研究和区域国别问题研究两大类。每一种学术研究都有其固有的难易之处。诚然，区域国别研究具有跨学科的特性，因此，研究人员要尽可能多地掌握各个学科的知识。但是，与国际问题中的综合性问题研究相比，区域国别研究未必更难，因为综合性问题研究不仅同样需要跨学科的知识，而且还需要更为宏大的战略眼光以及更强的分析能力和判断能力。在一定程度上，区域国别研究的难度或许低于世界经济、国际金融、国际政治、国际关系和外交等综合性问题的研究。无怪乎许多人认为，进入国别和区域研究的"门槛"不高。还应该指出的是，迄今为止，中国的区域国别研究已有60多年的历史。在这段不短的时间内，中国学术界积累了大量宝贵的学术经验和较为丰富的知识体系。因此，区域国别研究不再是高深莫测了。中国学术界要做的不是无休止地介绍国别和区域研究的定义及其由来，也不必阐述这一学科的重要意义。当然，时代在发展，中国的国际地位在上升，国别和区域研究的必要性在增加，因此，中国学术界确实应该为中国特色大国外交提供更有力的学术支撑。

第二，区域国别研究的人才培养要有更强的针对性。揭开区域国别研究的神秘面纱，并不意味着我们可以无视人才培养的必要性和紧迫性。众所周知，如同其他研究领域，区域和国别研究的发展必须有两个保障：财力和人力。足够的财力有助于研究人员出国考察、举办学术会议和购买书报资料。令人欣慰的是，随着中国经济实力的增强，对于绝大多数研究机构而言，财力不再是一个问题。相比之下，人才短缺依然是一个亟待解决的大问题。为了培养区域国别研究的人才，许多外语院校提出了针对本科生教学和培养的多种建议。当然，在本科生中重视区域国别研究能力的提高无疑是必要的。但必须指出的是，本科生走出校门后，根本无法直接从事区域国别研究，必须经过硕士研究生和博士研究生（甚至可能还要经过博士后）的专业训练后，才能胜任这一艰巨的工作。事实表明，绝大多数本科生的就业无法与区域国别研究"结缘"。这意味着，区域国别研究人才培养的重点不是本科生，而是国际问题研究领域的博士研究生、博士后以及青年教师。中华人民共和国成立以来，尤其是改革开放以来，中国高校的外语教学取得了快速的发展，师资力量十分雄厚。当然，大多数（甚至可以说是绝大多数）外语教师只能从事语言、翻译或文化领域的研究，对国际政治、国际关系、外交和世界经济所知甚少，因而无法从事真正意义上的区域国别研究。这在一定程度上说明，为了适应区域国别研究的需要，外语专业青年教师的知识结构和学术兴趣需要实质性的变化。

第三，区域国别研究和"区域国别学"的首要任务是政策咨询。以习近平同志为核心的党中央高度重视哲学社会科学，就加强基础理论研究和应用对策研究作出了一系列重要论述，提出一系列重要要求。2019年3月4日，他在参加全国政协文化艺术界、社会科学界委员联组会时指出，哲学社会科学研究要立足中国特色社会主义伟大实践，提出具有自主性、独创性的理论观点。一切有价值、有意义的文艺创作和学术研究，都应该反映现实，观照现实，都应该有利于解决现实问题，回答现实课题。众所周知，近几年区域国别研究之所以取得快速的发展，并能升格为一级学科，最重要的原因就是中国特色大国外交的践行需要学术界提供强有力的学术支撑。在一定意义上，判断区域国别学成功与否的标志之一，就是能否推动基础理论研究与应用对策研究融合发展。否定理论对国别和区域研究的指导无疑是不可取的，但是，区域国别研究领域的一些成果片面强调理论的重要性，在研究某一区域或某一国家的重大现实问题时不遗余力地使用一些晦涩难懂的词语（其中绝大多数是西方学者发明的）。更为离奇的是，有些学者在论述如何从事区域国别研究这样一个具体问题时，也牵强附会地使用一些脱离实际的所谓理论，用只有作者自己才能理解的术语和概念去解释推动区域国别研究的必要性和重要性。

第四，不能随意发明"学"。区域国别研究升格为一级学科"区域国别学"，既有学术上的必然性，也有学科建设上的必要性，因为中国教育体系的一个特点是学科制。在大力倡导学术创新的年代，以某一地区或国家的名称作为"学"的修饰语（如"非洲学""欧洲学""美国学""日本学""中东学""拉美学""亚太学"等）当然是令人耳目一新的，也是值得鼓励的。然而，以下几个问题需要进一步讨论。一是"××学"与"××研究"有何异同。迄今为止，尚未确定一个能够将其区分的定义，因而其学术领域的界线是模糊不清的。二是什么样的地名或国名可以被用来修饰"学"。能否提出"加勒比学""中美洲学""北非学""东北亚学""越南学""毛里塔尼亚学""牙买加学"……？三是在对外学术交往中，如何将这些用地名和国名修饰的"××学"译成外语。以英语为例，-ology（学）、study或 studies（研究）以及 discipline（学科）是否可以互换？答案显然是否定的。

第五，有必要尽快编著更多的区域国别学教材。区域国别研究升格为"区域国别学"后，如何推动学科建设是中国学术界难以推辞的艰巨任务。学科建设的要件之一就是教科书。迄今为止，无论在国内还是在国外，用于区域国别学教学的教科书可谓寥寥无几。编著一部区域国别学教材并非易事。考虑到区域国别学具有跨学科的特性，因此，区域国别学教学教材的编著可采用以下两种方式：一是借用其他学科现成的教材，只要将其内容加以浓缩或删减即可，例如把经济学、政治学、外交学和社会学等学科教材的核心内容汇编成册；二是另起炉灶或白手起家。毫无疑问，第一种方法较为简单，第二种方法较为困难。无论采用哪一种方法，中国学者在编写区域国别学教材时，需要认真考虑以下几个问题。首先，如何使区域国别学教材为具有中国特色、中国风格、中国气派的学科体系、学术体系、话语体系做贡献；其次，能否通过编写这一教材，创造一种有别于西方的中国的知识体系，包括中国的理论、中国的研究方法；最后，如何将全世界各个地区和近200个大小不同国家的基本知识浓缩在一部教科书中。学术研究需要竞争，区域国别学教材的编著同样需要竞争。因此，教育部应该做好顶层设计，多组织几个区域国别学教材编写组，尽快推出一本或数本高质量的教科书。

【作者单位：上海大学全球问题研究院】
（摘自《拉丁美洲研究》2022年第2期）

法国《公众与行政机关关系法典》的制度创新及其对我国行政法典编撰的启示

成协中

一 问题的提出

建设中国特色社会主义法治国家，必须有完善的中国特色社会主义法律体系。而法典化是法律体系成熟的重要标志。《中华人民共和国民法典》通过之后，立法者和学术界陷入了对下一部法典的急切渴盼之中。从推进国家治理体系和能力现代化的立法需求而言，行政基本法典无疑具有当之无愧的优先地位。行政法学界由此开始积极推动行政法法典化的研究。立法机关也将行政基本法的编撰提上议事日程。《法治中国建设规划（2020—2025）》提出："加强对权力运行的制约和监督，健全规范共同行政行为的法律法规，研究制定行政程序法。"《法治政府建设实施纲要（2021—2025）》提出："加强规范共同行政行为立法，推进机构、职能、权限、程序、责任法定化。"2021 年 4 月 22 日《全国人大常委会 2021 年度立法工作计划》提出："研究启动环境法典、教育法典、行政基本法典等条件成熟的行政立法领域的法典编纂工作。"行政法法典的编撰也由此成为未来一段时间立法者和学术界需要共同完成的一项伟大事业。

但与民法典的编撰不同，行政法典的编撰既无成熟的域外经验可资借鉴，也无深厚的理论储备予以滋养。经济科技的高速发展带来的管制情势的灵活多变、行政事务纷繁复杂造成的管制事项的高度分化，以及受经济社会发展不平衡所导致的管制密度高度分殊，使得行政法典的编撰面临民法典的编撰难以比拟的社会与制度背景。摆在立法者和公法学人面前的，将是一项无比艰难的理论与智识挑战。

尽管从世界范围来看，成熟的行政法典的编撰经验几无可寻，但不同国家在行政法的制度化、规范化方面所做的探索，却能够为我国行政法典的编撰提供难得的启示。无论是美国 1946 年《联邦行政程序法》所开启的行政程序立法浪潮，还是欧陆国家在二战后所建立的行政诉讼的制度体系，都致力于将行政权的行使纳入宪法和法律所确立的边界之内，实现个人与行政机关之间权益的平衡。其中，法国于 2015 年通过的《公众与行政机关关系法典》（*Codedes relations entre le public et l'administration*，后文简称 CRPA）具有尤为特殊的借鉴意义。一方面，法国属于传统大陆法系国家的代表，享有"行政法母国"之盛誉，其制度建构历程和制度创新成果，对于行政法治后发国家，具有显著的借鉴意义；另一方面，与其他发达国家在制定法方面的创制着力于程序立法不同，法国新近通过的此部法典，无论是名称还是内容，都超越了纯粹程序法的范畴，具有行政基本法的特点。

有鉴于此，本文以法国 CRPA 的编撰历程为线索，重点探讨此部立法出台过程中所经历的重要理论争议，剖析其对以判例法为传统的法国行政法的挑战与革新，并通过对其重要制度创新的分析，揭示其对于我国行政法典编撰的启示和借鉴意义。

二 法国行政法典化的基本历程

法国是典型的大陆法系国家，具有制定法典的传统。法典编撰是跨越旧制度和大革命、帝国和共和国的传统的一部分，从 15 世纪的习惯和"亨利三世法典"到最新的法典，包括科尔伯特法令和伟大的拿破仑法典，法典编撰贯穿于法国法治建设的各个重要时期。在行政法初创时期，法典编撰也曾经是立法机关和学者们设想的实现行政法独立性和体系化的重要手段。但经过短暂的尝试之后，行政法的不可编撰性成为一项普遍共识。法国行政法从此走上了判例化的发展道路。20 世纪中期之后，面临行政法民主性和体系化的压力，法国开启了行政法的法典编撰之路。但路途并不平坦，经过半个多世纪的努力，在不同的编撰模式之间进行权衡之后，2015 年 CRPA 终于出台。多米尼克·屈斯托（Dominique Custos）教授声称："2015 年 10 月，期待已久的法国行政程序法典以《公众与行政机关关系法典》名称出台"，"行政法无法典而民法有法典的传统认知由此终结，法国融入了欧洲乃至全球范围的行政程序法典化浪潮"。

（一）行政法初创时期法典化争议

大陆法系国家素有进行法典编撰的传统。行政法自然也不例外。拿破仑民法典颁行之后，立法机关和学者都期待对适用于行政活动的规则进行整理和重构，制定行政法典。在19世纪的绝大部分时间里，编撰行政法典一直是公法学者孜孜以求的梦想。

在19世纪，学说赞同"行政法的立法和条例路径"。学者们都将关于矿产、道路、公共工程、市政治安等方面的立法作为行政法的核心内容，致力于对立法和条例文本进行归纳和整理。重视立法文本而忽视判例，成为当时学术研究的基本特点。约瑟夫－马里·热朗多（Joseph-Marie de Gérando）在其编撰的《现行有效法律汇编》，收入了关于立法理由的简短评论和政府公布的命令，但排除了所有的"判例摘要"（relevé de jurisprudence）。当时的学者都不将最高行政法院的决定作为一种行政法渊源。他们拒绝赋予其约束力，拒绝赋予其类似于立法机关的行为的性质和重要性。

然而，在19世纪初，受法国大革命的影响，人们都认为行政机关以前行事都很专断，因为当时的立法几乎不会对其构成限制，立法机关也会非常容易地承认新的规则。1804年实施的民法典，鼓励他们将适用于行政活动的规则进行整理和重构。为了将这一学科提升至与私法同样的位置，当时的公法学说都殷切期盼行政法典的出台。然而，他们很快发现，行政法看起来过于多变，而且与私人相关的规定之间差异过大，难以将其规定于一部成文法典。在此背景下，学者们开始重视最高行政法院的判决。1828年，路易－安托万·马卡雷尔（Louis-Antoine Macarel）提出，"好的判例能够弥补我们的行政法典中的疏忽和空白"，并主张公开发行最高行政法院的判决。1837年，路易－马里·科尔默南（Louis-Mariede Cormenin）确认，判例"十分有助于完善行政立法，其能填补空白，删减冗余，明确含义，规范适用"。从1860年开始，学界开始在他们的著作中为行政法官保留一席之地。塞里尼（Serrigny）承认从最高行政法院的判例中受益匪浅，因为这些判例构成了"行政法最丰富、最确定的渊源"，没有它们，这一领域绝不会上升到"科学状态"。奥科克（Aucoc）在其著作的序言中指出，"对判例的深入研究是理解法律理论的最好方式。"在意识到行政法法典化的无益处和不可能之后，学界开始重视判例分析的重要意义。

（二）行政法的判例路径转向

到了19世纪末，学者们普遍意识到立法者没有能力为行政机关设定普遍的行为规则，转而将目光投向最高行政法院做出的重要判决。以莫里斯·奥里乌（Maurice Hauriou）为代表的一些学者，说服大家相信，法官比立法者更在意教授们的意见，渴望影响实定法的创设。而判例赋予了他们在科学解释法律方面的"完全自由"。行政法的学术创新由此得以摆脱文本的桎梏，激励了这一学科的法官法性质。知识独立使得没有人再将法律视为一把钳子。在与实定法资料的关系中保持自治成为大学教员的突出特质："实定法对法学家来说是一个文本，对法官和行政官员来说也是一种限制。这首先意味着，法学家的自由批评权利是不可触犯的，他们不应仅仅因为法律文本是法律，就将法律中的文本视为一项法律规则，他们应该通过所有扎实的、好的方法去研究何为真正的法律规则，并明确告知所公布的文本是否表明一项真实存在的法律规范。"

最终推动行政法的诉讼转向的是法国公法学者爱德华·拉费里埃（Édouard Laferrière）。他既是法国最高行政法院的重要成员，也是一位见识卓著的公法理论家。在1887年出版的《论行政审判与诉讼救济》一书中，拉费里埃将最高行政法院的判决作为行政法的重要渊源，并通过行政诉讼的类型化推动了行政法的理论化和体系化。他指出："民法、商法、刑法都制定了法典，行政法并未法典化，而且其是否应该法典化也存有疑问判例应当成为学说的真正来源，因为其能够从那些偶然的规定中抽离出具有持续性的原则，确立不同文本之间的等级，对立法中的沉默之处、晦涩之处或不充分之处进行修补。""如果行政法是纯粹地由立法决定，那么我国（法国）政治生活的不稳定必将导致行政法成为牺牲者"。简言之，"行政领域立法规范的分散性使得仅依靠立法难以支撑行政法发展出逻辑自洽的核心概念、基本原则与框架结构，而这项工作在19世纪下半叶至20世纪初便是由最高行政法院通过具有延续性的判例累积来完成"。在此背景下，判例法的灵活性常常与成文法或成文法的僵化形成对比。后者被认为是"僵化"的根源，而前者被认为是"进步"的标志。随着时间的流逝，没有法典化成为行政法的一种象征性价值，因为它被认为是行政法独特性的"象征"。这一特点塑造了各种行政法官的思想，并反映在法国行政法的传统叙述中。正如法国公法学家加斯东·热兹（Gaston Jèze）指出的，"没有行政法典，这对于法国公法的发展而言是幸运的"。

（三）重回法典化之路

从 20 世纪 50 年代起，判例使得自 20 世纪初开始创造的一些观念更为晦涩、脆弱、多变，由此引发了行政法的危机。在这场危机中，首当其冲的是学术的体系化，因为许多学者和法官不再清晰地知道"什么是行政法的根本观念"。因此，在对 Audouin 一案进行评论时，乔治·韦德尔（Georges Vedel）指出，最高行政法院的这一决定"以令人吃惊的方式说明了法国行政法现有危机的一个方面"。在他看来，其不确切地表达了"我们准备简单地、清晰地、确定地回答这一根本问题是不可能的，即什么是行政行为？"

二战之后，在社会重建的背景下，立法机关决定推进行政法领域的法典化。1948 年 5 月 10 日，法国成立了"法典化研究及规范文本简化高级委员会"（Commission supérieure chargée d'étudier la codification et la simplification destextes législatifs et réglementaires），期以推进包括行政法在内的法律体系的全部法典化。法国于 20 世纪中期开启行政法的法典化编撰之路，主要基于如下几方面的原因：

1. 对传统判例法路径的反思

判例法路径的选择为最高行政法院独立探求一般法律原则，提炼和发展法律规则提供了巨大的自由空间。但随着时代的变化和行政任务复杂性的增强，行政法官与法学家协作的体系化机制已难以应对复杂化的规范环境。进入 20 世纪中叶，法国行政法的发展面临危机。"从 20 世纪 40 年代开始，法国行政法开始失去其统一性与清晰性，没有任何人能够准确知晓哪些要素能够决定在何种情况下适用行政法以及纳入行政诉讼管辖。"在此背景下，通过法典化的方式提升行政法律规范的体系性，促进行政法律规范的可及性和可理解性，就成为一项紧迫的任务。

2. 顺应行政现代化的世界潮流

到了 20 世纪 70 年代，现代化成为法国国家发展的一项重要目标。卡约斯（Caillosse）提出，国家现代化的目标，首先是行政活动的现代化，其次是部门公共政策的现代化。其中，行政机关与公众之间的关系是其中的核心问题。从 1973 年开始，法国开始出台一些改善行政机关与公众关系的法律和规章。1978 年关于《改善行政与公众关系的各种措施以及各种行政、社会和财政条款的第 78—753 号法律》（Loi n°78—753 du 17 juillet 1978 portant diverses mesures d'amélioration des relations entre l'administration et le public et diverses dispositions d'ordre administratif, social et fiscal），特别强调了行政的透明度，以消除管理者与被管理者之间的距离。在行政机关与公众关系的持续变革中，相对人不再被视为行政活动的被管理者，而逐渐被视为行政活动的行动者、伙伴、顾客和公民。2000 年的一项立法明确了行政公民这一概念，并确认了行政程序法典化的必要性。这标志着行政与公众之间的关系进入了一个新时代。法典化成为新时代确保行政过程的透明度和参与性的重要制度基础。

3. 回应行政程序法典化的浪潮

从 20 世纪中叶开始，法国政府开始推动行政领域的法典化。但最开始的进展主要是在一些具体的行政领域，行政程序的法典化并未被纳入立法议程。鉴于大量的学术研究以及德国在 1976 年颁布的程序法都表明，行政程序的编纂是一个可以实现的立法目标，也是一个善治的例子，法国在行政程序立法方面的缓慢进展显得尤为孤立。一些学者和政府官员将行政程序编纂的旷日持久的过程归咎于行政法院，这一过程比美国（1939—1946）或德国（1959—1976）都要长。结果，法国行政程序法的法典化过程花了 20 年。根据 1996 年总理的通知，起草《行政程序法典》的工作被列入了 CSC 的议程，并得到了国家改革部门间代表团的干预。然而，这一进程很快就停滞不前，并在 2006 年被明确放弃。该项目随后在 2011 年重新启动，直到 2015 年才在奥朗德政府的大力推动以及行政法院内部对法典编撰态度显著转变下才最终取得成功。

经过半个多世纪的法典化努力，法国已制定了近六十部法典。法国行政法学者已观察到，虽然行政法的核心概念与底层逻辑仍然根植于判例体系，但是对于行政法领域的绝大多数议题，成文法规范在法源数量上已经占据主导地位。进入 21 世纪之后，政府通过各种法令来简化行政部门与公众之间的关系。2016 年生效的 CRPA 就是持续改善公众与行政机关关系并使之现代化的结果。这部法典的出台，是法国行政法典化历史演进中的标志性成果，确认了公民在行政管理和公共服务中的获取行政文件、要求说明理由、参与行政过程等多项权利。法国最高行政法院副院长让-马克·索韦（Jean-Marc Sauvé）指出，"它与一些值得称赞的伟大法典一起，是我国在法律和法律质量方面从未放弃远大抱负的不容置疑的标志之一"。法国 CRPA 诞生于普通法系第一部行政程序法 APA（1946）颁行之后的 70 年，结束了法国在一般行政法领域的孤立局面。这部法律的颁布不仅使法国行政法跟上了全球的法典化步伐，同时也确立了行政法法典化的法国模式。

三 法国 CRPA 的主要内容与制度创新

从形式上看，CRPA 有五卷，第一卷为与行政机关的沟通交流，包括三编，分别为：公众申请的提交和处理、部分行政决定的前置程序、行政决定的公众参与。第二卷为行政机关实施的单方行为，包括三编，分别为：行政行为的签署与说明理由、行政行为的生效、默示决定，行政行为的失效。第三卷为行政文件的查阅与公共信息的再利用，包括五编，分别为：行政文件的查阅权、公共信息的再利用、行政文件查阅与公共信息再利用的负责人、行政文件查阅委员会、法典编撰高级委员会。第四卷为行政争议的解决，共有三编，分别为：行政救济、其他非诉讼纠纷解决机制（调解、和解、申诉等）、审判救济（诉讼与仲裁）。第五卷为适用于海外部分的规定。与七十年前普通法系国家第一部行政程序法相比，法国的 CRPA 在结构和内容上都要丰富得多，构成了一个大规模的规则汇编，对于公众与行政机关在不同行政过程中的程序和内容，都做出了较为详尽的规定。本部分将重点分析 CRPA 的主要内容和制度创新。

（一）对判例法确立的一般法律原则的重述

如前所述，基于对成文法僵化的担忧和对判例法灵活性的青睐，法国行政法形成了判例法的传统。法国行政法的基本观念和重要的理论革新，都是通过最高行政法院的判例来塑造和推动的。如在 1873 年的"布兰科"（Blanco）案件中，最高行政法院提出了"公共服务"作为行政法的基本观念，并据以确立行政法院的管辖权标准。其中，一般法律原则是最高行政法院发展行政法的重要体现。一般法律原则高度象征着行政法院在形塑整个法国行政法方面的作用。在 1951 年的 Société des concerts du Conservatoire 一案中，最高行政法院明确提出了一般法律原则理论。其指出，一般法律原则是指："那些具有法律效力的不成文法律规范，而且只要没有实在法的规定与之抵触，这些规范就应适用于条例机关和行政机关。"正如政府专员勒图尔纳（Letourneur）所宣称的，判例今天承认，"在成文法律之外，存在一些重要的原则，承认他们是法律规则对于完善我们的法律框架是必不可少的，国家会在这种法律框架中获得发展，做出一些属于他们的政治和经济制度；而且违反他们会产生同违反成文法一样的后果，即错误地理解了他们的行为会被宣告无效，而且阐明是否存在过错是由做出该行为的行政机关来承担"。在本案中，最高行政法院确立了公共服务运营平等原则，即所有人在公共服务中都

处于同等的位置，应该受到相同规则的约束。

1. 辩护权原则的重述

在对判例法所确立的一般法律原则的重述方面，辩护权原则具有尤为重要的地位。在 1944 年具有里程碑意义的 Dame veuve Trompier-Gravier 一案的裁决中，最高行政法院认定，"原告没有事先被要求提出辩护理由（moyens de défense），有依据提出主张，塞纳（Seine）的省长做出的被诉决定是在不合规的条件下做出，因此构成越权"。在此基础上，最高行政法院明确了一项法律基本原则："当一项行政决定具有惩戒的性质，而且其对个人的处境造成如此严重的侵害时，判例要求，利害关系人可以采取措施去质疑该措施的理由。"通过该判决，最高行政法院将裁判领域的基本程序规则，扩展至行政决定领域。利害关系人在受到惩戒时享有辩护的权利由此作为行政程序的一项基本原则得到确立。CRPA 没有明确提到辩护权原则，而是使用了"对抗程序"。CRPA 第 L. 121—2 条规定：除了依申请做出决定外，根据第 L. 211—2 条必须说明理由的个人决定，以及虽然本条没有提及但应考虑个人情况而做出的决定，都要经过对抗性前置程序。第 L. 121—2 条规定了这种对抗性前置程序的要求不适用于下列情形：（一）在紧急情况或特殊情况下；（二）执行这些规定可能会损害公共秩序或扰乱国际关系的处理；（三）法律规定已确立进行特别抗辩程序的决定；（四）社会保障机构做出的决定或《劳动法典》第 L. 5312—1 条所述机构做出的决定，但采取惩罚性措施的除外；凡是涉及有关第 L. 211—2 条规定的个人决定，第 L. 121—1 条的规定不适用于调整行政机关及其职员的关系。

2. 法安定性原则的重述

除了辩护权的一般法律原则，多年来，最高行政法院进一步发展了行政程序，其原则包括：行政行为的不溯及既往，公正性，在合理的时间内公布已经发布的法规、法律的确定性，条例的可变性，公共采购的透明度，违反程序要求而采取的行为的无效性。然而，并不是所有的一般法律原则都被编入了 CRPA，而且在被编入的地方，可能会有一些变化。CRPA 也重述了最高行政法院通过判例法确立的法安定性原则。该原则是由 2006 年 Société KPMG et société Ernst & Young et autres 一案所确立。在本案中，最高行政法院提出，"新的立法或条例规定不能适用于在其生效之日已经在进行中的合同关系，其不具有溯及既往的性质"；对于"将伦理守则适用于正在进行中的合同情形"，"基于法安定性的理由，应当由享有条例制定权的机关来规定一些过渡措施，其

意味着如果有理由，可做出一项新的规定"。自从1991年的研究报告处理了"法安定性"这一主题之后，在2006年，在KPMG这一判决做出几天之前，其研究报告再次聚焦法安定性这一主题，并强调"法安定性构成法治国家的基石之一"。学术界也要求将法安定性确立为一项真正的原则。CRPA第L.221—4条规定：除法律另有规定，否则新规定不适用于在其生效之前已确立的法律情形或该日期之前已订立的合同。第L.221—5条规定，若无法立即实施新法规，或新法规的规定在目的或结果上过多干预公共或个人利益，根据第L.221—6条的规定，拥有条例制定权的行政机关应当在其权限范围内发布过渡措施。

（二）对重要成文法的重述

尽管法国行政法具有判例法的传统，但从20世纪中期开始，在欧美多国制定成文法的浪潮的引领下，法国也开始在一些专门领域制定法典，如《公共采购法典》《居住与建筑法典》《环境法典》等。CRPA并未将行政实体法领域的所有法典都纳入，而仅吸收了涉及公众与行政机关关系的一些重要法典。

具体来说，CRPA主要吸收了如下几个方面的成文法。

一是关于行政程序透明度的相关立法。如1978年1月17日的法律规定了公民对于行政文件的一般获取权，并规定了一个保护机构——获取行政文书的委员会（CADA）。该法的主要内容都被CRPA所吸收。然而，并不是所有这些程序性变革都包含在CRPA中。如1978年1月6日的个人数据法（la loi informatique, fichiers et libertés）和1979年1月3日关于档案的法律就没有被收入。

二是20世纪80年代关于行政机关和相对人关系的法律法规。20世纪80年代到2000年之间制定了一些调整行政机关和相对人关系的法律法规，如1983年11月28日的一项法规涉及"行政机关与用户之间的关系"，该法规的内容为2000年4月13日的立法所吸收，后者主要规定了公民在与行政机关之间关系中的权利。这些权利不仅针对中央行政机关，也扩展适用至地方政府和社会保障机构。这些规定现在出现在CRPA第一卷和第二卷中。

三是关于2000年以后有关简化行政程序和强化公众参与的法律法规。如2013年11月12日颁布的一项立法，主要涉及行政机关的不作为。除了某些例外情况外，该项立法明确了默示接受原则，取代了先前的默示拒绝原则，即如果行政机关未在规定期限内对外部相对人的请求予以回应，

则推定其接受了相对人的请求。此项原则也被CRPA第二卷第三编所吸收。此外，2014年11月6日的法令，明确了公共服务的使用者有权通过电子化的方式对行政机关提出请求和做出回应。2015年5月7日的法令，明确了"一次性告知"程序，即企业和个人可以一次性向政府提供某些信息，而这些信息在政府部门内部如何分配由相关部门自行流转，无须相对人多次提交。这两部法令的内容也被CRPA第一卷第一编所吸收。

（三）重要的制度创新

除了前述对最高行政法院通过判例所明确的一般法律原则和部分重要成文法予以重述外，CRPA对于涉及行政机关与公众关系的一些重要法律制度做出了规定，下面择其要者简要分析。

1. 统一和明确行政行为撤销、废止规则

为了简化法律和增强法的安定性，CRPA对于实践中复杂的撤销与废止规则进行了统一。关于行政行为的撤销，最高行政法院早在1922年的Dame Cachet一案中确立了处理规则。在该案中，最高行政法院判决，针对创设权利的个别决定，行政机关只有在其是非法的，且在其最终确定之前，才能予以撤销。即一般来说，行政机关只能在行政行为通知或公布之日起两个月内（起诉期限）才能撤销违法的行政决定。2001年的Ternon判例发展了Dame Cachet判例的撤销规则，解除了撤销与起诉期限之间的关联：针对一份创设权利的明示个别决定，行政机关只能在4个月的期限内予以撤销。该判例要求行政机关在对行政行为进行重新处理（撤销或废止）时，需要在法安定性与合法性之间进行平衡，综合考虑包括最初行为的性质（nature）、影响（portée）、价值（valeur）。

在此判例的基础上，CRPA对单方行政行为的撤销规则进行了统一和明确。CRPA第L.242—1条规定：只有在该决定是非法的并且废止或撤销发生在做出该决定4个月的期限内，行政机关才可主动或应第三人请求废止或撤销授益性行政决定。这一规定提供了一项普遍性规则，无论那些行政决定是否创设了权利，也无论其是默示决定还是明示决定。这项规则的适用有两个条件：一是行政决定的违法性；二是4个月的期间条件，超过4个月之后不能再提出撤销或废止的请求。CRPA又根据行政决定内容的不同做了区分，针对授益性决定，其撤销或废止必须严格遵守前述分析提到的"违法性"与"4个月内"的两项条件。例外条件是：支持授益决定做出的条件不再满足时，授益决定的撤销或废止不受4个月的期间限制。如果对该决定的废止或撤销不会给第三

方造成损失，且如果该决定被更有利于受益人的决定所替代，应受益人的请求，行政机关应根据情况，可随时废止或撤销授益性行政决定，即便该决定是合法的。针对负担性行政决定，行政机关的撤销和废止不受前述条件限制。在这样的制度框架下，撤销一般法律行为与撤销未创造法律权利的行政行为实现了规则的统一，行政行为撤销的法律规则得到了简化。此外，由于行政行为无论是否创设法律权利，对该行为的撤销都会损害法的安定性，因此为减轻该伤害，需要对撤销的行使做出限制，但是仍保留了行政机关自由选择在何种时间以及以何种理由对未创造法律权利的行政行为予以废止的权力。如此便可通过在实体意义上构造撤销、废止的阶梯性适用机制，进而实现对撤销、废止制度的整体优化。

2. 关于公众参与形式的创新

公开和透明是现代行政的重要价值，公众参与是推动行政过程公开透明的重要制度载体。在法国历史上，一直没有类似于美国 APA 第 553 条规定的通告评论权。在条例和重大行政决定做出过程之前，立法也要求行政机关开展贴近公众的一些程序，如公共调查（enquête publique）、公共辩论（débat public）、审议（concertation），但其主要限定在特定领域或针对特定机构，并无统一的立法普遍要求行政机关履行这种法定的参与程序。2011年的"沃斯曼法"（Warsmann Act of May 17, 2011）第 16 条规定，当行政机关在做出一项规制性行为之前必须征求某一组织的意见时，其可以在网上组织一场"公共咨询"（open consultation）。在咨询结束后，行政机关应当将其收到的意见进行整理并予以公开。这种公共咨询程序可以取代立法或条例规定的强制咨询要求。该法对于法国公众参与制度的发展具有里程碑式的意义。由于存在着强制性和裁量性的公众参与方式，立法欠缺统一的程序保障。CRPA 在公众参与的程序保障方面做出了重要创新。第 L.131—1 条规定：在法律法规规定的情况之外，若行政机关决定让公众参与改革的设计或法案的制定时，应公布该程序的条款并向有关人员提供相关信息，确定合理的参与期限，并确保在适当时公布参与结果或后续计划。对行政决定的公众参与做出了普遍的要求。

在具体制度方面，CRPA 主要做了如下几方面的创新：

第一，行政机关可以决定用公共协商代替强制性的咨询。根据 CRPA 的规定，替代强制性咨询的选择性参与须符合三项要求。第一项要求是公布协商程序，包括公布拟议法案、解释性通知和预计生效日期；第二项要求是有义务对所收集的意见进行整理并对外公开；第三项要求是最短 15 天的咨询期限。

第二，机构可以决定将公众咨询与传统的咨询同时使用，或者在没有义务与委员会进行咨询的情况下，交替使用——选择性公共协商。CRPA 为纯粹的可选择的公共协商提供了一套共同的原则。包括：一是必须公布协商程序。二是必须提供关于拟议行动的相关信息。三是必须有一个合理的评论期。四是协商的结果或将要采取的行动必须公开，但公开的时间必须是组织机构认为合适的时间。

第三，规定了必须保留强制性咨询的情形。第 L.132—1 条第三款规定：法律法规中规定的独立监管机构的协商、同意程序、涉及行使公共自由的协商、构成宪法要求的保障、表达提案权或实施参与原则的协商仍是强制性的。在这些领域，行政机关仍必须向法律规定的专门咨询委员会进行咨询，不得以公共协商代替强制性咨询。

3. 为软法规则制定的公众参与留下空间

与一般的立法通常明确规定相关程序适用于条例行为或个别决定不同，CRPA 规定的公众参与程序在适用范围上并不非常明确。第 L.131—1 条规定的适用范围是：使公众参与到"改革的构思、计划的设计或行为（act）的做出"。该条并未明确这种参与程序是否局限于具有法律约束力的条例行为。鉴于立法本身并未对"行为"的范围做出限定，将其解释为包括行政机关的规则制定行为（立法性规则与非立法性规则）就并无不当。本卷的卷名是"行政决定的公众参与"，尽管在第一卷中并未对行政决定本身做出界定，但在第二卷第 L.200—1 条对行为（acte）做出了界定，规定其既包括行政机关的决定性单方行为，也包括非决定性的单方行为。其中决定性的单方行政行为，又包括条例行为（les actes réglementaires）、个别行为（les actes individuels）以及其他非条例性决定。决定性单方行政行为，同样可以用决定这一术语，或者根据情况，用条例性决定（décisions réglementaires）、个别决定（décisions individuelles）或非抽象非具体行政决定（décisions ni réglementaires ni individuelles）术语来表达。

在法国，各个部委和各种独立监管机构通常不具有概括性的条例制定权。为了实施有效监管，各部委和独立监管机构通常大量发布非立法性规则。法国最高行政法院早已关注到此种现象，并于 2013 年发表年度报告《软法》（Droit Souple），对软法的概念、特征、适用条件等做出了深入分析。由于《软法》规则制定在独立机构制定中具有重要的意义，因此，作为确保基本的法律确定性的手段，这些规则的通过明确法定程序规范尤为重要。"如果行政机关的硬法和软法确实都被纳入 L. 131—1 条的范围（如该条隐含的规定），那么法国的 CRPA 就在一般行政程序法中脱颖而出。"将参与隐含地扩展到非立法规则，标志着参与式行政决策观念的扩张，为此，参与程序的适用，将不再依赖于拘束力、非拘束力的区分。这种解释也能回应最高行政法院在 2013 年年度研究报告《软法》中提出的建议。

4. 沉默即接受原则的重申

在行政管理实践中，行政机关不积极回应个人的诉求是一种普遍的现象。为了解决行政不作为问题，最高行政法院在判例中提出了默示拒绝理论，如果行政机关对相对人的申请在一段时间内保持沉默被视为默示拒绝决定。长期以来，只涉及默示拒绝决定，其起诉期限被确定为 4 个月。2000 年 4 月 12 日的法律第 21 条，关于公民在与行政机关的关系中的权利，将该期限改为 2 个月；2013 年 11 月 12 日的法律又赋予沉默以承认（acceptation）效果，除了在某些情形下应该通过政令来确认的决定外（décrets du 23 oct. 2014）。

CRPA 对于行政机关的沉默带来的法律效果做出了统一。第 L. 231—1 条规定：行政机关对某诉讼在两个月内不予答复，可视为接受决定。例外情况规定于第 L. 241—4 条：尽管第 L. 231—1 条有所规定，但在以下情形，行政机关对某诉讼两个月内不予答复，可视为拒绝决定：（一）当诉讼请求通过具有非具体决定性质的决定时；（二）当诉讼没有被纳入法律法规所规定的诉讼程序或该诉讼具有申诉或行政上诉的性质时；（三）如诉讼为金融性质时，除社会保险方面，政令有所规定外；（四）在最高行政法院的政令所规定的情况下，默示接受不符合法国对国际和欧洲的承诺、维护国家安全、捍卫自由、宪法价值原则以及维护公共秩序；（五）当双方是行政机关及其公务人员时。第 L. 231—5 条规定：鉴于部分决定的目的或出于优化管理的考虑，最高行政法院和部长会议通过政令可以排除第 L. 231—1 条的适用。第 L. 231—6 条规定：当诉讼程序可证实其紧急或复杂时，最高行政法院可通过政令明确第 L. 231—1 条和第 L. 231—4 条规定中不同的时限。第 D. 231—2 条进一步规定：对诉讼无答复而构成默示决定的诉讼清单应公布在与总理相关的网站上。其中应涉及受理诉讼的机关以及该决定获得认可的时间限制。

四 影响及其对中国行政法典编撰的启示

CRPA 的通过，使得法国行政法从传统的判例法向法典化的转向。但法国行政法的判例法传统并未因此终结，先贤们在一个半世纪以前倡导行政法的判例法走向的那些根源依然存在，CRPA 也并未实现行政领域的彻底法典化。尽管如此，CRPA 的通过，依然对于法国行政法的发展产生了诸多根本性的影响。这一转向可以为我国正在进行的行政基本法典的编撰提供些许启示。

（一）CRPA 对法国行政法发展的影响

简要述之，CRPA 对法国行政法的影响主要体现在如下几个方面：

1. 初步实现了法律规则的简化和统一

随着国际法的兴起和欧洲一体化的追求，法律渊源已经多样化并变得更加复杂。规范生产的病态进一步加剧：规范膨胀和法律规范的不稳定性正在削弱了法的权威性并威胁法的安定性。整个世界正在进入一个法律衰弱的时代。法典编纂正是应对这一困境的不可或缺的工具，尽管并非唯一。法国法典化的进程始于二战之后，为了"改善公共事务的管理，增加服务的产出，并使公共当局的行动更加一致"，1948 年成立的一个特别委员会进行法典编撰工作，但成效甚微。1989 年通过法令的形式成立高级编纂委员会，该委员会改变了先前一致推动的从实体方面重构行政法规范的思路，而以"简化和澄清法律"（à la simplification et à la clarification du droit）为使命，最终高效完成了其使命。从前述内容可以看出，无论是程序方面公众参与方式的创新，还是实体方面单方行政行为撤销、废止规则的明确，都在很大程度上对成文法和判例法所确立的多样化规则进行了明确和统一，既便于行政机关实施，也有利于公众遵守。正如 2013 年 3 月 27 日发布的通令指出的："法律的可及性和可理解性的要求使得有必要确保适当维护现有法典的内容，甚至对那些影响到法典的内容进行大幅修改。"

2. 法典化的非完整性

尽管 CRPA 对于调整公众与行政机关关系方面的重要法律规范进行了重述，但显而易见的是，CRPA 并未完成行政法典化的全部使命。首先，大量实体领域的行政法规范被排除在 CRPA 之外。如《公共采购法典》《建筑法典》等，完全被排斥在法典之外。其次，CRPA 只对单方行政行为做出了规范。CRPA 排除了公共合同法，该法在 1964 年被合并到一部专门的法典中；也排除了公共实体的侵权责任，该法属于一种特殊的公共制度，仍然没有编入法典。CRPA 对向行政部门提出侵权索赔的程序保持沉默，是该法覆盖面不全的另一个例子。最后，CRPA 并未完全解决实践中的规则不统一现象。以公众参与程序设计为例，成文法中要求的公众参与形式是多样的，包括公共调查、公共辩论、公共咨询等多种形态。CRPA规定的公共咨询，一是可替代的选择性公共咨询，二是纯粹的选择性公共咨询。"由于现行法律编纂的宣示性特征，CRPA并没有真正改变法典编纂前的复杂性，这并不奇怪。"为此，在CRPA颁布之后，法国的高级编纂委员会仍将继续存在，持续推动现有法律规范的清理和完善，"因为如果不定期更新和完善法规，就无法长期实现明确和简化法律的目标"。

3. CRPA并未终结法国行政法的判例法传统

在法国，行政法法典化推进缓慢的很大一个原因在于最高行政法院的抵制，最高行政法院担心法典化会导致其丧失其对法国行政法发展的控制权。但至少从以下三个方面来看，CRPA不会导致最高行政法院的地位边缘化。

首先，最高行政法院在一般法律原则的提炼和归纳方面仍将发挥主导性作用。一般法律原则是最高行政法院发展法律的一个重要表现，正如政府专员勒图尔纳（Letourneur）所宣称的，"在成文法律之外，存在一些重要的原则，承认它们是法律规则对于完善我们的法律框架是必不可少的，国家会在这种法律框架中获得发展，做出一些属于他们的政治和经济制度；而且违反它们会产生同违反成文法一样的后果，即违反一般法律原则的行为会被宣告无效，而且阐明是否存在过错是由做出该行为的行政机关来承担"。并非所有的一般法律原则都被纳入CRPA。最高行政法院在提炼和发展一般法律原则方面，仍将发挥重要作用。

其次，最高行政法院仍将通过判例对CRPA规定的诸多原则和规则做出解释和适用。第L.100—2条规定了行政行为的六大原则：追求普遍利益、合法、中立、普遍、平等和公正。这些原则的内容本身就反映了最高行政法院的判例贡献，但CRPA本身没有为这些原则做出任何界定，这为包括最高行政法院在内的司法适用提供了巨大空间。这无疑有助于最高行政法院对法律的发展保持相当程度的控制。

最后，最高行政法院仍将致力于对公权力的行使提供全方位的监督。CRPA之后关于独立监管机构软法行为可审查性的裁决是行政法院持续发展法律能力的一个极好例子。2016年3月做出的两份判决中，摆在最高行政法院面前的是被称为"软法"的行为：无论是金融市场管理局的新闻通告，还是竞争管理局关于5（a）禁令的见解，都未对任何人创设权利或义务。其涉及的新闻通告和见解，通过公布和作出者的地位，在事实范围内，强烈地影响了市场主体，尽管其绝不

会引起这些公共机构进一步的法律措施。在这两份判决中，最高行政法院判定，这些行为在下面两个条件出现时，可以被提起宣告无效诉讼：（1）当涉及通知（avis）、建议（recommandation）、提请注意（mises engarde）或见解表达（prises de position），而这些行为将为随后行政机关的惩戒提供正当依据的；（2）当被争议的行为，在性质上会产生显著效果，尤其是经济方面的，或者其目的在于以一种意味深长的方式影响目标群体的行为时。根据这些标准，最高行政法院判定，两个受争议的行为都可以成为宣告无效诉讼的对象。无论是2015年的CRPA，还是2000年行政司法法典，都未提及对此种行为的可审查性，最高行政法院将越权诉讼扩展到这些机构做出的软法行为，没有任何明确的文本支持。为了确定这些软性行为的程序合法性，法院明确依据了其发展的一般法律原则——辩护权，当然，法院最终确定被诉机关已经提供了书面和口头听证。因此，在后CRPA时代，最高行政法院仍将坚守其权力监督者的角色。

（二）CRPA编撰对于我国行政基本法典编撰的启示

1. 以法规范的澄清和简化为行政基本法典编撰的基本目标

我国开启行政法法典化，亦需明确法典化的目标。法国CRPA的编撰，实际上采取了形式优化为主兼顾实体优化之目标，并非对规范体系之实体优化不可取，而主要是考虑到前者更具有可行性："在我们这个时代，（对既有规范进行整理）这是唯一可行的对整体规范体系进行法典化的路径"，因为行政法规范数量庞大且内容碎片化，"这使得我们不得不放弃基于社会的底层逻辑重建法典，而让法典化转变为对既有规范进行重新组织的工具"。20世纪90年代最早提出编撰"行政法典"时，首先便明确其不能成为行政法领域的"百科全书"（l'encyclopédie administrative）。在2013年授权法律中，"行政法典"原计划涵括的关于行政机关组织及职权的规则被剔除，而仅保留了调整公民与行政机关之关系的规则，其名称也就由最初的"行政法典"（Code de l'administration）变更为"公民与行政机关之关系法典"。

2. 以行政程序规范为重点

CRPA虽然在名称上未使用行政程序字眼，但从其内容来看，其核心内容无疑是以程序规范为主。正如学者所观察的，"大陆法系国家在行政法法典化进程中，普遍选择了程序主义的编纂进路，即以行政活动遵循的一般性行政程序法律

规范为法典的核心内容，对行政组织法、行政实体法和行政救济法，仅部分实现法典化"。如前所述，20世纪90年代立法者意图使得"行政法典"（code de l'administration）包括行政组织及职权与行政程序之内容。出于行政组织及职权部分的异质性与多变性考量，后来只择取了行政程序，由此导致了CRPA的诞生。行政法规范快速发展之特性，表明法典颁布不代表法典化的中介，新规范将渐次嵌入法典之中，"对既有法典的维护"（la maintenance des codes existants）成为法典化不可或缺的部分。

3. 注重规则的灵活性

从CRPA的规则创新来看，无论是对于公众参与程序形式的选择，还是行政行为的撤销废止条件，立法者都未做出一刀切的规定，而是赋予了行政机关在职权范围内的巨大裁量权。从与他国行政程序立法的内容比较来看，CRPA着重对行政程序的透明和参与做出了实质性规范，但对行政机关的说明理由未做出普遍规定。透明度和参与度如果同步运作，能发挥最佳作用，有利于行政民主。"不对公共行政部门说明其决定的理由做出全面系统的要求的法律规定，可以促进稳定，因为最终的决定不能以此为由受到质疑。"在CRPA颁布之前的一项裁决中，最高行政法院拒绝将文件中的说明理由瑕疵视为行政决定本身无效的理由。从判例来看最高行政法院似乎并没有将自己视为公众参与有效性的倡导者。

4. 重视法院发展行政法原则和规则方面的积极作用

从CRPA编撰过程及其内容来看，最高行政法院的角色都是无可替代的。CRPA吸收了最高行政法院在一百五十多年的历史中提炼的众多一般法律原则和具体法律规则，为CRPA的编撰提供了充分的规范养分。当然，法典化的转向，也并不能终结最高行政法院的法律规范创制功能。在一般法律原则的提炼、具体法律规则的适用，以及根据社会发展创设新的法律规范方面，最高行政法院对于法国行政法的发展，仍将具有举足轻重的地位。反观我国行政基本法典的编撰，我们也不能想当然认为，这仅仅是立法机关的任务。无论是行政法原则和规则的提炼，还是对实践中多元规则的统一，都需要依赖并尊重司法机关的功能优势。

五　结语

法典化是部门法体系成熟的重要标志。从世界范围来看，绝大多数国家都确立了以制定法为主的行政法规范体系。作为行政法的母国，在行政法初创时期，法典编撰也曾经是立法机关和学者们设想的实现行政法独立性和体系化的重要手段。但经过短暂的尝试之后，行政法的不可编撰性成为一项普遍共识。法国行政法从此走上了判例化的发展道路。20世纪中期之后，面临行政法民主性和体系化的压力，法国开启了行政法的法典编撰之路。但路途并不平坦，经过半个多世纪的努力，在不同的编撰模式之间进行权衡之后，2015年CRPA终于出台。CRPA的出台，在一定程度上打破了法国行政法的判例法传统，结束了法国在行政程序法领域的"孤立"局面。诞生于普通法系第一部行政程序法APA（1946）颁行之后的70年，CRPA的颁布不仅使法国行政法跟上了全球的法典化浪潮，同时也确立了行政法法典化的法国模式。

细致观察CRPA的编撰历程，我们不难发现，行政法典的编撰需要摒弃一种百科全书式的完美主义思路，确立实用主义的编撰思路，在维护既有法律规范体系的稳定性的基础上，需要以澄清和简化法律规范为基本目标。从CRPA的具体内容来看，其既包括对最高行政法院通过判例所提炼的辩护权原则、法安定性原则等一般法律原则的重述，也吸纳了20世纪后半段制定的调整公众与行政机关关系的重要专门立法，极大提升了公众对于行政法规范的可及性和可理解性，为建构一种互动的、灵活的、理性的公私关系提供了较为稳定的制度框架。

我国正在推动的行政基本法典的编撰，对于推动我国国家治理转型，推动国家治理体系和能力现代化，无疑具有举足轻重的意义。参考法国CRPA的编撰历程和制度创新，我国行政法典的编撰，应当以澄清和简化法律规范为基本目标，以程序规范为重要内容，注重法律规则的弹性和灵活性，重视司法机关在提炼一般法律原则和发展法律规范的功能性优势。法典化并不能一蹴而就，也并非万能，但其对于推动行政过程的开放性和民主性，对于提升行政法规范的可及性和可理解性，对于建构一种互动的、理性的公私关系，依然具有不可替代的价值和意义。我们相信并且期待，我国行政法典的编撰不仅有助于我国追赶行政法法典化的浪潮，也将推动行政法的中国模式的形成和完善。

【作者单位：中国政法大学法学院；北京大学法学院软法研究中心】

（摘自《法国研究》2022年第1期）

后脱欧时代"全球英国"外交战略及其前景

曲 兵 王 朔

2020 年 1 月 31 日，英国在法律意义上脱离欧盟，正式进入后脱欧时代。鲍里斯·约翰逊首相在脱欧日宣称，英国可以借脱欧"释放这个伟大国家的全部潜力"，"实现令人惊叹的成功"。三天后，他再次在格林威治国家海事博物馆发表演讲，表示要带领"全球英国"这条大船乘风破浪、扬帆远航。孰料，面对新冠疫情，英国抗疫表现不佳，对欧盟和美国的自由贸易协定谈判也迟迟未能取得突破，对华关系更是急转直下。英国脱欧本是为了在对外政策上获得更大自主权和灵活性，但脱欧后无法左右逢源，屡屡陷入选择困境。传统上讲求实用主义且常常"超实力发挥"的英国如今到底遇到了怎样的问题？"全球英国"（Global Britain）的理想与现实之间的落差为何如此之大？本文试图从"全球英国"战略入手，分析英国外交陷入困境的深层次原因，进而展望其能否脱困的前景。

一

2016 年 7 月，时任外交大臣约翰逊为反驳国际上认为英国脱欧后将走向孤立主义的观点，提出"全球英国"概念，强调英国要成为支持自由贸易的外向型国家。后经多方补充，"全球英国"在特雷莎·梅时期成为英国政府对外政策的核心理念。约翰逊担任首相后，在努力推动英国脱欧的同时，进一步明确用"全球英国"统领"后脱欧时代"的对外政策。"全球英国"的外交理念边实施边充实，战略性日益明晰。

其一，以自由贸易谈判为抓手，构建英国占据主动的对外贸易网络。约翰逊政府执意退出欧盟单一市场和关税同盟，这意味着英国脱欧后对欧贸易成本大为增加。为了对冲脱欧带来的贸易损失，英国将利用重新获得的贸易谈判权力，尽快与欧洲之外的重要经济体达成自由贸易协定或其他经贸安排，并设定新的目标即"到 2022 年英国与其他国家达成的自由贸易协定涵盖英国对外贸易额 80%"。出于政治及操作上的考虑，英国政府确定了谈判对象的三个优先级。第一级是欧

盟和美国。2018 年，英国对欧盟 27 国的贸易额约占其外贸总额的 49%，美国约为 15%。英国如果与欧盟和美国均达成自贸协定，则可实现其外贸目标的六成以上。对欧方面，约翰逊政府希望与欧盟达成"零关税、零配额"的自贸协定。为了降低难度，英国缩小了谈判范围，只想达成类似欧盟与加拿大的《综合经济与贸易协定》（CETA）。有英国媒体形容说，"欧盟愿意提供一顿五道菜的大餐，外加葡萄酒，而英国只想要一个三明治和一杯水。"对美方面，英国希望从速达成自贸协定。英美两国的贸易工作组 2017 年以来进行了多轮磋商，为较快达成协议奠定了基础。英美自贸协定对英国经济的提振效果有限，未来 15 年内只会让英国 GDP 增长 0.07%—0.16%，但将是英国脱欧的早期收获，可以显示英国脱欧后有能力与主要经济体达成贸易协议。

第二级是日本、澳大利亚、新西兰、加拿大和新加坡等发达经济体。英日贸易谈判以欧日《经济伙伴关系协定》为模板，与其他几方的谈判难度也不大，相关协定都有速成的可能。英国与上述国家的协定为其加入"全面与进步跨太平洋伙伴关系协定"（CPTPP）提供了跳板。CPTPP 包括日本、澳大利亚、加拿大、墨西哥、新加坡等 11 个成员，将把英国与世界上增长最快的地区连接起来。

第三级是印度、巴西、中国等新兴经济体。对于这些国家，英国将工作重心放在扩大"市场准入"而非直接的贸易谈判，欲通过"联合贸易评估"确定贸易合作的优先领域及存在的贸易壁垒，为未来可能的自贸谈判奠定基础。

其二，以西方价值观为抓手，软硬并举提升"巧实力"。脱欧之后，英国想保持大国地位和影响力就需要发挥"巧实力"。一是以"软"补"硬"。英国可凭借其丰富的软实力资源，在国际舞台上主动作为，彰显自身的道义形象和国际领导力。外交大臣多米尼克·拉布特别强调英国要成为"全球向善的力量"，通过贸易自由化帮助较贫困的国家实现自力更生。在气候变化领域，

在主办《联合国气候变化框架公约》第 26 次缔约方大会前积极推动全球主要经济体提高减排目标，并以身作则大幅提高英国"国家自主贡献"力度；在人权领域，保护新闻自由和宗教自由，2020 年 7 月依据英版"全球人权制裁机制"单独制裁沙特、俄罗斯、缅甸的 47 个个人和朝鲜的两个团体。二是补足"硬"实力。2020 年 11 月，约翰逊首相宣布自冷战结束以来最大规模的国防投资，未来四年内将为国防部增加 241 亿英镑资金，比保守党在大选前的承诺额多出 165 亿英镑。这批额外拨款将确保英国维持国防开支欧洲第一强、北约第二强的地位。此外，约翰逊再次强调要派"伊丽莎白女王"号航母到"印太"巡航，并酝酿英版"印太战略"。三是以平衡外交为抓手，在大国博弈中争取英国利益的最大化。英国试图游走于大国之间，以高超外交技巧维护国家利益。一方面，力争鱼和熊掌兼得。例如，在华为问题上，约翰逊首相试图找到一个兼顾中美的折中办法。2020 年 1 月 28 日，英国官方作出了让华为有限参与英国 5G 网络建设的决定。这既保护了英国的国家安全，也承认了经济利益，对英国来说是正确的选择。另一方面，以此制彼，从中获利。约翰逊赢得 2019 年大选后有一个雄心勃勃的设想，即同时与欧盟和美国进行自由贸易谈判，他认为尽快与美国完成自贸谈判（设想两国于 2020 年夏季达成协议），会加强英国对欧盟的谈判优势。这一策略得到党内不少人的支持。

二

"全球英国"的理想很高远，落实起来却阻力重重，突出表现为英国与主要大国的关系都遇到困难。除了对俄罗斯关系持续"冷冻"外，英国对欧盟、美国和中国的关系均出现问题，它在几方之间左支右绌，甚至陷入选择困境。英国不愿意但却不得不作出选择，而不管怎么选择都要付出很大的代价。

一是在与欧盟谈判时既想享受单一市场的好处，又不想在脱欧之后受制于欧盟。为了显示其重获自由的"主权国家"身份，英国在公平竞争环境、渔业、履约管理等方面持强硬立场，使得谈判陷入僵局。约翰逊首相多次向欧盟发狠话，称英国能够接受"无协议脱欧"的结果，并试图通过国内立法绕开脱欧协议中有关北爱尔兰的规定（主要涉及国家补贴和海关安排）。英国政府甚至不顾商界反对而决定不延长脱欧过渡期，于 2021 年 1 月 1 日彻底脱离欧盟。

要理解约翰逊政府的强硬立场，需要回到英国脱欧的初衷上。对于英国的脱欧派而言，脱欧

的目的是从欧盟拿回控制权，独立制定与本国相关的法律法规，拒绝接受任何可能束缚其行动自由的条款。面子上，对欧强硬、保持距离能显示英国是一个掌握了自身命运的主权国家；里子上，英国可利用其在劳工权利、国家补贴方面的灵活性，为本国生命科学、清洁能源、制药等优势产业提供补贴。实际上，英国并非要放弃环保、劳工、竞争等领域的高标准，而是谋求自主制定规则的权力，在不受欧盟监督的情况下以灵活政策助力本国经济发展。

问题在于，谈判并非英国一厢情愿的事情，欧盟不能忍受英国脱欧后以不公平竞争手段获取更大优势，成为自己家门口的强大竞争者。英国是世界上第五大经济体，拥有全球数一数二的金融中心，其综合实力令欧盟忌惮有加。英国《金融时报》专栏作家马丁·沃尔夫一语道破英国的处境："英国因体量太小而无法与欧盟平起平坐，同时因实力太强而必定被欧盟高度重视。"为了制约英国，欧盟推出"平行"谈判策略，坚持把所有问题一并解决，特别是把渔业和公平竞争环境条款设定为达成贸易协议的前提。欧盟还高度关注英美自贸谈判，并且威胁称：如果英国在农产品和食品标准等方面向美国倾斜，欧盟就会对进入单一市场的英国农产品提高关税或设置配额。

二是不满美国的单边主义做法，但又不得不主动向美国贴靠。英国对美一再"表忠心"，却未能如愿换来英美自贸协定的速成。一方面，英国不满特朗普"废约"等单边主义做法，显示出一定的独立性。英国曾试图将美国拉回多边体系。2018 年 5 月，当特朗普宣布美国退出伊朗核协议时，时任外交大臣约翰逊飞赴华盛顿，极力劝阻，但无果而返。英国坚持多边主义，在伊朗核问题、气候变化、数字税、世界卫生组织的作用、俄罗斯重返 G7 等问题上都与特朗普意见不一。比如，特朗普曾要求英国对伊朗"极限施压"，而英国却选择站在欧盟一边，尽力维持伊朗核协议，反对美国恢复对伊朗的全面制裁。

另一方面，美国不断在中东、华为等问题上要求英国配合，甚至发出赤裸裸的威胁，英国不得不向美国立场靠拢。2019 年，美国与伊朗在海湾地区的对抗升级，特朗普要求英、法、德参与波斯湾护航行动，遭到法、德拒绝，而约翰逊上台后不久就宣布加入美国主导的"国际海事安全架构"（IMSC），即所谓"护航联盟"。英国政府作出允许华为有限参与 5G 网络建设的决定后，美国政府威胁从英国撤出 RC－135 间谍飞机等军事资产，并"重新评估"两国的情报合作。2020 年 5 月，美国商务部禁止使用美国技术和设备的

供应商向华为提供芯片，使英国政府"在技术上管控华为"的理由难以成立。约翰逊建议"志同道合的国家共同探索电信市场多元化之路"，但美国政府官员表示，英国须首先对华为采取更强硬立场，美方才能考虑这一倡议。2020年7月14日，英国政府作出分阶段禁用华为的决定。前首相布莱尔评论道，"我们确实得作出（关于华为的）决定，而我认为最后还是必须站在美国这一边……在触及美国国家安全的各种事情上，我们很难不同美国站在同一阵线。"英国如此屈从美国的原因在于，它脱欧后对美国的依赖明显上升，但对美国的重要性显著下降。英国在政治、经济、安全等诸多领域需要美国的扶持，尤其急于与美达成自贸协定。但是，秉持"美国优先"的特朗普不会为英国作嫁衣，他在对英贸易谈判中是逼英让步而非相互让步，意在为美国农产品和医疗产业开拓英国市场。约翰逊有意在相关领域作出妥协，但因英国民意的强力反弹而作罢。随着美国总统选举结果的确定，英国面临新的挑战：拜登上台后可能更重视欧盟及法、德的作用，英国面临边缘化的风险，英美自贸谈判也需拜登政府的贸易代表办公室重启后才能有所进展。

三是深知中国对英国发展的重要性，但却忧惧中国的崛起，对华关系更加突出价值观和国家安全。英国政府内部在如何与中国打交道问题上素有分歧。卡梅伦执政时期视中国发展为机遇，力争抢在其他竞争对手之前进入中国市场。他允许中国投资英国核电站等关键基础设施，中英关系进入"黄金时代"。特雷莎·梅首相延续了这一定位，中英贸易量特别是英国对华服务贸易顺差逐年增加。约翰逊执政初期表示，英国政府将非常"亲华"，对"一带一路"倡议非常热情，英国仍将是欧洲对中国投资"最开放的市场"。在一定程度上可以说，美国决定英国的当下，中国关乎英国的未来，脱欧后的英国需要强化与中国的经贸关系。但是，2020年初以来，英国政府先后在疫情、香港、华为、新疆等问题上对中国发难，迅速恶化了中英关系，两国关系"黄金时代"难以维系。这种逆转有内外两个方面的原因。就内因而言，英国舆论对华认知发生变化，更多鼓噪中国崛起对英国的"威胁"。英国政要普遍认为，中国崛起势不可挡；他们不认同美国遏制中国的做法，但对中国崛起带来的战略和安全风险感到不安。有英国智库学者指出，中国"拥有真正挑战西方霸权的经济、国防和外交实力"。一些人还认为，新冠疫情暴露了英国对中国产品的"战略性依赖"，导致英国外交政策受到"需要取悦中国"的制约。此外，英国舆论多

认为，香港国安法"包含了一系列直接威胁《中英联合声明》所保护的自由和权利的措施"，中方的做法显示"中国越强大，就越不会兑现对国际条约的承诺"。基于这些负面认知，英国政界部分人士倾向于将中国视为"战略竞争对手"甚至是"敌手"。故而，虽然英国社会主流反对与中国"脱钩"，但对华强硬某种程度上已成"政治正确"的标签。

就外因而言，特朗普的持续施压导致英国难以在中美之间保持"中立"。随着美国对中国进行全方位打压，特朗普要求其他国家跟美国站在一起。作为美国最主要的盟友，英国遭受的压力最大，在中美之间骑墙的难度越来越大。2020年5月，英国媒体披露，美国寻求在美英双边贸易协定中加入条款，一旦英国与美国不认同的国家签署贸易协定，该条款将允许美国退出英美贸易协定的部分内容。虽然拟议中的条款没有特别提及中国，但英国外交人士认为其用意是阻碍英中关系进一步深化。另有评论称，任何一位英国首相都会优先考虑与美国的安全联盟，而不是与中国的商业交易，而约翰逊恰好成为第一位面临直接的、非此即彼选择的首相。

综上可见，英国脱欧没能换来外交上的"独立自主"，反而陷入诸多困境。在欧美之间是监管规则选择的困境，在中美之间是选边站队的困境。在与大国关系中，它与俄罗斯的关系难以转圜，与欧盟、中国拉开距离，与美国的关系存在变数，想对欧盟和中国打"美国牌"但却被美国当牌打。这样的英国很难说是"全球英国"。

三

一向以灵活性见长的英国外交之所以左支右绌，源于英国作出了脱欧的选择，但并非仅仅因为脱欧。究其根本，还是在于"全球英国"战略的内在缺陷，而执政的保守党自身蜕变与新冠疫情的冲击更是加大了英国实现大国雄心的难度。

首先，"全球英国"的定位及其实践存在根本缺陷。"全球英国"是英国政治精英为应对脱欧这一结构性变化而提出的外交新定位，其初衷是为了增信释疑和鼓舞人心：对内，宣扬英国脱欧后有更光明的未来，削减脱欧派与留欧派之间的分歧；对外，宣示英国将坚定支持全球化并继续发挥大国作用。它经英国领导人扩展为后脱欧时代的外交战略后，缺陷逐渐显露。

一是背弃了英国在发展中依托欧洲的外交传统。"全球英国"战略的潜台词是，摆脱欧盟束缚的英国在世界舞台上有更大的发展空间。其中隐含对欧盟的轻视，是"英国例外论"的翻版。

过去几百年中，英欧纷争不断，英国深度参与欧洲事务既是为了先发制人地对付可能威胁其自身安全与繁荣的欧洲霸主，也是为了在世界舞台上为自己搭建联盟平台。而欧盟凭借巨大的单一市场和强大的规则制定能力，达成放大成员国利益的一系列双边和多边协议，让英国受益很多。英国的综合实力一直在走下坡路，脱欧后更显单薄，对国际格局走向的影响力变弱。可以说，英国脱欧无异于自毁长城，面临选择困境是咎由自取。

二是过于依赖贸易协定以构建对外关系。英国以贸易立国，是自由贸易的拥趸，"全球英国"战略的首要与核心内容就是与其他国家达成自由贸易协定。能否尽快与欧洲之外的经济体达成贸易协议，对于"全球英国"目标能否成功实现至关重要。但是，失去欧盟撑腰后，英国在对外贸易谈判中少了底牌。英国如果急于求成，其谈判对象会利用这一点增加筹码。美国前财政部部长萨默斯受访时就表示："英国能给美国的，显然少于欧洲整体能给予美国的，所以美国不太可能向英国让步。英国筹码少，又很急切。当你的谈判对手心焦如焚时，你可以更容易达成于己有利的交易。"英国国际贸易大臣莉兹·特拉斯承认，"不希望我们的谈判对象利用时间压力来对付我们"。英国与日本只用 3 个月时间就达成了自贸协定，实际上是大量复制欧日《经济伙伴关系协定》的条款，而且英国在农产品配额等方面做出了让步。

三是虚多实少，缺少配套政策。"全球英国"战略的基调积极、乐观，勾画了后脱欧时代的发展愿景，但目标和原则多，具体施策少，因此外界批评它为"空洞的口号"。英国的外交官曾透露，部长们要求他们在国际上多谋划一些展现英国领导力的活动，以证明英国仍是全球参与者。正是意识到无法靠口号治国，约翰逊政府启动了冷战后最大规模的安全、防务、外交和发展综合评估，旨在完成"全球英国"的顶层设计和实施策略，相关成果预计于 2021 年春天发布。

其次，执政的保守党具有浓厚的民粹和意识形态色彩。保守党自 2010 年以来一直处于执政地位，与 20 世纪相比，该党发生了两大蜕变。一是民粹化。为了争夺选票、打压反对党，保守党不惜滑向"硬脱欧"，向选民许下难以实现的诺言。约翰逊本人比较务实，但在压力下转向投机。比如，当他发现保守党内很多议员要求对华强硬时，未等这些人采取行动就调整政策。他越来越多地为了短期利益而牺牲长远利益，将党派利益凌驾于国家利益之上。与此同时，约翰逊的冒险主义色彩上升。在内外压力下无法实现既定意图时，

他不惜使出奇招、险招，实行"边缘化"政策。例如，他孤注一掷，用"英国不惧无协议脱欧"倒逼欧盟让步，甚至通过《国内市场法案》绕过已达成的脱欧协议，用反常规的冲撞战术与欧盟斗法，结果落下"违反国际法"的坏名声，加剧了欧盟对英国的不信任情绪。二是意识形态化。保守党执迷于"完全恢复英国的经济、政治和司法独立"，对"主权"有意识形态般的依恋。在脱欧问题上，很多保守党议员认为，欧盟单一市场对英国很重要，但英国主权更重要，为此付出贸易成本增加的代价是值得的。在华为问题上，立场极端的一些保守党议员反对将经济利益置于英国价值观和安全利益之上，其做法可谓"宁要资本主义的草，不要社会主义的苗"。思想僵化导致英国"双轨并行"的传统外交手法难以促效。中国学者何越形象地指出："英国对待一个国家的思维并非'非黑即白'，而是'黑白灰'共存……对抗的同时，合作继续。"意识形态因素对于决策者的影响如此之大，无疑缩小了英国外交腾挪的空间。

再次，新冠疫情让本已困顿的英国外交雪上加霜。一是政党管理的难度加大。新冠疫情暴发后，英国议会长期休会，保守党党魁、党鞭与后座议员（其中 1/3 是 2019 年大选中新当选议员）难以进行面对面沟通，社交距离带来了政治距离。保守党后座议员桀骜不驯，仿效"欧洲研究小组"推动英国脱欧的运作模式，在党内成立"中国研究小组""北方研究小组""新冠复苏小组"等压力团体，企图影响政府相关政策的走向。一旦诉求得不到满足，他们就在议会投票中反对政府的立场。这导致保守党在议会下院的席位优势几近丧失，约翰逊首相在重大议题的表决上无法如愿以偿。二是斗争的矛头转移。长期以来，英国疑欧派将欧盟当作国内诸多问题的"替罪羊"。此次抗疫过程中，保守党政府表现不力，但脱欧后无法再将国内政策失误归咎于欧盟，遂将中国当成新的"替罪羊"。一些英国议员批评中国"隐瞒疫情真相""试图利用英国的困境趁火打劫"，声称"不能将从布鲁塞尔夺回的控制权转交给中国"。三是财政窘境难以支撑其全球抱负。受疫情打击，英国经济 2020 年预计下降 11.3%，是 1709 年以来最大幅度的衰退。因实施经济刺激和就业保护等措施，英国财政开支大幅增加，预计 2020 财年将借贷 3935 亿英镑，是和平时期的最高水平。约翰逊政府捉襟见肘之下，要继续实施"全球英国"的宏图，就只能拆东墙补西墙，削减对外援助开支，以填补国防预算窟窿。伦敦大学国王学院克拉克教授认为，英国政府将不得

不更多地关注"我们能负担得起的",而不是"我们想要做的",预言正在进行的"综合评估"将变成"一种短期、临时性和防御性的策略"。

四

英国体量虽小,但在当前国际格局中尚能发挥独特作用,因此,"全球英国"战略仍会产生一定的能量和效应。当今世界正处于百年未有之大变局,大国博弈日趋激烈,国际局势日益复杂,彼此关联、相互牵制、相互作用的多角关系体系正在形成。在后脱欧时代,英国的分量难与中、美、欧、俄相提并论,很难玩转"拉一个打一个"的大国游戏,但还是国际关系中一个不可忽视的变量。它与几大力量之间的关系也非简单的双边关系,其对外政策一定程度上会触动大国格局,甚或可能带来全局性影响。这种联动性意味着,一旦英欧关系有了突破,英国对美国的战略需求就会减少,在与美国对话时就会更有底气。英美关系和英欧关系的变化亦会对中英关系产生较大影响。在大国已成为国际关系主角的今天,我们仍不能忽视英国作为中等强国的作用。

从主观上看,英国正在努力摆脱当下的外交困局,以最终实现"全球英国"的抱负。一是秉持所谓"避免选择"战略。事实上,英国二战后实力下降,就已经开始采取类似的做法,即每当遇到重大挑战,尽量不作出非此即彼的选择,而是采取模糊和拖延战略,根据形势变化及自身利益寻找最佳平衡点,尽量为两个相互冲突而又迫切需要处理的难题找到折中的办法。正如英国军情六处前高官奈杰尔·英克斯特所言:"对于英国来说,巧妙地操作,以确保我们不会被迫在超级大国之间作出选择,这一点非常重要,因为这样才能有利于我们的长期利益。"二是在不得已选边站时留有余地。例如,美国要求英国政府彻底弃用华为,但英国政府给予本国电讯企业 7 年的过渡期,亦有避免过度刺激中国的考虑,而未来与中国谈判时又可将华为作为一张可打的牌。又如,约翰逊尽力向特朗普贴靠,同时在美国大选前积极与拜登团队接触。拜登胜选后,约翰逊强调两人在气候变化、人权、贸易、安全等领域的共识,一再主动示好。三是通过所谓"民主国家联盟"分散外交压力。脱欧后的英国深知"独行快,众行远"的道理,意欲充当"民主国家召集人",打造基于"自由民主价值观"的朋友圈,或升级已有的组织如考虑吸纳日本加入"五眼联

盟",或罗织新的伙伴网络如寻求组建"民主十国"。据美国彭博社披露,英国外交大臣拉布 2020 年 9 月初召集了有外交官和其他官员参加的一次内部会议,再次明确提出英国要避免卷入中美之间的"新冷战"。他指出,由于后疫情时代地缘政治联盟发生变化,英国会召集"志同道合国家"抵制"新冷战"的诱惑。这表明,英国试图突破在中美之间选边站的局限,用多边主义和盟友体系化解自己的选择困境。

然而,"全球英国"战略的现实难题很难轻易解决。首先,英国能否脱困取决于英欧关系能否理顺。不可否认的是,脱欧仍是英国当前所有问题的重要来源,对欧关系也是决定其他几对大国关系的起点。只要英欧关系理顺不了,英国政府就难以集中精力应对国内几近失控的疫情和妥善处理其他对外关系。约翰逊首相在脱欧过渡期结束前一周才与欧盟达成《英欧贸易与合作协定》,但英欧关系中的诸多争议问题只是暂时被搁置,日后相关领域的谈判必定复杂难缠,这意味着英国会带着"脱欧后遗症"上路。其次,英国需要找到适合自身实力的角色定位和实践路径。英国在"全球英国"战略中勾画的宏伟蓝图,无异于按照过去帝国的思路确定自己在当今世界的位置,未能走出历史幻想,因而未能恰当评估当今世界的国家力量对比和英国的颓势。这突出体现在约翰逊首相著名的"蛋糕主义"(cakeism)理论:"既要吃掉它,还得留着它"。其意为,英国应该得到所有好处,但不会承担任何不利后果。前首相梅杰在演讲中就告诫称,英国人要看清事实,在一个美国、中国和欧盟主导的世界中,"英国已不再是一个强国,也不再会成为强国了"。当世界已进入新一轮的大国竞争时,陷入帝国迷思的英国还能扮演什么角色? 是作为传统离岸平衡的棋手? 还是被别人离岸平衡的棋子? 对此,世人难以判定,英国人自己也感到迷惘。它在某些方面犹有大国"风韵",但实力今非昔比,是彻底沦为美国的附庸抑或成为一个务实的中等强国,既取决于世界格局变动的潮流,更取决于英国决策层的智慧与抉择。人们可能更愿意相信英国人在艰难关口寻找合理机遇的能力,诚如一些英国先贤所言,如果几千万人口之国,不能诞生几个可以轮流执政的合格内阁、合格的政治家,那么它就真正沦为"愚人国"了。

【作者单位:中国现代国际关系研究院欧洲研究所】
(摘自《现代国际关系》2021 年第 1 期)

欧盟互联互通政策的"泛安全化"及中欧合作

刘作奎

2021 年 9 月，在盟情咨文的演讲中，欧盟委员会主席冯德莱恩提出了"全球门户"倡议。12 月，欧盟宣布启动"全球门户"计划，标志着欧盟在推动互联互通方面迈出了关键一步。欧盟提出"全球门户"倡议，一方面是为了参与分割全球互联互通市场"蛋糕"，另一方面则是与中国的"一带一路"倡议相竞争。在盟情咨文演讲中，冯德莱恩就强调，"我们擅长为道路融资，但欧洲在中国拥有的铜矿和中国拥有的港口之间修建一条完美的道路是没有意义的"。因此，"当涉及此类投资时，我们必须变得更聪明"。她宣称，欧盟的"全球门户"倡议以价值观为基础，向合作伙伴提供"透明度"和"良治"。而在 12 月欧盟"全球门户"通信文件发布会上，冯德莱恩更是直接宣布，欧盟"全球门户"是"一带一路"倡议"真正的替代品"。

在国际关系领域，"安全化"概念的应用及其边界的拓展是冷战后安全问题研究和决策的一个显著趋势。以巴里·布赞和奥利·维夫为代表的哥本哈根学派，在推动"安全化"问题研究上发挥了重要的推动作用。在他们看来，"安全"是"超越一切政治规则和政治结构的一种途径，实际上就是一种所有政治之上的特殊政治"，而"'安全化'因此可以被视为一种更为激进的'政治化'描述"。他们将"安全化"，定义为是"一种话语进程，在这个进程中，一个主体间理解在政治共同体内部得以建构起来，这种理解把某事物看作对其指涉对象的一种生存威胁，并由此得以要求为处理该威胁而采取紧急和特别的措施"。这种相对宽泛化的安全理论研究思路，对理解和阐释"泛安全化"（Pan-securitization）倾向提供了帮助。所谓"泛安全化"，是指非安全领域的"安全化"过程或非传统安全领域的过度的传统安全化表现。

本文从"泛安全化"的视角考察欧盟互联互通倡议的提出过程和内涵，认为互联互通被纳入到安全化领域的议题，是"泛安全化"的重要表征，它使得互联互通被扩展到新的维度，因安全问题被塑造成一个更具复合型的话语体系。同时，本文拟就"泛安全化"背景下中欧互联互通的机遇和挑战进行分析，并提出相应的对策建议。

一 互联互通内涵的变迁——超越"软""硬"联通

互联互通历史较为久远且在各国和各区域形成了不同的特色，当代意义上系统且全面的推进互联互通实践，是从 20 世纪 90 年代开始的欧亚大陆互联互通项目开始的。中国、欧盟（欧共体）、俄罗斯都广泛开展了互联互通的具体项目建设，为欧亚大陆的基础设施、物资、人员和商品流通积极布局。随后，东盟较早提出了在东盟国家区域内的互联互通战略，2009 年 10 月，第 15 届东盟首脑会议以"增强互联互通，赋予人民权利"为主题，阐述了东盟互联互通的重要性。2010 年 10 月，第 17 届东盟峰会通过了《东盟互联互通总体规划》。东盟的互联互通战略以三大领域作为主体：基础设施的互联互通（Physical connectivity）、机制的互联互通（Institutional connectivity）和人文的互联互通（People to people connectivity）。东盟不但加快联盟内部的互联互通建设，而且积极将其合作经验推广到亚太经济合作组织（APEC）。现有不少成果研究亚洲互联互通、尤其是东盟的互联互通对"一带一路"建设的启示和推动作用，可以说，中国的互联互通倡议内容十分丰富，其中，来自东盟和 APEC 的经验就起到了重要启示作用。

此后，中国逐渐成为新一轮互联互通建设的倡导者和引领者，不断丰富互联互通内涵和合作领域。2013 年 4 月，习近平在出席博鳌亚洲论坛年会时提到："中国将加快同周边地区的互联互通建设，积极探讨搭建地区性融资平台，促进区域内经济融合，提高地区竞争力。"2013 年 10 月，在印度尼西亚巴厘岛召开的 APEC 领导人非正式会议上，习近平又提出，亚太经合组织要顺应潮流，做好互联互通这篇大文章，并提出了四点建议,包括:"一要构建覆盖太平洋两岸的亚太互联互通格局,以此带动建设各次区域经济走廊,进而打造涵盖21个经济体、28亿人口的亚太大市场,保障本地区生产要素自由流通,稳步提升太平洋两岸成员协同发展水平,实现一体化。二要打通制约互联互通建设的瓶颈,建立政府、私营部门、国际机构广泛参与的投融资伙伴关系。中国愿意积极探索拓展基础设施建设投融资渠道,倡议筹建亚洲基础设施投资银行。三要在区域和国际合作框架内推进互联互通和基础设施建设,各成员应该秉持互利互惠、优势互补理念,坚持开放透明、合作共赢原则,加强沟通交流,积极参与合作。四要用互联互通促进亚太地区人民在经贸、金融、教育、科学、文化等各领域建立更密切联系,加深彼此了解和信任"。自此,中国的互联互通倡议形成初步的体系,直至后来发展成为明确的"五通",即政策沟通、设施联通、贸易畅通、资金融通、民心相通,成为"一带一路"倡议的核心内容。"五通"扩展了学界对传统互联互通概念的理解,将联通的问题扩展到国际关系的多个领域,成为内涵广泛而丰富的概念创新。

"一带一路"建设推进几年后,随着中国在互联互通领域的影响力日益提升,国际社会在互联互通领域话语权的争夺也日益激烈。欧洲智库和研究机构紧跟中国互联互通建设在全球的进展,欧盟从观望、谨慎参与到怀疑直至污名化"一带一路"建设成果,态度经历了明显的变化。为此,欧盟积极出台互联互通方案,2018年发布《联通欧亚:欧盟互联互通战略要素》、2021年7月出台"全球联通欧洲"文件、2021年12月出台"全球门户"倡议,并通过加强同美国"重建美好世界"方案相协调以对冲中国在互联互通领域影响力和话语权的目的愈发明确,从而成为中欧博弈的一个重要领域。欧盟在互联互通领域总体采取"防中国""抗中国"和"联中国"相结合的方式,这种方式与欧盟整体上将中国视为合作伙伴、竞争者和制度性对手的定位是一致的。由于互联互通领域庞杂,欧盟采取了差异化处理方式,积极确定合作、竞争和对抗的具体领域。

互联互通大致分为"软联通"和"硬联通"两个方面。"硬联通"涉及基础设施建设,包括物理的、信息等领域的互联互通,"软联通"涉及规则、物流、金融和人文等软性领域的互联互通,"软""硬"相互结合,就构成了互联互通的完整含义。但随着形势的新发展,"软联通"和"硬联通"的分野已经不再那么明显,互联互通的研究基本上也超越了以前的分类,比如,数据

与信息、产业链、体制机制竞争力纳入到互联互通研究范畴后,就很难界定到底是"软联通"还是"硬联通",甚至在一些领域两者出现融合的趋势。

互联互通"软""硬"安全的融合使得其涉及领域形成交叉并不断被拓宽,且在政策实践中出现"泛安全化"的趋势。互联互通的"泛安全化"主要呈现出如下特点:(1)互联互通涉及的对象和内容被放大,互联互通产品的清单越拉越长;(2)软硬联通安全日益互为表里,不断寻求绝对安全意识,经济、信息、生态、科技、资源、公共、网络安全等作为互联互通领域主要内容以新安全观念出现,界限模糊不清,牵涉问题多且影响广泛;(3)内容界定日益空间化——公共空间安全"国有化"或"区域化",从坚持自我治理到国家或机构的过度干预,在国家或区域公共空间搞安全圈地;(4)争夺话语权日益激烈,寻找安全领域新空白点,不断放大互联互通安全的深度影响。

二 欧盟互联互通"泛安全化"的过程

欧盟互联互通的"泛安全化"经历了一个发展的过程。在开始阶段,欧盟从互联互通的关键性资产着手,不断扩大其内容,拉长互联互通资产清单,并列入投资安全审查范围;在此基础上,欧盟着力增强在互联互通领域的话语权,通过规范化互联互通话语表述和实践,将其纳入意识形态、价值观和规范领域;随着对互联互通话语权的进一步厘清,欧盟将互联互通的安全风险指向中国,引入中国是对手的政策定位,使得互联互通成为中欧博弈的组成部分;最后,欧盟加强关键基础设施领域的安全立法,并联合其所谓"志同道合者"来应对中国在互联互通领域的影响力和话语权,从而完成互联互通"泛安全化"的过程。

(一)实施外国投资安全审查机制

近年来,欧盟不断扩大互联互通产品范围并列入安全审查清单,将互联互通问题"泛安全化"。欧盟的外国投资安全审查机制方案于2017年正式提出、2019年通过、2020年正式生效。其主要是应对外部投资者对欧盟重要战略资产投资可能造成的安全风险,是一个相对综合的安全防范框架和政策。值得注意的是,欧盟逐渐将互联互通的一些产品清单作了很大扩展,主要包括下列几个方面:(1)关键基础设施(实体或虚拟的)包括能源、交通、水务、医疗、通讯、媒体、数据处理或传输、航空、国防、选举或金融基础设施及使用此类基础设施涉及的敏感设施、

土地等；（2）关键技术和军民两用物项，包括人工智能、机器人、半导体、网络安全、航空、国防、能源存储、量子和核技术以及纳米技术和生物技术；（3）关键原材料供应，如能源或原材料，或粮食安全；（4）敏感信息的获取，包括个人数据或掌握信息的能力；（5）媒体的自由化和多元化。

从上述内容中可以看出，如果从互联互通的广义概念看，欧盟将大量互联互通产品纳入投资安全审查范围，使得外部投资者如果想进入欧盟市场，势必面临严格的安全审查，安全审查的泛化趋势非常明显。

（二）推进欧亚互联互通计划新战略

2018年9月，欧盟发布联合通信《联通欧亚：欧盟战略要素》，全面阐释欧盟推进欧亚互联互通的新战略，强调推进"可持续的、全面的和基于规则的互联互通"，进一步将互联互通问题规范化、价值观化和安全化。"可持续的互联互通"主要着眼于提升生产效率，驱动就业和增长，提升市场效率和财政可见度，进一步推动经济发展中的去碳化，以及基于保护环境基础上的更高标准，尤其是透明度和善治以及民意支持等方面。而"全面的互联互通"则强调互联互通关乎网络，网络可以以航空、陆路或水路交通的形式呈现，也可能是数字网络——移动或固话网络，从电报到卫星，从互联网主干到最后一英里。互联互通涵盖了能源网络和流动——从包括液化天然气在内的燃气网络到电力网络，从可再生能源到能源效率。互联互通还明显与从教育合作、科研、创新到交通和旅游等人类活动有关。互联互通需要国际组织和机构支持的国际公认的行为、规则、公约和技术标准等促进各个网络之间的兼容与跨境交易。由于这些互联互通与人们的生活息息相关，其在安全上的脆弱性需要引起广泛关注。因此，"基于规则的互联互通"强调，规则和制度是推动人员、商品、资本、服务等要素高效、公平和顺畅流动的基本要求。

文件中特别醒目地提出了互联互通与安全问题的重要性，强调世界越来越依赖复杂的数据网络和传输、能源中转、瞬时响应的价值链和人员流动。管理这些流动性意味着在便利流动和确保流动的安全性之间找到适当的平衡。在一个威胁和恐怖主义混杂的时代，"流动安全"至关重要。贸易路线的稳定仍然取决于适当的政治和安全环境，并面临各种挑战，如跨国有组织犯罪和任何形式的走私和贩运、网络安全以及对运输和能源安全的攻击。这些挑战不能仅仅通过国家或实体的内部或外部政策来解决。欧盟应与伙伴国家合作，使与亚洲的交通连接更加安全，尤其是在网络安全领域。欧盟的上述安全关切有一定的事实基础和合理性，但由于欧盟将这种关切放大化，互联互通被纳入了价值观、意识形态以及规则竞争的范畴。

2019年9月，欧盟与日本签署了《日欧可持续和高质量互联互通伙伴关系协定》，强调互联互通在环境和财政上的可持续性，致力于推动基于规则和价值观的互联互通，促进自由和开放等。从欧盟互联互通战略来看，应对中国的意图日益清晰，同中国争夺互联互通模式的话语权，避免中国式互联互通形成全球范围内的影响是欧盟的政策目标之一。欧盟互联互通的"泛安全化"进入更为细化和更为明确的阶段。

（三）重新定位中欧关系

2019年3月，欧盟正式发布《欧盟—中国：战略展望》政策文件，该文件最引人关注的是对中欧关系的四个定位，即"一个与欧盟目标紧密一致的合作伙伴，一个欧盟需要找到利益平衡点的谈判伙伴，一个追求技术领先地位的经济竞争对手，一个推动替代治理模式的体系性对手"。文件对"对手"作了系统表述，并在多个层面提出明确的应对措施。这份文件涉及政治、经贸、投资、人文等各个方面内容，并且自中国和欧共体1975年建交以来，史无前例地将中国定位为"体系性对手"，并在各个领域提出了防范性举措。在文件中，互联互通作为重要组成部分也被提了出来。文件强调，欧盟参与互联互通的原则是财政、环境和社会的可持续性、透明度、开放式采购和公平的竞争环境。中欧互联互通要以互惠和透明的方式开展工作，事实上对中欧互联互通领域合作提出了欧盟标准，同时，防范在互联互通领域来自中国的系统性挑战和安全威胁。为此，新的政策文件在应对中国问题上提出了两个维度的指导性意见：一是为了充分解决外国国家所有权和国家融资对欧盟内部市场扭曲的影响，委员会将在2019年前确定如何填补法律中现有的空白；二是为防止对关键数字基础设施的潜在严重安全影响，需要欧盟采取共同5G安全立场，欧盟理事会据此将发布建议书。为了提高外国投资者对关键资产、技术和基础设施进行投资构成安全风险的认识，成员国应迅速、全面和有效地实施"外国直接投资审查条例"。

（四）在更广泛领域争夺话语权

2021年12月1日，欧盟委员会推出"全球门户"倡议通信文件，这是一项新的欧洲战略，旨在促进数字、能源和交通领域的智能、清洁和安全联结，并加强全世界的卫生、教育和研究系统。"全球门户"的目标是在2021—2027年间动员多达3000亿欧元的投资，以支撑全球持久的复苏。"全球门户"旨在增加投资，促进民主价值观和高标准、善政和透明度、平等伙伴关系、绿色和清洁、安全的基础设施，并促进私营部门投资。它以价值观为导向，以欧盟社会、环境、财政和劳工的高标准为基础。为了确保欧盟企业在第三国市场更具竞争力，欧盟将建立新的欧洲出口信贷机制（European export credit facility）。此外，欧盟将为撒哈拉以南非洲调动24亿欧元的赠款，为北非调动10.8亿欧元的赠款，以支持可再生能源和可再生氢的生产。

"全球门户"倡议是一项关于欧盟互联互通战略的综合性倡议，涵盖领域非常广泛，同时也基本框定了欧盟在互联互通领域的基本立场、路径和远景规划。文件主要有如下特点：（1）争夺互联互通规则的主导权，继续强调基于规则的、透明的、可持续的互联互通。（2）内容广泛和多元化。除基建、能源等传统领域外，数据、信息、产业链、供应链甚至社会体制、机制等纳入进来，软硬联通的界限日益模糊。（3）强调价值观。将遵守民主、人权、法治等所谓"普世价值"作为先决条件，极力防范甚至排斥价值观异质的合作伙伴，强化人权标准。（4）加强互联互通领域立法。重在规范外部行为体进入欧洲市场或在第三方市场合作的行为。进入欧洲互联互通市场将面临一系列规范条件的约束，如竞争中立原则、通用数据保护条例、供应链法等。

（五）追随美国治下的互联互通

2019年底，美国在东盟峰会期间的"印太商业论坛"上宣布启动致力于亚太地区基础设施建设的新倡议——"蓝点网络计划"（Blue Dot Network）。该计划由美国海外私人投资公司（OPIC）、澳大利亚外交与贸易部（DFAT）及日本国际协力银行（JBIC）三方共同发起，旨在"统筹政府、私营部门和民间社会，以开放、包容的方式将全球基础设施建设的标准提至高质量、可信赖的程度"。该计划是美国应对中国"一带一路"建设的标志性项目。

为推行蓝点网络计划，美国高层频频访问欧洲多国，以信息安全为由劝导欧洲国家，通过"清洁网络"和"蓝点计划"等，试图将中国排挤出欧洲，推动欧美在信息安全领域的合作。以此为契机，2021年6月，拜登政府正式提出了所谓"重建更好世界"计划，并得到欧盟、英国、德国、法国、意大利等领导人的认可，写进了当月举行的七国集团峰会联合公报中。根据白宫的

阐述，该计划"是一个由主要民主国家领导的、以价值观为驱动的、高标准和透明的基础设施合作伙伴计划，旨在帮助缩小发展中国家超过40万亿美元的基础设施需求"。倡议的核心原则包括：（1）价值驱动；（2）善政和高标准；（3）气候友好；（4）强有力的战略伙伴关系；（5）通过发展融资调动私人资本；（6）增强多边公共融资的影响。美欧力图通过深度协调，提供一个自由主义市场版本的替代方案，跟中国企业争夺市场，跟中国政府争夺"势力范围"。在2021年7月欧盟发布的"全球联通欧洲"计划文件中，就特别提到了"重建更好世界"计划。尽管"全球联通欧洲"和"重建更好世界"计划可能在重点实施领域和推进方式上有所不同，但在强调价值观、发挥民主国家作用、重视私人投资、依靠多边机构等方面存在高度一致性，体现了欧盟和美国在互联互通原则上的协调。

三 "泛安全化"背景下中欧互联互通合作的机遇和挑战

（一）机遇

1. 中欧互联互通合作基础良好，潜力有待进一步挖掘。中欧曾长期互为第一大货物贸易伙伴且经贸合作保持了加强的韧性，这将持续驱动双方互联互通合作。目前，中欧在互联互通领域的合作已经结出了丰硕的成果。中东欧地区成为"一带一路"建设在欧落地成果最多的区域；中欧班列高速发展，为欧亚大陆提供了标识性公共产品；匈塞铁路是中国技术和标准走出去的重要尝试；比雷埃夫斯港是成功并购和实现本土化管理的典范；中国在西巴尔干基建项目的成功是中国装备制造抱团出海取得集中成果的标志。

互联互通蕴含巨大发展机遇，一定程度上将决定未来全球格局的走向，是中欧合作走深走实的重要推动力量。尤其是未来新冠疫情结束后，互联互通"服务贸易＋"领域（如物流、云、数据等）潜力巨大，而在更广泛的基础设施建设领域，由于资金缺口巨大，中欧又互有所长，双方合作具有较强的互补性。

2. 互联互通呼唤国际合作，欧版方案难以完全同中国割裂。"全球门户"倡议难以同"一带一路"倡议完全隔绝开来。尽管欧盟存在与中国"一带一路"倡议竞争的意图，但在具体领域和地区，不可避免地要与中国开展合作。2021年7月，在出席于乌兹别克斯坦举行的"中亚和南亚：地区互联互通的挑战和机遇"会议时，欧盟外交与安全政策高级代表博雷利就提到了与中国共建的互联互通平台，并重申推

进"一带一路"倡议同"全欧交通网络"计划的对接。尽管欧盟为互联互通建设设置了庞大的预算,但资金缺口依然巨大,必须撬动社会资本。此外,欧盟已表态欢迎国际资本合作,在这一点上中欧之间可以开展融资合作,联手打造高质量的互联互通项目。

中国的"一带一路"倡议一直秉承开放共享原则。2018年8月,习近平主席在推进"一带一路"建设工作5周年座谈会上强调,共建"一带一路"是经济合作倡议,不是搞地缘政治联盟或军事同盟;是开放包容进程,不是要关起门来搞小圈子或者"中国俱乐部";是不以意识形态划界,不搞零和游戏,只要各国有意愿,我们都欢迎。进一步指明了"一带一路"是包容性发展平台的鲜明特征。而从欧洲角度来说,欧洲企业普遍看好亚洲和欧洲大陆市场整合的力量,对中国市场的兴趣与日俱增。中国基建市场规模庞大,发展潜力巨大,欧盟推动互联互通建设不能忽视中国市场的支撑,也有更多的兴趣关注同中国市场的合作。

3. 中国的基建模式仍具有一定的海外竞争力。中国在基建领域有着丰富的经验和庞大的国内市场应用场景,在走向国际市场的过程中,中国强大的装备制造业竞争优势、丰富的市场应用场景积累以及较为高效的融资方案,都确保了中国互联互通成为驱动新增长的重要力量。中国人做事务实,讲究效率、团结与协作,在不少"一带一路"沿线国家留下良好口碑。在推动欧亚互联互通中,欧盟虽然起步较早,但教训深刻:在早期推动欧亚互联互通建设中,欧盟倾向于把其作为民主促进的一部分,在中亚和外高加索地区实施基建援助时附加较为苛刻的"政治条件"。21世纪初,在外部势力策动下,上述区域陆续发生"颜色革命",导致政局动荡,产生了一批基建和政治项目的"烂尾工程",欧盟的援建模式也受到质疑。因此,在互联互通新一轮竞争中,中国模式仍保有较强的竞争力,对此应该充满信心。

4. 欧洲方案可能会遇到重重阻力。欧洲国家的政治信誉不一定可靠,具体表现为三个方面:第一,欧洲国家的长期殖民历史,是其对发展中国家开展投资合作的历史负担;第二,发展中国家珍视主权和自治权利,忌惮外国势力干涉,附加"民主价值观"等政治条件的合作方式不一定可取;第三,欧洲国家政客多喜欢"画饼",目前这些倡议都还停留在"空谈"阶段,尚未进入实质实施阶段,其有效性有待于进一步观察。此外,欧洲国家政客能否说服私人企业加入这场

"冒险",仍是未知数。一方面,企业是趋利避害的,其进入一国的目标是实现盈利,如果这些政治规划无法落实为有效的商业模式,将加大企业进入的阻力;另一方面,企业往往追求互利共赢,不认同欧洲政客"非此即彼"的对抗性思维,说服它们加入对抗中国的敌对阵营,不一定符合它们的本意。

(二)挑战

1. 双方理念差异较大,难以相互兼容。"一带一路"倡议具有鲜明的中国特色,体现了"天下大同""怀柔远人""和而不同"等浓厚的中国文化传承,是根植中国土壤的国际公共产品。"全球门户"倡议则体现了欧洲中心主义的殖民思维模式。欧洲历史上曾是全球思想、制度和技术等的重要发源地,为人类文明的发展作出了重要贡献,但也导致了欧洲对自身发展道路的自大。"全球门户"倡议以欧洲价值观为先导,着力输出欧洲理念、制度和标准,反映出在当今时代,欧洲依然坚持以自我为中心的行为方式。

在百年未有之大变局下,"一带一路"倡议体现出中国进一步推动全球发展合作的努力方向,其本质上是一个去地缘政治化的概念,强调的是合作而不是对抗、共赢而不是零和、联系而不是脱离、全球化而不是去全球化。"一带一路"倡议的最终目标在于,为全人类和平发展贡献中国智慧,打造开放型世界经济,推动全球治理,构建人类命运共同体。就欧方来说,欧盟十分关注近年来全球地缘政治格局变化和大国竞争,认为全球已进入"超级竞争新时代",大国间对于影响力的争夺已白热化,欧洲必须参与其中,而不能成为大国竞争的舞台。为此,欧洲领导人重拾传统地缘政治思维,而提出"全球门户"倡议,正是其借互联互通参与全球地缘政治竞争的重要一环。欧盟刚刚制定的2021至2027年多年期财政预算中,加强了对基础设施建设的投资力度,以填补项目资金缺口,也使得欧洲国家对来自中国的基建投资兴趣下降。在欧盟认为中国的经济发展模式和政治制度带来了严重挑战的背景下,中国提出的互联互通方案也日益被认为是服务于本国"竞争性价值体系"的工具,因此,对互联互通增加投资已经不仅仅是经济投资,而且是战略投资。

2. "泛安全化"毒化了中欧合作的氛围。"泛安全化"倾向使决策者和政策执行者在安全领域往往抱有一种强烈敏感的绝对安全意识,而在非传统安全领域则加重了诸如经济安全、生态安全、信息安全、科技安全、资源安全、公共安全、网络安全等新类型问题的传统安全色彩。这

种特征也反映在互联互通领域。近年来，欧盟愈加执拗地认为中国对基于规则的多边国际秩序形成严峻的挑战，越来越强调对华合作中的"安全议题"，涉及互联互通领域中的交通与数字方面的项目，欧盟加强了对中国投资的安全审查，某些成员国甚至将中国企业排除出数字合作领域之外。尽管中欧之间存在很多共同利益，双方产业不会脱钩，但在互联互通上的合作面临安全因素的诸多影响。在新冠疫情背景下，中欧互联互通有利于全球经济的复苏，但欧洲通过此次疫情更加重视保护供应链和价值链安全，试图减少对中国的产业链依赖，对互联互通合作意愿减弱。与此同时，中欧之间在数字互联互通的安全性、技术标准、法律规则等方面差异性较大，甚至存在矛盾，使数字互联互通合作前景变得更加不确定，且欧洲和美国之间很可能就数字治理进行合作，并对中国采取协调一致的应对措施。这些都不利于中欧之间在互联互通领域的合作。

3. 中欧现有的互联互通合作受疫情影响严重，后疫情时代合作前景不明。新冠疫情使得中欧互联互通领域合作受到冲击。因为疫情，中欧之间的相互认知出现明显恶化的趋势，欧盟的决策生态系统对华不友好的趋势在增强。这种对华的负面认知影响了欧盟对华经济合作关系。欧洲产业链布局从"效率至上"转向"效率与安全并重"，甚至"产业安全"至上。即使传统上与中国关系紧密的德国企业，也在高科技等领域加快多元化，提高了对中国的技术性贸易和投资壁垒。德国联邦工业联合会对中国的态度就由务实转向激进，积极推动欧盟机构将我认定为"体系性对手"。2021年9月，该机构鲁斯武姆强调中国对欧洲企业构成威胁，必须划定人权等"不可逾越的"红线，并对中国市场准入设立更严苛的条件。欧盟中国商会多次出台报告分析中国营商环境变化，在指出中欧务实合作仍有较大空间的同时，也认定中资企业在欧的经营阻力和压力较大，双方脱钩和产业链重组风险正在加大。

4. 中欧互联互通合作深受美国因素影响。美国是影响中欧关系变化的重要外部因素。特朗普上台执政后，中美博弈烈度增加，欧洲也成为中美博弈的重要舞台。美国以中东欧国家为突破口，在经贸、科技、人文等领域不断打压中国。美国高层领导人多次以信息安全为由胁迫欧洲国家选边站队，陆续提出"清洁网络"和"蓝点计划"等，旨在将中国排挤出欧洲地区。拜登上台后，美国加大了对欧洲国家尤其是中东欧国家的拉拢，推动构建对华的所谓民主统一阵线，污名化"一带一路"建设成就，

阻碍中国企业对欧洲国家的项目投资，使得"一带一路"建设面临的阻力明显增大。而在欧美都强调互联互通价值观基础的背景下，中欧合作面临的挑战进一步增大。

四 对策建议

（一）研究好"全球门户"倡议进展

欧盟在2018年推出欧亚互联互通计划后并未取得实质性进展，但2021年9月提出"全球门户"概念后，一方面，欧盟对互联互通战略的重视程度显著增大；另一方面，欧盟互联互通计划的时间表、路线图十分清晰。欧盟各国的态度发生了很大变化。但是欧盟在实施新计划方面仍面临不少挑战，如过度依赖私人资本、协调欧盟内部各成员国之间的利益、高标准在新兴市场面临水土不服等。鉴于前期欧亚互联互通建设的准备、欧盟"绿色新政"等计划的加持，加上与美国所谓"重建更好世界"计划的协作，欧盟"全球门户"计划生根落地的可能性很大。在这种情况下，中国应重视欧盟互联互通新进展，积极推动中欧互联互通伙伴关系建设。

（二）调整双方合作方向

适度转换思维，将双方的互联互通合作逐渐从"少而大"的项目模式转向"多而小"的项目模式。一方面，继续发挥大项目的引领作用；另一方面，结合欧洲各国的经济发展水平、地理区位、国内交通联通状况，因地制宜地开发一国内部的城市间铁路和高速公路建设，以及城市内部的地铁线路、电车升级、公路维护翻新、河道运输等交通项目。要深入调研与挖掘欧洲国家的大中型城市交通基础设施需求，深化与欧洲地方政府间的城市交通合作。

（三）积极促进双方的经验交流和分享

中国的很多成功案例实际上对欧洲人是有吸引力的。在互联互通上，中欧有些经验和教训是共同的，应该加大分享力度，相互取长补短。欧盟在"全球联通欧洲"文件中，列举了一系列旨在提升欧洲互联互通行动在公众以及国际机构和论坛中知名度的具体措施，包括"设计具有品牌效应的名称和标识，确立欧洲统一的叙事话语，定期举办欧洲互联互通论坛"等，值得中国学习。双方应探讨以学术研究方式解决一些分歧问题，比如债务问题、项目风险、融资问题、污染问题等。近些年来，中国在进入欧洲市场时注意到要加强规则对接，意识到合规经营的重要性。但在国际市场和第三方市场上，就不是非欧盟规则不可，欧盟的互联互通原则也不应被视为普世准则，大家有事还是要商量着办，最终还要以谁

能推动民生和发展为主要衡量指标。

（四）利用好现有的中欧互联互通合作平台

中欧之间在基础设施投资合作方面已有不少机制平台，应进一步盘活用好，包括中欧互联互通平台、欧洲复兴开发银行（中方 2016 年 1 月加入）、亚洲基础设施投资银行等机构。2018 年丝路基金和欧洲投资基金设立了"共同投资基金"，中欧投资机构还建立了专门的工作组。这些协议、机制应引起双方重视并成为中欧达成合作共识的平台。

（五）充分发挥运输领域特别是中欧班列的作用

中欧交通领域的互联互通特别是中欧班列的作用要得到重视，并给予重点保障。在新冠疫情背景下，中欧班列作为快捷、高效运输方式，在帮助企业复工复产、保障产业链畅通等方面发挥了重要作用。今后，应进一步做好中欧班列及中欧陆海快线的一体化整合工作，提升运输效率，加强对沿线非欧地区的风险管控。同时，在欧洲疫情持续肆虐，欧洲对中国贸易需求旺盛的情况下，也应继续拓展空中丝绸之路和海上丝绸之路运输通道。

（六）以合作阻力较小的领域为抓手

中欧在绿色金融、能源与气候变化等领域争议较小，合作前景较好，应予以加强。中欧互联互通要立足务实合作，从阻力较小的领域由浅入深、以点带面推动双方互联互通合作有序推进，比如在互联互通双向市场准入方面着手开展谈判。从中国的角度来说，可以加强对规则限制较少、互联互通需求旺盛的西巴尔干

地区的投入，同时适当降低对相关合作项目或协议的宣传力度，避免在复杂的国际局势下引起不必要的猜测。

（七）客观看待美欧在互联互通领域的合作

随着 2020 年 6 月美欧重启跨大西洋对华政策对话、10 月双方举行正式电话会晤，互联互通逐渐成为美欧联合应对中国的重要领域。美欧在互联互通领域的加速协同对我"一带一路"建设确实产生了很大影响，因其在规则和话语权领域的影响还是比较广泛的。但双方的联通主要体现在"软联通"上，在"硬联通"方面至今成就乏善可陈，主要表现为美欧在具体行动上"同调不同步"情况越来越明显。美国只通过了大约 1.2 万亿美元的实体基建方案，更大规模的社会基建投资遭到共和党反对，而随着美国民主党议员为 1.75 万亿美元的基建法案说不，其所谓"重建美好世界"方案面临被杯葛风险，即使顺利过关在执行中仍可能遇到许多阻力，这对于欧盟来说是一个打击。就欧盟方面来说，其在基础设施建设领域的融资和执行竞争力也备受怀疑。因此，客观看待美欧对华协调问题，加大我国成果实际落地力度，用生动的实践来提升中国互联互通的影响力，为发展中国家创造更多发展机会，就是中国式互联互通竞争力的充分体现。在话语塑造领域，中国应积极阐释"民生""发展""合作"是互联互通的黄金准则，而非"民主""人权"等空洞口号。

【作者单位：中国社会科学院欧洲研究所】
（摘自《理论学刊》2022 年第 1 期）

在场与不在场：莫迪亚诺作品中的犹太书写

张　亘　高柳敏

记忆、救赎、身份与时间是帕特里克·莫迪亚诺（Patrick Modiano, 1945— ）作品的关键词，也是莫迪亚诺研究中的主体取向。种族一词的位置较为特殊，它如同沙滩上的石子，俯拾可见，但是不是沙滩的主体风景，还是被细沙所遮蔽的杂质，时隐时现。由于莫迪亚诺父亲的身份，评论者在探讨叙事者身份追寻的问题时，不可避免地会牵涉到犹太族裔主题，这是漫步时路边瞥见的标识，不是行者的目的地。《多拉·布鲁德》（Dora Bruder, 1997）出版于 1997 年，被认为是莫迪亚诺最为重要的作品之一，作者致力于在档案体文学中重构一个失踪的 15 岁犹太女孩的生命轨迹。即使是对于这样一部以犹太人在巴黎被占领期间境况为主题的文本，评论者仍然是以书写、风格、修辞和叙事等途径为研究进路，种族话语并不是考察的焦点。犹太书写不是莫迪亚诺创作的特质。我们之所以试图从犹太书写出发来定位作者的叙事意识，是因为这与创作主体的客观体验至少是部分契合的。

一　犹太书写

回顾 20 世纪的犹太创作，以谢罗姆·阿莱克姆（Cholem Aleikhem, 1859—1916）与伊萨克·巴谢维斯·辛格（Isaac Bashevis Singer, 1904—1991）为例，他们是两位主流犹太作家，之所以称之为"主流"，是因为种族的印记和存在感在他们的作品里呼之欲出：排犹主义、二战、流亡、离散、意第绪语都是挥之不去的主题和执念。阅读他们的作品，希伯来人的历史进程历历在目，民族的悲苦记忆扑面而来，阿莱克姆的音乐剧《屋顶上的小提琴》（Fiddler on the Roof, 1964）就是聚焦于欧洲东部一个犹太小村庄的日常生活。

阿莱克姆出生于俄国——"做一个俄国犹太人意味着受到更多压迫"，去世于纽约，辛格是归化入美国籍的波兰作家，而波兰在历史上是犹太人兴旺发达的所在。莫迪亚诺的生活轨迹定格在法兰西，法国的犹太文学呈现出不一样的传统。从蒙田到普鲁斯特，希伯来作家走出的是个人探索之路。蒙田虽然是犹太人，又时常表现为真诚的天主教徒，不过他的作品较少谈论宗教活动的主题。"蒙田离基督教构想的三位一体距离甚远，他更为接近犹太教的一体神论"。如果说他的天主教思想因为犹太身份而微妙多变，有人以为，"（蒙田的）犹太世界观更多体现在作品的形式，而不是内容，体现在思想和书写的风格，而不是被审查和监管的表述；尤其是蒙田的同情立场，他为了生命而抗争，他渴望公理、和平与自由，所有这些，在远未忘却的犹太世界观的照耀下，构成一个关联的整体"。

16 世纪的蒙田在天主教的重压下也许是在隐秘地反抗，但是他的犹太诉求又何尝不可以被视作在那个时代流行和占据主流的天主教教义所中和的视野。无论偏向哪一个端口，说蒙田的立场和处境是暧昧和骑墙总是不会偏差太多的。同样的个人书写也能够在 19 世纪和 20 世纪之交的普鲁斯特那里看到，《追忆似水年华》（A la recherche du temps perdu, 1913）作者的犹太主题包裹在犹太民族特有的神秘主义思想里，叙事者将自己的家庭描述成"法国式的"，源自"孔布雷的种族，从这个种族出来的人都是绝对无瑕的，就像我的母亲和祖母"，他似乎忘记了自己的犹太血统。普鲁斯特支持德雷福斯，但是他又认为德雷福斯事件真相难明，也许永远不会有答案。面对集体记忆的重载，蒙田和普鲁斯特选择的是站立在边缘的位置，发出超越时代和族群维度的声音。他们的这种声音是个体化的，同时又来自族群，却又能够摆脱集体思维的约束和局限，在超出藩篱和守住传统间游离地书写。

莫迪亚诺的情况在法国犹太作家里又有所不同。他的位置不仅仅是处于边缘，和普鲁斯特、蒙田相比，他甚至可以说是身处外围。犹太身份有两个判断标尺，一是宗教，二是血缘。宗教是对犹太教义的遵循，这完全不是莫迪亚诺的选择，他的生活与摩西的戒条基本上风马牛不相及，在他的家庭里没有犹太教的传统习俗，他的社会生活也基本与犹太社团无缘。在血缘上，作家不能算是典型的犹太后裔。首先，他的犹太身份就不是那么确定，甚至可以说存疑。他与希伯来民族的唯一关系来自神秘的父亲，莫迪亚诺的父亲的确是希伯来人，但是犹太民族在血缘的认定上更为重视母亲的传承，普鲁斯特在这一点上倒还符合规范。

纵览 2014 年诺贝尔奖获得者的作品，其作品与主流犹太作家内容迥异，完全偏离典型的犹太文学。《环城大道》（*Les Boulevards de ceinture*，1972）里，叙事者混入走私分子的世界，希冀发现自己的父亲。他的父亲究竟是谁，"是黑市的交易者？被抓捕的犹太人？"犹太身份成为一个选项，融入被占领期间的法国背景，混藏在纷繁迷离的线索里，在一些情况下甚至无处寻觅踪迹。

莫迪亚诺毕竟不是类似维克多·雨果这样和犹太血统毫无关系的作家，后者的定位要和犹太族裔拉上关系只有从反犹主义出发，的确也曾经有专文探讨雨果是否有反犹思想。莫氏小说的话语机制是以犹太身份为原点而启动，"某些人从此谈论的只是我的美好青春与黑色卷发"。从《星形广场》（*La Place de l'Etoile*，1968）而言，莫迪亚诺对于身份的构想来自集体记忆与意识，这一点异于同样是犹太人的普鲁斯特的个人主义探寻，倒是颇为接近于萨特在《关于犹太人问题的思考》（*Réflexions sur la question juive*，1946）里的阐述，即犹太人身份的产生来自反犹主义分子的"凝视"。萨特在此所指的犹太人身份其实不再仅仅是生物性的表征，而是一种政治、经济、文化甚至是美学身份。事实上，这种反犹主义分子的"凝视"在《追忆逝水年华》里也在一定程度上投射到斯万的身上。莫迪亚诺与普鲁斯特相近的不仅仅是记忆的救赎，至少在表象上，与《让·桑德伊》（*Jean Santeuil*，1895）和《追忆似水年华》的作者一样，犹太因素仍然在莫迪亚诺的书写里在场，当然，这种在场的方式与普鲁斯特的不能简单地归一画等号，在《追忆逝水年华》里，"关于犹太人的话语由犹太人或是反犹分子表述，叙事者并不表明立场，他面对问题所选择的位置是有意而为的干扰和混淆，带来的是暧昧和不适感"。

《星形广场》里愤世嫉俗的英俊青年（貌似美国影星格里高利·派克）虽然常常是悖论的反犹分子，他的犹太身份是不争的事实，黑色卷发作为犹太人的标签之一，是小说里三种美学（犹太、纳粹与法兰西）冲突的构成元素。作为莫氏作品的原点，《星形广场》的种族身份随后就消失在《夜巡》（*La Ronde de nuit*，1969）的漫长黑夜里，踪迹难觅，除了零星的嘲讽文字："我最

终将认识到 'Self Pity（自怜）' 的温情——就像英国犹太人所说的。"然后，在第三部小说《环形大道》里，是犹太身份的些许回归。《环城大道》《夜巡》与《星形广场》在身份探寻上的共通之处在于迷幻的气息和某种两难的辩证对立。《星形广场》里的对立是犹太情感与反犹情节之间的张力；《环城大道》的寻父旅程发生在暧昧可疑的空间与氛围里。《夜巡》里的扑朔迷离则表现在哈姆雷特式的"生存还是毁灭"的提问中。如同哈姆雷特最后的必然结局，《夜巡》的身份焦虑也最后导向唯一的可能性：殉难。

半自传式的书写是经常重复的文字流向，如果我们将虚构与作者捆绑，不可否认的是莫氏的虚构小说有一部分来自他的个人体验，这一点恐怕适用于绝大部分作家。于是，从传记意义的生命现实而言，犹太身份是作者的本源。在作者一开始从本源出发之后，他又偏离原定的方向。某种意义上而言，叙事者在每部作品里对于历史踪迹的不舍不弃具有本源的意义，这是一种形而上学的本源，难以解释因由。即使是犹太身份在场的文本，叙事者对于附着在本源上的具象，也就是犹太背景，欠缺逻辑和情感上的可见关联，仿佛这只是一个装饰性的外在符号。在莫氏的书写里，叙事者的身份追寻和记忆救赎更多可以从一种宗教神秘主义和犹太的弥赛亚信仰来解释，仿佛一个异乡客周而复始地在追忆他从未回到过的故乡，这是他从不认识的故乡，是游荡在他想象和虚构里的故国。

二　犹太人的解放

犹太人的解放，这一问题在莫迪亚诺的文本里究竟是否存在，这首先就是个问题。苦难与迫害不仅仅是犹太人的历史和现实际遇，也一直是犹太人萦绕于心的情结，构成了这个传奇民族的精神底蕴和集体记忆，是打造民族气质的炼炉和联系民族情感的纽带。"犹太人习惯于对他们的创伤耿耿于怀，而不是叙述他们所蒙佑的福祉。"在《犹太人问题》（*The Jewish Question*，1843）里，布鲁诺·鲍威尔是这样回答渴望解放的德国犹太人的：

"在德国，没有人在政治上得到解放，我们自己没有自由。我们怎么可以使你们自由呢？你们犹太人，要是为自己即为犹太人要求一种特殊的解放，你们就是利己主义者。作为德国人，你们应该为德国的政治解放而奋斗；作为人，你们应该为人的解放而奋斗。而你们所受的特种压迫和耻辱，不应该看成是通则的例外，相反，应该看成是通则的证实。"

在鲍威尔的回答与莫迪亚诺对于犹太人苦难的观感之间，有着情感与身份占位的近似，两者都排斥对于一个种族命运的特殊对待，倾向于将其与整个民族或人类共同体的未来联系起来，希伯来人的受难话语只有构成人类整体性解放话语的一部分才能在意识形态或文学文本中发挥效力。鲍威尔和莫迪亚诺的不同在于出发点的差别，前者是德国哲学家，后者是有着部分犹太血统的作家。鲍威尔从外在的视点观察时代的族群，注意到犹太人的命运问题，思考犹太人命运和德国前景之间的勾连，以为宗教的解放是犹太人解放的必要条件。在特定种族的解放与普遍意义的人的解放之间，至少是在部分上内在于犹太民族的莫迪亚诺似乎在迅速地过渡，并将重点放在了后者：1968年小说的情节发展具有强烈的不可预见性，但也不得不说是极具有创意的，完全被一个犹太青年的狂想所主导；除了二十九年后的《多拉·布鲁德》之外，犹太书写从未如此集中、高密度、显明与无蔽地在场；犹太人的解放在《星形广场》中是以明晰和无法回避的形式强行闯入读者的视界，这在作者的创作里是个例外；如果《星形广场》不是作者的处女作，而是居于旺盛创作历程中间的某个节点，与人类普遍命运的整体图景相比，那将也是个意外。在莫氏的大部分作品里，犹太人的解放问题并不在场，叙事意识基本上是在普遍个人的私密探寻中呈现。《夜巡》里的"我"纠结的哈姆雷特式问题："如何成为叛徒？如何不成为叛徒？"救赎如何可能？拯救的答案来自哪里？如果说"完全的迷雾"与"记忆的缺失"是寻找答案路上的常态，个人的解救究竟是要解救什么？个人陷入的是何等的困境和绝地，为什么需要找寻出口？

在莫迪亚诺迄今为止（2021）的29部小说里，犹太书写在大部分情况下是以不在场者的姿态隐性地出现，但它仍然是在本质上关联于文本的在场者。个人身份在记忆的迷宫里闪现，线索如同光芒，转瞬即逝，扑朔迷离。"我写下犹太人，并不明白这个词对我父亲究竟有什么意义，只是因为，在那个年代，这个词出现在身份卡片上。"犹太身份是线索里的线头之一，这个线头也许不一定总是那么抢眼，但是却以固定存在的方式参与到谜团的索解里。

犹太人解放的问题不是莫氏书写的关键问题，但是，它在不少文本里构成叙述策略的背景或是驱动力，这一点从两个维度展现。

第一个维度是犹太人在集体意义上的解放，这一主题在莫氏的作品里较为罕见，不过，尤其是在他的第一部小说里，这一问题以尖锐的方式提出，当然是以文学的方式提出，或者也可以说是用美学的形式提出——因为在《星形广场》里存在着大量感官意义上的画面。犹太人问题的起因是犹太人在基督教国家里所遭受的厄运。在《星形广场》中，青年什勒米洛维奇被列维 - 旺多姆子爵训斥："古老法兰西的芳香让你冲昏了头脑。你想什么时候举行洗礼？100%的法国人么？"马克思在《论犹太人问题》里对鲍威尔提出批评，反对"毫无批判地把政治解放和普遍的人的解放混为一谈"。《星形广场》的叙事者也许是在幻念或是无意识中接受了这种思路，无论是去宗教化抑或是政治自由的气息都不足以使积极乐观的思想觉悟植根于每一个受迫害人群。德国占领时期当然是犹太人的噩梦岁月，但是犹太人的解放并没有随着二战的结束而获得解决。政治解放和现代国家，就像马克思在《论犹太人问题》所揭示的，并非有效的解决方案，反而会造成生存于其中的人的异化。《星形广场》里的以色列海水蔚蓝，特拉维夫的白色沙滩在天边一线铺开，这是莫迪亚诺虚构的迦南之地，是废除了宗教统治的政治国家，他们怪异地排斥犹太移民，仿佛犹太教不再是这个国度的信仰。当什勒米洛维奇强调自己不是法国人，而是法国的犹太人时，结果是遭到警察的拷问、折磨和毒打。对于叙事者而言，废除神权政治的现代国家不是犹太人的福地。吊诡的画面与中东的狂想被用精神病人的间歇性发作来解释，"我想到人们给我提供的前景：弗洛伊德博士的治疗让我迅速痊愈，在门口，等候的男人和女人们用热情友爱的目光迎接我"。然而这种治疗最终是溃败的，弗洛伊德博士在角落失声痛哭，束手无策。

犹太人解放的第二个维度是在个人意义上的。离开大的集体背景，被卷入历史性事件或是受其后遗症影响的无名个体间或在以隐秘的方式影射一个种族的苦难记忆。《忧伤的别墅》（Villa Triste, 1975）的故事发生在60年代，"我非常害怕，这种感觉从未离开过我……我逃离了巴黎，以为这座城市对于像我这样的人是危险的"。作者并未清楚交代主人公的身份，他是否犹太人，我们并不了然，然而：无国籍人士，始终感受到迫害的威胁——这些其实是清晰的暗示，联系到莫迪亚诺的家族履历，不可避免地会将读者思维的头绪引向犹太族群。奥斯威辛集中营的年代已经过去，但是恐惧仍然在持续，避难到瑞士边境的叙事者也许是恐惧战争，也许是恐惧过往的阴影抑或是即将降临的危险，他需要隐身在中立国的近郊，需要准备随时能够逃离的路线。

当"我是谁"这样一个问题从犹太语境提出

时，它将人物置放在受迫害者的境地下，犹太人的解放问题由此呈现出尖锐性，"我将永远无法知道她如何度过每天，她躲藏在何处，在谁的陪伴下她度过第一次脱逃后的冬日，或者是她第二次脱逃后在春天度过的几周。这是她的秘密"。身份危机来自人类的极端暴力、野蛮、残酷行径所制造的巨大张力，多拉·布鲁德离家出走后于1942年6月19日被捕，1942年9月18日与寻找她的父亲在同一列火车上被送往奥斯威辛，她的母亲在1943年2月11日被送往奥斯威辛。凄婉阴森的事实糅杂在莫迪亚诺质朴的文字里，虚构与现实因为作者对于文采的零度处理而无阻隔地交融，令读者难以区分究竟是小说抑或是纪实。在此，身份的危机是一个少女无法完成其成长的危机，她的身份始终没有塑形，模糊、不定、缥缈成谜。"她应该是就年龄造了假，伪造了证件，将自己的年纪改小。"难以确认的身份，这不仅仅是莫氏的犹太人物，莫迪亚诺的所有人物共同显露的都是这种表征，区别在于犹太人物的身份危机笼罩在巨大的暴力阴影之下。犹太集体的命运于是转换成为人类共同体的命运，犹太人的解放问题转换成为神秘的救赎主题。

莫迪亚诺的犹太书写和普鲁斯特的犹太情结有类似之处，他们的立场都含混暧昧，不是爱恨分明地在文学里表述自己对于犹太事业的支持。犹太人的解放，对于莫迪亚诺，从来就是囿于文本空间的事业，"为了她（多拉·布鲁德）付出多年的时间搜集资料与文献，为了她写出一本书，他完成的是自我超越的行为，作为犹太人二战受难后的幸存者，他的行为是慰藉自己（和我们）亏欠感的方式"。这种事业通过书写的途径来显现与隐藏在场和不在场。

三　在场与不在场

萨特说，"不能把存在定义为在场，因为不在场也揭示存在"。如果我们将莫氏书写里的犹太特性定位为存在，在场即是文本中的犹太表征，不在场则是这种表征的消退。不在场与在场是交织并行的现实，在莫氏的世界里，叙事者所面对的困局往往是对于本源的执着，是对生存踪迹的探求。由于作者父亲的犹太血统，生存踪迹在客观上与希伯来背景发生了关联。但是，这种背景又远远不是丰厚坚实的资源，它稀薄而缥缈，就如同父亲的谜一般身份，捉摸不定，让人无从借力，经不起发掘。如果我们纯粹从客观上考察，出生于1945年的莫迪亚诺其实在亲身经历上并没有太多和犹太族群的勾连，纳粹时期的阴影在他的占领三部曲里萦绕，这种顽固的执念，从精神

分析的视角，倒是可以用"人"对于父亲历史踪迹的纠结与情结加以解释。"我会一直跟随你到最后。你让我感兴趣，'爸爸'。人总是对他的根源感到好奇。"我们在此又回到了非在场的领域，回到了普遍主体的精神构成法则。

那么，这种不在场与在场的关系究竟是怎样的？维系它们彼此关联不辍的是否就是对身份和记忆的探寻？也就是说，在在场里，是对犹太身份的追觅，而在不在场里，是去犹太性的书写净化处理：两者的共性即是对于身份的指向和在时间上向过往的溯回？在我们看来，撇去作者的主观真诚和主体性意志，仍然可以揭示潜在运作着的文本预设，虽然不一定被创造者意识到，这种预设的理解虚构世界的方式隐而不显，却使在场——不在场的结构得以成为一个整体，从某个给定角度映射出书写世界的绝对视域，此处的给定角度即为犹太书写。

犹太人解放的两个维度在某种程度上是打通在场和不在场的连接方式。套用梅洛-庞蒂的话，"'图形'和'背景'，'物体'和'非物体'的关系……是不可还原为显现在这些关系中的性质的意识结构"当我们审视莫氏叙事里的不在场时，将梅洛-庞蒂所说的图形反转，把不在场视为景物，在场的反而成为背景。"亮度和光泽……引导我们的目光，而不是锁闭它"在场能够帮助我们理解不在场，犹太书写的感性从在场弥散和扩展到不在场的疆域，种族的苦难记忆传染和侵袭了普遍意义的人类存在。当"我是谁"的问题超离犹太语境之后，它似乎蔓延到人类的普遍处境，不再有种族的藩篱。

同时，"神秘主义救赎期望融入犹太日常生活乃至民族精神之中"。在不在场的书写里，莫迪亚诺将种族记忆搁置一边，虽然这些人物不再有特定的种族身份，但是他们都笼罩在一种神秘的氛围里，有的则是仍然带有法国占领时期的背景，二战的阴影在背后不祥的徘徊，沙滩上留下的是过往的些许印迹与时刻，供人们在它们被下次潮汐冲刷之前循迹索踪。在超出犹太民族的身份追寻之上，莫迪亚诺的进路又与其起点有着密切的关联。虽然不致力于犹太问题的政治思路，犹太的神秘主义和犹太人的处境都能解释人物莫名的自我救赎之路。

在场之所以能启示不在场，是因为客观文本所揭示的不以作者意志为转移的预设。然而，从在场到不在场的走向则是由主体意愿所规划的书写图景决定的。正是莫迪亚诺有意识选择的方向导致了从在场向不在场的疏离和逃逸。不可否认的是，犹太表征的不在场是以真诚的方式呈现在

书写里的，从主观性而言，作者的意识，如我们在前面提到的，并不在于族裔文学的精神诉求。莫迪亚诺拒绝将身份问题政治化与意识形态化，这是其历时文本的线性进程所见证的。犹太文学的主流倾向于从种族问题的角度来解读犹太问题，抚慰民族的苦难，厘清身份的困境，但是这不是莫迪亚诺的所爱。也就是说，莫迪亚诺的身份探索始于犹太民族，这是因为他的切身体验使然，但是他所孜孜以求关切的不是犹太民族的解放问题。

莫氏对于犹太种族的苦难是如何看待的呢？他出语惊人："犹太人休想垄断殉难者的名号！在奥斯威辛，在达豪，有奥维那人，有贝尼古丹人，甚至有不列颠人。为什么要向我们喋喋不休地谈论犹太人的不幸？我们会忘记贝尼人的不幸吗？还有布瓦图人的凄婉？皮卡迪人的绝望？"有趣的是，《星形广场》的历代版本都会有出于各种原因的隐秘删节，这一具有排外主义和反犹嫌疑的言论在 1985 年之后的版本销声匿迹。莫迪亚诺的自我文字审查也许更多是因为外部的压力、因为全球化时代的背景，因为西方自由派思想和移民大潮的主流，因为摩西十诫与基督教教义提倡接纳和好客的伦理道德标尺；莫氏本人恐怕对于政治正确性并不感冒，他不过是顺应时势的圆融所为罢了。

如同习近平总书记在 2013 年莫斯科国际关系学院演讲所指出的，"人类生活在同一个地球村里，生活在历史和现实交汇的同一个时空里，越来越成为你中有我，我中有你的命运共同体。"莫迪亚诺从在场朝向不在场的叙事进程在某种程度上扩展出一种人类命运共同体的宏愿，借助文学想象与历史阐释（二战中与二战后），他从族裔叙事的原点出发，却又主动超越犹太身份的界域，摆脱个人传记叙事的狭窄桎梏，跟随所处时代与世界的当下现实，创造出"一种新的公民、流散的公民"。人物的溯源寻根从在场走向不在场，在《环城大道》之后的书写里，犹太身份在相当长的一段时间里都完全淡出，直到 20 世纪 90 年代，例如《家谱》《多拉·布鲁德》，不过即使如此，也只是非常零散的显现。要知道，莫迪亚诺是多产的作家，而且保持了长期的创作生命力，堪称文坛的常青树，仅仅从 1990 年至今（2021），他就创作了多达十六部小说。犹太身份在叙事线索里的淡出是自然而然发生的，并且似乎构成主要的叙事景致。"他放弃了对犹太身份的探寻。《环城大道》之后，莫迪亚诺将他的探索限制在更为安全的个人层面，一种不需要冒太多风险的探索。"这种淡出将叙事者（莫迪亚诺的文本中差不多总是有一个"我"位于叙述的中心和发起点）对于集体身份的索求带到普鲁斯特式个人记忆的溯回。

四 结语

"显而易见的显而易见领域必须明确记述，区隔而出。人类必须经由这种领域，才可能经历隐而不见的最隐匿的空间。"根据这种犹太人对于文本与因果关系的思考，我们以犹太书写这一给定的主题、风格或思想背景为研究路径，通过对以其为经纬或是隐形经纬的具体、客观性文本的指证，加以对文本易变特性的彻底认知，犹太书写在场与不在场的启示才成为可能。从在场到不在场的指向，是莫迪亚诺被朝向某种人类命运共同体发展的普世精神所驱动。当主体意愿决定了从在场趋向不在场的叙事流动，在场与不在场的关系却并不能说是离心与脱节的，连接在场与不在场的纽带是在场对不在场的映照，犹太书写与犹太的民族性不由自主地维系和保持了莫氏创作的整体性与一致性。

【作者单位：武汉大学外国语学院】
（摘自《外语研究》2021 年第 2 期）

德国鼓励生育的家庭政策措施

郑春荣

数十年来，德国生育率始终停留在低水平上，国际比较看也处在相当靠后位置，这不仅导致总人口数总体上呈现萎缩状态，而且人口结构也日益老龄化、高龄化，继而导致社会保障体制的可负担性面临严峻挑战。因此，德国政府不得不考虑通过制定有针对性的政策措施，来提高年轻人生育孩子的意愿。近年来，德国生育率有了比较显著的提升：根据德国联邦统计局公布的数据，2016 年德国总和生育率为 1.59，与 1997 年的 1.37 相比有比较明显的上升。最近一次只有 1972 年的数据比这个数值高。那么，德国是如何实现生育率回升的？研究表明，德国所实施的有针对性的鼓励生育的家庭政策措施，以及覆盖各个政策领域的家庭友好型政策措施，是德国在一定程度上实现人口结构调整目标的原因所在。

德国鼓励生育的家庭政策措施

德国近年来女性生育率有所提高，这有着多方面的原因：一是生育年龄段女性人数增加，这主要得益于战后婴儿潮一代人的子女或孙辈陆续到了生育年龄；二是外来年轻移民增加的结果；三是女性受妇女解放思想等的影响而推迟生育所带来的"补生效应"。但是，不可否认的是，德国政府尤其是 2003 年以来所推行的大量家庭政策措施，对提升德国女性生育率，或至少在避免德国女性生育率继续下降方面起到了不可忽视的作用。2003 年，时任德国家庭部长蕾娜特·施密特（社民党）将人口结构目标和劳动力市场目标明确地列入家庭政策议程，这也促成了自 21 世纪初以来德国家庭政策的变革。如今，德国的家庭政策目标包括：家庭的经济稳定性和社会参与，家庭生活和职业生活的良好协调，子女的幸福与发展，以及实现想要孩子的愿望。由此可见，调整人口结构的目标也明确列入了其中。目前，在德国有 150 多项与婚姻和家庭相关的配套支持措施，这些政策措施主要是在资金、时间和基础设施三个维度上为女性生育孩子提供或改善基本条件。这些措施中，特别值得一提的有以下内容：

一是子女津贴和子女免税额。两者二选一，由德国财政局根据"对纳税人有利"的原则审核确定。根据德国联邦子女津贴法的规定，一孩、二孩的每月津贴为 219 欧元，三孩为 225 欧元，从第四个孩子开始为每孩 250 欧元。领取子女津贴的请求权可至 18 周岁，对于接受职业培训和大学学业的孩子则最长可领取至 25 周岁，没有工作的孩子可领取最高年龄是 21 周岁。除了子女津贴，对于低收入家庭，还可申领子女补助金，数额为每孩每月最多 209 欧元，这类人群还可申请教育与社会参与给付（教育救助包），以及申请免除入托费。子女免税额是父母缴纳所得税时的扣除额，每孩的免除额目前为：基本免除额 2730 欧元，以及子女照管、抚育和培训需求免除额 1464 欧元。如果父母双方共同估算税额，则免除额翻倍，共计 8388 欧元。

二是父母津贴。父母津贴分为三种，分别为父母基础津贴、"父母津贴+"以及伴侣特别津贴。父母如果在孩子出生后自己照管和抚育孩子，可领取父母基础津贴，前提是其未从事全职工作（最多每周 30 小时）。父母基础津贴按生育孩子前的工作净收入的 65% 给付，实际上取决于生育前后的收入损失（每月至少 300 欧元，最多 1800 欧元）。原则上父母每一方可领取至少两个月、最长 12 个月的父母基础津贴，但是累计最长领取期限为 14 个月。父母基础津贴只能在孩子出生后的最初 14 个月领取。为了鼓励父母生育孩子后，从事部分时间制工作，对于 2015 年 7 月 1 日以后出生的孩子，可领取"父母津贴+"，领取期限是父母基础津贴的两倍，如果生育孩子后不工作，"父母津贴+"的数额只是父母基础津贴的一半，但是，如果从事部分时间制工作，则与领取父母基础津贴且同时从事部分时间制工作的给付情形相同。除此之外，"父母津贴+"还规定了一种伴侣奖励的选项：如果父母双方分摊子女的照管，且各自每周至少从事 25 至 30 小时的部分时间制工作，他们各自可额外获得 4 个月的"父母津贴+"。值得一提的是，有幼儿的多子女家庭还可获得"兄弟姐妹特殊津贴"，数额为所享有的父母津贴的 10%，对于父母基础津贴而言，这笔特殊津贴至少为每月 75 欧元，对于"父母津贴+"而言，则至少为每月 37.5 欧元。

三是父母假期。每个父母有权在孩子满三周

岁前，享有最长三年的父母假期，以便照管和抚育孩子。父母假期期间，享有解约保护，劳动关系中的主要义务暂停，在父母假期结束后雇员有权回归以前的工作岗位。而且，在父母假期期间，可从事每周 30 小时以下的部分时间制工作；如果父母双方同时休假，则他们一共可从事每周 60 小时以内的部分时间制工作。根据过渡期部分时间制工作的规定，父母可以在 1—5 年内从事部分时间制工作，此后还可回归到以前的全职工作时间。此外，父母还可以将最多 24 个月的假期推迟到在孩子满 3 周岁后但满 8 周岁之前的时段去休。为增加父母假期的灵活性，每位父母都可以将其总的假期分成三个时间段去休假。

四是改善子女照管条件。德国近年来一直在扩建幼儿托管机构。从 2013 年 8 月 1 日起，满一周岁的孩子均有权获取托儿所或儿童日间护理的资助。德国政府还曾引入"托儿所＋"资助计划，支持托儿所更加灵活地设置开放时间，以便支持家庭更好地协调家庭生活与职业生活。此外，德国还计划到 2025 年引入小学生全日制照管的请求权。与此同时，德国各级政府也在通过各类资助项目加大对孩子照管机构专业人员的招聘和培训。

德国联邦家庭部委托专业机构做的德国家庭政策措施对生育率影响的评估报告表明，这些措施是有效的，但是对女性生育子女的决定只是起到有限的以及间接的影响。首先，这份评估报告得出的宏观层面的结论是：生育率的大多数影响因素与父母个人的生活背景（比如，合适的伴侣、有保障的工作、自己的家庭体验、受教育程度等）有关，家庭政策对此至多起间接影响。其次，家庭政策措施与社会上对家庭的看法相互影响，前者可以促进社会上对家庭的态度朝积极方向转变并促进女性做出生育孩子的决定，而后者也会影响到家庭政策措施的出台与设置。再次，家庭政策措施对生育决定要想发挥积极影响，必须是其他相关政策（包括住房、社会福利、劳动力市场、教育和卫生政策等）一起发挥合力。最后，女性的生育决定还受到社会规范和政治法律因素的影响，例如，包括政策所确立的框架条件的可靠性，以及男性和女性同等参与职业生活与家庭生活的可能性。

从前述家庭政策措施的微观影响来看，评估报告认为，与家庭相关的时间、金钱与基础设施方面的配套支持措施通过降低子女的直接成本以及女性生育的机会成本，可以影响女性的生育决定。在短期影响方面，父母津贴以及子女津贴或子女免税额可以对女性生育决定起到显著影响，但是，大多数家庭政策措施的短期影响是中性的。不过，从长期视角看，对于子女照管给予补贴，这对于提高生育率的效果最大，它可以提高家庭生活与职业生活之间的协调程度，而女性就业所带来的家庭收入的增加又会刺激家庭生育更多孩子。此外，子女津贴和子女免税额从跨生命周期的角度看积极影响也很大，甚至超过了父母津贴的效果。但是，从政府承担成本的角度看，父母津贴相对于子女津贴和子女免税额而言更有效率，这是指测算下来，所投入的每一欧元对生育率的拉动作用更大。

另外，评估报告还指出，与德国一直到 2006 年以前支付的、领取期限更长的子女抚育津贴相比，父母津贴支持女性更快地回归职场，这对于女性的中长期职业前景规划将带来积极影响。国际比较发现，更长的父母抚育假期会强化性别之间的传统劳动分工，给女性的（再）就业带来负面影响，而女性选择长期在家不工作，反而不能提高生育率。

德国覆盖各领域的家庭友好型政策措施

德国的家庭政策是社会政策的重要组成部分，如上所述，家庭政策措施也已经渗透到了其他政策领域。不仅如此，德国在各个政策领域都实施了家庭友好型政策措施，它们为德国生育率的提升打下了一个全面的基础。

例如，在税法方面，德国实行夫妻缴税优惠制度，它使得夫妻双方可以共同缴税，这一措施特别对于夫妻双方收入差异大的情形会带来少缴税的优惠。因此，这项制度有利于夫妻中有一方（往往是妻子）不工作或只是从事零工，以便能更好地照管、抚育孩子。但是，这项政策也存在一些争议，因为它鼓励夫妻一方拥有高收入，而另一方几乎不工作。

在住房领域，德国人主要是选择租房，而不是拥有自有住房。一份全球消费者调查显示，德国的租房率目前达到了 64%，这意味着德国租房居住的比例达到了近三分之二。德国强有力的租户保护规定以及相对稳定的租金水平，也有利于降低平均收入相对较低的家庭的生活成本。此外，多子女家庭由于家庭平均收入低，因此，也更容易获得租赁社会保障房所需申领的"居住资格证"。但是，德国近年来也在鼓励年轻家庭购买或建造首套自有住房，为此，例如，在 2018 年 1 月 1 日至 2021 年 3 月 31 日期间，德国引入了子女建房津贴，据此，每个家庭或单独抚育者可以获得每个孩子 12000 欧元的建房或购房补贴，这一补贴分 10 年支付，每年 1200 欧元。子女建房津贴受到了中等收入年轻家庭的欢迎，新建房屋的增加也缓和了租房市场，抑制了大城市的租金涨幅，但是，也有批评声音认为，由于建房或购房成本很高，政府发放的补贴只是杯水车薪,拉动效应有限。

在社会保障领域,考虑了有子女家庭的特别负担。例如,领取失业保险金时,有一个或多个孩子的失业人员领取的失业保险金为其上一年净工资的67%,无孩者只有60%。又例如,在法定医疗保险中实行家庭联保制度,家庭中无收入或每月收入低于470欧元的家庭成员(配偶或子女)可以享有家庭联保,而无需缴纳保险费。在护理保险中,目前的保险费率为总收入的3.05%,23岁以上没有孩子的投保人需支付0.25%的无子女附加保险费。

在教育领域,德国在一些联邦州也有多子女优惠政策。例如,德国曾经在一些联邦州征收过大学学费,当时在巴登-符腾堡州规定,如果家庭里有多个子女就读大学,那么从第二个孩子起就可免除学费。不过,德国此后在所有联邦州都废除了大学学费。在交通领域,许多交通运营商有给带子女家庭的优惠票价或"家庭票"。

由于在德国各个政策领域均包含有家庭友好型政策措施,这些措施改善了德国生育子女的文化,提升了社会各界的家庭意识,无疑为德国生育率的提升提供了一个良好的社会基础。

德国鼓励生育的措施对我国提高生育率的启示

为改善我国人口结构、积极落实应对人口老龄化国家战略、保持我国人力资源禀赋优势,2021年5月31日,中共中央政治局召开会议指出,进一步优化生育政策,实施一对夫妻可以生育三个子女政策及配套支持措施。虽然德国生育率一直处于低水平,从欧洲比较看,德国的生育率也低于法国、英国、瑞典等国,但是,德国尤其是近年来出台了一系列旨在提高生育率的家庭政策措施,并就各项措施对于女性生育决定的影响做了深入而又系统的跟踪研究,而且德国在各政策领域实施了普遍的家庭友好型政策措施,因此,德国在提升生育率方面的政策措施的得失可给我们提供一些有益启示。

总体上,我们要对生育配套支持措施发生作用的条件和范围有清醒而又积极的认识。德国联邦人口研究所研究主任马丁·布亚德博士汇总了有关家庭政策措施,需要重申的是,这里所指的家庭政策措施已经延展到了其他政策领域。马丁·布亚德博士在德国国别研究报告(微观研究)和跨国比较研究报告(宏观研究)的综合报告中,提出了有关七个家庭政策措施效果的论点,分别如下:

一是家庭政策措施对于家庭是否生孩子是有影响的,但是,生育率无法直接通过家庭政策调控。二是一些家庭政策的基础条件,例如,优质照管可能性的提供或高的货币给付,可以帮助年轻人做出要孩子的决定。三是家庭政策措施对不同的年龄、教育和收入群体的作用各不相同,效果对于组建家庭还是生育二孩或三孩也是不同的,对于组建家庭与否,父母更关心职业生活与家庭生活的协调问题;对于生育二孩或三孩,则更关切转移支付和住房。四是家庭政策措施的作用因各国国情不同而各异。生育孩子后的女性回归劳动力市场既可以像北欧国家那样通过提高公共就业率和劳动力市场保障,也可以像美国这样的高度灵活的劳动力市场来调节。五是与家庭相关的措施并非各自起作用,而是互为条件的,对此需要税收、劳动力市场、教育和地方政策措施的协同配合。例如,全面的全日制幼儿照管必须与中小学的全日制照管相配合。因此,各国政府都需要推行跨部委的、整体性的家庭政策战略。六是家庭政策措施的作用经常有显著的时间延迟,这意味着家庭政策战略必须作为长期战略设置,而不能期望立竿见影,例如,致力于家庭生活与职业生活协调的措施仅有宣传是不够的,而且还需要雇主和地方基础设施方面的调整,以及周围人的认可。七是家庭政策措施的制定不应仅仅以人口结构的调整为政策目标,这是因为家庭政策措施所追求的其他目标,比如,子女与家庭的幸福也经常是与人口结构调整的目标相促进。

就具体借鉴德国家庭政策措施的建议而言,我们必须看到,以调整人口结构为导向的家庭政策措施的着力目标,应在于为家庭提供物质保障、改善家庭生活与职业生活之间的协调以及提供实现要孩子愿望的可能性,这些目标需要通过时间、金钱和基础设施三个方面的政策措施来落实。尤其是以下家庭政策措施对于调整人口结构是重要的:提供部分时间制工作的可能性,改善学校和学前照管,给予子女津贴和子女免税额、父母津贴以及给予多子女家庭特别转移支付。

但无论如何,时间、金钱和基础设施这三个维度的政策措施必须在效果上相互补充,并非某一个单项措施就能在短期内起作用,而且,家庭政策领域的措施需要其他政策领域也制定家庭友好型政策措施加以配合,例如,税收政策、住房政策、社会保障政策、教育政策以及交通政策等。只有多领域措施发挥合力,才能在长期内带来提高生育率的效果。

【作者单位:同济大学德国问题研究所】
(摘自《人民论坛》2022年第6期)

白人种族主义偏见与北美印第安人形象建构

付成双

自近代以来，白人种族优越论伴随着欧洲殖民主义的扩张而散布到世界各地。对有色族裔及其文化的污名化为前者以文明开化的名义对后者进行殖民征服和文化灭绝提供了"正当性"借口。充满种族主义偏见的欧洲殖民者武断地将美洲大陆上的原住民称为印第安人，并根据自己的需要将他们简单化为非此即彼的两种刻板化形象：即"高贵的野蛮人"和"邪恶的野蛮人"。学术界已经对这两种形象进行了多重研究，如英国人眼中的印第安人、浪漫主义影响下的印第安人形象。法国社会的印第安人观念，以及北美殖民地的囚虏叙事所展现的印第安人形象等。但仍然有许多问题值得进一步研究：流传较广的高贵的印第安人形象为何在 19 世纪逐渐被"邪恶的野蛮人"形象所取代？这一转变背后反映着白人社会什么样的新动向？既然明知白人社会所塑造的印第安人形象具有片面性，缘何当代北美土著群体又刻意渲染这种与基督教白人文化截然不同的他者形象，从而推动"生态的印第安人"形象广为流传？本文试图从北美土著形象产生的时代背景入手，分析各种形象所蕴含的文化含义，并以白人对印第安人的形象构建为个案，探寻历史上文化碰撞与族群认知之间的辩证关系，以期为当前不同文化群体之间的和谐共处提供借鉴。

一 "高贵"与"邪恶"：两种对立的印第安人形象的建构

自白人殖民者与美洲土著人接触伊始，双方都根据自己已有的认知来构建对方的形象。北美土著人最初在白人面前并不感觉到自卑，甚至还有一些优越感，认为后者浑身多毛，与动物相似，丑陋且弱智。只不过印第安人的这种自豪感并没有维持多久，随着文化接触的深入和军事斗争的失败，再加上相关资料的缺失，印第安人对白人的认知渐渐淹没在历史长河之中。而白人社会则以欧洲文化中一些先入为主的成见为基础，以早期探险者的描述为材料，经过那个时代的文人和

思想家们的加工而塑造出非此即彼的两种对立的印第安人形象：即"高贵的野蛮人"和"邪恶的野蛮人"。前者所代表的是一种纯真、简单、健康、高贵的印第安人形象，而后者则是前者的对立面，被赋予了奸诈、肮脏、嗜血、野蛮、懒惰等几乎所有为基督教社会所鄙弃的消极含义。

首先流传的是"高贵"的印第安人形象。最初到达美洲的白人殖民者无论是为了吸引移民、传播基督教，还是为了满足猎奇心理的探险，大多对美洲的富饶美丽、印第安人的善良大方做过描述，把这里的一切同人类原初的伊甸园或者传说中失去的黄金时代进行比较，为欧洲提供了在新世界发现"高贵的野蛮人"的第一手素材。如哥伦布在第三次探险中坚信自己发现了传说中的天堂："我从不相信世上的天堂存在于上面所描述的崎岖的山间，而是应该在高高耸立的山巅之上，人们可以缓缓攀登上去……在这里，我发现了所有世间天堂的全部迹象。"对印第安人的命运较为同情的西班牙人皮特罗·马特尔·安哥埃拉（Pietro Martire Anghiera）也认为印第安人生活在天堂之中，认为他们"生活在许多古代作家所描述的黄金世界里面"，过着"简单、快乐的生活，没有法律的强制"。1584 年，随沃尔特·莱利（Walter Releigh）航行到罗阿诺克岛的阿瑟·巴罗（Arthur Barlowe）所看到的也是一派伊甸园的景象："我们在这里发现了最为优雅、可爱和诚信的人们，没有罪恶和背叛，似乎是遵照黄金时代的规范生活着。"在加拿大致力于拯救印第安人灵魂的耶稣会士拉勒芒（Hierosme Lalemant）也写道："似乎在大部分帝国和王国中已经绝迹的童真退居到这些人定居的土地上来了，他们本性中流露的——我不敢确定——是罪恶侵入以前的世上乐园所保留的各种美德，他们的行为中丝毫没有我们城市中的那些奢华、野心、嫉妒和寻欢作乐。"虽然这些人也曾经对当地环境及印第安人有所诟病，但经过历史的选择性记忆，留在世人印象中的主要还是他们对美洲大陆的溢美之辞。

除了对印第安人的高贵进行描述外，许多欧洲白人还借此对基督教文化进行反思和批判。拉洪坦男爵（Baron Lahontan）是高贵的印第安人最主要的鼓吹者，他所刻画的阿德里欧（Adiro）被认为是高贵的印第安人的典型。他借阿德里欧之口歌颂了休伦人远离诡计和奸诈、无拘无束的生活方式，并以此来批判欧洲社会的堕落和腐朽。浪漫主义者让·卢梭（Jean Jacques Rousseau）也是利用"高贵的野蛮人"形象批判欧洲社会的代表。卢梭从浪漫主义的性善论出发，歌颂自然之美，崇尚简朴自然的生活，探寻人类不平等的起源。在他看来，与大自然融为一体的印第安人过着"自由、富足、真诚和幸福的生活"，是人类曾经的黄金时代的缩影，这正是欧洲最为缺乏的。不过，卢梭并没有到过美洲，他对印第安人的了解主要来自拉洪坦等探险家的描述。相比那个时代的博物学家，拉洪坦等人对北美印第安人的理解本身就掺杂了不少个人情感。因此，卢梭根据这些人的描述所塑造的"高贵的野蛮人"与其说是北美印第安人，还不如说是他所理解的人类初期的样子，是为他批判欧洲堕落、探寻人类不平等的起源而服务的。

不过，"高贵"的印第安人形象仅仅是白人眼中野蛮人的一个方面。欧美社会在塑造高贵的印第安人的同时，也塑造了其对立面，即邪恶的印第安人。既然"高贵的野蛮人"成为批判欧洲文明的工具，那么，深受欧洲传统种族主义偏见影响、怀揣殖民征服梦想、为了扩展帝国荣誉来到新世界的那些探险者则以白人优越论的有色眼镜观察北美大陆上的一切，他们所关注和宣扬的多是负面的印第安人形象。这些人将欧洲的文明进步与土著人的"野蛮落后"进行比较，阐述征服和教化土著人的必要性和必然性。1587 年，年轻的探险家哈克卢特（Richard Hakluyt）在写给莱利爵士的信件中，表露出当时在英国相当普遍的心态："征服野蛮人、使野蛮人和异教徒转向文明、将无知者纳入理性的轨道、令没有上帝和不信上帝者充满对神圣的主的敬畏，这些都是最能传至后世的巨大荣耀。"另一位探险家马丁·弗罗比舍（Martin Frobisher）不仅肆意诋毁印第安人，其探险记载中多次使用"邪恶""魔鬼"等字眼描述新世界，更让人愤怒的是，他们甚至强行扒掉一名土著妇女的衣服，以验证她是否真如传说中的女巫或者魔鬼那样具有动物一样的蹄足。印第安人奇怪的相貌、风俗、语言等都成为白人探险者攻击的借口。

除了这批探险者以外，深受启蒙主义影响的欧洲知识阶层是建构邪恶的印第安人形象的另一支重要力量。这些人利用前者传递回来的资料，以印第安人为模板复原人类社会早期的形态，试图从中寻找欧洲白人祖先的影子。只不过在如何看待人类进入文明以前的社会形态这一问题上，这些人与让·卢梭一派出现了分歧。在卢梭看来，文明社会充满着丑恶，而其根源则在于私有财产权的确立，人类早期的平等和童真生活是已经失落的黄金时代。而在以霍布斯（Thomas Hobbes）为代表的坚持性恶论的哲学家看来，在文明之光照耀以前，人类社会处于"所有人对所有人的战争"野蛮状态，"没有艺术，没有文字，没有社会；最糟糕的是处于持续的恐惧和暴力死亡的威胁之下；人们生活在贫穷、混乱、残忍和短命的状态之中"。美洲印第安人正是人类社会早期这种状态的写照，人类只有进入文明状态之后，才结束了这场混乱。因此，嗜血、野蛮的印第安人并不值得羡慕。"对卢梭来说，财产摧毁了人类的原初纯真；而对霍布斯来说，它却是从混乱中带来了秩序。"既然野蛮状态并不可取，那文明战胜野蛮就是人类社会的进步。欧洲殖民者占领新大陆、教化或者驱逐土著居民由此获得了合法性。

对北美殖民者来说，从殖民地建立伊始就面对着蛮荒的环境和敌对的印第安人的挑战，他们成为建构邪恶的印第安人的第三支重要力量。翻开史书，北美殖民者污蔑印第安人野蛮、好战、嗜血的用语比比皆是。弗吉尼亚人塞缪尔·珀切斯（Samuel Purchas）是一个典型，他在 1622 年印白战争爆发前，还对印第安人多有溢美之辞，而在那以后，则成为印第安人的坚决反对者。他恶毒地诋毁印第安人"除了徒具人形外，没有一点人性，不知道文明、艺术和宗教为何物，比他们所猎取的野兽还野蛮"。殖民地时期的清教徒科顿·马瑟（Cotton Mather）也对印第安人充满刻骨的仇恨，并为白人的侵略行为辩护，污称"不要指望这些进行魔鬼崇拜的邪恶部落，不会在魔鬼意愿的驱使下提前采取血腥的手段损毁我们新英格兰的庄园，因为这些是与他们的利益根本对立的"。

总之，无论是英国殖民者、法国毛皮贩子、耶稣会士，还是欧洲知识阶层，他们均根据所接触的材料和各自的利益诉求对印第安人进行解读，并构建出了"高贵的野蛮人"和"邪恶的野蛮人"两种对立的形象。而这两种形象并不是对北美土著群体真实情况的概括，而是其塑造者自身经历和立场的反映，从中折射的是基督教文化将印第安人作为文化他者的逻辑建构。

二 白人文化的他者

无论是"高贵的野蛮人"还是"邪恶的野蛮人"形象，都是白人强加给北美土著族裔的外来观念，是白人社会将野蛮人这一传统的他者形象嫁接到印第安人身上的结果。这一形象不仅不能准确而客观地反映北美土著族裔的历史文化全貌，而且还带有浓厚的白人种族主义偏见。

首先，在西方文化中，野蛮（barbarian/savage）一词本身就具有褒贬两重含义。该词最早可以追溯到公元前 8 世纪的古希腊时期，指没有公民权的外乡人。荷马在《伊利亚特》中使用barbarophōnoi 一词，指这些人所说的语言不同于希腊语，发音怪异，它反映的是古希腊人对于其他族群的一种最初的他—我认知。然而随着历史的发展，野蛮一词却从单纯的语言差异而被引申出多重负面含义：异教徒、无知、不可教化等。希腊人将征服野蛮人看作天经地义的事情。在欧里庇得斯（Euripides）的《伊菲革涅亚在奥利斯》（Iphigenia at Aulis）中，伊菲革涅亚告诉母亲："应该是我们希腊人统治野蛮人，而不是他们统治我们，因为他们是奴隶，而我们是自由人。"

除了古希腊传统中对野蛮人的认知以外，在地理大发现以前，基督教文化是野蛮人这一文化他者形象建构的另外一个重要来源。《圣经》也把语言的差异当作界定野蛮人的标准。《圣经·哥林多前书》写道："如果他所说的是一种我所不能理解的语言，那他对我来说就是野蛮人。"如果说这个标准与古希腊的野蛮人标准有所重复的话，那《圣经》中关于失乐园和遗失的黄金时代的传说则构成对野蛮人认知的另一个源泉。受失乐园故事的影响，西方文化中很重要的一个观念就是史前的人类生活在田园牧歌式的黄金时代，就像当时的亚当和夏娃一样，过着无忧无虑的生活。而铁器等新技术发明虽然为人类社会带来了繁荣，却也让后者失去了原来的童真。野蛮人所代表的是人类曾经的美好时代。另外，"savage"一词的原意是指来自森林之人，并不含贬义。它首先让人联想到的就是一片自然状态的森林和生活于其间无拘无束的原始人。

随着基督教在欧洲文化中逐渐占据主导地位，它的扩张性日益暴露出来，野蛮人逐渐成为"文明的"基督教徒的对立面。基督教徒把他们文化以外的地区都看作野蛮人和异教徒的世界，而他们的使命则是去征服和改造这些野蛮人。从此以后，以彰显上帝荣耀的名义，征服异教徒成为指导基督教文化向外扩张的理由。由此可见，早在

新大陆发现以前，欧洲文化对于未知世界及其野蛮居民就形成了一套复杂而又矛盾的认知观念。也就是说，关于"高贵的野蛮人"和"邪恶的野蛮人"这两种对立的形象都可以在欧洲文化的母体中找到最初的影子。研究野蛮人问题的专家霍克西·费尔柴尔德（Hoxie N. Fairchild）指出，在美洲发现以前，早已存在一种关于野蛮人的文化认知，探险家们的报告则验证了上述观念的真实性。

其次，北美原住民被泛称为印第安人是西方文化中传统的他者观念在殖民主义时代的新发展。他者观念是各种文化用于表达自我认同和区分自我与异己的一个重要概念。自近代哲学家笛卡尔的名言"我思故我在"确立了理性主体的权威地位以后，"他者"就成为主客体关系中的客体方，与作为主体的自我处于"二元对立"的地位。黑格尔在其著作中对"他者"做了较为明确的界定："假如我们称一实有为甲，另一实有为乙，那么乙就被规定为他物了。但是甲也同样是乙的他物。用同样的方式，两者都是他物。"黑格尔等哲学家所研究的他者与自我为本文所探讨的他者观念提供了哲学基础。本文所探讨的"他者"主要指一种相对主体而言的"他人"或"他物"，是文化交流中自然产生的参照对象。自希腊时代起，西方社会就认为自己的民主体制与波斯所代表的专制体制是对立的，后者是野蛮的代名词。而此后在东西文化交流中，西方文化的这种族群优越论日益壮大，将不同于自己文化的东方民族及其文明污蔑为野蛮、愚昧、低级的"他者"。这种文化心态被萨义德（Edward Said）定义为"东方主义"。萨义德指出："所有文化都倾向于对他者的文化施以完全的变形，不是按照后者的原样去接受，而是根据接受者的需要去塑造。"

西方殖民者在对待印第安文化的时候无疑也沿用了上述"东方主义"的套路。因此，他们所描绘的印第安人，是被赋予刻板化印象并且符合其需要的印第安人，而不是真实的印第安人。研究印第安人史的学者理查德·怀特（Richard White）指出："欧洲人遇到了他，发现了一个久远而重要的共同世界，但最终他们把印第安人重新创造为他者。"

其实，早在美洲大陆发现之初，欧洲殖民者就认识到了印第安人与他们此前所了解的野蛮人的区别，甚至对不同印第安部落之间的差别也有所了解，但他们对此采取选择性忽视的态度，宁愿用一个笼统的印第安人或者红种人称呼来指代他们，而不是使用后者本来的名称。罗伯特·伯克胡佛（Robert F. Berkhofer）指出："当他们用

indios 来指代印第安人的时候，暗含的意思是所有西半球的人们都是同一群体。"这一方面是出于方便，另外一方面也说明，除了从事科学研究的少数博物学家之外，欧洲社会对于真正的北美土著社会缺乏了解的兴趣。他们只是根据此前的文化偏见，戴着基督教文化的有色眼镜去寻找他们感兴趣或者与其期待相一致的方面，至于真实的印第安社会文化究竟如何，他们懒得去了解。

最后，白人社会戴着种族主义的有色眼镜观察美洲土著居民的结果就是，将印第安人简单归纳为"高贵的野蛮人"和"邪恶的野蛮人"两种对立的、片面化的刻板形象。前者代表了作为我者的欧洲白人所没有的品质，而后者则代表了白人社会所厌恶或者竭力避免的品质。克里斯蒂安·菲斯特（Christian F. Feest）指出，这两种完全相反的形象的"主要功能是为其创造者提供一个另外的模板。因此，对于印第安人的这种夸张性的概括，通常被用来比对和突出欧洲社会和文明的价值判断。否定的形象用来加强欧洲文化的美德，而肯定的形象则是其使用者因复杂和不能令人满意的现状来表达他在自身文化中无法寻得的一种简单而理想化的模型"。当白人需要利用印第安人作为模板批判欧洲社会的腐朽的时候，就夸大印第安人纯真、道德的一面；当需要印第安人土地并进行军事征服的时候，则渲染其懒惰、嗜血和野蛮的一面。

白人眼中的印第安人形象是静止不动、没有历史变化的。自从人类社会出现以来，各个不同的族群不仅与其周围的环境进行着能量交换，形成自己的文化特色，而且随着环境的变迁而演化。印第安社会在白人到来前已经经历了数万年的历史变迁并逐渐分散到美洲各地，形成了纷繁复杂而又各具特色的文化族群。而且在白人殖民者到来后，随着双方文化、人员、物质交流的增加，印第安社会也发生了巨大的变化。但在 20 世纪以前，欧美主流社会对印第安文化的纷繁多样性视而不见，依然将印第安人看作一成不变的两种对立形象，要么是不食人间烟火的"高贵的野蛮人"，要么就是白人社会所痛恨的一切邪恶的化身。有学者指出："为了服务于白人的目的，'好的印第安人'不得不仍然保持新石器时代、斯多葛式和史前的状态。"而一旦印第安人也像现代西方人一样，追求物质生活的改善和政治权力，那在欧美白人群体的眼中，他们就不是印第安人了。

总之，高贵的印第安人和邪恶的印第安人是其使用者根据自身立场和利益诉求而对印第安人形象进行刻板化和简单化归纳的结果，是基督教

文化将野蛮人作为他者这一根深蒂固的传统认知在欧洲殖民扩张形势下的新建构。无论哪一种形象，从中折射出的都是白人文化对他者文化的优越感和疏远感，隐藏着白人种族优越论的身影。

三　文明进步论与"邪恶的野蛮人"形象的流传

虽然欧洲文化传统中对野蛮人的他者认知具有正反两种对立形象，然而，随着殖民扩张时代的到来，在欧美社会中逐渐占据主导地位的却是白人种族主义偏见和基督教的使命观。殖民扩张主义与白人种族主义偏见相结合的结果是野蛮人观念的污名化，"邪恶的印第安人"逐渐成为欧美社会对北美土著居民的主导性观念。欧洲殖民者对美洲印第安人的殖民征服由此而被赋予了道德上的正当性，被看作顺应历史潮流之举。而支撑上述观念的理论依据则是当时流行的文明进步论。

文明和野蛮的对立是自启蒙运动以来逐渐确立的一种观念，它以白人基督教的使命观为基础，以历史进步论为理论工具，宣扬以文明进步来取代野蛮落后乃人类社会发展的自然规律。威廉·R. 琼斯（William R. Jones）指出："把文明与野蛮相对立是一个极其有用的命题，它同样可以很好地用来当作自我陶醉的手段和进行征服的理论。"研究美国西部处女地假说的学者亨利·纳什·史密斯（Henry Nash Smith）也指出："文明论在 19 世纪就被用来为一些不光彩的行径——包括欧洲对世界各地土著人民的掠夺——作辩解。"根据这一理论，人类社会的历史就是一部文明对野蛮的斗争并取得胜利的历史。作为"文明代表"的基督教文明等同于正义和历史进步的方向，是善的化身，有义务去征服和教化野蛮人；而作为"野蛮"一方代表的印第安人自然就是前者的对立面，是落后和邪恶的象征。

首先，文明进步论为白人殖民者征服和驱逐印第安人、改造北美荒野披上了合法性外衣。通过对印第安人落后和野蛮性等负面形象的宣传，否认印第安人的文明以及他们对北美环境的影响，否定他们对北美土地的所有权，为驱逐他们并夺取其土地寻找借口。对印第安人的遭遇持同情态度的历史学家弗朗西斯·詹宁斯（Francis Jennings）指出，通常情况下，侵犯弱势群体的土地会遭到道义上的指责，但野蛮人除外，"给予野蛮的定义，他们就被排除在道德和法律的制裁之外了。"新英格兰的早期殖民者通过贬低印第安人及其文化，进而否认后者对其所居住土地的权利，千方百计地为他们侵占印第安人土地的扩张

行为寻找理由。清教徒罗伯特·库什曼（Robert Cushman）通过将印第安人与狐狸和兔子等野兽穿越草地的行为相类比，否认印第安人对北美自然环境的影响，并通过鼓吹荒野和处女地假说来为白人的掠夺行为辩护。普利茅斯殖民地的白人领袖罗伯特·温斯罗普（Robert C. Winthrop）也认为，新英格兰的印第安人"没有圈占任何土地，没有任何固定的居所，也没有什么驯养的牲畜来改良土地，因而他们只对这些地区拥有自然的权利，而别无其他"。根据温斯罗普等人的理论，印第安人对北美土地所拥有的仅仅是一种自然的权利而不是民事权利，当白人需要耕种这些土地时，印第安人这种自然的权利就要被白人的民事权利所取代，他们就应当把土地交给白人。

其次，美国独立后，美国人对印第安人的污名化与侵犯不仅没有收敛，反而变本加厉，征服印第安人成为征服西部荒野的一个副产品。其结果就是：对印第安人的否定意见逐渐成为19世纪美国社会的主流意识，由此导致"邪恶的野蛮人"形象广为流传。1833年，一位德国移民面对西部荒野，道出了普通民众对印第安人和文明进步的态度："你这邪恶的荒野，现在只是野兽、有害而可恶的歹徒以及几个零星的印第安人居住的地方，很快将会成为幸福而智慧的人们的欢乐居所。"一位印第安人事务官员也理直气壮地称："那些野蛮的狩猎部落，必须向白人屈服，后者需要他们的草原猎场来定居，为数以百万计的人们建立家园。"甚至连19世纪美国两位历史学家弗朗西斯·帕克曼（Francis Parkman）和乔治·班克罗夫特（George Bancroft）也都对印第安人充满敌意。前者声称：印第安人"学不会文明的各种技艺，他们及其森林必将一同消失"。后者则认为印第安人"在推理和道德品质方面比白人低劣，而且这种低劣不仅仅是针对单个人而言的，而是与其组织有关，是整个族群的特征"。对这些坚信文明必将战胜野蛮的美国历史学家来说，唯一值得记载的就是白人战胜蛮荒的自然及其野蛮人的历史，整个北美历史就是"一部文明战胜野蛮的宏大史诗"。由此可见，到19世纪，以文明进步的名义，征服自然，顺道驱逐和消灭西部土地上的印第安人，为白人的开发让出土地，已经成为美国社会的主流意识。

最后，如果说美国朝野是为了剥削印第安人而刻意渲染邪恶的印第安人形象的话，那么随着科学种族主义的兴起，作为有色人种的印第安人更是直接被贴上了低劣的标签，以"科学"的名义"佐证"了美国政府对印第安人进行征讨的道德合理性。科学种族主义的萌芽至少可以追溯到启蒙主义时代。博物学家林奈在人种分类学上不仅把印第安人单列为红种人，还指出了不同人种的秉性特征，如认为印第安人较为固执、热情，黑人较为懒惰、狡猾、好色等。林奈的理论让后世的种族主义者从中找到了学术支持。

印第安人是科学种族主义者研究的一项重要内容，如科学种族主义者威廉·劳伦斯（William Lawrence）认为："指望印第安人或者黑人能够通过文化的熏陶而在道德情感和智力方面达到与欧洲人相同的高度，我认为这是非常不理性的。"劳伦斯的忠实信徒人类学家塞缪尔·乔治·莫顿（Samuel George Morton）则蔑称北美印第安人"在文明人的脚步临近之时，就如同狗熊和野狼一样，注定会逃离，他们会在白人创造性的手段面前倒下，会与那些为其提供庇护和生存的远古森林一同在地球上消失"。

其实，科学种族主义者所依赖的数据是在白人种族偏见的预设基础上取得的。他们从所谓的文明进步论的角度首先预设了文明与野蛮的对立，然后试图利用地理环境决定论来证明欧洲白人与世界其他地区的有色人种不仅存在体质上的差异，更具有道德方面的优劣。因此，这种理论虽然风靡一时，却是彻头彻尾的伪科学。但在19世纪盛行的白人优越论、达尔文主义、殖民主义和帝国主义等观念面前，它却是白人征服包括印第安人在内的有色族裔的利器，甚至连自然史也退化成了"歌颂帝国荣耀和让种族仇恨制度化的工具"。

总之，文明进步论和"邪恶的野蛮人"形象的建构为北美社会驱逐和征讨印第安人提供了强大的舆论支持。在这一理论"鼓舞"下，白人殖民者不仅征服了北美荒野，还征服了生活在荒野中的野蛮人。这一过程是通过长达百年的武装冲突来实现的。根据1894年美国人口调查局的统计，从美国独立战争结束到19世纪末期印第安人被全部驱赶进保留地的100多年里，印第安人与白人之间较大规模的冲突大约有40次，至少造成1.9万名白人和3万名印第安人死亡。不过该调查也承认，双方实际死亡人数可能会比这个数字高出50%。到19世纪末，美国境内印第安人的人口数量下降到大约25万人。不仅他们赖以生存的土地被白人抢夺殆尽，经济上陷入贫困，而且原来的部落结构也在白人的文化同化面前分崩离析。北美印第安人在19世纪末成为一个"正在消失的民族"。

四 消灭"野蛮人"：北美白人社会对印第安人的文明开化实验

欧美社会在对印第安人及其文化进行污名化、

在肉体上消灭印第安人的同时，还从基督教使命观和白人种族主义优越论的角度出发，试图在宗教和文化方面教化印第安人，从而达到在文化上消灭野蛮人之目的。

英国政府早在 1606 年颁发给弗吉尼亚公司的特许状中就规定："通过万能的主的恩泽，同时也是为了神圣的陛下的荣耀，向这些人传播基督教。"除了向印第安人传播基督教以外，白人社会还千方百计地试图在印第安人中推行文明开化政策，让后者接受他们的生活方式和价值观念。美国总统杰斐逊（Thomas Jefferson）1803 年曾致信五大部落首领，劝他们学习白人的耕种技术："耕种一小块土地，付出不多的劳动，就能比更为成功的狩猎取得更多的收获；一个妇女通过纺织，就能比一个男人通过打猎提供更多穿的东西。"除杰斐逊以外，门罗（Monroe）是另一位致力于对印第安人进行"文明开化"的总统。在他的敦促下，联邦国会于 1819 年 3 月通过《文明开化边疆定居点附近印第安人部落的法令》（An Act Making Provision for the Civilization of the Indian Tribes Adjoining the Frontier Settlements），规定每年拨款 1 万美元，用于"教化印第安人，以防止临近美国边疆定居区的印第安部落进一步地衰落并走向灭绝"。在美国立国者的心目中，通过文明开化获取印第安人的土地实乃一箭双雕之妙计。以致靠征讨印第安人起家的安德鲁·杰克逊（Andrew Jackson）总统在第一个年度咨文中也对前任政府的印第安政策批评道："我们一方面希望印第安人文明开化和定居生活，另一方面又不失时机地购买他们的土地，将他们驱逐到更远的西部荒野中。"其结果是，"尽管我们在这一方面耗费了大量资金，美国政府却常常自己击败自己的政策，印第安人也越来越被推向远处，并继续维持其野蛮习性"。因此，当时的文明开化政策可以说是雷声大雨点小，实际效果有限。

直到 19 世纪后期，随着印第安战争的结束，美国政府才又重新举起文明开化的大旗。大量保留地的建立未能达到同化印第安人并使他们最终融入美国主流社会的目的，而且保留地里面的悲惨局面和惨淡前景也令美国社会中一些宗教团体和慈善派人士甚为忧心。19 世纪 80 年代主张对印第安事务进行改革的牧师莱曼·阿博特（Lyman Abbott）批评道："保留地制度不仅在一大片地区周围竖起一道藩篱，而且对文明说道：走开！……它拒绝文明且孤立印第安人，谢绝正义赋予后者的一切权利。"在这种情形下，改革印第安政策的呼声日趋高涨。1881

年，美国社会活动家海伦·亨特·杰克逊（Helen Hunt Jackson）出版了《一个可耻的世纪》（A Century of Dishonor）一书，揭露美国社会对印第安人的种族主义歧视和联邦政府不断侵害印第安人的罪行。她呼吁"依靠美国人民的良心发现"来纠正美国过去犯下的罪恶，并希望美国国会能够"在荣誉的召唤下，率先去纠正我们国家对印第安人的残暴和偏见，率先洗刷可耻的世纪在美国这个名字上所留下的污点"。1881年，印第安事务专员普赖斯（Hiram Price）在其年度报告中也对印第安保留地政策批评道："野蛮和文明生活不能在同一片土地上并存，其中一方必将消亡。如果印第安人想要走向文明，成为一个幸福而繁荣的民族，这当然也是我们政府的目标和意愿，他们就必须学习我们的语言并适应我们的生活方式。"

1887 年出台的《道斯法案》（Dawes General Allotment Act）是美国政府集合对印第安人掠夺、公民权运动和文明开化三大目的于一体的综合实验。份地制是对印第安人推行强制同化政策的第一步，它既是为了夺取后者的剩余土地，也是为了摧毁土著社会结构，"解放"印第安人，使之接受白人社会的价值观念和生活方式。公民权运动则瞄准那些通过份地制而获得经济能力的土著群体，通过授予他们公民权而推动其走向法律意义上的经济独立。这是让印第安人从政治上融入主流社会的一个新尝试。美国政府所推行的第三项政策是通过教育改革来实现文化上对印第安人的强制同化。当时的教育家戴维·华莱士·亚当斯（David Wallace Adams）指出："针对印第安人的下一场战斗将在教室中进行，所要解决的问题不再是剥夺印第安人的土地，而是剥夺他们的思想、心灵和灵魂。这是一次温情的战斗，但同样是一场战争。"

美国社会对印第安人推行教育改革的最主要措施是推广寄宿制学校，其中以内战退伍老兵亨利·普拉特（Henry Pratt）所创立的教育模式最为著名。普拉特曾言："一位伟大的将军曾经说过：唯一好的印第安人是一个死的印第安人……从一定意义上说，我赞同这一理念，不过只能以如下方式，即应该灭绝的是印第安人的族性。杀死印第安性，拯救他的人性！"1875 年，普拉特将在马恩堡监狱中改造犯人的理论挪用到对印第安儿童的教育之中，并取得了初步成功。1879年，美国政府授权普拉特创办一所规模更大的新型印第安学校，这便是著名的卡莱尔印第安工业学校（Carlisle Indian Industrial School, 1879—

1918）的由来。随着美国政府对印第安教育拨款的增加，越来越多的印第安学校建立起来，在校师生的数量也稳步增加。1880 年，各类印第安学校总共有 160 所，在读的印第安学生达到 7000 人以上；1900 年，学校数量为 307 个，在校学生达到 26451 人。其中寄宿制学校 153 个，在校学生19810 人，成为印第安教育的主力。

然而，轰轰烈烈的印第安教育运动并没有达到其推动者所期望的同化印第安人的目的。它不仅没有让印第安人成功融入白人主流社会，也未能从文化上消灭"野蛮人"。1923 年，美国印第安事务改革家约翰·科利尔（John Collier）批评道："印第安事务的管理是整个国家的耻辱，其政策的设计目标是掠夺印第安人的财产，毁灭其文化，并最终灭绝印第安人。"1926 年，针对寄宿学校所表现出来的诸多问题，美国政府委托布鲁金斯政府研究所对印第安事务进行调查。调查团经过 7 个月的实地调查后，在向政府提交的名为《印第安管理中的问题》（The Problem of Indian Administration）的报告（即《梅里亚姆报告》）中指出："对于那些想要在社会和经济生活方面融入当前文明的印第安人应该给予实际支持和建议，以便于他们做出必要的调适；而对那些仍然愿意作为一个印第安人存在、并且按照传统生活的人们，也应帮助他们实现这一目标。"

《梅里亚姆报告》促使美国政府重新审视其对印第安人的强制同化政策。1933 年，约翰·科利尔出任印第安事务署主管以后，推行印第安新政，倡导回归印第安传统。科利尔在 1938 年的年度报告中高兴地宣称："印第安人不再是一个正在消失的种族了！"他还进一步指出：印第安人"不仅保住了其人口数量，还逐渐失去了其种族单一性，缓慢而又坚定地与其周围人口混合在了一起"。科利尔新政标志着此前历届政府所推行的对印第安人同化政策的破产，也标志着北美白人主流社会从文化上消灭"野蛮人"实践的失败。

五 "生态的印第安人"与北美土著形象的自我建构

如果说"高贵的野蛮人"和"邪恶的野蛮人"代表了自新大陆发现以来欧美主流社会所塑造的两种对立的印第安人形象的话，那么，自20 世纪 60 年代以来，随着全球环境主义运动的兴起和西方社会对基督教环境伦理的反思，"生态的印第安人"成为北美土著的新形象。这一形象背后蕴含着如下观念：其一，印第安人是大自然的守护者和天生的保护主义者。很多印第安领袖都坚持认为只有他们才是大地的守护者。如 20 世纪30 年代苏族领袖立熊（Luther Standing Bear）酋长就曾断言："印第安人是天生的保护主义者，他们从不毁坏任何东西。"关于印第安人是自然的守护者的观点在白人社会中也有很多支持者。环境史学家唐纳德·休斯（Donald Hughes）、印第安史专家威尔伯·雅各布斯（Wilbur Jacobs）、政治家斯图尔特·尤德尔（Stewart Udall）等人都对印第安人与自然和谐的环境伦理推崇备至，发表过很多类似的言论。如雅各布斯称："在研究了生物、物理和社会科学的大量证据后，我确信印第安人的确是保护主义者，他们是美国的第一批生态主义者。"其二，印第安人的环境伦理是一种尊重大地母亲、尊重其他生命形式、与自然和谐共存的生态智慧，与基督教白人以征服自然为特征的环境伦理形成鲜明对比。环境史学家卡罗琳·麦钱特（Carolyn Merchant）在研究了殖民地时期白人与印第安人对待自然万物的不同态度后指出："对新英格兰的土著人来说，动植物是自然赐予人类满足自己需要的礼物；而对崇尚重商主义的殖民者来说，同样是这些资源，作为商品进行交换，就变成了金钱和个人财富的来源。"其三，印第安人的环境伦理是拯救当前世界环境危机的良药。斯图尔特·尤德尔曾称："具有讽刺意味的是，今天的环境保护运动者发现：他们转向古代印第安人的土地智慧……去寻求启示。"印第安社会活动家德洛里亚教授（Vine Deloria, Jr.）也认为：如果白人社会想要生存下去，就必须"放弃其追逐名利的文明，回到一种简单的部落式的狩猎和采集生活之中"，即"选择印第安人的方式"。

"生态的印第安人"这一假说与其说是印第安人的生态伦理及其与自然关系的反映，不如说是白人社会对北美土著的传统偏见与当前环境危机相结合的产物，是高贵的印第安人形象在当前全球环境主义时代的新版本，只不过这次批评的对象由腐化堕落的欧洲文明变成了以征服自然为特征的基督教环境伦理。因此，"生态的印第安人"形象的流传名义上是白人社会对印第安人传统生态智慧的推崇，其实依然是欧美基督教文化中根深蒂固的他者情结在作祟。不过与此前不同的是，北美印第安人不仅欣然接受白人社会所赋予的这一全新形象，还刻意宣传印第安人的传统生态智慧，并按照"生态的印第安人"的形象进行自我塑造。

其实，印第安人刻意塑造与白人不同的文化认同的尝试由来已久。历史上抵制文明开化政策的许多印第安领袖都曾经对白人文明进行批判，并倡导回归印第安人的传统生活方式。如美国建国初期印第安人领袖纽伦（Neolin）、哈萨姆·雷克（Handsome Lake）、特库姆塞兄弟（Tecumseh and Tenskwatawa）等都曾经做出过尝试，不幸以失败告终。自 19 世纪末以来，随着印第安人被赶入保留地和美加政府文化同化政策的推行，印第安人面临着文化灭绝的命运。不过，文明开化教育也使一部分印第安人借鉴白人社会的民族、权利等现代理念，并以此为武器来争取本族群的权利。许多印第安领袖开始有意识地宣传不同于基督教文化的环境伦理和大地崇拜观念，以此来激发印第安人的民族自豪感。如 20 世纪初期印第安社会活动家伊斯特曼（Charles Eastman）通过诸如《印第安人的心灵》（*The Soul of the Indian*）等畅销书描绘了一个与大自然相融合的印第安社会。他写道："除了大自然以外，我们没有神庙和圣物"，印第安人是"大自然的人"。到 20 世纪六七十年代，随着印第安民族权利运动的兴起和全球环境主义运动的蓬勃发展，许多印第安社会活动家把"生态的印第安人"形象当作了与美加政府进行资源控制权斗争的工具。德洛里亚教授可以说是这方面的一个典型。他一方面批判白人社会对于印第安文化的歪曲，另一方面又对印第安人的环境伦理进行神化，刻意塑造"生态的印第安人"形象。德洛里亚教授的许多观点并不是学术研究所得，而是具有浓厚的政治色彩。任何不赞同"生态的印第安人"假说的主张都会遭到他的激烈抨击。

虽然不是所有的印第安人都赞同"生态的印第安人"形象，但在土著权利和文化复兴运动的影响下，越来越多的北美土著人开始把宣扬与基督教文化不同的环境伦理当作彰显其文化独特性和争取民族权利的工具，"或许印第安人已经把自然热爱者这一形象当成了标榜他们是印第安人的一种途径了"。正是在环境主义者和印第安民族权利运动的双重推动下，历史上高贵的印第安人在生态主义时代变成了"生态的印第安人"。因此，这一形象在 20 世纪 60 年代的流行，所折射的是当代北美主流社会对于环境问题的忧思，是"生态的思想召唤了印第安人的形象"。

然而，"生态的印第安人"形象仍然没有从根本上改变对印第安人刻板化、片面化认知的本质，只是白人文化中的他者观念在生态主义时代的再现。无论上述形象所传达的印第安人的环境伦理的真实性还是各个部落之间环境观念的差异性，均不在上述形象传播者的考虑之列。即便是基督教环境伦理果真如他们所批判

的那样，完全以征服自然为特征、与印第安人的所谓的与自然和谐的伦理观形成截然对比，这些也没有被纳入其使用者的严格学术考察之列。西部史学者理查德·怀特指出：印第安人及其环境伦理变成了"批判白人社会的工具，至于真实的印第安人或者印第安人的信仰与行为（对白人社会来说）是无关紧要的"。与此前不同的是：美加两国的许多印第安部落为了实现其利益诉求，刻意按照上述形象进行重新包装和自我塑造。因此，无论是推动这一形象传播的欧美主流社会的环境主义者，还是印第安部落的领袖，依然没有摆脱白人与印第安人双方之间他我二元对立的传统思维模式。

在漫长的历史变迁中，北美各地区的印第安人的生活环境差异很大，在与自然界的交互作用中形成了各不相同的环境伦理。有的狩猎部落的确在万物有灵论的基础上形成了少杀、慎杀的朴素保护传统；而有的部落则信奉：对所遇到的猎物不猎杀干净，是对猎物的不尊重，甚至认为猎物会越杀越多。如 18 世纪在哈德逊湾周围与印第安人有所接触的约瑟夫·罗布森（Joseph Robson）和亨利·埃利斯（Henry Ellis）等人都曾留下过许多类似的记载。其实，北美印第安人并"不比其他民族更具生态智慧"。他们与其他地区的人一样，"需要养活家庭……从树木和渔业中赚钱……可不幸的是高贵并不能支付账单"。《生态的印第安人》（"Beyond the Ecological Indian"）一文的作者——考古和环境史学家夏帕德·科莱克（Shepard Krech Ⅲ）指出："无论过去还是现在，印第安之乡在文化、权力、历史经历和记忆方面，从来都不是一个完全一致的地区，那些这样认为的人们杜撰了一个像'生态的印第安人'这样的巨大神话。"

"生态的印第安人"假说为当代社会塑造了一种生态守护者的形象，这可能会在一定程度上有助于改变欧美主流社会对印第安人的种族偏见，对当前的环境保护和印第安人争取权利运动有所推动，但效果有限。这一形象建立在否认印第安人的文化多样性的基础上，与以前流行的"高贵的"印第安人和嗜血的野蛮人这两种对立的形象一样，是没有历史且一成不变的静止形象。地球上生命的历史就是一部生物及其周围环境相互作用的历史。印第安人被塑造为大地守护者的形象固然可以把环境破坏的责任推给白人，但也等于否认了印第安人的历史作用，否认了他们丰富的历史和文化变迁。甚至当前土著社会为了改善生存状况，对自然资源进行的开发利用都有可能与这种不食人间烟火的呆板形象发生冲突。一旦土

著族群谋求经济发展的行为与主流社会所认可的"生态的印第安人"标签不相符合的时候,上述形象就变成了对印第安人进行讨伐的工具。

结论

无论是"高贵的野蛮人""邪恶的野蛮人",还是"生态的印第安人"形象,都是特定历史时期欧洲殖民者基于自身利益诉求,用他者的观察视角单方面对北美土著族群做出的片面化、刻板化归纳。即便有些印第安人的某些特征与上述形象相符合,也不能改变这些形象乃是欧美主流社会从白人中心主义角度对印第安文化进行他者建构这一根本特性。无论其使用者对印第安文化心存崇拜,还是满怀厌恶之情,有一点是不变的,那就是白人社会建构这些形象的目的并不是为了维护印第安人的利益,或者真实地展示印第安文化的全貌。如果有必要,当前欧美主流社会为了实现剥夺印第安人资源权利的目的,完全有可能再建构出一个与"生态的印第安人"相对立的非"生态的印第安人"形象出来。因此,不同的印第安

形象是研究白人文化观念和印白两方利益纠纷的参照,而不是印第安文化的真实反映。

印第安问题是一个学术问题与政治问题纠缠在一起的话题。想要反映真实的北美土著社会和文化,学者需要摆脱种族主义的陈腐观念和其他非学术因素的影响,利用文化人类学、民族学、民俗学等领域的专业知识,通过田野调查、考古发掘和文献解读相结合的方式去获取。对目前保留下来的主要从白人的文化视角对印第安人进行记载的文献资料,必须科学辨析,警惕其中的种族主义偏见和道听途说的内容。由于历史原因,印第安人关于白人社会的观念和认知的文献记载较少,不能反映历史的全貌。对于流传下来的一些口述传说和印第安社会活动家的资料,学者也不能一概全信,对其中荒诞不经或印第安人为了实现特定的政治目的而刻意渲染或者装扮出来的声像和文字资料也要进行鉴别和扬弃。

从两种文化碰撞之日起,面对基督教文化和商品经济的挑战,印第安社会就一直面临着维护传统还是接受现代文明的两难抉择。各个部落的生活方式和文化传统到今天已经发生了巨大的改变。当前社会既不能用一成不变的静态眼光来看待北美土著族群长期形成的风俗文化、人与自然关系,更不能简单地依靠上述几个刻板形象来理解整个北美土著族群。如果白人社会在历史上能够正视印第安各个部落之间的差异的话,就不会出现非此即彼的两种对立的印第安人形象;而如果没有当代环境主义运动的话,也不会有"生态的印第安人"神话的流传。

他者作为自我建构的参照物,是与自我这个主体同时并存的。人类各个文化族群之间的差别注定无法消除,也没有必要去消除。在目前多元文化和谐共存的宏大背景下,无论哪一个社会文化群体,都需要抛弃以文明与野蛮这种二元对立的固定思维区分他我的传统观念,消除建立在文化优劣论基础上的种族偏见和文化歧视,学会尊重其他文化并谋求和谐共存之道。

【作者单位:南开大学世界近现代史研究中心】
(摘自《中国社会科学》2022年第8期)

美国对战后远东政策的反思及其影响

——以中国问题为中心

冯 琳

一 美国对是否应重视亚洲的争论

二战发生以后,美国逐渐向同盟国倾斜,并在 1941 年日本偷袭珍珠港后完全放弃了孤立主义的政策,从政治、经济、军事等方面加强对海外的竞夺,谋求世界霸权。从经济、安全等方面权衡,美国政府的主流认为欧洲比亚洲重要,应该在欧洲倾注更多的援助,以换取相应的利益。

1947 年 1 月,曾来华调停国共关系的马歇尔(George Catlett Marshall. Jr)成为美国国务卿。马歇尔是倾向于重欧轻亚的,1947 年冬在讨论援华方案时,他曾指出中国情势与欧洲不能相比,即如最近一两月内不援助中国,局势也不会有重大变化。1949 年 1 月继任国务卿的艾奇逊(Dean Gooderham Acheson)亦注重欧洲,艾奇逊为杜鲁门(Harry S. Truman)总统所信任,白宫支持国务卿所订外交路线。在重欧轻亚的基调下,面对国民党的败局,美国政府不主张过多介入东亚局势。对于国民党政府急切争取援助的愿望,美国强调求助者须先自助。美国强调自助的观点在不同年代或多或少皆有提及,但在 1948 年至 1950 年 6 月朝鲜战争爆发期间表现得尤为明显。1948 年,美国指出应以政治革新表示自助努力;1949 年要求停止派系斗争、显示团结,以示自助决心;1950 年则言须以自助行动来"感化"美国。这个阶段恰恰是国民党走向失败而美国有意"放弃"国民党的时期,强调自助在某种程度上是拖延、观望的借口。

然而,在国民党在大陆走向失败的过程中,中国的重要性以及台湾的战略地位一直为美国军方所强调,他们认为不能忽视中国,台湾不能落入敌对者手中,其中的代表人物就是驻日盟军总司令麦克阿瑟(Douglas Mac Arthur)。1948 年 3 月,美国众议院外委会邀请麦克阿瑟及曾任中国国民革命军空军参谋长的陈纳德(Claire Lee Chennault)出席会议,对援华案陈述意见。麦克阿瑟不能前往,但他表达了对援华的看法,认为中国问题为"世界整个局势之一部分",美国政

策如无统筹规划,仅局部应付,恐难收全面效果。"美之既往虽与大西洋东岸关系深切,然美之未来实视太平洋西岸之发展如何"。麦克阿瑟主张对华物资援助应"依照美国援助全球维持公平比例",不可轻视一独立自立中国于美国防上之重要。麦克阿瑟的观点在 1948 年除了促成援华法案的通过之外,并没有发挥太大作用,没有改变美国国务院对援华问题的基本看法。

1949 年 2 月 3 日,麦克阿瑟在与美国国务院东北亚事务处处长毕索普(Max W. Bishop)的谈话中,指出世界大势已转到远东地区,然而,美国的政策没有给太平洋地区相应的支持。他详细描述了美国海军从太平洋向大西洋的转移,他的战场和整个太平洋地区空军的减少。麦克阿瑟将此描述为"消灭太平洋"的军事政策。他认为,如果台湾被中国共产党占领,美国在远东的整个防御优势势必丧失,最终只会使美国的防御线回到美国大陆的西海岸。

随着 1949 年国民党大失败,美国政府的远东政策被指保守消极,受到激进反共者的攻击。1950 年 1 月,援韩法案被国会否决,这是十年来美政府所提援外法案第一次遭受重大失败。反对者所持主要理由是美政府对中国既无积极援助抗共政策,援韩徒费金钱。

1950 年 9 月中下旬,麦克阿瑟作为"联合国军"总司令指挥仁川登陆,在朝鲜半岛击退朝鲜人民军,赢得巨大声望。美国中期选举在即,为纾解现任政府在外交政策上饱受的质疑之困,10 月,杜鲁门约麦克阿瑟面谈,希望亲聆麦氏主张,作为政纲参考,以利选举。据报杜鲁门聆听麦帅对亚洲与远东意见后,颇为动容,拟采欧亚并重反共政策。然而,杜鲁门此时的姿态未能根本改变民主党困境,作为执政党的民主党在议员选举中并未取得明显优势。共和党领袖塔夫脱(Robert Alphonso Taft)当选参议员,11 月 10 日在记者会中建议新议院重新考虑杜鲁门的外交政策,声称对当局偏重保卫欧洲政策"颇多疑窦",反对以欧洲为美国第一防线,主张在太平洋外围建

立包括台湾在内之远东防线。

10月中下旬，中国人民志愿军赶赴朝鲜战场，抗美援朝。战争形势很快发生改变，在与中朝军队的艰苦对决中，美国政府面临的压力与日俱增。在远东指挥作战的麦克阿瑟并未严格执行美政府打有限战争的政策，派侦察机飞入中国领空。1951年4月，杜鲁门将麦克阿瑟撤职。麦克阿瑟撤职事件在美国引起轰动，杜鲁门的支持率骤降，一些地方举行游行示威，国会则进行了一场持续数日的大辩论。

1951年五六月间，美国参议院军事及外交委员会联席密会，对远东政策进行了集中讨论，邀请相关要员在会上阐述对美国外交政策及中国问题的看法，检讨得失。6月14日，前国防部长福莱斯特（James Forrestal）出席参联会，称自己曾极力反对国务院公布对华白皮书，认为国民党政府为抵抗中共之唯一希望。福莱斯特表示，联合参谋部的军事判断常为政治压力所左右，无法坚持自己的判断。他主张美国援外政策应欧亚并重，不能忽视亚洲。

与此同时，美国国家安全会议制定了新的亚洲政策NSC48/5，明确指出亚洲对美国具有战略重要性，亚洲的战略意义在于其资源、地理以及其可能产生的政治和军事力量。该地区的人口约为12.5亿。朝鲜和中国军队表现出的军事能力超出预估，亚洲人民如果受到苏共的控制，将会对自由世界构成威胁。该地区几乎生产世界上所有的天然橡胶、近5%的石油、60%的锡、各种重要热带产品以及战略物资。日本在重工业方面的潜力大约等于苏联目前产量的50%。若不能控制亚洲大陆，美国将无法使用澳大利亚和中东之间以及美国和印度之间最直接的海空航线，这将在中东等边境地区及西欧产生灾难性的心理影响。

美国改变了1949年冬到1950年夏的对华态度，放弃了"从中国脱身"的想法，积极投入中国的台海冲突中。对于中华人民共和国，美国认为应尽一切可能影响中国人民，使之反对共产主义领导；在中国境内外培养和扶植反共分子；激化北京与莫斯科之间的矛盾，并通过一切可行的手段在中国内部制造裂痕。美国放弃"脱身"政策，深度介入中国内政，并对中国采取直接战争之外的各种手段以施加影响，这一做法延续多年。

二 美国对是否援蒋的争论

自抗战时期起，争取美国援助便已成为国民党政府的一件要务。战后国民党发动内战，并在1948年后明显地呈现出江河日下之势，在国共谈判、政府改组等问题上，蒋介石与美国政府不无龃龉。是否援华以及是否援助蒋介石的政府，成为美国内部争论不休的议题。这一议题在国民党当局撤退至台湾后，便自然地成为是否援助台湾的问题。

1944年，美国副总统华莱士（Henry Wallace）访华后，曾有秘密报告反馈给美当局。此报告在几年内没有公开，美国务院声称不知该报告存在何处。1950年1月，民主党参议员奥康纳（Hebert Oconor）披露了华莱士报告书全文。报告书对中国当时的局势深表悲观，对所见蒋介石及政府其他要人诸多指责，谓其不足以统治战后中国，建议一面暂时拥蒋，一面采取弹性政策支援其他富有西方观念之人士，以期联合主政。华莱士报告书对战后初期的美国对华政策有重要影响。战后几年中，对支持蒋介石持保守态度，同时支持具有西方教育背景或西方思想者在政府中取得较重要地位，成为美国政府对华政策的基调。

1948—1949年国民党的腐败无能令美国许多人失望。在中国担任美军顾问的巴大维（David G. Barr）曾向国务院指出，美援物资损失80%，其中75%为中共所夺。这样的数据，一度坚定了艾奇逊反对大量援助国民党政府的决心。1948年11月，宋美龄在华盛顿积极活动，希望美国给予军事和道义上的支持。然而，此时，蒋介石作为一位领导人，不仅失去了人民的支持，而且军事局势恶化到了这样的程度，以至于巴大维坚信即使立即获得美国的建议和物资，也为时已晚。驻华大使司徒雷登（John Leighton Stuart）似乎陷入两难之地，不知给出怎样的建议——若不援蒋，他可能会不得不屈于压力，丢失权力；若援蒋，他将保持权力，但美国将因延长中国内战而招致日益高涨的不满。

但，即便在国民党备受诟病的时候，还是有人为其辩护。1948年，麦克阿瑟向国会表达了这样的观点："一般对中国问题，每因要求其改革内政，致忽视其国际重要性，是现在内战方酣，内政革新实属次要，譬如一屋正遭火灾，何能从事改造。"1949年2月中旬，杜鲁门公开了一封来自众议院51位共和党议员的信，该函称共产党在中国的胜利将是美国"重大的和历史性的"失败，将对国家安全造成严重威胁，要求组织一个高层军事、经济和政治顾问委员会，就中国局势提交报告。这封信严厉批评美国的战后对华政策，称其在民族主义者和共产党之间寻求联盟的尝试现已证明是"灾难性的"，指出捷克斯洛伐克通过联合政府将国家"拉到了铁幕之后"的极端例子，证明联合政府政策的危险性。

1949年8月，美国政府带有"弃蒋"之意的白皮书发表。当时，有流言在美参议院外交委员会中传播，说蒋介石卷逃公款1亿3800万元赴台私用。面对国民党大厦将倾，美政府要人对蒋介石的人品也不无疑惑，杜鲁门采择了国务院暂缓对华援助的意见。9月，司徒雷登在记者联合会非公开演讲，指出1948年5月以前若给予充分美援尚可挽救中国局面，而此时已无济于事；并认为中共强于军事，弱于经济，将来必赖美援助解决经济问题，亦将为此转而亲近美国。为求折中，美海军司令白吉尔（Oscar C. Badger Ⅱ）主张拨款7500万元交由总统杜鲁门斟用，以援助中国抗共区域，但不赞成交付蒋介石控制之政府。美国参议院外交军事联合委员会主席康纳利（Tom Connaly）赞同以7500万元援华，但不愿在法案中指明中国或反共集团。

《美中关系白皮书》在美国引起的争议巨大。国防部长约翰逊（Louis A. Johnson）认为此时应援助国民党当局抗共，而不是指责该政府以往的措施，一味指责无济大局，赞同此种看法者不在少数。某些颇具影响力的媒体及个人没有跟随美政府的决策，有人利用媒介为蒋介石背书。此时蒋介石虽已下野，不担任总统职务，但仍为国民党总裁。4月28日，国民党中央常务委员会通过"中央非常委员会组织条例"，以中央非常委员会代行中央政治委员会职权，蒋介石任主席。7月10日，蒋应菲律宾总统季里诺邀请，赴马尼拉访问，与季里诺会晤于碧瑶，12日发表联合声明，号召东亚各国成立"亚洲反共联盟"。《纽约时报》社论指出，蒋介石以非常委员会主席资格重行领导反共力量，国民党政府中央各派现已明认蒋介石为"挽救残局之唯一领袖"，以往代位者均遭失败。司徒雷登亦承认蒋介石抗共意志坚决，对美有利，为其在抗日战争胜利后失去甚多民众拥戴感到惋惜。

1949年，随着政治难民和国民党军队大量涌入台湾，美国国家军事机构（National Military Establishment）重新审查对台湾的政策立场，认为台湾对美国具有相当大的战略重要性，但是对该岛进行军事防御超出了美国当前的能力。美国准备以外交支持及对该岛的经济援助来加强台湾，尽量防止台湾落入中共之手。然而，美国国务院在1949年后几个月内的基本观点认为，台湾最终很可能仍将被中国共产党夺去，美国最好承认这种可能性，不要试图改变台湾的命运。1949年12月底到1950年1月初，美国几次官方表态，认为台湾是中国的一部分，美国目前无意在台湾建立军事基地，不会向台湾提供军事援助或向台湾的军队提供建议，不

愿卷入中国内战。这种态度大体延续了半年。1950年6月，朝鲜战争爆发，美国为防止远东战事扩大，派出第七舰队。美国国务院意识到不能仅以外交及经济方法保台。

1949年，中共中央采取向苏联"一边倒"的外交方针。1950年2月，《中苏友好同盟互助条约》签订，中苏正式结盟，中美作为对立面存在的局面已然形成。1950年4月，美国国家安全委员会在68号文件中提出"全面、无差别遏制"的概念。美国向台湾海峡派遣舰队，支持台湾方面"反共抗俄"，蒋介石的"反共"立场在为其争取美国支持与好感方面显得愈加重要。

1950年冬，抗美援朝的中国人民志愿军于参战后长驱直入，在三次战役中连续击败联合国军，将战线推回三八线，并于1951年1月4日攻占韩国首都汉城。5日，积极反共的共和党议员塔夫脱在参议院抨击当局的外交政策，反对轻率派美军赴欧，主张以军品及其他援助支援蒋介石保持台湾，并助其在大陆与中共作战。与此同时，美国国家安全会议提出，取消对在台美军行动的限制，从而维持台湾的稳定。在美国看来，这是对抗共产主义在远东扩张的重要环节。也正是由于这一政策基调的确立，台湾当局对美国虽然多有依赖，却在一些问题上仍有抗争的余地。

三 美国对台湾战略意义的判断及对台策略

1948年冬，国民党当局才有较为明显的迁往台湾的动向，而这个时候在没有外力介入的情况下，国民党的败局已几乎不可逆转，美国对亲美政权的大失败已开始了反思，因此，美国对台政策的讨论与确立实际上是伴随着批判与反思开始的，与美国在其他问题上对战后政策的反思有所差别，没有呈现出明显的"反思下的纠正"。但随着局势的变化、反思的推进，美国的对台政策既有某些方面的继承，又有不断地调整，甚至有巨大的逆转，这实际上也是反思的联动效果及影响表现，同时，细查之下，同样有若干"反思下的纠正"的节点呈现。

1948年冬到1949年春，美国政府定下了对台策略的基调，这个基调大体持续到1950年中期，那就是以外交、经济手段为主，以小规模而隐蔽的军事手段为辅援助台湾。1948年12月，参谋长联席会议肯定了台湾的战略意义，指出若战争发生时苏联控制着台湾，敌方将具备日本至马来地区的航路优势，也会极大提高其向日本和菲律宾扩张的能力，这将对美国国家安全造成非常严重的威胁。另外，台湾可作为日本食品和其他物资的主要来源地，这决定了战争中日本将成

为美国的负担还是潜在的助力。然而，由于当下美国的军事实力与"全球义务"之间存在差距，台湾的战略意义还不足以让美国派遣军队。台湾与冰岛不同，后者对美国的国家安全具有直接的重要性。国家安全委员会认为目前对台湾"任何公开的军事承诺都是不明智的"。基于以上判断，以外交和经济手段来抵制共产党对台湾的影响，对美国的国家安全利益是最有价值的方案。

尽管台湾落入中共之手对美国来说极为不利，但是美国国家安全委员会绝对不建议美军直接占领台湾，因为那样将意味着相对大的努力与代价，美国也不认为通过与国民党政府谈判，取得美国在台特殊权利是抵御共产主义渗入台湾的好办法，因为几十年来中国政府和人民一直试图取消外国在华特权。美国认为，在台湾展示军事力量，就要承担政治责任，且不利于美国对苏联干涉东北、新疆行为的攻击。避免对台湾提供公开的军事援助和承诺，是美国的政策倾向，但美对此又是留有余地的。1948年12月参谋长联席会议认为不应该在台湾派驻美国海军，但此项意见"不影响未来的决定"，如果事态发展需要的话，则应对此决定进行修改。为达到已订立的外交和经济目标，一旦做出适当的安排，就应在适当的一个或多个台湾的港口维持少量的舰队单位，支持与之相关的岸上活动、空中通信等，以在不使用武力的情况下发挥"所有可能的稳定影响"。美国对台湾应以外交手段，即美国的外交影响力，确保国民党对共产党的抵抗意愿，同时敦促国民党采取建设性的政治和经济措施，平息动乱，减少台湾人对共产党宣传的敏感性。这是防止台湾被共产主义"渗透"的保证，经济援助则是另提供后勤支援；向台湾派遣军事训练团，扩大其主要国防采办计划（Major Defense Acquisition Program）；要求参谋长联席会议详细研究中国国民党在台湾对大陆可能的军事威力，包括对台湾防御能力的影响，要求国务院研究美国继续支持蒋介石对中国和其他亚洲国家的影响。

麦克阿瑟免职事件发生后两个月间，为蒋介石辩护的人更是频频发声。5月三四两日，麦克阿瑟出席参议院军事及外交委员会联席密会，回答议员提问。有人指出，美国若干方面以为亚洲民众目中之蒋氏声望已不及既往，美如予蒋介石以援助，助其反攻大陆，必使亚洲人民对美国益加仇视，而美在亚洲现有之友邦亦将失尽。麦氏答称："亚洲民众仍视蒋氏为抗共首领，凡反对共产者均为敬之，倾向共产者均反对之，此亦为美应予蒋氏援助之基本理由，不问其言行是否全合我意，其始终反共之有利美国实无疑义"。6月

12日，曾在1944年底接任史迪威（Joseph Warren Stilwell）为盟军中国战区参谋长及驻中国美军指挥官的魏德迈（Albert Coady Wedemeyer）出席参议院联席密会，指出国民党以往的失败系因军民的厌战心理及中共的反美宣传，然蒋介石及其政府"仍为美国达到成功之最良助力"。魏德迈赞扬国民党当局在台的改革成就，认为蒋为远东抗共"惟一领袖"。曾在解放战争中对国民党政府深感失望的巴大维也为蒋介石辩解，称其为人"忠诚可靠"，只是因其对部属态度过宽，而致缺乏纪律，不能贯彻命令。

蒋介石执政下党政军的腐败低效一度令美国政府大有失败之感，故美国政府曾以长篇大论的白皮书为自己辩护，将过错推给国民党和蒋介石。接下来近一年的时间内，"不干涉"中国内战的倾向在美国政府中占据了主流。在这个过程中，中华人民共和国与苏联结盟，大约五亿人口加入了苏联阵营。朝鲜战争加重了美国对远东格局的忧虑，战争中每一次的困境、美国士兵伤亡的增多都为在野的共和党提供了攻击民主党的助力。1950年夏秋之际，为迎接国会大选，共和党与民主党的舆论宣传即已展开。一边以远东之紧张局势攻击民主党的外交与国防政策，一边布置阵容宣扬政绩、驳人攻讦。美国对华政策的检讨氛围在这样的背景中变得浓郁，又因麦克阿瑟免职事件达到高峰。在冷战态势之下，蒋介石的功与过似乎变得不那么重要，重要的是他的身份成为一面反共旗帜，他的存在变成了一种象征。此后，为尽可能减轻美国的负担，同时最大限度地发挥台湾作为太平洋链条之一环的作用，美国认为应维持台湾政治、经济、军事力量的稳步增长。在不致使美国卷入战争的限度内鼓励"台湾当局"维持现有地盘，维持政治上的稳定，增强以蒋介石为中心的凝聚力。

1951年12月，美国中情局长应对时局，提出了"在军事、经济、政治和心理上加强台湾作为反共基地"的政策建议。这一建议在1952年3月得到参谋长联席会议的认可和肯定。同时，参谋长联席会议认为，美国应该承诺提高国民党当局在台湾的声望，应派出官员推动国民党当局进行军事和行政改革，并且这种改革应该是尽可能加强而不是削弱国民党当局的领导。在反思战后对华政策的过程中，"台湾当局"和蒋介石的权威被美国政府放在一个重要的地位加以考量，并在政策层面给予强调和规定，避一项保证。1949年1月，经济合作总署（The Economic Cooperation Administration）已暂停中国援助计划下所有工业替代和重建项目的采购许可，美国国务院向总统杜鲁门建议，考虑到台湾对

美国的战略重要性以及与冲突地区的实际隔离，应重新考虑该决定。2月，国家安全委员会指出，应通过最灵活的机制实施有力的台湾经济支持计划，协助台湾发展和维持自给自足的经济。美国了解到，蒋介石曾向菲律宾方面私下表示，在没有外部援助的情况下可以在台湾坚持至少两年。他们认为国民党在台湾有足够的储备，台湾目前的弱点并不在于缺乏经济资源或军事物资，对台湾提供的积极援助应相当于一个中等规模的非洲经委会方案和农村重建联合委员会的方案所能提供的援助，并以实现其自助为目的。扩大援助计划可能会使国民党方面对美国保卫该岛的意图产生不必要的乐观情绪，而突然停止现有援助会被解释为美国对国民党政府失去兴趣，将损害国民党当局的士气和威望。

既然美国不打算直接占领，是否意味着准备支持国民党当局统治台湾呢？对于此点，美国的意见是相当模糊甚至是负面的。1949 年初，美国对刚担任台湾省政府主席的陈诚充满疑虑，怀疑面对来自大陆的流亡政治家和军人的涌入，陈诚能否在台湾建立起一个稳定的非共产主义政权作为最后据点，明确指出美国应"尽可能利用自己的影响力阻止中国大陆的进一步涌入"。美国国务院副国务卿洛维特（Robert A. Lovett）认为，如果发生崩溃，在对日和会进行最终的法律处置之前支持台湾组建一个自治政权，似乎是保护美国国家利益更可行的方法，同时应适当考虑到台湾民众的福利和愿望。另有部分美国官员的想法是，若国民党丢失大陆，则应让台湾宣布自治或由联合国托管。驻菲律宾大使馆参赞弗雷瑟（Fayette J. Flexer）曾与麦克阿瑟讨论过这个问题，他认为这个想法显然也"贴近麦克阿瑟的心思"。让台湾独立或自治的想法并不那么容易实现。此时，虽有妄图独立的"台湾再解放联盟"与美方频频接触，但美国政府不看好他们。国家安全委员会认为，目前在香港和内地的台湾流亡组织虽然有声有色，但规模很小，无力独自在台湾岛上组织一次成功的革命。因此，国家安全委员会认为对台湾的策略应该是，寻求发展和支持当地的非共产主义中国政权；尽可能利用自己的影响力阻止中国大陆进一步的涌入；谨慎寻求与潜在的"原住民"领导人保持联系，以期在将来的某个时候能够利用台湾的"原住民"运动获取美国的利益。部分官员还提出以孙立人或其他代理人取代蒋介石，使蒋介石成为"政治难民"而不是统治者的办法。

由于 1949 年美国对台湾战略意义的判断大体是认为"不足以"令美国卷入中国内战，故 1949 年底及 1950 年初美国高层几次关于台湾的态度表述，主要倾向都是说明台湾防务与美国无关。然而，也正在此时，援台问题成为美国政争问题，且争论日趋激烈。参议院就援台问题举行辩论，共和党各领袖相继演说，主张予台援助，并要军事当局出席陈述对台湾防卫问题之意见。在民主党远东政策因国民党的大失败而招致诟病的背景下，美国政策参与者的论述中台湾的重要性大为提高了。麦克阿瑟演说指出，台湾为"美保守太平洋国防线之枢纽"，若入敌手可为"击不能沉之航空母舰"。前国防部长詹森认为，台湾于国防之关系较韩国更为重要。魏德迈更指出，台湾于美国远东国防线甚为重要，美应派陆军助守。1950 年 5 月 2 日，美国国防部长备忘录指出，中国国民党人继续抵抗，特别是在台湾地区，符合美国的军事利益。

6 月，朝鲜战争爆发，客观上提高了台湾的战略地位。对美国至关重要的西部战略前沿位于从阿留申群岛经日本到菲律宾群岛的岛屿链条之上，由于千岛群岛已经在苏联的实际控制中，位于第一岛链中心的台湾显得更为重要。在朝鲜半岛战争局势下，美国担心台湾被敌方控制，从而对美国安全造成严重威胁，并极大影响美国阵营在西太平洋及西南太平洋的士气，杜鲁门声称要派第七舰队进入台湾海峡，防止台海冲突。这既是朝鲜半岛紧张局势下的应急措施，也是 1949 年冬以来美国对台湾政策反思与纠正的结果。此时，以往力主不以美国军力保护台湾的国务卿艾奇逊也认识到"不能只以外交及经济方法保台"。11 月，杜勒斯对联合国政治安全事务局明确对台湾的几项原则，第一项就是："美国作为太平洋战争的主要胜利者和日本的唯一占领国，在处置台湾方面负有重大责任"。

1951 年 4 月 30 日，在参谋长联席会议对亚洲政策草案 NSC48/3 提出的修改意见中，在 11 - a 条款中明确写入"中国国民党军队"一词，声明"继续执行目前分配给第七舰队的任务，直到中国国民党军队能够保卫台湾"。5 月，美国政府提出，要防止台湾与苏联结盟或建立由苏联统治的中国政权，竭尽所能阻止南亚和东南亚的共产主义蔓延；鼓励国民党政权在台湾进行政治改革，以提高其声望和影响力；向台湾提供军事和经济援助，以增强"台湾当局"的防御能力。1952 年 3 月，美国的政策性文件 NSC128 指出，必要时采取单方面行动，以确保继续使台湾作为美国可能进行军事行动的基地；支持在台湾的友好政权，使它与美国"牢固地保持一致"。参谋长联席会议认为，这些军事观点应该是压倒一切的，应该在可预见的未来以及在朝鲜停战后美国可能进行的任何谈判中起支配作用。不仅不利于中国，也不利于美国的贸易。剥夺苏联在东北的权益，似乎是美国的责任。

尽管中国一再表示不满，尽管美国内部也有反对的声音，美国在一段时间内并不打算反悔。1946 到 1947 年，面对苏联扩张带来的威胁，美国政界有两种意见。一种是凯南（George Frost Kennan）提出的遏制战略，一种是允许斯大林在东欧拥有势力范围从而与苏联达成和解。1947 年担任杜鲁门重要顾问的波伦（Charles E. Bohlen）就是持"继续承认"雅尔塔协定主张者，他在就对日和约问题与苏联代表的交涉中明确表达过此种意见。两种意见并存，是因为苏美的战时同盟关系还没有完全结束，冷战也还没有真正开始。

1947 年 1 月，马歇尔就任国务卿后，重用凯南，凯南遏制苏联的思想对马歇尔计划的产生和实施产生了关键性的作用。1949 年 1 月艾奇逊担任国务卿后，凯南的影响力有所下降。1949 年、1950 年美国在远东的第一岛链周遭危机迭现，先是中国，后是朝鲜。而冷战巨幕已经拉开，美苏战时同盟已经不复存在。1950 年 8 月中旬，有共和党议员在参议院外委会发表声明，批评政府当局自 1945 年以来外交政策的失败，称 1945 年雅尔塔会议及波茨坦会议削弱了联合国地位，造成远东危机。而雅尔塔会议的破坏作用尤甚，该会无视 1943 年开罗会议对中国之保证，为使苏联参加对日作战，牺牲中国东北、外蒙及旅大利益，造成苏联夺取中国、朝鲜及中国台湾之机会。

对于雅尔塔协定造成苏联远东优势这点，在 1950 年朝鲜战争爆发后到 1951 年夏的反思高潮中，得到美国军政高层部分人士，特别是在太平洋地区发挥重要作用者的认同与呼应。1951 年 6 月，艾奇逊在接受参议院质询时承认，当时军事领袖一致认为必须使苏联及早参战，以免美军大规模在日本登陆之惨重牺牲，且恐苏联待战事结束、美国实力消耗殆尽时始行介入，为所欲为，故特许其重酬。魏德迈亦承认，1945 年彼建议使苏联参战及赞成雅尔塔协定是出于对局势的误判。雅尔塔协定参与谋划者的认错并不能获得充分谅解。赫尔利认为，考虑到 1945 年的对日战争形势及美国自身的实力，本无须对苏联让步，请其参战；雅尔塔协定出卖中国领土主权完整，放弃大西洋宪章政策，"为战后美外交政策混乱根源"。

可以看出，1949 与 1950 年的远东变局令美国意识到自身错误，开始反躬自省，而在此之前，美国对苏遏制的思想虽然已经产生并发挥了一定的作用，但美国并未深刻检讨雅尔塔密约的错误。国民党政府以雅尔塔密约和马歇尔调停为由，指

责美国，要求其为国民党在内战中的失利负责，负责的具体表现当然就是美援。在美国看来，这就是一种说辞，一种换取美援的手段，这使国民党政府对美国的控诉显得苍白无力。在美苏战时同盟矛盾加深并最终分裂的过程中，美国也意识到雅尔塔协定的危害，这种由内而发的自省往往比由外而加的指责有效果得多。当然，也应看到美国反思雅尔塔协定的主导思想是纵容敌人导致了自身的被动，而非其他。虽然有人基于友华大义指出雅尔塔密约对中国领土主权的出卖，对大西洋宪章的损害，对开罗宣言的践踏，但这种声音除了在正义性的表达上发挥了一定作用外，大多只是一种背景音或调味剂。这从美国在对日和约的实际作为中可见一二。1951 年，美国将苏联排除在外，单独主导所谓对日和约，并在 9 月的签字稿中规定日本放弃千岛群岛及南库页岛，未规定其归属。此点是对雅尔塔协定的要之，随着远东局势剧变，美国在反思心态下提高了对台湾战略地位的认识，从不予以公开军事承诺到公开承担对台湾和澎湖的防务责任。同时，美国政府改变了对国民党当局的态度，从有意减少官方联系和责任牵连，到明确支持国民党当局在台湾的反共行为，并着力提高国民党当局的声望和地位。当然，美国这一系列改变是冒着遭受舆论谴责的风险的，这也是 1949 年下半年美国有意"脱身"的原因之一。为给自己的干涉行为寻求合理解释，美国称台湾地位"未定"，并通过操弄对日和谈，仅在对日和约中规定台澎由日本"放弃"，从而使台澎地位成为"问题"。但也应看到，美国对台湾的军事承诺不是无限制的，美国在亚洲的目标是"在不牺牲至关重要的安全利益的情况下，设法避免与苏联发动全面战争"，在此框架之下，美国介入台海冲突，谨慎遵守不过度挑衅原则，以维持现状为目的。因为美国有拖延与"求和"的心理，却又不准备在原则问题上让步，几年后中美之间开始了旷日持久的大使级会谈。

四　美国对雅尔塔密约的检讨

1945 年 2 月 4 日至 11 日，美英苏三国领导人罗斯福、丘吉尔及斯大林在苏联克里米亚雅尔塔召开了一次首脑会议。此次会议，确定了二战后的世界新秩序和列强利益分配原则，形成了对世界局势产生深远影响的"雅尔塔体系"。为争取苏联对日本宣战，会中部分内容侵犯了中国权益。会议形成的三份文件中，"雅尔塔协定"没有立即公布，其他国家并不知情，故有"雅尔塔密约"之称。

1947 年 1 月，蒋介石要求马歇尔转达美国总

统，雅尔塔会议在中国政府不知情的情况下做出的关于中东铁路、大连港和旅顺港的决定，引起了极大震惊，中国人民无法理解。10月，在司徒雷登的陪同下，美国众议院军事委员会成员在与蒋介石商谈美援问题时，蒋介石不止一次提到，由于雅尔塔密约，东北的困境的造成是美国的责任，如果中国国民党最终被击败，那不是因为苏联或中国共产党，而是因为美国未能在战争中提供中国迫切需要的援助。1948年11月初，立法院外交委员会讨论了中美关系问题，普遍认为雅尔塔协定导致调解努力和援助不足，当前中国的混乱在很大程度上归咎于美国。为了挽救国民党的军事失败，宋美龄前往美国寻求援助，所持理由就是，美国应为雅尔塔密约以及试图在中国组建基础广泛的联合政府负责。1949年8月，国民党政府向美方送去关于《美国与中国的关系》白皮书的官方声明，指出国民党政府的失败一方面是因为八年抗战，但更大程度上是由于雅尔塔协定及美国将中共视为土地改革者。

在国民党退台前，美国部分人士已开始向政府表达对雅尔塔协定的担忧。1947年2月，司徒雷登也向国务院指出，苏联利用雅尔塔协定控制装卸量超过东北贸易总额70%的大连港，将会妨碍东北经济复苏和政治稳定，否定。然而，对于台湾和澎湖的归属问题，美国亦如法炮制，仅言放弃，而不规定其归属，不符合开罗宣言精神，亦未显示任何对中国领土主权的尊重之意。

美国虽然懊悔当初过度许诺，却无法收回苏联因雅尔塔协定而获得的利益。表面来看，对于雅尔塔协定的反思，其直接影响主要体现在加剧美苏对抗态势方面。但从另一角度看，20世纪50年代初，美苏对抗已经是一个不可逆转的趋势，美国的对苏政策虽在不同情势下有不同的表现，但两大阵营的对峙已然呈现，并日益紧张。与其说反思加剧了对抗，不如说反思只是对抗的一个附属产物。

就美国外交政策的制定而言，这种反思大大促进了共和党与民主党的靠拢。民主党执政时期外交政策上的失误使两党意识到外交政策不应由一党制定，而应两党协作决策。这种对外交政策的反思甚至影响到对内政路线的选择，1952年艾森豪威尔当政后，政策多采中庸之道，为共和党左派与民主党右派所共同赞成。

余论

朝鲜战事发生后，美国舰队开赴远东，美军参与"联合国军"登陆朝鲜半岛，美国开始强调对台湾的"责任"，随后又干预越南战事及对北越进行长期战争……虽然仍然不难找出若干例证来证明在美国的优先级上欧洲第一的状态并未改变，但是亚洲是不能放弃的这一点也已被明确地证明。朝鲜战争是美国远东政策"转身"的一个比较清楚的标志。

即便在1949年下半年"弃蒋"的心理之下，美国也没想放弃台湾。选择了有限的手段试图避免台湾沦入敌人之手。朝鲜战争的发生使决策者意识到需要提高限制的级别，这个级别的上限就是美苏或美中的全面战争。在1951年的政策性文件NSC48/5中，美国提到《开罗宣言》及《波茨坦公告》中曾有关于台湾应在战后归还中国的承诺，但又为自己辩白说在开罗会议时并未考虑到将台湾交给一个"对美国怀有敌意"的政府，也就是以正式文件表明了准备继续食言的态度。此后，虽然美国避免在远东与中苏发生正面冲突，不进行可能挑起全面战争的挑衅，但也不准备做任何重大退让。在美国看来，台湾和澎湖关涉美国利益，不能放手。因此，美国以各项援助帮助台湾提高防御能力和经济水平，维持台湾的稳定和发展，阻止两岸统一。

【作者单位：中国社会科学院大学历史学院】
（摘自《社会科学研究》2022年第2期）

美国劳工史的跨国转向及其路径

蔡　萌

关于 20 世纪下半叶以来美国史学的几次重要转向，国内外学术界业已进行了系统地梳理和探讨。虽然多数历史研究领域都卷入了史学变革的大潮之中，但每个具体的领域由于自身学术传统和研究特性的不同，变革的发生路径、呈现方式和利弊得失也各有不同。笔者曾撰文梳理了 20 世纪美国劳工史演进的脉络，尤其是 60 年代劳工史的社会转向，以及 80 年代后现代主义思潮对劳工史的冲击，然而囿于篇幅，对于 21 世纪以后劳工史的跨国转向未能充分展开论述。关于历史学的跨国转向问题，国内已有不少学者在整体上进行过讨论，但对劳工史这一具体研究领域却所言甚少，目前仅有王心扬教授撰文论述过该话题，主要讨论的是帝国劳工史的兴起、创新和问题。本文将在王心扬教授研究的基础上，从更大的视野来考察近二十年来美国劳工史迈向跨国转向的路径，及其面临的新机遇与新挑战。

一　挖掘劳工史的跨国特性

美国劳工史在经历了 20 世纪 60—80 年代的鼎盛期之后，从 80 年代后期开始逐渐走下坡路，陷入题材陈旧琐碎，阵地不断收缩，核心分析范畴的解释力被大大削弱等多重困境。在困境中支撑了十多年之后，跨国转向犹如一股春风，给沉闷的劳工史带来了很多新气象。史家们纷纷热情拥抱跨国转向。以作为该学科主流期刊之一的《国际劳工和工人阶级史》（International Labor and Working-Class History）为例。该期刊创立于学科鼎盛的 1972 年，每年两期。据 2021 年 10 月 12 日在 JSTOR 数据库里对这份期刊的检索结果，全文中含有 "transnational" 一词的文章共有 202 篇，其中 2000 年以前只有 36 篇，2000 年以后大幅增加到 166 篇；全文中含有 "global" 一词的文章共有 462 篇，其中 2000 年以前有 147 篇，2000 年以后翻了一番还多，达到 315 篇。

其实，跨国视角在劳工史中并非崭新之物。劳工运动本身就是一场国际性的运动，以劳工运动为研究对象的学者不可能对这种国际性熟视无睹。在整个 20 世纪的美国劳工史中，讨论域外因素（如欧洲的激进派和劳工活动分子、第二国际、共产国际等国际组织）对美国工人运动的影响，探究美国与其他国家工人之间的跨国联系和团结（如美国工人激进分子对巴黎公社和俄国革命的同情、英法工人对美国内战的关注等），考察美国工会组织模式（如劳动骑士团和劳联等）的跨国传播等，诸如此类的论著早已有之。2000 年之前《国际劳工和工人阶级史》刊登的 36 篇含有 "transnational" 一词的文章，大多也属于此类。可以说，20 世纪的美国劳工史家一直在撰写某种形式的跨国史，只不过，他们的撰写是随意的、边缘性的，要么被笼罩在以论证"美国例外"为宗旨的民族国家叙事的阴影里，要么被淹没在支离破碎的地区研究的洪流中。直至作为一种研究视角的跨国史兴起之后，此类研究才具备了方法论意义，被视为劳工史跨国转向的路径之一。

作为 20 世纪七八十年代劳工史代表人物之一的戴维·蒙哥马利（David Montgomery）晚年曾多次提出，研究 20 世纪美国工会或社会运动，不能忽略全球经济网络和跨国事件所起的塑造作用。在 2008 年的一篇文章中，蒙哥马利考察了 19 世纪末 20 世纪初美国的商业和领土扩张是如何激发劳联推广工联主义模式的梦想，使之从原先反帝主义的立场上后退，转变为帝国权力的鼓吹者和实施者。同样活跃于七八十年代的劳工史老将谢尔顿·斯托姆奎斯特（Shelton Stromquist），近年来也推出多部有影响力的论著，尝试把自己擅长的地区研究与跨国视角和国际视野结合起来。2008 年他主编《劳工的冷战》（Labor's Cold War）一书，其中收录的 9 篇论文，分别以洛杉矶的拉丁裔工人、底特律汽车工厂中的非裔工人、新墨西哥州的墨西哥裔矿工、密尔沃基和圣路易斯的劳工左派联盟等为例，令人信服地展现了冷战初期的反共产主义思潮如何在地区层面分裂了劳工的组织和斗争，扭转了自新政以来美国的社会改革进程。最近几年，年轻一代的学者也撰写了多部超越共和范式、从跨国视角重新审视劳动骑士团运动的论著。这些研究强调，劳动骑士团不是一场美国的运动，而是一场全球性的运动。通过梳理 19 世纪末劳动骑士团运动在英国、爱尔兰、法国、比利时、意大利、南非、澳大利亚、新西兰等地的传播，这些论著试图彻底清算"美国例外论"的痕迹，将劳动骑士团视作工人国际主义的一种重要模式，将这段历史作为解决当今世界与劳工相关的诸多棘手问题的一个"有用的过去"。这些论著还发出呼吁：美国其他的劳工组织和运动，如劳联、产联等，都应当被置于全球或跨国视野中来重新审视。

上述研究，基本上属于跨国视角与传统研究范式的结合，考察的是跨国联系和域外因素对于美国劳工组织和运动的影响。然而，经历了 20 世纪六七十年代社会转向的冲刷之后，劳工史早已超越了制度中心主义，普通的底层劳工，包括大量没有参加工会的"不能言说者"，早已取代工会组织和工运领袖，成为史家笔下的主角。因此，若要重新挖掘劳工史与生俱来的跨国特性，仅从组织制度的层面入手显然是不够的，势必要把研究重点转到工人自身。在这方面，90 年代移民研究的新进展为劳工史这一重要突破提供了关键资源。

20 世纪 50 年代，著名的移民史家奥斯卡·汉德林（Oscar Handlin）把移民视作背井离乡、抛弃原本生活方式、艰难融入另一种文化和社会的"离根者"（uprooted），进而提出了影响颇大的"离根说"。"离根说"是一种典型的以民族国家为中心的解释框架。"离根"和"同化"的过程就是摆脱原先的民族国家身份，寻求另一种民族国家身份的过程。此后，移民史学界一直有学者质疑"离根说"。无论是鲁道夫·维库利（Rudolph Vecoli）对芝加哥意大利裔移民的个案研究，还是约翰·博德纳（John Bodnar）对 20 世纪初美国多个移民群体的整体考察，都强调"旧世界"社会组织、人际关系、价值观念和习俗惯例在"新大陆"的延续性。这些研究启发人们：仅在单一的民族国家框架内解释移民问题是不够的。

20 世纪 90 年代初，琳达·巴施（Linda Basch）、妮娜·席勒（Nina G. Schiller）等人类学家和社会学家通过多年来对居住在纽约的格林纳达、圣文森特、海地和菲律宾移民的跟踪调查，彻底颠覆了"离根说"。她们发现，这些移民一方面接受了美国的政治经济制度和生活方式，另一方面以各种方式与自己的母国保持着密切联系。传统移民研究的两分法范式无法解释这些人在经济、政治、社会、文化生活中的跨国参与，于是，她们开始用"跨国社会场域"（transnational social field）来描述这些移民在母国和移居国之间建立的跨越民族国家疆界的关系网络，用"跨国主

义"（transnationalism）来描述这一关系网络建立起来的进程。

与传统移民研究相比，跨国移民研究在理论预设和研究主题上均有着显著的区别。在考察移民现象的成因时，它不再固守民族国家中心主义的藩篱，在输出国和输入国的内部寻找推和拉的因素，而是将其置于资本和劳动力全球配置的语境中进行考察，尤其侧重于探究塑造移民流动的结构性力量。从这一角度来说，跨国移民的研究者通常是某种程度上的世界体系论者。他们把世界看作是一个被全球资本主义紧密联系在一起的、单一的经济和社会体系。与离根理论一起被推翻的，还有传统移民研究中的同化理论。跨国移民研究强调，移民的身份认同是流动的、多样化的。无论在自己的母国还是移居国，他们都被贴上了不同的身份标签——种族的、族裔的、性别的、宗教的、地区的、国家的等等，而这些标签本身就是民族国家构建的产物。也就是说，在跨国空间的复杂关系网络中，移民们参与的是两个（甚至多个）民族国家的建构进程。

在大部分历史时期里，移民始终是美国劳工队伍的主体，因此，移民研究与劳工史向来密不可分。虽然有不少移民研究学者认为，跨国空间的出现是当代的现象，是交通和通信技术革新、经济发展充满不确定性，以及种族主义抬头等当代因素综合作用的结果，但是在劳工史家这里，这一理论的适用范围远远超出了当代。他们运用跨国主义的理论去考察美国历史上不同时期、不同群体的移民劳工，探究他们的跨国关系网络的形成及其影响。总体来说，劳工史家们试图回答以下几类问题：那些处于美国劳工市场底层的移民劳工是如何把跨国关系网络作为一种社会资本，来抵御种族偏见、缓解经济剥削、改善自身境遇、实现阶层提升的？在跨国关系网络中，移民劳工形成了何种复杂多元的身份认同？移民的跨国行动如何影响了母国和美国的经济发展、政策制定、政治整合和民族国家的建构？

就近些年的研究状况而言，最具突破性的进展来自对意裔和亚裔移民的研究。2000 年左右，唐娜·加巴西亚（Donna R. Gabaccia）、弗雷泽·奥塔内利（Fraser M. Ottanelli）、托马斯·古列尔莫（Thomas Guglielmo）等学者开始对全球范围内的意大利散居群体进行系统研究，其中包括 19 世纪晚期美国的意大利移民工人。他们研究指出，这些移民工人原先只有对自己所在村庄和地区的身份认同，只是到了美国之后，为了回应本土主义者的攻击，才形成了对新成立的意大利民族国家的认同。这些移民工人不仅关心自己祖国

的共和政治实验，还积极投身美国的政治和社会改革事业，成为怀揣共和理想的新美国人。与研究欧洲移民相比，研究美国亚裔移民的多重身份认同所面临的阻力要大得多。近年来，王心扬教授曾多次撰文阐述这一问题。他指出，受到强烈的意识形态导向的影响，"美国化"的主题在亚裔移民史学中长期占支配地位，讨论多重身份认同问题是绝对的学术禁区，会被扣上为白人种族主义开脱的政治罪名。直至跨国主义理论兴起之后，这块意识形态铁板才终于有了松动的迹象。华裔学者徐元音（Madeline Hsu）考察 19 世纪末 20 世纪初来自广东台山的移民，认为他们的目标并非融入美国社会，而是衣锦还乡，其身份认同具有跨国和多元的性质。日裔学者东英一郎（Eiichiro Azuma）更是提出了一个震撼性的观点：二战期间的日裔移民更忠诚于自己的母国日本，而非美国，从而颠覆了史学界对于美国政府拘禁日裔移民政策的传统解释。

二 发现跨国空间

在 2015 年的一篇重要文章中，王立新区分了两种类型的跨国史。一种是作为研究视角和方法的跨国史，另一种是作为研究领域和学科分支的跨国史。前者重在揭示塑造美国历史的跨国联系和域外因素，后者旨在重现跨国空间内的人类经历。从组织制度和跨国移民的多个层面挖掘美国劳工史的跨国特性，大致可归为第一种类型，而近十多年来劳工史家对于美利坚帝国的研究则属于第二种类型。

与 20 世纪 90 年代兴起的新帝国史不一样，劳工史家关注美利坚帝国，重点不在于把帝国研究从外交史移置到文化史，也不在于强调帝国边缘对中心的影响，而是把美利坚帝国视作一个跨国联系和互动的空间，考察这个跨国空间内复杂多样的劳动力流动、雇佣和管理机制，以及形式各异的控制和反抗活动、模糊不定的人际关系与身份认同。与以往所有的劳工史研究路径相比，帝国劳工史最显著的一个特征在于，它以前所未有的幅度修订了"工人阶级"的定义，进而极大地拓展了劳工史的研究对象和范围。

根据马克思的经典定义，"工人"有两个关键特征：一是拥有自由意志；二是一无所有，只能靠出售自己的劳动力为生。20 世纪 60 年代以前的美国劳工史受马克思主义影响甚深，且走的是制度主义路径，因而其研究对象基本限定为参加工会组织和工人运动的产业工人（还包括少量农业工人），时间段则主要偏重于内战之后。20 世纪六七十年代的新劳工史旨在研究"自下而上

的历史"，其研究对象和范围逐渐扩大，大量没有参加工会的底层劳动者和"不能言说者"统统被囊括了进来。而在帝国劳工史家看来，是否拥有自由意志，是否除了出售劳动力以外一无所有，都不重要，所有身处帝国这个跨国空间内，为其建立、维系、扩张和发展而付出劳动的人，似乎都成了研究对象。

朱莉·格林（Julie Greene）是近年来帝国劳工史的最主要推动者之一。2009 年她出版了重要著作《运河建造者们》（The Canal Builders），还多次为期刊撰文和组织专栏，在多部重要著作中撰写章节，在各种专业性历史学家协会发表演说，对帝国劳工史进行理论阐释。帝国劳工史的另外两部代表作是《让帝国运转起来》（Making the Empire Work）和《建造大西洋帝国》（Building the Atlantic Empires）。两部论文集都出版于 2015 年，总共收录了 20 余篇论文，进一步廓清了帝国劳工史这一研究范式的样貌。从这些代表性研究来看，帝国劳工史家们的研究对象主要包括以下两类：一是从事"生产性劳动"的人（productive labor），但主要不是指产业工人，而是指在各地柑橘、甘蔗、咖啡、香蕉等种植园里为帝国提供商品和创造财富的农业劳动力。二是从事"建设性劳动"（constructive labor）的人，主要指的是建造和维系帝国的人，包括开采资源、运输物资、建造定居点以及道路、运河、港口、仓库、监狱、轮船、政府官邸等基础设施的劳动者，也包括做饭、洗衣、打扫房间、照顾伤病员的妇女，还包括为帝国征服殖民地、镇压反抗活动的军队士兵等。帝国劳工史家们强调，以往劳工史和经济史学者更关注前者，一方面原因在于，"生产性劳动"是维系殖民地生计，推动劳动力转化为商品的直接手段，另一方面也是因为它更清晰可见、更容易量化，而后者"建设性劳动"则很难用生产率之类的标准来测量。

在这些从事"生产性劳动"和"建设性劳动"的劳工中，有相当一部分是由帝国创造的流动的工人群体，如 20 世纪初在波多黎各蔗糖种植园劳动的加勒比海劳工，在夏威夷劳动的波多黎各和菲律宾劳工，在菲律宾劳动的中国劳工，在巴拿马运河区劳动的牙买加、巴巴多斯、安提瓜、格林纳达劳工，以及美国本土的白人、黑人和少量北欧、南欧人等等。朱莉·格林对这种劳动力的"流动性"（mobility）进行了深入研究。她指出，对帝国境内的劳动力进行如此大规模地挑选和调配，绝不是随意之举，而是一种帝国的统治策略，是美利坚帝国用来统治、规训、管理劳动力和确保生产效率的重要方式。正是在这个意义

上，她把 20 世纪初的美利坚帝国称为一个横跨美洲、欧洲和亚太地区的、庞大的"可移动的帝国"（moveable empire）。除了跨国流动人口以外，帝国劳动者还包括大量非流动人口，包括那些一辈子没离开过太平洋群岛的马绍尔农民、终生在种植园里劳作的萨尔瓦多咖啡工人、在马尼拉参加抗议游行的菲律宾工人等等。这些非流动人口在跨国主义的棱镜中是没有踪迹的，但在帝国劳工史中却占据重要篇幅。

从狭义的产业工人，到把"生产性劳动"和"建设性劳动"、流动人口和非流动人口等所有建设帝国的人都囊括在内，帝国劳工史研究对象的范围拓展不可谓不大，而其中最关键的一步跨越在于，它抹去了自由劳动与不自由劳动之间的界限，把强制劳动纳入了劳工史的研究视野。

帝国劳动史家在考察帝国的劳动制度时，特别强调其强制性的特征。他们指出，无论哪种类型的劳动都带有不同程度的强制性，劳动者或是听命于帝国的强制征调，或是服从于帝国的严苛纪律和强制管理，都不能算作拥有自由意志的人。当然，这一步巨大的跨越并非归功于劳工史家的一己之力，而是得益于几十年来多个相关研究领域的推动。

早在 20 世纪 70 年代的奴隶制研究中，经济学家福格尔和恩格尔曼就试图运用计量学的方法来证明，内战前美国的奴隶制度是高效率、高利润、有活力的，意在强调奴隶制对美国资本主义经济发展的重要性。他们的研究备受争议，但影响深远，吸引了一批年轻的历史学家投身奴隶制的研究中。这些年轻学者都关注美国历史，都强调 19 世纪美国资本主义迅猛发展的动力在于奴隶制与现代工业扩张的紧密结合。他们成为后来新资本主义史研究的主力。同样诞生于 20 世纪 70 年代的世界体系理论，重在揭示资本主义世界经济在实现一体化的同时，其内部的极端不平等性。该理论强调，资本主义世界劳动分工体系和商品交换关系的形成是建立在中心—边缘的等级结构基础之上的，包括奴隶制在内的各种强制劳动制度则是这一等级结构运作的主要方式之一。通过揭示资本主义世界经济体系内部的不平等性和强制性，世界体系理论进一步解构了自由劳动的神话。

20 世纪 90 年代以后日渐兴盛的大西洋史研究，把早期现代以来的大西洋及其沿海内陆地区视作欧洲人、非洲人和美洲人进行持续不断跨国互动的空间，尤其注重考察殖民主义和资本主义两股力量是如何把大西洋世界的不同地区联系在一起的。于是，为资本主义发展提供主要劳动力

支撑的各种不自由劳动制度，包括奴隶贸易、种植园奴隶制、契约奴役制等，在大西洋史研究中得到了前所未有的重视。那些表面看上去是自由雇佣，实际却处于不同程度的强制劳动之下的士兵、水手甚至海盗，也因其为帝国建构做出的贡献，而被一些史家称为"流动的无产阶级"（floating proletarians）或"大西洋无产阶级"（Atlantic proletarians）。近年来，这些关于不自由劳动与资本主义发展的研究逐渐被整合到新资本主义史的名下。新资本主义史旨在突破西方中心主义，在广阔的全球背景下重新考察资本主义的起源、发展和转型。它的核心主题之一，便是分析各个时期的资本主义发展如何依赖于对全球范围内各种形式的劳动力进行强制性的征调和重组。在相关领域对于资本主义的研究不断深化的基础上，帝国劳工史在研究对象上突破马克思的经典定义，可谓水到渠成。

从学科内史的角度来说，20 世纪 90 年代以后，劳工史的研究阵地经历了一个全球化的过程，越来越多的非西方国家学者加入该领域，非西方国家的历史经验也越来越得到重视。2000 年以前的《国际劳工和工人阶级史》中，除了欧洲和美国以外，只会偶尔涉及一些拉美地区的劳工史。2000 年以后，该期刊的地理涵盖范围有了明显的扩展，频频推出讨论东亚、南亚、中东、非洲地区劳工史的专辑。这些对于非西方世界劳工史的研究，严重动摇了自由劳动与不自由劳动的界限。例如，有学者研究20 世纪初非洲东海岸的奴隶，发现他们当中有不少人由于拥有一技之长而很少被主人贩卖，其地位非常接近工匠或技术工人。研究巴西种植园奴隶制的学者也得出了相似结论：有些奴隶虽然依附于主人，但能够占有一部分自己的劳动所得，他们和工资劳工的区别非常模糊。对于广泛存在于南亚和加勒比海地区的苦力制度，学者们长期以来存在争议，有人称其为一种新型的奴隶制，有人却认为它是"几乎自由的"工资劳动制度。这些非西方国家的历史经验表明，各种形式的劳动之间具有流动性、渗透性，经典的"工人"定义充其量只是欧美经验的产物，并不适用于解释欧美以外的其他地区。

因此，劳工史研究走向全球化的一个必然结果，便是将工人阶级"重新概念化"（reconceptualize the working class）。在 2012 年的一篇重要文章中，"全球劳工史"概念的提出者马塞尔·范德林登（Marcel van der Linden）对"工人阶级"做出了一个极其宽泛的界定。他认为，只要满足

了两个关键特征——劳动力被商品化、遭受经济剥削，就可以被归为"工人阶级"的一员。2019年7月15日，朱莉·格林在上海大学的一次讲座中也谈到了帝国劳工史中"工人"范围的拓展问题。她赞同这样的定义："工人"应当包括所有在全球经济、权力和意识形态的固化结构中遭到剥削和压迫的人。

三 跨国劳工史的机遇与挑战

20世纪90年代以后兴起的跨国史是一股强大的史学潮流，渗透到了史学研究的各个领域。沉寂多时的美国劳工史也借着跨国转向的东风再度活跃起来。从近年来接连涌现的多部题材新颖、观点独到的论著可以预测，研究以往被忽略的跨国空间内的劳工，将成为未来一段时间内劳工史的主要发展方向。那么，这场方兴未艾的史学变革究竟给劳工史带来了哪些机遇与挑战呢？

跨国转向之所以能受到众多美国劳工史家的青睐，主要是因为它让20世纪60年代以来劳工史的一些重要写作传统，如坚持底层取向，重视工人的自身经验、主观感受和能动性，关注身份认同和阶级形成问题等，有了进一步拓展的可能性。

自20世纪60年代社会转向以后，美国劳工史便一直坚持自下而上的研究视角，把工会组织之外的底层工人作为主要研究对象。跨国转向兴起之后，"工人"的范围得到了大幅度拓展，大量"底层以下"（beneath the bottom）的、从事各种形式不自由劳动的人统统被囊括了进来，从而打通了劳工史进一步民主化的通道。近年来我们可以看到，继奴隶、士兵、水手、海盗、种植园农民之后，罪犯、性工作者、参与非正式经济活动的劳动者等都成了劳工史家笔下的主角。

斗争是劳工史最重要的主题之一。在20世纪60年代那一批劳工史家的笔下，所有的劳动者在面对压迫性权力的时候，永远都不是消极被动地接受，而是积极主动地采取行动来改善自身境遇。在工作场所中，他们为了工资工时而与雇主斗争；在社区生活中，他们为了维护自己的亚文化传统而与占主导地位的竞争性个人主义文化斗争。跨国转向兴起之后，工人斗争的领域和方式进一步扩展。研究跨国移民的学者认为，身份建构是一个竞争性的领域，竞争的一方是民族国家的支配性力量，另一方是个体或群体移民通过跨国主义而打造的一个去疆域化的跨国空间。主动维系自己的多重身份，是跨国移民对抗统治者支配的一种反抗方式。关注20世纪初帝国劳工的学者认为，流动性也

是一个斗争的领域。它是美利坚帝国的统治策略，也是工人用来改善自己生活的工具。在巴拿马运河区劳作的工人利用流动性来逃避帝国政府的监控和管理，并将其作为和雇主谈判的砝码；很多从农村来到城市艰难谋生的人选择加入帝国军队，不仅是出于爱国主义的激励，更是为了养家糊口，实现阶层提升。

自从20世纪60年代把研究对象从工人组织转向工人自身，身份认同的复杂性便成为美国劳工史撰写中一个无法回避的主题。从地区、行业、工种、技术水平，到族裔、宗教、文化、性别，再到跨国进程和跨国空间，劳工史家们发现，塑造工人身份认同的因素越来越多。考察具体时空情境中工人身份认同的塑造机制，以及多重身份之间的重叠、交叉和流动，成为几代劳工史家们孜孜以求的事业。

与身份认同密切相关的一个重要问题是阶级的形成。20世纪60年代，汤普森从共同经历和共同文化切入考察英国工人阶级是如何形成的，然而此后半个世纪以来，美国劳工史一直讨论的则是：美国工人阶级为什么无法形成？各种塑造工人身份认同的因素，都被视为阻碍了阶级形成，分裂了阶级团结。1960—80年代新劳工史的主要贡献之一，便是揭示了族裔、宗教、文化、行业、工种、技术水平等各个方面的差异如何造成了美国工人群体的分裂。90年代以戴维·罗迪格（David R. Roediger）、诺埃尔·伊格纳季耶夫（Noel Ignatiev）等为代表的学者强调种族因素的重要性。他们以爱尔兰裔劳工为例，展现了种族身份认同是如何压倒阶级身份认同的，进而提出了"白人工资"（the wages of whiteness）一说。把跨国因素纳入考量之后，美国工人阶级为什么无法形成的问题有了更多答案。有的劳工史家提出了"帝国工资"（the wages of empire）一说，强调美利坚帝国创造了一个超越民族国家疆界的、新的工人阶级，但这个工人阶级绝不是统一的、同质化的，因为对于美国的资本主义和扩张主义，不同的人感受不同，反应也不同，所以他们彼此之间的张力远远大于团结。还有的劳工史家提出了"反共产主义工资"（the wages of anti-communism）一说，认为冷战政治腐化了新政以来的左派政治联盟，美国各地劳工组织纷纷被反共产主义"招安"。

虽然跨国转向给劳工史家们开阔了视野、带来了灵感，使传统议题有了进一步研究的空间，然而，它并不能包治百病。20世纪60年代以来的一些"顽疾"依然存在，劳工史未来发展仍面临挑战。

自20世纪60年代起，美国劳工史起便一直保持向其他学科取法的姿态，但是，取法的代价是自己学科边界的模糊化。60—80年代社会转向期间，便有学者评论说："劳工史在很大程度上成为社会史的一个分支。"90年代以后，劳工史向后现代主义敞开怀抱，造成了"阶级"这一劳工史核心分析范畴的解释力被大大削弱，性别、种族和语言被视为塑造工人身份认同的更重要的因素。此时，劳工史家们几乎达成了一个共识：学科正经历独立性危机，甚至有被其他学科"吞并"的危险。在90年代以后的美国著名史家中，说到琼·斯科特（Joan W. Scott），人们首先想到她是社会性别研究的开拓者，说到戴维·罗迪格，人们会说他是一位研究"白人特性"（whiteness）的种族史家，但人们通常不会想起，这两位在性别史和种族史领域做出重大贡献的学者，其实也是劳工史家，他们的研究对象都是劳工。

跨国转向兴起之后，劳工史家所担心的学科独立性危机似乎并没有得到有效地解决。在超越民族国家疆界，突破自由劳动的限定，并与工业化脱钩之后，劳工史变得越来越像全球史或者"长资本主义史"的一个分支，它与移民研究、奴隶制研究、妇女史、家庭史、种族史、大西洋史、底层社会史等其他研究领域之间的界限也变得越来越模糊。《让帝国运转起来》一书中有一篇文章讨论帝国创造的亲密关系。该文把为美利坚帝国士兵提供有偿或无偿性服务的当地妇女也当作帝国劳工的重要组成部分，理由是她们从事的"再生产性劳动"（reproductive labor）维系了帝国的稳定和运转。若不是出现在这本论文集中，着实很难想到该文与劳工史有什么关系。近年来，几乎所有讨论跨国转向的学者都强调跨学科的重要性，认为跨国劳工史未来发展的前景，取决于能否进一步向其他相关学科取法。然而，在不断向其他学科取法的同时，劳工史能否确立和捍卫自己的学科边界，成为一个愈发严峻的问题。

劳工史的另一个"顽疾"是过度的现时主义（presentism）。一直以来，美国劳工史都是一个高度政治化的研究领域，其强烈的底层取向是20世纪60年代激进社会运动的产物，甚至可以说，这一时期的劳工史本身就是激进社会运动的一部分。劳工史家们普遍把批判不平等的权力关系和为底层民众、边缘群体说话，当作自己的道德义务。权力越不平等，他们就越迫切地想要证明被压迫者的能动性。当年，古德曼把每一件损坏的工具、每一根被偷的雪茄都当作工人反抗的证据，并由此被人批评为"感情泛滥""浪漫地迷恋人民"。如今，我们依然可以看到，在某些跨国劳工史的著作中，那些因为买到不新鲜的鸡肉而跑去跟小店老板理论的家庭妇女，被视作勇于抗争的劳动者；那些挑战船长权威的水手和劫掠帝国商船的海盗，被说成是"有阶级意识的""为了捍卫自己劳动过程和劳动成果而奋勇斗争的人"；海上航行的商船则成了"劳动力和资本之间斗争的场域"，成了"社会和经济民主化的学校"。这种由于过度现时主义而带来的"感情泛滥"，不仅是美国劳工史，而且可能是所有坚持底层取向的史学研究所存在的一个通病。

【作者单位：上海师范大学大学人文学院】
（摘自《四川大学学报》（社会科学版）2022年第1期）

玛格丽特·阿特伍德创作中的
民族/国家思想之演进

袁　霞

　　加拿大曾是英法两国的殖民地，属于典型的"殖民—入侵"（settler-invader）文化。加拿大的殖民史非常特殊，"与大多数通过反抗帝国统治建立国家的前殖民地不同，加拿大取中庸之道，它的建国并未采用反抗手段"。这种和宗主国的同谋关系使得加拿大很难确定自己的民族位置，因而"到 20 世纪中叶，（加拿大）几乎就没有形成与自身需要相配套的形象"。与此同时，加拿大和美国共有一条漫长的边境线，时刻能感受到美国对它的威胁。长期以来，两国在政治、经济和文化上的联系使加拿大处于"持续不断地挣扎中，时刻担心如何才能避免被它更强大的邻居吞并掉"，每日思考着如何才能避免沦为近在咫尺的美国的"子公司"，加拿大的境况不可谓不尴尬。

　　到了 20 世纪 60 年代，加拿大为从困境中解脱出来，开始努力寻找并确立自己的身份。1967 年是加拿大建国 100 周年，为了摆脱英法殖民地的历史阴影和超级大国邻居美国的威胁，加拿大大力建设自己的文化，并将其作为开展内政外交的重要内容。联邦和地方各级政府纷纷为文化开辟市场，不仅在经济上大力支持文学艺术，还为作家和出版商建立各种机构，在这样的背景之下，加拿大文学得以迅速发展壮大。玛格丽特·阿特伍德（Margaret Atwood，1939—　）便是在这种时代背景下成长起来的。作为这个时期崛起的一大批作家中一员，她成为时代的见证者。从 20 世纪 60 年代末至今，在 50 多年的创作生涯中，阿特伍德利用自己的作品记录了加拿大作为一个独立民族和独立国家的发展历程，她的创作思想也随着时代的演进而持续发生变化。本文结合阿特伍德三个不同时期的几部标志性小说创作，考察其在民族和国家认识上的发展和变迁。

一　这里是哪里：寻求加拿大身份

　　"这里是哪里？"在很长一段时间内是加拿大文学与文化研究最为关心的问题。著名批评家诺思洛普·弗莱（Northrop Frye，1912—1991）在为《加拿大英语文学史》（*Literary History of Canada*：*Canadian Literature in English*）撰写的"结尾"部分提出，"这里是哪里？"的问题远比"我是谁？"来得重要，因为这与加拿大的身份和位置有关（Frye220）。阿特伍德在其广受关注的论著《生存：加拿大文学主题指南》（*Survival*：*A Thematic Guide to Canadian Literature*，1972；以下简称《生存》）的前言部分重复了弗莱的提问，指出"这里是哪里"是"一个人在发现自己处于陌生的地域时发出的疑问。而且它还包含着另外一些问题：这个地方处在什么位置？我怎样熟悉它？"阿特伍德接着在著作中论述了加拿大独特的民族文化传统，她认为，"加拿大性"（Canadianness）与加拿大的地理位置息息相关："我们需要了解这里，因为这里就是我们生活的地方。共同分享一个国家的文化知识，对于生存在这里的成员来说并不算是奢侈而是一种需要"。"这里是哪里？"是阿特伍德所有早期作品的共同主题，她试图通过对地理方位和空间细节的强调，探讨加拿大人的民族国家认同和生存策略。与《生存》几乎同时间推出的小说《浮现》便是其中最有力的代表作。《浮现》最大的特色是其"特殊的位置感"，阿特伍德将故事背景设置在魁北克丛林地区，以"土地和周遭环境充当一面镜子"，映射出加拿大作为后殖民国家所特有的民族文化身份。

　　《浮现》讲述了无名女主人公回到阔别多年的故乡——魁北克地区的荒野——寻找失踪父亲的故事。在第一部分，女主人公带着几位友人开车前往北方的故乡。在父亲的小屋安顿下来后，她的心理经历了一系列变化。在第二部分中，女主人公根据父亲留下的几幅图画、一封信和一张地图上的标识，驾船来到白桦湖，潜下水，见到了淹死在湖底的父亲。女主人公浮出水面，发现自己在找到父亲遗体的同时也找回了自己。尘封的记忆之门打开之后，往昔那些羞于启齿的经历一幕一幕浮现在她脑海里。在小说的最后一部分，女主人公做出了一个令她的朋友感到匪夷所思的抉择：她决定留在小岛上，摆脱文明束缚，回归原始状态，融入荒野，与父母的灵魂以及祖先的过去结合在一起。小说通过女主人公的寻根之旅着力探讨了"身份探寻"主题：对个人身份以及对民族身份的探寻。小说标题"浮现"象征了女主人公精神上的觉醒以及加拿大民族观的复苏。阿特伍德为女主人公赋予了几层特殊身份：她是魁北克的讲英语者、加拿大的魁北克人、北美的加拿大人，每一种身份都显示出她在社会中的边缘地位，因此她是一个"一次又一次被剥夺了政治权利"的边缘人。女主人公身上折射出的正是加拿大在后殖民社会的尴尬处境："英属加拿大原来是荒野的一部分，后来变成北美和大英帝国的一部分，最后变成世界的一部分"。自己的根究竟在何处？这是加拿大以及每一个加拿大人一直都在追问的话题。

小说《浮现》在现实世界和女主人公的心理世界之间交叉闪回。透过女主人公的眼睛，一个饱受现代文明摧残的自然世界呈现在读者面前，20世纪六七十年代的魁北克荒野正在失去其自然质朴的本性：旅游业的兴起使湖区的自然环境遭到破坏；伐木工人大肆砍伐木头，准备建造水库；被屠戮的苍鹭吊在林子里，散发着恶臭……是谁造成了目前这种状况？随着叙事情节的展开，读者发现，这一切的罪魁祸首是与加拿大同在一个大陆板块的美国。在女主人公的叙述中，加拿大如同一块未经开发的荒野，遭受着美国的殖民侵略，整个社会日渐美国化。故事一开始，女主人公走在回家的路上，她注意到"湖旁的白桦树正在枯萎，它们染上了从南方蔓延而来的某种树病"。这里的南方是指位于北纬49度线以南的美国。20世纪中期，宗主国英国对加拿大的影响日渐式微，而美国开始扮演大国角色，对邻国加拿大指手画脚，横加干涉。50年代末60年代初，美加两国签署了"自由贸易协议"和"北美防空协定"："自由贸易协议"为双方贸易打开了方便之门，也使美国有更多机会将自己的产品倾销至加拿大；"北美防空协定"是在美国施压之下签署的，在加拿大国土上安设由美国人操纵的早期警报雷达系统，以共同对抗来自苏联的军事威胁。如此一来，加拿大仿佛成了美国的傀儡，任由"自己处在一个既不了解我们也不想了解我们的民族掌控之下"，听凭美国对其进行经济、文化和军事殖民。美国作为新的"帝国中心"，收获着来自加拿大的利益，至于其所作所为是否会对加拿大产生负面影响则不在他们的考虑范围：美国人为了建设电力公司，肆意抬高水位，破坏了附近的生态环境；美国野生动植物保护协会成员提议高价收购女主人公父亲的房屋和地产，建一

座休养所，好让他们在此狩猎或捕鱼；美国打算用工业化生产的廉价肥皂块换取加拿大不可再生的净水资源……在小说中，女主人公拒绝出卖父亲的地产，因为她不愿自己的故土遭受践踏，她知道美国人一旦买下这块土地，就会强行推销其价值观，属于加拿大的文化传统将被侵蚀殆尽。女主人公的决定在某种程度反映了加拿大人民族意识的觉醒，也代表了阿特伍德的心声："我认为想要有加拿大这个国家的理由是你不同意美国做出的某些政治选择，你想要以不同的方式去做"。面对美国的新殖民主义，加拿大应该建立不同于美国的自身形象，这有助于国人树立民族自信心，确保加拿大价值和标准不被来自美国的价值和标准改变或取代。

女主人公在潜入水下的过程中重新认识了自己的过去，那是痛苦的过往，但逃避不是办法，她与过去达成了和解，最后选择与荒野为伴，并"拒绝……使自己成为受害者"。小说以荒野开始，又以荒野结束，女主人公在极具加拿大民族特色的荒野中完成了心理转变，走向成熟，实现了自身价值。女主人公的经历体现了加拿大作为移民殖民地在后殖民语境中为寻求身份与位置而经历的迷惘、痛苦和失落，以及为争取生存空间而做出的种种努力。阿特伍德通过《浮现》的女主人公表达了对处于困境中的加拿大的期待，即加拿大作为一个民族和国家必须寻找自己的传统之根，认清自己的位置，正视自己的政治身份。唯有如此，加拿大才能实现自身的完整性，加拿大人才能获得民族归属感。

二 我们是谁：民族身份话语转向

在20世纪50年代之前，加拿大是英联邦辖下的"'白种人'国家之一"，60年代移民政策的变化使得大量非欧洲裔移民涌入加拿大。面对人口结构的改变，政府从70年代开始推行"多元文化主义"政策，并在1988年颁布《多元文化主义法案》，公开宣布族裔、宗教和文化的多样性是加拿大传统和身份的根本特征，这一法案从本质上修正了英裔和法裔占主导地位的加拿大殖民传统，打开了新的民族和国家定位空间。作为六七十年代文化民族主义的亲历者，阿特伍德一直在跟踪记录加拿大民族身份话语的变化，她在90年代出版的几部作品里对"加拿大性"进行了深入思考。在《荒野警示故事》（*Wilderness Tips*，1991）中，阿特伍德开始质疑"荒野"是否还能作为加拿大民族身份的象征；而在《好骨头》（*Good Bones*，1992）里，她坦言自己已对荒野这类素材深感厌倦，因为"它不再适合我们当

今社会的形象"。随后出版的小说《强盗新娘》（The Robber Bride, 1993）和《别名格雷斯》（Alias Grace, 1996）都将背景设在了多伦多，阿特伍德在这两部作品中将加拿大身份问题由原先的"这里是哪里？"变为了"我们是谁？"。其中《强盗新娘》描写了20世纪晚期加拿大不断变化的社会现实和民族构成，重新探讨了加拿大身份问题.

"无根"（rootlessness）是《强盗新娘》最重要的主题之一。女主人公托尼、罗兹和克里斯都是多伦多土生土长的英裔白人女性，但从孩提时代起，她们就觉得自己像是无家可归的外来者，是"母国中的外国人"。托尼母亲是英国人，二战后跟随丈夫来到加拿大，却从未真正融入加拿大的生活，不久后她离开家人，定居美国。托尼在缺乏母爱的环境中长大，也感觉到父亲对她的失望："对她母亲来说，托尼是外国人；对她父亲来说也是，因为尽管他们说着同一种语言，她——他说得很清楚——不是个男孩"。在这片生养她的土地上，托尼必须"像个外国人那样，仔细倾听，翻译；像个外国人那样，密切注意突如其来的敌对态度；像个外国人那样犯错"。长大后的托尼与周围世界格格不入，多年来养成了写回文（倒拼单词）的习惯，因为只有在回文世界里，她才有家的感觉，她在其中"属于本国人"。

罗兹的少年时代恰逢二战，教会学校的同学常取笑她爸爸是难民。"难民"在当时是个侮辱性的字眼，遭到加拿大民众抵制："难民！难民！从哪里来，就滚回哪里去"。父亲在战后来到多伦多，罗兹先是发现他的确是难民，接着又发现自己有一半犹太血统。战时的加拿大一度反犹情绪高涨，战后虽好一些，但罗兹父亲仍会因姓氏问题接到恐吓电话。父亲靠着精明强干迅速积累起大笔财富，罗兹也恢复了战争期间出于安全考虑没敢用的姓氏。尽管经历了身份转变，罗兹却始终觉得自己像个外来者，在双重文化的夹击中分裂成两半："如果说罗兹曾经不是个十足的天主教徒，如今她也不是个十足的犹太人。她是个异数，一个混种，一个奇怪的半人"。罗兹挣扎在两种文化之间，为了生存不得不"采用移民的策略：谨慎、模仿，甚至是学习一种新语言"；"她模仿他们的口音、语调、用词；她为自己增添了一层又一层的语言，将它们粘贴在身上，就像是篱笆上的招贴画"。事业上的成功并未让罗兹在自己的社团中获得存在感，与米奇的婚姻加剧了她作为外来者的感觉。英俊潇洒的米奇是旧贵族阶层的代表；面对丈夫的社会优越感，罗兹

总会底气不足，"感觉自己像是刚从外国来"，还会想起自己的移民史："她的祖先中有很多不同国籍的血统。她这一支的祖先都是从别的地方被赶出来的，要么因为太穷，要么因为政治上的古怪，要么因为不正确的形象，要么口音或头发颜色有问题"。对罗兹而言，财富带来的社会身份仅仅是伪装，她的皮肤下面掩盖的是"一个无家可归的流浪儿"。

克里斯是三人中错位感最严重的一位。她原名凯伦，自小被母亲遗弃，在姨妈家生活，却遭到姨父强暴。每次被强暴时她都觉得生不如死，在绝望中强迫自己分裂成两个人："最终她变成了克里斯，消失了，又在别处再次出现，打那以后她就一直在别处"。有评论者认为，"在别处"指的是"不在那里，也不在这里"，象征着克里斯漂泊无依的精神状态。克里斯选择了冥想和草药治愈作为疗伤方式，她的自我疏离感却从未消失，因为不同的生活方式只是一种掩饰，"将大部分的克里斯隐藏了起来"。凯伦的身体或许能够撕裂开来，让克里斯逃逸出去，可儿时的创伤性记忆却不会消失，它们只是被意识封闭住了。只要凯伦和克里斯不能合为一体，她的灵魂就永远无家可归。

通过三位出生在二战期间、成长并一直生活在多伦多的加拿大白人女性的经历，阿特伍德试图揭示英裔加拿大身份叙事表层之下的真实社会状况：战后移民政策和人口结构的变动悄然改变了民族的构成和国家的形象，更改变了国家的意识形态话语，加拿大已走出传统的英/法裔统治模式，文化和种族差异成为普遍趋势，时代的裂变、新旧传统的交替更迭导致"文化错置、分裂的主体、错位的身份、重新命名"等一系列现象，引发了无处不在的无归属感。

与托尼、罗兹和克里斯这些身份固定的加拿大公民相比，另一位女主人公齐尼娅则是个"游牧式主体"（nomadic subject），有着"多重身份，却没有固定身份"。齐尼娅和托尼相逢在60年代，她自称母亲是白俄罗斯贵族，父亲身份不详，或许是希腊人，或许是波兰人，或许是英国人。母亲逃亡在外，不幸染病，最后客死他乡，她则被迫沦为雏妓。70年代，齐尼娅出现在克里斯身边，声称自己是罗马尼亚吉卜赛人和芬兰共产党的后代，不幸身患癌症，又受到男友虐待，逃出了家门。80年代，齐尼娅来到罗兹面前，告诉她自己出生在柏林，是犹太裔和罗马天主教混血儿，罗兹父亲曾帮她伪造了一份护照，将她从大屠杀中救出，作为难民送到加拿大。齐尼娅身上几乎集合了20世纪所有的苦难：纳粹迫害的受害者；

二战后的难民；暴力和性侵犯的牺牲者；癌症患者……三位女性无不为她的身份着迷，或是向她敞开心扉，或是对她表示同情，或是张开信任的双臂。齐尼娅以不同的角色和身份轻而易举地进入三位女性的生活，抢走她们的爱人。她没有明确的身份，其行为和思想总是处在流动的状态。没人知道有关她的真相，"至少根据记录来看，她从没出生过"。所有关于她的故事都是在托尼、克里斯和罗兹的叙述中出现的，读者必须依赖她们的描述来获得关于齐尼娅的形象。即使在齐尼娅死后，她也像"破碎的马赛克"，没有形状："齐尼娅的故事似是而非，所有人缺席，只是谣传，从一张嘴漂到另一张嘴，在这漂流过程中不断改变"。齐尼娅打破了三位女性"固定身份的虚幻稳定"，使她们意识到"被割裂的多重状态"。当她的故事和这些女性的故事结合起来时，她们的故事就具有了流动性，被赋予了与传统规范抗衡的力量。

托尼、罗兹、克里斯与齐尼娅之间的纠葛从20世纪60年代开始，至90年代结束，跨越了30年的光阴，这30年可以说是加拿大历史上最为热闹也最精彩纷呈的岁月：从六七十年代的民族文化复兴到90年代多元文化主义盛行，加拿大始终在为确立民族国家身份而努力。《强盗新娘》以族裔混杂、多元文化气息浓厚的多伦多为背景，更能突出加拿大无处不在的"移民问题"。罗兹对这一问题的困惑尤其具有代表性："该允许多少移民进入呢？能承受多少呢？他们是怎样一些人呢？该在哪里画底线呢？……罗兹非常明白被认为'他们'是种什么滋味。但是现在，她属于'我们'。还是有些不一样的"。阿特伍德试图通过"我们"（英裔白人）和"他们"（新移民）的故事，折射出英裔加拿大对变化中的民族身份表征的焦虑：20世纪六七十年代加拿大人所追求的统一的民族文化身份似乎正在消解，他们不仅困惑于"我们是谁？"的问题，而且发出了"我们真的和别人那么不一样吗？如果是真的，不一样在哪里"的疑问。

三　超民族主义：走向后国家时代

从20世纪90年代起，阿特伍德的创作进入了一个"后国家时代"（postnational phase），此时的她"对通常属于后殖民语境下作家的民族身份的重要性持反对态度，认为加拿大人'早就放弃了试图将基因中的加拿大性脱离出来的打算'"。尤其是在她21世纪出版的几部小说中，阿特伍德对民族形象、民族归宿及其伴随的身份、自我和他者叙事关心得越来越少，她把关注的目

光聚焦于超民族主义（transnationalism），她小说中经常出现的话题有生物工程泛滥造成的危险、人类居住的星球所受到的威胁以及星球上的生物继续生存的可能性等等。劳拉·莫斯（Laura Moss）看到了阿特伍德的这一变化，称她为加拿大走向世界的文化大使，在莫斯看来，"与其说她代表了未开垦的广阔荒野……不如说她是加拿大宣扬道德与伦理良知的全球化品牌的一部分"。莫斯在论及阿特伍德及其创作的小说时使用了"更新版的民族主义"（updated nationalism）一说，并采用了"超民族的民族主义"（transnational nationalism）这一概念，她认为：所谓"超民族的民族主义""是一种伴同全球框架存在的民族主义……重点在于超民族，而非民族……阿特伍德是一位'伟大的加拿大全球公民'"。

21世纪以来，阿特伍德已经连续出版了多部长篇小说作品，其中以《疯癫亚当三部曲》（The MaddAddam Trilogy）——《羚羊与秧鸡》（Oryx and Crake，2003）、《洪水之年》（The Year of the Flood，2009）和《疯癫亚当》——中的第一部《羚羊与秧鸡》引起的反响最大。《羚羊与秧鸡》所描写的末日前的世界是由垄断帝国主义的市场资本主义所统治和定义的，其特征是资本凭借自己独一无二的能力与政治、军事、法律等强制权力分离，形成一种独立的力量，并通过占领与控制全球市场来实现霸权。在《羚羊与秧鸡》中，大型生物技术公司在全球范围内主导着商业活动，这是一个没有边界的资本主义世界，民族国家及其政府不再是真正的权力单位，权力属于强大的公司实体，即大院；它们彼此之间为了市场份额和人力资源进行残酷的竞争，甚至不惜干出蓄意杀害科学家、盗窃实验室新产品的龌龊勾当。虽然国家似乎已缺席，但军队依旧存在。大院的安危不是由各自国家的安全机构负责，而是处于公司警探的监管之下，公司警可以对人民生活行使巨大权力。因此，"大院"作为一个未来的符号，预示着垄断帝国主义的市场逻辑：在这个帝国中，民主已不复存在，文化和教育等上层建筑不得不屈从于资本的奴役。

在主人公吉米所生活的世界里，生物工程和基因嫁接已然成为最有影响力的产业。各个大院紧锣密鼓地将转基因技术应用到产品研发中，以期获取高额利润。实验室里的科学家们将整个世界当作一个"巨大的、无节制的试验场"，随心所欲地组合基因，永远都在改进物种或者创造新的物种。浣鼬、蛇鼠、狮羊、羊蛛、狼犬兽……没有什么是科学家们造不出来的，对他们而言，创造动物让人"有了上帝的感觉"。技术不再仅

仅是文化上的革新，它甚至进入到人体，改变了人们对身体的理解，比如器官猪项目是在转基因宿主猪体内培育各种人体组织器官；欣肤计划则是通过在动物身上试验种植人体细胞的方式达成人类彻底换肤的梦想。吉米母亲批评大院是"道德的污水池"，并指出科学家们正在"干涉生命的基础材料"。吉米父亲却对此不以为然："不就是蛋白质么！……细胞和组织没什么神圣可言"。吉米父母之间争执的焦点构成了贯穿全书的伦理主题：人类到底该如何对待科学技术，如何对待塑造生命的"基础材料"？

吉米少时的好友"秧鸡"逐渐成为遗传工程领域的权威，秘密主持"天塘"计划。按照"秧鸡"的理念，人类作为一个物种忧患深重，对资源的需求远远超过供给，饥荒和旱灾便由此产生，因此需要设法寻找自身出路。他着手进化人种，改造正常人类的胚胎，创造出他眼里的精品宝宝"秧鸡人"。从特定的视角来看，"秧鸡人"构成了一个理想社会：它们是热爱和平的素食者，没有竞争，没有等级和阶级之分，且能与自然环境和谐相处。但是，这些在生物学意义上进化了的人种却失去了人之所以为人的特性，比如想象、情感、需求、理性和创造力。由于"秧鸡"对人类未来绝望透顶，他希望由"秧鸡人"全面取代人类，于是铤而走险，将一种致命病毒植入团队研发的"喜福多"药片，造成了人类的大灭绝。吉米成为"最后的地球人"，他带领着"秧鸡人"在日益恶劣的环境中与转基因动物争夺资源。

在《羚羊与秧鸡》这样一部明显的超民族主义作品里，阿特伍德是否完全放弃了对于加拿大作为一个独立民族和独立国家的思考？实际情况并非如此。在撰写《羚羊与秧鸡》的过程中，阿特伍德参考了大量新闻报道，收集了关于生态灾难、基因工程和生物恐怖主义等方面的海量资讯，可以说，《羚羊与秧鸡》所虚构的内容均来自人类"曾经发明过的或者已经开始发明的事物"。这些发明业已对人类社会产生显性的负面影响。

《羚羊与秧鸡》出版之时，正值 SARS 病毒大规模爆发，加拿大多伦多地区深受病毒之苦。《羚羊与秧鸡》描述了全球变暖引起的海平面上升、火山爆发和巨型海啸，诸如此类的场景并非凭空杜撰，而是与阿特伍德的北极之行不无关系，她在游览加拿大努纳武特地区的碧奇岛（Beechey Island）之后对人类未来无比担忧："就连未经训练的眼睛都能看出冰川正在以极快的速度消融"。覆巢之下焉有完卵？地球是个整体，一荣俱荣，一损俱损。每一位生活在地球上的人都是全球公民，命运休戚相关，因此必须具有包容性的全球意识乃至"星球意识"。阿特伍德试图通过《羚羊与秧鸡》将具有创造性和想象力的人类置于更大的自然秩序中，激发人们以人道的方式对待不只是属于人类的世界，敦促人们思考"当今科学在生物工程、克隆、组织再生和农业杂交等方面的新进展……是否超出了限度走向疯狂"。《羚羊与秧鸡》对人类未来的文化和生态灾难做出了预警：如果继续现今的生产方式、消费方式和文化范式，末日危机将不再仅仅局限于想象的世界。

阿特伍德的成长经历与加拿大文学的发展壮大相伴相生：从年轻时候立志成为一名加拿大作家，向本国人民介绍加拿大文学，到后来跨出国门走向世界，她为加拿大文学和文化事业做出了杰出贡献。无论她走到哪里，无论她书写什么样的主题，阿特伍德的根永远在加拿大。从 20 世纪六七十年代的民族主义理念，到 90 年代的民族身份话语转向，再到 21 世纪的超民族主义，阿特伍德的世界观以及她对于民族和国家问题的思考一直在与时俱进：她扎根于加拿大特定的历史和文化，但置身于 21 世纪的全球化时代，她展现了放眼世界的胸襟，这是她能够在文学界长盛不衰的原因所在，也是她为新时代的加拿大文学做出的卓越贡献。

【作者单位：南京师范大学外国语学院】
（摘自《英美文学论丛》2021 年第 1 期）

大变局下巴西共产党的社会主义理论与实践探索

何露杨

成立于1922年3月25日的巴西共产党（以下简称巴共）将于2022年迎来建党100周年。作为拉美地区最具影响力的共产党之一，巴共是巴西国内最大的共产主义政党，是拉美除执政的古巴共产党外规模最大、力量最强的共产党，也是最早和中国共产党建立联系的拉美共产党。在近百年的曲折发展中，巴共的活动长期处于地下状态，尤其是在"新国家"（1937—1945）和军政府（1964—1985）时期，巴共遭受了独裁政府和国内保守势力的严重迫害。受苏联共产党二十大影响，20世纪60年代巴共内部围绕革命性质、路线等核心问题出现分歧与斗争，最终导致组织分裂。改组重建的巴共于1963年与苏联正式决裂，成为第一个在中苏论战中站队的共产党。20世纪70年代，巴共组建阿拉瓜亚游击队，以武装斗争抵抗军事独裁统治，为巴西的社会主义民主事业作出了巨大牺牲。1985年，军政府还政于民，巴共重新获得议会合法地位。苏联解体、东欧剧变后，面对国内外形势的风云变幻，巴共及时调整党的政治斗争策略，确立"在国家现行法律范围内开展活动"的方针，选择与卢拉·达席尔瓦（Lula da Silva）领导的巴西劳工党等左翼政党结盟，参加政党竞争和议会选举。2002年，工人出身的卢拉当选总统，巴西开启新的政治周期，巴共随之成为左翼联合政府的一员，开创了该党发展的历史新阶段。在2003年至2016年巴共参政的十余年中，其党员队伍不断壮大，政治地位和影响力持续上升。截至2021年5月，巴共拥有近41万名党员，持有1个州长（马拉尼昂州）、46个市长职位以及700多个市议会席位。

在百年变局的大背景下，自2016年劳工党政府遭弹劾下台以来，巴西的国家发展面临多重问题叠加发酵的困境。2019年，极右翼政客雅伊尔·博索纳罗（Jair Bolsonaro）上台执政，但并未从根本上扭转国家的发展颓势，失控的新冠疫情更是对巴西的政治生活和经济社会发展造成重创。围绕抗疫立场与政策措施的政治角力逐步扩散升级，全国多个城市爆发一系列大规模示威游行。受疫情冲击和政治动荡的影响，2020年巴西经济萎缩5.3%，政府财政亮起红灯，贫困、失业问题明显加剧。

在世界秩序加速调整、国家面临多重危机的重要时刻，巴共从实现共产主义的最终目标出发，坚持马克思主义的根本指导地位，致力于反对资本主义和帝国主义的剥削与压迫。基于马克思主义的立场、观点和方法，巴共致力于科学研判国际变局和国内形势的发展趋势，从理论和实践层面带领全国人民积极探索巴西的社会主义发展道路。2017年11月17—19日，巴共召开第十四届全国代表大会，会议通过了《广泛的统一战线：巴西的新道路》（以下简称《新道路》）决议。巴共计划于2021年10月15—17日召开第十五届全国代表大会（以下简称"十五大"），拟于会上审议新的决议草案（以下简称《草案》）。本文重点围绕巴共即将召开的十五大会议文件，并结合其在后劳工党政府时期的斗争实践，论析巴共如何在变局与危机中坚持探索有巴西特色的社会主义道路、积极践行马克思主义政党策略，判断巴共未来的发展趋势和工作方向。

一 巴共对国际形势的整体研判

（一）疫情下世界秩序加速重构

2020年初新冠疫情发生并席卷全球，加剧了当前占主导地位的资本主义生产方式的固有矛盾，也加快了21世纪以来世界秩序正在经历的深刻转型。

一是世界多极化深入推进。当前世界秩序转型的突出特征是超级大国美国的相对衰落和若干新的经济、政治、外交和军事的力量极的出现，后者主要是旧的国际体系的外围或半外围国家。当前，国际局势中的争端与对抗有所加剧，美国千方百计地阻止其他国家自主地走上合作与和平的经济发展和社会进步的道路。

二是中美力量对比持续变化。美国的相对衰落和中国的快速发展构成了当代地缘政治的主要趋势。新冠疫情加剧了国际社会的不平等发展，进而破坏了美国在国际体系中的霸权基础及其实现霸权的多边机构。美国对中国的围追堵截具有常态化和长期化的可能性，也已经成为世界地缘政治的核心部分。在这种局面下，美国战略目标既着眼于全面遏制中国，也强调重塑本国经济活力并扭转霸权的衰势。

三是社会主义制度的优势性得到全面体现。从全球新冠疫情应对效果来看，社会主义国家表现出众。通过有效的政策安排和积极的社会动员，中国不仅极为高效地控制住了疫情，恢复了正常的经济民生，而且成功地阻断了疫情反复。此外，中国研发出四种疫苗，并向其他国家提供疫苗近6亿剂。不仅如此，古巴和越南等社会主义国家的抗疫过程也取得了优于资本主义国家的效果。

四是新自由主义的持续衰落。疫情发生前，除少数国家外，世界经济整体上仍未走出2008年金融危机的泥潭。这场由资本主义基本矛盾引发的系统性危机更是直接造成了美欧发达国家的实力衰落。按购买力平价计算，1991年至2019年，美国和西欧国家占世界GDP的份额由41.6%降至28.9%，而中国和印度则从6.6%升至27.3%。2020年，世界经济萎缩3.3%，美国、英国、欧盟国家经济均出现较大幅度的负增长，而中国和越南GDP分别增长2.3%和2.4%，2021年也将呈现这种差异性发展。

面对新冠疫情危机，以美欧为代表的资本主义国家也开始显露抛弃新自由主义的苗头，强化政府对市场的监管和引导，推出一系列国家投融资政策。美国银行的一项调查显示，为遏制疫情引发的系统性危机，97个国家各项投入超25万亿美元（占全球GDP的29%）。总体来看，在全球抗疫过程中，国家的主导身份、公共投资的重要性得到普遍的强调，新自由主义的缺陷也进一步凸显。

（二）资本主义危机及其应对

在全球化快速推进的过程中，资本主义生产方式固有矛盾日益加剧，财富分配严重不公，底层民生恶化，垄断日益集中，金融寄生泛滥，环境退化，人类生存面临威胁。

对资本主义的绝望情绪，在全球范围内助长了反体制、反民主、极右翼的法西斯主义政治浪潮。特朗普的败选在一定程度上削弱了这股政治力量，尽管当前极右翼巴西总统博索纳罗在国际上遭到孤立，但仍是该势力的重要代表。同样令人担忧的是，西班牙呼声党、葡萄牙切加党、德国选择党以及匈牙利、波兰等国极右翼或法西斯政党及政治力量陆续在欧洲获得政治空间。美国维持帝国主义政策，试图借助各种权力资源阻碍

新的多极秩序。其侵略性质通过所谓的混合战争表现出来，具体包括制裁等强制性单边措施，外交与媒体围攻，政变、干涉或直接战争等企图，对最基本的人道主义原则、国际关系准则、民族自决权构成威胁。

对于帝国主义的攻势，拉丁美洲人民进行了顽强的抵抗和反击。左翼政党"争取社会主义运动"候选人路易斯·阿尔塞（Luis Arce）赢得玻利维亚大选、中左翼正义党的阿尔韦托·费尔南德斯（Alberto Fernandez）领导阿根廷、智利左翼在地方选举和制宪会议代表选举中取得突出成绩、左翼自由秘鲁党候选人佩德罗·卡斯蒂略（Pedro Castillo）当选总统，这些都是左翼进步力量成长的标志。此外，委内瑞拉顶住美国的制裁压力，古巴共产党顺利于2021年4月召开第八次全国代表大会。秉持国际主义精神，巴共呼吁进步力量加强"巴西声援人民和争取和平中心"的活动，坚决支持巴勒斯坦人民建立自由和主权国家的权利，重申对共产党和工人党国际会议的承诺，致力于建设和巩固圣保罗论坛。

进入21世纪以来，工人运动、人民运动，以及进步力量、革命力量等左翼力量总体上仍处于战略防御时期。上述力量应利用当前形势开启无产阶级民主进步的新政治周期，争取维护国家主权、推动社会进步。中国特色社会主义的发展成就为世界所瞩目，中国同其他共产党执政的社会主义国家一道，向世界证明反对新自由主义和帝国主义的工人阶级与民族确实拥有不同于资本主义的替代选项。新的社会主义斗争正是在这样的政治周期中不断发展的。

二 巴共的政策路线和规划方针

巴共《草案》指出，博索纳罗政府加剧了巴西的系统性危机，导致国家制度陷入僵局，民主环境遭到侵蚀，人民经受巨大的苦难。首先，新冠疫情引发的健康危机酿成国家灾难。截至2021年8月4日，巴西的新冠确诊病例突破2000万，死亡人数超55万。医疗系统过载，疫苗接种缓慢，博索纳罗的否定主义思想、消极抗疫立场、错误防护举措是造成当前局面的重要原因。为此，国会已专门成立调查委员会，就政府抗疫不力展开调查。其次，新自由主义的经济政策加剧社会不公。巴西的"去国有化"和"去工业化"问题、社会排斥与贫富差距现象显著恶化，女性、黑人及土著的权利遭到侵犯，失业人口创历史新高，通货膨胀加剧，食物、电力、燃气短缺，给民众日常工作与生活造成严重影响。最后，政治孤立升级对民主构成威胁。博索纳罗以政变言论

煽动支持者走上街头，赞美野蛮、宣扬暴力，还以2018年选举投票存在欺诈为由同高等选举法院展开较量，企图改变电子投票系统，扰乱2022年选举。随着博索纳罗反民主言行的升级，巴西民主政权面临的威胁日益严峻。

为阻止博索纳罗连任，巴共制定了中短期政治目标围绕党的建设的核心议题，带领巴西走出危机、恢复民主发展包括以下五点政策路线和规划方针。

（一）建立广泛统一战线

建立广泛的统一战线是巴共提出的首要政治任务。《新道路》指出，巴共是广泛统一战线的推动者和建设者，广泛统一战线应联合包括工人、青年、妇女和文化界的进步知识分子、法律界爱国进步人士等在内的不同政治团体及社会各界力量。为了尽快实现国家重建，《草案》进一步明确了落实该政策路线的三个重要方面。

一是通过积极的民众动员，向政府及新冠疫情国会调查委员会施压，扩大弹劾总统的政治声势。具体做法包括：加强医疗体系建设，旗帜鲜明地反对博索纳罗政府不科学的防疫政策，呼吁发放紧急援助抗击饥饿，保护并创造就业岗位，救助中小微企业，捍卫民主抵制政变。团结动员主要政治、社会、经济、文化和制度力量支持新冠疫情国会调查委员会开展工作，以最大限度的调查、追究总统及其助手的责任。同时加大民众动员力度，扩大对象范围，增加弹劾总统的压力。

二是团结各民主反对派力量采取共同行动，利用2022年大选的契机开启国家发展新阶段。近年来，针对博索纳罗的新法西斯主义等不当言行，民主力量奋起反抗，引发政治频繁震荡，增加未来不确定性，巴西又一次站在历史的十字路口。2022年总统大选有望为国家和人民带来新的方向与希望。现阶段，巴共应同所有反对博索纳罗的民主候选人开展对话，团结一切进步力量，充分利用各种举措防止博索纳罗发动政变，争取通过选举带领巴西走出危机，重返民主发展的道路。

三是加强同民主进步人士的联合，克服当前的制度限制，确保巴共的政治代表性。尽管1988年宪法确立了巴西的多党制，但这并未有效扩大工人、妇女、黑人以及其他受压迫群体的政治参与。保守势力企图限制选举和政党制度，使之不断精英化。面对近年来保守势力的攻势，应基于巴西的特殊性，推动民主的政治改革和选举改革，完善政党政治体系。当务之急是增加立法的灵活性，允许政党联盟以选举阵线形式共同参与2022年竞选。

（二）加强党的建设

在当前形势下，巴共必须强化党的建设，通过信息传播、群众路线等途径落实党建的总体任务。要克服近年来出现的立法限制和资金不足，重塑巴共在社会斗争领域及中间阶层中的影响力。要根据当前阶级斗争的实际需要，及时更新党的行动路线及党的政治思想建设，将党塑造为团结对抗新法西斯主义的斗争力量，实现党的全面振兴。面对极端保守势力的打压，巴共需要提高辩论与沟通能力，利用网络媒介进行反击，适时更新党的形象与身份，积极投入多维度的社会斗争，完善组织网络并发挥领导层作用，为2022年大选积蓄力量。在当前的战略守势中，围绕政治建设，需深化党员干部对党的策略方针的认识，确保其享有畅通的发声渠道。同时不忘加强思想建设，以巴共纲领性文件为指引，将党员队伍的团结、自律以及党的集体精神发扬到底。

（三）制定党员干部政策

党的发展及其政策路线的落实离不开党员干部工作。巴共认为，应确保党员干部坚定马克思主义信仰、坚守共产主义信念，信守对社会主义纲领的承诺，引导广大党员干部共同努力，构建与人民斗争紧密联系的坚实组织基础；相关政策应具备灵活性和系统性，能够让党员干部各得其所、各展其长，使其在锻炼中学习领会如何建设基层组织、提高人民群众意识服务；需加强各级党委和执行机构的人员配置，选拔任用更多新人并提高妇女和青年的比例。公众领袖需带头吸纳年轻干部，组建有影响力的候选人及团队，争取收获更多选票与议席；鉴于圣保罗、里约热内卢和米纳斯吉拉斯在国家政治生活与选举斗争中的重要地位，尤其需要加强在这三个州的投入。

（四）更新群众路线

为了解决贫困、暴力、健康、教育等社会问题，巴共需和不同的组织积极开展对话与合作，从传统的工会、协会、委员会，到妇女集体、反种族主义运动、文化团体、环保组织、大众课程、经济互助中心、就业指导中心，再到对抗饥饿、关怀残疾人士及社会弱势群体的行动，以及寺庙、教堂等组织的宗教活动；需深化和城乡广大工人等党所代表的基本阶级之间的联系，要掌握工人世界发生的变化，认识工人阶级的新形象；需特别关注遭受剥削、压迫的新兴青年劳工，在前线积极斗争并发挥领导作用的女性，面临种族主义威胁和暴力压迫的黑人，以及走上街头捍卫教育和民主，反对种族、性别及性取向歧视的青年。

（五）优化数字传播

面对极右翼利用社交网络发动的文化战争，巴共亟需加强党在思想斗争领域的工作，制定行动计划和危机解决方案，对抗反动势力对共产党及整个左翼的污名化。当前，网络已成为政治、社会、文化、思想斗争以及党组织建设的主战场之一。鉴于手段与力量对比的悬殊，当务之急是提升数字传播质量和社会沟通能力，在个人、组织及运动实践中推进数字化，打破条块分割，实现门户网站、网络意见领袖、党的领导人及机构账号之间的协同效应，推进各州和全国中心的联通。数字传播应具备敏捷、轻松、有力的特点，扩大受众群体，打造具有特色的内容、语言和美学风格。以 2022 年选举为契机提升数字传播质量，离不开中央及各级地方党委的政治决断、政策与资源投入、直接参与及志愿支持。

三 巴共的社会主义斗争与实践

巴共通过选举运动、议会与司法斗争、社会动员、国际交流等方式，积极践行《社会主义纲领》《新道路》等党的成果文件中提出的战略部署和政策方针。

（一）选举运动

自 2018 年以来的历次选举运动中，巴共注重加强自身力量建设，凭借左翼依托打造政治新星，党的政治实力和影响力得到提升。2018 年，巴西举行总统弹劾后的首次大选，受劳工党腐败丑闻与执政"滑铁卢"的影响，温和右翼、极右翼民粹等政治力量蓄势待发，左翼整体处于下风。对此，巴共果断放弃与劳工党结盟共同推举总统候选人的传统做法，推出本党总统候选人南里奥格朗德州州议员蔓努埃拉·达维拉（Manuela d'ávila）。面对选举新规出台和卢拉入狱无缘大选等变数，巴共中央适时调整竞选策略：将自由祖国党（PPL）并入巴共，以满足当选众议员的最低人数要求；以司法和舆论渠道支持并声援卢拉参选；在卢拉缺席大选的情况下，巴共决定由达维拉作为劳工党候选人费尔南多·阿达（Fernando Haddad）的副手参选。最终，阿达与达维拉的组合进入第二轮角逐。尽管未能战胜极右翼候选人博索纳罗，达维拉作为副手仍收获了人气，带动巴共影响力进一步扩大。

2020 年市政选举因疫情推迟至 11 月举行，尽管左翼尚未恢复元气，但总体表现出强大的韧性。达维拉在南里奥格朗德州首府阿雷格雷港市市长一职的竞选中表现出色，在前总统迪尔玛·罗塞芙（Dilma Rousseff）、阿达、西罗·戈麦斯（Ciro Gomes）等多位知名左翼人士的支持下，达维拉顺利进入选举第二轮。尽管最终未能获胜，达维拉得票较其上一次竞选该职位增加了一倍，她本人也逐渐成长为进步力量广泛支持的新青年领袖。在左翼整体蛰伏的政治气氛下，巴共在马

拉尼昂、伯南布哥、巴伊亚等州取得了不错的成绩，共收获 46 个市长和 700 多个市议员席位。

面对即将到来的 2022 年大选，巴共强调，尽管博索纳罗及其代表的极右翼的政治实力与影响力有所衰退，但仍不可小觑，2022 年击败博索纳罗需要广泛的团结合作。为此，巴共积极推进构建民主统一战线，围绕大选议题同多个政党开展对话，肯定卢拉、戈麦斯等反对派代表在斗争中的重要作用。同时，巴共也努力推动选举法改革。以巴共众议院领袖卡列罗斯（Renildo Calheiros）为首的议会力量通过密集的民主对话，推进国会批准创立政党联盟法案。

（二）议会与司法斗争

近年来，面对极右翼政治力量的打压，巴共以疫情治理、腐败问题及虚假新闻为契机发起有力的议会与司法反击，进一步巩固广泛民主战线。

面对博索纳罗政府抗疫不力、巴西疫情失控的现实，巴共一方面通过议会路径提交弹劾申请、推动新冠疫情国会调查委员会开展工作，双管齐下加大对博索纳罗的施压。2021 年 6 月 30 日，包括巴共、劳工党、民主工党、社会主义自由党等在内的左中右多党众议员，连同多个行业协会、社会团体以渎职为由共同签署并向众议长递交了针对博索纳罗的"超级弹劾申请"。另一方面借助司法渠道加大对现政府的攻击力度。在巴共的推动下，联邦总检察长决定就联邦政府应对亚马孙州和帕拉州疫情不力一事对博索纳罗和时任卫生部部长爱德华多·帕祖洛（Eduardo Pazuello）进行评估。

此外，在巴共和社会主义自由党（PSOL）等反对党的联合要求下，检方还就第一夫人米歇尔·博索纳罗（Michelle Bolsonaro）发起的公益项目涉嫌违规向宗教团体拨款一事进行调查。由于博索纳罗及其子弗拉维奥·博索纳罗（Flávio Bolsonaro）和爱德华多·博索纳罗（Eduardo Bolsonaro）频繁在社交网络上发布不负责言论，且爱德华多涉嫌通过社交媒体发布虚假新闻攻击政敌，巴共众议员佩尔佩图阿·阿尔梅达（Perpétua Almeida）以三人涉嫌制造传播虚假信息为由向联邦最高法院提交犯罪通知书，推动司法和检察机关对此展开调查。

（三）社会动员

博索纳罗执政期间，妇女、黑人、土著等群体权利屡遭侵犯。在疫情发酵升级的背景下，多个社会指标出现下滑，贫困、失业、暴力问题加剧。作为马克思主义政党，基于为社会主义、共产主义以及全体巴西劳动者利益奋斗的目标，巴共联合其他左翼政党、工会及社会团体，积极动

员组织民众走上街头，通过一系列游行示威表达诉求。2021 年 5 月 29 日，巴西的反政府游行活动达到高潮。全国 200 多个城市爆发示威游行，数万名群众涌上街头，提出弹劾总统、重新发放紧急救助金、加快疫苗接种、减少针对黑人的暴力等诉求。这是疫情发生以来规模最大的反政府示威活动。进入 2021 年 6 月以来，反政府游行仍在陆续上演，巴共在其中的协调组织及先锋作用不断凸显。

同时，巴共利用主流媒体和社交网络进行宣传动员，强化对政府与反动势力的舆论反击。通过发布党的决议与说明，揭露政府的渎职行径，号召民众支持新冠疫情国会调查委员会，追究博索纳罗及其团队的责任，呼吁更多群众加入弹劾总统的队伍中，警惕其以专制手段实现连任，呼吁民众用选票击败博索纳罗。对于巴共党员达维拉及其家人受到网络威胁与攻击，巴共中央表示强烈谴责，指出这是博索纳罗及其追随者以极端形式传播仇恨、暴力的新法西斯战略，并积极声援达维拉及其家人，呼吁严查并追究有关人员责任。巴共为此在网络发起声援达维拉的团结运动，呼吁抵制性别政治暴力。此外，巴共于 2021 年 3 月成功召开第三届全国妇女解放会议，并筹备于年内召开第一届全国反种族主义会议。

（四）国际交流

作为具有国际主义精神的马克思主义政党，巴共长期重视同其他国家的共产党及左翼政党之间的互动与交流。2019 年 10 月 18 日至 20 日，巴共派代表参加了在土耳其伊兹密尔举办的第 21 次共产党和工人党国际会议。作为此次会议筹备工作组成员之一，巴共同其他与会政党表达了对共产国际成立 100 周年的纪念，并围绕会议主题分析局势、总结经验、明确任务和制定方案，通过了《第 21 次世界共产党和工人党国际会议呼吁书》，并签署了 11 份团结声明。2020 年 4 月 22 日，巴共签署了共产党和工人党国际会议组织关于纪念列宁诞辰 150 周年的联合声明。同时，巴共以圣保罗论坛为政治协调的重要平台，积极声援本地区国家的进步力量开展反对新自由主义和法西斯主义的斗争。

在中国共产党成立 100 周年之际，巴共积极参与系列庆祝研讨活动，以期从中国共产党的发展中得到启发。2021 年 7 月 1 日，巴共向中国共产党发来庆祝建党 100 周年的贺信，强调今天中国的蓬勃发展离不开中国共产党的领导。7 月 6 日，包括巴共主席卢西亚娜·桑托斯（Luciana Santos）在内的多个巴西政党、政治组织领导人以视频连线方式出席中国共产党与世界政党领导人峰会，积极评价并响应习近平总书记重要主旨讲话。巴共主席桑托斯强调，中国共产党树立了社会主义发展的伟大典范，巴共密切关注中国共产党的发展道路，期待学习中国共产党治国理政的先进经验。

四　结语

《巴西共产党党章》规定该党"长期致力于使无产阶级及其同盟者获得政权，捍卫科学社会主义"。面对世界百年未有之大变局，在国家面临多重危机的关键时刻，本着无产阶级政党反资反帝、实现共产主义终极目标的责任与使命自觉，巴共坚持运用马克思主义分析研判国内外政治经济形势，进行加强党和国家的建设、推进巴西社会主义发展道路的理论探索。在深刻总结反思劳工党政府时期的参政经验和教训的基础上，巴共通过选举运动、议会斗争、社会动员和国际交流等方式，全面推进党的各项工作，扩大广泛统一战线，致力于捍卫民主、保卫生命，为国家重建开辟道路。

2022 年，巴共成立 100 周年之际，巴西将迎来新一届总统选举。巴共的百年奋斗历程表明，将马克思主义基本原理同国家实际相结合，在实践中不断丰富和发展马克思主义，是无产阶级政党探索马克思主义本土化、时代化和大众化的历史前提与基本路径。面对即将到来的大选，极右翼政府在接受国会有关新冠疫情调查的同时，博索纳罗多次质疑抨击选举制度，民意支持率持续走低，与卢拉的差距逐渐拉大，巴共及左翼政党有望在选举和政治斗争中迎来转机。基于对世界秩序与国际格局调整、国家危机根源与出路的深刻洞察，巴共将以十五大为契机，通过落实党的斗争策略和实践纲领，指导巩固广泛统一战线，争取更大程度地参与和影响巴西社会政治变革的历史进程，从而最大限度地成为人民利益的捍卫者和新道路的引领者，带领国家向着党的终极目标不断前行。

【作者单位：中国社会科学院拉丁美洲研究所】
（摘自《世界社会主义研究》2021 年第 6 期）

拉美政治生态演变的新趋势、动因及影响

杨首国

近年来，拉美地区政治生态的演变呈现出诸多新的特点和趋势。"百年未有之大变局"在拉美展露"冰山一角"，给拉美带来全方位冲击，地区各国政治格局加速分化重组，政治对立极化加剧，体制机制性矛盾增多，不确定、不稳定、不适应性凸显。而2020年爆发的新冠疫情更成为最大的"黑天鹅"，对地区经济社会造成全面而深刻的冲击，进一步加速了拉美政治生态复杂演进的过程。本文旨在对近年来拉美政治生态的最新演变趋势进行全面总结，探究其背后的深层次动因和影响，进而评估和研判拉美国家未来发展趋势。

一、拉美政治生态演变的新趋势

2019年以来，拉美多国爆发大规模示威抗议潮，导致严重的社会骚乱，个别国家政府因此倒台，其规模之大、范围之广、影响之深，近40年来罕见，构成百年未有变局之下全球乱象的一部分，被外界视之为"拉美之乱"。2020年，突如其来的新冠疫情使该地区的形势更加复杂。在此特殊背景下，拉美政治领域的问题和矛盾更加突出，表现出一些新的特点。

（一）政治不信任危机蔓延

2008年金融危机以来，世界各地区很多国家政府公信力普遍下降，民众不满政府施政越来越服务于少数人，社会大众利益被忽视，导致全球民粹主义情绪和对政治体制的不信任显著上升，拉美国家表现得尤为明显。近年来，拉美民众对制度和体制的不信任感急剧攀升，对体制缺陷、制度能力滞后以及执政者能力低下的失望和不满情绪抬头，对国家发展前途极度缺乏信心。拉美地区多家智库的调查研究显示，拉美民众对本国民主制度运行的不满意度高达60%，其中哥伦比亚和巴西的不满意度均高达70%以上，阿根廷、秘鲁和墨西哥等国也在60%左右，拉美已成为世界上民众对民主制度最不满意的地区之一。2007—2019年间，巴西、墨西哥、哥伦比亚、智利等拉美主要国家民众对政府信任度分别下降

21%、13%、24%和10%。"美洲晴雨表"调查统计称，拉美地区民众对政治体系的信任度也普遍下降，2018—2019年度对拉美18国进行的调查显示，对立法信任度下降的有13国，对政党和大选信任度下降的有12国。

民众对政治的不信任感主要体现在以下三方面。一是"用脚投票"。美国盖洛普咨询公司2019年针对全球150多个国家的一项民意调查显示，27%的拉美民众有移民意愿，其中，海地、萨尔瓦多、洪都拉斯、秘鲁、委内瑞拉、多米尼加和哥伦比亚居全球移民意愿最高的20%国家之列。二是大规模抗议频发。2019年以来，智利、秘鲁、哥伦比亚、厄瓜多尔、玻利维亚等国持续发生抗议骚乱，不少国家面对"经济衰退—社会动荡—政治危机"的恶性循环束手无策，诸多体制性弱点暴露无遗，2019年的"拉美之乱"与2020年新冠疫情引发的全面危机折射出拉美严重的体制缺陷。三是在选举中投下"愤怒票"。不少选民对政治腐败、经济停滞、民生凋敝十分不满，将矛头指向执政者或主流政党，因此在选举中往往倾向用选票惩罚在任者，支持政治"局外人"或非主流政党成为一股潮流。有评论认为，拉美"再民主化"进程启动40年来，无法实现民众向往的经济社会良性发展，民主质量并未得到根本改善，许多拉美国家的体制依然缺乏化解政治和社会难题的能力，致使体制性危机仍时常发生。政党之争掣肘国家权力机构运转，议会和司法机关沦为"政治角斗场"，权力制衡机制运转失序，产生了大量的"跛脚政府"。新冠疫情暴发后，抗疫被用作权力斗争工具，不同党派、政治人物，甚至执政当局内部彼此拆台，相互倾轧，在防疫模式、复工时机、纾困方案等方面难有共识，施政效率进一步下降。巴西博索纳罗政府遭反对党和司法机构"围剿"，巴西众议院累计收到超过110次对博索纳罗的弹劾请求；委内瑞拉府院对立严重，"一国两府两院"的政治危机至今未解决；秘鲁府院斗争全年无休，反对党不顾疫情两度弹劾总统，如走马灯般更换政府。

（二）政党"碎片化"加剧

随着第三波"民主化"浪潮的推进，拉美政党政治有所发展，但随之也产生了政党泛滥、相互恶斗等乱象，近几年表现得更加突出。在拉美33国中，目前有9国实行两党制，4国实行主导政党体制，其余20个国家均为多党制。近年来，该地区多党制国家的政党数量明显上升，约1/3的国家的政党数量在20个以上，其他国家的政党数量也大多超过10个。巴西、阿根廷的全国性政党数量分别高达32个和57个，墨西哥有影响力的主要政党数量也有近10个。巴西是政党"碎片化"程度最高的国家之一，本届国会（2019—2023）在参众两院获得席位的政党多达28个。在政党林立、党派纷争加剧的情况下，政府难以达成政治和政策共识，重大政治议程受阻。政党要实现执政目标，必须联合其他部分党派形成执政联盟，但联盟的脆弱性往往导致政治和社会的不稳定性。因此从某种程度上看，巴西政局之所以长期动荡不稳，既有政治人物价值取向的因素，亦有政党制度的缺陷使然。

（三）新兴力量加速崛起

近年来面对严重的政治、经济、社会问题，拉美民众对传统政治力量无所作为的不满持续发酵，求变求新的意愿强烈。"边缘政党"、新组建政党以及"政治素人"等新兴政治力量则借势而上，抓紧填补权力真空。墨西哥现任总统洛佩斯在2014年通过组建国家复兴运动党，有效整合传统左翼力量，并取代老牌的民主革命党，最终使墨西哥左翼89年来首次掌权，一举打破墨西哥传统的"三党鼎立"格局。巴西"政坛边缘人"博索纳罗以名不见经传的右翼小党社会自由党候选人身份参选，却力压劳工党和社会民主党两大传统政党而赢得大选。萨尔瓦多"80后商人"布克尔退出老牌政党法拉本多·马蒂阵线，领导中右翼小党"民族团结大联盟"竞选总统，打破该国延续30多年的左翼"法拉本多·马蒂民族解放阵线"和右翼"民族主义共和联盟"两党轮流执政的格局。

除了成功上台执政的新组建政党，还有更多新兴政治人物崭露头角，向拉美传统政治力量发出强有力的挑战。在2018年的哥伦比亚大选中，左翼进步主义运动党候选人彼得罗斩获800多万张选票，虽然未能最终赢得大选，但仍是哥伦比亚近一个世纪以来首次有左翼政党杀入总统选举第二轮。在2021年的厄瓜多尔大选中，印第安人领袖雅库·佩雷斯以鲜明激进的保护土著社群权益、反对性别歧视和环保政策赢得大量支持，虽未进入大选次轮，但却也一跃成为厄瓜多尔政坛一股不可小觑的新兴政治力量。

伴随着政党政治洗牌，还形成了民粹主义力量上升的新格局。历史上，拉美民粹主义基本服从民主政治的"钟摆"规律，在左翼民粹和右翼民粹间轮替。但2018年、2019年以来，拉美分别以墨西哥总统洛佩斯和巴西总统博索纳罗为代表，同时出现左右两翼民粹主义。两人均抓住选民求变心理，凭借反传统、反精英口号胜选，并带有民族主义倾向。不同的是，洛佩斯代表中下阶层，注重社会公平正义；博索纳罗代表巴西国内中上阶层，尤其是新中产阶级中的极端保守势力，对黑人、原住民、同性恋等少数群体持强烈敌视态度。这反映了拉美民粹主义势力正抓住多国陷入发展困境的契机"攻城拔寨"，亦反映了该地区在不同发展道路间挣扎的窘境。

（四）左右博弈进入"新常态"

2014年开始，曾经一度席卷整个拉美的"粉红浪潮"大面积褪色，地区整体呈现"左下右上""左退右进"之势。2014年阿根廷右翼政党"共和国方案"击败左翼获胜。2016年巴西左翼总统罗塞夫被弹劾下台，副总统特梅尔组成以中右翼为主的政府，2018年极右翼的博索纳罗获胜，巩固了右翼在巴西的执政地位。此外，2017年智利中右翼候选人皮涅拉在大选中获胜，2018年哥伦比亚右翼在大选中获得连任，地区掀起右翼集体上位的高潮。传统左翼政党或败选丢权，或遭遇执政危机，到2018年年底仅剩下委内瑞拉、古巴、玻利维亚、尼加拉瓜等少数国家由左翼继续掌权，拉美"21世纪社会主义"实践探索严重受挫，地区左翼运动被迫转入"蛰伏期"。2019年以来，左翼政党开始发力，在新一轮选举周期中有所斩获。阿根廷正义党带领左翼联盟击败志在连任的右翼马克里政府，被视为拉美左翼力量回升的"风向标"。

2020年突然爆发的新冠疫情进一步暴露了地区国家正在执政的右翼政府的诸多治理短板，持续推高各国民众的不满情绪，也进一步加强了地区左翼政治力量。在玻利维亚，前经济部长、左翼经济学家路易斯·阿尔塞在2020年10月的大选中"一骑绝尘"，仅经过一轮票选就以巨大优势当选总统帮助左翼政党"争取社会主义运动"在遭遇2019年政治风波被迫下台后，仅时隔一年就重掌政权，一度被迫流亡的"左翼旗手"、前总统莫拉莱斯回国，一定程度回拨了偏右的地区"政治钟摆"，振奋了左翼声势。在委内瑞拉，左翼"统一社会主义党"在2020年12月的国会选举中大获全胜，结束了2015年以来右翼反对派掌控国会的被动局面，也让2019年由反对派领导人瓜伊多自封"临时总统"而引发的委内瑞拉政治危机趋于缓和。除此之外，巴西、秘鲁、智利等国左翼政党也抓住执政党腐败和治理不力的软肋，蓄势反击。2021年5月，在智利制宪会议选举中，右翼执政联盟"Vamos"在155席中仅获38席，其他席位大多为中左翼、印第安人代表和独立政治人士获得；在地方选举中，智利共产党员伊拉奇当选首都圣地亚哥市市长，成为智利历史上首位出任首都市长的共产党员。

在2021年的厄瓜多尔大选中，来自右翼"创造机会运动·基督教社会党联盟"的保守派候选人、前银行家拉索击败选前被普遍看好的左翼候选人阿劳斯，在地区左翼声势渐旺的情况下"扳回一城"。不过，左翼在内部不和的情况下仍得到接近一半选民的支持，这表明左右之争仍是拉美政坛的主旋律。未来随着地区右翼政权陷入疫情、经济衰退泥淖，可能会有部分左翼"返场"执政，同时也有一些右翼政权持续掌权，拉美政治格局将呈现左与右拉锯对峙、互有攻防、交替执政的"新常态"。

（五）执政压力普遍增大

自2013年大宗商品出口繁荣周期结束后，拉美国家日益陷入困局。2019年以来，无论是海地、尼加拉瓜、委内瑞拉等经济严重困难的国家，还是智利、哥伦比亚、秘鲁、玻利维亚等经济发展相对较好的国家，抑或是巴西、阿根廷等地区主要大国，均出现不同程度的政治和社会动荡，玻利维亚左翼政权一度下台。2020年新冠疫情暴发后，拉美国家政府普遍抗疫不力，施政混乱，更令民众失望和不满，巴西、墨西哥、智利、哥伦比亚等主要国家领导人声望均有不同程度下滑，民众对巴西总统博索纳罗的不满意率一度升至54%，创其执政以来新高。尤其是疫情使各国经济社会政治议程被按下"暂停键"，民主和政治运行也随之受阻，游行、示威、集会等政治表达手段更加困难，社交媒体又因覆盖率低无法完全取代，民众缺乏表达诉求的有效渠道，只能通过"愤怒的选票"惩罚当权者。在2020年拉美多国举行的大选中，除特立尼达和多巴哥等少数国家执政党连任成功外，多米尼加、苏里南、圭亚那、玻利维亚、伯利兹等国执政党均败选下台，而在2021年的厄瓜多尔、秘鲁大选中，执政党因支持率过低，甚至没有参加大选，沦为所谓的看守政府，再次凸显政党加速轮替趋势。

（六）地区政治分裂加剧

21世纪初，"粉红浪潮"席卷拉美，地区国家普遍执政理念相近，联合自强意识不断增强。多个区域一体化组织齐头并进，为地区搭建起政治、经济、社会、外交等领域的对话与合作平台。然而，随着左翼褪色，这一良好合作势头戛然而止。进入2019年，拉美左右之争不断升级，意识形态、治理模式、发展道路、区域热点问题等方面分歧加大，国家间频现对立、攻讦，拉美一体化进程出现停滞甚至倒退，为地区整体合作与发展蒙上阴影。巴西右翼政府与新上台的阿根廷左翼政府矛盾较深，掣肘南方共同市场发展。巴西、厄瓜多尔等右翼国家相继退出南美洲国家联盟，导致该组织名存实亡。围绕委内瑞拉问题，拉美左右阵营各自选边站队，在美洲峰会、美洲国家组织等多边场合针锋相对，矛盾愈发尖锐，导致唯一覆盖拉美所有国家的拉美和加勒比国家共同体（以下简称"拉共体"）难以正常开展活动，巴西于2020年1月以该组织"为委内瑞拉等国的非民主政权提供舞台"为由，宣布暂停参加该组织活动。

随着作为拉美最重要的政治、经贸合作伙伴的中美两国战略博弈日趋严峻复杂，拉美国家在对美国态度上也分化为亲美、中立、反美三大派系，一些国家在中美之间"选边"压力加大。巴西、阿根廷、哥伦比亚等国加入美国主导的"美洲增长计划"，未与中国正式签署"一带一路"合作备忘录，地区对外整体合作步调不一。2020年起，在百年未见的严重新冠疫情冲击之下，地区政治分歧更趋增多，不少国家在抗疫模式、抗疫资源以及经济利益等诸多方面发生争执。阿根廷总统费尔南德斯批评巴西总统博索纳罗消极抗疫、数据作假，双方矛盾一度激化。委内瑞拉总统马杜罗在联合国大会上批评哥伦比亚、秘鲁、巴西等邻国"抗疫不力"，双方矛盾进一步升级。巴西、墨西哥、阿根廷等区内主要国家深受疫情困扰，无心也无力扛起地区防疫大旗。南方共同市场（南共市）、中美洲一体化体系、加勒比共同体、美洲玻利瓦尔联盟等次地区组织曾召开紧急会议商讨防疫合作，但并未取得实质进展。美洲国家组织、泛美卫生组织等无力引领地区国家在防疫层面形成合力，成员国还就抗疫模式互相指责，并因争抢抗疫物资而关系不睦，地区政治分裂加剧。

二　拉美政治生态演变的深层原因

拉美政治生态呈现出的不确定、不稳定、不适应状态，是地区国家发展进程中的各类矛盾与问题长期积聚、相互交织作用的结果，既有结构性根本原因，也有周期性和外部性因素。根源在于拉美经济的脆弱失衡、社会结构的跌宕畸变、治理能力的短视低效和对外关系的失位错位。而突然爆发的新冠疫情无疑成为影响地区发展的最大因素，加速了地区"乱""变"交织的进程。

（一）经济持续低迷是长期根源

拉美国家多为发展中国家和新兴经济体，经济结构单一，普遍依赖资源、能源和初级产品出口，产业升级缓慢，极易受外部冲击影响。加之经济基础薄弱，政策调整能力有限，经济上的波动极易向社会、政治领域传导，本轮拉美政治生态的演变亦源自于此。

近年来，全球市场环境日趋复杂，接二连三给拉美经济带来严重冲击。2008 年国际金融危机后，在美国量化宽松和中国经济高速增长的带动下，拉美一度迎来"初级产品繁荣"。但从 2014 年起，随着美国能源自主化步伐加快及中国开启供给侧结构性改革，拉美最重要的两大外需市场出现不同程度的下滑，地区经济年均增速从 2008—2014 年间的 3% 以上骤降至 2015 年的 0.37%。面对困境，拉美国家有意开放市场，拓宽出口销路，但又遭逢美国特朗普政府在 2018 年蓄意挑起中美经贸摩擦。中美作为拉美前两大贸易伙伴，相互加征关税导致大宗商品需求下降，拉美出口环境陡然趋紧，2018 年、2019 年贸易比价平均恶化 0.18%。随着美国将贸易摩擦升级为对华高科技产业的打压，全球产业链、价值链、供应链受到破坏，直接冲击与美中两国联系紧密并高度融入全球产业分工的智利、秘鲁、墨西哥等拉美国家。在恶劣的外部环境挤压下，拉美经济在 2016 年负增长 0.6% 后始终未能迎来预期中的强劲复苏，陷入年均不足 1% 的低速增长。

2020 年突然爆发的新冠疫情更令地区经济雪上加霜。预估全年地区经济衰退 7.7%，再度成为全球经济表现最差的地区。从次区域表现看，中美洲和南美洲分别衰退 5.9% 和 8.1%，加勒比地区因旅游业受重创而衰退 8.8%。从国别来看，巴西、墨西哥两大地区经济"龙头"均遭遇有统计记录以来的最大衰退，分别负增长 6.1% 和 10.1%；第三大经济体阿根廷继过去两年分别负增长 3.5% 和 3% 之后，再衰退 11.5%；智利、秘鲁、哥伦比亚等曾经增长"亮眼"的经济体也深陷疫情泥淖，分别衰退达 6.9%、14.4% 和 8.1%。域内几乎所有国家都遭遇了 4%—25% 不等的经济萎缩。唯有圭亚那得益于大储量油田的发现和投产，取得 30.4% 的增长，但也远低于此前 86% 的预期增速。

面对外部经济环境的"疾风骤雨"，拉美经济结构失衡、内生动力不足的长期问题更加暴露无遗。自 20 世纪 80 年代起，随着"拉美债务危机"的爆发及所谓"新自由主义"经济改革的推

进，拉美国家普遍出现了产业结构"去工业化"、出口结构"大宗商品化"现象，1980 年拉美地区制造业产值占 GDP 比重曾高达 27.8%，到 2019 年却降至 12.1%。拉美国家基础设施建设投入严重不足，据美洲开发银行估算，地区年均基建投资缺口达 1500 亿美元。科技创新及产业升级缓慢，2003—2008 年间拉美国家平均劳动生产率增长仅为 1.7%，2013—2018 年间更跌至 0.4%；2013—2018 年间巴西、阿根廷等国全要素生产率则为负增长。2020 年受疫情影响，作为拉美产业创新源泉的中小企业又遭重创，270 万家中小企业倒闭，地区内 92% 的高端制造业和生产性服务业遭明显冲击，经济"脱实向虚"倾向进一步加剧。

无奈之下，越来越多的拉美国家被迫采取削减社会开支、提高税收等紧缩政策，导致民众生活水平普遍下降，激起广泛不满，也让经济危机迅速向社会、政治领域传导。阿根廷为履行与国际货币基金组织（IMF）的 571 亿美元援助协议，大幅减少公共投资，引发经济萧条，民生受损，最终令马克里政府在 2019 年大选中失利。厄瓜多尔听从国际货币基金组织"削减开支"建议，取消燃油补贴，引发民意反弹，骚乱四起，政局和社会动荡直到 2021 年仍未完全平息。哥伦比亚杜克政府为增加财政收入，在 2021 年 4 月计划推出新的税收方案，引发大规模社会抗议浪潮，导致数十人死亡。

（二）社会结构畸变是潜在诱因

在 21 世纪头十年的拉美经济繁荣期，执政的左翼政府利用手中的经济红利大力推行社会福利政策，培植了规模庞大的新兴中间阶层。拉美国家的阶层结构由过去的"倒丁字型"转变成更公平合理的"鸭梨型"，但随着经济步入衰退期，暗藏的社会、政治风险也逐步浮出水面。

正如美国学者塞缪尔·亨廷顿在《变化社会中的秩序》一书中所言，新兴中产阶层不同于传统的、保守的、被视为"社会稳定器"的中产阶级，其在阶层快速跃升过程中更加激进，更倾向于通过对抗表达诉求。而且在拉美社会阶层结构剧烈变动的进程中，中间阶层的位置并不稳固，其中大部分属于非正规就业者，始终有较强的危机感。2016 年的民调显示，42% 的拉美民众对失业感到"十分忧愁"和"比较发愁"，28% 的民众认为个人经济状况有可能恶化；在巴西、委内瑞拉、厄瓜多尔和墨西哥，认为个人经济状况恶化的民众超过 60%。

同时，拉美国家的社会不平等状况并没有随社会发展而得到改善。在中产阶层得到发展壮大

的同时，其在教育、医疗、养老等领域的更高需求却难以得到满足，收入、资源和机会分配不公现象严重。以智利为例，20个家族集团控制着全国70%的财富。在教育领域，智利对教育的投入仅占GDP的1.1%，公立学校教学质量堪忧，私立学校则学费奇高。医疗、高科技产业被精英阶层垄断，出身底层者无法打破阶层固化的"天花板"。

在经济繁荣时期，新兴中产阶层的焦虑和不满情绪尚可被持续增长的收入"抚平"。但近年来的经济衰退扯掉了拉美社会矛盾的"遮羞布"，让社会结构激烈动荡，出现贫困飙升、中产阶层返贫现象。2019年，地区贫困和赤贫人口分别高达1.39亿人和6770万人。2020年的严重疫情更进一步加速了社会剧变过程：贫困人口新增4550万，达到1.85亿人，贫困率升至37.3%，其中赤贫人口新增2850万，达到9620万的历史新高。而与中下收入者的艰难处境形成鲜明对比的是，中高收入阶层受到疫情冲击较小，在地区18国中，中上收入者人数仅从2019年的2800万人减少到2600万人，高收入者人数甚至不减反升，从1900万人增至2000万人。两相涨落之下，拉美社会贫富差距进一步拉大，各主要经济体尼系数上升0.01—0.08不等，民众因收入锐减、阶层滑落引发的不满情绪迅速累积，民生问题已成为拉美多国政治社会动荡的直接诱因，同时社会结构的变化亦影响政党政策取向、选民投票倾向等，进而推动政治生态持续发生变化。

（三）治理体系和能力的缺失是深层原因

拉美经济社会环境持续承压，各种利益诉求和矛盾冲突此起彼伏，但拉美国家羸弱的民主体制和治理能力难以助力化解矛盾，反而成为民众不满的焦点和政治动荡的重要原因。

首先，拉美民主体制存在内生不稳定性。拉美有20个国家实行总统制，多数加勒比国家实行议会制；立法机构方面，有18国采用两院制，有15国采用一院制。拉美的总统制政府、比例代表制议会及多党制竞争相组合的制度安排，先天具有不稳定性，民主体制运行效能较低，行政与立法机构之间极易对立，引发政治危机。例如，新冠疫情期间，巴西联邦政府、国会、司法机构及地方政府在防疫和复工政策上存在分歧，政策沟通协调困难，直接影响了防疫效果。

其次，政争党争加剧政治矛盾。多年来拉美主要国家传统大党内部加速分化或派系重组，新兴中小政党加快崛起。但几乎所有政党都出于一党之私，无视国家利益，一味争权夺利，政党纷争不断。委内瑞拉朝野恶斗导致出现"两个总统"和"两个议长"；秘鲁"府院之争"令5年内3位总统未能完成任期。政党协调无从谈起，国家重大改革难以推进，执政党预防和化解经济、社会危机的能力降低。

再次，政策短视加深治理顽疾。拉美很多执政当局出于竞选连任目的，政策往往更加重视短期效果，难从长远和全局谋划、推动重大深远的结构性改革。政治领袖缺乏敢于担当的勇气和有效治理国家的能力，无力解决贫富悬殊、阶层固化、向上流动通道狭窄等深层痼疾。有现任领导人甚至有意无意给继任者"挖坑"，频频出台见效迅速但后患无穷的大规模经济刺激和社会福利政策，不断挤压政府政策空间，加重社会负担，令各类矛盾总爆发的"沸点"越来越高。

最后，腐败等政治顽疾加深民众不满情绪。地区国家民主体制多具有外部"移植"特性，存在权力寻租、腐败等问题。近年来，拉美先后发生巴西石油公司腐败案、奥德布雷希特跨国行贿案等金额巨大、波及多国的腐败大案，巴西前总统卢拉、巴拿马前总统马蒂内利以及秘鲁的加西亚、托莱多、乌马拉和库琴斯基4位前总统均深陷其中。根据"透明国际"发布的全球清廉指数，拉美仅有乌拉圭、智利、哥斯达黎加等少数国家清廉指数靠前，其余国家在全球180个国家和地区中排名多在60名之后，委内瑞拉甚至列倒数第5位。政治团体腐败、贿选丑闻时有发生，民众对传统政党信任度不断降低，更倾向用非宪政手段表达不满。

拉美国家始终未能找到一条符合本国国情的发展道路，在"增长与发展""向左与向右"等问题上陷入迷思，无法有效推动国家治理体系和治理能力现代化。这些问题在经济繁荣周期尚可被增长掩盖，而一旦经济出现困难，极易导致民众不满情绪上升，冲突和动荡接踵而至，引发政坛"地震"，国家的稳定和政府治理能力遭到破坏，最终形成恶性循环。

（四）美国"门罗主义"回归是主要外部推手

拉美国家面对日益棘手的经济社会困局，难以找到行之有效的"自救"方案，不得不寄望于外部环境改善，尤其希望与近邻美国加强合作。然而事与愿违，美国前特朗普政府非但无意"与邻为善"，反而在任期内重拾"门罗主义"，不断加大对拉美国家的干涉和控制，推行"打左扶右"，对地区政治生态造成诸多负面影响。拜登新政府上台后，尽管在对拉美国家的态度和手法上相对柔和，但其分化、打压和控制拉美的实质没有改变。

一是发动一系列对拉政策攻势，强化地区霸权。2019 年年底以来，美国政府相继推出"美洲增长"倡议、"重返美洲"倡议、"提升美洲国家竞争力、透明度和安全法案"（简称"美洲法案"）、"西半球战略框架"等一系列对拉美政策倡议和法律提案，主张调动"全政府"资源，通过经贸捆绑和价值观渗透强化对拉美的控制。在此基础上，特朗普政府还不断施压，要求拉美国家配合美国全球政策议程，使拉美国家在坚持多边主义、参与全球经济治理改革等方面面临更多挑战。

二是利用国际及地区组织加大对拉美地区的渗透。美国公开支持亲美的现任美洲国家组织秘书长阿尔马格罗成功连任，进而依托该组织不断加大对委内瑞拉、厄瓜多尔、玻利维亚、尼加拉瓜等国的政治干涉。还打破由拉美人士担任美洲开发银行行长的传统惯例，强推美国国家安全委员会西半球事务高级主管卡罗内参选并获成功，趁机加大对阿根廷、厄瓜多尔及部分加勒比国家的政策影响。同时，美国积极支持拉美右翼国家组建的"利马集团"，鼓动南美右翼执政国家成立"南美进步论坛"以取代"南美国家联盟"，企图通过上述组织加大外交干涉。

三是压左扶右，分化拉美。美国一方面加大对古巴、委内瑞拉的制裁干涉力度，公然为委内瑞拉所谓的"临时政府"站台，更"趁疫发难"，对古巴、委内瑞拉经济封锁不断加码，"悬赏"抓捕委内瑞拉总统马杜罗，推出"委内瑞拉民主过渡框架"，施压委内瑞拉重新举行大选；另一方面积极拉拢地区右翼，向巴西、哥伦比亚、秘鲁等国提供抗疫物资，多次派遣国务卿蓬佩奥出访拉美多国以强化双边关系，以贸易、贷款援助等条件利诱右翼国家追随美国。美国意图将拉美地区左右翼政府的政策分歧营造为地区主要矛盾，严重破坏地区团结。

美国对拉美的干涉政策给该地区发展带来诸多负面影响。

首先，美国对拉美政策与拉美的对外政策意愿形成明显"错位"，进一步加剧了拉美经济社会发展困境。拉美国家近年来一面主推对外开放，积极融入全球价值链，一面努力展现拓展对外关系特别是改善对美关系的姿态，期望搭乘美国经济复苏的"便车"，尽快解决自身经济衰退问题。但特朗普政府的"美国优先"政策无疑给拉美国家的期待浇上一盆冷水。特朗普政府鼓吹"制造业回流"，在经贸、移民问题上对拉美持强硬态度，削弱美拉合作基础，更高举"排华护院"大旗，对拉美与第二大经贸伙伴中国的务实合作横

加阻拦，导致拉美国家的外部市场环境日趋恶劣，难以找到有力的外部支持以解决国内发展难题。

其次，美国对拉美国家的分化打压政策破坏地区团结。在美国的煽风点火和蓄意挑拨下，拉美国家围绕"委内瑞拉危机"等问题形成严重政治对立，巴西、秘鲁、哥伦比亚等右翼国家追随美国不再承认马杜罗当局的立场，而古巴、尼加拉瓜、墨西哥等左翼执政国家则对马杜罗当局保持同情和支持，双方针锋相对，地区政治氛围空前紧张，一体化进程严重受挫。

再次，"特朗普现象"给拉美带来负面示范效应。特朗普虽已经卸任美国总统，但他在任期间高举"美国优先"大旗，大搞"推特治国"，口无遮拦、作风粗暴，其民粹主义做派虽破坏力十足，却也为其在国内外赢得很多政治拥趸，在深刻改变了美国政治的同时，也悄然影响着拉美政治生态。一方面，部分拉美民众在美国文化潜移默化影响下接受并认同了特朗普的叙事风格，政治表达更趋激进，更擅长运用新媒体技术参与政治运动。另一方面，一些深陷发展困境的拉美国家愈发认同与特朗普类似的、具有克里斯玛型领袖魅力的政治"强人"，催生了诸如巴西的博索纳罗、墨西哥的洛佩斯等非传统政治领袖的崛起。他们虽分属不同政治光谱，但行事作风、施政手法与特朗普多有相似，甚至在疫情期间也对特朗普政府的消极防疫政策多有追随，助长了拉美政治的民粹主义倾向，影响了地区宪政体制的稳定性。

最后，美国拜登新政府的对拉美政策并未明显弱化"门罗主义"的负面影响。美国新任总统拜登上台后，并没有如很多拉美国家期待的那样重拾民主党前奥巴马政府时期的对拉"怀柔"政策，而是一面强调优先解决美国国内问题，一面拉拢西方盟友持续"围堵"中国，在拉美国家更为关心的缓和美古关系、解除对委内瑞拉制裁、提供疫苗抗疫援助等问题上少有表态、更鲜见行动，不但没有对特朗普时期的强硬对拉政策做出任何撤销或调整，反而以更加隐蔽的手法加大了对拉美国家的意识形态攻势和"软干涉"。

（五）新冠疫情成为催化剂和加速器

2019 年年底以来，拉美多国发生大规模社会动荡，标志着地区政治生态已开始恶化，各国政府通过加强政治对话、选举，甚至重新修宪等手段一度勉力维持局势稳定。但天有不测风云，突如其来的新冠疫情如同火上浇油一般，在彻底暴露拉美发展短板的同时，加速了地区政治生态演变进程。

拉美地区 2020 年 2 月 26 日才通报首个确诊

病例，随后疫情迅速扩散，地区 33 国全部沦陷。至 2020 年 5 月下旬，拉美单日新增病例约占全球的 30%、单日死亡病例约占全球的 40%。世界卫生组织官员当时警告称，拉美已成全球疫情"新震中"。一年多来，拉美疫情始终处于快速增长的高位，其传播之快、扩散之广、病患之多，均位于全球前列。截至 2021 年 5 月下旬，拉美累计确诊病例超过 3000 万，约占全球 1/5。拉美主要国家疫情严重，地区头号大国巴西累计确诊病例超过 1600 万，仅次于美国、印度，居全球第三；阿根廷、哥伦比亚、墨西哥、秘鲁累计确诊病例均超过 200 万，且排名全球前二十，其中，墨西哥病亡率近 10%，远高于全球平均值（约 2.2%）。

疫情发生后，拉美多数国家第一时间宣布公共卫生紧急状态，不同程度采取隔离宵禁、停课罢市、关闭边境、紧急加购医疗物资、增建专门医院等举措，但执行力度和防控效果不尽如人意，部分国家在应急管理、社会保障等方面的薄弱问题更加暴露出来，社会各方矛盾进一步激化。疫情下，民生艰困，郁气累积，情绪上升，理性下降，智利、哥伦比亚等多国爆发抗议示威，危地马拉政府因计划削减教育和卫生支出而招致大规模抗议，示威者冲击国会、纵火打砸，要求总统下台。

疫情还凸显政府治理能力的不足。巴西、墨西哥、尼加拉瓜等国政府出于政治、经济因素考虑，未及时采取严格的隔离措施，错失防疫"黄金窗口期"。秘鲁、厄瓜多尔等国中央政府虽出台强硬政策，但无法有效落实至执行层面，导致疫情恶化。面对经济压力，不少拉美国家被迫在严格防疫管控和"带疫解封"之间反复摇摆，迟迟无法平复疫情。无奈之下，各国纷纷将疫苗视作最后的"救命稻草"，但由于以美国为代表的西方国家大搞"疫苗民族主义"，垄断了辉瑞、阿斯利康等疫苗产能，导致拉美国家疫苗短缺。在疫苗的采购和分配过程中也暴露出诸多治理短板。巴西总统博索纳罗对中国疫苗态度反复无常，导致巴西疫苗生产和进口迟滞，难以有效缓解疫情。在疫苗分配环节也是问题不断，秘鲁前总统比斯卡拉和多位前高官被曝"抢打"疫苗而引发政坛地震，阿根廷卫生部长被曝帮朋友"插队"打疫苗而被迫辞职。种种乱象引发民众强烈不满，令本已不稳的拉美政治经济社会形势再遭重击，从而加速了此轮政治生态变化。

三　影响及前景

拉美政治生态领域的变化与乱象是新冠疫情加剧背景下，拉美政治、经济、社会和地区一体化困境的集中表现，其内外影响不可低估，未来一段时间，拉美的发展面临严峻考验。

在疫情未得到根本控制的情况下，拉美政治经济乱象恐将持续扩大。出于疫情防控原因，拉美不少经济社会政治议程被按下"暂停键"，使得 2019 年持续至 2020 年年初的一波抗议浪潮暂时平息，但负面影响仍持续发酵，尤其社会和政治层面冲击效应不断显现。2021 年 4 月哥伦比亚爆发的大规模社会抗议很可能预示拉美新一轮政治动荡即将卷土重来。在经济领域，虽然联合国拉美经委会将 2021 年地区经济增长预期乐观地调高至 3.7%，但考虑到拉美地区疫苗接种进展缓慢，中央财政普遍吃紧，外部市场环境改善有限，私人投资意愿不高，地区经济何时能够恢复到疫情之前的水平仍要画上一个大大的问号。此外，委内瑞拉问题涉及地区多方利益，至今悬而未决；阿根廷等国债台高筑，财政难以为继，债务和金融危机风险加大，各类政治经济风险都可能再度对地区政治生态造成严重冲击。2021 年，厄瓜多尔、秘鲁、智利、尼加拉瓜、海地等国将举行大选，墨西哥、阿根廷、萨尔瓦多等国将举行中期选举或议会选举，巴西将在 2022 年举行大选，随着新一轮选举周期开启，朝野之争、左右之争恐再度升级。若不妥善应对，拉美地区很可能爆发新一轮动荡。

外界普遍认为，拉美地区正进入风险高发期，不稳定、不确定性因素显著增多。地区国家普遍面临如何维护政治稳定、恢复经济增长、解决社会问题、提升治理能力等全方位挑战。面对前所未有的危机，拉美亟须寻找新的出路。在政治领域，依靠民主体制框架化解国内政治矛盾仍是拉美国家的首要选择，但政治治理的代表性、包容性、有效性等问题有待进一步解决，民主政治的质量有待提高。在经济领域，需转变发展理念，切实推进结构性改革，同时重新评估自身与全球价值链的联系，推动创新发展战略。

推动结构性变革正日益成为该地区的政治共识，但短期难以取得根本性成效。新冠疫情危机以来，传统的政治格局与经济社会治理模式均受到极大挑战。拉美地区长期存在左右翼轮流执政的"钟摆现象"，每当出现经济危机时，拉美人往往选择主张自由经济的右翼政党，每当社会不公现象过于严重时，拉美人往往倾向强调社会正义的左翼政党。但面对近年来循环往复的发展困局，加之受 2019 年"拉美之乱"及 2020 年新冠疫情冲击，无论左右翼执政均乱象纷呈，政府治理短板进一步凸显，要求变革的呼声与压力纷至脊来。因此，一些国家开始调整路线，实行更加温和、更具实用主义色彩的政策。智利右翼政府在 2019 年年末国内大规模骚乱后，开始推动修宪以提高福利水平、促进社会平等、减少过度私有化。西半球唯一的社会主义国家古巴 2019 年颁布新宪法，推动社会主义模式"更新"，主张在坚持社会主义原则和公有制为主体的前提下发展其他所有制形式。2021 年年初，古巴政府宣布废除货币双轨制，并取消对 127 种个体经营活动的限制，同年 4 月的古共"八大"确立了古巴共产党新一届领导集体，开启了古巴社会主义的新征程。玻利维亚等左翼执政国家近年来亦一定程度转变经济发展模式，以更具实用主义的态度处理与私营部门的关系。在新冠疫情肆虐下，无论意识形态为何，地区多国政府均倾向于施行财政扩张政策，对弱势群体采取扶助政策，强调国家干预、社会保障与平等及可持续发展。

展望未来，不少拉美国家执政当局都面临支持率低和反对派的掣肘，无力推进改革计划，而且缓解疫情的经济社会影响仍是政策优先，改革难以真正提上日程，一旦变革触及既得利益阶层或影响民众短期福利，很可能引发新的动荡。因此，如何处理改革与稳定、当前与长远的关系，考验着执政者的政治智慧。唯有通过深层次的政治经济和社会变革，提升民众对政府和政策的信心，探寻地区增长的新动力，形成社会供需之间的新稳态，拉美才有望走出困境。

四 结论与启示

近年来，拉美政治生态呈现出令人担忧的演变趋势。由于地区经济长期低迷，社会结构逐渐向着不健康、不可持续的方向畸变，在美国"门罗主义"回归等外部因素和新冠疫情的突然冲击下，本就存在治理体系和能力缺陷的拉美政坛动荡不断。民众对政党和政治生活缺乏信心和兴趣，执政当局越来越难以获得选民信任，持不同主张的政治团体和政治人物如雨后春笋般崭露头角，进一步加剧了地区政党碎片化的趋势。同时，地

区政治"左右博弈"的大格局进入新的阶段，不同政党之间、国家之间愈发难以取得共识，导致地区政治生态变乱不断，争斗频仍，政治体制改革和经济结构转型迟迟难以提上日程，国家发展前景普遍不容乐观。

中国与拉美同为发展中国家，在追求国家发展和人民幸福的征程中，双方面临相似的问题和挑战，拉美走过的弯路以及当前进行的改革探索对中国亦有一定的启示意义。拉美此轮政治生态巨变，肇始于拉美经济衰退之际，再次证明发展经济是政权基石，保障民生是执政之本，也凸显了中国实施的脱贫攻坚战以及全力推动解决教育、医疗、社保、就业等民生问题的重要意义。从政治体制上看，拉美现行的"三权分立""总统制""联邦制"等基本政治制度多照搬于西方，大多"水土不服"，无法有效化解民众不满、处理利益集团内部矛盾，有时甚至成为引发经济和社会危机的"导火索"，充分说明了不断探索并优化符合本国国情的政治制度的重要性。从对外关系上看，美国对拉美的"门罗主义"干涉政策激化了地区国家之间的内部矛盾，扰乱了拉美政治生活的正常秩序，阻断了拉美经济改革和发展的良好态势，成为地区动荡的最大外部诱因，进一步揭示了主权独立自主、反对外来干涉对国家发展的必要性，也彰显了建设相互尊重、公平正义、合作共赢的新型国际关系以及推动构建人类命运共同体的现实意义。此外，拉美政治生态演变的经验教训还表明，提升治理效能、有效防治腐败、推动社会公平公正和阶层有序流动，是国家稳定发展、长治久安的重要法宝。

新形势下，中拉双方应持续加强治国理政经验交流，创新合作模式，扩大合作领域，拓展务实合作成果，筑牢中拉共同利益，加强民心相通，巩固中拉友好氛围，推动双边关系逆势而上，不断取得跨越式发展。

【作者单位：中国现代国际关系研究院拉美研究所】
（摘自《拉丁美洲研究》2021 年第 3 期）

拉美国家现代化道路中的农村人口迁移问题

——以墨西哥为例

王文仙

中国拉美学界认为，拉美国家的现代化是一种外源性现代化，虽然各个国家的国情具有很大差异性，但由于共同的殖民地经历，在对现代化道路的探索方面，体现了"多样性与统一性"的特点，也可以理解为一定的趋同性。拉美国家的现代化大致经历了三个发展阶段：1870—1930年的初级产品出口阶段、1930—1980年进口替代工业化阶段、1980年以来的新自由主义改革阶段。现代化道路拟解决政治、经济、社会等方面的发展问题，其中农村人口迁移问题是现代化道路的聚焦点之一，既反映了农村、农业和农民的情况，又与城市的发展密切相关，同时也是国家整体发展的一个微缩版。因此，分析农村人口的迁移问题，具有很强的现实性。

墨西哥是拉美主要国家，其现代化道路具有一定的代表性。农村人口的迁移，有四个选择：农村内部不同村镇之间的迁移；迁移到主要大城市，例如墨西哥城、瓜达拉哈拉和蒙特雷等城市；迁移到北部边境城市；国际迁移，主要是去往美国。影响农村人口迁移的因素很多，除了墨西哥经历的重大社会动荡之外，农村的农业发展情况以及土地所有权的变化等都是重要的"推力"因素，而墨西哥的城市化进程以及不可忽略的美国因素则是重要的"拉力"因素。本文拟从农村人口迁移的视角探讨墨西哥现代化道路的经验教训，分析造成人口迁移的主要动因，以此呈现现代化道路的特点，并希望为我国的现代化道路提供一点借鉴意义。

一 初级产品出口阶段的农村人口迁移

19世纪初墨西哥政治独立以来，经历了将近半个世纪的政治动荡，社会发展几乎处于停滞状态。一直到19世纪70年代，政局趋于稳定。此后，总统波菲里奥·迪亚斯统治墨西哥长达三十多年，其间开启现代化之路，一般称为早期现代化，即墨西哥的第一次现代化浪潮。受"科学

派"影响，墨西哥政府的目标是"秩序和进步"，提倡"少政治，多指导"，实行"经济自由主义和政治独裁主义"的统治模式。此时，欧美主要资本主义工业国家正在经历"物质技术基础是电与钢铁"的第二次现代化大浪潮，作为欧洲国家原材料供应地，拉美国家深受影响。

这个时期，墨西哥在经济、文化、社会方面取得显著发展，其中经济增长的引擎是出口经济。1878—1895年出口经济年均增长率为3.9%（以美元计算），1895—1905年，年均增长率上升到6.9%。四通八达的铁路网将矿石、煤、焦炭等矿物，以及咖啡、棉花、烟草、玉米、菜豆、大米和小麦等农产品源源不断输送出去，大部分被运往国内其他地区，少量矿产品（大约30%）被运往国外，出现了"矿业—铁路—农业出口飞地经济综合体"。由此可见，铁路的修建引起了农村人口的迁移。

从历史背景来看，1846—1848年的墨美战争，墨西哥被割让了55%的领土，这让一部分墨西哥人家庭被迫成为跨国家庭。当时正值美国西进运动，西南部经济的快速发展，需要大批劳力，一部分墨西哥人为了谋生，成为美国的季节工人或者临时工。1882年，美国颁布《排华法案》，中国、日本及其他亚洲国家的劳工被驱逐出境。时势使然，墨西哥劳工成为美国的主要劳动力来源。同时，墨西哥修建铁路时侵占不少土地，失去土地的墨西哥人被迫迁往城市或者美国。从19世纪末开始，来自阿瓜斯卡连特斯州（Aguascalientes）、科利马州（Colima）、杜兰戈州（Durango）、瓜纳华托州（Guanajuato）、哈利斯科州（Jalisco）、米却肯州（Michoacán）、纳亚里特州（Nayarit）、圣路易斯·波多西州（San Luis Potosí）、萨卡特卡斯州（Zacatecas）的农村人口，受美国铁路和农业就业机会的吸引迁移美国，这几个州成为墨西哥的传统移民区。1900年墨西哥总人口为1.36亿，"将近3/4的人口生活在农

村"。1910 年墨西哥革命爆发后，国家混乱，农村人口迁往美国成为选择之一。

1917—1921 年，美国制定第一个《布洛塞尔计划》（Primer Program a Bracero），为农村招募7000 名劳工。在该计划结束后，有些墨西哥人仍然选择留在美国，有些人则返回家园。这个时期的人口迁移以单身男性为主，以家庭为单位的迁移比例不到 1/10。整个 20 世纪 20 年代墨西哥处于重建时期，社会动荡不安。1929 年世界经济大萧条爆发之际，美国遣返 4 万墨西哥人。1934—1940 年卡德纳斯总统在任时开展土地改革，同时政府也鼓励墨西哥人返回家乡，部分墨西哥人回国。根据墨西哥移民局（Mexican Migration Project，MMP）的统计资料，1910—1939 年，94.7% 的迁移人口是男性，5.3% 的人口是女性。

推动农村人口迁移的主要动因是国内铁路的修建以及美国的劳工需求。这个时期的现代化道路延续了殖民地时期的经济发展特点，处于世界经济体系外围位置的墨西哥仍然以出口初级产品作为经济发展的主要手段，唯一不同的是以前出口到宗主国西班牙，这个时期是出口到欧美国家。而且，这种长期以来形成的依附性的经济增长道路导致墨西哥经济的脆弱性和内部经济的不稳定性。同时也可以看到，墨西哥和欧美国家的经济外交联系越来越多，墨西哥卷入世界经济体系的方式趋于多样化，不仅是农矿产品的出口、劳工的输出以及外资的流入。欧美主要资本主义国家，如英国、法国、德国以及美国，这个时期在墨西哥也展开了经济争夺。

二 进口替代工业化阶段的农村人口迁移

20 世纪初，国际贸易形势的变化对拉美国家的初级产品出口的经济发展模式十分不利，主要由于技术改革和工业革命加强了欧美发达国家在国际分工中的地位，而拉美国家的传统生产技术没有任何的改进。20 世纪 30 年代资本主义世界的经济大萧条导致发达国家对初级产品的需求减少，导致拉美国家出口规模缩小和产品价格急剧下降，同时也很难从发达国家进口必需的工业产品，拉美经济陷入深谷，一些有识之士开始思考新的经济发展模式。

为应对危机，拉美国家开始自己建立和发展本国的工业，生产原先由国外进口的工业产品以满足自身需求。在这种情况下，部分拉美国家开始了"自发"的工业化发展——进口替代工业化进程，后来在理论层面上逐步发展成为进口替代工业化战略。第二次世界大战的爆发进一步推动了进口替代工业化战略的形成。战争期间，参战国供应产品减少，但是初级产品的需求增加，拉美国家抓住机会，得以发展本国的工业生产。

进口替代工业化战略是 20 世纪四五十年代拉丁美洲经济委员会（以下简称"拉美经委会"）结合拉美地区的实际情况而提出的一种内向型的工业化战略。其中，曾任拉美经委会执行秘书的阿根廷经济学家劳尔·普雷维什（Raúl Prebisch，1950—1963 年担任此职）对此作出了最突出的贡献。普雷维什运用结构分析方法分析资本主义世界经济体系，提出"中心—外围"概念，他认为技术进步及其成果分配的不均衡导致"中心"与"外围"之间不平等的关系，以及由此产生经济结构的巨大差异，结果在这一不平等体系下，外围国家的贸易条件容易陷入长期恶化的趋势。他还提出，外围国家要摆脱不发达状态和贸易条件恶化的制约，实行进口替代的工业化道路是唯一的选择，其"主要的政策工具包括采取有选择的和适当的保护政策、加强国家在经济生活中的干预作用、采取必要措施提高资本积累的水平，以及加强外围国家之间的经济合作等"。

在拉美经委会的积极推动下，拉美国家把进口替代工业化战略作为重要的经济发展战略运用到实践中，并推行了一系列经济政策，主要表现在强调国家在经济发展中发挥重要作用、采取关税与非关税措施来保护国家的"幼稚工业"、利用外资弥补国内资金的不足来提高资本形成的能力和投资率。二战结束后到 20 世纪 50 年代，进口替代工业化战略进入顺利发展的阶段，墨西哥实行完全的进口替代工业化战略，从 20 世纪 40 年代到 60 年代中期，工业发展、经济快速增长，而且在革命制度党统治下，政治稳定，墨西哥转型为城市—工业化国家。这个时期被称为"墨西哥奇迹"。

同时，墨西哥政府积极推动出口农业的发展，在北部开展"绿色革命"，商品性农业得以推广，实现了粮食的自给自足。在国家政策的协调下，农业生产为越来越多的城市人口提供了廉价粮食，同时一些农产品成为工业生产的原材料。当时，70% 的玉米、67% 的豆类、37% 的小麦，几乎50% 的水果都由本国农业提供。但是，墨西哥政府没有给予中部及南部地区农业应有的重视。20世纪 60 年代中后期以来，粮食作物生产一度出现停滞现象，粮食危机初现。部分农民无法依靠土地维持生存，随即流入城市。即便如此，工业化的发展亦不能吸纳全部劳动力，一部分人不得不前往美国寻求工作机会。对墨西哥而言，进口替代工业化战略加剧了一些仍未解决的问题，例如城市失业率增加，因为它没有为农民工提供工作和适当的生活条件。支持工业、放弃农业政策，鼓励了移民。

美国参与二战为墨西哥劳工提供了机会。为了解决美国征兵后劳动力不足的问题，1942 年两国签订《布洛塞尔计划》（Bracero Program），墨西哥政府与劳工签订合同之后，被送往美国从事农业劳动。这些墨西哥劳工被安排在美国的 28 个州，主要是在农村和铁路线参加劳动。《布洛塞尔计划》是临时性的，而且针对性很强。当时，美国特别强调不准许墨西哥劳工的家庭成员跟随到美国。由此，在《布洛塞尔计划》实施期间，92.6% 的劳工是男性，7.4% 的劳工为女性，而60.2% 的劳工的年龄在 15—34 岁。

1964 年《布洛塞尔计划》被取消。计划实施期间的人口迁移为后来的墨西哥农村人口迁移美国积累了一定的经验，缓冲了非法移民的负面影响。同时，墨西哥政府利用《布洛塞尔计划》向美国输送部分农业劳动力，成为减少农村贫困人口的"减压阀"。《布洛塞尔计划》主要从传统移民区的三个州招募劳工，从招募人数来看，排在第一位的是瓜纳华托州，第二位是哈利斯科州，北部边界州奇瓦瓦州（Chihuahua）位居第三，第四、第五、第六位分别是米却肯州、杜兰戈州以及萨卡特卡斯州。另外，还有来自中南部其他州的劳力。

《布洛塞尔计划》被取消后，墨西哥人口仍然流向美国，意味着非法移民阶段开始。美国一向把墨西哥人视为廉价劳动力。20 世纪 70 年代，在全球化浪潮下，美国经济结构发生重要变化，汽车制造业公司关门，或者迁往国外。墨西哥移民从从事农业、制造业活动转向服务业、建筑业、家政服务、商业等。部分企业为降低工资成本，欢迎墨西哥移民。

1986 年美国颁布《移民改革和控制法案》（Inmigration Reform and Control Act, IRCA），标志着非法移民现象被以法律形式加以规范。230 万墨西哥移民合法化，变成美国合法公民，其中75 万是来自墨西哥农村的劳力。在这些被合法化的劳力中，来自哈利斯科州的人口比例最高，占 20%。

这个时期也是墨西哥城市化进程加速发展的阶段。由于不能吸收大量流入城市的人口，城市治理过程中出现了"城市病"。值得注意的是，女性开始从农村流向城市，主要从事家务劳动，或者在街头贩卖小百货。20 世纪 60 年代，墨西哥 52% 的国内迁移人口是女性，她们大多从事家政服务。这是因为进口替代工业化期间，城市中产阶层壮大，需要更多的家庭服务人员。与此相

应，在农村，尽管经历了 20 世纪 30 年代以来的土地改革进程，土地一般由男性继承，女性不能再依靠土地，只能另谋出路。20 世纪 70 年代，女性占国内迁移人口的比例为 51%。危机重重的20 世纪 80 年代，农村人口流动到城市的人数继续增加，但是速度减缓。

三 新自由主义改革以来的农村人口迁移

当进口替代工业化战略由生产非耐用消费品的初级进口替代阶段（也称为"容易阶段"）发展到生产耐用消费品、中间产品和耐用品的高级阶段时，出现了新的问题，主要是无法解决工业产品的市场销路。这是因为拉美国家需要从国外进口中间产品和其他的工业原料，随着工业化进程的加快，进口需求量也越来越大，而进口所需资金来源于出口初级产品的外汇收入。但是，20世纪 50 年代中期，国际市场对初级产品的需求量减少，拉美国家无法获取充足的外汇收入来满足工业化的需求。最重要的是，拉美国家的国内市场狭小、内需有限，无法消化工业产品。这种现实制约了经济的进一步发展，而且由于这种内向型的工业化战略对本国的工业生产采取保护性政策，以至于工业产品缺乏国际竞争力，无法走向世界市场。进口替代工业化战略遭遇瓶颈，拉美国家没有及时转型改变发展模式，错失良机。

1982 年，墨西哥爆发经济危机。20 世纪 80年代末，墨西哥实施"华盛顿共识"指导下的新自由主义经济改革，经济结构重组，部分工厂倒闭、货币贬值、失业率居高不下、就业机会骤减、农业生产条件恶化，而且在许多地方农村人口无法获得贷款，封闭的环境无法获得劳动机会。因此，非常贫穷的且具有长期移民传统的农村人口倾向于向外迁移：流向美国，或者本国大城市。

这个时期农村人口的流动也与墨西哥的土地改革相关。1991—1993 年，墨西哥总统萨利纳斯颁布一系列关于自然资源和农村资源的法律，从而让法律框架适应宪法的变化和国际贸易及投资法规的标准。1992 年 2 月 26 日，墨西哥总统萨利纳斯进行宪法修订，准许土地私有化，这意味着经历七十多年的墨西哥土地改革走向终结。在土地私有化之后，农村地区的新一代人口只能通过购买或继承获得土地，贫穷的农民没有获得购买土地的资金。因此，生活在农村的人们，想要从事农业生产活动，但是没有土地，而且可能将来也不太可能拥有土地，这样的家庭年年增加，越来越多。没有土地的人口的增加是农村人口国内和国际迁移的推动力。1994 年墨西哥加入北美自由贸易协定后，农业生产处于劣势，逐渐失去

政府的保护，这导致传统的农业生产活动陷入困境。1994 年，墨西哥爆发萨帕塔民族解放运动，说明墨西哥的现代化道路暴露出严峻的社会问题，农村落后、城乡不平等、社会失衡、粮食不能自给自足、毒品走私现象严重等。

这个时期墨西哥农村迁移人口基本上涌向具有强大经济活力的美国边界州，例如加利福尼亚和得克萨斯州，因为那里有许多工作机会。不过，63.6% 的移民是非法移民，这些移民仍以男性为主，但是女性比重渐渐增加，大约占 9.8%。女性移民大多以家庭团聚方式迁移美国。在非法移民中，最终只有少数人，大约 12.1% 的人选择留在美国。这取决于他们学会了英语，掌握了一定的技能，找到了更体面的工作。由此，墨西哥移民出现新趋势。（1）非传统过境点的重新定向。传统过境点是圣迭戈和埃尔帕索，现在转向亚利桑那，尤其是索诺拉州成为国际移民的主要过境点。（2）出现新迁出地。2004 年，新兴起的最大移民迁出地所占比例情况：塔瓦斯科州 36.1%；坎佩切州 32.5%；科阿韦拉 32.0%；恰帕斯州、杜兰戈州和索诺拉州共占 26.6%。（3）女性移民增加。之前女性迁往美国是为了家庭团聚，或全家迁出；近年来，单个女性移民的情况越来越多，她们受过高等教育，来自不同的民族和社会阶层，其比例逐渐上升。（4）墨西哥政府在维护移民权利方面的低效率，越来越不能维护移民的基本人权；虽然也采取了部分措施，但是收效甚微。此外，值得注意的是，还有一部分移民来自墨西哥中间阶层（像教师和建筑师）；印第安人也加入了移民行列。这反映出移民的多样化和复杂性。（5）移居地的范围蔓延到美国的 50 个州，而且以家庭居多，这和以前相比有很大的不同，以前主要是男性劳动力。美国学者长期以来一直认为，贫困和经济机会匮乏是墨西哥人迁移美国的主要驱动力，促进墨西哥的发展可以减少非法移民的流入。也有人建议美国国际开发署（U. S. Agency for International Development）支持农民对接农民的交流计划，将墨西哥的农民合作社与在美国的墨西哥农民进行对接。

据统计，2019 年，生活在美国的墨西哥人大约有 1090 万。2010—2019 年，墨西哥人减少了近 78 万人，即 7%。一个原因是移民执法力度加大，另一个原因是墨西哥经济增强。不过，在经历了十多年的下降之后，目前寻求迁移美国的墨西哥人的数量正在激增。2020 年以来，墨西哥各地日益严重的暴力事件，以及不断恶化的经济，导致墨西哥向美国移民人数十年来首次激增。

余论

不管是哪个历史时段的人口迁移，不管是移民美国还是迁移大城市，一个简单的理由是在农村无法找到适合自己的生活方式，想改变当下的生活状态。

20 世纪 80 年代，一般是男性到城市找工作，随后妻子或亲属也跟着来到城市。到 90 年代，男性或女性家庭的亲戚也纷纷来到城市，这样由一个人变成了一家人，亲戚相邻而居。在北部边境城市和旅游城市，印第安人主要从事建筑业和服务业活动，这些地方为印第安人的手工业产品也提供了市场。印第安人大多是家庭性迁移，在城市购买住房或者土地，他们与农村的农业活动和土地所有权越来越没有关联了。例如，从米却肯州的圣巴托洛科—库库乔（San Bartolo Cocucho）到瓜达拉哈拉大都会地区，普尔佩查人（Purépecha）生活在这里。他们离开家乡的原因首先是与缺少耕地有关，其次是由于木材的过度开发导致公共森林的灭绝。人们无法再依靠森林资源，向瓜达拉哈拉的迁移变得势不可挡。圣巴托洛科的男性在瓜达拉哈拉从事蓬勃发展的建筑业。一些女性上夜班，负责瓜达拉哈拉市场仓库中的蔬菜分拣工作。必须指出，离开家乡的迁移者仍然对返回家乡抱有很深的期望，特别是在参加节日活动、重要仪式等方面，以此保持与家乡的联系，维持与家乡的情感归属感。有学者研究表明，在时间、距离和可能性方面，最有能力返回家乡的是移居城市的印第安人家庭。例如，奥托米印第安人（Otomíes）的大多数仪式（出生、婚姻、死亡）都在家乡举行，他们认为有必要维持土著居民在任何地方的神圣身份。

女性离开家乡的原因很多，这也与她们的性别及与之相关的脆弱性有关。20 世纪 80 年代以来，尤其是到 90 年代，日益严重的土地短缺、经济危机和不利的政策，农村家庭不能再仅靠农业生产维持生计，必须依靠非农业活动，收入多样化。移居城市已经成为女性的一种选择，不仅可以改善经济状况，而且更重要的是，对于已婚女性而言，离开公婆的家庭，离开生活的村庄，可以改变在村庄的从属地位，体验到与男性整体上的性别平等关系；为子女工作和创造更好的生活条件；单身女性可以找到更高收入的工作机会。作为劳动者，女性受到更多的青睐，她们比较灵活，可以接受短期工作和临时工作。女性在城市寻找就业过程中，适应城市生活，实现了多样性、灵活性、适应性，以及家庭内外活动的结合。她们一般作为日工从事园艺业劳动。

20世纪60年代以来，居住在农村的人口不断减少，1960年占49%，1980年占34%，2000年占25%，2010年占22%，2021年占19%。以2000年为例，墨西哥总人口9890万，农村人口大约是2460万人，其中1240万为女性，1220万为男性。2000年大约有490万个农村家庭，75%的家庭是核心家庭，其中16.8%的核心家庭以女性为主，大约32.3%的人口在60岁以上。

人口流动必然带来农村家庭组织的变化以及资金的流动。不管是迁移大城市生活工作，还是迁移美国，一个重要的结果是积攒收入，并寄回家乡，贴补家用。所以，侨汇成为墨西哥收入的重要来源之一，在平衡国民经济发展方面发挥着重要作用。据统计，迁移人口的汇款主要用于消费，而不是用于投资农业生产活动。一般而言，在美国积攒的大部分收入用于家庭日常生活消费，除了购买生活物品，还有缴纳学校教育费用等。其次的重要选择是在家乡购买住房或土地，购买用于修建房屋的水泥、木材等材料，或者修葺房屋。有移民的家庭比那些没有移民的家庭在拥有住房方面获得更多的成就感。

从人口流动周期而言，有的是临时性或周期性流动，有的则是永久性移民。这意味着留守家庭的出现，女性、儿童和老人继续留在墨西哥，这是潜在的社会问题，不利于农村的稳定。人口流动对所在家乡带来几种变化：第一，家乡的家庭成员构成发生变化，要习惯与迁移成员分开生活的方式；第二，家乡的土地和宅基地不再需要单独分配；第三，迁移在外的家庭成员与留守在家乡的家庭成员之间的关系变得更加重要，在照顾老人等方面达成更多的妥协，但是也存在紧张关系；第四，迁移在外的家庭成员只关注留守在家乡的父母的状况；第五，越来越重要的汇款是用于居家老年人的身体保健和维持性汇款，几乎不会投资到传统的农业生产活动中。

从农村人口迁移的事实来看，墨西哥现代化道路没有重视农村、农业的发展，农村生活凋敝，老龄化和空心化现象严重，不利于社会稳定与和谐。如恩格斯所说，"乡村人口的分散和大城市工业人口的集中，仅仅适应于工农业发展水平还不够高的阶段，这种状态是一切进一步发展的障碍。"同样，"没有真正可持续的农村发展来消除贫困和落后，墨西哥就不可能有经济和民主进步。"农村已经不再是国家发展政策的一部分，而是社会政策的一部分。流向美国的移民，虽然把侨汇寄回国内，但是也为两国的边界治理增加了难度。即便是流入城市的贫困人口，他们中的很大一部分人居住在城市贫民窟，成为城市治理的大难关，构成城市化的"特色"。

如何更好地解决人口迁移问题，对所有劳动者的人权和劳工权利进行适当保护？有学者提出，最佳的办法是促进类似于欧洲联盟的北美经济联盟的形成，这样劳动力所有者可以像商品和资本所有者一样，在整个北美洲，甚至在世界各地基本上不受限制地自由流动，以寻求最高的价格或利润。不过这只能从长计议。从短期和中期来看，墨西哥必须努力恢复劳动力的劳动主权。这个目标的实现还需要恢复国家粮食的自给自足和农村重建。而要"把农业和工业结合起来，促使城乡对立逐步消灭"，对墨西哥来说，还需要漫长的过程。

一个国家如果没有实现农业、农村、农民的现代化，是不可能实现全面现代化的。墨西哥与中国作为重要的发展中国家，在选择现代化道路方面出现了不同的社会效果。两国之所以社会效果不同，除了政治制度、土地所有权的差异之外，一个关键因素是中国式现代化道路，是"人口规模巨大的现代化……是全体人民共同富裕的现代化……是物质文明和精神文明相协调的现代化……是人与自然和谐共生的现代化……是走和平发展道路的现代化"。当前，中国式现代化道路的一个核心内容是乡村振兴，解决好"三农"问题。"全国八百三十二个贫困县全部摘帽，近一亿农村贫困人口实现脱贫，九百六十多万贫困人口实现易地搬迁，历史性地解决了绝对贫困问题。"现在的关键是防止返贫。

不管墨西哥还是中国，有必要"推动包容性增长的政策以促进社会公平"，比如鼓励正规公共研发体系，解决社会底层问题，让"包容性创新"或"扶贫创新"真正惠及贫困人口。在解决农村人口迁移问题方面，重点是应该提高农村人口的素质教育，增强他们的生存就业能力。中国提出了农业农村现代化的重要任务，那么科技兴农、科技创新至关重要；同时注意加强农村公共设施建设，提升社会公共福祉。此外，政府积极参与和帮扶农业发展是振兴农业必不可少的条件。

【作者单位：中国社会科学院世界历史研究所】
（摘自《史学理论研究》2022年第6期）

阿富汗变局后的中亚安全：
大国博弈与地区合作

孙壮志

2021 年，在经历长达 20 年的所谓"反恐"战争以后，美国军队匆忙撤离饱经战乱的阿富汗，不仅使阿富汗国内形势急转直下，还引发了地区国家乃至国际社会的担忧，也导致中亚地缘政治格局再度走到"十字路口"。中亚地区位于欧亚的接合部，北靠俄罗斯，东部与中国接壤，东南部和阿富汗相邻，西南部与伊朗毗连，西部与南高加索地区隔里海相望，总面积约 400 万平方公里，属内陆地区，历史上曾是欧亚大陆陆路交通的必经之地。中亚战略地位的特殊性在冷战后引发了新的地缘政治竞争，全球大国和地区强国纷纷在该地区施加影响，希望在国际安全和经济格局中拥有更为有利的地位。长期战乱的阿富汗与中亚有着非常密切的历史文化联系，同时与阿富汗问题密切相关的国际恐怖主义、毒品走私等跨国犯罪活动又对中亚的安全构成了直接威胁。随着美国仓促撤军、塔利班重新夺取政权，加上大国为争夺地区安全和经济的主导权展开新一轮博弈，地区的和平与稳定又遭遇新的挑战。

一 阿富汗问题与中亚地缘政治形势的关联性

19 世纪中亚及阿富汗成为俄、英两大帝国争夺的前沿和"缓冲地带"。20 世纪中亚成为苏联的一部分，与西亚、南亚地区的政治、文化关系被彻底割裂。第二次世界大战后，包括阿富汗在内的欧亚地区发生很大变化，美苏对抗使欧亚腹地的地缘政治格局相对简单化，中亚成为两极争霸的前沿。苏联入侵阿富汗，导致南亚和西亚的地缘政治平衡被打破，美国、巴基斯坦等国积极支持阿富汗国内的抗苏斗争。20 世纪 90 年代初苏联解体，俄罗斯陷入衰落，中亚五国获得独立，这一长期封闭的地区向外部世界开放，各种力量一拥而进，邻近的阿富汗内战不休，地缘政治形势变得空前复杂。新世纪美国和北约借武装干预阿富汗大举进入中亚，俄罗斯不愿失去对该地区政治和安全上的绝对影响力，导致大国竞争加剧。

美国撤军并没有从实质上改变严峻的安全态势，使原本就不平静的地区国际关系变得更为复杂，不确定因素明显增多。

（一）911 事件后中亚地缘战略地位的提升

2001 年 911 事件后，中亚地缘政治形势发生了明显变化，在大国外交中的战略地位得到空前提高。美国等北约国家出动军队，在阿富汗打击国际恐怖主义组织，扫除其训练营地，同时加强与中亚国家的军事合作，提供大量财政援助，一定程度上改善了地区的安全环境，同时也付出了高昂的经济代价，其战略目的还在于限制中、俄的地区影响。随着交通条件的改善，中亚和里海的资源开发也受到大国的重视，多条能源管线的建设和规划，也使这个地区在全球经济中的重要性得以凸显。

中亚五国独立后都奉行大国平衡的外交战略，希望借助大国的力量尽快被国际社会承认和接纳，巩固来之不易的国家主权。对于中亚国家来说，能否如愿以偿地达到战略平衡，取决于大国在地区的战略均势，主动权并不在自己手里。在国家对外战略理论中，均势战略理论是最古老、最有影响、最有争议的传统理论之一。均势作为国际关系中的一个重要概念，其含义是：在主观上指国家发展对外关系的一种战略、原则、政策、策略，通过主观能动力促使国际力量对比大致趋于均衡、相对稳定状态；在客观上指国际关系的一种结构、格局、体制，意指国际社会中各种力量维护大体均衡的局面，以防止任何国家过分强大足以控制别的国家，建立霸权地位。在中亚确定什么样的地区秩序，要看内部行为体之间、内部与外部之间、外部不同力量之间能否形成某种"均势"，但最终还是取决于行为体的综合实力，实力强大的行为体显然拥有更多的资源和话语权。

作为相对封闭的内陆国，中亚虽然自然资源比较丰富，但分布非常不平衡，有的国家能源匮乏，甚至粮食都不能自给。无论是实现经济振兴，还是提高国际地位，都需要全方位对外开放，积极拓展外交空间。但是，由于中亚国家的经济和政治体量都相对较小，在大国的外交战略中往往只能处于"从属"地位。

（二）阿富汗变局强化中亚地缘政治的独特性

所谓地缘政治，基本的含义就是政治权力和地理空间的相互作用，由于伴随着扩张、竞争和冲突，因此成为研究安全形势必须关注的问题。美军撤出阿富汗，直接导致的后果就是地区政治权力布局的重构，要达到各方都能接受的状态，需要一个复杂的博弈过程。

中亚地区当前的政治地图有其独特之处。一是各国政治文化传统的关联性和相似性。中亚各国脱胎于苏联的加盟共和国，阿富汗也长期受苏联的影响，而在 19 世纪中叶以前，伊斯兰教、氏族宗法观念对政治都有很长时间的影响。二是各国在体制建设方面的摇摆性。中亚国家形式上要建立西方式的民主政体，但同时又要加强以总统为核心的中央政府的权力，甚至是总统个人的权威，用自上而下的控制来避免社会的动荡。三是国家实力的不平衡性。中亚各国强弱分明，经济、军事、国际影响力差距明显，经过 30 年的发展，这种差距进一步扩大，追求的外交目标也拉开了距离。四是大国竞争造成的不稳定性。中亚的地理位置、资源禀赋决定了大国利益相对集中，外部力量对中亚地区的压力始终是难以排除的。五是外部和周边力量中心的渗透和影响，导致发展目标和方向的不确定性。中亚与周边有着密切的历史文化联系，在主权民族国家建构的过程中，容易受到外部大国的左右。

阿富汗变局在一定程度上强化了中亚上述特征，引发了新一轮的地缘政治竞争，加剧了原有的不平衡性、不稳定性和不确定性。大国的力量对比此消彼长，而地区内外的行为体也要借势有所作为，更趋活跃，相互之间的关联度也在提升。

（三）阿富汗问题与中亚安全的密切关系

中亚是不是可以长期保持稳定，起决定作用的是内部因素，但这些内部因素与外界又有千丝万缕的联系。中亚安全来自外部最直接的威胁，或者说最薄弱的环节，就是阿富汗问题。两者的联系非常紧密，原因有四：一是地理上连成一体，中亚五国中有三国与阿富汗直接接壤；二是历史和文化上彼此难以分割；三是有共同或相似的宗教问题，有众多跨界民族；四是外部因素的影响经常由此及彼，错综复杂。阿富汗和中亚位于欧亚大陆腹地，是陆路交通的要冲，是俄罗斯、中国、印度东进西出、南来北往的门户，而且资源比较丰富，战略位置十分重要。随着阿富汗形势发生新的变化，中亚国家对自身安全的担忧进一

步加深，对塔利班政权的不信任也毫不掩饰。塔吉克斯坦总统拉赫蒙在第 76 届联合国大会发言时明确表示塔政府不承认塔利班政权，认为塔利班还在联合国安理会通过的国际恐怖组织名单上，夺取政权后没有照顾到阿富汗其他民族的利益。2021 年 10 月土库曼斯坦总统别尔德穆哈梅多夫与乌兹别克斯坦总统米尔济约耶夫会谈时，双方都认为，地区发展的安全性和可持续性在很大程度上取决于阿富汗局势，而且刻意用"阿富汗政府"指代"塔利班"。对塔利班的回避反映出中亚国家对阿富汗当前局势的矛盾心态。

推动阿富汗的民族和解与经济重建，在很大程度上也有利于为中亚国家消除最大的外部威胁，创造良好的周边环境，促进中亚地区发展。阿富汗问题不是当前中亚安全的全部内容，但阿富汗形势的走向对中亚保持稳定是一个必须要考虑的地区变量。在中亚安全格局和地缘政治角逐中，阿富汗在最近二十余年来扮演的角色非常重要。1992 年阿富汗纳吉布拉政权的垮台，波及塔吉克斯坦政权发生更迭，导致内战爆发；1996 年塔利班把当时的阿富汗总统拉巴尼逐出喀布尔，塔吉克斯坦随后实现民族和解，因为当时在阿富汗北方的塔吉克斯坦反对派已经无法在当地立足；2001 年美国军事打击阿富汗，与乌兹别克斯坦结成"准盟友"，中亚的地缘政治裂痕随之扩大；2021 年美军撤离，中亚国家担心再度遭到极端势力的袭扰，加强了与俄罗斯的军事合作。

（四）美国撤出阿富汗后的地缘政治动荡与多方利益牵动

美国及其盟友 2001 年对阿富汗展开军事行动，打垮了塔利班政权，清除了一些恐怖组织在阿富汗的训练营，对维护中亚地区安全是有利的。但是，美国利用在阿富汗发动的反恐战争，实现了在中亚的军事存在，引起了俄罗斯的担心。美国还利用中亚国家对其反恐行动的支持，不断扩大政治影响，导致中亚国家政权受到"颜色革命"的现实威胁。面对俄罗斯和中亚国家政府的强烈反对，美国不得不放弃了在吉尔吉斯斯坦和乌兹别克斯坦的军事基地，利用阿富汗大做地缘政治文章，试图用投资项目"吸引"中亚国家脱离中国、俄罗斯。2020 年美国利用与中亚国家的"5＋1"外长级会晤机制，提出中亚新战略，涉及反恐、人权、主权、投资及阿富汗问题等广泛议题，特别强调要"平衡"周边大国的影响。

美国在准备从阿富汗撤军的过程中，并不准备减少在中亚已经实现的政治和经济存在，甚至提出要把撤出的美军装备"赠予"中亚国家，还寻求恢复在中亚的军事基地，遭到俄罗斯的强烈

反对。最终美军匆忙离开，"善后"工作混乱不堪，引起盟友的不满。美国的"不可靠"和俄罗斯的"强势"让中亚国家不得不寻找新的外部平衡力量。美、欧调整部署，改变策略，印度、伊朗、日本等也积极在中亚寻找立足之地。俄罗斯则于2021年8月在中亚与阿富汗的边境地区，与塔吉克斯坦、乌兹别克斯坦举行多场大规模联合军事演习。可以说，美军撤离引发新一轮地缘政治博弈，参与的外部力量更多，目的性更强，竞争的领域从投资、交通、贸易转向政治、军事、人文方面，其带来的结果可能如同2020年急剧升级的纳卡冲突一样，是灾难性的动荡。

中亚及阿富汗处在中国、俄罗斯、西亚和南亚之间，能否保持稳定，对中、俄、印、伊朗等邻近地区大国的战略利益有直接影响，而美、欧等"外部力量"更是在中亚国家独立之初便在一系列重要领域抢得立足之地，或在能源开发领域占有先机，或在跨境交通方面提出宏大计划，还直接插手中亚国家的政治和经济转型。

独立30年来，中亚各国一直存在着外交选择的争论，究竟是向东借助中国走向亚太还是向西借助邻国重温伊斯兰文明，是重新依靠俄罗斯再创欧亚"联合体"的辉煌，还是彻底倒向美、欧等国家完全接受西方的价值观。虽然最后的选择是不排斥任何一个方向，来者不拒，但实际上无法"兼容"完全不同的政策取向。五国确定的"区域化"路径也各不相同，有地缘上的问题，有经济和人口结构的问题，也有执政者的主观决策。这就导致与中亚相关的多边框架和机制不断出现，各种合作倡议和"路线图"相互竞争，又不幸导致机制"过剩"和"拥堵"的奇特现象。乌兹别克斯坦、塔吉克斯坦没有参加2015年启动的俄罗斯主导的欧亚经济联盟，但与俄罗斯的双边经济联系反而不断加强。

由于全球大国和周边地区强国在中亚区域性的制度安排中发挥了主导作用，重大多边项目的落实也要靠来自外部的投入，所以在中亚建立的很多区域组织与多边机制，都要辅之以"基金"支持。中亚国家的自主性只剩下如何作出选择，即在多大程度上迎合外部力量的意志。无论是与中亚直接接壤的俄罗斯、中国，还是美国、欧洲、印度、日本、土耳其、伊朗等，都在这个地区有着或多或少的经济和安全利益。美国从阿富汗撤军以后，各种外部力量从自身利益出发，谋求强化对中亚地区的影响，原有的地缘政治平衡被打破，新的平衡短期内难以建立起来，为了争取一个对实现自身利益更为有利的结局，一些国家不惜采取非和平手段，对地区稳定造成新的挑战。

二 中亚地区安全面临多重和多元的挑战

独立30年的中亚国家走过了曲折的发展历程，政治和经济建设取得一系列成就，外交上非常活跃，已经成为不容忽视的地区力量。由于外界在看中亚时，经常会关注一些地区热点或与大国政策相关的"重要"问题，安全形势也经常与外部的挑战或地区整体的变化相关联。对五个中亚国家内部的问题往往是"选择性忽视"。实际上如果一个国家经常发生或潜伏着严重的政治和社会危机，不仅会破坏这个国家的正常发展进程，还可能为外部势力的介入创造条件，甚至可能进一步外溢成地区性的矛盾冲突，进而影响到大国的战略利益。

作为一个安全上比较薄弱的地区，中亚的稳定经常遇到一些干扰。从20世纪90年代初的塔吉克斯坦内战，到因水资源和边界争端导致的国家间关系恶化，再到阿富汗塔利班武装异军突起，导致"三股势力"在中亚频繁制造事端。2001年以后，美国及其北约盟友在阿富汗这块贫瘠的土地上大动干戈，多年军事行动劳而无功以后又仓促撤离。因此，30年来这个地区的安全格局一直处于复杂的变动当中，多种力量相互牵制，竞争的领域也逐步由政治、经济领域扩展到军事、安全和文化领域。中亚国家实际上要在这种多元、多重、多变的格局中寻找平衡，同时又不可能实现完全的平衡，当各方利益出现直接碰撞或者正面冲突的时候，中亚国家就不得不调整政策。这种调整究竟是获得收益还是导致危机，对于中亚国家来说就是一次次严峻的考验。

（一）中亚安全内在的脆弱性

关于中亚安全有比较悲观的论断，即"破碎带"和"动荡弧线"的说法，前者是冷战时期美苏争霸导致的后果，后者则是民族、宗教冲突以及极端势力和恐怖主义的地区表现。中亚和阿富汗曾是不同文明的分水岭，又在冷战时期处在两霸争夺的前沿，民族、宗教构成复杂，社会经济不够发达。中亚的地区安全与国际环境的变化有密切的关系：一方面，急剧变动中的世界格局给中亚国家维护独立和安全提供了机遇，多极化和全球化使中亚国家易于进入开放的地区安全体系；另一方面，作为发展中国家的中亚五国在安全上又处于不利位置。这里各种潜在的矛盾很多，打着宗教旗号的极端思想复兴和族际冲突使历史上形成的对抗再度加剧。基于此，有学者甚至认为中亚就是一个名副其实的"火药桶"，可能引发大面积的冲突，甚至大国间的战争。当然这是最极端的一种情况，从30年的发展趋势看，无论是中亚地区现实的还是潜在的问题，都不会对国际安全造成致命威胁，但也不能忽视中亚地区出现长期动荡的危险和危害。

应该看到，经过独立后多年的建设和发展，中亚国家在政治、经济、文化等领域都取得了不小的成就，自身的国防能力也得到了一定程度的提升，加上多数国家是俄罗斯主导的集体安全条约组织的成员国，遭受外部直接军事入侵的可能性很小。与此同时，由于经济、政治特别是社会领域的转型过程并不顺利，造成内部各种矛盾累积、叠加，2020年爆发的新冠疫情进一步放大了这些问题，严重的社会分化使得当局在维护稳定方面付出的成本更加高昂。因此，尽管阿富汗变局使中亚面临的外部威胁受到更多关注，但地区安全的脆弱性，主要还是体现在内部已经出现或可能发生的冲突和危机。

（二）中亚各国不同阶段面临的安全挑战

如果把中亚五国独立后面临的安全形势用十年来分期的话。那么，第一个十年（1991—2000），中亚国家虽然经济形势严峻，在建立权力体系方面产生不少问题，如总统和议会的争权夺利等，但基本保持了内部的稳定，主要任务是巩固来之不易的主权和独立。这个时期威胁地区安全的主要是打着宗教旗号的极端势力，塔吉克斯坦甚至由于伊斯兰复兴党武装夺权而爆发了多年的内战，到1997年才在俄罗斯、伊朗等国的帮助下实现民族和解。由于阿富汗内战升级，90年代后期塔利班崛起并向中亚国家的边界推进，以"乌兹别克斯坦伊斯兰运动"为代表的恐怖势力向中亚国家渗透，频繁制造爆炸和袭扰，一度对地区形成巨大的安全压力。

第二个十年（2001—2010），中亚国家经历了政治上的剧烈冲击，吉尔吉斯斯坦因国内南北矛盾激化，发生了非正常的政权更迭，美国和俄罗斯在背后的博弈受到关注，美国借阿富汗反恐在中亚实现军事存在，俄罗斯也针锋相对，要把美军赶出自己的"后院"。虽然经济有所恢复，哈萨克斯坦还借石油价格高企实现了快速增长，但社会的严重分化造成各国的稳定面临潜在的威胁。由于"颜色革命"的现实挑战，各国都加大了对反对派和西方背景的非政府组织的限制力度，但内部的矛盾以及执政者的腐败还是激起了社会的不满，吉尔吉斯斯坦2005年和2010年两次爆发政治动乱，首任总统阿卡耶夫和"郁金香革命"后上台的巴基耶夫先后被迫流亡国外。

第三个十年（2011—2021），中亚五国发展的差距拉大，威权政体之下普遍认为权力交接可能带来未知的风险，但哈、乌等中亚大国的"易

主"却没有发生危机或内乱。乌兹别克斯坦总统卡里莫夫突然去世，政权平稳过渡到继任者米尔济约耶夫手中，哈萨克斯坦首任总统纳扎尔巴耶夫突然宣布辞职，把总统宝座交给自己非常信任的"老臣"托卡耶夫，宣布进入权力交接的"过渡时期"。这个时期大国的地缘政治博弈不断升级，与阿富汗形势变化和金融危机后美国"战略收缩"相关，俄罗斯通过成立欧亚经济联盟，进一步加强对中亚的掌控，但无法阻止当地出现的"去俄罗斯化"进程以及其他外部力量的全方位渗透。新冠疫情的暴发使原本脆弱的社会管理体系处于崩溃边缘，美国突然从阿富汗撤军和塔利班迅速掌权也导致外部安全环境复杂化。

（三）政权安全的重要性日益凸显

对于中亚五国的执政者来说，如何牢牢掌控权力是最重要的问题。确立强有力的总统制，保证了总统大权在握，议会虽然是最高立法机构，但无法挑战总统的权威，形成"强总统、弱议会"的权力结构。只有塔吉克斯坦和吉尔吉斯斯坦一度实行议会制，前者是因为内战期间中央和领导人个人权威难以获得承认，反对派的力量比较强大；后者是两次"革命"后要平衡各派政治力量，是相互妥协的一个结果。中亚国家形式上照搬了西方的议会民主和多党制，总统也是全民直选，西方给中亚提供援助时往往附加政治条件，即在"民主化"上要接受西方模式，以此施加政治影响，而俄罗斯因为与中亚国家一样是威权政体，又有传统的政治联系，在维护政权稳定上有相似的利益。

美国等西方国家在对待中亚国家政权的态度上同样表现出实用主义态度，出发点是维护自己的战略利益。比如乌兹别克斯坦的外交政策经常在西方和俄罗斯之间"摇摆"，考虑的核心问题往往与领导人的个人权力有关。面对疫情背景下国内社会分化日趋严重，中亚各国进一步加强了政治上的控制，同时为下一步权力的稳步交接做准备。哈萨克斯坦2021年议会选举，"祖国之光"党轻松获胜，继续掌控议会下院的绝对多数。2021年11月首任总统纳扎尔巴耶夫宣布将"祖国之光"党主席一职转交给新任总统托卡耶夫，给了托卡耶夫更大的施政空间。乌兹别克斯坦现任总统米尔济约耶夫在2021年10月的大选中以超过80%的得票率获得连任，投票率也超过80%。吉尔吉斯斯坦1月同时举行总统选举和改行总统制的全民公决，结果2020年动乱后上台的扎帕罗夫顺利当选，新的政体有助于强化总统个人的权力。塔吉克斯坦和土库曼斯坦也明确了现任总统的接班人，尽管"家族统治"受到质疑，

但有助于保证政策的连续性。

2020 年美国出台新版中亚战略，明确关注中亚国家的所谓"民主"进程，实际上也是以此保持对中亚国家领导人的压力，维持美国的战略利益。俄罗斯则在抵御西方"颜色革命"威胁方面与中亚国家立场一致，普京与中亚五国现任领导人都建立了牢固的"个人友谊"。吉尔吉斯斯坦新总统扎帕罗夫把当选后的首访国家确定为俄罗斯，而且 2021 年 2 月访俄时带去了几乎所有内阁成员，表明要与俄开展全方位合作，还特别表示继续把俄语作为吉尔吉斯斯坦的官方语言。

（四）社会安全和经济安全的挑战增多

中亚国家独立后，上层保持了稳定性，坚持世俗化的政治制度，而下层则出现了伊斯兰教迅速复兴的状况，大量贫困人口是其社会基础。尽管领导人的稳定对政局的稳定是有利的，但这种稳定是有代价的，比较脆弱。中亚地区在未来 10 年内如果发生较大规模的动荡，政治因素是必须注意到的，但这种政治混乱更多地是来自社会领域。领导层的更迭如果发生政治冲突，可能会有来自外部的干预，因为强大的邻国不希望这里混乱不堪，而社会层面"自下而上"的冲击则更容易失控。受阿富汗局势的影响，中亚地区的极端势力趋于活跃，在吉尔吉斯斯坦、乌兹别克斯坦都发现有极端分子准备挑起针对当局的暴力行动，各种群体性事件频发。2021 年 11 月，在邻近阿富汗的塔吉克斯坦戈尔诺－巴达赫尚州，因当地执法人员向通缉犯开枪，引发大规模抗议示威，并与警察发生冲突。

经济或者发展问题也是值得中亚国家重视的因素。经过 30 年，中亚国家的经济发展已经明显拉开了距离，21 世纪初哈萨克斯坦的人均国内生产总值大约为 1200 美元，而塔吉克斯坦和吉尔吉斯斯坦只有 200 多美元；2020 年哈萨克斯坦人均 GDP 为 9055 美元，塔吉克斯坦和吉尔吉斯斯坦则分别仅为 859 美元和 1145 美元，差距进一步拉大。外债和贫困人口在多数中亚国家所占的比例已超过了警戒线。经济发展的不平衡和居民生活水平急剧下降反映到政治领域，可能引发社会政治冲突。

（五）阿富汗变局后中亚国家更加重视国内安全

阿富汗变局和新冠疫情大流行的双重叠加，使中亚国家维护国内稳定的任务更加繁重。中亚国家尽管都宣布要建设"社会取向的市场经济"，保持在社会领域的高投入，转型中照顾弱势群体和多子女家庭，但由于财政困难，都难以维持原有的社会保障体系，造成贫困问题非常突出，加

上官员的贪污腐败，社会不满情绪不断累积，有机会就可能爆发出来。因此，最严重的安全威胁并不是来自国内的政治层面，而是作用力更强的社会和经济层面。

因此面对内外压力不断增大的不利局面，汲取阿富汗政权建设失败的教训，防止阿富汗的极端主义、恐怖主义"外溢"，中亚国家除提升自身的防卫水平、加强对社会的管控以外，还要重视国家治理能力和治理手段的提升。首先，以发展保稳定，注重疫情背景下的经济恢复，通过实现较快的经济增长缓解失业和贫困等社会压力；其次，着力改善国内的法治和营商环境，出台一系列反腐败措施，为中小企业发展提供更为宽松的市场条件，避免出现严重的社会对立；第三，促进民族和宗教和谐，打击形形色色的极端主义，加强对国内民族和宗教事务的管理，防止境外势力的渗透；第四，强化地区合作，与邻国加强沟通，利用好现有的多边机制和平台，抵御来自外部的非传统安全威胁。比如塔吉克斯坦积极争取在杜尚别设立上合组织的禁毒中心。

三 阿富汗变局后地区安全治理的前景

阿富汗变局对中亚地区安全带来的影响是长期的，大国地缘政治博弈的持续升级使很多地区问题"浮上"表面，要实现有效的地区安全治理，需要两个必要条件，一是要形成一个相互依存的整体，二是要形成有效的多边机制，但新形势下能否顺利实现区域力量的"整合"值得怀疑。中亚地区面临的安全问题既有本土化趋势，也有国际化特征，有的是一个国家内部的，有的则是地区整体上的，还有更广阔的地理空间带来的新威胁，涉及的领域越来越多，相互交织，形成了更加复杂的现实挑战。

（一）日趋复杂的安全形势

早在世纪之初，随着大国力量的介入和中亚国家日益对外开放，中亚国家领导人已经意识到了安全问题的内外关联性。哈萨克斯坦首任总统纳扎尔巴耶夫在他的著作《危机的十年》当中，忧心忡忡地谈到社会经济的威胁相当严峻，恐怖主义的根源实际上就是贫困，甚至提出全球化给中亚地区带来了新的安全问题。

阿富汗变局加上新冠疫情的影响，以上问题就更加突出，而且在不同领域有了新的表现，给地区稳定带来一系列现实挑战：中亚国家间的经济差距和由此引发的矛盾；失业人口的持续增长和贫困问题的加剧；咸海等地区生态环境恶化，水资源分配不均，气候变暖导致冰川融化造成河流日渐枯竭；极端主义、分裂主义和恐怖主义势

力干扰的问题仍很严重，打击这些"恶势力"是长期的任务；中亚国家间的领土和边界争端频发，2021年4月底5月初发生在吉尔吉斯斯坦和塔吉克斯坦之间的边界武装冲突，不是偶然的事件；领导人巩固自身权力和权力交接可能带来的政治风险，威权政体使国家元首的权力没有任何约束；地区多边机制缺少相互协调，不仅作用有限，而且存在竞争和矛盾，难以有效保障地区的和平与稳定；毒品走私、跨国犯罪以及与公共卫生、网络信息等相关的非传统安全挑战的长期存在。

（二）外源性压力造成地区安全的"碎片化"

阿富汗变局后，对中亚安全有影响的外部因素越来越多，越来越复杂。在中亚比较活跃的外部力量既有发达的西方国家、逐步恢复强势地位的俄罗斯、东方邻国中国及日本、韩国等，也有土耳其、伊朗、巴基斯坦等国家。随着时间的推移和国际形势的变化，各种外部力量此消彼长，扮演的角色、发挥的作用也有很大不同。中亚国家有这样一种认识，内忧外患的巴基斯坦、伊朗等国难以对地区有所贡献，俄罗斯是不能不依靠的现实力量，而中国、美国、欧洲及日本的投资更有利于地区的长期稳定。在大国的地缘政治战略中，中亚并不是孤立的，经常与西亚、南亚甚至更广阔的地理空间放在一起，服务于长远的外交目标。比如能源问题，中亚地区有丰富的石油、天然气资源，要开发就涉及走什么样的线路，朝哪个方向运输，大国间就会产生分歧，展开竞争。西亚的波斯湾能源储藏丰富，引发大国的地缘政治争斗，美国、俄罗斯在叙利亚、伊拉克的军事行动都与此相关。

与阿富汗变局相伴生的，是大国战略上的调整，特别是全球层面美国与俄罗斯、中国的对抗加剧；地区层面土耳其要实现复兴梦想，西亚"伊斯兰国"等恐怖组织试图卷土重来，伊朗核危机峰回路转却又受到美国单方面制裁，印度和巴基斯坦虽然同时加入上合组织但冲突不断，都导致外部力量之间的矛盾、摩擦升级，给中亚国家造成的消极影响越来越多，安全挑战越来越具有跨地区、跨领域的特点。2021年6月哈萨克斯坦公布的未来五年国家安全战略，所列安全威胁中第一个就是与新冠疫情相关的生物安全的问题，还包括社会安全、信息安全、网络安全等新挑战。各种问题的叠加在外部力量的催动之下以多种形式表现出来，越来越分散化、碎片化，给地区安全治理提出了新课题。

（三）构建新的中亚多边安全架构

阿富汗形势的走向，牵动着地区国家和国际社会的神经，面对有可能发生的人道主义危机和难民潮，以及国际恐怖主义和毒品走私等跨国犯罪活动的"外溢"，需要建立新的多边平台，以便为阿富汗和中亚提供更加可靠的安全保障。从实践来看，要在三个层面搭建地区安全架构：一是阿富汗周边，中国、伊朗、巴基斯坦、乌兹别克斯坦、塔吉克斯坦、土库曼斯坦六个邻国已经启动外长级会晤机制，2021年9月和10月先后两次会晤，发表联合声明，准备在促进阿富汗民族和解、支持经济重建方面形成合力，第三次会晤将于2022年在中国举行；二是全球大国中国、美国、俄罗斯在解决阿富汗问题上可以扮演更加重要的角色，三国都向阿富汗派出特使，2021年11月11日，阿富汗问题"中美俄＋"磋商机制扩大会议在巴基斯坦伊斯兰堡举行，中国、俄罗斯、美国、巴基斯坦四方代表发表联合声明，强调继续向阿提供紧急人道主义援助，同阿方加强反恐和安全合作；三是地区国家共同参与的多边机制，比如上合组织和集体安全条约组织2021年9月在杜尚别举行阿富汗问题联合峰会，上合组织框架内还成立了阿富汗联络组。

在结束阿富汗国内冲突、促进阿民族和解方面，地区国家有切实的利益诉求，也有不少多边合作与对话机制，长期关注阿富汗局势发展，但并未真正发挥建设性作用。有的多边机制进入中亚和阿富汗，是要服务于个别大国的霸权，比如北约；有的多边框架虚多实少，或成员国矛盾重重。因此，新形势下需要打造新的国际合作平台，吸纳阿富汗及地区国家参与，尊重联合国和联合国宪章的权威，真正落实"阿人主导、阿人所有"原则，共同找到解决阿富汗问题的方案。

保障地区安全，应该建立有效的跨国合作机制，对此各国是有共识的，但如何进行合作，却有很大的分歧。俄罗斯主要依靠集体安全条约组织，欧洲学者建议成立美国、俄罗斯和中亚国家的安全结构，甚至还有建立让印度参加的多边安全机制的想法。土耳其也利用支持阿塞拜疆取得纳卡冲突的胜利要扮演地区安全主导者的角色。这些外交尝试的出发点都是让地区外大国承担维护中亚稳定的责任，无视中亚国家和阿富汗自主选择的权利。地区安全离不开各国的经济发展，要解决的不是由哪些外部力量来主导安全治理体系，而是要实现经济与安全并重，这样才真正符合地区国家的根本利益。

（四）进一步推进上海合作组织框架内的安全合作

应对阿富汗变局带来的挑战，上海合作组织能够发挥特殊的作用。上海合作组织是由"上海五国"进程发展而来的新型区域合作机制，为国际社会寻求超越冷战思维，探索新型国家关系、新型安全观和新型区域合作模式，提供了宝贵的实践经验。20 年的发展历程虽然短暂，上合组织却体现了一种具有鲜明时代特征的精神：睦邻互信、平等互利、团结协作、共同发展。借助上合组织这一重要平台，包括 2020 年启动的"中国 + 中亚"五国外长级会晤机制，中国成为维护中亚地区稳定的重要力量。中国经济实力的增长，为区域合作创造了有利条件，而中亚国家加入国际政治和经济体系也离不开中国的帮助。随着上合组织的扩员，阿富汗的周边国家（除土库曼斯坦外）都成为成员国，阿富汗也成为该组织的观察员，在中亚的各种多边机制中，上合组织对解决阿富汗问题的重要性和影响力是不可替代的。

未来上合组织在维护中亚安全、促进阿富汗和平进程方面，可以发挥协调、援助、防范、行动等功能，最大限度地体现整体的力量。协调，就是成员国可以就应对现实威胁形成共识，增强政治互信，在政策上充分沟通；援助，就是给遭遇危机的国家，即阿富汗或其他中亚国家提供经济和财政支持，帮助它们渡过难关；防范，就是对阿富汗可能出现的极端主义、毒品问题"外溢"建立必要的"防火墙"，共同打击危害地区安全的"三股势力"；行动，就是针对跨国犯罪的联合执法，维护网络安全、信息安全、生态安全及公共卫生安全等开展密切合作。由于上合组织是开放、透明、不针对第三方的新型机制，也可以与其他国家或国际组织形成互动，构建维护地区安全的伙伴关系网络。

结语

当今的国际安全格局由于美国要维护其霸权地位，不惜使用武力干涉其他国家的内政以加强其"一超"地位，导致力量对比严重失衡。随着美国从阿富汗撤出军队，地区反恐形势因此更为严峻，中亚国家对待塔利班政权的态度也不一样，担心会再次出现极端主义、恐怖主义在地区"泛滥"的一幕。从中亚国家来说面临一系列安全上的新课题，首先是不会改变在大国之间的平衡政策，中国、俄罗斯、美国和欧盟国家都被中亚国家认为是重要的、优先的伙伴；其次是内部的安全威胁使中亚国家无法更多地关注地区以外的问题，大量存在的贫困人口、跨国犯罪、极端势力、生态危机、边界和资源引发的矛盾，将长期困扰着各国政府；第三是中亚国家政策的不稳定和摇摆导致彼此之间的分歧加深，个别国家过分看重自身和眼前的利益，难以开展有效的区域合作；第四是塔利班重新执政后的阿富汗形势并未完全改观，地区安全环境没有根本性的改善，阿富汗问题对邻近的塔吉克斯坦、乌兹别克斯坦等国的稳定还有不利影响。

阿富汗变局后的中亚，面临着许多难以克服的新威胁、新挑战，地区安全具有涵盖面广、联系紧密、刻不容缓、形势复杂等特点，需要一种多边合作的保障机制。虽然 30 年里各种地区性安全合作机制、框架、倡议"井喷式"涌现，但形式各异、方向相左的多边安排，实际上叠床架屋、相互掣肘，作用力和反作用力相抵，真正的成效可想而知。由于大国主导的态势很难改变，而且中亚国家无论是克服经济危机、开发和出口资源还是保持政权的稳定，都离不开大国的帮助。问题是中亚国家在安全上如果只看大国的眼色行事，不仅仅选择的余地越来越小，而且还会在危机中越陷越深，因为中亚地区安全问题远远超出了政治、军事安全的范畴，已经扩展到了经济、社会等领域。中亚国家需要的是内部的团结，切实的经济改革和发展，经营好周边环境，靠自己的力量实现区域"整合"，把自己的事情办好。

阿富汗变局给中亚带来的一个积极变化是地区有可能从强制型秩序向合作型秩序过渡，前者是地区外大国扮演领导者的角色，后者则是地区国家共同参与。新形势下区域国家对内部事务的发言权增多，可以通过建立新的合作平台对区域资源进行整合；同时可以进一步扩大区域认同，各国联合自强的意愿更为强烈。上合组织应该是合作型地区秩序的代表，合作基础是成员国政治安全互信和经济贸易互惠，扩员有助于吸纳所有地区力量，伊朗和阿富汗过去都是游离于秩序之外的不稳定热点，现在有可能在上合组织的框架内参与广泛的地区合作计划，同时能够联合抵御外部大国的干涉主义，有助于塑造地区国家共同的价值理念与共同的行为方式。因此，应该最大限度地发挥上合组织在区域整合方面的特殊作用。推动在中亚建立一个新的政治和经济秩序，涵盖多极、多面和多元等新要素，其中上合组织将与"一带一路"倡议融合发展，以构建地区国家命运共同体为目标，最终完成这样的历史任务。

【作者单位：中国社会科学院俄罗斯东欧中亚研究所】
（摘自《俄罗斯东欧中亚研究》2022 年第 1 期）

琐罗亚斯德教宗教哲学思想及其影响

韩志斌　谢志斌

古代中东宗教历经多神教（米索不达米亚宗教和古埃及宗教）——二元神教（琐罗亚斯德教和摩尼教）——一神教（犹太教、基督教和伊斯兰教）的体系流变，在中东地区的政治、经济、文化、社会、艺术等各方面有着举足轻重的地位。作为二元宗教的典型代表，也是阿契美尼德王朝、萨珊王朝等帝国的主导宗教，琐罗亚斯德教从公元前6世纪一直繁盛到公元7世纪，主导了中东宗教体系达数百年，对犹太教、基督教和伊斯兰教产生较大影响，在世界宗教哲学史上展示重要的标识。琐罗亚斯德教历史悠久、地位特殊、影响深远，甚至琐罗亚斯德教的神学家把他们的宗教等同于伊朗宗教。

一　神学一元论与哲学二元论的统一

琐罗亚斯德教的神学一元论和哲学二元论有其特有的宗教和政治背景。琐罗亚斯德教之前，伊朗—雅利安人一直是信仰多神教的民族，并从众多自然神崇拜发展出抽象神崇拜，后来又逐渐发展为以密特拉（Mīthra）、阿帕姆·纳帕特（Apam-Napat）和马兹达（Mazdā）为三主神，而且这三位抽象神都有一个共名"阿胡拉"（Ahurā），即"主"的意思。从古代伊朗的宗教发展史来看，随着伊朗的逐渐统一，米底王国和波斯帝国的建立与君主专制制度的发展，古代伊朗人的自然崇拜和多神信仰便有了逐步走向统一的趋势。琐罗亚斯德教在这样的背景下应运而生，将阿胡拉·马兹达从三大主神中突显出来，提升为众神之最高主神，赋予了万能的、权威的、至高无上的神力。美国学者米尔恰·伊利亚德（Mircea Eliade）认为，阿胡拉·马兹达是若干神祇的父亲。从现有考古发现来看，在阿契美尼德王朝时代，三大神中的阿胡拉·马兹达已升到了最高位。阿胡拉从波斯人某个强大氏族的祖先神或部落的保护神，上升为最高的主神，是统一帝国和君主集权的反映。波斯帝国期许以此加强中央集权，统一帝国各民族的信仰和思想。

神学一元论集中表现为对马兹达的尊崇。马兹达意为"聪明，智慧"，马兹达与阿胡拉连用则为"智慧之主"。杰克逊解释吠陀语词根 med-

ha-，意即"智慧之主"。库诺（S. Know）引申其说，认为马兹达（Mzada）一词本是古代雅利安语一个名称，指无上的智慧。蒂姆（Thieme）认为，实际上马兹达相当于《梨俱吠陀》中至尊的阿修罗，正是这个"智慧之主"被后来改造成为琐罗亚斯德教独一的至上神。琐罗亚斯德声称他的教义来自阿胡拉·马兹达的启示，该教也一再强调"智慧之主"阿胡拉·马兹达的至上性，所以该宗教又被称为马兹达教。这种宗教上的改革具有重要意义。正如西方学者所言，"琐罗亚斯德教那神圣而又道德的一神论，主张个人理性和明智的行为，对一个崇拜众神、由腐败的地方王子和宗教权威统治的社会来说，是革命性的。"

但是，这种宗教"神学的一元论"并不等同于严格的"一神论"，琐罗亚斯德教也并不是"一神教"，而是一种强烈的独尊至上神崇拜观念。第一，琐罗亚斯德教虽然独尊至上神，但是不否定其他诸神的存在，最著名的就是"六大神"，即智慧和善良之神巴赫曼（Bahman）、至诚和纯洁之神奥尔迪贝赫什特（Ordibeheshit）、威严和统治之神沙赫里瓦尔（Shahrivar）、谦虚和仁爱之神斯潘达尔马兹（Spandarmadh）、完美和长寿之神霍尔达德（Khordad）、永恒和不朽之神阿莫尔达德（Amordad）。第二，六大天神有着各自的位格和相对的独立性，与主神一起参与宇宙的创造和保护。但在描述马兹达与六大神的关系时，又表现出强烈的独尊性，《伽泰》称阿胡拉·马兹达是六天神的"父亲"。在《新阿维斯塔》中六大神都是马兹达的创造物，马兹达是他们的"创造者"和"统治者"，形成了"七位一体"的善神崇拜体系。这明显不同于一神教中唯一神与天使的关系。第三，琐罗亚斯德教始终以"二元论"为基础，阿胡拉·马兹达与安格拉·曼纽的对立是绝对的，也是永恒的，这种对立状态构成了世间万物的存在和运行状态。尽管该教宣称最终善神会战胜恶神，但并不是彻底消灭，而是使恶远离善界，善界回复光明圆满，最终仍然是二元状态。

善恶二元论的哲学主张是琐罗亚斯德教最有特色的思想。其认为宇宙中历来就有善与恶的斗争，善端的最高主神是阿胡拉·马兹达，恶端的最高主神是安格拉·曼纽。其实，在印度—伊朗的早期吠陀神话中就已经出现"提婆"（deva 或 daiva）和恶魔"阿修罗"（Asura）的对立，伊朗—雅利安人则在自己的宗教中将这种对立进一步扩大化、绝对化。琐罗亚斯德以简洁、质朴的语言，在总结传统宗教中普遍存在的二元对立因素和现实中两大教派斗争经验的基础上，第一次提出了善恶二元对立斗争的宇宙观。《伽泰》首篇就宣布"思想和言行自古皆有善恶之分"，这种善恶之分从宇宙的一开始就产生并分别由神灵主宰。阿胡拉·马兹达为善神之主，代表着光明、洁净、创造、生命、善行、道德、秩序、真理，其对立面是恶魔安格拉·曼纽（Angra Mainyu），又称阿里曼（希腊文 Ahrimam），意为"邪恶的教唆者"，代表着黑暗、不洁、污浊、破坏、死亡、谎言、虚伪、恶行。善恶对立不仅存在于神灵阵营，而且弥漫在整个宇宙的发展演变中，普遍存在于人们思想、语言和行为中。也有学者强调，这种宗教二元对立观念有着坚实的社会基础：琐氏的善恶二元思想正是东部伊朗由原始公社制社会向奴隶制社会过渡和奴隶制国家形成初期，主张发展农业和定居养畜业的社会进步势力，即"马兹达·亚斯尼"教派，与坚持自然放牧、以游牧为生的社会落后势力，即"迪弗·亚斯尼"教派之间的尖锐矛盾和对立在宇宙观上的反映和表现。总之，二元对立的观念决定了古代波斯人的宗教，也影响了他们对世界的基本认知。苏联学者谢·亚·托卡列夫认为，琐罗亚斯德教是诸多古代宗教中极为罕见的现象。

反观之，琐罗亚斯德教的一切宗教主张和行为规范都建立在二元论的基础上，但从严格意义上来说，琐罗亚斯德教的神学不是二元论的，因为阿胡拉·马兹达并没有遭遇一个与之对立的正神。这种对立，更多的是"灵"之间的对立。如前所述，该教在神学构建和信仰崇拜上，表现出极强的一元论倾向，而且在历史发展过程中也曾出现企图以"祖尔万"（Zurvanism）凌驾于阿胡拉·马兹达和安格拉·曼纽之上的现象。公元 4 世纪，一份亚美尼亚资料对祖尔万主义进行了解释："当一切为'无'时，既无天地，又无其他生物，只存在大神祖尔万。"这种祖尔万主义试图用一元论调和并解释这种二元对立宗教体系，但并未成为主流思想。综合来看，琐罗亚斯德教的宗教思想最为显著特征是神学一元论和哲学二元论的统一。

二　从"三世说"到"四时说"的创世神话

琐罗亚斯德教的创世神话勾勒了一个极为宏阔的世界生成发展轨迹和理想世界的蓝图。琐罗亚斯德教早期的创世论以"三世说"为主。第一阶段为"创造之世"，共 3000 年，《伽泰》中描述：起初，有两个实体，阿胡拉·马兹达与安格拉·曼纽。阿胡拉·马兹达做出了善的选择，创造了六大神及其他诸神，然后先创造了一个无形无相的宇宙，即曼诺格（menog，精神的、无形的）。接着，阿胡拉·马兹达赋予这个无形无相的宇宙以形体，即盖提格（getting，物质的、有形的），有了天空、水、江河、植物、原牛和原人等。第二阶段为"混杂之世"，共 3000 年，安格拉·曼纽攻击了创造的世界，带来灾难和死亡，而善神阵营在阿胡拉·马兹达的带领下抵抗各种恶的力量，推动和维护宇宙，善与恶的斗争成为宇宙的永恒主题。而人类应该在善恶之间做出正确的选择，积极地与阿胡拉·马兹达一起对抗邪恶。第三个阶段为"分别之世"，共 3000 年，阿胡拉·马兹达的善神阵营彻底打败了安格拉·曼纽及率领的恶魔，宇宙恢复到完美状态，善与恶永远地分离开来，一切"义人"将与阿胡拉·马兹达及诸善神一起生活在和平光明的世界。

后来崛起的祖尔万派对"三世说"进行了改造，发展成为"四时说"，把三个三千年改为四个三千年的宇宙蓝图，这一观点后来逐渐为琐罗亚斯德教正统派所接受。四时说将三世说的第一阶段分为两个时间，第一时三千年，阿胡拉·马兹达创造了无形无相的曼诺格，恶灵也创造了小恶灵，阿胡拉将其打败；第二时，3001 年至 6000 年，阿胡拉创造有形有相的宇宙万物。第三时和第四时基本对应三世说的后两个阶段。第三时，6001 年至 8969 年，恶灵开始攻击原初的宇宙万物，世界开始进入"混合"状态；第四时从 8970 年至 12000 年，时间较长也比较复杂。首先琐罗亚斯德出现并接受马兹达的启示开始传教，9013 年以后，善与恶开始不断斗争。9970 年时出现了第一位世界的救世主乌什达尔（Ushedar）代表善战胜恶，出现了新的善的世界，后来这一世界又衰落。10930 年，第二位救世主乌谢达尔马（Ushedarmah）又一次建立新的善的世界。11943 年，最后的、真正的救世主苏什扬特（Saoshyant）复活死者并执行最后审判，最终征服恶。直到 12000 年，阿胡拉·马兹达的王国在宇宙中实现。

琐罗亚斯德教的创世神话无论是早期的三世说还是后来的四时说，都基本反映其最根本的思想特质——哲学二元论。尽管该教宣称，这个世界在经过非常久远的善恶冲突斗争之后，最终迎来的结果是"善必胜恶"。但其最终结局并不是以善的一方彻底消灭恶的一方而宣告胜利，而是天国和世间的一切邪恶、染污之物被永久抑制，使其远离焕然一新的阿胡拉·马兹达王国，使这个世界重新恢复光明圆满的原貌。从时间上来看，善界和恶界在原始之初就已经并存对立，在三世（或四时）整个世界发展变化的长久时间里，双方永恒的斗争，直到最后善的力量取得胜利，恶的因素也并非彻底消失。所以，善恶的二元并立在时间上是永恒亘古的；从空间上来看，善或恶并没有一定的范围，善恶的对立状态是涵盖整个无边无际的宇宙，乃至所有人心当中，所以人都有选择善或恶的自由。所以，善恶的二元并立在空间上是无处不在的。正如布洛赫所说："世界全体无非是阿胡拉·马兹达与阿里曼之间展开的战争史。"琐罗亚斯德教的二元对立的宇宙观，将整个世界一分为二，从最初原始的二元对峙之"二"，最终回归于一隐一显之"二"。

三 善恶报应的道德二元论和宗教符号的二元象征

琐罗亚斯德教的一切思想观念和行为准则都以善恶二元的宇宙观为基础，加之琐罗亚斯德在创教、传教过程中经历了非常激烈残酷的教派斗争，所以，琐罗亚斯德教的道德论也彰显着善恶二元的永久张力，并由此产生了善恶报应论。琐罗亚斯德教非常重视人在宗教中的选择和行为，认为在善与恶的斗争中，人们有自由选择善或恶的权利，但只有弃恶从善，时刻奉行善，才能在最终的审判中得到永恒的快乐。琐罗亚斯德在传统宗教和道德观念的基础上，提出应该遵从的"三善"原则，即"善思""善言""善行"。这种新信仰在古代圣经中被称为"善的宗教"，它教导了一种基本的道德二元论——善与恶之间的冲突。在这种冲突中，人类有选择的自由，也有承担选择后果的责任。

《伽泰》中说："人们在这两大灵中选择了恶灵，必然做尽坏事，选择圣灵即是选择了正直，最后将以其正直的行为使主马兹达满意。"因为琐罗亚斯德教的宗教道德观不断强调人应该在善恶之间做出选择并不断与恶进行斗争，所以对宗教信徒的道德规范极为详细和严格。而且琐罗亚斯德教认为与恶的斗争并不仅存在于精神层面，而是身体与灵魂共同的参与，所以人类必须保持纯洁和善，要避免受到邪恶力量的污染，不能与不洁或恶的事物接触。

当然，宗教的许诺和惩罚，其魅力和威力都来自以后的"永恒"，而非现在的"暂时"。琐罗亚斯德教将善恶报应与二元宇宙观结合在一起，

认为人的善思、善言、善行决定了未来结局，所以与善恶报应相关又有末世审判、肉体复活、救世主降临等一系列信仰，而最终结果无非回归善或恶的两大阵营，为善者的灵魂将经受考验而进入天国，伪善者则在痛苦的哀嚎中跌落地狱，就此二元割裂，作为永恒的奖赏或永恒的惩罚。

琐罗亚斯德教有一种非常独特的宗教符号，即人首双翼日盘形式的阿胡拉·马兹达象征图像。这种特征鲜明的符号象征并非琐罗亚斯德教始创，而是在继承中东地区传统文化的基础上发展而来的。考特莱尔（Mauriee Cotterell）指出，双翼日盘在整个埃及都受到崇拜，雕刻在岩石上或图绘在壁画中。在埃及艺术中，圣蛇和羽翼是王权的标志，代表帝王的神圣血脉。埃及双翼日盘图像大约于公元前1500年开始先后传播到了西亚，包括伊朗高原的米底亚和波斯帝国。位于小亚细亚东部凡湖地区的乌拉尔图王国（约公元前845—前6世纪初）受到亚述文化较大影响，出土有双翼日盘青铜物件。后来米底王国（约公元前678—前550）大约在公元前590年消灭乌拉尔图王国，其属地全归米底王国，米底也受到其文化的一定影响。博伊斯（Boyce）还指出，琐罗亚斯德教信仰中使用图像，可能始于公元前5世纪后期阿契美尼德王朝的西方总督。从现有考古发现来看，阿契美尼德王朝之前的马兹达图像并不统一，处于发展演进阶段。阿契美尼德王朝时期，渐趋成熟，出现双翼日盘、人首双翼日盘（环）、人首四翼等三种形式，最终人首双翼日盘形式的图像成为完整的马兹达图像符号，广为流传。

对于用图像来表示阿胡拉·马兹达是否符合琐罗亚斯德教的宗教教义，略有争议。有些学者引用《阿维斯塔·亚斯纳》中的记载，认为阿胡拉·马兹达没有身体、面貌和形式。也有学者由此推断双翼日盘并不是阿胡拉·马兹达，如汉娜·夏皮罗（Hannah. M. G. Shapero）所说，在琐罗亚斯德教的信仰体系中，阿胡拉·马兹达是抽象的和超验的，所以，神祇没有形象，并且不能通过任何形式来表示。唯一的例外是在后波斯帝国——萨珊王朝时代，当神主马兹达被描绘成一个神圣的、帝王式形象，授予波斯帝王王权——但这并不用于崇拜。但是，这一符号象征在琐罗亚斯德教早期就已经出现且至今仍然被一直沿用却是不争的事实。关于这一图像符号各个组成部分的意义，学者进行了很多讨论。

四 琐罗亚斯德教宗教哲学思想的影响

琐罗亚斯德教是基督教诞生以前中东地区最

有影响力的宗教，而且曾很长一段时间作为波斯的国教，对该地区出现的各种宗教都有深远影响。琐罗亚斯德教的许多重要观念影响了后来的其他民族的信仰：天堂、地狱、天使、末日审判和其他犹太—基督教义，都打上了波斯思想的类似描述的烙印。琐罗亚斯德教对犹太—基督教的影响毋庸置疑。公元前 586 年犹太教神殿遭到破坏后，犹太民族的主体先后生活在新巴比伦王国和波斯帝国的统治下，直到公元前 332 年，亚历山大征服波斯。从大流士一世开始，琐罗亚斯德教就是波斯帝国的官方宗教，长期生活在波斯帝国统治下的犹太人不可避免地接受了波斯文化，对犹太教产生了深远的影响。虽然犹太教是典型的一神教，看似与琐罗亚斯德教大相径庭，其实二者还是有着紧密联系的。正如罗伯特·M.塞尔茨所指出的，琐罗亚斯德教"在许多世纪里将一直与犹太教徒关系密切地存在着"。兰伯特（W. G. Lambert）指出，有充分证据表明，犹太教、基督教和伊斯兰教的二元观念不是自生的，而是对琐罗亚斯德教二元观念的扩大。此外，犹太教的末世论思想受到了巴比伦、埃及、迦南和波斯的末世论思想的极大影响。琐罗亚斯德教善神与恶神永恒的斗争以及世界末日"善必胜恶"的最终结局，为末世论作出了贡献。另外，罗马帝国时期在地中海东部沿岸各地流行的诺斯替教派（Gnosticism）也受到琐罗亚斯德教的影响。早期基督教神学家马吉安（Marcion of Sinope，公元 110—160）从琐罗亚斯德教那里接受宗教思想，确立了自身诺斯替主义的弥赛亚思想。众所周知，摩尼教的创立直接受到琐罗亚斯德教的影响。公元 3 世纪，摩尼（公元 216—277）吸收了琐罗亚斯德教、基督教、佛教等多种宗教因素，创立了摩尼教，尤其其根本教义"二宗三际论"，主张善恶二元论，宣扬光明与黑暗的斗争，直接受到琐罗亚斯德教的启迪。琐罗亚斯德教部分宗教思想的影响力一直延续到伊斯兰教的诞生。

曾经在中亚、中东地区流行过的佛教也或多或少地受到过琐罗亚斯德教的影响。从现有文献和考古发掘都可以看出琐罗亚斯德教和佛教之间有着一定联系。在粟特文佛教和摩尼教文献中，阿胡拉·马兹达被描绘成印度教中的因陀罗或佛教中的帝释天。在乌兹别克斯坦南部卡拉捷佩（Kara Tepe）发现的一个结禅定印、有火焰背光的佛像，题记为"佛陀—马兹达"，证明了佛教与琐罗亚斯德教图像之间的借鉴和融汇。学术界曾讨论过关于佛教"阿弥陀佛"与波斯文化的关系。阿弥陀佛是梵文 Amita-Buddha 的音译，"阿"（A）意为"无"，弥陀（mita）意为"量"，常

被称为无量寿（Amitayus）和无量光（Amitabha）。阿弥陀还有"十二光佛"名号：无量光佛、无边光佛、无碍光佛、无对光佛、炎王光佛、清净光佛、欢喜光佛、智慧光佛、不断光佛、难思光佛、无称光佛、超日月光佛。十二个名号都与"光"有密切的关系。《佛说无量寿经》也说："无量寿佛威神光明最尊第一，诸佛光明所不能及。"琐罗亚斯德教的阿胡拉·马兹达最突出的象征意象就是光和火，如《阿维斯塔》称善神阿胡拉·马兹达为"灵光"。正是有人注意到了二者之间的相似性，所以大胆地提出阿弥陀佛信仰起源于波斯文化的说法。从弥陀信仰的内容来看，西班尔·列维（Szlvain Levi）认为佛教阿弥陀佛信仰与琐罗亚斯德教密特拉（Mithra）太阳神崇拜有关，光的主题与阿弥陀佛的"无量光"同源，同时琐罗亚斯德教的"无限时间"这条根本原理影响了无量寿（Amitayus）。综合来看，阿弥陀佛信仰形成的根本动力还是在于佛教内部自身的发展，但从其造像风格、经典翻译、信仰特征等多方面考察，弥陀信仰的发展和流行，很有可能受到了希伯来、波斯、希腊和印度本土等多元宗教文化的共同影响和推动。此外，佛教的弥勒佛与琐罗亚斯德教的关系也颇受关注。在印度出土了刻有弥勒像的迦腻色迦铜币，这是目前发现最早明确具有弥勒佛字样的造像，该铜币背面铸有"Maitreya Buddha"（弥勒佛）铭文。有学者指出，弥勒（Maitreya）的词源 mitra 与琐罗亚斯德教太阳神（密特拉 Mitra）有关，弥勒·阿逸多（Maitreya Ajita）也与罗马帝国盛行的"不可战胜的密特那神"（Mithras Invictus）一词有关联。而弥勒造像冠饰上的日月型图案，也有学者认为是受到波斯、罗马等地琐罗亚斯德教中的太阳神崇拜的影响。

琐罗亚斯德教不仅仅是一种宗教，更是波斯文化之源。《阿维斯塔》既是琐罗亚斯德教的圣典，又可以视作古代伊朗诗歌和散文等文学作品的汇编，其中包括丰富多彩的神话、传说、故事等，可以视作现在可见最早的伊朗文学作品。萨珊王朝时期出现了一批与琐罗亚斯德教相关的文学作品，如历史传说《阿尔戴细尔·巴伯康的业绩》、神话传说《创世纪》、英雄叙事诗《缅怀扎里尔》等。还有成于公元 9 世纪左右《正直人维拉兹之书》（Arta Viraz Namag），记述维拉兹的灵魂在七天内漫游天堂与地狱所见的景象，有人认为《神曲》创作构思的来源即取自此书。10 世纪前后出现的长诗《列王纪》和《王书》，也从琐罗亚斯德教汲取了诸多养分。

从西方哲学发展来看，琐罗亚斯德教对西方

哲学的起源和发展有着重要影响。惠斯特（M. L. West）认为，波斯帝国大流士时代著名哲学家赫拉克利特（Heraclitus）哲学思想曾受到过琐罗亚斯德教的影响。赫拉克利特认为火是万物的本原，"这个有秩序的宇宙对万物都是相同的，它既不是神也不是人所创造的，它过去、现在和将来永远是一团永恒的活火"。还有他提出的"上帝即智慧"，可以和琐罗亚斯德教称阿胡拉·马兹达为"智慧之主"的说法相联系。他又提出世界为斗争所支配，"战争是万有之父和万有之王"，这些思想都带有琐罗亚斯德教影响的痕迹。惠斯特还认为泰勒斯、阿那克西曼德和阿那克西美尼等希腊最早的哲学学派——米利都学派的哲学家都或多或少地受过琐罗亚斯德教影响。琐罗亚斯德教曾对早期的希腊哲学产生很大影响，对后来西方哲学的影响自不待说。从历史交往的情况看，波斯曾经占领过希腊，所以琐罗亚斯德教文化和希腊文明相互影响和吸收，也是水到渠成。

琐罗亚斯德教的影响不止于此，它对中国藏族文化也产生较大影响。丹珠昂奔指出，琐罗亚斯德教的"二元论"和印度佛教对藏族文化的影响集中体现在不同宗教观念之间的长期斗争和融合上。尤其在对苯教的研究中，学者们注意到它与波斯琐罗亚斯德教二元论的某种联系。《西藏王统记》载："在布德巩甲（spu-lde-gung-rgrai）和茹勒杰（ru-las-skcyes）王臣二人时，雍仲苯教（g. yung-drung-gi-bon）已传入。教主辛绕米沃（gshen-rab-mi-bo），生于大食之魏摩隆仁（vo-m-mo-lung-rings）。"据此，象雄苯教则来源于波斯。而且原始苯教有拜火和拜光的传统，许多宗教仪轨也与琐罗亚斯德教颇为相似，如苯教丧葬习俗与琐罗亚斯德教相似。人死后，由教徒把死者放在鸟兽出没的山顶上，让狗噬鸟啄。从典籍来看，苯教也有"二元论"的思想，《黑头矮子的起源》（dbu-nag-mivu-vdra-chags）中描述，世界最早是空的，后来有了两仪，凶险作母，明亮作父，此后从露珠中产生一湖，湖中的一个卵孵出一光亮一黑暗两只鸟，二鸟相配生了白、黑、花三个卵，从而繁衍出神和人。又据《斯巴卓浦》（srid-pavi-mdzod-phug）的记载，赤杰曲巴收集的五种本原物质产生出一个发亮的卵和一个黑色的卵，发亮的卵产生了托赛神（vthor-gsas）和达赛神（mdav-gsas），从而诞生出现实世界。而黑卵在黑色王国里爆炸，产生了愚昧、迷茫、迟钝和疯狂，

形成了虚幻世界。这些创世神话和善恶二元对立思想，与琐罗亚斯德教如出一辙。通过种种迹象，著名苯教学者桑木旦·噶尔梅断言："琐罗亚斯德教对苯教二元论世界结构的影响是显而易见的。"此外，萨满教神灵体系中的"二元论"思想与琐罗亚斯德教之间的关系也受到学者们的关注。

琐罗亚斯德教的影响扩展到中国社会，对中国的文艺创作和娱乐生活也有一定影响。早在南北朝时期，中国就已经出现琐罗亚斯德教徒，中国人的宗教生活和文艺创作中就已经出现了琐罗亚斯德教元素。到隋唐时，随着琐罗亚斯德教的发展，更多的波斯文化进入中国人的生活。《朝野金载》中详细记载了几处"祆祠"在祈祷日表演幻术的情景。这种带有浓郁异域风情的幻术表演在中国风行一时，甚至影响犹存。有人认为如今流行于陕西关中等地的"血社火"习俗是"祆神"崇拜的文化遗存之一，其技术秘密来源——"七圣刀"幻术就是琐罗亚斯德教祭祀祆神的一种神秘仪式。琐罗亚斯德教把"七"视为原型数字之一，有"七天创世说""七层天""七位一体神""七耀制"等等说法。此外，现在仍流传于中国社会的二郎神信仰和流传于冀鲁豫等地的火神形象可能也与琐罗亚斯德教有关。可见琐罗亚斯德教影响之广泛。

从人类文明的发展过程来看，二元对立思想是人类思维发展中的一种具有一定共同性和普遍性的观念。琐罗亚斯德教所坚持的善恶对立是绝对的、永恒的、无限的，善恶之间的斗争也是绝对的、永恒的、无限的，其教义主张、哲学理念、行为规范和宗教追求都是建立在这种绝对的二元论基础上的。琐罗亚斯德教将这种观念融入其宗教思想，并形成了二元宗教神学。这种善恶对立的二元神宗教是从多神教走向一神教的一种特殊形式，在人类思维发展史和人类宗教史上具有重要意义。琐罗亚斯德教的宗教哲学思想的影响范围超出伊朗，对欧洲、亚洲诸多国家和地区的宗教、习俗、艺术等产生过深刻影响。作为中东二元宗教的典型代表之一，琐罗亚斯德教的哲学思想在世界宗教哲学思想体系中占有举足轻重的地位，为东西方文明的交流互鉴做出了巨大贡献，为世界文明的发展提供了丰厚资源。

【作者单位：西北大学中东研究所】
（摘自《世界宗教研究》2022年第2期）

转型时期奥斯曼土耳其和英帝国
在中东的角力及其遗产

李秉忠

近代以来，影响和决定现代中东政治走向的最大外来因素无疑是英帝国，最大内生因素则是奥斯曼帝国，因此研究英帝国与奥斯曼帝国彼此的认知和交往对于理解中东的发展和停滞、战争与和平具有重要意义。英帝国是建立在工业文明基础上且带有浓厚基督教色彩的近代殖民帝国，奥斯曼帝国则是建立在农业文明基础上的伊斯兰特性显著的传统（封建制）帝国。两大帝国对中东主导权易位的历史进程，异彩纷呈，尤其表现于双方对于历史潮流和趋势的把握，以及如何平衡理想和现实的关系。

阿卜杜勒·哈米德二世统治时期和凯末尔领导的独立战争时期，是现代土耳其国家生成的关键时期。一面是帝国主义的步步紧逼，另一面是土耳其自身的救亡图存，两个时段都面临共同的历史责任。比较而言，阿卜杜勒·哈米德二世奋斗的目标是边界不太清晰的伊斯兰帝国，推崇的是用伊斯兰身份装扮的伊斯兰民族主义，从根本上讲还是回归和巩固古代政体。凯末尔的奋斗目标则是建立边界清晰之现代土耳其共和国，其政治想象是按照西方民族国家的定义来构建现代土耳其，是建立在土耳其属性基础上的现代土耳其民族主义。哈米德二世借力于泛伊斯兰主义对抗帝国主义和民族主义，凯末尔则借力于民族主义，辅之以伊斯兰力量对抗帝国主义。

对奥斯曼帝国乃至整个中东地区而言，从哈米德二世时代到土耳其独立战争是一个转型时期。哈米德二世将帝国带入现代世界，独立战争则标志着土耳其乃至中东地区真正进入到现代世界，包括土耳其在内的新的中东国家体系得以建立，伊斯兰主义作为一种政治力量败给了民族主义。二者之间既有联系又有断裂，可以统一称为转型时期。本文通过英国和土耳其在阿卜杜勒·哈米德二世统治时期以及土耳其独立战争期间相互碰撞的比较，探求两大帝国对于世界秩序的不同认知以及由此产生的影响，在此基础上论及英帝国在现代土耳其的遗产。关于哈米德二世时期的讨论主要聚焦于英帝国对塞浦路斯和埃及的占领，

由此加速了奥斯曼帝国的解体。凯末尔时期的研究视点则围绕土耳其独立战争的早期展开，对于奥斯曼帝国的偏见导致了英国理想主义外交的盛行，却遭遇了土耳其民族主义的抗争。前者的背景是俄土战争的结束，后者的背景则是第一次世界大战的结束。奥斯曼帝国解体和土耳其独立战争时期，英国已经反复掂量"后奥斯曼帝国时代"中东秩序的重建，凯末尔则已经坚定了获得独立后在土耳其社会推动社会革命的决心，可见转型时期的经历无论是对中东地区还是土耳其而言，都产生了巨大的生成性影响。

一 哈米德二世时代奥斯曼帝国与英国的角力

英国与奥斯曼帝国的外交始于1583年，多重因素使双方随后的交往由合作转变为博弈。18世纪之前，英国在奥斯曼帝国外交的核心业务是商业，之后政治才占据主导地位。自18世纪早期始，沙俄在奥斯曼帝国与英国关系中逐渐扮演了重要的角色，双边关系转变为多边关系。英国的基本立场是，相较于奥斯曼帝国，英国与沙俄的友好更为重要。不过，由于英国无法满足沙俄与其一道对抗奥斯曼帝国的诉求，阻碍了英俄关系的发展。此外，英国与法国的竞争，尤其是法国1798年入侵埃及，增加了英国与奥斯曼帝国的共同利益点，巩固了英国和奥斯曼帝国的政治关系。显然，英国与奥斯曼帝国的关系从来就不能仅仅以简单的双边关系可以概括。

（一）殖民主义与泛伊斯兰主义的对抗

英国与奥斯曼帝国关系建立在复杂的利益链条之上，同时又夹杂着意识形态之争和大国博弈的浓郁色彩。三个外来因素决定了英帝国的奥斯曼土耳其政策：通往印度的航道安全、防止沙俄势力在中东的扩张、警惕法国势力在埃及的增长。因此，围绕奥斯曼帝国的争夺与合作，成为观察英、法、俄三国关系的重要实验场。1774年的俄土战争以及1798年法国占领埃及，导致英国与奥

斯曼帝国前所未有地接近，英国逐步取代法国成为奥斯曼帝国最重要的盟友。克里米亚战争结束后，欧洲各国于1856年召开了巴黎会议，奥斯曼帝国在此次会议中被纳入了欧洲国家体系，土耳其似乎晋级为一个欧洲国家。跻身欧洲体系一直是奥斯曼帝国重要的外交目标，对处于衰落状态的奥斯曼帝国而言，更有某种保障其领土完整的特殊的政治意蕴和心理暗示。土耳其当局想当然地认为，接受和拥抱了以欧洲为中心的世界体系，预示着坦齐马特西化改革目标得以部分地达成，是帝国外交的重大胜利。毕竟，以坦齐马特改革为代表的西方化改革努力，最根本的目的就在于借此完全融入欧洲外交体系，接受欧洲价值观和世界观的改造。克里米亚战争之后形成的欧洲体系对土耳其的接纳，似乎表明了该体系的包容性。遗憾的是，这种包容性存在时间极为短暂，殖民主义和帝国主义的动力最终改变了英国与土耳其的关系。

19世纪80年代开启了资本帝国主义的全球时代，帝国主义国家以全球为舞台进行殖民扩张，奥斯曼帝国被裹挟在这一时代浪潮中。具体到英国与奥斯曼帝国关系而言，英国在此阶段戏剧性地完成了对土耳其政策的彻底逆转，转而寻求瓜分奥斯曼帝国。1869年苏伊士运河的开通，以及1870年普法战争中法国的战败，促使英国加速了控制埃及的进程，从而开始调整传统的对奥斯曼帝国政策。1878年俄土战争后，得益于英、法及其他大国的干涉，奥斯曼帝国得以侥幸维持了帝国的存在，却也为此付出了沉重的代价。俄土战争后签订的《柏林条约》部分地承认了英国对于塞浦路斯的占领，标志着英国对奥斯曼帝国极具恶意的一系列行动的肇端，它预示着英国与奥斯曼帝国关系朝着某种不可逆转的方向恶化。奥斯曼帝国史专家塞利姆·德林吉尔（Selim Deringil）指出，"1878年《塞浦路斯协定》签署以来，英国和奥斯曼帝国关系渐进且向着彼此猜疑和不信任的方向行进"。

欧洲的帝国主义时代，恰恰也是奥斯曼素丹不遗余力地推动伊斯兰主义的时代，两种意识形态之争具有必然性。19世纪和20世纪初期是帝国主义发展的高潮时期。与此同时，英帝国也见证了伊斯兰世界的复兴和极强的创造力。这一时期，民族主义在欧洲大陆如火如荼地发展，一系列民族国家得以建立。英国在奥斯曼帝国治下的民众中传播和鼓动民族主义，推崇民族主义并非英帝国的基本原则，根本目标还是实现对奥斯曼帝国的瓜分，进而服务于英国在中东及全球的战略利益。奥斯曼帝国则只能用古老的伊斯兰主义

作为武器，与英国煽动的民族主义相抗衡，用以维持帝国的存在。

在英国和奥斯曼帝国的竞逐中，1878年是一个关键性时间节点，阿卜杜勒·哈米德二世的泛伊斯兰主义政策（Pan-Islamism）也在此时正式登上历史舞台。泛伊斯兰主义，指的是利用伊斯兰教来动员和团结穆斯林民众，以此来对抗基督教世界，反对殖民主义。泛伊斯兰主义是一种立足于本土的意识形态，其政治防御性色彩浓厚，宣扬泛伊斯兰主义也是一种加强中央权力的手段。自1878年开始，阿卜杜勒·哈米德二世强调伊斯兰因素对于帝国团结所起到的独特作用，也更加重视利用哈里发这一特殊头衔，特别强调穆斯林群体的团结和共生，希望以此对抗敌意越来越浓的基督教世界。哈乃斐教派（Hanefi）成为唯一得到承认的教法，哈米德二世强化了与各种道堂的联系，尤其是与纳克什班迪教团的联系。哈米德二世在多种场合反复提到哈里发的作用，以及穆斯林对于哈里发的服从义务。阿卜杜勒·哈米德二世试图绕开议会与民众建立某种直接的联系，塑造一种对于帝国皇帝的崇拜之情，最有价值和最便捷的资源便是伊斯兰教。

阿卜杜勒·哈米德二世加强权力的努力深刻作用于奥斯曼帝国的外交，英国外交官对此也有深刻的洞见。英国驻土耳其大使达弗林认为，哈米德二世"复杂甚至相互矛盾的性格影响到了外交决策。他聪明、狡猾、颇有手段，如果单是处理东方事务，或许他会被认为是有个性特征和有能力的统治者。然而，早期教育的缺陷，对于世界和现代欧洲政治运作的无知……使得他显得幼稚和愚蠢。他的怀疑近乎狂野，他毫不尊重事实，他的奸诈更是无边无际。"英国大使的判断反映出欧洲人以现代性的代表自居，充满了傲慢，但也确实指出了在时代深刻变迁的背景下，英国不再能容忍奥斯曼帝国在中东的存在，奥斯曼帝国只能求助于伊斯兰世界的团结。

这也从侧面反映了阿卜杜勒·哈米德二世对于昔日盟友英国的不信任不断增加，被迫祭出了泛伊斯兰主义，以此对抗英国煽动之民族主义，防御昔日盟友对帝国的领土完整和民众向心力的侵蚀。这正是哈米德二世从宪政、开放形象转化为保守的根本性原因。"不同于塞林三世、穆罕默德二世和坦齐马特时期的改革，哈米德时期所有的改革和变化都服务于一个更高的目标需求，那就是帝国内穆斯林民众的团结。就政策的选择和优先的确定而言，1878年象征着奥斯曼帝国对自身认识的根本性转变"之特殊年份，"其后再也没有素丹像哈米德二世这样频繁使用这一称号，

也没有素丹可以像哈米德二世一样得以如此有效利用哈里发称号"。事实表明，无论是就哈里发政权的合法性而言，还是就帝国的生存而言，泛伊斯兰主义都是最为奏效的意识形态武器。

在英国和奥斯曼帝国关系恶化的进程中，英国对于塞浦路斯的占领是英国主动损害双方关系的标志。英国占领塞浦路斯对于英国和奥斯曼帝国关系具有重要的象征意义和实质性意义。"英国认为通过维护奥斯曼帝国的存在对抗沙俄的旧有政策，并不足以保障英国在印度、非洲和地中海地区的安全。1882年英国占领埃及也是出于同样的考虑。"如果说英国对于塞浦路斯的占领标志着英国与奥斯曼帝国关系恶化的开启，那么英国对于埃及的占领则彻底损害了奥斯曼帝国与英国的关系。与此同时，欧洲政治舞台上强大德国的凌空出世，及其对英国全球利益构成的挑战，强化了英国肢解奥斯曼帝国的决心。因此，从19世纪80年代开始，英国抛弃了传统的奥斯曼帝国政策。与此相关，奥斯曼帝国与德国关系进入蜜月期。

（二）英国与奥斯曼帝国围绕埃及斗法

占领塞浦路斯后，英国将目光转向埃及。1881年，军人出身的祖国党主席奥拉比在埃及发动起义，喊出"埃及属于埃及人的口号"，提出废黜陶菲克、推翻穆罕默德·阿里王朝的主张，埃及危机就此爆发。埃及危机是哈米德二世试验泛伊斯兰主义的重要场域，英国则将奥斯曼帝国置于某种两难境地，试图以此挫败伊斯兰主义的意识形态。英国向奥斯曼帝国政府提出外交照会，要求迅速平息埃及的乱局，以便维护英国在埃及的利益。奥斯曼帝国陷入某种两难的处境，素丹在埃及问题上的不作为可能为英国直接干涉提供借口，同样素丹的贸然介入会为英国介入提供更有利的借口。这也印证了奥斯曼帝国的这样一个判断：奥斯曼帝国在19世纪末期最大的外部威胁来自最令帝国厌烦之英国的诡计。阿卜杜勒·哈米德二世对于英国的阴谋也是洞若观火，竭力避免军事介入，以退让的方式来阻止英国插手及干涉奥斯曼帝国事务。

从理论上讲，奥斯曼帝国对于统治埃及的阿里家族的不满由来已久，迫切希望推翻阿里家族在埃及的统治。但现实则是，埃及自治地位业已巩固，而且英国在苏伊士运河开通后已经深度介入埃及事务，奥斯曼政府对埃及只有名义上的统治权。因此，维持埃及既有的阿里家族政权，对于奥斯曼帝国而言成本最低。为此，素丹政府最初甚至没有宣布奥拉比事件为叛乱，最后迫于英国的压力，奥斯曼帝国方始派特使去埃及调停争

端。阿卜杜勒·哈米德二世的大战略是试图通过宣传泛伊斯兰主义，来维护自身权力的合法性，服务于奥斯曼帝国继续存在的根本目标。阿卜杜勒·哈米德二世以伊斯兰教的名义，向埃及穆斯林号召，"近期发生的对于赫迪威的反叛，素丹既无法接受也无法容忍，必须杜绝再出现这种分裂主义和民族主义的恶性事例，防止在任何时候、任何场合发生针对任何人的非法和非人道行动"。哈米德二世的政策显然是审慎和防御性的，旨在用伊斯兰主义的意识形态来维持埃及传统的统治秩序。这种政策更深层的含义在于，维护阿里家族在埃及的地位在某种意义上也是维护正统的统治，这有助于证明和延续素丹和哈里发的合法统治地位。

哈米德二世之所以采取这样的措施，是多重因素作用的结果。第一，埃及不仅在事实上独立已久，而且英国已然深度介入了埃及政局，素丹自身力量则捉襟见肘。奥斯曼帝国政府对埃及的直接干涉无法摆脱穆斯林反对穆斯林的尴尬，还会引发阿拉伯民族主义更大范围的爆发，这显然是英国人所希望的结果。第二，不作表态则会损害帝国对于埃及名义上的主权，也会为穆斯林群体所诟病，更为英国提供借口。时任英国驻君士坦丁堡大使桑迪森（Sandison）这样威胁素丹："英国诸多颇有影响的报纸对于素丹在埃及奥拉比反叛问题上的无所作为甚是焦虑，并不断就此问题向英国政府施加压力，要求政府承认开罗存在一个独立的阿拉伯政府。"奥斯曼帝国于是派使节前往埃及调停内乱，这既维护了素丹对埃及名义上的主权，更维护了伊斯兰世界的团结，强化了帝国的穆斯林特性。哈米德二世清醒地认识到，直接干涉埃及事务既无必要，也会无功而返。

事实上，英国无论是对于埃及局势，还是对于素丹的困境都了然于胸。英国政府清楚地知道，由于埃及人口构成中穆斯林占绝大多数、埃及亦有相当多的基督教信众等多种因素，奥斯曼政府则无法直接出兵埃及。埃及的穆斯林也担心，一旦基督徒从埃及撤走，英、法可能会用炮弹袭击亚历山大港。英国政府精确地算计到，奥斯曼帝国一旦直接出兵埃及，"将直接损害到其作为伊斯兰世界领袖的声誉，尤其是在阿拉伯地区和非洲，而且阿拉伯穆斯林可能会产生复活阿拉伯哈里发传统的想法"。同时，阿卜杜勒·哈米德二世一旦出兵埃及，英国就会指责其穆斯林屠杀穆斯林，为英国直接干涉埃及事务寻找到合理的借口。

尤其值得注意的是，英国在埃及问题上实际上并未支持民族主义者，而是支持保守的陶菲克

政府，这一点恰恰与奥斯曼帝国政策具有某种一致性。支持民族主义政党或者民族主义者并非英国的选择。英、法两国政府在联合声明中明确表示支持赫迪威陶菲克，反对奥拉比代表的民族主义者。英国政府指出："英国所有的政策目标都指向维护埃及的繁荣和富强，保障其拥有独立的行政权。"英国外交官克罗默勋爵详细阐释过英国占领埃及的缘由，克罗默勋爵在1883—1907年间出任英国驻埃及总领事，长达24年之久，对于埃及事务非常熟稔。

"现在甚至可以说，埃及已经是欧洲的一部分了。埃及也是欧洲所有大国的利益关切，英国尤其如此。1882年的埃及处于兵变的状态，旧的政权遭到沉重打击，能够保障秩序的新的守法的政府又迟迟不能产生。埃及自身无法产生这样的政府。土生土长的埃及人如此无知和落后，长久以来属于被统治的民族，埃及人无法自己管理自己。阿拉伯民族主义者所鼓吹的'埃及人的埃及'理想完全不现实，必须有外国干涉和占领埃及，英国可以给埃及渐进地带来文明，因此英国的占领是最佳的选择。英国武装干涉是唯一可能的选择，也是最好的选择。英国的底线是不能允许任何外国军队占领埃及，尽管英国深知对埃及的独占会导致英国与欧洲他国关系的紧张。英国作为一个伟大的民族无法摆脱由于历史和英国在世界上的地位而被赋予的责任。英国对于埃及的占领不仅仅合法，而且符合英国的利益。"克罗默勋爵的论述符合他司职维多利亚时代外交官的特征，虽然态度生硬、观点武断，却直率地表达了英国的利益。克罗默勋爵以文明和责任作为借口，彰显英国占领埃及的战略意图。

埃及问题的最终结果是，英方以炮袭的方式向奥斯曼政府发出最后通牒，强行干涉埃及事务，却美其名曰保卫奥斯曼帝国的利益："炮袭是一种自卫和局部行为，军方统帅可以随时命令终止炮袭。此次炮袭行为断然不会影响到英国与奥斯曼帝国政府的关系……主要问题还在于，奥斯曼中央政府的命令在埃及得不到切实执行。正是出于保护奥斯曼帝国利益的目的，我们发动了此次炮袭行为。"1882年9月30日，英国占领埃及，奥斯曼帝国丧失了对于埃及的主权，印证了马克思在1853年时的预判：埃及在更大程度上属于英国人，将来只要瓜分土耳其，它必定是被英国人分去。

英国对奥斯曼帝国友谊的背叛已成定局，这对帝国是致命一击，预示着帝国解体的命运。英国大使馆最有经验的译员在1908年写道，"过去数年中我们对奥斯曼帝国的政策相互矛盾且彼此不相容，英国的诸多政策被素丹解释为不友好行为，与此同时我们却还追求扩大商业利益。像奥斯曼帝国这样一个素丹和哈里发集于一体的神权国家，商业机会只会给予对帝国友好者，英国无疑不在友邦之列"。显然，商业利益已经不是英国关注的重点，双方更多的是地缘政治之争和意识形态之争。哈米德二世在其回忆录中谈到了他对于英国背叛的愤怒之情，"在所有的大国中，最可怕的还是英国，它习惯于背信弃义"。冲突理所当然地成为双方关系的关键词，泛伊斯兰主义无力挽救帝国，奥斯曼帝国在与英帝国的竞逐中不可避免地失败了，由此深刻作用于中东地缘政治的整体走向和意识形态的变迁。

二　奥斯曼帝国的崩溃及英国与土耳其民族主义者的角力

1918年10月30日，协约国与奥斯曼帝国签订《停战协定》，标志着重建和平的开启，然而重建和平则意味着更大的挑战，包括战争的再度爆发。打击泛伊斯兰主义和泛突厥主义，将奥斯曼帝国从欧洲驱逐出去，成为英国基本的外交目标。英国在君士坦丁堡的外交存在集中于"高级委员会"，海军上将考尔索普（Admiral Calthorpe）掌管这个机构，他同时兼任英国地中海舰队的司令员，"高级委员会"的军事色彩浓厚于外交色彩。1919年8月，海军上将罗贝克（Admiral Sir John de Robeck）接替考尔索普，主管"高级委员会"。《停战协定》签订后的五年中，英土关系陷入了更大的混乱和彼此敌视的状态。

（一）英国关于君士坦丁堡的考量

1918年11月13日，英国占领了君士坦丁堡。英国驻君士坦丁堡高级代表海军上将考尔索普于11月11日接到来自外交大臣贝尔福（Balfour）的指令：保护英国在君士坦丁堡和安纳托利亚的利益，令土耳其永久性放弃其业已丢掉的原属于阿拉伯人的利益，严厉打击泛伊斯兰主义和泛突厥主义。关于君士坦丁堡如何处置的问题，可从一个独特的视角反映出西方对于时代精神和土耳其的认知，也可以从侧面诠释土耳其民族独立战争胜利的原因及其意义。

英国关于土耳其事务的基本政策是由时任英国首相劳合·乔治和外交大臣贝尔福共同制定的，瓜分土耳其帝国并将其从欧洲驱逐出去，置君士坦丁堡于国际共管或者是某国的委任管理之下，构成英国土耳其政策的核心和基本点之一。时任军需大臣丘吉尔和印度事务大臣蒙塔古对此持有不同看法，他们认为土耳其事务极其复杂，需要一个综合的解决方案，允许土耳其占有君士坦丁堡利大于弊。时任助理外交大臣寇松认为，需要从欧洲边缘到印度的漫长地带建立起一个对欧洲友好国家的链条，应该将土耳其人从君士坦丁堡驱逐出去。最终，将土耳其人驱逐出欧洲的外交理念主导了英国的对土耳其政策，最具代表性的就是将君士坦丁堡从奥斯曼帝国手中剥离，割断其与欧洲的联系。

1919 年 10 月，寇松出任英国外交大臣，他系统地阐述了英国的君士坦丁堡政策。寇松指出：“君士坦丁堡无论就历史传统还是就地理位置而论，都是一座帝国的城市。一个亚洲三流的王国坐拥这样一个伟大的首都，显然不合时宜。如果说我们可以从历史中汲取什么教训的话，那就是土耳其管理自己都已捉襟见肘，更不用说统治其他种族了。这一点，单单从土耳其人对于君士坦丁堡的统治就可以找到足够的证据。”他并且明确指出，无论是海军上将考尔索普还是海军上将罗贝克，都持有这样的观点。欧洲人对土耳其人的鄙视、报复的心态都在迅速复活。

由于奥斯曼帝国加入一战，英国对于奥斯曼帝国的政策变得极为严苛，决定对其施加某种极限惩罚，最大的惩罚就是决定肢解奥斯曼帝国，并将其逐出欧洲，英国的帝国使命与土耳其民族主义的对抗由此开启。劳合·乔治强烈的亲希腊倾向使得他罔顾事实，认为地中海未来的主宰者是希腊，土耳其无论是实力还是道德都无法对抗希腊。包括丘吉尔在内的诸多英国政治家对此颇为担忧，认为这种持续的挑逗将导致小亚细亚几代人血流成河，而且进一步指出：“英国的土耳其政策会将土耳其推到布尔什维克的怀抱，这将对英国整体的中东和印度政策造成负面影响。”虽然不乏分歧，但英国内阁更多的还是共识，最终导致英国的土耳其政策在错误的道路上渐行渐远。我们从英国外交大臣寇松 1920 年 1 月完成的一份外交备忘录中，可以管窥英国关于奥斯曼帝国的共识。

这则外交备忘录聚焦于论述君士坦丁堡的未来，同时也是寇松对印度总督蒙塔古将君士坦丁堡留给奥斯曼帝国意见的反驳书，也涉及英国、法国和美国对君士坦丁堡未来的态度。寇松曾经是英国派往印度的最年轻的总督，他利用自己对于亚洲事务的谙熟，强调将土耳其人从君士坦丁堡驱逐出去的重要性。寇松的立场一目了然：“我坚信必须紧抓现在的机会，以求彻底结束土耳其人与欧洲的联系，否则我们就会为子孙在东欧埋下未来无尽的麻烦、阴谋和战争的恶种，世世代代因此懊悔不已。”早在 1917 年 1 月英国内阁已经就此达成了一致：“显然，为了和平的利益和相关民族的需求，需要抓住所有可能的机会终结土耳其人对于异族的统治。将土耳其从欧洲驱逐出去对于和平的贡献，类似于将阿尔萨斯-洛林归还给法国。”从土耳其人手中夺走君士坦丁堡被认为是对和平的最大贡献，而且可以永久性消除东欧发生冲突的可能，其基本逻辑还在于奥斯曼土耳其人非法占有君士坦丁堡是万恶之源。

显然，英国内阁将东方问题的彻底解决寄托于将君士坦丁堡归还给欧洲，将土耳其人一劳永逸地赶回亚洲。作为亚洲事务的专家，寇松有关君士坦丁堡的诸多论断似乎更具可信度，也更具有说服力。寇松也指出了沙俄、法国甚至于美国对君士坦丁堡未来的立场，强调各方在该问题上持有几乎相近的立场。阿斯奎斯政府与沙皇曾经有过密约，约定一旦英国与土耳其人交战获得胜利，就将君士坦丁堡交予沙俄。寇松也指出，美国总统威尔逊对协约国的立场也很明了，那就是将处于血腥的、专制的土耳其人统治下的民众解放出来，将显然异质于西方文明的奥斯曼帝国自欧洲部分驱逐出去。而且，美国参议员洛奇曾经于 1918 年 8 月 13 日就此发表演讲：“最终必须将君士坦丁堡从土耳其人手中夺走，作为自由港置于协约国管理之下，以此来阻止德国向东进攻，让达达尼尔海峡服务于全人类。继续将土耳其留置于欧洲，将会是一个灾难性的后果，这对于它的子民和邻居而言都是一种诅咒、一块恶疮和一张战争的温床。”法国也完全赞同英国将土耳其人驱逐出君士坦丁堡的建议，法国总理克莱蒙梭强调要彻底清除土耳其人在欧洲的存在，完成土耳其人与欧洲的彻底割裂。显然，英国政府处理君士坦丁堡的计划，已经为诸多列强所接受，而且将其提升到文明和服务于全人类的高度。

寇松在备忘录中也反驳了蒙塔古的担忧，蒙塔古认为驱逐土耳其人可能引发印度穆斯林的骚乱。寇松指出，协约国战争的公开目标之一，就是将土耳其人驱逐出欧洲，印度穆斯林对于这一公开的目标既无反抗也不曾激起过任何的骚乱。对那些最了解印度的人而言，他们深知驱逐土耳其人确实会在印度穆斯林中引发抗议，但这种抗议具有虚假性，这种情绪也会转瞬即逝，很快就会趋于平静。英国政府这种以种族为指向的敌意，很大程度上影响到英国政府做出更为理智的决策。而且，寇松特别强调自己对于东方事务极为熟稔，对于伊斯兰世界特别了解，强调将土耳其人驱逐出欧洲不会引发太大的骚乱。实际上，这也从侧面反映了寇松对于伊斯兰世界内部团结程度的评估。

（二）凯末尔主义者与英国的角力

1920 年 3 月，英军再度开进君士坦丁堡，这被称为对君士坦丁堡的二次占领，土耳其民族独立战争的重心由此开始转向了安纳托利亚。关于土耳其独立战争的认知，实际上也从属于英国对于君士坦丁堡和东方问题的认知，两者具有逻辑上的一致性。英国内阁认为凯末尔是"土匪"，为了防止类似凯末尔这样的"土匪"对英国在东方的声誉造成致命打击，英国需要占领君士坦丁堡。劳合·乔治和寇松都继承了格拉斯通自由主义的世界观，决定联合希腊一劳永逸地解决东方问题，以此来维护英国在印度和中东的利益。而解决得最好办法则是复活希腊帝国，以希腊帝国作为应对土耳其民族主义者的利刃。此时的欧洲政治已经增加了以民族自决为代表的威尔逊政治原则，然而这一新的原则并未动摇欧洲以秘密条约为主的传统外交基础。这是一个新旧交杂的时期，各种理想和策略交替上演。关于各方势力在奥斯曼帝国的逐鹿，最大的变化就是沙俄的退出和希腊的介入，英国和法国希望以牺牲土耳其和沙俄利益为代价在近东建立希腊帝国。"英、法醉心于建立一个控制海峡的希腊帝国，不仅仅对抗保加利亚和土耳其人，而且防止沙俄的复兴，包括色雷斯、君士坦丁堡和士麦那。"煽动和部分地满足亚美尼亚人的理想，最终迫使土耳其民族主义事业胎死腹中，也是英、法大战略的组成部分。

凯末尔主义者则坚信民族独立事业的正义性，对英国的动机和野心也是心知肚明。凯末尔主义者一方面还在保持与奥斯曼帝国君士坦丁堡政府的沟通，强调如果英国方面禁止这一沟通，保护权利委员会将动员民族和利用宗教进行战争，号召民众为自由而战。另一方面，他们对于英国针对奥斯曼帝国的野心也有着较为理性的认知。1920年2月19日，英国政府向奥斯曼帝国政府发出最后通牒，君士坦丁堡可以留给奥斯曼帝国政府，条件是立即停止针对亚美尼亚人的屠杀，停止针对包括希腊在内的协约国的军事行动。凯末尔对此有个基本判断，那就是协约国所列条件只是借口，难以掩盖其占领君士坦丁堡的真实目标。英国的祸心成为土耳其民族主义者培育民族主义情绪和感情的营养品。1920年4月23日，土耳其大国民议会政府在安卡拉的成立，成为土耳其民族主义事业的标志性事件，表明他们取得了阶段性胜利。

1920年5月，协约国通知土耳其方面《色佛尔条约》的相关内容，土耳其民族主义者则利用沙俄发生的革命，不仅借此结束了外交孤立的局面，而且加大了对西方的忧虑。1920年8月，协约国正式与奥斯曼帝国签订了《色佛尔条约》，

规定帝国只有在忠实遵守条约各款所规定之义务的条件下可以保留君士坦丁堡。这里提及的"有条件拥有"主要指的是承认安纳托利亚被瓜分的状态。如奥斯曼政府不能信守条约，协约国便威胁要将君士坦丁堡从战后土耳其的版图中移除。协约国的君士坦丁堡政策有所松动，但依然是最为重要的外交筹码。1920年12月2日，土耳其民族主义政府与苏俄签订条约，确定了土耳其的东部边界，结束了孤立局面。这一外交举动被解释为土耳其外交的东方理想，土耳其政府有意放大这一行动的实际和象征性意义，实质是在利用西方对苏俄政府的敌视来服务于自身的利益。"如果西方能够对我们更为客气，土耳其或许会成为对抗共产主义的一个反冲国家。现在我们自己要杜绝共产主义，但要将共产主义传播到西方。"在反对帝国主义这一点上，苏维埃政权天然地具有与土耳其民族主义者结盟的条件，苏俄与土耳其民族主义政府在1921年正式建立了外交关系。土耳其与苏维埃政府建立外交关系具有多重意蕴，也是协约国最为担忧的后果。法国已经意识到时代潮流的转变，于是在1921年与土耳其单独缔结了条约。

1922年8月，希腊在土耳其的军事行动败局已定，然而，英国对于局势还未能够做出清晰的判断。哈罗德·尼克森（Harold Nicolson）这样描述洛桑会议前的英国对土耳其政策，"试图用一张薄纸来束缚一只乱动的母鸡"。1922年9—10月，英国和土耳其关系处于极度紧张的时刻，双方可能因恰纳卡莱再战，英国内阁在这一时期几乎所有的讨论都是围绕英国与土耳其的战争展开。英国需要凯末尔的妥协，但是劳合·乔治和丘吉尔等人对于凯末尔是否会接受和谈甚是担忧，开始思忖将土耳其拉到欧洲，为彼此挽回面子。尤其在1922年9月9日，土耳其民族主义者胜利攻占伊兹密尔之后，君士坦丁堡已经不再具有将土耳其人与欧洲彻底割裂的象征意义，转而成为英国与土耳其妥协的筹码。英国内部关于土耳其问题的政策也是裂痕日深，劳合·乔治政府要求军方对土耳其发出最后通牒，要求土耳其离开中立区，否则英方会火力全出。为了保证对土耳其最后作战的成功，英国政府也做了争取盟友支持的诸多外交努力，结果收获寥寥。1922年9月15日，丘吉尔做了最后的外交努力，试图说服盟友支持英国与土耳其进行最后决战，以求保卫对于帝国安全极其重要的海峡，依然无果而终。1922年9月23日，寇松也曾求助于法国，但普恩加莱总理拒绝了英国。最终，英国将军哈林顿（Harington）拒绝执行向土耳其发出最后通牒的命令，

转而试图安排与凯末尔的会谈。哈林顿的这一举动阻止了土耳其与英国直接的兵戎相见，为双方和平谈判铺平了道路。

1922 年 10 月，由于希腊军队入侵土耳其的失败，劳合·乔治内阁被迫辞职，博纳尔·劳组建了新内阁，寇松则得以留任，这也加速了英国对土耳其政策妥协的转化。由此，英国与土耳其于 1922 年 10 月 11 日签订了停战协定，土耳其恢复了对君士坦丁堡的控制权。而就在劳合·乔治下台的同一天，英国总参谋部的一份外交备忘录，标志着英国近东政策的转变："我们必须考虑重建土耳其国家，使得土耳其能够重新恢复秩序并且有能力保卫其领土，这对于英国只有益处。从人数上讲，土耳其是一个被众多敌人包围的小国。然而，它所处的地理位置却是诸多国家觊觎之地。单从总参谋部而言，土耳其对于英国的任何重要战略要地都无法构成威胁，我们与土耳其维持友好关系有百利而无一害，我们需要在军事上强化土耳其而非相反。"英国对于土耳其的态度有了转折性变化，土耳其新国家的构建由此获得了较为有利的外部环境。

寇松见证和亲历了英国对土耳其政策转向某种妥协与合作，不仅推翻了他亲自缔造的《色佛尔条约》，而且于 1923 年率领英国代表团参加了洛桑会议，开始承认土耳其的独立自主地位。作为土耳其独立战争的重要结果，《洛桑条约》记载了英国外交的诸多挫败，但这不能归咎于高级委员会，这是权力格局易位的客观反应，也是公众情绪变化的反映。土耳其人最终战胜希腊似乎具有历史的必然性，毕竟"希腊人为光荣和理想而战，土耳其人则在为家园和内心深处的感情而战"。土耳其的胜利在某种意义上讲也是时代潮流胜利的标志，民族主义开始在中东获得胜利。寇松从反土耳其立场到与凯末尔主义者妥协，也体现出历史的吊诡之处。

三 奥斯曼土耳其与英国交往的遗产

英国的土耳其政策在此阶段经历了从蚕食奥斯曼帝国领土，到试图将其从欧洲驱逐，再到承认土耳其共和国的有限妥协这样一种演进的历史进程。哈米德二世时代，英国更多地致力于利用和创造机会来吞食重要的战略要地，致力于限制泛伊斯兰主义的影响。土耳其独立战争时期，英国的土耳其政策回到了某种理想主义的状态，试图用文明的优劣来理解和指导英国对土耳其政策，遏制土耳其民族主义势头。英国自我营造的文明阶序，无法解决土耳其问题，反倒有使自身陷入战争泥潭的风险，最终不得不有限地承认了土耳

其民族主义事业的成果。土耳其和英国围绕着意识形态和地缘政治的竞逐，深刻作用于双方的交往，更从深层次造成了中东诸多的结构性问题。英国自身的土耳其政策放弃了理想主义的幻觉，不过还是留下了诸多遗产。

第一，英国被迫接受了土耳其对于伊斯坦布尔的占领，但英国对于伊斯坦布尔的独特情怀，影响到它与土耳其共和国的关系。恩格斯曾有过这样的判断："在欧洲的外交界看来，甚至在欧洲的报界看来，整个东方问题的结局，只能是二者择一：不是俄国人坐镇君士坦丁堡，就是维持现状。"1923 年 10 月 2 日，协约国结束了对君士坦丁堡的占领状态，到 1924 年 8 月 6 日协约国与土耳其才正式结束了战争状态。保有伊斯坦布尔对于土耳其共和国的意义，无论如何强调都不为过，由此也决定了土耳其与欧洲无法割断却又充满曲折的关系。

1923 年 10 月，土耳其共和国确定新首都将设在安卡拉，英国政府则一直坚持将英国驻土耳其大使馆设在伊斯坦布尔。以寇松为代表的英国外交界认为，安卡拉荒凉和野蛮，协约国应该协调立场，抵制土耳其政府要求将大使馆设在安卡拉的动议。这从根本上反映的还是英国对于新生的土耳其共和国的轻视。英国政府对于大使馆迁移到安卡拉一事一直推诿，直到 1926 年迫于摩苏尔问题谈判的需要方始最终迁往安卡拉，由此影响了英国与土耳其外交关系。

无论是关于伊斯坦布尔归属的讨论，还是拒绝将大使馆设在安卡拉，维多利亚时代英国人对于土耳其的偏见都展现得淋漓尽致，认为土耳其属于低等的文明。这种偏见具有普遍性。"土耳其人将由弱变强，只能成为进步的绊脚石。""当我们看到这一切的时候，我们不能不承认，土耳其人在欧洲的存在是开发色雷斯—伊利里亚半岛的一切潜力的真正障碍。"欧洲视奥斯曼帝国为异质之存在，认为奥斯曼帝国合适的身份是仆人，却作为主人存在；应该是被统治者，却以统治者身份存在。英国人和西方人对于土耳其的这种偏见，长期影响着西方与土耳其关系，而君士坦丁堡为土耳其所拥有，决定了土耳其身份属性的长期悬而未决，引发了土耳其与西方持久的口水战。

第二，土耳其共和国成为以穆斯林民众为主体的国家，亚洲属性得以进一步凸显，然而土耳其发展道路的选择充满了主观性，决定了土耳其与西方的复杂关系。土耳其共和国的精英们长期否认国家的亚洲属性和伊斯兰文化的底色。哈米德二世对于伊斯兰教的利用，被认为背离了坦齐马特时代的改革精神。哈米德二世的统治被认为

是土耳其历史发展进程中的一种异常现象。甚至于建国初期的土耳其共和国精英们，也将哈米德二世的统治定性为黑暗时代。事实上，在阿卜杜勒·哈米德二世统治时期，奥斯曼帝国领土、人口构成等诸多方面都发生了深刻变化，即亚洲属性得到强化，这些变化规定了帝国政策的基本取向。

作为俄土战争的结果，奥斯曼帝国的基督徒比例从40％降至20％。奥斯曼帝国的穆斯林特性和亚洲属性由于丧失了在欧洲的领土而得以凸显，被包围的状态也使得伊斯兰教的防御性得以彰显。"帝国现在的合法性类似于一种立足于伊斯兰主体的防卫性意识形态……伊斯兰教作为对抗西方强加于之的不公正的世界秩序，成为一种独特的民族意识形态，代表着正义和平等。在这种背景下，强调哈里发制度和穆斯林民族主义具有特殊意义。"奥斯曼多宗教帝国转变为穆斯林为主的共和国，伊斯兰教作为意识形态得到强化。

而且，土耳其发展道路的选择也一直在追随西方与寻求独立发展之间摇摆，从根本上也是为之所束缚。土耳其共和国的精英们在拥抱民族主义的同时，也拥抱了世俗主义和西方文明，从而决定了土耳其独特的现代化道路。虽然在与基督教世界的抗争中，土耳其遭受了耻辱性失败，但这反倒强化了凯末尔拥抱西方文明的决心。凯末尔不仅搁置了奥斯曼帝国的理想，而且推行世俗化改革，加强了对伊斯兰教的管理。凯末尔主义者认定西方文明是世界唯一的文明，土耳其要进步就必须成为文明国家的一员，而伊斯兰教则阻碍了土耳其的文明进程，因而强行推动世俗主义政策。凯末尔虽反对殖民主义和帝国主义，但并未阻止他对于西方的青睐，这一道路选择长久地作用于土耳其的发展，加入北约和成为欧盟候选国都是这一逻辑演进的结果。在加入《北大西洋公约组织》问题上，英国曾经多次对土耳其设置障碍。在加入欧盟问题上，伊斯兰文明属性是土耳其被拒绝的最根本原因。强调文明属性往往会强化偏见，这种偏见深刻作用于国际关系。

土耳其与西方交往的经历最后也只能用苦涩来形容，这种交往在土耳其民族心理上留下了很深的伤疤，这种记忆也一直萦绕着当代土耳其人。这或许是英帝国为代表的西方在中东留下的最为隐形的遗产，双方的现代交往必须要触碰这些遗产。当下土耳其与西方的交往中，这种认知和偏见仍然持续发挥作用，影响到土耳其发展道路的选择。作为土耳其西方化逻辑进一步演进的结果，土耳其在第二次世界大战结束后启动了竞争性选举制度。进入21世纪，我们注意到伊斯兰政治在土耳其的回潮和世俗主义的受挫，土耳其的发展道路无疑在经历着深刻的调整，而西方化道路受挫是不争的事实。

第三，从哈米德二世时代到土耳其独立战争，这一时期也是一个国际秩序转型和战略重组时期，是一个泛伊斯兰主义和伊斯兰文明价值衰落的时期，以英国为首的西方强行完成了对于奥斯曼帝国的肢解，但又遭到了凯末尔主义者的激烈反抗，规定了中东地缘政治的基本方向。马克思和恩格斯在1854年时指出，"伊斯兰强国作为欧洲国家制度的一种特殊形式，正在走向灭亡。土耳其基督教徒的解放，不论是通过和平让步还是诉诸武力，都会使伊斯兰教从一种政治力量变成一种宗教教派，并彻底破坏奥斯曼帝国的旧基础"。伊斯兰教作为一种政治力量遭到沉重一击，既影响到土耳其道路的选择，也作用于土耳其与伊斯兰世界的关系。

英帝国史专家伊丽莎白·门罗认为，1914—1956年属于英帝国在中东的辉煌时期，中东的基本架构和无解的难题都在这一时间段定型。事实上，从哈米德二世时代到凯末尔时期，20世纪中东地缘政治的转型期正式开启。奥斯曼帝国解体速度加速，英国逐步主导了中东地缘政治格局的走向，一系列形态各异的政权建立在奥斯曼帝国的废墟上。因此，奥斯曼帝国的解体造成的权力真空，以及以英国为主的西方国家对于中东地缘政治的重构，构成了理解中东困局的最为深刻的内因和外因。

只不过，西方的国家体系和价值体系并非包治百病之良药，无法填充奥斯曼帝国解体在中东造成的权力和意识形态的真空状态。对于中东地区所进行的边界划分和国家缔造，西方开出的似乎是一剂毒药。同样，西方在中东推广民族主义，也未能够从根本上取代伊斯兰主义，造成了意识形态的混乱。何况，西方对于伊斯兰主义的态度也是多有反复，一切以自身的利益为基本出发点。历史证明，伊斯兰主义只是暂时处于某种蛰伏时期，现代西方价值并未能够从根本上解决中东困局，伊斯兰原则与西方价值的相互协调和融合更多的也是失败的案例。这种失败某种意义上也证明和强化了现代西方价值的排他性特征，中东国家寻求适合自身的发展道路必须要认真检视奥斯曼帝国和英帝国的遗产。

【作者单位：陕西师范大学历史文化学院】
（摘自《西亚非洲》2022年第3期）

从部落社会演进看阿拉伯早期国家生成

韩志斌　马峥嵘

一　问题缘起

长期以来，文明溯源是备受中外学界关注的热点问题，东西方学者在这一命题上提出诸多观点。国际学界通常以"三要素"——冶金术、文字和城市作为进入文明社会的标志。摩尔根在1877年首次发表的《古代社会》一书中，将人类社会演进过程分为蒙昧（savagery）、野蛮（barbarism）和文明（civilization）三个时代。摩尔根同时代学者努玛·德尼·菲斯泰尔·德·古朗士描绘的社会演进图式为家庭（families）—氏族（gens）—胞族（phratry）—部落（tribe）—城市（city），其终端就是城市。考古学家柴尔德也认为，文明的重要标志之一是城市。恩格斯在《家庭、私有制和国家的起源》中指出，"国家是文明社会的概括"。卡莱尔沃·奥贝格在分析南美洲低地部落社会时，首先使用"政治上组织起来的酋邦"（politically organized chiefdoms）这一术语。20世纪中后期，美国人类学家塞维斯利用"酋邦理论"对摩尔根的进化人类学进行修正，指出人类社会的发展经历了游团（band）、部落（tribe）、酋邦（chiefdom）和国家（state）等历史阶段。中国学者亦提出诸多观点，如苏秉琦的"三历程说"（古文化—古城—古国）、谢维扬的"氏族模式与酋邦模式说"、王震中的"大体平等的农耕聚落形态—含有初步不平等和社会分化的中心聚落形态—都邑国家形态和邦国—王国—帝国说"等。中华文明探源工程在考古发掘和历史研究基础上，以国家形成作为文明社会的最本质特征，提出文明定义和文明判断的新标准，为世界文明起源研究做出了原创性贡献。国内外学者均试图阐述从原始社会到早期国家，以及进入国家发展阶段之后世界各国古代社会的演化图景，厘清世界文明起源多样化道路的历史脉络。不难看出，国家是人类文明演进的重要标志与阶段，是破解文明起源命题的重要切入点。

阿拉伯文明起源与早期国家形成密不可分。关于"早期国家"概念，学术界存在不同看法。克赖森将早期国家划分为三种类型或者三个发展阶段，即未完全形成的早期国家（Inchoate Early State）或者初始的早期国家（Incipient Early State）、典型的早期国家（Typical Early State）与过渡形态的早期国家（Transitional Early State），这里的过渡是指向成熟国家过渡。在此基础上，他将"早期国家"表述为"介于非政府组织和成熟国家之间的社会形式"。有学者以国家本身的构成要素与发展状况立论，将国家划分为"早期国家"与"成熟国家"两大阶段。还有学者认为，早期国家属于古代国家的一种类型，也是古代国家的早期阶段，诚如安东尼·吉登斯所说，古代国家的领土概念每每有"边陲"而无国界，国界只是在所谓"民族—国家"产生过程中才出现的。本文所说的阿拉伯"早期国家"，指的是正在形成中的国家、正在走向成熟的国家，即阿拉伯帝国（包括正统哈里发帝国、伍麦叶帝国和阿拔斯帝国）形成之前的政治形态——乌玛，属于古代国家的类型。阿拉伯早期国家是在希腊、罗马等外来力量引发阿拉伯部落秩序重构中形成的。阿拉伯半岛新兴的城市工商阶级在秩序变动带来的精神觉醒中，推动阿拉伯社会从无序转向有序。恩格斯在《家庭、私有制和国家的起源》中，探讨了国家产生的三种主要模式，即雅典模式——没有受到外来或内部的暴力干涉，直接从氏族社会内部阶级对立中产生国家；罗马模式——在平民和贵族的角逐与冲突中逐渐形成国家；德意志模式——直接从征服广大外国领土中产生国家。循此逻辑，阿拉伯早期国家大体属于"雅典模式"和"罗马模式"的混合体，为日后国家形态向类似"德意志模式"转变作了铺陈。

阿拉伯学者对于部落研究建树颇多，对阿拉伯部落的起源和定义以及各部落世系的记载与归纳较为详细。但是，阿拉伯历史学家通常注重记述史实，鲜有探寻部落与阿拉伯早期国家勃兴之间的内在逻辑。伊本·赫勒敦在《历史绪论》中指出，阿拉伯早期国家的兴起，在于统治阶层乃至整个社会普遍沉迷于城市文明带来的奢靡情境，而渐趋丧失积极、勇猛的游牧精神。基于这一观点，伊本·赫勒敦认为，一个国家的团结精神和宗族观念愈加强烈，国家内部则愈加凝聚，愈有助于形成以统治者为中心的意识共同体，国家会更加强盛。显然，伊本·赫勒敦对国家兴起逻辑的分析，是基于阿拉伯民族固有的宗派主义立场，但这一理解过分强调阿拉伯人族群精神和亲缘意识的精神意义，忽视了部落在阿拉伯早期国家生成中发挥的作用。

西方学者通常从精神信仰层面，分析具有自组织属性的部落对于阿拉伯早期国家的影响。美国学者菲利浦·希提跳出政治实体建构过程的传统分期法（如贾希利叶时期、"乌玛"、正统哈里发帝国等），将阿拉伯历史根据社会秩序的性质变动分为"信仰时代"（乌玛）、"政治时代"（正统—伍麦叶哈里发帝国）、"文明时代"（阿拔斯哈里发帝国）等。这种对历史逻辑的深层分析，对于理解部落等基层组织在阿拉伯不同政权时期的发展脉络和互动逻辑具有较为独特的启示。他强调，伊斯兰教作为阿拉伯人征服运动的内在驱动力，催生了阿拉伯早期国家。英国学者休·肯尼迪对贾希利叶时期（即文明时代以前）半岛器物发展和工具运用的微观研究，对后续研究蒙昧时代高级阶段半岛部落社会的社会经济分工与结构分化具有启发意义。但他立足西方立场，片面强调伊斯兰教的精神冲动对阿拉伯早期国家形成的影响，忽视了部落所发挥的作用。还有部分西方学者在精神信仰之外关注到经济因素，认为中东地区古典文明丰富的物质财富，为新生的阿拉伯帝国提供了必要的战利品和"吉兹叶"税，对于发源于贫瘠半岛的新生帝国以及已被凝聚在帝国治下的众部落而言，无疑具有超越信仰的现实驱动力。美国学者威廉·麦克尼尔认为，阿拉伯早期国家的兴起，得益于"战争胜利带来的大量战利品"和"被征服人口的大批贡赋"。英国学者伯纳德·路易斯提出，阿拉伯早期国家兴起的原因，主要是日益增长的人口与阿拉伯半岛贫瘠的地理环境之间存在无法调和的矛盾，必须通过对外移民加以缓解。总体而言，西方学者关于部落与阿拉伯早期国家兴起的已有成果，通常侧重于对古莱什部落中一些影响较大的宗教派系，如阿里派、伍麦叶派、阿拔斯派等进行考察。他们要么将视角集中于派系本身，忽视派系背后隐含的部落因素；要么将视角集中于派系的上层贵族集团，忽视影响阿拉伯社会演进的基层力量。

本文以阿拉伯文历史文献为基础，拟从部落社会演进的视角，探究部落组织如何在希腊、罗马等外来力量影响下进行秩序建构，进而考察阿拉伯早期国家的生成模式，以此厘清部落社会演化与阿拉伯文明起源的历史逻辑。

二 阿拉伯半岛部落社会的政治生态和秩序演进

部落是一个极具争议的概念。在西方世界，"部落"（英语为tribe，法语为tribu）一词源自拉丁语中的"特里布斯"（tribus），最初指存在于古罗马的一种特殊政治组织，即古代罗马国家形成之前的三大部落。随着西方古代部落制度的消亡，部落失去其特定含义，部落、种族和宗族（clan）等词被旅行家、传教士和史学家、文学家等不加区别地混用。19世纪，持进化论的西方人类学家认为，部落是从氏族社会向国家（文明社会、国家社会）过渡阶段的人类社会形态。许多西方学者认为，与文明社会相比，东方的部落社会好战且原始，本质上是"原始社会"。

但在阿拉伯半岛语境中，部落的概念有其特定内涵：第一，部落泛指家庭之上各个层面的地方性政治和社会组织。淡水的分布多寡使辽阔的阿拉伯半岛形成两种截然不同的社会经济形态：以苍翠的绿洲为基础的稳定农业经济；以有限草场及浩瀚沙漠为基础的流动游牧经济。在众多零散的绿洲及其边缘地带，随着人口增长和生产发展，自然形成诸多作为家族扩大形式的亲缘团体，这便是部落。部落是阿拉伯半岛的原生社会单元。定居部落和游牧部落（即贝都因人）的冲突与融合是阿拉伯半岛历史演进的主要驱动力，而两大部落群体的互动亦逐渐催生出普遍的政治民族概念，即"阿拉伯人"，正如拉皮杜斯所说，部落是差异巨大的政治和宗教组织。

第二，部落与国家存在复杂关联。用埃米尔·涂尔干的话说，国家是建立在族群、经济、官僚和政治组织多重合作基础之上的"机械团结"（mechanical solidarity）。而部落则通过自然集聚形成，是较为松散的组织。部落凭借坚固的亲缘联系掌控着阿拉伯半岛广大基层社会的多数人口和财富，成为横亘于上层组织与基层社会之间的强大中坚力量，在国家的政治建构和秩序运行中发挥着极大影响。因此在阿拉伯早期国家崛起过程中，统治阶级不得不依赖部落提供必要的人力、物力，从而同部落建立一种松散的"合作"关系，间接构建起对基层社会的脆弱统治。由此，部落与国家形成既合作又竞争的双重关系。

第三，亲缘和道德是构成与维系部落组织的重要因素。极度贫瘠的生存空间和有限的生活资源，使得阿拉伯半岛的政治生态长期局限在低成熟度阶段，随着人口增长和生产水平提升，自然形成以亲缘和血统为纽带的社会团体——部落，阿拉伯人称之为"盖比拉"（Qabīlah）或"阿希拉"（'Ashīrah）。部落组织是贝都因社会的基础，通常每个帐篷代表一个家庭，诸多帐篷的集结地构成一个"区域"（Hayy），同一个区域的成员构成一个"族群"（Qawm），诸多有亲缘关系的族群构成一个部落。菲利普·卡尔·萨尔兹曼将部落界定为"具有集体责任承诺的最大群体"。在血缘关系的联结和部落组织的庇护下，部落成员逐渐产生对部落的绝对忠诚，形成一种极端狭隘的"宗派主义"（'Aṣabiyyah）。一个吟游诗人曾唱道："要忠于部落，它对其成员的要求足以使丈夫抛弃妻子。"

第四，"分支世系"和"平衡对抗"（balanced opposition）成为部落运行的基本原则。戴尔·艾凯尔曼和保罗·德雷舍强调，部落在文化上与众不同，在政治上采取自治形式，但不是碎片式的，其运作方式符合"分支世系原则"（Segmentary lineage Theory）。易言之，部落为形成凝聚力构建了完备的社会谱系结构，整个部落社会被认为源于同一位始祖，血缘或谱系关系成为整个社会的基础，并按照血缘远近形成不同部落分支。而在"平衡对抗"体系中，一个部落是否援助盟友部落、对抗其他部落，往往依据与盟友血缘的亲疏。

阿拉伯部落定义的复杂性，体现了部落在阿拉伯历史演进中的多样性。阿拉伯部落是基于相互依存的血缘、地缘和政治关系的传统社会组织。部落与国家相对分离，二者具有共同的历史起源、文化属性，奉行传统的运行组织机制。部落同时是一个历史范畴，在特定历史时期，部落是人类社会演变进程中的过渡阶段，几乎存在于迄今人类历史发展的所有阶段。在不同历史时期，部落体现出的社会特征和文明属性各有差异，不能脱离具体的历史语境简单地进行价值评判。

根据记载，在伊斯兰教诞生之前，一些阿拉伯部落已经湮灭，这些部落统称为"阿玛利卡人"（'Amāliqah）。至于存衍至伊斯兰时期的阿拉伯人，则被划分为"纯粹的阿拉伯人"（'Āribah）和"归化的阿拉伯人"（Musta'rib）。其中，"纯粹的阿拉伯人"也被称为"盖赫坦人"（Qaḥṭān），这支部落原来生活在希贾兹，后来迁移至南部的也门，并建立诸多繁荣的商业城市，最终过上定居生活。"归化的阿拉伯人"祖先名为伊斯玛仪·阿卜拉尼，他的母亲来自朱尔胡姆部落，据传这支部落是尼扎尔·本·麦阿德·本·阿德南的后裔，因此"归化的阿拉伯人"也被称为"阿德南人"（'Adnān）。公元7世纪初，"归化的阿拉伯人"成为重构阿拉伯半岛秩序的主导者，其中最为显赫的便是古莱什部落。

随着海洋贸易的发展，希腊文明的影响逐步扩散至两河流域、新月地带、埃及和印度，阿拉伯半岛的沿海地带开始与希腊世界建立联系。亚历山大东征极大促进了希腊文明东传，一众希腊化城市在美索不达米亚、新月地带、埃及和印度等地兴起。据估计，腓力二世和亚历山大三世及

其后继者曾在希腊和东方新建了329座希腊化城市。这些城市成为希腊文明向东传播，以及希腊城邦向西亚北非进行商业扩张的重要载体。而庞大的希腊化世界的出现，亦将长期处于"文明世界"边缘的阿拉伯半岛纳入希腊城邦的贸易网络。得益于其重要的地理位置，阿拉伯半岛成为希腊城邦通向东方商道的枢纽，特别是半岛南部因控制了红海和阿拉伯海的海路，在日益繁荣的东西方贸易中兴起诸多商业城邦，如麦因、赛伯伊、希姆叶尔等王国。在菲利浦·希提看来，赛伯伊是最先迈入文明时代的阿拉伯部落。早在公元前1250年，赛伯伊人就已经掌握南部海域的航线、暗礁和港口，以及季风规律，并垄断了这一海区的贸易。凭借繁荣的商业经济带来的物质财富，赛伯伊王国不仅将其势力渗入整个半岛南部，使邻国麦因王国沦为附庸，而且还发展出令人瞩目的先进生产技术。为了有效利用水源和发展农业，公元前7世纪中期，赛伯伊王国在首都马里卜修建了著名的马里卜水坝。据载，马里卜水坝由北向南长达600余米、高15米、宽80米，堪称古代世界建筑史上的一大奇迹。

随着希腊城邦商业经济的发展以及西印度洋地区海洋贸易的兴起，希腊商人为将贸易网络拓展至东方，开辟了经红海到西印度洋的商路，将东地中海与西印度洋纳入同一贸易体系中，位于该海路中心的阿拉伯半岛成为希腊商人贸易网络的重要子集。半岛南部除麦因王国和赛伯伊王国外，还兴起了盖特班和哈德拉毛等商业城邦。正是在外部文明影响下，半岛南部部落实现阶级分化与秩序转型，进入新的发展阶段。

伴随着贸易网络的东扩，希腊钱币亦开始在东方世界流通，甚至同波斯帝国的钱币构成竞争。据考古发现，公元4世纪，半岛南部的希姆叶尔王国开始仿效雅典铸造钱币，在一些年代更为久远的钱币上，也刻有雅典娜头像。除了希腊钱币，在也门还挖掘出希腊和萨珊王朝的青铜工艺品。发达的商业经济，使希姆叶尔王国对阿拉伯半岛南部地区的历史演进产生极其深刻的影响。在外部文明刺激下，同一族源的麦因—赛伯伊—希姆叶尔人构成承继关系，后继者对前者的语言文化和政治秩序等几乎全盘接收，他们的社会组织是由古老的部落社会、严格的阶级划分以及贵族政治和君主政治构成的混合物。换言之，半岛部落社会固有的部落基因，仍在麦因—赛伯伊—希姆叶尔王国的政治体制中留有深刻印记，这些城邦的社会秩序成熟度仍停留在部落与城邦之间的过渡阶段，尚未实现对部落形态的完全超越。此外，由于过度依赖海洋贸易的利益共享和大陆市场的

开放，其脆弱的经济根基极易受到外部形势变化的冲击，甚至存在经济体系崩溃的可能。

半岛北部和中部的部落受到中东陆上商路影响，建立起诸多商业城邦，如纳巴特、巴尔米拉、加萨尼、莱赫姆、希拉等。虽然经红海到西印度洋的海上商路在希腊商人的主导下愈加繁荣，但红海海域内遍布暗礁且航线漫长，使得运输成本相对于从黎凡特地区经美索不达米亚到海湾（即新月沃地）的传统商路更高。因此，将中东腹地的诸多希腊化城市作为载体，经新月沃地的陆上商路向广阔的内陆进行商业扩张，对于希腊商人而言仍然是成本最低的选择。阿拉伯半岛的土地极度贫瘠，当人口数量超过半岛的承载能力时，半岛居民通常就会周期性地向外部迁移，菲利浦·希提将半岛居民的周期性迁移称为"外溢"（overflow）。"外溢"路线通常有两条：一是向西经西奈半岛至尼罗河三角洲；二是向北经黎凡特地区至美索不达米亚。半岛北部的阿拉伯部落凭借靠近新月沃地的地理优势，通常为往来于东西方的商人担任保镖，以此获得报酬。有时他们也会袭击过往商队，劫掠财物。进入公元1世纪后，共同的利益使得部分阿拉伯部落联合起来，在半岛北部和黎凡特地区建立一些商业城邦，使该区域的阿拉伯社会组织形式开始从部落向城邦转变。

早在公元前6世纪初，作为游牧部落的纳巴特人（Nabaṭ）已迁移并定居在叙利亚南部和巴勒斯坦，之后他们占据佩特拉，并将之作为首都，纳巴特部落率先进入城邦阶段。"佩特拉"是一个希腊词语，意为"岩石"，是希伯来名词"西拉"（Sela）的音译。公元前4世纪末之后的400年间，佩特拉是商队往来于赛伯伊和地中海的必经之路。由于掌控着重要的商业要道，纳巴特一直是希腊人和罗马人觊觎的对象。在亚历山大帝国解体后，随着希腊化城市商业经济的繁荣，纳巴特被托勒密商人作为向中东腹地进行商业扩张和市场开拓的跳板。罗马帝国崛起后，纳巴特于阿雷塔斯三世（Aretas Ⅲ）在位期间（约公元前87—前62）初次与罗马人产生联系，逐渐成为罗马帝国的盟友。纳巴特人使用的是半岛北部的阿拉伯语，但采用北部叙利亚的阿拉米字体进行书写。在半岛、叙利亚以及希腊、罗马等多元文化影响下，纳巴特人创造了璀璨文化，这些文化为其后继者（即半岛北部的其他阿拉伯部落）所继承，为阿拉伯伊斯兰文明的兴起奠定深厚基础。

纳巴特被罗马帝国吞并后，叙利亚中部一座名为巴尔米拉（Palmyra，阿拉伯语称之为"台德穆尔"[Tadmur]）的城市凭借临近新月沃地陆上商路的地理优势而迅速崛起，并在130—270年逐

渐取代佩特拉的商业地位，被誉为"商队之首"（chief of the caravan）和"市场之首"（chief of the market）。作为绿洲城市的巴尔米拉能够提供大量新鲜矿泉，因此吸引众多商贾集聚于此。巴尔米拉位于东西两大帝国之间，深受希腊、黎凡特地区和波斯影响，呈现出文化多元性。不过，巴尔米拉人使用的语言并非阿拉伯语，而是西部阿拉米语的一种方言。

巴尔米拉王国陨落后，豪兰的布斯拉以及加萨尼人（Al-Ghasāsinah）的其他城市延续了巴尔米拉的辉煌，阿拉伯文化的火种因在北部阿拉伯部落之间交互传递而得以留存。加萨尼人是自称起源于古代半岛南部的阿拉伯部落，因马里卜水坝的倒塌，于3世纪末在阿姆尔·本·阿米尔领导下，从也门逃到豪兰和巴勒嘎。据阿拉伯历史学家记载，阿姆尔·本·阿米尔来自艾兹德部落和卡赫兰部落，是贾希利叶时期也门的"土伯尔"（即古代赛伯伊和希姆叶尔国王的称号），绰号是"穆宰基亚"和"麦勒图姆"。在卡赫兰部落的贝都因人征服赛伯伊王国后，赛伯伊王国逐渐走向衰落，尤其在马里卜水坝崩塌后，艾兹德部落开始向半岛北部和中部迁移，阿姆尔·本·阿米尔带领一部分人在加萨尼附近水域下船，到达阿克河谷，他最终病逝于此。加萨尼人取代最早在叙利亚建立王国的阿拉伯人——赛利赫人（Banū Salīḥ），在大马士革东南部连接马里卜和大马士革的通道处建立政权。一段时间之后，加萨尼人的后裔逐渐被基督化和叙利亚化，并像他们的前辈纳巴特人和巴尔米拉人一样，吸收了叙利亚的阿拉米语，但仍保留了部落曾经使用的阿拉伯语。凭借繁荣的商业贸易和充裕的物质财富，加萨尼王国于6世纪达到鼎盛，但因长期处于拜占庭帝国支配下，加萨尼王国最终在与萨珊王朝的竞争中透支国力而走向衰落。

在与加萨尼王国同时期的半岛东部，有一个由莱赫姆人（Banū Lakhm）建立的王国。莱赫姆是源于台努赫部落联盟的阿拉伯部落，曾居住在黎凡特地区，后来定居在希拉。台努赫（Tanūkh）亦是阿拉伯部落的一支，自公元前1世纪以来一直生活在叙利亚南部、约旦（即前纳巴特王国）、泰西封（现伊拉克巴格达东南部）西部和阿拉伯半岛北部，希腊文献有时将其称为"萨拉森人"（Saracenus）。在16世纪以前，基督徒作家通常使用阿拉伯人、土耳其人、摩尔人和萨拉森人等术语。在公元前最后一个世纪，莱赫姆开始向泰西封迁移，最终统治了库法、纳杰夫、阿古拉、阿因·台姆尔、努玛尼叶、艾卜莱、安巴尔、希特、阿纳、巴盖等城市。他们起初同罗

马人结盟，后来又成为波斯人的盟友，莱赫姆王国国王因其巧妙的外交手段而被称为"阿拉伯人之王"（Malkal-'Arab）。

在莱赫姆王国之后，半岛中部的秩序演进进入新阶段，肯德王国（Mamlakah Kindah）开始兴起。不同于此前的城邦，即不同部落以一座单独的商业城市为基础建立国家，王国的部落结构使其文化只能被限定在一城之内，肯德王国与也门的最后几个土伯尔建立了同盟关系。尽管肯德王国国祚短暂，但它首次在阿拉伯人内部尝试将多个部落联合为一个具有中央集权意味的政治共同体，这种尝试促进了半岛文化和民族共同体意识的萌生，使阿拉伯人的民族意识逐渐浮现，并为之后阿拉伯早期国家的兴起准备了条件。

综上所述，部落社会是氏族—部落在其所依赖和管辖的有限地域内，逐渐形成的以氏族—部落宗教为精神信仰的一种小规模社会体系。部落通常散布于半岛的绿洲内，而绿洲农业经济的有限体量无法创造规模庞大和来源广泛的财富，导致半岛社会发展和秩序运行缺乏足够的物质支撑，无法内生性地出现社会分工和阶级分化，半岛社会秩序由此在部落社会这一人类文明的低阶程度徘徊，无法自主向国家转型。尽管一些部落建立起城邦，但后继者只能继承此前城邦的建构模式，未能在此基础上完成对部落社会和城邦模式的超越，根深蒂固的亲缘观念仍束缚着部落的政治认同。依赖众部落共同参与的松散联盟，仍以惯常的道德准则作为运作依据，缺乏具有普遍意义的成文法系和绝对权威的政治中心，因而无法对联盟形成持久稳定的统治。

三 阿拉伯半岛部落社会在商业和战争影响下发展

随着东地中海海洋贸易日趋繁荣，以及希腊罗马商人逐渐向中东腹地和红海开拓，阿拉伯半岛的北部和南部遂被纳入希腊罗马商人的贸易网络。新建于中东腹地的希腊化城市，以及受希腊罗马海洋文明影响而在半岛出现的一些商业城市，皆成为希腊罗马商人向中东腹地和半岛进行商业扩展的重要载体。需要指出的是，这一时期希腊罗马商人之所以执着于向东方进行商业扩张，是因为西印度洋的海洋贸易正逐渐兴起。萨珊王朝建立后，这个兴起于伊朗高原的大陆政权依靠濒临海湾的地理优势，像磁石般吸引着大陆内部众多部落和城邦，由此成为从中东内地到海湾和黎凡特地区的重要陆路枢纽。而兴起于南亚的笈多王朝将印度北部和中部的大片领土置于其统治之下，使从孟加拉湾到中东的恒河贸易成为可能，

海湾遂成为印度、中东和东地中海贸易网络的重要交汇点，印度、波斯、希腊、罗马和阿拉伯的商船于西印度洋频繁穿行。产自马拉巴尔的胡椒、阿拉伯半岛南部的乳香和没药、东非的黄金和象牙以及东南亚和远东的奢侈品皆荟萃于此，极大地吸引了希腊和罗马商人以及罗马帝国（和拜占庭帝国）贵族的目光。对于彼时之地中海世界而言，最为重要的两类东方货物是中国的丝绸和印度及东南亚的香料，罗马和拜占庭正是通过这些贸易同遥远的亚洲文明建立了联系。希腊和罗马商人在不断拓展商业版图的同时，亦对阿拉伯半岛部落社会产生影响。

第一，希腊罗马商人以中东大陆众多的希腊化城市为载体进行商业扩张，撼动了中东古典帝国的集权体系。从亚历山大东征到阿拉伯帝国兴起前，通向东方最为便利的商道，即从黎凡特地区经新月沃地到达海湾的陆上商路，长期被中东的陆权力量——阿契美尼德王朝、安息帝国和萨珊王朝牢牢控制。至于从红海经曼德海峡至西印度洋的海上商路，由于航线相对漫长以及红海海域内暗礁遍布等因素，航行成本极其高昂，故该商路并非希腊和罗马商人的最优选择。因此，经新月沃地至海湾的陆上商路，仍是东地中海各商业力量通向西印度洋的首选，星散于东方的众多希腊化城市成为向中东腹地进行商业扩张的重要载体。通过这些城市，希腊和罗马商人得以将东地中海的商业网络向东扩展，从而将贸易范围覆盖至整个中东大陆的乡村。而城市由于职能分工清晰和基础设施完善，能够利用充裕的剩余资本对乡村的人力和物产资源产生吸附效应，从而加速并强化这一区域城乡分化的二元格局。对于中东的帝国而言，广大乡村所缴纳的税赋是财政主要来源，国王利用官僚体系对乡村社会进行治理，从而形成一套自上而下的集权统治。在政治体系之外，混合了希腊人、罗马人与波斯人乃至阿拉伯人的商贾群体建立起来的商业秩序，对中东帝国的集权秩序产生细微而持续的影响。其在基层社会进行市场开拓和经济扩张的自由行为，使乡村社会成为提供贸易资源的原料产地和商品输出的市场，冲击着支撑帝国财政和官僚体系的乡村社会，亦深刻影响着建构在乡村社会基础上的集权秩序。追求商业利益的海权力量需要部落乡村的广阔市场和自由劳动力，而以集权为特征的陆权力量则要求部落乡村遵守秩序，对其严加管控。因此，罗马与波斯开启了数百年的战争，而地处两大政治力量边缘的阿拉伯半岛，则在外部力量影响下对政治和社会秩序进行了反思和重构。

第二，罗马人通过"胡萝卜加大棒"的政

策，使阿拉伯部落成为对抗萨珊王朝的战略基地，客观上使部落在罗马—波斯战争中获得发展空间。萨珊王朝凭借有利的地理位置，在印度与地中海世界的贸易中占据优势地位。为了打破波斯人对西印度洋贸易的主导，罗马帝国以及后来的拜占庭帝国竭力向中东扩张，以期打通经新月沃地到海湾的陆路通道。罗马帝国向东方扩张的路线主要有两条：第一条即北线，以安纳托利亚和高加索为基点，兵锋直指萨珊王朝的权力中心——泰西封；第二条即南线，罗马人经红海占领阿拉伯半岛南部，以此弥补其在西印度洋的战略劣势。

对于罗马人而言，在北线同波斯人直接对抗，无疑成本极高。由于阿拉伯半岛北部控制着临近新月沃地的陆路商道，而且能够对萨珊王朝的权力中心构成战略威胁，于是，通过政治结盟和军事征服争取半岛北部的部落成为罗马人的战略选择。政治结盟，即通过输出帝国的商业秩序和意识形态（即基督教）的"委托"（clientage）式手段，在半岛北部拉拢和扶持信奉基督教的部落或城邦，使它们成为帝国在中东大陆和海湾进行商业扩张的战略基点，以及牵制萨珊王朝、防范贝都因人侵扰的"代理人"。在罗马帝国经略下，半岛北部的纳巴特、巴尔米拉、加萨尼等城邦都成为其盟友，这些城邦亦因掌控着罗马与东方的贸易而获利颇丰，双方形成互利共赢的"合作"关系，因此在罗马与波斯爆发战争时，他们倾尽全力支援罗马。但这些阿拉伯部落并非绝对忠诚于罗马和君士坦丁堡，他们凭借临近中东陆路商道的地缘优势摇摆于罗马人和波斯人之间，通过左右逢源的外交策略获取利益。

考虑到所谓盟友可能会增加帝国在中东的战略风险，东罗马帝国采取军事征服方式，将佩特拉、巴尔米拉等一些极具战略意义的城市或地区直接纳入帝国统治之下。然而，这虽然保证了帝国对中东战略基点的有效控制，降低了维护霸权的风险，却增加了帝国的财政负担。

萨珊王朝通过东征西讨，在同罗马的军事和商业竞逐中占据优势。在北线，尽管罗马人宣称亚美尼亚和美索不达米亚为其领土，但罗马帝国并未打通通往海湾的商道，而萨珊王朝利用掌控东西方贸易的优势获得大量财富，为其与罗马帝国的长期对抗奠定了坚实的物质基础。沙普尔二世继位后，先是平定阿拉伯半岛贝都因部落的叛乱，然后击败由罗马人控制的亚美尼亚，并于363年在泰西封击败罗马人。长期的争霸战争以及东欧蛮族的侵扰，加之自然灾害侵袭，使得罗马帝国元气大伤，最终被萨珊王朝驱逐出美索不达米亚和黎凡特地区。罗马帝国在中东大陆的权

力遭受沉重打击，此后逐渐退缩至地中海和安纳托利亚，萨珊王朝彻底掌控了印度与新月沃地的大陆贸易，罗马帝国及后来的拜占庭帝国无力再对萨珊王朝的商业统治构成威胁。而在这一过程中，阿拉伯部落无疑借机获得进一步的发展空间。

第三，罗马和波斯在南线的残酷角逐，导致半岛南部的部落和城市走向衰落，而南部商业部落的北迁推动了希贾兹城市工商阶级的形成。在罗马势力伸入红海前，托勒密王朝的埃及人主导着红海贸易，使得半岛南部依赖海洋贸易的希姆叶尔王国遭到重创。罗马帝国吞并埃及后，仍奉行扩张策略，企图将其政治影响和军事力量投射至红海和西印度洋，但是，地理的阻隔增加了罗马帝国的统治成本，使其军事投射能力受到极大限制。公元前25年，罗马皇帝奥古斯都（Augustus）派遣一支远征军进攻阿拉伯半岛南部，企图在红海南端建立据点，从而为帝国直接控制通向印度的商路开辟通途。但这次远征最终因"航行中的困难"而以惨败告终，罗马帝国自此再也没有尝试动用军事力量向红海扩张。麦因、赛伯伊、哈德拉毛、盖特班等半岛南部的阿拉伯部落仍然维持独立状态，并凭借便利的地理位置掌控罗马至印度的海洋贸易，通过操纵从东方运入地中海的商品价格，使罗马贵金属大量外流。罗马为购买绿宝石、珍珠、象牙、丝绸和胡椒等东方商品，每年要耗费5000万塞斯特斯。为了摆脱对半岛南部商业部落和城邦的贸易依赖，罗马帝国极力拉拢位于阿比西尼亚的阿克苏姆王国（Kingdom of Aksum），从而削弱了半岛南部商业城邦支配红海贸易的地缘优势。525年，在拜占庭皇帝查士丁尼一世请求下，阿克苏姆王国以希姆叶尔王国末代国王祖·努瓦斯在纳季兰屠杀基督徒为由，第二次入侵也门，彻底摧毁希姆叶尔王国，也门遂沦为阿克苏姆王国的领地，由此引发波斯人对半岛南部的入侵。575年，波斯国王库斯拉一世派遣大将瓦赫里兹率军攻破阿克苏姆王国，并宣称与当地民众建立联合政府。所谓的联合政府，只是授予阿克苏姆王国一个有名无实的虚衔，阿克苏姆事实上沦为萨珊王朝的"波斯总督辖区"（Persiansatrapy）。自此，阿克苏姆王国和拜占庭帝国的势力被驱逐出半岛，罗马在红海的战略力量被波斯瓦解，经红海通向西印度洋海路商道的南线计划亦以失败告终。

罗马和波斯对红海的争夺，导致该地区海洋贸易遭受严重破坏，残酷的战争亦导致半岛南部经济和社会秩序濒临崩溃，当地部落和城市逐渐走向衰落。随着城邦财政因贸易额锐减而濒临枯竭，加之阿比西尼亚人与波斯人对半岛南部的侵

略和破坏，彼时繁荣的赛伯伊王国无力修复因战争和自然灾害而千疮百孔的马里卜水坝，导致水坝最终于575年决堤。水坝决堤引发的洪水将赛伯伊王国的阡陌田园尽皆吞噬，"幸福的阿拉伯斯坦"成为人迹罕至的泽国，赛伯伊王国自此湮灭于汹涌的马里卜洪流中。恐怖的洪水和战争的破坏迫使半岛南部的艾兹德、莱赫姆和台努赫等部落向北迁移，而迁移带来的技术传播和文化流动，客观上促进了半岛南北部落大融合，从而加速了半岛中部和北部的发展，部分迁移到半岛北部和叙利亚南部的部落同当地的贝都因人进一步融合，演变为希拉王国和加萨尼王国。

大迁移对半岛中部绿洲的部落社会影响尤其深刻，其中以希贾兹的发展最为典型。也门商业部落的北迁促进了希贾兹一带集市的繁荣，出现诸如塔伊夫、麦加、叶斯里卜等商业城市，半岛中部取代也门成为半岛经济中心。此外，半岛南部部落在北迁同时，亦将语言文字带到半岛中部，南北的语音、语调和语汇演变为以古莱什部落语言为主的"标准阿拉伯语"（即"福斯哈"，Al-Fuṣḥā）。尤为重要的是，南北部落融合带来的新秩序，冲击了旧有社会体系，加速了半岛中部地区的阶级分化，并在诸多商业城市催生了一批依赖商业经济和从事转口贸易的职业群体。而通过贸易活动，则使这些群体跳出部落框架，对半岛部落的社会秩序进行反思，出现了重构半岛秩序并引领社会变革的主导者，即兴起于商业城市麦加的商贾群体——城市工商阶级。

四 半岛城市工商阶级崛起促生阿拉伯早期国家

恩格斯指出，文明时代始于商品生产阶段。也就是说，商业与其他产业的分离即第三次社会大分工，使私有制进一步得到推广，同时进一步加剧阶级分化，最终推动人类社会迈入文明社会。古莱什部落兴起于南方部落北迁之时，是半岛社会经济和信仰领域中占据优势地位的商业部落，使之能够在贸易活动中打破部落社会的拘囿而获得更为宏大的视野，由此引领半岛社会变革和秩序重构。商业贸易所追求的是利益的高效回报，故对交易对象的选择依据的不再是亲缘关系远近，而是是否掌握足够的资金和专业化知识。贸易活动不仅促进了资金流动，而且催生了一批专门从事商业经营和货币汇兑的职业群体。由此，半岛社会在外部力量特别是希腊罗马海洋文明的影响下，产生了独立于氏族和部落等群体之外的新兴集团，从而完成了文明演进和国家生成中的重要环节，即阶级分化和半岛城市工商阶级的崛起。

在新兴阶级推动下，阿拉伯半岛商业得到充分发展，改变了先前的社会面貌，半岛社会组织形式开始向集权国家转型。

第一，深受罗马文明浸染的拜占庭人将集资入股商业运作模式引入阿拉伯半岛，促使半岛产生社会分工和阶级分化，出现以新信仰群体为代表的商业阶层，形成经济共同体，成为城市工商阶层崛起的阶级基础和经济根基。由于拜占庭人在北线的新月沃地和南线的红海频遭波斯人压制，无法开辟通往东方的贸易航线，经半岛中部绿洲通达海湾的希贾兹商道成为拜占庭人的理想选择。于是，拜占庭帝国与哈希姆部落签订贸易协定，拜占庭帝国开放布斯拉、加沙和亚喀巴供半岛商人自由交易，麦加则允许拜占庭人、叙利亚人到麦加或经麦加开展贸易活动。此后，古莱什部落于5世纪末先后同波斯、阿比西尼亚等地商人签订贸易协定，贸易网络逐步拓展到半岛之外的非阿拉伯世界。7世纪初，麦加的对外贸易在贵族主导下开始出现以家族或部落为单位的集资入股，商队股东可在盈利后按入股比例获取利润。这颠覆了半岛的贸易形式，催动形成经济共同体。在该共同体内，成员之间的互动不再取决于血缘关系的亲疏，而是凭借共同的商业利益和具有法律效力的契约。经济共同体的形成刷新了半岛商业秩序，商人群体的联结日益紧密，成为半岛部落社会向具有集权意志的国家转变的前奏。

在商业新秩序冲击下，阿拉伯半岛出现了部落统一倾向的"哈尼夫运动"（Al Ḥanīf），为城市工商阶级的崛起奠定基础。拜占庭帝国、萨珊王朝以及阿克苏姆王国争霸新月沃地和红海的战争，导致原有社会秩序遭到严重破坏，商贸活动遭到沉重打击，半岛南部的经济和信仰中心逐步解体。原有社会秩序的崩溃，使得半岛固有的原始信仰无法再整合业已崩溃的秩序，于是一些积极的反思者认为，彼时流行的原始信仰有悖于半岛部落社会普遍尊崇的精神秩序，决定抛弃原始信仰，转而回归对宗教秩序的精神探索，后世称之为"哈尼夫运动"。但是，由于反思者依靠的是单纯的意识冥思而非客观的躬亲参与，故未能总结出一套指导实践的教义或纲领，最终无法得到各部落民众的支持，也就无法实现半岛社会秩序的重构。不过，"哈尼夫运动"的进步意义在于，它所观照的对象不再局限于某一家族或部落，而是面向整个半岛社会所有成员，力图探索半岛内部不同单元、不同亲缘、不同信仰的个体与整个半岛社会的内在联系，由此在精神上实现对半岛原始信仰和部落社会的超越。除运动本身的进步意义外，商业中心北移、商贸网络重构，亦对部落的精神觉醒起到促进作用，阿拉伯半岛在新商业秩序刺激下，逐渐打破部落观念拘囿，从众多零散的地理单元联结为日趋统一的整体。"阿拉伯"一词由此被赋予新的政治意义：它不再是单纯的地理概念，而是演变为具有普遍意义的族群概念，"阿拉伯人"这一族群性词汇由此而生。团结在"阿拉伯人"旗帜之下的半岛诸部落人口不断增加，尤其是半岛中部的希贾兹因位于南北商道必经之地，人口增长率较高，使之相对于半岛其他地区具有较显著的人口和经济优势，逐渐取代也门成为半岛新的经济和政治中心，为后来麦加城市工商阶级的崛起及其领导的社会革命创造了条件。

第二，铁器的输入和普及，使得半岛部落获得了对内发展生产和对外进行扩张的必要器物，为后来阿拉伯早期国家的崛起，并随着征服运动成长为中东的世界帝国提供了技术要素。罗马—波斯战争的余波不仅摧毁了半岛南部的原有秩序和商贸活动，同时助推铁器传入半岛。铁器作为古典时代的重要工具，对于推动社会生产力发展和增强部落军事实力具有重要意义。由于阿拉伯半岛缺乏铁矿，彼时半岛打造生产工具和刀剑的铁匠通常需要从锡兰和东非等地购买铁。此外，部落民众参与战争通常要自己准备武器，或通过战争获得装备和盔甲，铁器在东地中海—红海—西印度洋近海贸易体系中扮演着重要角色。随着铁器的普及，铁器工具被广泛应用于农业生产，促进了农业的发展，催化了阶级分化。伴随着冶铁技术在中东地区的传播和东地中海地区航海技术的发展，东地中海、红海和海湾等局部海域的海洋贸易逐渐兴起，希腊文明开始随着海洋贸易发展特别是亚历山大东征传播到两河流域、新月地带、埃及和印度，阿拉伯半岛的沿海地带因此与希腊世界建立了最早联系。而中东地区近海贸易的兴起和半岛社会商业财富的积累，则使原本在半岛极其昂贵的剑，从"真正英雄的武器"普及为"更多的贝都因人都能获得的著名武器"。除了剑和金属制长矛（标枪）的普及，马镫与扭力抛石机（swing-beamartillery）在贝都因人和阿拉伯军队中的广泛应用，更是古典时代军事技术的重要创新。铁器的普及，标志着半岛社会迈入野蛮时代的高级阶段，从而为向文明时代迈进准备了条件。

第三，以阿拉伯城市工商业者为主体的新兴阶级不断冲击着半岛的部落社会，使原属于部落的"公共权力"同阿拉伯新兴阶级的终极理想逐渐结合，异化为一种"特殊权力"，由此瓦解了部落贵族在半岛社会的支配地位。尽管"阿拉伯"的族群意识开始浮现，建构于部落首领威信以及各部落所尊崇的原始信仰基础上的小集群已

开始出现，但半岛部落零散存在的面貌并未明显改观。若将渐已浮现的新秩序普及于半岛广大的基层社会，必然要打破部落社会的阻隔。而欲团结和解放基层社会民众，则需一种融合新秩序、具有普遍意义的新信仰取代原始信仰，从而为半岛社会秩序的转型和革命提供合理依据。在这一背景下，作为中东三大一神教的典型代表，犹太教及其后产生的基督教随着贸易和战争传入半岛，对半岛社会的原始信仰产生深刻影响，从而为阿拉伯人提供了理解世界的全新视角。"哈尼夫运动"则为后来的社会革命奠定了"阿拉伯民族主义"基调，具备了超越和打碎部落社会的精神动力。在这一背景下，麦加城市工商阶级中出现了一个代表性的思想者和变革者——穆罕默德，他选择性地吸收拉比犹太教和基督教的理念，并承继了"哈尼夫运动"遗留的族群情结，推动伊斯兰教超越以亲缘关系为基础的部落信仰，获得更为广泛的传播。

穆罕默德及其两百名支持者于 622 年 9 月离开麦加，迁徙到叶斯里卜，这就是著名的"希吉拉"（Hijrah）事件，这座城市后来亦被称为"麦地那"。"希吉拉"事件是穆罕默德领导的社会革命的转折点，使穆罕默德及其支持者获得了一个稳固的落脚点，以对抗麦加及其他部落势力。更重要的是，它开启了阿拉伯人在麦地那建立城市国家的新时期，"宣告了氏族社会和国家之间的不可调和的对立"。

第四，新兴信仰成为整合不同区域民众利益的工具，以"乌玛"为载体的早期国家正式形成。在"希吉拉"事件之后，穆罕默德及其支持者在麦地那面临极其复杂的局势。当时的麦地那同半岛其他地区一样，因外部战争影响和商业贸易发展而导致社会秩序动荡和部落社会崩解。出走麦地那的麦加阿拉伯人（即"迁士"）以及麦地那本地的阿拉伯人（即"辅士"）虽然都皈依了新信仰，但是潜藏在意识深处的部落观念仍分划着"本族"与"他族"的界限。因此，穆罕默德迫切需要通过其所创立的新信仰整合麦地那的分立局面，缓和不同部落和不同信徒之间的矛盾。在迁居麦地那之后，穆罕默德建立了一个新的城市国家，即"乌玛"（Ummah）作为阿拉伯社会的共同基础，深刻影响着阿拉伯政治行为体的思想和实践。它不仅是阿拉伯人推行政治目标的载体，也是政治动员的有效工具。622 年，"乌玛"颁布具有法律效力的"麦地那宪章"，旨在改善麦地那不同教派和团体之间的关系，尤其在于化解迁士、辅士以及各犹太派系之间的矛盾，从而使阿拉伯人、犹太人以及其他派系能够依照宪章

要求，英勇反击任何针对麦地那的攻击。该宪章获得普遍支持和拥护，麦地那因此成为众派系集体尊崇的圣地，而穆罕默德亦成为"乌玛"领袖。这套超越部落社会和宗派主义、具有普遍意义的法律，缓解了不同部落和宗派之间的矛盾，巩固了新生的"乌玛"。为了消解奥斯人和哈兹拉吉人的世仇，穆罕默德通过布道传教，使两大部落团结在"伊斯兰"旗帜之下，从而将两大部落凝结为统一的共同体。此外，穆罕默德还致力于缓和来自不同城市和部落的迁士与辅士的矛盾，使两大派系打破部落观念隔阂，进而以"兄弟"相称。这一系列措施使麦地那不同部落和宗派融入阿拉伯族群，伊斯兰信仰遂与"乌玛"的政治意识紧密结合，"乌玛"成为具有高度凝聚力的信仰共同体。不过，此时的"乌玛"还只是局限于麦地那一城之内的城邦，尚未形成由诸多部落和城市组成的具有普遍影响的联盟政治体。

628年，穆罕默德亲率1400名阿拉伯人在距离麦加9英里的侯戴比叶，与麦加的多神教徒签订了"侯戴比叶协议"（Ṣulḥ alḤudaybiyyah）。该协议实际上结束了"乌玛"和古莱什人的战争，推动诸多部落纳入"乌玛"统治之下。630—631年，半岛诸部落派遣代表团到麦地那，表示归顺于穆罕默德和"乌玛"，并宣誓皈依伊斯兰信仰，故这一年被称为"代表团之年"。"代表团之年"标志着半岛所有部落均被纳入新兴的伊斯兰秩序内，随着半岛各部落归顺麦地那"乌玛"，"乌玛"超越了传统的部落和血亲纽带，建立起以阿拉伯族群信仰团体为中心的认同。

恩格斯指出，国家的本质特征是和人民大众分离的公共权利。"乌玛"以及城市工商阶级确立的商业新秩序，使作为主体城市的麦地那对其他城市和部落形成强大吸附效应。"乌玛"成为以麦地那为权力中心，统辖半岛各部落且兼具"雅典模式"和"罗马模式"特征的混合政治体。需要指出的是，"乌玛"并不是现代意义上的"民族"（nation），而是以伊斯兰教为共同信仰、由诸多部落组成的奉行政教合一的松散联盟，是尚未划分"自我"与"他者"的信仰共同体，即"公社"（community），并非发展成熟的政治共同体。"乌玛"的建立，并未导致部落体系的消亡，广大基层社会的权力仍然集中于诸部落。"乌玛"为创建一个不同于部落的普遍政治实体（即国家）提供了制度保障，国家能够将权力辐射至整个半岛，由此在半岛构建起新的统治秩序，推动了半岛社会从野蛮时代向文明时代演进。

结语

阿拉伯半岛的部落是原始社会后期以血缘为基础，随着当地居民自然集聚而逐渐形成的初级社会组织，在与外部世界的互动和阿拉伯文明生成中扮演了重要角色。在东地中海—红海—西印度洋近海贸易的刺激下，部分地处滨海绿洲的阿拉伯部落率先发展为商业城市，并进一步演变为城市国家，但城邦所特有的部落结构使之无法跳脱一城一族的拘囿，城市经济的局部拉动反而加剧了半岛城市与乡村的分裂，客观上加强了乡村社会的部落势力。而罗马—波斯战争带来的连锁反应，摧毁了半岛南部的商业城邦，引发部落北迁，奠定了中部希贾兹的经济中心地位，由此在人口增长和技术进步支撑下，麦加、麦地那等商业城市崛起。社会生产的变革与经济结构的变化，促进了新兴工商阶级的出现，该阶级通过吸收外部文明的有益元素，对半岛部落社会秩序进行反思，确立了超越部落旧有社会结构的新秩序——伊斯兰秩序，创立了信仰共同体——乌玛。发达的商业经济汇聚成政权运行所需的国家财政，半岛由此整体性从部落组织向国家转变。

部落嵌入新的国家，成为阿拉伯文明的重要组成部分，至今仍在发挥影响。一方面，对于阿拉伯社会而言，部落既是传统社会的底色，也是塑造阿拉伯文明隐秘却又影响至深的结构性因素。以部落自治和认同为特色的部落主义政治文化，浸染了阿拉伯传统社会，内化为阿拉伯传统文化基调，成为划分自我和他者的文化基因。另一方面，从部落征服、国家构建再到新的部落力量崛起，构成了阿拉伯帝国兴衰变迁的历史闭环，部落问题成为影响阿拉伯国家政治稳定的重要因素。

【作者单位：西北大学中东研究所】

（摘自《历史研究》2022年第5期）

法老的文化使者？

——古埃及方尖碑漂洋过海记

金寿福

古埃及人称方尖碑为"tekhen"，意即高耸。古罗马作家普林尼说，方尖碑象征太阳的光线；古埃及国王们把它作为神圣的礼物献给太阳神，并竞相制作更加高大精美的方尖碑。在古埃及的太阳神崇拜中心赫利奥波利斯，一块形状类似小型金字塔的石头被奉为神圣，称为"benben"；据称，它最早是从远古的混沌水中浮现出来，创世神就是以它为基石，创造了整个世界。根据另一个传说，一种寿命为500年且能够再生的鸟降生在这块石头上，这只鸟的名字叫"bnw"。这一称呼与那块被奉为神圣的石头源于同一词根。方尖碑的顶端为方锥形，尖端以下则呈方柱形。古埃及人认为，方尖碑尖端是早晨从东方地平线升起的太阳射出的光芒最先触及的地方，即太阳神初升以后的第一处栖息场所。在《金字塔铭文》中，方尖碑又被描绘成太阳鸟即凤凰的驻足之处。古埃及方尖碑无一例外是从位于今阿斯旺的花岗岩采石场开采并制作的，碑的四面有表现国王功绩和国王与神之间密切关系的图文。它们一般成双成对地立于神庙入口的两侧，标识人世与神界之间的过渡带，也表达了国王借助方尖碑进入神国的意愿。

本文试图探讨的问题是，在法老文明结束之后，方尖碑这个具有埃及矿藏和宗教特质的文物为何和如何被一再利用，其功用是什么。许多方尖碑飘洋过海，成为埃及以外重要场所的地标，并被注入了新的内涵，赋予了全新的职能。不过，从公元前2400年至公元1878年的4000多年时间里，方尖碑的核心功能并没有发生变化，依然是以其顶天立地的意象显示人类追求长生和声望的意志，并借助其特殊的材质固化人的事迹。

一 埃及国王献给众神的礼物

从古埃及流传下来的文物和文献判断，方尖碑作为太阳崇拜的一种形式，最早出现在古埃及第5王朝时期，即太阳崇拜由赫利奥波利斯向埃及其他地区传播、太阳神上升为古埃及众神殿中最为重要的神祇的时段。古王国时期的方尖碑呈短粗状，且立于一个四方台上面。第6王朝的帕

庇二世（约公元前2278—前2184年在位）在赫利奥波利斯的太阳神神庙入口处的两边各立了一块方尖碑，后来均消失。第12王朝的塞索斯特斯一世（公元前1956—前1911年在位）也在赫利奥波利斯立了两块方尖碑，高度均近20米，重量超过100吨，它们成为后来方尖碑的典范，其中一块保存在原地。这些采自阿斯旺附近采石场的方尖碑呈红色或粉红色，质地坚硬，很少出现裂痕，并且打磨之后很容易形成适合刻写象形文字的平面。

对于新王国时期的埃及法老来说，他们竖立方尖碑，一方面是为了感激太阳神保佑他们在征战西亚和努比亚的过程中获得一系列胜利，另一方面是为了让后人纪念他们的功绩。图特摩斯一世（公元前1504—前1492年在位）是埃及武力征服西亚和努比亚的第一位君主。他在卡纳克为阿蒙神立了一对方尖碑，其中一块高度约为20米，重量可能达到143吨。图特摩斯一世的女儿即后来的女王哈特舍普特（公元前1473—前1458年在位）自称是阿蒙—拉的女儿。她在位于卢克索西岸的祭殿用浮雕描绘了她的母亲与太阳神阿蒙—拉结合并生下她的神奇故事；她在卡纳克神庙综合体内建造了一座小神庙，并命名为"倾听祈祷的阿蒙"。尽管这个新建的部分位于综合体南北向的轴线上，但是它的入口却面向东方，入口两侧的塔楼模仿东方地平线上迎接太阳的两座山峰。每当太阳从东方升起，粉红色的方尖碑犹如沐浴在太阳光线中，用这样一种手法强调阿蒙—拉与女王之间的特殊关系，真可谓只可意会不可言传。哈特舍普特在卡纳克神庙先后立了四块方尖碑；后来，其中的两块完全消失，另一块坍塌，只有位于入口北侧的那一块仍然立在原地，它的高度达到32.15米，属于留存在埃及的方尖碑当中最高的，重量可能超过455吨。在这块方尖碑的碑面上，哈特舍普特详细讲述了她在神庙入口处竖立一对方尖碑的用意以及如何完成了这项奇迹。她宣称，两块方尖碑是她感谢阿蒙—拉赐予她王权的礼物，它们将永远保存她的名字并

强化她与阿蒙—拉之间的父女关系。除了说明方尖碑的尖顶用合金包裹外，她还特别强调，每块方尖碑均由整块坚硬的花岗岩构成，没有裂痕，更没有接缝。女王祭殿的浮雕犹如现代工程示意图，展示了古埃及人如何用特制的大型木船并借助滑轮等器械把这对方尖碑运输至卡纳克，并立在指定的位置上。

关于哈特舍普特与图特摩斯三世（公元前1479—前1425年在位）之间的权力斗争以及女王死后的命运，学界一直有截然不同的观点。有些学者相信，女王去世不久，图特摩斯三世便采取了措施，除掉女王的名字；另一些学者则坚持认为，女王的名字到了拉美西斯时期才开始受到诅咒。不管怎样，图特摩斯三世在卡纳克神庙内部增加了新的结构，而且让它恰好位于女王神庙之前，使得那座名为"倾听祈祷的阿蒙"的小神庙无法在清晨接受阳光的沐浴。不仅如此，图特摩斯三世还在这个新结构中竖立了一块比哈特舍普特的方尖碑更高的方尖碑—所有古埃及方尖碑中最高的一块。正如普林尼所言，古埃及君主竞相制作并竖立方尖碑，以显示君主动用人力和物力的能力，同时也是君主对神表示虔诚的证物。在其漫长的统治岁月中，图特摩斯三世在埃及各处至少立了九块方尖碑，其中七块在卡纳克，两块在赫利奥波利斯。位于卡纳克的方尖碑当中，前述最高的那块在君士坦丁大帝统治时期被搬运到罗马，原来耸立在赫利奥波利斯的一对方尖碑大约在公元前12年被运往亚历山大城。19世纪，其中一块方尖碑被运往英国伦敦，另外一块则远渡重洋，迁居到美国纽约。

拉美西斯二世（公元前1279—前1213年在位）被埃及学家称为古埃及最伟大的建筑师，他在埃及各地竖立的方尖碑数量最多。这些方尖碑不仅表达了拉美西斯二世对众神特别是拉神的感激之情，同时也证明了他武力征服西亚和努比亚以及调动千军万马、移山填海的实力。在卢克索神庙入口处，拉美西斯二世立了两块方尖碑，位于西侧的方尖碑被商博良视为留存下来的方尖碑中最漂亮的样本。这块重达246吨的庞然大物于1836年在法国巴黎协和广场落户，成为法国在大革命之后试图重振雄威的标志物。有一块最初被立在赫利奥波利斯的方尖碑由塞提一世（公元前1294—前1279年在位）开工，至其儿子拉美西斯二世时期才完成。在这块方尖碑顶端，两位国王均被呈现为斯芬克斯形象，他们分别把象征真理、公正和秩序的玛阿特女神神像作为供品献给太阳神拉。在奥古斯都统治时期，这块方尖碑被运至罗马，最初立在马克西姆赛马场，之后倒塌；到

了16世纪末，教皇西克斯图斯五世发现了它的价值，令人把它立在被称为"人民广场"的新址。

方尖碑是古埃及强化王权与神权之间关系的重要媒介之一。当然，制作并竖立一块方尖碑，不仅需要足够的人力和物力，还要具备所需的技术。拉美西斯二世之后，随着埃及国势逐渐衰弱，鲜有大型的方尖碑。一直到被称为复兴时期的第26王朝，普萨美提克二世（公元前595—前589年在位）才在赫利奥波利斯竖立一对方尖碑，其中一块后来被搬移到罗马，现在被称为蒙特奇托里奥方尖碑。法老时期的末代君主内克塔内布二世（公元前360—前343年在位）也命人制作了一对方尖碑，它们是献给古埃及智慧神图特的礼物，因此立在赫摩波利斯的图特神庙入口处。它们不仅在形体上与之前的方尖碑无法比拟，而且材质也不如从前，为黑色片岩。后来，这两块方尖碑在人世变迁和自然的沧桑中坍塌。随从拿破仑远征军的法国学者在此处考察时，发现了方尖碑的两个碎块，决定把它们当作文物带回巴黎。不料，法国军队于1801年向英军投降，作为停战协议的一部分，两个碎块和罗塞塔石碑等由法国学者搜集的古物被英国没收。如今，它们被大英博物馆收藏。

二 罗马帝国"太平盛世"的立柱和标尺

大约在公元前12年，奥古斯都下令，把矗立在赫利奥波利斯的两座曾经属于图特摩斯三世的方尖碑运到亚历山大城，立在恺撒殿前。据称，恺撒殿是由托勒密王朝末代女王克娄巴特拉七世为安东尼和恺撒建造的。看得出来，奥古斯都在恺撒与克娄巴特拉之间做了明确的区分，他战胜恺撒曾经的情人并迫使其自杀；而在恺撒殿前立方尖碑，强化了他与其养父之间的关系。大约在公元1301年，亚历山大城遭遇了灾难性的地震，许多曾经的宫殿和神庙沉入海底，图特摩斯三世的那两块方尖碑中，一块被震倒，另一块则依然挺立。这两块与克娄巴特拉并没有直接关联的方尖碑后来被称为"克娄巴特拉之针"，倒塌的那块被运到伦敦，仍然立着的那块被运往纽约。

公元前10年，也就是亚克星海战之后20年，奥古斯都令人把原来屹立在埃及赫利奥波利斯的方尖碑搬到罗马。这块方尖碑由古埃及第19王朝君主塞提一世开采；但其在位时期，只雕饰了方尖碑的三个碑面，最后一面则由他的儿子拉美西斯二世完成。塞提一世称自己"让赫利奥波利斯方尖碑林立，以便太阳神拉的神庙充满阳光"。这块方尖碑的高度为23.7米，重量达到263吨。为了完成这项巨大的工程，罗马人专门建造了巨

型运输船，而且还开凿了运河。奥古斯都令人把这块方尖碑立在马克西姆赛马场，在这块方尖碑的底座上刻写了言简意赅但意味深长的铭文。他称自己为罗马众神的最高祭司，把漫长而辉煌的政治生涯归纳为先后12次担任大将军，11次担任执政官，14次担任保民官。他最后特别强调，之所以将这块方尖碑献给罗马太阳神，是因为埃及终于被置于罗马人民的控制之下。

这块横渡地中海来到罗马的方尖碑，尽管在外形上保持了原样，但其内涵却发生了改变。从普林尼等人的记述中可知，罗马上层人物很清楚，古埃及方尖碑与太阳崇拜相关；把方尖碑立在赛马场的中心，绝非单纯因为那里是万众瞩目的地方。在古罗马人的想象中，战车在赛马场上围绕方尖碑疾驰，犹如以太阳为中心旋转的星球。战车的跑道象征太阳在天空的轨道，参加比赛的四驾车的四种颜色和赛车的四匹马分别代表一天当中的不同时间和一年的四个季节，作为赛车出发点的12座门则代表12个月及黄道12宫，赛车完成七圈意味着包含七天的一个星期，24场比赛则代表一天中的24小时，转弯处三个顶端为球形的小塔分别代表一个月中的三旬。一句话，这个赛马场就是一个微型的宇宙，以方尖碑为核心的赛马场象征了拥有前所未有广大疆域的罗马帝国。

同样是在公元前10年，奥古斯都令人把原来由埃及第26王朝国王普萨美提克二世立在赫利奥波利斯的方尖碑运到罗马战神广场，作为巨大日晷的指示针。在这块方尖碑的基座上，奥古斯都命人刻写了与赛马场方尖碑完全一致的铭文。埃及方尖碑作为指针，标识罗马的时间变化和季节交替，这无比形象地表达了埃及业已成为罗马帝国组成部分之意。换句话说，埃及方尖碑的迁移，不仅意味着罗马对埃及的胜利，而且象征了前者对后者永远和任意的支配。根据学者们的最新研究，在奥古斯都生日——秋分——这一天的下午，被当作指针的方尖碑会把影子投射到和平祭坛上，足见奥古斯都借助埃及方尖碑为自己树碑立传的欲望。从这个意义上说，被搬到罗马的方尖碑圆满完成了埃及法老赋予它的三种职能：一，强化国王与太阳神之间的关系；二，征服埃及以外土地的见证物；三，国王战绩和功德的标志。

同样值得提及的是，在这块方尖碑旁边是大约于公元前28年落成的奥古斯都陵寝，它既是奥古斯都本人日后的长眠之地，也是用来安放奥古斯都家族成员的骨灰的地方。很明显，奥古斯都对罗马神灵的虔诚、对国家的忠诚以及为家族增添荣誉的意愿在这里完全融为一体。从这个角度考量，在奥古斯都陵寝入口立两块方尖碑也绝非偶然。这两块

粉红色花岗岩方尖碑的碑面没有文字，一般认为它们最早是在图密善在位时期从埃及运来，因为普林尼和斯特拉波均未提到它们。在极具象征意义的罗马战神广场，方尖碑被纳入罗马对外扩张和征服的巨大网络之中，它的高大暗示了埃及这个行省对罗马帝国的重要性，明白无误地宣示了罗马帝国势力的不可抗拒性；同时，罗马人也用埃及花岗岩记录了奥古斯都不可磨灭的功德。

亚克星海战之后20年，奥古斯都在罗马竖立埃及方尖碑。奥古斯都果真只是为了庆祝这场胜利吗？如果我们仅把埃及方尖碑与克娄巴特拉及亚克星海战相关联，显然没有考虑到埃及真正成为罗马行省是经历了很长一段时间的事实。亚克星海战之后不久，位于埃及南部的古实王国的统治者也觊觎埃及的土地和资源。来自努比亚的古实人趁罗马军队忙于在阿拉伯半岛的战事，占领了尼罗河第一瀑布地带。他们把当地居民掳为奴隶，还把此前立在该地的奥古斯都铜像的头部弄断，并作为战利品带到麦罗埃，让奥古斯都身首分离。古实人在麦罗埃的神庙墙壁上刻画了古实军队镇压罗马士兵的场面。古实与罗马的交战持续了近六年，直到公元前20年，麦罗埃被迫向罗马求和，古实与罗马的边界确定在第一瀑布以南50公里处。考古人员在麦罗埃古代神庙遗址发现了被古实军队掳走的奥古斯都头像。从以上不难看出，直到公元前10年，罗马才完全控制了埃及，迫使古实统治者退回非洲内陆。奥古斯都在罗马竖立埃及方尖碑，显然具有多重意义。他战胜了克娄巴特拉，确定了帝国的疆界；尤其值得强调的是，古埃及方尖碑无一例外都来自位于尼罗河第一瀑布的采石场。

方尖碑以直观的方式展现了制作和运输的难度，以及竖立它的人们的超常意愿、聪明才智和技术。按照普林尼的记述，罗马人不仅珍视古埃及方尖碑，而且还把用来装载方尖碑的运输船视为神奇的器物。他们把其中一艘船保存在港口，不料一场意外火灾把它烧毁。根据古罗马史家苏埃托尼乌斯的记述，奥古斯都在晚年感到很自豪，因为他让罗马这个泥砖城市充满了石头建筑和石头纪念碑，其中不仅有颇具罗马特色的白色大理石，还有古埃及红色花岗岩方尖碑。据称奥古斯都喜欢把采自被征服地的颜色显眼的石头制作成门槛，罗马人跨过这些特别的门槛，象征他们对这些土地的控制权。

奥古斯都和利维娅的别墅在帕拉蒂诺山上，别墅壁画的许多题材具有典型的埃及色彩，其中包括方尖碑、荷花、眼镜蛇和桶状容器等。奥古斯都曾经发动帝国的宣传机器，把克娄巴特拉塑

造为可怕的妖女，这些埃及因素出现在这位罗马皇帝的居室，绝不可能是因为他喜欢埃及的山水风光，而是为了强调埃及业已沦为罗马帝国的行省，并享受这一不同寻常的成果。方尖碑成为罗马对埃及主宰权的永恒象征物，这个暗示男性生殖器的巨物被竖立在罗马，再清晰不过地标识埃及被彻底征服，即已经被阉割。从这个意义上说，方尖碑可以被视为罗马牢牢地控制埃及这个他者的最好图符。

三 从古埃及文物到基督教圣物

古埃及方尖碑在离开埃及远足罗马的过程中不同程度地受到损坏；罗马帝国衰亡以后，多数方尖碑坍塌并被尘土掩埋，没有被完全尘封的方尖碑则构成了古罗马遗迹的组成部分。在很长一段时间里，这些曾经花费了巨大的人力和物力从埃及运来的方尖碑成为无人问津的怪石。从 12 世纪开始，专门为朝圣者编制的地图上出现古代遗迹和遗址；其中，六块远道而来的方尖碑也浮出水面，这些让人感到陌生但又似曾相识的历史遗物再一次成为罗马城的重要标志物。在谈到罗马城内基督教传统和古罗马遗址这两个核心基石的时候，格里戈利厄斯写下了如下的文字："我向主宰整个世界的主表示了感恩，他赐予罗马城内这些奇异和美得无法形容的人造物；尽管如今的罗马已经成为一片废墟，然而哪座完整的城市能与她媲美呢。" 随着文艺复兴时期的到来，残破的方尖碑上的象形文字开始引起人文主义学者们的关注，他们试图把这些已经成为天书的文字作为探究知识和追求智慧过程中研究的对象。

1585—1590 年，西克斯图斯五世担任教皇一职。这段时间很短暂，但却被学者们视为罗马城发展过程中的重要转折点。西克斯图斯五世发现了古埃及方尖碑服务于基督教的巨大潜力，他创造性地运用了方尖碑，把它们作为定位和突出基督教宗教场所的有效工具。这些方尖碑受到重用，不仅是因为它们具有悠久的历史，更为重要的是，它们有一种能够抓住人们视线的能力，即主宰其周围空间的特性。西克斯图斯五世在重要的教堂附近竖立方尖碑，一方面意欲强调，这块曾经属于异教徒的偶像随着基督教的胜出改变了性质，另一方面借助高耸入云的方尖碑让十字架显得更加高大和耀眼。西克斯图斯五世手下的建筑师丰塔纳规划了罗马街道网络，将几个历史悠久的教堂连接起来，不仅极大地方便了朝圣者，而且让这些宗教机构占据了城市的关键位置。按照以保罗起始的基督教历史线条，罗马七座山丘全部被纳入新的格局中，位于十字路口的教堂与七座山丘共同成为罗马具有象征意义的制高点，那些打上异教烙印的物品如方尖碑、图拉真纪功柱等庞然大物"基督教化"。西克斯图斯五世竖立的四块方尖碑的位置分别是圣彼得广场的中心、拉特兰大教堂北耳堂前、圣玛利亚大教堂东边和人民广场中心。

在以上四块方尖碑涉及的基督教机构当中，圣彼得大教堂无疑是罗马最重要的宗教建筑。该教堂由教皇尤利乌斯二世于 1506 年奠基，位于始建于公元 4 世纪的一座小教堂附近。尽管新旧两座教堂在时间上相隔 1000 多年，它们均把尼禄赛马场的废墟作为选址，从而成为圣彼得和早期殉教者的纪念碑，同时也是无数基督教徒缅怀圣徒和传承基督教教义的重要场所。尤利乌斯二世很清楚，梵蒂冈存在的合法性和合理性均在于基督教的第一位教宗在此安眠。尼禄赛马场并非由尼禄建造，而是他的前任卡里古拉的作品。这位迷恋赛马的皇帝不仅建造了巨大的赛马场，而且专门从亚历山大城运来一块方尖碑，立在赛马场中心，还在碑顶安装了一个青铜球体。正是在这个赛马场，尼禄把圣彼得钉上十字架。之后不久，他又在此以纵火罪烧死了许多基督徒。

根据最新研究，尼禄赛马场上的方尖碑最初立在古埃及圣城赫利奥波利斯。在托勒密王朝时期，克娄巴特拉把它搬到亚历山大城，作为献给其情人安东尼的礼物。埃及被罗马占领之后，身为埃及总督的加卢斯把它当作恺撒广场的标志物。正因为这块方尖碑不同寻常的经历，到了中世纪，有关它的传说变得愈发神奇。有一种说法是，它原来是耶路撒冷所罗门圣殿的组成部分，后来由罗马诗人和通灵者维吉尔搬到罗马。根据另一种传说，碑顶的球体里存放了恺撒、奥古斯都和提比略的骨灰。把方尖碑迁到新址以后，工人们拆开铜球，发现里面除了一些灰尘别无他物。对于虔诚的基督教徒来说，这块罗马全城唯一没有坍塌的方尖碑之所以无与伦比，关键在于它是早期基督教徒苦难史和基督教传播史的恒久证物。

公元 1586 年，西克斯图斯五世下令，把原来位于旧教堂附近的方尖碑移到位于圣彼得广场中心的新教堂前，整个工程由建筑师丰塔纳负责。丰塔纳首先把断裂的方尖碑修复，然后将其搬移约 255 米。西克斯图斯五世不仅命人在碑身刻写了铭文，在碑顶冠以十字架、配置教皇的纹章图案，而且在竖立方尖碑的时候还特意举行了驱魔仪式，他往碑身喷洒"圣水"，在其胸前画十字，"清洁并升华"这块"异教徒"使用过的石头。

竣工以后，丰塔纳专门出版了题为《论梵蒂冈方尖碑的运输》的著作，详细总结了他是如何完成这项堪称奇迹的工程，之后这块方尖碑被称为"梵蒂冈方尖碑"。梵蒂冈方尖碑是一个坐标，人们从很远的地方就能够看见它，方便了来自世界各地的朝圣者借此定位和引导方向。不仅如此，方尖碑提升了教堂的高度，避免了人们因它背后的山头产生视觉错误。

1665 年，在罗马道明会修道院的院落里，又出土了一块古埃及方尖碑。它于公元 1 世纪图密善统治时期被运到罗马，立在埃及女神伊西斯神庙前。伊西斯崇拜大约于公元前 4 世纪先是传到希腊，然后波及整个地中海地区。有的学者认为，伊西斯神庙后来被改为供奉罗马女神密涅瓦的神庙；也有的学者相信，伊西斯神庙可能一直存续到公元 8 世纪，由教皇扎卡里变更为基督教机构，赠给来自君士坦丁堡的圣巴西勒修会的修女们。从 1280 年开始，天主教道明会在此建造哥特式教堂，该教堂后来获得次级圣殿的地位，于 1566 年担任教皇一职的庇护五世即来自该教堂。

道明会希望把这块在他们的修道院属地发现的方尖碑立在修道院附近，教皇亚历山大七世委托贝尔尼尼完成这项任务。贝尔尼尼为此创作了许多图案，其中的内容包括大象驮着方尖碑、象征时间的人物手举镰刀和方尖碑、大力士赫拉克勒斯托举方尖碑、寓言中的人物支撑方尖碑等。大象驮着方尖碑的图案最后被选中，工程于 1667 年完成。

密涅瓦女神神庙遗址的三个考古层分别积淀了罗马居民三个不同阶段的宗教信仰，涉及的三位女神分别为伊西斯、密涅瓦和玛利亚，她们的共同特征是具有神圣的智慧。这个神圣的智慧没有地域界限，不受时间限制，它象征了永恒的阳光，方尖碑恰到好处地表现了这个理念。正是为了传递这一信息，按照亚历山大七世的旨意，耶稣会著名学者基歇尔在方尖碑底座的东面（早晨迎接太阳的一面）刻写了如下铭文：

啊，当你们看见这座由一头大象承载着的方尖碑的时候，请你们记住，大象是动物中的最强者，象形文字则属于充满智慧的埃及人。所以说，要想拥有坚实的智慧，必须首先获得强壮的头脑。

在 17 世纪的罗马，随着方尖碑上的古埃及象形文字越来越受到人们的关注，加上在罗马等地出土了更多古埃及文物，基歇尔决意破译象形文字。他相信，古埃及象形文字是大洪水之前人类祖先使用的语言，它不仅是上帝的赐予，也保存了先人的智慧。赫克舍相信，把方尖碑和大象结合在一起，初看上去并不协调，但是基歇尔的用意是借此来歌颂亚历山大七世——一位身体虚弱但意志坚强的教皇。捍卫哥白尼太阳中心说的布鲁诺于 1576 年在此修道院居住了一段时间，不

过，后来被宗教裁判所判为"异端"，于 1600 年被烧死在距离修道院不远的鲜花广场。同样是在这座道明会修道院，现代天文学之父伽利略被判异端罪，于 1633 年不得不在此放弃他的科学论文。

四 罗马城古代废墟的点缀品

15 世纪中叶以来，意大利人文主义者把散落在罗马和其他意大利城市的方尖碑作为研究象形文字和古埃及文明的第一手材料。他们不仅抄写上面的象形文字，而且还模仿其形状制作木雕，一股思古和怀古的风气在罗马弥漫。从德奥兰达的《罗马废墟之寓言》不难看出，古埃及方尖碑又一次成为点缀近代早期罗马城市的风景线。在许多表现罗马城的图画中，古埃及方尖碑被有意无意地当作修饰物。当教皇们发现这些方尖碑的价值时，看重的是它们彰显和传递基督教教义的可能性。正因如此，在所有相关的画面上，方尖碑都被不同程度地缩小，以便处在圣彼得大教堂等重要宗教机构旁的方尖碑不至于喧宾夺主。至 17 世纪，意大利知识和精英阶层不仅置身于充斥着古埃及文物——方尖碑、雕像、木乃伊、护身符、纸草——的环境中，而且大致了解它们的来历和曾经的功用。这种情况反过来又促使更多的人设法获取古埃及文物并在此基础上对古埃及历史文化追根问底。从这个意义上说，现代欧洲人认识古埃及的起点在罗马，这个序幕是被 17 世纪罗马知识阶层揭开的。这一事实也说明，商博良破译古埃及象形文字实际上有一个很悠久的学术史前史。

1786 年末和 1787 年，德语世界最伟大的思想家和诗人歌德到意大利游历。当时同样身处意大利的德国著名画家蒂施拜因趁此机会创作了题为《歌德在坎帕尼亚》的肖像画。歌德面前是促发他无限遐想的古罗马遗迹，最具寓意的细节莫过于，略显阴郁的歌德斜依在一块坍塌的古埃及方尖碑上。根据蒂施拜因写给拉瓦特尔的一封信，歌德在画中向右远眺，实际上是沉思人造物在自然界中的命运。画作表现了正处在作家生涯关键节点的歌德，面对人世的沧桑陷入沉思，思考个人在其中的价值和可能发挥的作用。从歌德在意大利游历时所作的日记可知，他当时正在用诗歌体创作《在陶里斯的伊菲革涅亚》。在蒂施拜因创作的草图上，可以看到戴着宽檐帽的歌德用右手食指指向身下的古埃及方尖碑，歌德的模样并非完全像一个到历史名城游历的诗人，而是更像伯罗奔尼撒阿卡狄亚的牧人。可能正因如此，歌德在他的日记中写下了"我也在阿卡狄亚"这样

意味深长的话。在意大利这个令人想起欧洲历史上无数英雄人物和神话故事的地方，仅剩半截的古埃及方尖碑有些不合时宜和不协调；不过另一方面，这恰如其分地强调了人及其造物最终都逃不脱化为尘土的命运，以极其委婉的形式表达了歌德这位狂飙突进运动的领袖不甘于墨守成规，在德语文学领域推陈出新的强烈意愿。

至于歌德对散落在罗马的古埃及方尖碑有何种认知和感受，我们可以从他 1787 年 9 月的一篇日记中略知一二："我这些天多次造访一块横躺在一处院子里的埃及方尖碑，它已经断裂并且被尘土掩埋。这块方尖碑曾经属于塞索斯特里斯，后来由奥古斯都立在战神广场，被当作巨型日晷的指针。这块曾经高大无比的纪念碑如今倒塌，碑身表面有些地方（可能是因为被火烧）损毁。尽管如此，这块方尖碑躺卧在那儿，在没有被毁的表面，字迹清晰可见，仿佛昨天才刻写上去，而且雕刻技艺极佳。我让人用石膏模仿方尖碑上斯芬克斯、人、鸟等象形符号制作了若干模型。我说什么也要拥有这些宝物，特别是因为，教皇正准备把这块方尖碑重新竖立，之后，这些象形文字就高不可及了。"歌德在日记中提到的这块方尖碑就是上文描述的蒙特奇托里奥方尖碑。不过，它最初的主人并非如歌德所说是古埃及第 12 王朝国王塞索斯特里斯，而是第 26 王朝国王普萨美提克二世。它在罗马第二次站立的时间是 1792 年 1 月。

如果说在意大利游历时，歌德对包括方尖碑在内的古埃及文物给予了很高的评价，在之后的年月里，他的看法却发生了剧变。这一转变与他愈发珍视和赞颂古典尤其是古希腊文化密切相关。歌德对古希腊艺术极尽赞美之辞，这在一定程度上受到温克尔曼的影响，但是他对此后德国学界极度崇尚古希腊的风气产生的影响却胜过温克尔曼。关于这个问题，英国学者巴特勒早在 1935 年出版了题为《希腊对德国的暴政》的经典著作。巴特勒认为，温克尔曼只是理想中的希腊的发现者，莱辛是其解释者，歌德才是真正的创造者。1805 年，在一篇题为《温克尔曼及其世纪》文章里，歌德坚决否认伊特鲁里亚人和希腊人接受古埃及造型艺术的可能性。他认为，所谓古埃及造型艺术是没有任何精神内涵的、工匠的产品，古希腊的造型则为天工之作，因此才称得上艺术品。1823 年，歌德在写给一位植物学家的信中，一方面抱怨书中表现自然的图画缺乏准确性，另一方面指责当时渐成风气的海外发现之旅，称那些花费巨资制作的古埃及以及其他文明遗址的图片无异于一种浪费，因为它们不太可能使人产生愉悦感，更不可能让人达到修身和励志的目的。让歌

德最为伤心的是，上述许多图片居然还是由非常优秀的艺术家完成，显然，他们把才艺浪费在了并不值得的东西上。歌德这种从实用的角度看待艺术品以及对古埃及文化甚至整个古埃及文明很不以为然的态度，最清晰地体现在一封呈给魏玛大公的信中。关于这位大公购置一尊古埃及雕像的意向，歌德说了如下的话："这种雕像至多在历史语境中有点意思，脱离了语境，它既不能教化人，也不能让人得到愉悦，埃及木乃伊和其他众多古物都是如此。它们只能算作时髦货，所谓时髦，无非就是一些人有的，另一些人也要拥有；但是没有人会问，拥有它究竟有什么用。毫无疑问，我们从这些古物获知，埃及的祭司们手工活做得很棒，他们在死人身上花费巨大的精力，无非是为了掌控活着的人。"

饶有趣味的是，英国著名批判现实主义作家狄更斯也曾经到意大利游历。他把半个世纪之前曾经让歌德诗兴大发的坎帕尼亚形容为"一大片平缓的丘陵，举目望去，单调和无聊让人感到沮丧"，称其为"废墟的海洋"，说它最好的用处就是作墓地。参观了地下墓穴之后，狄更斯借助月光走在罗马城的大街小巷，他走过宫殿和教堂，看到方尖碑、柱廊和神殿，发现有些建筑是由来自不同遗址的石头建造的，象形文字和拉丁文并列在一起。在狄更斯看来，古代的传说被纳入基督教信仰当中，古代的遗物成为基督教圣坛的一部分，这种混杂显得非常怪异。狄更斯穿过布满动物粪便和垃圾的小巷，来到一座教堂旁边的广场，广场中央立着刻写了象形文字的方尖碑，这块由罗马皇帝运来的石头在此地显得与周围的一切都格格不入。尽管如此，在这个被称为"永恒之城"的地方，狄更斯确实看到了千百年以来的建筑遗迹和遗物是如何在工业化的轰隆声和浓烟中顽强地维系，犹如不同时期不同性质的传统沉淀后形成的令人浮想联翩的"年轮"。它们一方面显示了古代文物惊人的适应力，另一方面也暗示了人类记忆的延续性。

借助狄更斯的上述观点，我们很容易理解古埃及人和古希腊人在来世信仰方面不同的价值取向，以及他们制作艺术品所采用的材料和遵循的准则。古希腊人最常用且最喜欢的材料是大理石。大理石质地细腻且硬度适中，所以特别适于精雕细琢，是实现古希腊人崇尚的逼真理念的最佳材料。相比之下，所谓古埃及艺术品大多来自丧葬语境，它们是为死者在来世获得再生服务的，因为这个原因，古埃及人最推崇的材料是花岗岩，它象征了坚固和恒久。拉丁语中"纪念碑"（monumentum）一词指代所有与记忆和回忆相关的实物，包括坟墓、墓

碑，也指涉文字材料。古埃及纪念碑是献给死者的，它们伴随死者通向来世的旅程，古希腊和罗马纪念碑所关注的主要是生者在现实的处境和死者在后人记忆中的存留问题。

五 彰显西方列强国力的证物

法国人德农是跟随拿破仑远赴埃及的众多学者当中最重要的成员，在亚历山大城的时候，他用素描画了图特摩斯三世的两块方尖碑——一块立着，另一块已经坍塌。德农认为，这两块方尖碑应当被运到法国，因为它们本身就是纪念碑，所以是庆祝法国征服埃及的最好标志。执政府期间，巴黎有关当局有意在协和广场竖立一座纪念碑，为此还专门举办了设计竞赛。据说拿破仑远征埃及时常把自己比作亚历山大，他甚至于1809年表示，有意在巴黎新桥一带竖立一块方尖碑，以此纪念他在普鲁士和波兰取得的军事胜利。可惜，命运未能让他实现这一夙愿。

1814年，路易十八向埃及总督阿里索要一块方尖碑，以此庆祝王权在法国得以重新确立，阿里则希望借助法国摆脱奥斯曼土耳其的控制并在埃及实现现代化，所以把矗立在亚历山大城的那块曾经属于图特摩斯三世的方尖碑赠给法国。但是，商博良认为卢克索神庙前的方尖碑更加适合法国，尤其是位于西侧的那一块。据说，当负责运输的法国工程师勒巴向阿里表示感谢的时候，阿里的回答是："我把古老文明的遗物赠给法国，目的是换取新的文明，法国已经在东方播下了这颗文明的种子。让这座方尖碑成为连接埃及和法国的纽带。"

为了运输这个重达250吨的庞然大物，法国人特意建造了一艘名叫"卢克索"的驳船。1831年，该船从埃及卢克索沿尼罗河北下，抵达尼罗河入海口以后，一艘名为"斯芬克斯"的蒸汽船拖着"卢克索"穿过地中海，沿着伊比利亚半岛行驶。驳船先是到达法国港口瑟堡，然后进入塞纳河。终于在1833年，方尖碑抵达巴黎。方尖碑应当立在何处，也并非那么简单，最终在1836年，协和广场被定为竖立方尖碑的新址。

这一年的10月25日，大约20万法国人从巴黎以及其他地方汇聚到协和广场和附近的街道，观看方尖碑被立起来的景象。协和广场当时为巴黎市区最大的公共广场，之前经历了太多人间悲喜剧：1762年，路易十五骑马塑像被安置于此，在大革命时期被摧毁；这座广场先后被称为"路易十五广场""革命广场""路易十六广场""香榭丽舍广场"。当然，广场名字的更迭表明了与之相关的人物的沉浮，与这些人物相关物体的兴建与被摧毁。协和广场正是1793年路易十六及其王后安托内瓦

特先后被绞死的地方。路易十八选择这个位置，可能是想表达战胜玛丽这个邪恶女人的意思，似乎在模仿奥古斯都用古埃及方尖碑来显示他打败克娄巴特拉的功绩，也不能排除他想借助这个充满政治和宗教意义的地方获得和解的企图。不管怎么说，从国王的雕像到处死国王的断头台，由古埃及方尖碑见证和记录这些事件，有点不可思议，但也确实意味深长。很少有人记得，为了歌颂路易十六的功绩，法国建筑师德瓦伊曾经于1780年在旺德尔港立了一块方尖碑形状的纪念碑，他称赞这位国王是"美国的解放者"，纪念法国在道义和物质方面为美国独立战争提供的援助。

雨果曾在一首诗里描写了位于协和广场的这块方尖碑的悲惨命运：一棵树借助年轮记录它经历的岁月，而这块方尖碑从埃及尼罗河畔的卢克索被运到塞纳河边，它只能靠磨损自身来展示其多舛的命运和生命的轨迹；原来成双成对的方尖碑分处两地，它们之间的距离，只能被视为文明发展出现了裂痕。早在1796年法国占领意大利期间，法国军队就大肆搜罗珍贵文物并据为己有。当时在罗马逗留的英国建筑师甘迪目睹了法国人这种强盗加窃贼的行为，在写给友人的信中，甘迪称法国人应当把矗立在罗马的古埃及方尖碑运到巴黎，因为它们象征了罗马帝国的辉煌。法国著名建筑理论学家德坎西也强烈抨击了法国军队把艺术品当作战利品的行径。在他看来，罗马这座城市就是一个巨大的博物馆。城中的每一个地名、所有的遗址，山丘、河流、采石场以及连接它们的大大小小的道路，甚至不同季节形成的特有的景色，加上罗马人特有的记忆，才构成了这座活生生的博物馆。

像甘迪和德坎西这样富有正义感的人毕竟是少数。早在1801年法国远征军投降以后，英国人就有意把位于亚历山大城的方尖碑运到伦敦这座"新罗马"。埃及总督伊斯梅尔把亚历山大城那块倒塌的方尖碑赠给英国，由于英国政府不愿支付运输费用，这份礼物一直躺在原地。水晶宫公司曾经计划，赶在1851年的伦敦世博会之前完成搬运方尖碑的任务，可惜未能如愿。1877年，富有的外科医生威尔逊答应提供资金，富有经验的工程师狄克逊承担了搬运方尖碑的任务。狄克逊最初获得的资金一共只有5万美元，而最终花费的费用据估算应当超过20万美元。狄克逊特地把装载方尖碑的驳船命名为"克娄巴特拉"。在比斯开湾，一阵突如其来的暴风把驳船与牵引它的蒸汽船分开。在试图把驳船与拖船重新连接的过程中，有数位水手被夺去生命。直到1878年9月13日，这块方尖碑才矗立在泰晤士河边。竖立方

尖碑那一天，碑的顶端飘扬着英国和埃及国旗，英国女王和埃及总督伊斯梅尔均在场。英国人还特地制作了两座形状有点怪异的斯芬克斯，把它们置于方尖碑两侧，类似两个卫兵。伊斯梅尔意欲借方尖碑增进埃及与英国之间友谊的计划不久就泡汤了，出于控制埃及金融并独占苏伊士运河的企图，英国和法国联合，强迫伊斯梅尔退位。

按照康纳的说法，"任何一种纪念碑或一座建筑，从本质上说，不过是政治的工具而已"。从这个意义上说，埃及学作为一门学科的诞生与西方列强试图借助古埃及文物强化自身地位并为此进行激烈竞争密切相关。英国人托马斯·扬与法国人商博良为了抢先破译象形文字进行了较量，两国舆论就成功解读象形文字的功劳应当归谁争论不休，大英博物馆与卢浮宫为了获得更多和更珍贵的埃及文物明争暗斗，两国政府围绕埃及文物管理权问题勾心斗角。如果把这些因素考虑在内，我们或许可以说，埃及学并非学术界的亲生儿子，而是西方大国政治较量的私生子。

拿破仑远征埃及在欧洲大陆掀起了搜集古埃及文物和破译象形文字的热潮。在美国，出现了被学者们称为"埃及复兴"的时尚，哈佛大学图书馆于1822年购得了法国学者编纂的《埃及志》的第一卷。除了不少文人参与欧洲的相关讨论和研究以外，公共空间还出现了模仿古埃及风格的建筑和纪念物，其中最显眼的是许多墓地的方尖碑。对于美国这个在向外扩张中起步很晚但不甘落后的大国来说，古埃及方尖碑当然不是一件简单的文物。能够像法国和英国一样拥有一块方尖碑，意味着美国可以与它们平起平坐，把如此巨大的石柱跨越大西洋运到新大陆，更是意义非凡。《纽约时报》编辑赫尔伯特最早于1869年倡议美国政府设法获取一块方尖碑，并于1877年以更加急迫的语气重申了之前的提议。他指出："一个没有埃及方尖碑的城市想让其居民感到自豪和快乐简直是笑话，罗马、伊斯坦布尔、巴黎和伦敦都拥有方尖碑，纽约也缺不了这个东西。"经过美国驻埃及总领事法纳姆长时间的说服和交涉，埃及总督伊斯梅尔终于答应，把立在亚历山大城的方尖碑赠给纽约。

与之前被运往伦敦的方尖碑一样，这块即将被运往纽约的方尖碑最早由图特摩斯三世立在赫利奥波利斯，后来被罗马人搬到亚历山大城，它重达220吨，高度近33米。富有的企业家范德比尔特愿意承担运输费用，纽约中央公园被确定为方尖碑的最终落脚点。中央公园之所以被选中，主要是为了让方尖碑靠近刚刚落成的大都会艺术博物馆。海军工程师戈林奇特意设计了运输方尖碑的专用器

械。1880年，借助多种传统和现代的运输和起重工具，戈林奇终于把这块顶端飘着美国国旗的方尖碑运抵纽约。不过，从哈德逊河港口至中央公园，他又花费了112天。1881年1月22日是竖立这块即将成为新地标的方尖碑的日子，纽约市政府专门为此举行了盛大的仪式，公园管理方卖出了超过平时不知多少倍的门票。尽管当天地上积了厚厚的一层雪，在规定时间很久以前，热心的观众就已经冒着刺骨的寒风占据公园内便于观看的位置。国务卿埃瓦茨受邀向两万多名观众发表了主旨演讲。大功告成之后，戈林奇撰写了一部大部头著作，详细描写了他是如何完成这项巨大工程的。他在书中不无骄傲地说："法国人等了大约25年才见到埃及方尖碑，英国人则几乎花费了三个25年，埃及人曾经以为，美国人可能需要一个世纪。"按照戈林奇的计算，从获得方尖碑到把它立在中央公园，前后时间加起来不足14个月。

毫无疑问，不少美国人并不觉得有必要花费巨资搬运方尖碑，著名律师和外交家沙耶—朗就是其中的一位代表人物。他撰写了一篇题为《归还方尖碑》的檄文。他以在埃及亚历山大城的亲身经历反驳了当时在美国流行的说法，即美国人把方尖碑运到纽约是因为该方尖碑在亚历山大城受到被海水淹没的危险。沙耶—朗指出，所谓埃及总督想借助方尖碑增进埃及与美国的友谊，说穿了就是他不愿或者不敢得罪美国这个新兴的强国，他认为这块被称为"克娄巴特拉之针"的方尖碑一直屹立在由亚历山大创建且因克娄巴特拉闻名的城市，作为这座城市仅剩的方尖碑，它构成这座城市往日辉煌的唯一证物，而它到了美国毫无意义，把它运到美国是一件极为愚蠢的事情。

早在1889年，美国潮湿的天气和空气污染导致方尖碑表面受到腐蚀，纽约市政当局不得不对方尖碑进行防水处理。朱利恩在一篇题为《一块不幸的方尖碑》的文章里提出了两个尖锐的问题：为维护这块方尖碑不断投入人力和资金，是否值得？这块方尖碑对纽约来说真的必不可少吗？早在19世纪末，学者们就已经注意到一个令人惊讶的事实。与那些仍然立在底比斯的方尖碑相比，来自赫利奥波利斯和亚历山大城的方尖碑表面受损情况更加严重，而且出现的裂痕也更多。显然，底比斯处在雨水稀少的埃及南部，相对干燥的气候有利于保存方尖碑。即便是位于地中海北面的罗马，它的降水量大于地中海南岸的赫利奥波利斯，更不用说巴黎、伦敦和纽约，气候对方尖碑造成的损毁无法否认。

结语

关于方尖碑究竟缘何吸引人和打动人，尼采

用其典型的箴言式语言做了恰如其分的总结。他称，方尖碑既显得出奇的颀长，同时又具有无限的实在性，仿佛已经超越了历史的偶然性，所以能够唤起我们无限的好奇心并让我们惊讶不已。黑格尔认为，与方尖碑一样，吉萨的狮身人面像也给人一种持续永远的感觉，尤其是当我们意识到，狮身人面像原来也是像方尖碑一样是用一整块石头雕塑而成的。在黑格尔看来，方尖碑拥有纯洁、抽象和匀称的特征。作为人类早期文明的产物，古埃及方尖碑经受了几千年的风吹雨淋，那些被掳掠到埃及境外的方尖碑更是经历了历史的沧桑，目睹了人世的变迁。

古埃及方尖碑到了罗马以后，被视作献给罗马诸神的供品，服务于罗马人的定时和确定方位，以极为醒目的形式展示罗马"从村庄向帝国"的过渡。多数学者认为，被奥古斯都搬到罗马的埃及方尖碑至少有四块，它们处在具有非常重要意义的位置，构成了德国著名学者灿克尔所说的奥古斯都在罗马推行的"文化复兴"计划的要素之一。这些方尖碑的重要性已经不在于它们曾经在埃及扮演了什么角色和罗马人是否了解这些，而是在于奥古斯都赋予它们全新的意义以及它们构成了罗马政治和文化地图不可或缺的标识。

古埃及方尖碑在奥古斯都及其继任们的治下完成了被赋予的使命，此后，它们又被赋予了新的意义。从16世纪末起，教皇的权力被严重削弱，其权威受到空前的挑战，不仅世俗的权力蚕食教皇的地盘，奥斯曼帝国在欧洲南部的扩张也是不容忽视的因素。持续几十年的宗教战争更使得罗马天主教会亟待振兴，变得破落的罗马城也急需重建。正是在这一内外交困的时候，从西克斯图斯五世开始，教皇们发现了古埃及方尖碑的利用价值，它们遂被用作宣扬基督教的工具，这些几乎完全被遗忘的方尖碑被称为接受和传播神启的利器。如果说欧洲北部哥特式大教堂的卷状尖塔给人以在空中溶解的印象，那么方尖碑则把人的眼神和心境引向无限的高度和无边的存在。在巴洛克时期的罗马，方尖碑尖顶被冠以青铜十字架，象征基督教对其他宗教的征服和其远大的目标和前景。

16世纪意大利著名画家和建筑师瓦萨里称，花岗岩被开采以后，经历一种叫作表面硬化的过程，因为这个缘故，花岗岩纪念碑和建筑不仅不怕刀剑和水火，而且也不易褪色或变色。对虔诚的基督教教徒来说，刀枪不入的物体具有魔力或魔性。从这个角度说，把材质为花岗岩的古埃及方尖碑转化为基督教圣物，花费再多的时间和再大的力气也是值得的。在罗马城内，古埃及方尖

碑经常矗立在喷泉上，碑身上有象形文字，基座上则书写拉丁铭文，尖顶托着十字架或圣徒的雕像，有的方尖碑更是由一头大象承载。少数有识之士对方尖碑之前的身世有一些了解，对于绝大多数基督教教徒来说，糅合了基督教因素的方尖碑只是罗马重要宗教场所的最好和最显眼的标识。

西方世界在19世纪对外扩张和建立霸权的过程中，几个列强试图以古罗马作为榜样。福柯研究了欧洲19世纪中叶的历史，提出"想象的空间"这一极富理论意义的概念。他认为，当时的人已经可以在图书馆安静的环境中，借助书本中的描写和叙述建构富有异国情调的奇妙的梦，而不是像前人只能在宁静的黑夜才可以做这样的梦。在福柯看来，这种想象的空间是典型的欧洲空间，因为它主要依据的是那些亲历异域的欧洲人的认知和观点。殖民者和探险家们的奇迹和奇遇，构成了读者搭建想象平台的文字材料。在这个通过选取、编织和构筑等手段创造想象空间的过程中，萨义德看到了作为建构者的欧洲人与那些扮演"被考察者"角色的非欧洲人之间的差别。萨义德认为，必须批判地对待上述"想象的地理"。这种想象的地理不仅在"我"与"他"之间标出界限，而且确定了谁是主角、谁是配角，谁在中心、谁在边缘，以及何为正常、何为奇特。一句话，这个想象的空间和地理成形的过程伴随着一种话语体系——东方主义——的诞生，因此这个想象的空间具有浓厚的政治色彩。福柯和萨义德两个人均忽视了一个重要的事实，在欧洲列强向外扩张并以欧洲中心主义的视角考察和对待异域之前，来自埃及及其他地区的物品已经实实在在地纳入了欧洲的文化系统并服务于以基督教为核心的文明，从而为日后的殖民话语体系奠定了基础。

同时需要考虑的是，古埃及方尖碑是由法老献给太阳神的礼物，上面记录了国王的功绩和他与太阳神之间的特殊关系。巴塔耶说，方尖碑是万物皆重归尘土过程中最为顽强的障碍。如果按照巴塔耶的观点做进一步的推论，尽管古埃及文明早已烟消云散，但伦敦、巴黎、纽约等现代城市中心的方尖碑无疑是这个文明不灭的证物。巴塔耶认为，古埃及法老以不同寻常的方式塑造了人类历史上最早的个性，而方尖碑这个蕴含丰富意象的石柱是展现个性的最佳形式。看来，古埃及法老赋予方尖碑的寓意亘古不变，此后强加在这些方尖碑上的概念则随着时间的推移烟消云散。

【作者单位：复旦大学历史学系】
（摘自《世界历史评论》2022年第3期）

非洲去西方化转型发展中的社会主义探索

邓延庭

社会主义理论与实践在非洲政治发展进程中发挥着重要的作用，为非洲实现民族解放和经济独立作出了重要贡献。尽管在冷战后遭遇了挫折，社会主义并没有从此与非洲绝缘。当前非洲的各类带有社会主义性质的探索，正是社会主义理论及其价值在现阶段的发展和表现。社会主义元素在非洲发展中重新迸发活力，为充分诠释社会主义在全世界发展的光明前景，提供了具象化的非洲案例。

一 社会主义探索在非洲重现活力的表现

在相关政党执政理念或社会活跃度变化的过程中，社会主义与非洲政治经济发展呈现加速融合态势，为推动非洲实现转型发展提供理论指导与制度探索动力。

（一）社会主义探索构筑部分执政党改革的基础

这类政党基本上是带领非洲国家独立、且经历过冷战后所谓"第三波民主化浪潮"冲击、至今仍然执政的非洲政坛明星政党，具体可以细分为两大类。

第一，从曾经的社会主义实践中寻找改革突破口的执政党。尽管在冷战结束后，这些政党面对"华盛顿共识"的绞杀，在文字表述上暂时中止了社会主义实践，但支撑其治国理政的底层逻辑依然带有显著的社会主义特征。相较于当前非洲一般的选举型政党，这些执政党具有多重优势：其一，拥有较为完备的意识形态和执政理念，组织建设相对完备，基本可以实现对国内各地与各行业的全方位覆盖，在民众中拥有较高的政治威望；其二，高度重视发展公有制经济，特别在对外合作中强调，坚持公有制、掌控事关国家经济命脉的部门或行业，对于国家的稳定发展不可或缺；其三，构建了以党为核心的民主政治体系，党的广泛代表性与党内的监督与决策机制相辅相成，保证民众参与国家治理的渠道畅通，维护了人民当家作主的权益。这些政党近年来着眼于继续扩大上述优势，增强自身的时代适应性，推动国家发展提质增效。2015年以来，在约翰·马古富力（John Magufuli）的带领下，坦桑尼亚革命党（Chama cha Mapinduzi，以下简称革命党）以尼雷尔（Julius K. Nyerere）、乌贾马（Ujamaa）的社会主义理论为引领，打出了一套推进党风廉政建设、经济改革、国家统一的组合拳，不仅消除了党在群众中遭遇的信任赤字，而且于2020年带领国家迈入中等收入国家行列，提前5年实现了既定的发展目标，创造了东非的发展奇迹。2017年，若昂·洛伦索（João Lourenço）当选总统后，以内图（António Neto）执政时期建设马列主义政党的若干举措为依托，在安哥拉人民解放运动（Movimento Popular de Libertação de Angola）内部大力清理特权阶层，扩大普通党员特别是青年党员参政议政的空间，同时积极追讨因腐败而流失海外的国有资产，并加大引领安哥拉国家石油公司（Sonagal）的利润反哺民生工程建设的力度。莫桑比克解放阵线（Frente de Libertação Moçambique）在菲利佩·纽西（Filipe Nyusi）的领导下，自2014年以来不断借鉴萨莫拉（Samora Machel）、尼雷尔依托政党建设进行社会主义探索的经验，巩固党内团结，强化党对经济社会发展的宏观引领，以此作为提升政绩以应对反对党政治攻势的基本着力点。2018年以来，以埃默森·姆南加古瓦（Emmerson Mnangagwa）为核心的津巴布韦非洲民族联盟（Zimbabwe African National Union）吸取穆加贝（Robert Mugabe）以土地改革为依托的社会主义探索的经验，提出了继续合理深化土改，重塑本国人民在对外合作中实现公平与效率平衡的新经济秩序（New Economic Order），带领全国加快摆脱经济发展困境的步伐。

第二，此前没有进行社会主义实践，但愈发重视社会主义价值的左翼执政党。这类政党在其执掌的非洲国家政治发展中所扮演的角色与第一类政党大体相同，区别在于这类政党的意识形态以民族主义为主。当前，在这些政党中，越来越多的党内有识之士认识到，应以借鉴社会主义实践实施改革作为破解组织建设与国家发展僵局的支点。例如，西南非洲人民组织（Southwest Africa People's Organization）长期坚持民族主义，然而，面对当下纳米比亚日益严峻的社会经济危机，党内要求借鉴社会主义的呼声持续高涨，全党施政的重点已转变为遏制私有化的过度膨胀，强化政府的宏观调控。在 2018 年全党特别会议上，党内提出的建设"纳米比亚特色社会主义"提案D，反映了全党对于社会主义的信心。又如，非洲人国民大会（African National Congress，以下简称"非国大"）原本将民族主义作为建设新南非的中心，但面对近年来国内社会加剧撕裂的危机，全党逐渐认同执政同盟中南非共产党的纲领，顺应时代呼声，将坚定支持土地改革、限制白人垄断资本、提前预防黑人垄断资本出现、国有化南非储备银行等举措作为施政焦点。几内亚与佛得角独立党（Partido Africano da Independência da Guinée Cabo Verde）领袖阿米卡尔·卡布拉尔（Amílcar Cabral）虽深受马列主义影响，仍强调党的基础是民族主义。进入 21 世纪以来，几内亚比绍政变频发，该党自 2014 年八大后，积极借鉴卡布拉尔在马列主义影响下的探索成就，一方面统一党内思想，抵制自由化干扰；另一方面强化政府对经济发展的宏观指导与调控，提升公有制经济的占比，增强国家发展保障民生福祉的能力。

（二）社会主义探索增强部分非执政党的社会影响力

认同社会主义理念的各个非执政党，近年来在非洲各国政治中的活跃性显著增强，社会认可程度和民众支持率稳步提升。第一，老牌非执政党的政治地位日渐上升。南非共产党是非洲历史最为悠久的社会主义政党之一，也是南非左翼政治力量中的典型代表。在近年来南非愈演愈烈的社会危机中，南非共产党积极投身于维护社会弱势群体的政治经济权益的斗争，社会支持率持续走高。南非共产党与非国大、南非工会大会（Congress of South African Trade Unions）形成的三方执政联盟，成为推动执政党重视社会主义的中心力量。与南非共产党联系密切的莱索托共产党和斯威士兰共产党，分别在推动以限制两国王室权力为中心议题的政治民主化、经济普惠化的改革进程中扮演关键性的角色，也是推动两国与南非实现一体化发展的主要力量。苏丹共产党是非洲阿拉伯国家中历史最悠久、规模最大的左翼力量，以推动苏丹实现全面的政治民主化和真正的经济独立为奋斗目标。特别是在 2019 年巴希尔（Omar Hasan Ahmad Al-Bashir）总统被军事政变推翻，以及 2021 年年底军方终止与临时政府的交权协议后，苏丹共产党积极发动民众举行民主示威，成为保护民权的重要领导力量。阿尔及利亚民主与社会主义党（Parti Algérien pour la Démocratie et le Socialisme）以马列主义为指导思想，对该国大城市中的低收入群，特别是手工业者、青年学生有着较强的号召力。无论是在

2010—2011 年保卫阿尔及利亚免受"阿拉伯之春"颜色革命的侵袭，还是在 2019 年大力化解布特弗利卡（Abdelaziz Bouteflika）总统辞职后引发的国内政治危机，该党都积极推动执政者与民众开展对话协商，奠定了其后若干改革措施出台的基础，有效维护了国家的和平与全社会的团结。加纳人民大会党（Convention Peoples' Party）为非洲社会主义先驱恩克鲁玛（Kwame Nkrumah）创立的社会主义政党，后因政变丧失执政地位。近年来，该党明确提出将重新赢得执政地位作为奋斗目标，把复兴恩克鲁玛思想作为从发展困局中拯救加纳的指导思想和行动指南，并且在青年、妇女群体中赢得较高声誉，得票率在连续多届议会选举中位居前三。此外，旨在促进工人阶级团结互助的加纳社会主义论坛，于 2021 年 9 月改组为加纳社会主义运动（Socialist Movement of Ghana），为包括人大党在内的左翼政党的交流与联合提供了必要的框架机制。争取发展与革新全国同盟（Union Nationale pour le Développement et le Renouveau）为乍得最大的非执政党，主张在推动全民共享政治权力和经济发展红利的基础上，实现民主与社会主义，奠定国家实现可持续和平的基础。

第三，新成立的共产党彰显社会影响力。冷战结束后，不少非洲国家一度严格禁止本国成立共产党。但 2010 年后，多个非洲国家相继出现新成立的共产党。2014 年，纳米比亚共产党正式成立，主张捍卫矿业工人权益，并积极支持人组党开展带有社会主义性质的探索，为纳米比亚左翼政党联盟的形成奠定了必要的基础。南苏丹于 2011 年正式脱离苏丹而独立，是非洲最年轻的主权国家，苏丹共产党原在南方各州的支部合并组建成南苏丹共产党。尽管南北苏丹分立，南苏丹共产党与苏丹共产党仍保持着密切的合作关系，基本政治主张与后者一致，一方面积极呼吁两国尽快结束因石油收益分配、阿卜耶伊（Abyei）地区归属权而产生的分歧与冲突；另一方面积极推动国内努尔族、丁卡族实现全面政治和解，支持联合国解决南苏丹安全局势相关决议和行动，赢得民众的广泛支持。在肯尼亚，2017 年成立的肯尼亚共产党聚焦该国的私有化问题，指出公共财富的私有化是引发国家政局周期性动荡的根源，但各项政策均未触及叫停私有化改革的实质性问题。为此，肯共将推动实现土地国有化作为参加 2022 年大选的首要议题，引领了肯尼亚左翼政治力量的呼声。

（三）社会主义探索强化了非洲与国际左翼力量的团结

社会主义之于非洲发展的意义，还在于为非洲的相关政党与国际左翼力量强化交流合作搭建

了必要的桥梁。第一，在国际多边交流方面，非洲相关政党普遍参加左翼政党联盟。目前，非洲的各个马列主义政党，都是共产党和工人党国际会议的成员。在此机制框架下，各党与世界其他地区的兄弟政党通力合作，积极支持会议批判国际垄断资本主义，指出国际垄断资本主义是催生不合理的国际政治经济秩序的根源，重申生产资料公有化、国际关系民主化对于推进世界治理的必要性。与此同时，非洲其他与社会主义相关联的各个政党，基本都是社会党国际的成员，认同民主社会主义。除了前文提到的相关政党之外，主要还包括肯布基纳法索人民进步运动（MPP）、摩洛哥人民力量社会主义联盟（USFP）、多哥非洲人民民主大会（CDPA）、塞内加尔社会党（PS）、喀麦隆社会民主阵线（SDF）、尼日尔民主与社会主义党（PNDS）、马里非洲统一与正义党（ADEMA）、加蓬进步党（PGP）、阿尔及利亚社会主义力量阵线（ASF）、中非人民解放运动（MLPC）、毛里塔尼亚民主力量大会（RFD）、刚果（金）民主与社会进步联盟（UDPS）、突尼斯劳动与自由民主论坛（FDTL）、吉布提民主革新与发展运动（MRD）、西撒哈拉波利萨利奥阵线（PF）、冈比亚联合民主党（UDP）、赤道几内亚社会民主联盟（CPDS）等。2017年社会党国际机制改革，进一步强化下设区域委员会的职能，促使上述各党依托非洲委员会（Africa Committee）建立起固定的对话机制。

第二，在国际双边交流领域，非洲各党积极加强与社会主义国家执政党的对话，以部分非洲执政党与中国共产党的交流为典型代表。中国共产党不仅是全世界规模最大的马克思主义政党和全世界最大的社会主义国家的执政党，而且始终是非洲民族解放与现代化建设的坚定支持者，中非党际交往是支撑中非关系发展的重要基石。中共十八大以来，特别是2015年中非关系升级为全面战略合作伙伴关系之后，中非党际交流合作步入发展快车道。首先，中共持续派出高级代表出席部分非洲政党的全国代表大会。2016年后，由于全球经济形势波动，西方国家保守主义势力泛滥，大多数非洲国家发展困局加剧。中共派出高级代表赴非参会，是对相关政党独立探索适合非洲发展道路的充分肯定，为在新时代持续夯实中非政治互信打下了牢固的根基。其次，中共大力推动与非洲政党加强治国理政经验交流。近年来，中方通过举办中非政党理论研讨会、中共与世界政党领导人峰会，开办非洲政党高层研修班等机制，邀请非国大、安人运、莫解阵等非洲政党代表来华交流学习，为推动"一带一路"倡议深度

对接非洲联盟《2063年议程》，提供了坚实的政治保障。最后，非洲政党全力抵制西方对中共的无端抹黑。当前西方借助炮制疫情责任论、债务陷阱论、人权践踏论、环境破坏论等所谓"论据"，大肆诋毁中共治国理政成就和中非关系，面对这些挑衅，一些非洲政党怒斥西方谎言，在中国决胜脱贫攻坚、中共建党百年、十九届六中全会召开等重大历史时刻积极发声，盛赞新时代中国特色社会主义之于全世界的借鉴意义。

二 非洲重新重视社会主义价值的原因

非洲重新探索社会主义之于推进改革和转型的重要意义，是多重因素共同作用的结果，具有历史发展的必然性。

（一）资本主义与非洲发展客观规律间存在结构性冲突

由于殖民统治的原因，独立前的非洲各国并没有经历过资本主义经济发展和现代民族融合的过程，因此并不适合机械套用西方的发展理念、道路、模式。非洲与西方之间的客观差异，是推动独立后的非洲国家倾向于社会主义探索的内在原因。

在政治层面，西方竞争性民主政治不利于非洲国家的族群融合。由于殖民入侵扰乱了非洲族群的自然融合进程，支撑独立后的非洲国家发展的基础仍然是前资本主义时代的各个族群，与主权国家相适应的现代民族并未完全成型。如果贸然引入西式民主，实则为族群政治泛滥行了便利，与非洲国家推动族群融合的初衷背道而驰。为此，无论是泛非主义，还是非洲各国的民族主义，都强调依托各个族群间的团结互助，建立起超越族群差异的政治权威。社会主义推崇的集体协作、团结互助等政治理念，契合非洲领导人的诉求，是非洲国家维持政治稳定的保障。

在经济层面，资本主义的剥削与压迫制约非洲实现真正的经济独立。独立后的非洲国家，大多仍过度依赖对前殖民宗主国的原料出口，实质上并未改变在资本主义国际经济体系中的原料产地的角色。在剪刀差、技术壁垒、金融垄断等新殖民主义手段的夹击下，非洲如果不另起炉灶，则无望彻底摆脱与西方国家之间的"中心—边缘"关系模式。通过引入社会主义要素，非洲国家与西方"脱钩"后，不仅没有断绝经济来源，而且依托公有制经济、国家宏观调控、按劳分配等制度，逐步拔除了根深蒂固的殖民地经济，让本国人民真正成为经济发展的参与者和受益者，夯实了实现经济独立的物质基础。

在文化层面，资本主义的个人主义价值观与

非洲传统的集体意识相左。集体主义、大家庭等传统观念，在非洲社会根深蒂固，本质是原始社会公有制在思想领域的投射。在近代黑人启蒙运动中，无论是哲学中对"黑人性"（Négritude）的强调，还是政治中对"非洲中心"的推崇（"非洲中心"是兴起于20世纪中期的非洲政治哲学思想），主要为了反对欧洲中心模式的政治理念和殖民者对非洲人民的奴化教育。因此，资本主义鼓吹的个人解放、自由意志、否定权威等理念，与非洲的传统文化之间，明显存在着难以调和的结构性矛盾。相较之下，社会主义推崇的同工同酬、合作共赢、共同富裕等原则，更容易被非洲社会接受，有助于将民众的传统价值观转化为适应非洲国家发展建设的社会集体意识。

综上来看，尼雷尔关于"非洲天然带有社会主义性质"的论断，在一定程度上揭示了独立后的非洲国家优先选择社会主义的必然性。时至今日，老一辈非洲社会主义理论家的论述并未过时，绝大多数非洲国家仍面临上述三方面的挑战。社会主义之于非洲民族主义的重要意义，依然是推动非洲国家重新发掘社会主义价值的底层逻辑支撑。

（二）新自由主义改革失利激化非洲与西方的矛盾

冷战结束后，西方以"胡萝卜+大棒"政策强行向非洲国家推销新自由主义"药方"，以承诺"帮助"非洲摆脱发展困局的形式登场，却以加剧非洲治理失序的结局走向尾声。"华盛顿共识"在非洲逐步跌落神坛，是促使非洲国家重拾社会主义的催化剂。

从政治演进来看，多党选举是诱发非洲政治不稳定的罪魁祸首。随着大批民族主义政党被西式民主拉下政治舞台，权力真空下横行的选票政治加速非洲社会的撕裂。一方面，族群政治沉渣泛起，引发社会横向断裂。新成立的选举型政党普遍缺乏系统的指导思想和完备的组织建设，主要依靠族群认同来争夺选票。定期举行的多党选举，实系加速国家政治裂解为以族群为基本单元的无序竞争。另一方面，精英寡头强势崛起，加剧社会横向断裂。上述政党的主要活动范围为中心城市，推举的候选人普遍是金融寡头、大企业家、网红达人等富裕群体。多党选举实质上是这个既得利益群体中的不同成员轮流坐庄，广大人民特别是乡村人民参政的途径被彻底堵死。从1991年主张非洲社会主义的联合民族党（United National Independence Party）下台后，赞比亚陷入周期性选举危机，到主张学习中国经验的人民革命民主阵线（Ethiopian People's Revolutionary Dem-ocratic Front）解散后，埃塞俄比亚于2020年年底爆发内战，可以看出，西式民主裹挟下的政治碎片化，无疑是非洲政治稳定的巨大威胁。

从经济发展来看，自由化和私有化加剧非洲财富的外流。西方提出的《结构调整计划》（SAP），实则是一方面让非洲人民在私有化中放弃经济发展的主导权，另一方面让西方垄断资本借自由化抄底非洲财富。接受这些药方后不到十年，非洲相关国家在近半个世纪积攒起的人民集体财富基本流失殆尽。以刚果（布）为例，劳动党（Parti congolais du Travail）实施国有石油公司（Société Nationale des Pétroles du Congo）的改制后，埃尔夫·阿奎坦（Elf Aquitaine）、道达尔（Total）、埃克森美孚（ExonMobil）、雪佛龙（Chevron）等西方石油巨头迅速成为当地油气开发权的实际掌控者。与此同时，西方通过与非洲签署合作协定，进一步强化和固化对非洲的经济剥削。从欧洲联盟的四个《洛美协定》（Lomé Convention）与《科托努协定》（Cotonou Agree-ment），到美国的《非洲增长与机遇法案》（AGOA），表面上是西方用最惠国待遇吸引非洲国家开放国门，实则重新将非洲推向资本主义国际经济体系的食物链底层。冷战结束后，非洲虽然多年维持5%以上的年均经济增速，但在西方垄断资本赚得盆满钵满的同时，非洲人民却并未真正享受到实际的发展红利。特别是2008年国际金融危机爆发后，非洲获得投资减少的同时，财富却加速外流西方，沦为西方发达资本主义国家转嫁经济危机的场所。迄今为止，非洲不仅没有一个国家完全跨过工业化门槛，而且依然是全球贫困发生率最高、贫困国家数量最多、贫困总人口最多的地区。新冠疫情下，虽然美国2021年提出的"重返更好世界倡议"（B3W）和欧盟打造的"全球门户"（Global Gateway）计划竭力渲染"助力"非洲复苏，但掩盖不了两者本质上只是西方国家企图继续把控非洲经济命脉的幌子。

在安全形势上，新干涉主义是践踏非洲和平的毒瘤。冷战结束后，西方国家不惜牺牲非洲的安全利益，对不接受"华盛顿共识"的非洲国家采取了严酷的绞杀措施。从确保实现卢旺达的"选举民主"而煽动大屠杀，到孤立因土地改革"践踏经济自由"的津巴布韦；从制裁在达尔富尔实施"种族灭绝"的苏丹，到发动颜色革命颠覆突尼斯、埃及的"独裁者"；从借口"人权高于主权"武装推翻利比亚卡扎菲"暴政"，到在非洲之角、萨赫勒地带借反恐肆意轰炸民用目标，非洲当前存在的所有武装冲突和人道主义危机，都与西方霸权主义肆意插手非洲国家内政有着直接的关联。当前, 非洲面临最紧迫的安全危机是恐怖主义的肆虐和蔓延, 马里北部、乍得湖沿岸等地之所以会沦为全球恐袭风险最高地区, 祸根仍在于被西方搞垮了的利比亚、索马里等国长期处于无政府状态, 客观上成为基地组织等国际恐怖主义势力从中东渗透进非洲的通道。此外, 西方给非洲带来的安全赤字也加剧了非洲居民的民生困境, 越来越多难以维持生计的民众铤而走险, 或者成为活跃在几内亚湾、亚丁湾上的海盗, 或者加入各类极端主义组织, 令非洲安全愈发滑向无解。

新自由主义加剧了非洲治理失序, 这从实证角度证明, "华盛顿共识"与非洲发展道路的结合, 只是西方霸权主义和新殖民主义强行催生的产物, 是西方在冷战后初期的世界多极秩序中一家独大的反映。近年来, 随着发展中国家的集体崛起, 自身内部矛盾日益激化的西方, 对非洲的"管控"日益减弱。在此形势下, "华盛顿共识"既背离非洲发展的客观规律, 又无法兑现发展承诺, 必然被非洲国家逐步抛弃, 这是非洲历史发展的必然结果。

(三) 资本主义国际体系失序加剧非洲对西方范式的信任危机

全球各国休戚与共, 正日益形成命运共同体, 解决人类面临的共同挑战需加强各国间的务实合作。但源于西方资本主义国际体系的不合理国际政治经济秩序, 却成为制约国际合作的最大障碍。作为全球发展中国家最集中的大陆, 非洲当前成为西方单边主义、保护主义泛滥的最大受害者。

在抗击新冠疫情方面, 非洲难以依靠资本主义国际体系弥合"免疫鸿沟"。提升疫苗接种率是国际社会的抗疫共识, 非盟力争在 2022 年实现非洲民众的疫苗接种率达到 60%, 这是非盟制定的非洲疫后复兴计划的关键。但实际情况是, 截至 2021 年年底, 非洲第一针疫苗的接种率不到 6%, 没有任何一个非洲国家真正启动了全民接种计划, 非盟几乎没有可能如期实现普惠、公平的免疫计划。西方国家在疫苗生产与分配上的作梗, 是导致非洲成为全球免疫链条上最薄弱一环的根本原因。一方面, 在疫苗的生产问题上, 资本的逐利性决定了西方国家不可能在生物医药技术方面让利于非洲。疫情发生以来, 西方国家虽满口承诺加强对非洲的双边医疗援助, 并参加世界卫生组织发起的新冠肺炎疫苗实施计划 (COVAX), 但大多口惠而实不至。疫情虽已持续两年多, 阿斯利康 (Astra Zeneca)、辉瑞 (Pfizer) 等西方医药巨头与非洲国家的合作却裹足不前, 致使非洲至今未能实现通过本土化生产降低疫苗成本的目标, 仍然需要到国际市场排队高价抢购。与此同

时, 西方主要国家一直拖延到 2021 年中才开始缓慢兑现对世卫组织的疫苗捐赠承诺, 且优先拿出国内不需要的临期疫苗, 导致一些非洲国家虽然等来了免费疫苗, 但实际上无法给民众实施有效接种。另一方面, 在疫苗的分配问题上, 资本的垄断性催生了西方的疫苗霸权主义。随着新冠疫情在全球的蔓延, 拥有资金、技术优势的西方国家不仅没有把疫苗当作一种国际公共产品, 反而将其打造成为一种趁机谋取地缘政治利益的工具。自 2020 年下半年来, 西方国家变本加厉地囤积疫苗, 其中仅有 3.3 亿人口的美国就囤积了超过 26 亿支疫苗, 是全球疫苗的最大囤积国。囤积引发的国际市场疫苗短缺, 客观上加剧了非洲对西方国家的依赖, 造就西方霸权主义插手非洲内政的新契机。无论从 2021 年美国国务卿布林肯 (Antony Blinken) "虚拟访问"非洲时的焦点, 还是从"非洲—法国新型峰会"的议题来看, 决定西方是否给予疫苗援助的核心变量并非当地疫情, 而是非洲国家对待"华盛顿共识"的态度。西方在疫苗分配上的政治操弄, 严重践踏非洲国家分享国际公共产品的合法权益, 阻碍抗疫工作的正常开展。

在应对气候变化方面, 非洲难以依靠资本主义国际体系捍卫"气候正义"。非洲是当前全球遭受气候变化影响最为典型的地区之一。一方面, 非洲的温室气体排放量只占全世界的 2%—3% 左右, 是全球最接近碳中和目标的地区; 另一方面, 非洲经济社会发展的气候韧性最弱, 干旱、飓风、沙漠蝗灾等气候灾难直接和间接波及近千万人口, 造成了全球最大规模的气候难民。西方国家的气候霸权进一步加剧了非洲在应对气候变化时低"贡献率"与高"受害度"之间严重失衡的矛盾。其一, 西方国家消极应对气候融资承诺。2012 年联合国气候大会《坎昆协议》规定发达国家每年提供 2000 亿美元气候融资, 支持包括非洲在内的发展中国家气候适应, 但该协议实际执行度堪忧。在 2021 年格拉斯哥气候大会 (COP26) 上, 非盟轮值主席国刚果 (金) 总统齐塞克迪 (Félix Antoine Tshisekedi) 指责西方国家爽约, 导致非洲每年的气候融资缺口高达 270 亿美元, 无力实施有效的气候适应。其二, 西方国家大肆炮制绿色保护主义。2021 年 3 月, 欧盟正式通过碳边界调整机制 (CBAM), 以倒逼碳减排为名, 对"非绿色"的进口商品征收高额关税。受技术和成本等因素的限制, 非洲当前多项对欧出口商品因不符合"低碳"标准而面临被征税的风险, 因此非洲舆论批评欧盟此举将是欧非贸易战的导火索。此外, 美国目前也在酝酿对进口货物征收碳边境税,

碳壁垒正在成为西方盘剥包括非洲在内的发展中国家的全新利器。其三，西方国家埋下去工业化的气候陷阱。非洲大多数国家当前正处于迈过工业化门槛的关键时期，仍主要依靠传统化石燃料满足能源需求。西方国家作为温室气体的最主要排放者，却处心积虑地向包括非洲在内的发展中国家甩锅碳减排义务，实质是企图通过能源结构强行转型，抵消发展中国家的制造业成本优势。受此影响，工业化成果本就有限的非洲，极有可能受制于技术短缺和成本激增，最终完全走向去工业化，从而彻底沦为西方的原料产地和商品倾销市场。

免疫鸿沟的扩大与气候正义的缺失，正是非洲在资本主义国际体系中边缘化地位的真实写照。因此，只有彻底摆脱西方国家主导的国际秩序的束缚，非洲才能在真正的国际公平与正义的基础上，探索出应对人类面临的共同挑战的非洲方案。

三 社会主义在非洲全面复兴面临的挑战

如要推动社会主义在非洲再度迎来发展高潮，则必须全面审视当前非洲的社会主义探索面临的挑战，并以此为基础，寻找合适的解决方案。

（一）社会主义探索的实践者具有多重局限性

从微观角度来看，作为在非洲推动社会主义探索的生力军，相关政党在自身的发展建设方面仍然存在着诸多局限性。因此，它们能否最终成长为带领非洲走上科学社会主义道路的领导力量，仍然存在着相当程度上的不确定性。

其一，马克思列宁主义政党的占比偏低。在非洲认同社会主义或者实施社会主义探索的政党中，绝大多数都是社会党国际的成员，认可所谓超越阶级利益的民主社会主义，共产党和工人党国际会议的成员只有不到十个，且目前没有一个马列主义政党是执政党。这实际上是非洲当前正处于意识形态过渡期的体现。在西方的政治经济影响并未全面消退，冷战后新自由主义改革创造的政治经济体制框架尚未被全面抛弃的影响下，除共产党外的其他政党特别是执政党，虽然在施政上愈发回归或者偏向社会主义，但鲜有宣称以社会主义作为指导思想，更遑论坚持马克思列宁主义。尤其在当前中美博弈加剧的态势下，非洲相关政党在意识形态方面的表态更为谨慎，以备政治回旋空间。但从社会主义的内在演进逻辑来看，如果缺乏科学理论的指导，则非洲各政党的探索将难以避免盲目性、碎片化的弊端，无法真正走出一条超越新自由主义的社会主义发展道路。

其二，各党的无产阶级属性偏弱。如前所述，

由于经济社会发展成果有限，族群认同而非阶级分化是左右非洲各国内部政治发展的首要变量。在把社会主义作为实现民族主义最有效手段的非洲语境下，相关政党在实践上仍然依靠族群的政治化来推动社会主义探索。对于执政党或者活动范围较广的在野党而言，为增强其权威的合法性，通常会聚合且平衡本国所有族群的政治诉求，将自身打造成为全民党；对于新成立或者规模较小的政党，则通常会以某些弱势或边缘化族群为基础，依托其维权或抗争诉求，作为本党参政的切入点，即便是共产党也不例外，比如新成立的肯尼亚共产党的成员，主要来自东部各郡的米基肯达族（Mijikenda）、康巴族（Kamba）。因此，从严格意义上讲，上述非洲政党都是族群政党的不同表现。由于阶级属性弱化，这些政党的社会主义探索缺失明确的实践主体与服务对象，而更多表现为族群间以及族群内部不同利益群体间的政治妥协。

其三，参选是各党参政的唯一途径。受所谓西方"第三波"民主化浪潮的影响，非洲各国目前均对多党选举作出了宪制性规定，在不修宪的前提下，基本不存在通过领导和发动群众运动上台执政的基础。鉴于参选是目前非洲政党登上政治舞台的必由之路，相关政党无法回避为生存而接受政治纲领折中化的问题。执政党出于其全民党的性质，需要通过在左翼和右翼间保持大体平衡来获取选票。例如，为回应南非反对党指责土改、打击垄断资本等政策"极左"，非国大也在一定程度上采纳民主联盟（DA）等右翼政党的政见，支持通过发展私营经济来解决就业，以维护自身中间偏左的政治形象。反对党特别是规模相对有限的政党，往往需要与持其他政见的党派组建竞选联盟。尤其对于马克思列宁主义政党而言，这种政治妥协不免会带来伯恩施坦主义的困境。例如，作为在非洲参政程度最高的马克思列宁主义政党，南非共产党通过与非国大结盟，本党成员以非国大党员身份参选的方式参与组阁。非国大为争取选票而采取的部分右翼措施，与南非共产党的宗旨根本相左，实质上是对马克思列宁主义在南非发展的弱化。

（二）社会主义探索引领非洲发展的功效需进一步凸显

从宏观角度来看，非洲相关政党和国家目前尚未从理论和战略的高度，对自身发展与社会主义之间的内在联系作出科学系统的论述。如果当前探索中的自发性、盲目性、功利性、分散性等弊端得不到克服，则社会主义在非洲全面复兴依然任重而道远。

第一，对于冷战结束前非洲的社会主义探索，非洲相关政党仍缺少辩证的认知。截至目前，非洲对自身发展特征与社会主义对接的理论剖析，仍主要停留在尼雷尔、桑戈尔、卡翁达等先驱的论述上，并没有结合非洲当前面临的新机遇、新挑战，形成有关超越新自由主义的全新理论突破。反映在现实层面，非洲现阶段的社会主义探索集中体现在相关政党通过直接借用或复兴前人的思想或政策，替代失效的新自由主义改革措施。但从演进逻辑上来看，这种直接的拿来主义只是一种单纯的简单重复，而非具有革命性的进步。前人有益的探索在当前固然仍旧有效，但前人探索有局限性甚至出现失误，因循守旧会成为制约发展的障碍。因此，如果不能有效回答先前的非洲社会主义实践在冷战结束后陷入低谷的真正原因，则非洲当前的社会主义探索恐难以彻底突破先前模式的历史局限性。尤其是马里非洲团结与正义党、布基纳法索人民进步运动这两个加入社会党国际的执政成员党分别于2021年5月和2022年1月被军事政变推翻，非国大与南非共产党执政联盟面对2021年7月的全国骚乱束手无策，这些事件再次凸显了非洲需给社会主义探索注入新动能，尽快弥补治理能力赤字的紧迫性。

第二，对于当前探索的目标是否为建立健全社会主义制度，非洲相关国家并没有清晰的规划。非洲逐步放弃新自由主义政策固然是社会主义必然取代资本主义的客观规律的反映，但结合非洲的具体语境来看，目前的变化是否标志着社会主义已经在非洲全面复兴，仍然有待继续观察。冷战结束后，非洲的改革就开始带有浓厚的实用主义色彩，各国制定的近期和中期规划中对制度基础的描述普遍较为模糊。非洲相关国家之前接受新自由主义的根本原因，是由于原有社会主义探索遭遇困难，而如今重新重视社会主义则是为寻求现成的解决方案，替代逐步失效的新自由主义政策，两个阶段变化的动因和方法大致相同。社会主义虽然从长远上看更符合非洲发展的特点，但如果不依靠科学的理论指导、无产阶级的实践、明确的制度保障，单纯沿袭前人的探索难以在可预见时期内实现从量变到质变。倘若未来再度遇到前人探索的困境，实用主义左右下的非洲是否又会转向新自由主义或西方炮制的其他范式，抑或是走向国家主义，仍存在一定的不确定性。只

有彻底打破这种循环往复，非洲各国开展的具有社会主义性质的探索，才能真正理清思路、明确方向，为推动社会主义制度重新落地非洲进行必要的实践准备。

第三，对于现阶段社会主义与泛非主义的关系，非洲各国目前尚缺乏强有力的共识。随着冷战结束后新自由主义在非洲的蔓延，社会主义之于实现泛非主义目标的意义，一度被非洲社会各界所淡忘。虽然当前一些非洲国家和政党开始重新发掘社会主义的价值，但对于由54个国家构成的非洲大陆而言，力量相对有限。在不少非洲国家当前对是否完全抛弃新自由主义持观望态度的形势下，社会主义能否重新赋能非洲一体化，仍然面临着若干现实的障碍。在非洲一体化的顶层设计层面，非洲缺少推动社会主义探索的自主多边合作机制。前文所述的社会主义国际交流机制固然发挥了积极作用，但与非盟主导下的非洲自主多边合作机制并无直接关联，因此并不能直接影响所有非洲国家。相关非洲国家与政党至今没有在非盟或次区域组织框架下成立类似于拉丁美洲圣保罗论坛之类的机制，或在领导人峰会上提出相关的议题，不仅难以进一步强化以社会主义探索为基础的非洲相关国家间的直接合作，而且也无法为其他非洲国家提炼出可供借鉴和推广的社会主义改革方案或举措。受此影响，社会主义探索尚未能对非洲一体化提质增效发挥有效地推动作用。在非洲一体化的实践层面，开展社会主义探索的非洲国家与其他非洲国家的合作关系亟待建立。建立非洲大陆自由贸易区（African Continental Free Trade Area）是当前非洲推动一体化的头号工程，但在如何定义生产要素无障碍流通方面，率先强化公有制改革的非洲国家与其余尚在观望的国家存在现实利益冲突。例如，马古富力改革自2017年引发东非两大经济体间贸易战，坦桑尼亚指责肯尼亚的"剪刀差"经济剥削，而肯方则谴责不断壮大的坦桑国有化改革和公有制经济"违背"自由竞争原则。两国交恶导致东非共同市场建设受阻，而同样的问题也可能出现在非洲其他地区。如何使一国带有社会主义性质的改革成功嵌入并最终引领区域发展联动，仍需要努力探索。

【作者单位：中国非洲研究院安全研究室】
（摘自《世界社会主义研究》2022年第5期）

核计划、冷战与苏联原子科学家

——以哈里顿为中心的考察

张广翔　赵万鑫

自冷战结束以来，苏联核武器研制官方档案陆续解密公开，学者经过翻译、整理和解读，使苏联核计划研究成为一门方兴未艾的显学。近年来，苏联核计划相关问题研究虽然取得了重要进展，但综合利用原始档案、回忆录和文集等资料对原子科学家在苏联研制核武器及其对美展开军备竞赛中的作用和影响的研究还非常有限，以至于人们的相关认识还停留在只知其名的阶段，对若干问题的理解有待深化。一是有关苏联原子科学家的主要来源和科研水平问题，国内外学者多认为其来源广泛，既包括本土科学家，也引入了德国科学家，但以前者为主；初步肯定其核科研水平，在军事与和平利用原子能领域都发挥了重要作用，并认为苏联原子弹并非如西方宣传的仅是美国的"舶来品"；许多参与核计划的科学家后来都获得了诺贝尔奖，如谢苗诺夫（Н. Н. Семёнов）、塔姆（И. Е. Тамм）、朗道（Л. Д. Ландау）和卡皮察（П. Л. Капица）等。此外，苏联官方对其也有高度评价，如库尔恰托夫（И. В. Курчатов）、哈里顿（Ю. Б. Харитон）、泽尔多维奇（Я. Б. Зельдович）和万尼科夫（Б. Л. Ванников）等 10 位核计划参与者三次荣膺"社会主义劳动英雄"称号，扎维尼亚金（А. П. Завенягин）、基科因（И. К. Кикоин）、科恰良茨（С. Г. Кочарянц）和泽尔诺夫（П. М. Зернов）等 11 人两次荣膺"社会主义劳动英雄"称号，其他众多核计划科研人员则分别获颁列宁奖、斯大林奖和苏联国家奖等。但是，对重要原子科学家和原子科学家群体的研究还很有限。二是对原子科学家在帮助苏联打破美国核垄断、推动科技发展与展开军备竞赛方面的作用具有一致判断，但更进一步对原子科学家在冷战时期美苏军备竞赛中的作用和影响及对冷战与核问题的反思却缺乏具体考察，相关基本史实建构亟待充实完善。这不仅制约核计划历史研究的继续深入，也不利于人们正确认识和理解美苏科技冷战和军备竞赛的起源，进而借此探究科技发展与冷战进程的关系问题。

为回应上述问题，本文综合运用解密档案资料、当事人回忆录和文集，在参考国内外既有研究成果基础上，拟以苏联第一颗原子弹的总设计师哈里顿为中心，考察冷战时期原子科学家对苏联研制核武器与美苏军备竞赛的重要作用，希冀能由点及面，从个案到整体，推进相关研究。

一 "原子与人"：前核时代的哈里顿

尤里·鲍里索维奇·哈里顿（1904—1996），苏联核物理学家和物理化学家，苏联科学院院士，哲学博士和化学副博士；三次"社会主义劳动英雄"称号（1949 年、1951 年、1953 年）、一次列宁奖（1956 年）和三次斯大林奖（1949 年、1951 年、1953 年）获得者；苏联第一颗原子弹总设计师，苏联核科学与技术的组织者和领导者之一。1946—1992 年长期领导苏联核中心——第 11 设计院（КБ－11，今俄罗斯联邦核中心全俄实验物理学研究所），亲自指挥五百多次核试验，几乎亲自组织和完整参与了苏联核计划实施的全过程，为苏联原子弹、氢弹的设计和研制，苏联核工业体系的建立和发展做出巨大贡献，被誉为"身兼奥本海默和泰勒"的核时代缔造者之一。

1904 年 2 月 14 日，哈里顿生于圣彼得堡的一个犹太知识分子家庭。父亲是一名报纸编辑，母亲是一位艺术剧院演员，育有两女一子。哈里顿从小就表现出不俗的学习天赋。1912 年开始跟随家庭教师学习德语，1915 年入读商科学校，但他天资聪颖，仅用了一年半即掌握了所有课本知识。1917 年转入古列维奇实科学校后，又在一年时间内通过了全部考试。1920 年，年仅 16 岁的哈里顿考入彼得格勒工学院电气工程系，师从著名物理学家、被誉为"苏联物理学派之父"的约费（А. Ф. Иоффе）院士。约费于 1902 年毕业于圣彼得堡工学院，曾师从首届诺贝尔物理学奖得主、"X 射线"的发现者威廉·伦琴（Wilhelm Röntgen）教授。1919 年，约费在彼得格勒工学院成立"苏联物理学研究人才的摇篮"——物理技术系。因欣赏哈里顿的物理学天赋，遂邀其参与该系组建工作。1921 年起，哈里顿加入著名化学家和物理学家、1956 年诺贝尔化学奖得主谢苗诺夫创建的物理技术研究所实验室，担任研究助理，其科研生涯即由兹而始，从此也与实验物理学结下不解之缘。

1924 年，年仅 20 岁的哈里顿首次以实验证明了各支型链式化学反应在氧化磷中的存在，得到卡皮察的赞赏。谢苗诺夫基于哈里顿的发现提出了支型链式反应理论，哈里顿则被谢氏誉为"推动我在链式反应领域思考的第一人"。之后，哈里顿还确定了真空薄片镉的临界沉淀温度和金属蒸汽缩合临界温度，发现了固体表层分子相互作用。1925 年他从物理力学系毕业，并获得物理学工程师毕业证书。1926—1928 年，哈里顿在英国剑桥的卡文迪许实验室访学，在卢瑟福（Ernest Rutherford）和查德威克（James Chadwick）指导下从事阿尔法粒子记录方法的研究，最终凭借《论阿尔法粒子的闪烁计算》取得哲学博士学位。1970 年 2 月 7 日，哈里顿在卢瑟福故居发表纪念科学家的讲话时，愉快地回忆起自己两年的剑桥时光，并且用"原子与人"的邂逅来概括卢瑟福的科学成就。其实，"原子与人"同样是哈里顿一生事业的注脚。回国后，哈里顿在母校执教了 10 年，1929—1946 年还一直担任《实验和理论物理学杂志》副主编。1938 年，在未经论文答辩的情况下，哈里顿被授予化学科学副博士学位，并被评为教授，此时他年仅 34 岁。

20 世纪初，维尔纳茨基（В. И. Вернадский）、赫洛平（В. Г. Хлопин）和约费等开创了苏联核物理学研究，随着一系列专业研究机构的建立和研究成果的出现，至 30 年代已进入发展快车道，不但形成了以莫斯科、列宁格勒和哈尔科夫三大科研重镇为主的格局，而且在研究进展方面屡与西方同行形成"同频共振"之势。以哈里顿为例，这一时期与青年物理学家泽尔多维奇的合作成绩斐然，奠定了现代反应堆物理和核电工程的理论基础。1938 年，德国科学家奥托·哈恩（Otto Hahn）等人发现了原子核裂变现象，哈里顿和泽尔多维奇同年便从理论上证明了实现铀核链式裂变反应的可能性。1940 年，苏联科学家弗廖罗夫（Г. Н. Флёров）和彼得扎克（К. А. Петржак）发现了铀核自发裂变现象，哈里顿和泽尔多维奇则对链式裂变反应的条件进行了理论计算，初步确定其临界质量为 10 公斤。1939—1940 年，哈里顿和泽尔多维奇对铀裂变支型链式反应和铀 235 的临界质量等开展了一系列研究，认为要实现链式核反应，必须用轻型同位素浓缩铀，得到了塔姆的高度评价。上述重大发现不仅使苏联的核物理学研究跃居世界前列，而且也为日后苏联核计划的实施奠定了坚实的理论和物质基础。

1941 年 6 月，苏德战争爆发，苏联核研究被迫中断。1942 年年初，哈里顿被调入位于莫斯科的弹药人民委员部 6 号研究所，为红军新型装备的研发开展了大量实验和理论工作，同时继续领导已从列宁格勒迁往喀山的化学物理研究所爆炸物质理论部。1942 年 9 月，随着苏联科学院核研究工作的恢复，成立了第一个原子核专门实验室，年富力强兼具科研和领导才能的库尔恰托夫被任命为实验室主任。1943 年 3 月，库氏领导的专门实验室从喀山迁往莫斯科，并更名为苏联科学院 2 号实验室，即苏联核理论研究中心，哈里顿获库氏提名领导核装药工作。1945 年 8 月，斯大林签署国防委员会决议，成立专门委员会和第一管理总局，标志着苏联核计划正式实施。哈里顿旋即入选专门委员会下设的技术委员会。同年，2 号实验室制定了涉及核物理学、地质学、铀冶金、同位素分离工艺、制备钚等问题的科研工作规划，以加快核武器研制工作。哈里顿后来回忆道："随着我们关于核武器运作机制的认识发展，为保障原子弹构型设计的研制就需要建立一个组织，可资研究气体动力和核物理学过程的数量理论，确保爆炸物所需精密器件的生产，研究高压环境下确定各种物质的性质之方法及其他许多事项。这催生出了必须要建立一个拥有靶场、各类型实验室、专业仪器技术及相应实验厂的大型综合配套研究所的想法。"

1946 年 4 月，苏联核计划当局决定效法美国的洛斯阿拉莫斯国家实验室（LANL），在 2 号实验室下建立国内首座国产核武器科研中心。经考察选址在一个"远离莫斯科的地方"——位于伏尔加河下游的萨罗夫地区建立设计院及配套设施，起初被命名为"112 基地"，稍晚后名为"第 11 设计院"，而其最著名的代号当属"阿尔扎马斯 - 16"。运输机械制造部副部长、坦克集团军中将泽尔诺夫被任命为行政主管，哈里顿则获任学术指导及总设计师，从此开始了隐姓埋名近半个世纪的"雪藏"生涯。

二 核时代的缔造者之一：从原子弹到军备竞赛

作为"苏联原子弹之父"库尔恰托夫在研制核武器方面的亲密伙伴，哈里顿领导了第 11 设计院连同塞米巴拉金斯克和新地岛试验场的 2 万名科研人员从事核武器研制工作，在长达半个世纪的时间里负责筹备了全部五百次以上的核试验。

1946—1992 年，哈里顿在第 11 设计院工作了近半个世纪之久，几乎完整经历了苏联核武器从设计图纸到实战部署的研制发展历程，见证了剑拔弩张、惊心动魄的核军备竞赛岁月。哈里顿担任苏联原子弹总设计师亲历了 20 世纪 50 年代美苏军备竞赛。

（一）原子弹的总设计师

核武器是利用原子核裂变或聚变释放出的核能实施大规模、大面积毁伤的武器。根据核武器爆炸能量来源的不同，一般把核武器分成原子弹和氢弹两大类型。原子弹主要的爆炸能量来源于重原子核（如铀、钚等）的裂变链式反应。在实现链式反应的过程中，最重要的环节是核裂变材料的制备和原子弹的构型设计。苏联政府投入巨资，利用反应堆、气体扩散法和电磁分离法生产并交付核材料，进而开展核试验。原子弹的构型设计则面临更多困难，需要多学科合作研究核武器各个发展阶段的物理过程、特性和变化规律，尤其是制定最佳材料组合构型的设计方案，并加工制造出核爆试验装置。为此，哈里顿担任学术领导的第 11 设计院从全国各地各部委抽调了 324 位各领域专家。经过 1946—1947 年的两期工程建设，第 11 设计院的基础设施条件已基本完善，到 1948 年，组织机构也初具规模，主要科研部门包括：第一副总设计师肖尔金（К. И. Щёлкин）负责的科学研究部（НИС）、图尔宾涅（В. А. Турбинер）负责的科学设计部（НКС），后者在研制首批"产品"时经过多次变更、革新后形成以下科室：（1）39 处：研制弹道机体的炸弹装置；（2）40 处：研制装药构造；（3）41 处：研制炸弹自动化系统；（4）42 处：研制和监督触发引信装置；（5）43 处：研制炸弹自动化系统用监测台设备；（6）44 处：标准技术文件；（7）48 处：研制装药起爆系统；（8）49 处：电雷管试验；（9）50 处：研制自动化原理线路图；（10）51 处：研制和指导飞行试验用监测装置；（11）52 处：研制放射监测装置。此后，哈里顿带领这支设计师团队在极端复杂和困难条件下创造了一系列重要成果。

1946 年 7 月 1 日，由哈里顿签署的《原子弹战术技术任务书》，包括核材料使用、构型设计、引爆方式、外形设计和主要参数等九项条款，此后又主持制定了具体项目的设计标准和技术任务书。在哈里顿领导下突破一系列技术瓶颈和协调各单位研究进度后，到 1948 年年底，科研团队已基本完成了实验、设计和理论计算工作，确定了用于压缩有机物质的爆炸装置构成，并且测试了炸弹爆炸的几种类型。但与此同时，用于材料和

技术开发的经费也从计划中的 6000 万卢布增至 2.5 亿卢布之巨。而且，由于原料短缺和技术水平不足等限制性因素，原定于 1948 年 1 月 1 日交付地面试验的"РДС－1"型原子弹迟至 1949 年 8 月才完成，原定 1948 年 6 月 1 日交付的"РДС－2"型原子弹则拖到了 1951 年。1949 年 4 月，哈里顿和肖尔金将所有理论、设计和技术问题汇报给贝利亚（Л. П. Берия）。6 月，在钚材料生产到位后，核装药得以顺利装填，原子弹的样品通过了合格检验。8 月，哈里顿、泽尔多维奇等主要负责人亲自护送样弹乘专列赶赴位于哈萨克斯坦的塞米巴拉金斯克试验场。试验由哈里顿亲自指挥，关于原子弹的一切试爆事宜均由其全权决定。1949 年 8 月 29 日上午 8 时，莫斯科时间凌晨 4 时，在塞米巴拉金斯克以西 170 公里处的试验场上，随着一声巨响，"比一千个太阳还亮"的光芒瞬间照亮荒原，爆炸声响起处升起了巨大的蘑菇云——苏联第一颗原子弹试爆成功，打破了美国仅保持了 4 年的核垄断地位。1949 年 10 月 29 日，苏联部长会议主席斯大林签署决议，授予苏联科学院通讯院士、原子弹总设计师哈里顿"社会主义劳动英雄"称号，并颁发"斯大林一等奖"，奖励 100 万卢布和一辆"ЗИС－110"汽车等，其子女和家属在住房、教育和出行等方面也可享受优厚福利。此外，第 11 设计院的许多研究人员都因功授奖授勋。

当时，美国当局并不看好苏联的军事技术能力和原子弹的研制前景。"曼哈顿工程"负责人莱斯利·格罗夫斯（Leslie R. Groves）将军就认为："苏联拥有的新战争技术如此之少：他们的海军只比一支岸防部队强一点，他们的空军不具备远程轰炸的能力，他们也似乎看不到发展原子弹的希望。"他还断言："苏联可能需要 20 年才能制造出一枚原子弹。"欧文·兰格缪尔（Irving Langmuir）、弗雷德里克·赛茨（Frederick Seitz）和汉斯·贝特（Hans Bethe）等科学家则信誓旦旦地对美国核垄断地位的长期性作出承诺，甚至连苏联高层领导人也对原子弹试验的成败心存疑虑。1949 年 8 月 26 日，在第一颗原子弹试爆前三天的专门委员会会上通过的苏联部长会议《关于原子弹试验》的决议草案下，斯大林和贝利亚都没有签字，只发布了口头命令。

1992 年，在接受《消息报》记者采访时，哈里顿否认了"苏联原子弹是美国的复制品"的说法。他肯定了以克劳斯·福克斯（Klaus Fuchs）为代表的情报人员的作用，但认为此类传言"有很明显的政治意图：即不是物理学家，而是克格勃保障了苏联原子弹的研制"；并披露："在研制原子

弹时，最吃力的问题并非理论研究，而是实践组织工作，即建立实用工业和研发新技术。"在同年12月8日发表于《消息报》的《关于围绕苏联原子弹和氢弹计划的一些神话与传言》一文中，哈里顿提到，到1949年，阿尔特舒勒（Л. В. Альтшулер）、扎巴巴辛（Е. И. Забабахин）、泽尔多维奇和克鲁普尼科夫（К. К. Крупников）等原子科学家的"意见报告"提出了经过计算的、比美国草图更加先进的新型核装药方案。该型装药在1951年试验成功，其爆炸标志着苏联核武器的又一大突破。

苏联原子弹的横空出世使美国人意识到了自己巨大的战略误判，为避免公众恐慌，美国迟至1949年9月23日才正式宣布苏联拥有了原子弹。在有关美苏力量对比的美国国家情报评估中，1949年也成为对苏联威胁认知转变的关键年份，因为"这一年8月，苏联成功试爆第一颗原子弹，削弱了美国战后核垄断的威慑作用，而投射工具的进步将使苏联直接获得威胁美国本土的能力"。1950年1月31日，杜鲁门总统批准了关于研制氢弹的报告。同年4月，杜鲁门政府提出了作为应对苏联军事威胁的战略纲领——"NSC - 68号文件"，强调增强美国和"自由世界"的军事力量，侧重运用军事手段遏制苏联，美苏军备竞赛一触即发。

（二）恐怖平衡：亲历军备竞赛

苏联学者认为，美国对苏联原子弹试验的反应成为核军备竞赛的肇端。美国为维持核垄断地位，给建立原子能国际管制制度设置了无法逾越的障碍，这使核军备竞赛不可避免。美苏旷日持久的军备竞赛特别是核军备竞赛构成了冷战的一个重要方面。战后初期，由于苏联原子弹试爆成功和朝鲜战争爆发，导致美国政府推行核常兼顾的大规模扩军。1953—1960年，艾森豪威尔政府推行以"核威慑"为理论基础、以核武器为主要手段的"大规模报复"战略，大力发展核武器及其运载工具。

从核试验数量和核武库规模数据对比中可以窥见美苏核军备竞赛升级的大致过程。据统计，1952—1958年，美苏核试验数量对比为34：3、45：6、51：18、69：24、87：33、119：49、196：83。1953—1960年，美苏核武库规模对比为1169：120、1703：150、2422：200、3692：420、5543：660、7345：870、12298：1060、18638：1600。1949年3月，考虑到核裂变材料的实际供应情况，苏联部长会议发布决议，将泽尔诺夫此前提交的核武器年产量方案从100枚缩减为20枚，总投资从150亿—170亿卢布缩减到

6000万卢布以内，由第11设计院负责协调。到1950年年底，已生产出11枚"РДС—1"型原子弹O10。1951年9—10月，哈里顿领导的设计师团队试产了两款新型核弹——"РДС - 2"和"РДС - 3"。前者实现了"强化钚球挤压力以增强内爆"的设计构想，这种构型增强了有机材料的压缩程度，在钚材料用量相同的情况下，弹体规格和质量均小于"РДС - 1"型，但威力却增加了2倍；后者同"РДС - 1"一样，采用了铀-235和钚的试爆混合装药，但采取的试验方法却是与"РДС - 1"型"固定试爆"不同的"机载试爆"——由图-4轰炸机挂载，在距地面350—400米的空中引爆，验证了航空核打击的可行性。两款新型核弹在规格和质量上完全一致，但在爆炸威力、核材料利用率和实用性等方面都全面超过了"РДС—1"型。1953年，苏联已拥有75枚核弹，包括9枚"РДС - 1"型、48枚"РДС - 2"型和18枚"РДС - 3"型。同期，美国核武库已经扩充到1436个单位（含核弹及运载工具）。1953年9月，塔斯社发表声明说："只要美国负责人士拒绝苏联一再提出的关于禁止原子武器的建议，那么，苏联从安全的要求出发，不得不注意原子武器的生产。"1953年8—9月，哈里顿指挥测试的"РДС—4"型核弹的装药设计与"РДС—2"相同，但由于改进了裂变材料的压缩方式，导致其直径减小了三分之一，质量则减轻了三分之二，这使其军事实用性大大增加，可以由伊尔—28喷气式轰炸机挂载，随时应对潜在军事威胁。此外，"РДС—4"型核弹还被用于与当时刚刚试射成功的"Р—5"导弹组装成射程为1200公里的核导弹。改进型的"Р—5M"核导弹于1956年2月完成了全面测试，同年5月开始在驻波罗的海和远东地区的苏军战斗值班，这也是苏联第一款装备核弹头的弹道导弹。可见，根据实际军事需要改进构型设计和调整装药方案依然是核武器量产和部署的重中之重，设计师在其中的作用毋庸置疑。虽然1953年斯大林去世和贝利亚下台引起了核计划系统的短暂混乱，但在1954年又成立了第2座核中心——第1011研究所（1011 - НИИ），从第11设计院抽调骨干力量高起点建设，与其一起开展各型核武器研制工作。与此同时，整个50年代美苏关于研制氢弹的科技竞赛也进入白热化。

氢弹即热核武器，又称"超级炸弹"，依靠核聚变反应瞬间释放巨大能量，其主要特点为：威力不受限制，可通过改变次级设计具备特殊性能，环境影响相对干净且造价经济。1952年11月1日，美国进行了代号为"麦克"的世界上首

次氢弹原理试验，其热核装药为液态氘，爆炸威力在1000万吨TNT当量左右。但由于该装置连同液氘冷却系统的质量达到65吨，因此并不具备武器价值。苏联紧随其后于1953年8月12日进行了萨哈罗夫（А. Д. Сахаров）设计的"千层饼"构型的第一颗氢弹"РДС-6c"试验，爆炸当量为40万吨TNT，热核装药为氘化锂，并使用稀缺的氚加以强化，因质量和体积较小（仅与美国的"胖子"原子弹相仿），从而便于机载或导弹投放。9月9日，哈里顿等签署了《关于测试РДС—6c产品的总结报告》，该型氢弹成为苏联核武器发展史上的又一大突破。1953年12月31日，根据苏共中央主席团的嘉奖令和苏联部长会议决议，哈里顿等原子科学家因担任研制"РДС—6c""РДС—4"和"РДС—5"产品的科技指导再获"社会主义劳动英雄"称号和三级"镰刀锤子"金质奖章，哈里顿领导的第11设计院等则被授予列宁勋章，其本人荣膺斯大林一级奖章并获10万卢布奖金。1954年1月4日，根据苏联最高苏维埃主席团嘉奖令，因其"在完成政府特别任务中为国家做出的非凡贡献"，哈里顿第三次获颁"社会主义劳动英雄"称号及"镰刀锤子"金质奖章，成为核计划历史上10位三次获得该称号的原子科学家之一。1954年3月1日至5月14日间，美国洛斯阿拉莫斯实验室和劳伦斯利弗莫尔实验室（LLNL）在太平洋马绍尔群岛的比基尼环礁进行了6次代号为"城堡作战"的系列核试验，首次使用了氘化锂作为热核装药。其中，3月1日的"布拉沃"试验由于计算错误，原定预测为600万吨TNT当量最后变成1500万吨的爆炸当量，在试验场形成了一个宽近2公里、深达80米的"人工湖"，还引发了著名的比基尼核污染事件。1955年11月22日，苏联以图—16轰炸机进行了二级氢弹"РДС—37"的空投测试。该型氢弹采用氘化锂—6作为热核装药，在整体构型、质量和实战价值方面都远远超过了"РДС—6c"型氢弹，爆炸威力所及上达1550米高空。美国迟至1956年5月20日才成功进行此类试验，比苏联晚了半年。

研制可靠核装置几乎随时都要面临生死考验。据哈里顿的助手沃多普申（А. И. Водопшин）回忆，一次事故使哈里顿几乎丧生。当时规定系统的实验接近临界状态时，总设计师必须全程在场。在检查一个铀235的圆盘式固体组件时，哈里顿的头因贴近这块有设计缺陷的设备检查而受到了辐射，哈里顿当即被送往医院化验血液，幸而检测后确信辐射剂量并不致命。美国洛斯阿拉莫斯实验室的一位同行则在测试一项关键设计时死于

辐射。由于工作的重要性和敏感性，以哈里顿为代表的原子科学家在冷战年代的许多具体经历和事迹至今仍然被当局讳莫如深而鲜为人知。哈里顿本人的贡献和建树更是被分散在诸多项目和任务执行中，研究者只能通过翻检史料中的蛛丝马迹从侧面（如，勋奖经历、团队整体学术水平和技术成果、苏联和美国同行的评价及西方阵营的反应等）窥见一斑。

1955年赫鲁晓夫（Н. С. Хрущёв）上台后开始集中力量研制洲际导弹，随着"斯普特尼克事件"和战略火箭军的成立，甚至还引发了美国对"导弹差距"的恐慌，从而促使艾森豪威尔政府加紧发展战略核武器。50年代末，随着美苏军备竞赛形势的变化，哈里顿和第11设计院被委以新的重大工作项目。一方面要研制更强大、可靠、安全和经济的核装药，既要从减小规格和重量的角度完善设计，又要按照军事部署要求开发新构型设计；另一方面，还要基于核弹头开发蓬勃发展的导弹技术。对装药设计和自动化系统的要求也更加严格，弹头飞行条件也要适应反导防御要求。1959年4月，苏联部长会议和苏共中央发布决议，出于对新任务的专业化和机动性考量，对第11设计院的科研管理机构进行了调整，在开发军用技术方面加强两个技术方向：1号设计局负责研制单独核装药，2号设计局则负责研制特种装药。涅金（Е. А. Негин）和科恰良茨同时被任命为总设计师。60年代初在古巴导弹危机中的被迫退让使苏联决心奋起直追，勃列日涅夫时期几乎倾全国之力发展战略核力量，远洋海军和洲际空运能力也得到极大提升，终于在70年代初同美国形成了"核平衡"。但到里根政府时期宣称要推行旨在瘫痪苏联核打击和核报复能力的"星球大战计划"时，苏联已无力与美国竞争。旷日持久的核军备竞赛加剧了冷战中的冲突与对抗，但"恐怖平衡"也控制了冷战的规模和烈度，形成了"没有经过任何人设计，甚或没有人想到它能持续如此之久"的"建立在独断地、明显地人为划分世界势力范围的基础之上"的"长和平"。

美国学者托马斯·谢林（Thomas C. Schelling）认为，伤害性力量是军事力量最突出的属性之一，同时也是一种讨价还价的交易力量。这种力量来自一国对另一国施加的有形伤害。但"武力只有当它被使用时才会成功，而伤害性力量当它蓄势待发时则是最成功的"。这是一种影响他人决定的潜在的暴力。有时军事力量无须通过劝说或者恫吓就能强制性地实现某一目标，人们通常利用军事潜力可以造成的伤害影响其他国家的政府或者人民，此时这种力量就成为"暴

力外交"的一部分。冷战时期，军备竞赛的双方都试图使己方掌握的这种伤害性力量最大化，从而迫使对方让步和承认自己的优势地位，进而使己方获得绝对安全。实际的发展情况却是，美苏经过长达半个世纪的军备竞赛，双方的核武器在数量和质量上的差距不是拉大了，而是变小了——双方都拥有足以多次毁灭对方的能力，这使军备竞赛陷入一种痛苦的、无望的恶性循环，即双方都寄希望于对方先败下阵来，而在此过程中又不得不持续加大投入，试图率先压垮对方。为了拥有和增强这种具有战略意义的"伤害性力量"，原子科学家成为"为备战而加速科技创新"的关键环节和重要智力资源，苏联原子科学家更是因此在很大程度上获得了当局默许的一定的"特权"和"特殊待遇"，只为增强本国战略核力量。作为军备竞赛的亲历者，以哈里顿为代表的苏联原子科学家对冷战与核问题也有着独特的体验和深刻的洞见。

三 安全与对话：对冷战与核问题的思考

美国学者约翰·加迪斯指出，核武器的效用在于不实战使用，这一悖论已经成为核时代的核心特征。因为"核武器，哪怕是小型核武器，都拥有毁灭性能力，足以扭曲目的与手段间的关系，而这种关系是战略的首要基础；无论哪个超级大国使用一枚或多枚核武器，几乎可以肯定将招致另一方迅速和相应的报复……现在，国家安全不怎么取决于自身的努力，而是取决于敌人所表现出来的克制"。以哈里顿为代表的有独立思考能力的苏联原子科学家并未被标榜"国家安全"的冷战思维所绑架，仅局限在狭隘的政治战略框架内，而是站在更高维度的全人类命运共同体的立场上审视和思考冷战与核问题对全体人类生存发展的影响，在不断探索科学前沿的同时，也在努力扩大自身社会角色的影响力。

（一）科技发展应服务于和平与安全

冷战时期的苏联原子科学家致力于改进核武器和热核武器，但他们大都坚信自己的工作是为和平而不是战争服务。他们希望，由苏联政府反复提出的和平倡议将最终达致全面核裁军。这样，在制造核武器和热核武器方面获得的所有经验无疑都将用于和平目的。哈里顿对苏联进入原子时代的描述充满了豪迈的开拓精神："我对我国人民在 1946—1949 年所做的事业感到惊叹和钦佩。即便放到后来也很不容易。但这一时期不能用紧张氛围、英雄主义、创造性的探索和献身精神来描述。只有精神上强大的人在经历了这种令人难以置信的严酷考验后，才能做出不平凡的事情：

半饥半饱、刚刚从一场毁灭性的战争中走出来的国家，在短短几年内就开发和使用了先进技术，组织生产钠、高纯度石墨、钚、重水。"1964 年，在一次科学理事会上他表示："成为一名科学家是巨大的幸福。最大的乐趣莫过于发现新的、未知的东西，发现此前无人踏足的道路。但是，作为一名科学家不仅是幸福的源泉，它也包含着巨大的责任。我们必须意识到我们的职责，并努力使我们的工作对人们更有益。"在哈里顿晚年，与泰勒的"世纪对话"及其本人对和平与安全的一系列思考，集中反映了其毕生事业追求和对冷战历史的反思。爱德华·泰勒是匈牙利裔美国理论物理学家，1952 年与欧内斯特·劳伦斯（Ernest Orlando Lawrence）共同创建了劳伦斯利弗莫尔国家实验室，是氢弹的"泰勒乌拉姆"构型设计师之一，被誉为"美国氢弹之父"。1992 年 8 月 11 日，在俄罗斯原子能部核装药设计和试验总局局长齐尔科夫（Г. А. Цырков）力邀下，哈里顿赴莫斯科与来访的泰勒进行了一次广为流传的"世纪对话"，以下择其重点略作介绍。

哈里顿首先欢迎泰勒的到来，但他接着说："但我不能去您的住处。我几天前才有机会来到莫斯科并见到您"。可见，即便到了晚年退休之际，哈里顿作为影响力巨大的核心原子科学家，依然受到严格保护，行动也受到很大限制。在讨论核武器存在的长期性问题时，哈里顿指出："安全问题仍是最重要的问题之一，我们必须对其给予充分关注。因为核武器将存在很多年，也许是很多个世纪。因此，储存的问题也需要大量关注，以使其尽可能安全。"泰勒则从技术角度回应，钠 233 原子核的辐射具有强穿透性，便于远距离探测，这使未经授权的人很难窃取和使用，有效地保证了安全性。接下来两人谈到了军备与国防问题。泰勒向哈里顿介绍了"防御有限攻击的全球保护"系统（GPALS），它既能够做好防御工作，迅速、可靠地探测到导弹的发射，还可以检查导弹发射的设备，监测天气状况和污染情况。之后泰勒又提出了一个稍显敏感的问题，即苏联在储存核弹头特别是低当量核弹头方面的情况。泰勒表示，他已经对高当量战略弹头的信息足够了解，但不太了解对低当量核弹头的控制与决策者的态度。哈里顿向其保证了俄方对实施可靠控制的关注和重视，为此要建立基本规则，并应用最新的技术和电子产品，在任何时候都要保持对情况的了解。他还坦承对目前的状况并不满意，希望在不久的将来能解决这个问题。泰勒提出，他最感兴趣的是"我们努力在为双方创造一种开放的氛围。我想您会把这称为'开放'。我们需要更自由地讨论所有问题，包括那些直到现在还被压制的问题，如和平利用核装药"。哈里顿对泰勒的观点表示赞同，并认为："在一些领域可以利用核爆炸来造福人类。我们需要获得关于地球结构的知识。我认为，只有当我们足够重视这些问题，特别是通过核爆炸消除大量化学物质的问题时，知识才是可靠的。"泰勒最后总结道，美俄在许多领域都存在合作需求，而接触与合作将为更大范围的对话和理解创造条件。

当然，身处冷战这一特殊时代，科学家的思想和行为不可避免地被打上彼时代的烙印。1989年12月，"苏联氢弹之父"萨哈罗夫去世。在接受《文学报》的一次名为"为了核均势"的主题采访时，哈里顿谈起了对萨氏的评价。他首先肯定了萨哈罗夫作为天才科学家的历史地位，而且在特殊时期能够服从国家利益，"为战争而工作"。在谈到对 20 世纪 50 年代末萨哈罗夫宣称"如果我们宣布暂停核试验并坚持足够长的时间，最终美国人将被迫加入它的行列"的说法时，哈里顿认为萨氏在政治上过于天真，当时从技术角度看也毫无意义。甚至在其去世前两周，两人仍就此事争执不下。哈里顿认为，在当时，"禁止地下核试验同核裁军的其他问题相比是次要的。在没有禁止核武器条约的情况下，不损害其他国家的地下核试验是每个国家的内部事务。真正重要的是禁止在对生态环境破坏巨大的大气、水下和太空进行核试验。我为自己是《部分核禁试条约》的发起人之一而感到自豪"。在被问及 1973年 8 月在一封 40 位学者的联名信上签字，从而成为迫害萨哈罗夫的导火索一事时，哈里顿表示自己的初衷是不同意萨氏关于资本主义和社会主义特点的一些说法，但并未想到后者会因此遭到"流放"，并坦承那段时间自己因怕受牵连而不敢与萨哈罗夫通信。

冷战结束 30 年后再看"哈泰会"，会发现冷战时期的美苏双方在顶级战略科学家层面的理性对话极少，即便是这次"哈泰会"也是临时安排的简短会面，但它还是包含了一些能够反映时代特征的东西：两位在冷战时期分属于美苏阵营、在智力与意志力上较量了数十年的核时代缔造者，最终都选择了以和平与安全作为对话的主题。而"哈萨之争"则反映了苏联原子科学家对核军控问题的分歧和矛盾状况。事实上，泰勒和奥本海默（Robert Oppenheimer）等美国科学家对此亦有许多矛盾和争议。原本支持对日本使用原子弹的奥本海默，在目睹核试验的破坏性威力后，思想发生了很大转变，对核武器的巨大毁灭性和美国对科学研究实行的军事化管理体制十分担忧。他

不但在向陆军部长史汀生（Henry Stimson）提交的报告中提出国际合作控制核能的主张，而且在洛斯阿拉莫斯和橡树岭等地的实验室与同行们讨论核能控制问题。其主张得到了爱因斯坦、西拉德（Leo Szilard）和玻尔（Niels Bohr）等著名科学家的声援。然而，这与一贯主张保持美国核优势和大力发展热核武器的泰勒产生了抵牾。两人不仅在洛斯阿拉莫斯因核裂变与聚变研究问题发生过数次冲突，而且到 1954 年 4 月，在奥本海默的安全调查听证会上，泰勒甚至将其列为"不可靠人物"，并认为他对核能国际控制的追求是在"装模作样"，其行动"既混乱又复杂"。最终，泰勒的证词使奥本海默威望扫地，其作为洛斯阿拉莫斯前主管和原子能委员会委员的安全准许证也被吊销，泰勒因此遭到美国原子科学家群体的指责和孤立。尽管原子科学家对核能国际控制和核军控的追求经历了种种波折，但出于人类对普遍安全的共同追求，对以对话方式消除分歧、增进理解仍需抱有信心，而哈里顿对核问题不无担忧的思考则彰显了一个一流科学家的担当和踌躇。

（二）对核问题的思考

综合考察哈里顿的学术文集和回忆录资料，他对核问题的思考主要包括和平利用与军事利用原子能两个方面。

第一，原子能与 STS 的关系问题。切尔诺贝利核事故发生后，哈里顿注意到媒体上对核电未来深表担忧的讨论。作为苏联核技术的奠基人之一，他认为有必要利用专业知识向公众阐释和平利用原子能与社会发展的关系问题。哈里顿与物理学家阿塔姆斯基（В. Б. Адамский）合撰了《原子能与社会》一文，阐明了核电的性质和优势，同时军用核技术的突破已催生了原子能民用和商业化的可行性。20 世纪 50 年代末至 70 年代中期，苏联及国外核电工业蓬勃发展，法国的核电比例甚至高达该国总发电量的 65%—70%。

针对切尔诺贝利事件削弱了公众对核电站安全运行的信心，哈里顿提出了两点解决措施。首先是开发一套即使在人为失误的情况下也能确保安全的技术措施，如在反应堆周围安装混凝土外壳，以防止放射性物质泄漏；提高人员专业资质，建立自动应急系统；加强国际合作，取代单一国家建造的反应堆。其次是就所有原子能问题进行全面的公开对话。这一点可谓正中切尔诺贝利事件的要害。哈里顿认为，这次重大事故暴露出公众对作为能源生产手段的核电和科学家尤其是原子科学家的不信任。哈里顿注意到，当时在报刊文章中有一种情绪化的刻板印象，认为"原子科学家是一群职业技术官僚，他们只顾自己部门的

利益和项目的实施，不关心人民的真正福祉"，他认为宣传部门对此应耐心解释，一些在公众中具有公信力的权威科学家也要承担更多责任，通过通俗易懂的论证，普及科学常识，正确引导大众认知。哈里顿乐观地相信，核电是一种先进的环境友好型能源生产技术，其安全性在不久的将来可以达到与其他能源和工业行业相同的水平，而公众在比较不同的能源和环境问题的解决方案后会选择核电。在其晚年，面对自己付出一生心血才创造的技术成就，哈里顿还是希望公众能够保持耐心和信心，利用个人影响力在和平利用原子能促进社会发展方面发挥余热，启发后进。

第二，核军工综合体的发展与安全。在国家鼎革和冷战终结之交的 1991 年，哈里顿联名多位核工业领导人，先后上书戈尔巴乔夫和叶利钦，对核军工综合体的命运深感忧虑，呼吁最高领导人对核人才梯队建设、核科研机构发展与保障核安全等方面予以支持，防止核军工综合体的崩溃。在写给戈尔巴乔夫的信中，哈里顿强调了核军工综合体在战后四十多年里在慑止全球核冲突、维持大国战略平衡方面的基石作用，并介绍了全俄实验物理学研究所（ВНИИЭФ）、全俄工程物理学研究所（ВНИИТФ）和全俄自动化研究所（ВНИИА）在其中的重要地位。他建议不仅要维持现有工作人员，还要通过招聘年轻专家和研究人员来确保这些关键机构的发展连续性。此外，哈里顿建议将这些机构纳入国家预算全额资助，更新实验仪器和设备，加强核试验场建设，保持现役核武器的战斗力、可靠性和安全性。可惜这些建议没有得到回应。

在写给叶利钦的两封信中，哈里顿对核军工综合体的发展前景有了更系统的思考和方案，至今依然具有很强的预见性和现实性。首先是人才建设问题。他提出："在这些领域（指原子能与核武器）发生的不可预见的事件会导致我们自己的国家和其他国家出现最可怕的后果和生命损失。因此，这个部门必须由具有丰富经验的人严格监督。选择一个可以负责这个领域的人将是非常重要的。"他因此推荐长期在核军工的科研和管理系统供职的里亚别夫（Л. Д. Рябев）担任核武器和核电部门主管。

其次，面对当前亟待解决的核问题，如维护和加强核安全、有序核裁军和防止核扩散，他提出要根据条约和承诺内容，有效和安全地销毁核武器；确保在核裁军过程中淘汰的核材料的储存安全；防止极权主义国家利用我方资源发展核武器。时至今日，这些问题依然是全球核安全治理的难点和重点。最后，他设计了一套核军工综合

体未来的发展方案。包括：保留原子能和工业部作为俄罗斯政府机构的一部分；在该部内设立国家核武器和基础物理研究特别委员会；授予全俄实验物理学研究所和全俄工程物理学研究所"俄罗斯联邦核中心"的地位，研究所所在的保密行政区、固定资产和配套设施均属联邦财产，管理权属于国家核武器委员会；核武器基础性和前瞻性的研发工作应由国家预算和独联体其他成员国支持。1991 年 2 月，叶利钦在参访核中心之一的全俄实验物理学研究所后亲自题词："你们是俄罗斯的骄傲！请继续努力。俄罗斯需要你们。核中心工作者应该得到五倍的工资。"但同行的。值得庆幸的是，尽管遭到"口惠而实不至"的诟病，1992 年 7 月 14 日，叶利钦签署了《俄罗斯联邦保密行政区法》，哈里顿的许多构想和建议都被以法律形式固定下来，为他花费毕生心血打造的"核盾牌"构筑起一道坚实的法律屏障。1996 年 12 月，在哈里顿去世前不久，他仍然对人类在核时代的未来念念不忘："我不确定人类是否已经掌握了这种能量。我知道我们参与了可怕的毁灭，对我们的家园——地球造成了巨大的伤害。忏悔不会改变什么。愿跟随我们的人找到道路，找到坚定不移的精神和决心，努力做最好的事，而不是做最坏的事。"遗憾的是，在莫斯科新圣母公墓为其举行的葬礼上，俄罗斯国家领导人竟无一人出席。

四 余论

本文以哈里顿为例初步考察了苏联原子科学家对研制核武器的作用及在冷战时代的特殊影响，而对冷战时期苏联原子科学家群体的研究不可避免地面临着对核计划、冷战和原子科学家三者关系的思考和评价问题。

第一，对核计划的评价。1945 年，当英国作家乔治·奥威尔（George Orwell）首次使用"冷战"一词来描述美苏之间"即将来临的未予宣战的战争状态"时，不会想到这一含有批评意味的词会在 50 年代变成一个标示美国对苏政策的概念："没有宣战的进攻性的遏制。"核计划显然是苏联有意识地对这种呼之欲出的关系模式的一种主动因应。在核计划框架下，尽管供职于美国科学家范内瓦·布什（Vannevar Bush）所设想的那种"资金充足且充满活力""能够吸引最好的科学家去担任教师及承担研究之责"和"提供有吸引力的研究机会和足够的报酬"的研究中心，但无论他们愿不愿意加入以及加入的初衷是什么，原子科学家受命研制核武器和参与肇建核工业的工作成果都首先是为政治目标服务的，即不惜一

切代价打破美国核垄断，达到军事上的均势状态，从而维持和巩固苏联在战后来之不易的超级大国地位。可以说，核计划的成功实现了这个根本目的。在此前提下，以研制核武器为主要目的的核工业体系也产生了一些外溢效应，诸如核中心的科研成果促进了相关科学技术的发展，培养了一批高水平人才，深化和拓展了专业知识生产，和平利用原子能及民用核技术逐渐得到推广，兴建了一批核电站、实验和试验设施，建造了核动力破冰船和生产了医用科研用同位素等；核工业企业的主要分布地——核保密城市所在地的社会经济建设得到跨越式提升，人口增加、人均住房面积、教育水平、医疗条件、文化设施、城市化率等指标都超出同期全苏平均水平，不计成本的巨额投入大大促进了偏远地区的经济发展和社会事业进步。但是，也应该看到，这些利好都是核计划的"副产品"，而且仅是正向"副产品"，与之相对，核计划实施过程中对民生资源的挤占和浪费、对生态环境的污染和生命伦理的损害则是长期性甚至是永久性的。事实上，"苏联原子弹之父"——库尔恰托夫院士本人即因严重核辐射而罹患放射病，在饱受病痛折磨后英年早逝。战后初期，作为战败国的西德和日本都迅速恢复经济，各项经济社会发展指标都达到和超过了战前水平，但作为战胜国的苏联却长期实行配给制，普通民众的消费和生活水平迟迟得不到根本改善。核计划"特供体制"的存在催生了一批特权群体，加剧了资源分配不均和公权力滥用程度，引起了消极的社会影响，从而为苏联解体埋下了许多社会诱因。这些也导致核计划最终难膺完全意义上的荣名。

第二，科技发展与美苏冷战的关系。美国科学史学者乔治·萨尔顿（George Salton）认为"科学是人类的真正有积累性和进步性的唯一活动"。范内瓦·布什更是将作为科学的基础研究视为保障"我们国家安全的一种关键因素"，但科学应用所产生的深远后果却并不总是"进步性"的。以原子能为例，它既可以提供造福人类的核动力，也可以制造足以毁灭人类的核武器，如冷战时期愈演愈烈的军备竞赛就是军事利用原子能的一个极端事例。不过，"曼哈顿计划"作为第一个通过立法实施的大科学项目，与苏联核计划乃至纳粹德国的"铀项目"一样，显然都不是传统意义上的"不以应用为目的的基础研究"，而是"为满足国家的军事需求和可以预见的军事

需求"而实施的国家战略工程，即迈克尔·怀特（Michael White）所说的"为备战而加速科技创新"，原子科学家在这一过程中无疑发挥了重要作用。美苏为研制核武器投入了巨量资源，尽管在客观上促进了科技发展和知识生产，获得的技术回报业已改变了人类世界，原子能也成为21世纪支撑人类生活的科技成果之一，但必须指出的是，美苏研制核武器的初衷都是出于军事对抗目的，原子能的和平利用只是"副产品"："如果说美国研制核武器，主要是因为怕纳粹德国先于自己造出这种武器的话，那么苏联研制核武器则主要是因为美国的刺激，是为了同美国竞争。""广岛事件"的残酷现实也在提醒着人类，核武器绝不同于人类以往创造的任何一种武器，当一向以造福人类为指归的"科学"被用于制造足以毁灭人类的强大武器，这对全体人类来说是否还是"进步"是非常值得商榷的。

第三，原子科学家在冷战中的角色。科学家是科学的人格化体现，原子科学家在研制核武器的问题上也表现出科学伦理上的矛盾和对人类未来的担忧，在这一点上，美苏原子科学家表现出高度一致性。美国科学家为追求核能国际控制而以游说、咨询和教育方式奔走呼吁，苏联科学家也积极宣传和平利用原子能和参与销毁核装置的核裁军活动，尽管他们都曾从事过用以支持军备竞赛的核武器研制工作。面对人类生存发展的共同威胁——核武器，原子科学家的态度是矛盾和复杂的，他们既是科学史意义上核时代的缔造者，也是政治、军事意义上军备竞赛的亲历者，更是在社会活动中宣传核军控、反对核扩散的启蒙者。作为一群身处复杂时代的特殊人物，原子科学家不只是"历史趋势"的顺应者，他们同样也是历史的一部分。尽管存在诸多争议，但不可否认的是，以哈里顿为代表的原子科学家的不懈努力和创造性劳动对推动科学技术发展、维护国家安全及促进世界和平等方面的贡献是不可磨灭的；其高度的爱国主义精神、严谨敬业的科学精神和坚韧忘我的奋斗精神必将作为宝贵的精神财富而载入人类文明发展史册。改变人类历史的重大科技突破有赖于杰出科学家带头攻关，人才问题始终是大国竞争的焦点和关键，值得不断深入探喷，从而为科技冷战的相关史实建构提供新的思考维度，创造新的知识增长点。

【作者单位：吉林大学东北亚研究中心】
（摘自《史学月刊》2022年第10期）

日本右翼势力的思想结构及其百年流变

孙立祥

从玄洋社成立迄今，日本右翼势力经历了"传统右翼"（1881—1919）、"革新右翼"（1919—1945）、"战后派右翼"（1945—1982）、"新右翼"（1982—现在）的代际嬗递过程。思想总是走在行动之前。如果说福泽谕吉、北一辉等右翼知识分子是战前日本走上侵略战争不归路的思想元凶，那么中村粲、中岛岭雄等右翼知识精英就是今天日本向军国主义老路回归的思想导引人。若只注重对日本右翼势力战时祸国殃邻罪行的声讨和战后复活军国主义言行的谴责，而忽视对其思想结构的解剖及百年流变的梳理，那么我国的日本右翼势力研究就远未触及根本，也就难以从源头上防范日本军国主义复活。因此，本文就日本右翼势力的思想结构进行横向剖析并对其百年演变轨迹进行大跨度纵向考察，不仅有助于认识和掌握这一"政治癌瘤"的行动规律，而且对洞悉和把脉日本国内军国主义阴魂迄今不散的"症结"所在具有警示意义。

一　"传统右翼"的天皇中心主义

1881年玄洋社的成立，标志着日本右翼势力即"传统右翼"滋生。在直至1919年的近40年间，"传统右翼"不仅开启了近代日本祸国殃邻的历史进程，而且为日本百年右翼运动奠定了思想基础—天皇中心主义。

"传统右翼"的核心思想天皇中心主义，既内涵天皇是纵向"万世一系"统治日本的政治中心之寓意，亦外延天皇是横向主宰"八纮一宇"即世界各国的唯一至尊之意涵。如果说江户幕府后期佐藤信渊的所谓"皇国与天地共存，实为万国之基""全世界悉应为郡县，万国之君长皆应为臣仆"等言说，扼要表明了上述天皇中心主义的内涵与外延，那么明治维新后"传统右翼"团体玄洋社的"敬戴皇室""珍重本国"两条"宪则"，以及黑龙会的"恢复肇国之宏旨""发扬天皇主义之真谛""奠定扎根于国体渊源的国民教育之基础""弘扬尚武精神""向海外发展"五条"政纲"，则详细阐明了天皇中心主义的对内诉求和对外野心。尽管"传统右翼"谱系中尚未涌现出有影响的理论家，其思想主张也大多散见于右

翼团体的纲领中而未成系统，但其天皇中心主义政治理念，却成为日本右翼势力对内建立天皇独裁政权和对外进行侵略扩张的指导思想。从右翼势力将国内与天皇为敌或企图颠覆天皇制者列为"天诛"对象，以及"矢志"将中国、朝鲜、南洋各国纳入侵略视野，不难看出天皇中心主义在日本右翼思想结构中"举足轻重的地位"。

支撑天皇中心主义的思想源头或心理基石又是什么？若不对此加以究明，就永远无法理解这一思想理念缘何固化为日本百年右翼运动不曾褪色的指导思想。笔者认为无他，这就是问世于奈良时代的《古事记》（712）和《日本书纪》（720）两部典籍尤其前者所虚构的肇国神话。

首先，是"国土神创"神话的杜撰。《古事记》开篇就虚构出高御产巢日神等"五柱独神"、国之常立神等"神世七代神"，并将其描述为"天地始分""漂浮不定之时"生成于天界上的"创世主神"。后又杜撰出"国土神创"过程：主宰万物生死的"五柱独神"之一神产巢日神，赐给伊耶那岐命和伊耶那美命兄妹二神一根"天之琼矛"，命其下界固定"漂浮着的国土"。兄妹二神遂立于"天之浮桥"上用琼矛搅动大海，提起琼矛滴下的海水累积成淤能碁吕岛。二神随后在岛上立柱建殿，并交合生下大倭丰秋津岛等八个大岛即"大八洲"。日本国土由此"生成"。

其次，是"天孙降临"神话的虚构。《古事记》浓彩重笔杜撰道：伊耶那岐命和伊耶那美命"生国土既毕，更生诸神"。其中伊耶那岐命洗左眼所生天照大神、洗右眼所生月读命、洗鼻所生建速须佐之男命，分别领命治理高天原、夜之国、海原三界。某日，天照大神对其孙日子番能迩迩艺命道："苇原中国是你所该统治的国土，以这个命令的缘故，可即从天而降。"说罢赐给天孙八尺勾玉、神镜、草剑三件"神器"，命其下界"摄行政事"。"日子番能迩迩艺命乃离开天的座位，分开丛云，威势堂堂地……降至筑紫日向的高千穗灵峰上……觅地至笠沙之御崎时，迩迩艺命说：'此地向着空地，朝日直射，夕阳所照的国土。故此处乃十分吉祥之地。'遂于岩石立壮大的宫柱，盖起栋梁直耸入云霄的宫殿。"至

此，"天孙降临"神话亦被虚构出来。尤需指出的是，由于《古事记》还杜撰称日本的初代天皇"神武天皇"，就是下界到苇原中国的"天孙"日子番能迩迩艺命的直系曾孙若御毛沼命（又名神倭伊波礼毗古命），由此实现了天界"肇国神谱"与人间"天皇家谱"的无缝对接，从而赋予了"天孙降临"神话以"天皇神裔"的政治意义。加之后世历代统治者或思想家们人为补充和宣传，这一肇国神话便成为天皇中心主义的思想源头和心理基石，并贯穿于日本右翼思想的百年流变中。

这一肇国神话所派生出来的神国观念和天皇崇拜意识，不但蕴含着"国体独特""种族优秀""使命崇高"等傲慢的思想因子，而且必然外化为攻战杀伐、逞凶肆虐、祸国殃邻的行动逻辑，可谓近代日本走上军国主义道路的动力源。黑龙会头目内田良平所谓汉民族"是大和民族的一部分""整个亚细亚地域自古就是天照大神封赐给天孙的国土"等言说，源自于此；日本军国主义开山鼻祖山县有朋所谓"军人必须把天皇作为神来崇拜，这是日本皇军军纪的根本"之训诫，亦源自于此；战后中曾根康弘首相所谓"日本种族是杰出的，因为自天照大神时代以来，日本人就像最好的清酒那样纯洁"之说辞，发轫于此；"日本人迷信他们的国家是世界无比的国家，他们的皇室是世界无比的统治者，他们的民族是世界最优秀的'神选民族'"等观念，亦无不发轫于此。难怪日本学者将源于"记纪"肇国神话的"尊皇"观念，视为日本右翼与西方国家右翼最显著的区别所在。诸如，日本资深媒体人猪野健治指出："与外国的右翼运动的不同之处，是在日本右翼诸潮流那里有着尊皇主义的共同基础这一点。"津久井龙雄认为："日本的右翼与欧洲国家的德国、法国、意大利的右翼不同，日本的右翼首先要提到天皇"，因为"日本是以天皇为中心"的国度。实际上，将神话当成国家正史，从神话记载中"恣意截取拼凑"有利于天皇独裁统治和对外侵略扩张的所谓历史"证据"，已成为百余年来日本右翼思想家们驾轻就熟的论说手法。这样，"记纪"杜撰的肇国神话出人意料地成为近代日本右翼势力用于论证天皇"万世一系"统治"合法性"和日本对外侵略扩张"正当性"的历史"依据"或政治工具，以致造成"民族的疯狂"和祸国殃邻的历史恶果，也就都不令人费解了。

二 "革新右翼"的法西斯主义

1919年犹存社的成立，意味着"革新右翼"谱系取代"传统右翼"谱系成为战前日本右翼势力政治舞台上的主角。在直至1945年战败投降的26年间，"革新右翼"除继承了"传统右翼"的天皇中心主义外，主要从德、意等国那里拿来既反共又反资、既主张国家改造又力行侵略扩张的法西斯主义作为核心思想。此时日本右翼核心思想之所以从天皇中心主义转换为法西斯主义，是由大正民主运动等兴起引发统治危机、同老牌帝国主义国家矛盾加深带来国际关系紧张等内外因素共同作用所致。只是与"传统右翼"思想主要散见于右翼团体的纲领中不同，"革新右翼"思想集中反映在右翼理论家们的著作中。

首先，北一辉（1883—1937）作为日本"革新右翼"的理论旗手和精神领袖，其法西斯思想最具煽动性和迷惑力。他在1906年自费出版的《国体论与纯正社会主义》一书里，尤其在1919年著就于上海的《国家改造案原理大纲》（后更名为《日本改造法案大纲》）这部"日本法西斯圣典"中，全面阐述了自己的法西斯理论。一是"国家改造论"。他号召由具有"法西斯献身精神"的军人用武装政变手段改造国家，建立天皇制军事独裁政权，这就为恐怖、暗杀和政变等血腥惨剧的一再上演提供了思想指引。二是"国家中心论"。天皇"显然是一个机构""主权在于国家"之天皇观表明，在北一辉的思想体系中"国家"比"天皇"更重要。三是"混血民族论"。他"把日本民族看作是朝鲜、支那、南洋以及土著居民的化学结晶"，认为"混血民族"日本拥有从父体和母体那里继承居住地盘的"自然权利"，意在赋予日本染指亚洲大陆和南洋诸岛以"合理性"。四是"强力战争论"。他提出"社会依据强力而动"，"天平随剑之重量而倾斜"，实际在为日军的杀伐暴行提供社会学"依据"。五是"开战权利论"。他把英国比作全世界的"大富豪"，把俄国比作北半球的"大地主"，把日本比作世界上的"无产者"，意在赋予日本夺取老牌帝国主义国家的殖民地以"正当性"。尽管在北一辉的笔下不乏"道义""平等""改造""革新""革命""解放""社会主义"等冠冕堂皇的辞藻，但从视苏联和日本社会主义运动为洪水猛兽、视现有政党和议会是财阀的走狗、未直接参与226政变却被以"思想犯"罪名处以极刑等方面，不难看出其法西斯思想的反共本性、反资本主义特质及其巨大的破坏性和影响力。可以说，北一辉以自己独特的思想理论和离世方式影响了昭和日本的国家走向。

其次，大川周明（1886—1957）作为"革新右翼"中"知行合一"的思想家和活动家，其法西斯理论的指导性和实效性更强。大川在出任

"满铁"调查局理事长、建立犹存社等法西斯团体、参与策划918事变和515政变的同时，通过撰写《复兴亚细亚诸问题》（1922）、《日本二千六百年史》（1940）等著作，系统构建起自己的法西斯理论体系。一是"日本精神论"。大川通过强调"日本精神就是蕴藏着大和魂和中国精神、印度精神的东洋魂""正在创造日本国家的毕竟是日本精神，也就是大和魂"等，为自己的法西斯理论奠定思想基础。二是"天皇中心论"。与北一辉反对天皇崇拜不同，大川对"我们的祖先是天皇之先祖天照大神之孙"深信不疑，并试图通过渲染天皇是"冠绝五洲的日本精神"，让本国人民自觉接受天皇的政治统治，让亚洲各民族主动接受日本的侵略和殖民奴役。三是"国家改造论"。大川宣称，"国家改造"的目的，对内是建设"道义国家"，对外是"复兴亚细亚"，"改造日本就是为了改造世界"，这显然比北一辉的"国家改造论"站位要高也更具欺骗性。四是"东西对抗论"。大川认为，东西方关系史就是一部亚细亚与欧罗巴反复战争的历史，蒋介石与英美联合抗日是"蹂躏了兴亚大义"，明显在将侵略战争上升为人种对抗或文明冲突加以"正当化"。五是"亚细亚复兴论"。大川宣称，"亚细亚复兴"的实现要靠"强大的力"，环顾亚洲惟有日本具备这个"力"，因此日本在"亚细亚复兴"中居于"指导者地位""是自然的而且是必要的"，这是意在强调由日本取代欧美列强做亚洲各国的宗主国天经地义。六是"殖民地解放论"。他提出，"巩固日满支广阔的经济圈，以此为基础实现从东南亚到印度、中亚的解放"，"无需看第三国的脸色"或对东亚各民族"过分谦让"，这是试图为侵略战争披上"解放""正义"等华丽的外衣。尽管在大川周明的笔下同样充斥着"文明""道义""民族解放""亚洲复兴""大东亚共荣""世界维新"等动听的词句，但他在法西斯理论建构和法西斯运动推进两个方面的特殊作用，却是将其最终送进巢鸭监狱并作为甲级战犯加以审判的主要依据。尽管大川周明是与北一辉两人的法西斯思想主张存在着诸多不同：一是大川周明的法西斯思想是以天皇中心主义为基础；而北一辉的法西斯理论则是建立在国家中心主义基础上的，因此不追求为天皇献身，只愿为国家效命。二是在对内国家改造和对外侵略扩张的先后顺序上，大川周明主张二者同步进行；而北一辉力主国家改造在先，向外扩张在后。三是在假想敌的确定上，大川周明主张视美国为主要敌国；而北一辉则力主以英、俄两国为敌。四是在推进法西斯化的方式上，大川周明是理论建

构与政治活动并重；而北一辉主要是以自己的法西斯思想来指导法西斯运动，绝少像大川周明那样直接参与政变或间谍活动。

再次，石原莞尔（1889—1949）作为"革新右翼"中接受过系统完整军国主义科班教育、被誉为"日本兵家第一人"的理论家和践行者，其法西斯思想的实际危害性和潜在危险性极大。石原在出任关东军作战参谋、游历半个中国搜集情报、策划918事变并催生伪满洲国的同时，通过撰写《关东军领有满蒙计划》（1929）、《最终战争论》（1940）等多部著作，成为"革新右翼"谱系中军队系统最著名的法西斯理论家。他在抛出"战争万能论""满蒙领有论""民族协和论""最终战争论"等法西斯侵略理论的同时，还提出了特别值得关注的因战时未能实施而迄今仍令日本右翼精英们倍感痛惜并耿耿于怀的"石原构想"。其要点有二：一是日美"最终战争"不可避免；若准备对美作战，就必先对中国作战；若对中国作战，就必先占领"满蒙"。二是为避免过早全面侵华而深陷战争泥潭不能自拔，日本征服中国应循序渐进而不宜操之过急；一旦占领"满蒙"，应立即建立傀儡政权与中国脱离，在此专注经营若干年即把这里建设成"王道乐土"后，再以此为基地向中国关内扩张。石原在"成功"策划918事变并催生伪满洲国后，虽然迅速蹿红为日本家喻户晓的"英雄"人物，但他没有被"胜利"冲昏头脑，而是力主采取"不扩大方针"以贯彻自己的上述战略构想。当年，若"石原构想"被日本最高当局采纳而化为国策，那么二战的结局乃至战后东亚版图极有可能被改写，其不堪设想之后果足令吾辈今日思来仍感不寒而栗。然而"幸运"的是，当年"石原构想"因石原莞尔受到东条英机排挤失势而被束之高阁。

三 "战后派右翼"的反体制反美主义

日本战败后，美国占领当局为"确保日本今后不再成为美国的威胁"，通过责令日本政府颁布《人间宣言》等数个旨在铲除军国主义残余势力的文件，迅速完成了天皇由"神"回归为人、起诉28名甲级战犯、褫夺210288名军国主义分子的"公职"、解散233个右翼团体等惩罚性工作。正因"作为右翼精神支柱的天皇制的崩溃，其政治上和财政上的拥护者军阀的瓦解，作为其资金源泉的财阀的解体，作为其群众基础的农村因为农地改革走向民主化等，种种因素使得旧右翼运动陷入了毁灭状态。"然而，随着冷战过早到来，美国从"对抗共产主义势力扩张政策"出发，着手"帮助亚洲的非共产主义势力掌握主导

权"。作为这一政策的重要一环，美国将对日占领政策由战后初期的"惩罚"改为冷战开始后的"扶植"，即试图通过有意保留天皇制和军国主义残余势力，将日本打造成为远东地区的防共"防波堤"和反华"桥头堡"。由此，侥幸逃脱惩罚的日本右翼势力，也就比较顺利地从战前"革新右翼"谱系过渡到"战后派右翼"谱系，为日本乃至亚太地区"隐伏下极大的祸患"。不过，由于"战后派右翼"毕竟是从战后初期的"毁灭状态"下复活过来的，还受到和平民主社会思潮的制约，尤其由于"战后派右翼"存在"理论上薄弱"的短板，没有涌现出有影响的理论家，因此其思想主张主要散见于右翼团体的纲领和右翼大佬的讲话中，并以1951年《旧金山和约》签订即占领期结束为界标，前后呈现迥然不同甚或截然相反的内容。

1951年前即美国占领期间，"战后派右翼"的思想主张以反共、亲美、支持现政权为主要内容。此间在"战后派右翼"团体的纲领中，绝难看到国家主义、军国主义、法西斯主义等字样。他们除一脉相承地继承了战前右翼势力的天皇中心主义和反共思想外，毫无例外地披上了"和平""民主""自由""反战"等华丽的外衣。诸如，主张"实行和普及真正的民主主义"的新锐大众党、主张"以建设自由平等的民主主义日本为目的"的新义人党、主张"消除冒牌右翼爱国者发出的错误认识和谬论"的日本义塾等右翼团体，就一致向世人打出了"自由主义""民主主义""和平主义"等冠冕堂皇的政治旗号。而自诩是"日本最坚决最彻底打倒共产党运动的革命团体"日本革命菊旗同志会以及救国青年联盟，就详细制定出了全面反映上述思想主张的政治纲领或行动方针。如果说其中的"打倒共产党""打倒红色法西斯主义""守护皇统""绝对拥护天皇制"是日本右翼势力不变的政治主张，那么一改战前做法而高唱"严格兑现波茨坦公告""严格履行新宪法""建立国民立宪政府""扫平反民主主义团体"等，则作为战后初期日本右翼势力最鲜明的"一个特征"，清楚表明了"亲美"立场和"为自民党政权保驾护航，肯定战后体制"的政治态度，也为战后日本右翼势力的重新集结并加快复活提供了思想指导。

然而，随着1951年美国结束对日占领即日本一经获得独立，"战后派右翼"的思想主张便迅速从反共、亲美、支持现政权转向反共、反美、反体制上来。换言之，"战后派右翼"在战后初期玩弄的上述词藻，很快被"忠君""修宪""强兵""反共""民族至上""天皇制国体"等一系列新口号和新主张所洞穿，即时至此时它已"脱下了民主主义、和平主义的外衣，露出了侵略主义、军国主义的铠甲。"尤其进入六七十年代后，经济高速增长带来日美贸易摩擦加剧，加之日本右翼势力反共反资本主义本质使然，"战后派右翼"的思想主张呈现向战前"革新右翼"的"既反共又反美"和"革新国家体制"传统回归之趋势。由于"反共"是日本右翼运动不变的政治主题，因此笔者所谓向战前回归之右翼思想主张，主要是指"反体制"和"反美"两方面内容。

首先，对内提出打倒"自民党保守政府"，即"反体制"。右翼团体日本学生同盟提出："我们一方面拒绝支持自民党政策的美国主义，一方面要粉碎社会党、共产党的幼稚幻想，以民族的激愤最大程度地组织起来，树立新国家之形象"；日本青年社声称：要通过"既反共，也反权力"，来"把握未来"；民族革新会议叫嚣："我们的本质就是反权力"，"因为自民党轻视日本的传统和文化"；右翼理论家池田谕宣称："不要忘记，惟有资本主义经常是右翼最大的敌人"。凡此种种表明，"战后派右翼"的确在向战前"反权力"即"反体制"传统回归，散发着"反体制右翼的体臭"。至于右翼分子"冲击经团联事件"（1977），则用行动表明"右翼原本所具有的反权力、反体制的志向开始复苏。"

其次，对外主张"修宪"和"反安保"，即"反美"。在"战后派右翼"眼里，和平宪法是美国占领当局强加的，应加以修改或废除；美国送给日本的民主制度是对天皇制的否定，应予以推翻；美国驻军侵犯了日本主权，应收回冲绳美军基地，"建立日本国军"。右翼分子阿部勉在总结右翼运动的"教训"时说："曾经被误认为是朋友的资本主义经济政治权利结构，实际上不但不是什么朋友，反而是重要而且强大的敌人之一。"其中所谓"重要而且强大的敌人"—"资本主义经济政治权利结构"，既是指掌握"权利结构"的日本政府当局，亦系指资本主义国家美国。而右翼大佬赤尾敏所谓"我的亲美反共不是从属于美国，而是谋略"、右翼思想家荒原朴水所谓"亲美政策不是本质，是战术策略"等剖明心迹的自供，更将向战前"革新右翼"的反美传统回归之诉求表露无遗。

四 "新右翼"的历史修正主义

1982年底，"鹰派"政治强人中曾根康弘出任日本首相，标志着"日本新保守主义时代"的开启和日本政治右倾化进程的启动，也意味着日本国内"暴力的国家主义抬头"。在此背景下，日本右翼势力乘势崛起，并完成了由"战后派右翼"谱系向"新右翼"谱系的代际过渡。"新右翼"谱系以右翼知识精英和新生代右翼政客为主力军，以呼应中曾根"战后政治总决算"口号的历史修正主义为核心思想，系统全面地抛出了"自卫战争论""解放战争论""美英同罪论"等战争翻案谬论，旨在颠覆战后以来业已深入人心的正确历史观即引领日本向战前回归。

第一，"自卫战争论"。关于日俄战争，田中正明声称：日俄战争是日本为"维护独立"而"在无可奈何的情况下爆发的"；中村粲宣称：日俄战争是在日本受到"最大的威胁"情况下爆发的"自救自卫的战争"。然而，无论田中等人怎么强调日俄战争是"自卫战争"，都改变不了这是一场新兴海洋帝国日本与老牌大陆帝国沙俄为争夺中国东北权益而展开的一场帝国主义厮杀之战争性质。关于918事变，中村粲宣称："满洲事变被说成是对中国的侵略，但我认为满洲非中国领土"，所以"我们准备翻案"。然而，"满洲"自古以来就是中国领土，不但有唐人杜甫的诗句"支离东北风尘际，漂泊西南天地间"可资证明，因为其中的"东北"与近代以来所说的东北"不过五十步百步之差耳"，更有《左传》所载公元前541年周景公所说"肃慎、燕、亳，吾北土也"引为书证，因为其中的"肃慎"就在今天黑龙江省宁安市北部。关于卢沟桥事变，他们或抛出"苏联责任说"，认为制造卢沟桥事变"是共产国际实际上是苏联的世界战略"（佐藤和男）；或兜售"中国责任说"，认为"在这次事件中没有受到挑衅就主动发动进攻的不是日本，而是中了中国共产党阴谋的中华民国的军队"（小堀桂一郎）。然而，其他证据姑且不论，仅卢沟桥事变爆发前夕在东京消息灵通人士中暗传的"七月七日晚上华北将要发生第二次柳条湖事件"之内部消息、满铁总裁松冈洋右向身边人等信誓旦旦做出的"一周之内如果不发生什么重大事件，就把我的脑袋给您"之断言，就足以表明"七七"事变系日方蓄意所为。关于珍珠港事件，中村粲宣称："日本开战是自存自卫的行为，当时存在着A（美国）、B（英国）、C（中国）、D（荷兰）包围圈。"这一观点的荒谬之处在于，早在珍珠港事件爆发前，荷兰已被德军攻占，中国已半壁江山沦陷，英国正与德国苦斗而自身难保，只有美国采取了一些应对措施，因此没有也不可能形成四国反日"包围圈"。退一步讲，当时"即便真有一个ABCD包围圈，那么这个包围圈的形成也是缘于日本的侵略行动"，无可指责。

第二，"解放战争论"。关于日俄战争，谬论

有二。一是所谓日俄战争"拯救"了亚洲。中村粲说："正是有了日俄战争，亚洲才得救了"；"没有军国日本，也就不会有今天的亚洲。"然而，日俄战争给中国东北人民带来的苦难，尤其日本通过《朴茨茅斯和约》从俄国手中夺取"满洲"权益之侵略事实，足以表明这场战争不过是一场"熊去狼来"、以暴易暴的帝国主义战争而已。二是所谓辛亥革命的成功是"受了日俄战争的影响"。田中正明宣称："孙文得到了头山满、犬养木堂（毅）和大隈重信等日本诸多亚洲主义者的帮助，……（这才）在第11次革命中取得了成功"；"由于日本在日俄战争中获得胜利，日本的东京宛如亚洲独立运动的参谋部。"如果日俄战争果如田中所言对辛亥革命具有如此巨大的积极影响，那么我们的确应该对当年的"大日本帝国"感恩戴德，为头山满等"日本诸多亚洲主义者"树碑立传。但问题是，日本右翼分子的先辈们在辛亥革命期间的所作所为——不惜"用武力维持（中国的）君主政体"（内田外相）、应趁乱将中国"分立为南北两个国家……一个作为保护国，一个作为同盟国"（宇都宫太郎），以及日本政府同时向清廷和革命党双方出售武器试图达成上述侵略目标之行径等，却在昭告世人：日本绝不是亚洲国家"独立运动的参谋部"，而是图谋趁乱扩大侵华权益和阴谋肢解中国的大本营。至于与孙中山等革命领袖过从甚密的头山满等人在辛亥革命期间究竟怀揣着什么动机鱼贯来华，不但时人章炳麟主编的《大共和报》洞若观火——"日本的浪人巨头头山满和犬养毅为援助革命党来到了上海。这表面上是出于行侠仗义来华，其实是暗衔日本政府的指示而来。……证之于这二位的行动，足可以知日本图谋中国之心是何等深远"，而且强加"二十一条"要求的大隈重信首相的傲慢自供——"诸如中国的独立和中国人的希望等，根本无需放在眼里，摧毁了蹂躏了也无妨"，更使田中口中的"诸多亚洲主义者"的司马昭之心昭然若揭。关于太平洋战争，主要抛出了"大东亚战争"使亚洲国家获得了"独立"和"解放"之谬说。总山孝雄宣称："大东亚战争"使"有色人种和白人站到了平等的立场上"；"为结束这场战争而进行的殊死战斗，虽然给亚洲同胞带来了许多痛苦，但这是为了解放他们。"中村粲声称："如果那时日本不与美国开战，或许就没有此后东南亚的独立……对于日本来说，这是一场命运之战，同时也是使命之战。"然而，无论从切断国际援华通道、掠夺东南亚战略资源、"夺取欧美的殖民地""谋求大和民族的永久发展"等日本"南进"的真实动机来看，还是从日

军制造新加坡大屠杀、菲律宾大屠杀、泰缅"死亡铁路"、法属越南大饥荒等殖民统治的实际情况观之，抑或从日本正直学者得出的学术研究结论——亚洲各国"是通过对日抵抗实现了解放和独立""是他们自己解放了自己""'从白人帝国主义手下解放亚洲'，只是事后为美化战争而寻找的理由"等来观察，所谓"日本凭'大东亚战争'把亚洲各族人民从西方帝国主义手中解放出来的说法"完全违背史实，是根本站不住脚的。

第三，"美英同罪论"。谬论之一：美英两国也应对"中日战争的长期化"和"大东亚战争"的爆发负责。中村粲宣称："美国不久便实行了援助蒋介石的政策，结果使得蒋介石的抗日战争得以长期坚持下去"，七七事变之所以"陷入泥沼，最终是因为美国在进行干预"。佐藤和男声称：在丘吉尔和美国产业界的要求下，"罗斯福终于下决心想要参战，但是国民反对。于是美国又想向被视为最愚蠢而正直的日本进行挑衅，想让日本打出第一枪"，美国遂在日美交涉中抛出让日本"不能接受"的"赫尔备忘录"，致使日本"除发动战争外没有其他道路可走。"中村所言同战时日本法西斯理论家大川周明将中日"反目为仇""鸿沟加深""纠纷加剧"的责任归咎于"第三国介入"的说辞，如出一辙。然而，无论过去的大川之流还是今天的中村之辈，都无法转嫁或推卸这场侵略战争的罪责。因为即使没有美国援华，已经觉醒的中国人民也一定会让日本帝国主义深陷侵华泥潭而无以自拔，这是由毛泽东在《论持久战》中阐述的中日双方存在着的互相矛盾的四个特点决定的。退一步讲，即使将美国援华抗日说成是"第三国介入"也无妨，因为如若不然，其结果只能是中国迅速亡于日本帝国主义。至于佐藤将珍珠港事件说成是罗斯福总统的阴谋，就更是毫无依据的子虚乌有，不值一驳。谬论之二：日本的"战争犯罪"不同于德国的"人道犯罪"。西尾干二声称：德国的"纳粹犯罪不是一般的战争犯罪"，而"是人道上的犯罪"；"日本犯下的罪行是战争犯罪，战胜国也有战争犯罪行为"；将德国的纳粹意识形态犯罪同日本的"战争犯罪同等看待是不可取的"。安倍晋三宣称："纳粹德国所干的事，其意图、内容和规模与我国进行的战争完全不同。"在日本右翼精英们看来，无论哪个国家，只要进行战争就会有战争犯罪；既然彼此彼此，就无需追究对方的战争罪责了。然而，恰如有学者指出：即使"英、美有罪，但与日本不同罪"，"用'同罪论'的观点统而论之人类历史上的战争责任，人类就永远不会有辨别是非的共同准则。"谬论之三：盟国

方面的一些"暴行"也是"战争犯罪"。首先，被其视为"暴行"的是原子弹轰炸。

在这个问题上，日本右翼分子只一味地强调日本才是那场战争"最大的受害国"，广岛和长崎才是那场战争"最不幸的城市"，却只字不提日本缘何会遭受原子弹轰炸和日军给亚洲邻国造成的更大灾难。恰如《新华日报》"时评"（1945年8月9日）以及日本正直学者指出，"作为侵略者的日本人，受到这种史无前例的强大武器的打击，是对法西斯侵略者必然的报应"；是"南京大屠杀和偷袭珍珠港招来了东京大空袭和广岛、长崎原子弹轰炸"。其次，被其视为"暴行"的是盟军对日本本土的战略空袭。佐藤和男说："同盟国方面在战争中进行的'地区轰炸'和'战略都市轰炸'，与在广岛和长崎投掷原子弹的狂轰滥炸一样，……都构成了真正意义上的战争犯罪。"然而，笔者欲指出的是：一方面，早在盟军对日本本土实施轰炸之前，日军已从1937年起对中国23个省进行了时间更长、范围更广、规模更大、生命财产损失更为惨重的狂轰滥炸，以致陪都重庆"成了出现在广岛之前的广岛"；另一方面，日军对中国的狂轰滥炸是作为日本侵华战争的一部分实施的，不存在任何积极意义；而盟军对日本本土的战略轰炸，则具有缩短战争进程和减少战争伤亡的进步作用。

总之，日本右翼势力抛出的"自卫战争论""解放战争论""美英同罪论"等战争翻案谬论，或系道听途说，或为主观臆断，均无一手确凿资料可资证明；相反，日方发动侵略战争和进行外交讹诈均系精心策划和蓄意所为，却有大量确凿史料可资佐证，铁证如山。因此，无论其怎样兜售战争翻案谬论，都无法推卸和掩盖当年日本军国主义者的侵略罪责。

五　日本右翼思想研究务须重视的几个问题

鉴于日本右翼思想仍在毒害日本国民并正引领日本向军国主义老路回归，笔者拟在上述剖析和梳理的基础上，再就相关研究务须重视的几个问题略抒管见。

第一，应充分认识战前日本右翼思想的历史危害性。战前"传统右翼"的天皇中心主义和"革新右翼"的法西斯主义，既是江户幕府后期本多利明、佐藤信渊、吉田松阴等思想家们"海外雄飞"思想的延续，又是"战后派右翼"的反共反美反体制主义和"新右翼"的历史修正主义的思想源。当年若无右翼思想理论的产生和传播，就不会有右翼团体的结成和肆虐，更不会有右翼运动祸国殃邻灾难性后果的发生；当年若无天皇

是"神"、日本是"神国"、大和民族是"优秀民族"这一独具日本特质的右翼观念意识的长期灌输和人为驱动，就不会频繁上演对弱邻攻战杀伐、惨绝人寰的一幕。再从"侵略战争"源于"侵略国策"、"侵略国策"又源于"侵略思想"的逻辑意义上说，对战前日本右翼思想理论尤其"日本帝国之侵略中国思想"进行追根溯源性研究，进而铲除日本军国主义东山再起的思想祸根，当是今后日本侵华史研究的重要课题。

第二，应准确评估战后日本右翼思想的现实危险性。侵略扩张思想具有跨时代的持久影响力，不能因暂无实施条件而视为天方夜谭予以忽视。战后以来，以中村粲、中岛岭雄等人为代表的日本右翼知识精英，不但公开系统全面地为侵略战争翻案，而且暗中从事阴险毒辣的"分裂中国研究"。他们抛出的"自卫战争论""解放战争论""美英同罪论"等战争翻案谬论对日本国民毒害之深，他们拟制的中国"六块论""七块论""十二块论"等既详细又具体的"肢解中国"构想和方案对我国领土完整威胁之巨，都是不言而喻的。因此，我们既不能想当然地说"现在是民主主义，跟过去不一样了"，也不能天真地认为这一"思想毒瘤"再也掀不起祸世巨浪；相反，唯有密切关注日本右翼思想动向并对其反华谬论及时予以回应和驳斥，方能从源头上阻止日本向战前回归。对此，我们要有清醒的认识。

第三，应洞悉战后以来日本右翼思想沉渣泛起的真正原因。任何政治思想或思潮都是社会现实的反映。笔者认为其原因主要有四：一是缘于神国观念和天皇崇拜意识的心理驱动。它比一般的政治学说更具煽动性和持久影响力。二是缘于战后初期美国对日占领政策的"改恶"。美国占领当局将对日政策由"惩罚"改为"扶植"的结果，既保留了军国主义残余势力，也中止了对右翼思想流毒的清算，致使"日本人的精神状态""依然故我"。三是缘于深厚的社会土壤即秉持错误历史观的日本国民的大量存在。这既是右翼思想长期毒害所致，又反过来成为右翼思想进一步蔓延的社会基础，即"日本的土壤含有使右翼或儿玉之流复苏的特殊成分"。四是缘于宽松的政治环境。随着中曾根康弘组阁尤其冷战结束，不但日本政治右倾化全面启动，而且日本政坛呈现出保守势力一统天下的政治格局。这就为日本右

翼思想沉渣泛起和蔓延提供了宽松的政治空间。如何摆脱上述因素的影响，尤其怎样铲除右翼思想赖以滋生的社会土壤，当是日本右翼势力研究的重中之重。

第四，应提醒美国朝野认清日本右翼思想"既反共又反美"的精神实质。尽管"战后派右翼"和"新右翼"在各自的纲领中都塞进了"反战""和平""民主""自由"等动听的词藻，但颠覆现政权尤其"既反共又反美"，才是日本右翼势力的思想传统和精神实质。尽管日本右翼势力"恃强凌弱"的本性暂时不会松动日美同盟，甚至在可以预见的将来日美同盟还会进一步强化，但其"反美"传统、反资本主义本性以及日美历史恩怨的客观存在等，决定了它迟早会回归到战前"既反共又反美"以及"革新国家体制"的老路上去。因此，美国当局应改变对日本右翼势力的姑息纵容政策，深刻汲取战前"绥靖终必害己"这一沉痛的历史教训，与亚洲各国人民一道共同防范日本军国主义复活。对此，美国朝野同样应该有清醒的认识。

第五，应注意挖掘和总结日本进步思想家反战和平思想的当代价值。知识分子是一个国家芸芸众生中的先知先觉者，也是一个民族前进抑或倒退的思想引路人。我们在关注战前制造侵华理论、战后进行战争翻案的日本右翼知识精英的同时，也要看到在日本思想界始终存在着一个正直的知识分子群。江户末期，当佐藤信渊兜售"宇内混同论"时，同时代的会泽安却在力倡"日清唇齿相依论"；战前，当福泽谕吉兜售"脱亚论"时，同时代的三浦铁太郎却在力倡"日中同富论"；战时，当大川周明在兜售"侵略扩张论"时，同时代的户坂润却在力倡"和平反战论"；战后，当中村粲兜售"战争翻案论"时，同时代的江口圭一却在力倡"战争责任清算论"。尽管这些正直学者和思想家在日本国内人数寥寥，其正义呼声也常被淹没于狂热民族主义的喧嚣声中，但他们才是日本国民中真正的先知先觉者和日本知识分子中真正的爱国者。今后是继续盲从右翼知识精英错误思想的诱导，还是从此接受进步学者正确思想的引领，需要日本国民审慎抉择。

【作者单位：山东师范大学历史文化学院】
（摘自《南京社会科学》2021年第11期）

莫迪政府"太空战略"新态势及其影响

汪金国　张立辉

随着太空领域战略重要性和商业价值的不断凸显，太空正在演化为大国科技与军事竞争的竞技场。印度一直想成为世界大国，而太空实力是评估国家综合国力的一项重要指标。莫迪政府认为加速推动"太空战略"不仅会增强印度尖端科技实力和提高部队作战能力，更能提升印度的国际威望，拓展印度在国际事务中的影响力和在国际舞台上的领导力。莫迪政府连任以后，开始采取一系列太空改革政策加速推动"太空战略"的发展。本文将在回顾印度"太空战略"发展历程的基础上，总结莫迪政府近年来在太空领域采取的新举措，着重探讨莫迪政府加速推动"太空战略"的驱动力量和制约因素，深入分析其潜在影响和发展局限。

一　印度"太空战略"的演进

印度太空事业起步于 20 世纪 60 年代，得到了苏联的大力援助。20 世纪 80 年代印度太空事业开始走向独立，尤其是在火箭运载技术和卫星技术领域取得较大的进展。新世纪以来，印度在原有基础上更进一步推动太空事业的发展，并且在各项太空核心技术方面有所突破，成功跻身世界太空大国行列。

（一）印度"太空战略"的起步

20 世纪 60 年代初，印度太空事业在苏联技术的援助下起步。1962 年印度第一任总理尼赫鲁成立了印度"国家空间研究委员会"（National Committee for Space Research），负责太空事业的发展规划和科研工作。1963 年在苏联援助和印度政府的努力下，印度在顿巴建成第一个火箭发射台，成功发射了第一枚探空火箭。1969 年印度政府将"国家空间研究委员会"更名为"印度空间研究组织"（Indian Space Research Organization），主要任务是根据印度国家太空计划协调各部门和公司的行动。1972 年，印度政府成立"空间委员会"（Indian Space Commission），具体经管航天研究工作。这一时期，印度太空事业在苏联等外部力量的帮助下开始迈出第一步，为以后太空事业的发展打下了良好的基础。

（二）走向自主的"太空战略"

20 世纪 80 年代印度太空事业逐渐走向独立，这主要体现在两个领域：一是自主火箭的研制。1980 年 7 月 18 日，印度首次使用自制运载火箭（SLV－3）从本国成功发射卫星。1992 年，印度成功研发加强型运载火箭（ASLV），分别在 1992 年和 1994 年将两颗卫星成功送入轨道。1994 年，印度首个极地轨道卫星运载火箭（PSLV）发射成功；1997 年始，极地轨道卫星运载火箭技术可以分别将卫星发射到近地轨道、极地轨道、地球同步转移轨道和月球轨道。1987 年，印度开始研发地球同步轨道卫星运载火箭（GSLV）技术，这一技术在新世纪很快取得突破。

二是自主卫星的研制。1975 年 4 月 19 日，印度首颗自制卫星从苏联火箭发射场成功发射。之后，印度政府将遥感卫星的发展作为重点关注领域：1979 年和 1981 年，印度先后发射了"巴斯卡拉－1"和"巴斯卡拉－2"（Bhaskara－1/2）。1988 年 3 月 17 日，第一代国产实用遥感卫星首星——"印度遥感卫星－1A"发射成功；1991 年，印度又发射了"遥感卫星－1B"；这两颗卫星的运行表明印度已具有了实用型的卫星遥感系统。1995 年 12 月，俄罗斯"闪电"号火箭发射了印度第二代遥感卫星"印度遥感卫星－1C"。

（三）新世纪以来"太空战略"的发展

新世纪以来，印度政府主要从以下几个方面推进"太空战略"的发展。一是卫星领域的发展。（1）"制图卫星"的发展。2005 年 5 月，印度"制图卫星－1"（CartoSat－1）升空；2007 年 1 月，印度"制图卫星－2"升空；2010 年 7 月 12 日，印度"制图卫星－2B"升空；2016 年 6 月 22 日，印度成功发射"制图卫星－2C"；2017 年 2 月 15 日和 6 月 23 日，印度成功发射"制图卫星－2D"和"制图卫星－2E"。（2）雷达卫星的发展。2009 年 4 月 20 日，印度首颗雷达遥感卫星——"雷达成像卫星－2"（RISAT－2）升空；2012 年 4 月 26 日，印度发射首颗国产雷达卫星——"雷达成像卫星－1"。（3）侦察卫星的发展。2001 年 10 月 22 日，印度首颗侦察卫星——"技术实验卫星"（TES）发射成功。

二是运载力量的发展。2001 年 4 月，地球同步轨道卫星运载火箭（GSLV - MK1）首飞，但未能进入预定轨道；2003 年 5 月，该火箭成功发射，它能够将大约 1500 公斤的重量发射到地球静止转移轨道；2016 年，印度成功研制地球同步轨道卫星运载火箭（GSLV - MK2），该火箭能够将 2500 公斤的重量发射到地球静止转移轨道；2017 年 6 月 5 日，印度成功发射地球同步轨道卫星运载火箭（GSLV - MK3）。

三是弹道导弹技术的发展。从 20 世纪 80 年代始，印度政府就已着手发展弹道导弹技术。截至 2022 年 1 月，这种导弹已经成功发射 5 种型号，分别为"烈火 - 1""烈火 - 2""烈火 - 3""烈火 - 4""烈火 - 5"。根据印度官方数据，烈火导弹的射程分别为 700 公里、2500 公里、3500 公里、4000 公里、5000 公里。通过配备烈火系列导弹，印度军队的远程威慑能力得到大幅提升，尤其是实现对中国和巴基斯坦的战略威慑，从而提升印度在国际上的影响力和话语权。

二 莫迪政府"太空战略"的新动向

随着太空领域的战略价值不断凸显，国际社会对太空领域的关注度持续上升。莫迪政府连任以来，将"太空战略"的发展看作提升综合国力的
重要因素，促使其在太空政策上出现了几个方面的新动向。

（一）成立新的太空机构

莫迪政府关注到国际太空形势的巨变和国内太空事业面临的挑战，自连任后相继成立了众多太空机构，以助推印度"太空战略"的发展。2019 年 6 月，莫迪政府批准成立国防太空研究组织（Defense Space Research Organization），专门负责研发太空作战系统和相关航天设备，为国防太空局提供技术与研发支持。2019 年，印度空间研究组织成立了新航天印度有限公司（New Space，NSIL），主要负责开展与空间相关的高科技活动。2020 年 6 月 25 日，印度政府发布公告，正式成立印度国家航天促进与管理中心（Indian National Space Promotion and Authorization Centre），目的是促进印度私营航天企业的发展，推动和引导私营企业开展卫星制造、发射和提供卫星服务。2021 年 2 月 23 日，莫迪政府成立了国防航天局（Defense Space Agency），旨在加强和推进印度在太空领域的探索，增强其应对来自太空威胁的能力，对中国有很强的针对性。2021 年 10 月 11 日，莫迪宣布成立印度太空协会（Indian Space Associa-

tion)，以其作为行业组织，代表各种利益攸关方通过整合各种资源来助推印度"太空战略"的发展。

（二）提高对太空领域的投资

从近几年的情况来看，莫迪政府在太空领域的投入正在逐步加大。据统计，2020 年莫迪政府为太空部门（DOS）分配的资金比 2015—2016 年期间增长了约 45.2%。2021 年新冠疫情对印度国内的经济造成了巨大冲击，但莫迪政府并未削减对太空领域的投资，给航天部的预算拨款高达 1394.9 亿卢比，比上一财年多 444.9 亿卢比，亦即增加了 3.48% 的支出。莫迪政府为了成为全球第四个拥有载人航天飞船的国家，批准 1000 亿卢比的财政预算用于该国首次载人航天计划，该计划拟于 2022 年完成。

莫迪政府积极引导私人企业对太空领域的投资。2020 年，印度空间研究组织起草了新的太空政策——《2020 年太空通讯政策》（Spacecom Policy - 2020），旨在通过改革扶持私营航天企业的发展，增强其探索太空的能力。2021 年 9 月 13 日，印度空间研究组织主席 K. 西万（K. Sivan）表示，印度政府将进一步完善立法，优化外国直接投资（FDI）的投资环境，这将为外国航空公司在印度投资提供巨大的机会。10 月，印度太空部与天根航空航天私人有限公司（Skyroot Aerospace Pvt）签署了一份谅解备忘录，该备忘录有助于后者加大对印度航空领域的投资，同时可以借助印度太空研究组织各中心的设施开展航天实验测试。11 月 1 日，美国企业家埃隆·马斯克旗下的星链计划（Starlink）负责人表示，计划向印度农村社区推行星联宽带服务，将向其免费提供 100 套星链硬件套件，并计划在 2022 年向印度超过 16 万个地区部署 20 万个活跃终端。从莫迪政府当前"太空战略"的发展趋势看，扩大行业开放性成为助推莫迪"太空战略"的重要举措。

（三）加快太空军事力量建设

为了维护国家的太空安全，莫迪政府的首要措施是加强太空武器的研发和使用。莫迪政府创建国防太空研究组织，目的是加强定向能武器、激光武器、电子脉冲和共轨武器等的研发，从而提高印度的军事打击和防御能力。2019 年，印度成功试射反卫星导弹，成功摧毁一颗轨道高度为 300 公里的卫星，这意味着印度成为继美、俄、中三国后第四个掌握反卫星技术的国家。同年 5 月，印度成功发射"雷达成像卫星 - 2B"（RISAT - 2B）系列的第三颗卫星，可供军事和情报部门使用，以监视各种军事威胁。2020 年 11 月 7 日，印度空间研究组织成功发射"雷达遥感卫

星-2BR2"（RISAT-2BR2），进一步加强太空侦察和监视能力。2021年10月27日，印度成功发射"烈火-5"（Agni-5）弹道导弹，该导弹能够以极高的精度打击5000公里外的目标。"烈火-5"可以携带多枚核弹头，其射程基本实现了对中国的"全覆盖"，具有"可靠的最低限度核威慑"。除此之外，为了提高太空作战能力，莫迪政府不顾美国的反对，于同年11月接受俄罗斯S-400防空导弹系统的交付，进一步提升印度太空部队的作战能力。

其次是完善太空部队的建设。当下，美国组建了太空军，日本增设了太空部队，英国成立了太空司令部。在这一背景下，印度加速成立了国防太空局，该机构负责指挥陆军、海军和空军的太空力量，包括军方的反卫星能力，同时拟制定一项战略，以保护印度的太空利益。国防太空局主官由一名空军副元帅担任，并拥有来自武装部队三个联队的200名军事科技人员，且机构内部制造太空武器的科学家和工程师也接受国防太空局的领导。莫迪政府赋予国防太空局的职能定位是"国家太空研究和技术开发的顶层规划部门"，但实际上该局的主要任务是逐步提升印度三军的太空作战能力（包括反卫星能力），负责印度太空作战的具体组织、管理和实施。

（四）开启多项太空探索计划

莫迪政府重新推进"探索月球"计划。印度在2008年就已开启了探月计划，还成功将"月球一号"探测器送入预定轨道。此后，因受各种因素的限制，印度的"探月计划"一度搁浅。莫迪政府连任以后，决心重启"探月计划"。2019年7月22日，印度发射"月球二号"探测器，但是探测器在降落月球表面时因故障而坠毁。根据印度空间研究组织对外宣布的消息，2020年11月执行代号为"月船三号"的探月任务，再一次向月球发起挑战。但是受新冠疫情迅速传播的影响，莫迪政府宣布，其第三次探月任务将推迟到2022年发射。不难看出，莫迪政府对在太空领域的发展抱有雄心壮志，也有明显针对中国的成分，主要表现在印度的探月计划总是和中国的探月计划同频。

开启"载人航天"计划。迄今为止，全球只有美、俄、中三国成功将人类送上太空。中国在载人太空技术领域的发展让印度感到巨大威胁。就在中国"神舟十二号"飞船成功发射的第五天，莫迪政府宣布重启印度的载人航天计划。印度的载人航天计划早在2016年已经执行，但是由于技术、资金等多方面的原因，迟迟未能进一步推进。莫迪政府的新方案原计划在2021年底利用

地球同步轨道卫星运载火箭 GSLVMk-3 型运载火箭将载人飞船发射升空。印度为了确保万无一失，计划在发射之前利用3个月左右的时间进行两次无人发射实验，主要是验证火箭的可靠性及其入轨的精确性。但由于新冠疫情，这一计划又被推迟。假如这两次测试都成功完成，那么印度将可能于2023年开始实施首次载人航天发射任务，成为把人类送入太空的第四大国。但印度究竟能否实现这一计划，还需要用实践来证明。

三 莫迪政府"太空战略"的驱动因素

莫迪政府加速推动"太空战略"的发展是各种因素综合作用的结果，其首要原因是出于国家经济利益的需要，目的是提高印度在太空领域的市场份额和国际影响力。除此之外，莫迪政府还想通过"太空战略"提升其大国地位和实现对周边国家的战略威慑。

（一）出于经济利益的考量

莫迪政府重视印度在太空领域的发展，主要动机是获得经济利益。首先，太空领域有着广阔的市场前景。根据太空基金会2020年发布的最新调查结果，2019年全球太空经济比上一年增长了超过90亿美元，达到4238亿美元。过去10年来，世界太空市场的商业收入共增长了73%，其商业航天收入占全球太空经济的80%，高达3368.9亿美元。2020年，据美国银行预计，未来10年太空经济规模将增加2倍以上，该行预测太空领域将增长成为1.4万亿美元的超级市场。根据印度空间研究组织的数据，目前全球太空经济估值为3600亿美元，其中印度约占2%（70亿美元）。未来5年，印度航天部门预计将以约48%的复合年增长率增长，达到500亿美元；全球太空市场中，火箭和卫星发射服务——印度空间研究组织的专长领域——印度仅占5%的份额。如果印度加速"太空战略"的发展，到2030年印度可能占据全球市场份额的9%，庞大的市场潜力刺激莫迪政府加速"太空战略"的发展。

莫迪政府通过向外国提供太空服务，赚取巨额的经济利润。印度是世界上少数几个掌握"一箭多星"技术的国家，曾创造了"一箭带104个卫星"的全球纪录，在104颗卫星中有101颗来自其他国家，而且实行"一卫一价"的商业模式。因此，有媒体将印度空间研究组织的极地轨道卫星运载火箭（PSLV）称为印度的"摇钱树"，其外汇创收在2019年增加9亿卢比。在过去几年中，印度空间研究组织帮助26个国家发射了约279颗卫星，创收124.5亿卢比。2020年，全球航天经济营业额约4469亿美元，较上年的

4238 亿美元有所增加。商业空间的产品和服务是全球空间经济最重要的领域,占成交总量的近 50%,印度加强太空服务将是其创造外汇收入的重要渠道。

(二) 实现印度的"大国梦"

印度的大国情结由来已久,实现"大国梦"是印度自建国以来各届政府共同努力的目标,几十年来印度为成为世界一流大国付出了各种努力。莫迪政府更是对实现印度的"大国梦"抱有雄心壮志。莫迪政府自上台以来,大胆推动经济改革,破解经济发展的结构性难题,提出"印度制造"和"数字印度"计划,提升制造业等推动经济的发展;外交上,主动开展多边外交,提高国际影响力;军事上,频繁研发先进武器,积极发展核武器和航空母舰等。随着"太空时代"的到来,莫迪政府想要成为"有声有色"的大国,显然必须在这一领域有所作为。莫迪政府为了实现"大国梦",大力发展太空技术,目前已在"一箭多星"和"反卫星技术"等多项核心技术领域取得突破,成功跻身全球太空大国行列。

莫迪政府加速"太空战略"有助于提高国际社会对印度"太空大国"的认可。莫迪政府为了在国际舞台上刷"存在感",将进军太空作为提升影响力和获得国际认同的重要举措。随着国际太空服务市场需求不断扩大,印度积极向国际社会提供太空服务。截至 2022 年 3 月,印度先后将 36 个国家的卫星发射到太空,包括美国、英国、法国和澳大利亚等各大洲的国家,共发射卫星 342 颗。这说明印度的航天技术不仅得到了美国的承认,更得到了欧洲等发达国家的认可,在国际上取得了一定的技术优势。预计未来几年,无论在商业上还是在技术上,印度的航天工业无疑将会取得快速发展,这将进一步提高国际社会对印度"大国地位"的认同。

(三) 通过太空军事化提高威慑效能

太空领域的战略重要性,需要莫迪政府提高在太空领域的威慑效能。2004 年,俄罗斯教授弗拉基米尔·斯里普琴科(Владимир Слипченко)提出空间技术已成为现代与未来战争中不可或缺的一环,未来大国战争将会在太空爆发,空间战将成为未来大国博弈胜负的首要因素。2019 年 12 月,北约组织表示,宇宙空间是一个全新的作战领域,未来以研究军用空间技术和空间作战的新军种也将随之产生。21 世纪,太空将成为大国竞技的主战场,谁能控制太空,谁就能取得极大的战略优势。太空居高临下,可以最大限度地获得勘察和进攻优势,充分发挥空间武器对地球的打击优势。不难发现,太空是全球大国博弈的重要战场,也是决定未来战争胜负的关键。太空领域的战略重要性让莫迪政府认识到发展太空军事能力的紧迫性,希望通过太空军事化提升印度的威慑效能。

莫迪政府通过对太空强国身份的塑造提高自身的威慑效能。太空作为未来大国博弈的重要领域,各大国不断加速太空军事力量的建设。据美国安全世界基金会发布的《年度全球空间对抗能力》报告显示,目前全球已经有法国、美国和日本等国成立了全新的空间作战军种。为夺得太空的主导权,特朗普政府时期美国建立了太空军,并且成为独立于美国其他军种之外的第六大军种,这对全球的安全造成了新的挑战。在美国的战略压力下,中、俄、印等太空大国也开始加速推动在太空领域的发展。在莫迪政府的不懈努力下,印度已经成为继中、美、俄之后第四个具备反卫星能力的国家,是未来空间技术竞争中不容小觑的潜力对手。但是,相对于美、俄、中,印度在太空军事领域的发展相对落后。在这样的背景下,莫迪政府内部人员透露印度将会继续发展反卫星武器,并"有计划"将本国最先进的运载火箭技术应用在反卫星武器上,加速印度太空军事打击能力,提高印度的太空威慑能力。

四 莫迪政府"太空战略"的影响与局限

莫迪政府的新太空政策不仅加速了大国在太空领域的竞争,而且对印度自身、地区形势以及中印和印巴关系都产生了重要影响。但是,莫迪政府加速推动"太空战略"也面临着资金不足、科技人员欠缺,以及没有明确的太空发展计划等各种挑战。

(一) 莫迪政府加速推动"太空战略"的潜在影响

第一,加剧太空竞赛。当下,在太空领域竞争最激烈的莫过于美俄中三国,美国一直把其他国家太空事业的发展作为假想敌,全力对其进行打压。美国航空航天局(NASA)局长比尔·纳尔逊(BillNelson)多次对中国航天技术的发展出言不逊,表示中国太空计划有"攻击性",是所谓的"太空军事计划"。美俄在太空领域的竞争则更为激烈,并且已经有很长的历史。印度作为太空领域的新兴大国,近年来在太空领域取得了巨大的进步。莫迪政府不仅开启了一系列太空计划,并且在太空军事领域的发展也不断有所突破。当下,莫迪政府通过政策引领扩大印度的太空探索和提高太空军事化程度。未来,随着太空的重要性不断凸显和各国在太空领域技术的不断进步,印度的参与将使太空领域的竞争更加激烈。

第二，预示着印度太空话语权的提升。就实际情况来看，全球能够跨入太空大国序列的国家并不多，印度的成绩就连欧洲的英法德这些发达国家都没有做到。尽管印度的太空实力不在国际第一梯队，但是也在全球前列。虽然莫迪的宣传存在对其本国的太空技术"自信过度"的问题，但是印度的太空实力确实不容小觑。一方面，莫迪政府加速"太空战略"的发展可能预示着印度核战略的改变。尽管莫迪政府承诺不会首先使用核武器，但印度若能利用新的反卫星技术推进反导系统建设，这就可能改变地区战略平衡。另一方面，莫迪政府提高了印度的导弹防御系统。印度目前正在建立来自陆基和海基反导的远程防御系统，包括进行高空拦截的PAD"普利特维"战役战术防空导弹和进行低空拦截的AAD"先进防空导弹"。据印度媒体称，该系统能够拦截5000公里外发射的导弹，这将极大提高印度的太空防御能力。莫迪政府加速推进"太空战略"使印度拥有了更多的太空话语权和参与国际事务的能力。

第三，打破印巴脆弱的力量平衡。目前，就战略层面而言，印巴处于相对平衡状态。莫迪政府"太空战略"的持续推进，使双方在力量对比上打破平衡的天平。根据印度空间研究组织公布的消息，印度的一些卫星被送往倾角37度的轨道，可定期从巴基斯坦上空经过，实现对巴基斯坦的全覆盖检查。2020年9月22日，印度国防研究与发展组织（DRDO）公布了下一代AD-1和AD-2反弹道导弹（ABM）的最新细节，报告指出AD-1拦截弹能够拦截中程弹道导弹（MRBM），而AD-2拦截弹有能力拦截远程弹道导弹（IRBM），这将提升印度对巴基斯坦的战略优势。印度在太空领域防御和打击能力的提高，使其不仅在常规力量上优于巴基斯坦，而且对巴基斯坦的核打击具有了拦截能力，从而开始打破印巴之间脆弱的战略平衡。

（二）莫迪政府加速推进"太空战略"的制约因素

第一，经费不足。根据美国航天基金会公布的报告显示，2020年美国航空航天局获得的预算为518亿美元，占全球航天支出总量的57%，高于其余35个国家航天机构预算的总和（384亿美元）；2020年，中国在航天领域的投入为132.8亿美元，占全球航天支出总量的15%，在全球航天大国中排名第二；第三位是欧洲航天局，获得的预算为83亿美元，占全球航天支出总量的9%；第四位是日本（27亿万美元）；第五位是俄罗斯（23.1亿美元）。美国2021财年国防预算中，对太空军投资180亿美元，航空领域投资569亿美元。尽管莫迪政府在不断提高对太空领域的投资，但是相对于美、俄、中的投资数额，印度在太空领域的投资还有较大差距。据印度官方数据，2020年该国GDP达到2.62万亿美元（折合人民币约16.7万亿元），为全球第六名，但能够给太空领域的投资占比不高。当前印度经济发展面临严峻挑战，太空领域的投资巨大，这将是限制莫迪政府推进"太空战略"的重要因素。

第二，缺乏航天技术和人才。就莫迪政府的"载人航天"计划而言，印度空间研究组织表示，需要将其掌握的所有技术结合起来，进行测试并确保达到预期的精度，而且还需要升级地球同步卫星运载火箭（MGSLVMar-3）的有效载荷承载能力，掌握将航天器精确交会和把空间站停靠在轨道上的能力等。印度空间研究组织卫星中心主任安纳杜拉伊（Anandurai）说，我们必须把新一代的硬件送上轨道，政府就需要我们在未来3年发射40多颗卫星，这对其造成极大的技术挑战。可见，莫迪政府"太空战略"面临着极大的技术挑战。此外，印度还缺乏航空技术型人才。据统计，印度航天的从业人员约2万人，主要依赖美欧培养，而美、中、俄这样的航天大国从业人员规模基本保持在20万—30万人。就航天技术人员的总量而言，印度和中、美、俄就不在一个数量级别上，这是印度目前很难解决的人才培育问题，严重制约着印度航天技术的发展。

第三，没有明确的太空发展战略。近年来，航空大国在太空军备、太空商业和太空治理等领域的竞争更加激烈，主要航空大国也相继出台了各自的太空发展计划。2020年美国国家太空委员会发布报告《深空探索和开发的新时代》，报告提出美国深空探索的新愿景。2016年，俄罗斯联邦为进一步推进太空战略，通过了《2016—2025年联邦太空项目》。中国通过发布《航天白皮书》的方式，指导未来太空战略的发展方向。2016年，欧盟通过《欧洲太空战略》。尽管印度的太空事业取得了巨大的进展，但是它还没有正式公开颁布其太空战略或太空政策。从目前莫迪政府着重推进的太空项目来看，莫迪政府的"太空战略"主要是向民用、军事化和商业化的方向发展。未来，莫迪政府的"太空战略"会走向何方，以及侧重点在哪里，还没有明确的战略方向。

【作者单位：兰州大学政治与国际关系学院、中亚研究所；兰州大学马克思主义学院】

（摘自《南亚研究季刊》2022年第3期）

"边缘"何以走向"中心"：以东盟为例

卢光盛

当前全球治理体系发生了众多新变化。在这种情况下，我们需要思考，传统意义上的边缘国家和地区在全球治理事务中的影响如何，它们有没有可能形成新的中心？本文将以东南亚国家联盟（下文简称"东盟"）为案例进行讨论。

全球治理体系"中心—边缘"再审视

中心—边缘理论，最早由阿根廷经济学家普雷维什在 1949 年提出。这一理论经沃勒斯坦重新阐释，成为其世界体系理论的核心之一。弗兰克等人在沃勒斯坦的基础上，以更广阔的时空视角完善和发展了世界体系理论，使该理论的适用范围不局限于资本主义世界。而聚焦于东南亚地区，北京大学国际关系学院王正毅教授也在前人基础上，深入探讨过边缘地带发展论。

世界体系中的中心与边缘，是在特定时空内形成的。中心国家在世界体系中占据主导地位；边缘国家受控于中心；半边缘国家介于二者之间，既在某种程度上受控于中心，又在某种程度上控制边缘。中心—半边缘—边缘的结构将是一个长期历史现象，但在长时段下，它并不是一成不变的，中心变迁为半边缘、半边缘乃至边缘成长为中心的案例，并不鲜见。

全球治理体系中的中心与边缘是基于权力界定的，这里的权力可以理解为影响力。就二战后相当长时期内全球治理的权力分布而言，其结构也呈中心—半边缘—边缘的形态，大致与世界体系的结构相若。而与权力分布相反，全球治理中的问题，似乎更多分布在边缘或半边缘国家，诸如海盗、气候变化、恐怖主义等问题，在全球化的今天，往往会从某一个国家和地区溢出，进而成为全球性问题。随着大变局下国际格局的不稳定性加剧，类似的治理问题显著增多。

由此可以引出两点反思：其一，全球治理体系的中心与边缘是否必然与世界体系的中心和边缘重合？二战后相当长时期，世界体系的"中心"往往也是全球治理体系的中心，全球治理性质的国际公共产品也往往由中心国家供给。但是，在"百年未有之大变局"背景下，中心国家在全球治理中缺位乃至破坏全球治理体系的状况显著

增多，半边缘、边缘国家在全球治理中开始扮演愈来愈重要的角色。同时，如前所述，全球性问题可能更多围绕着半边缘和边缘国家，这部分国家的治理主体意识也在觉醒和成长。这就促使我们思考，全球治理体系的中心与边缘是否必然与世界体系的中心与边缘重合？

其二，大变局下谁能成为全球治理体系再建构的中心？冷战结束后二十年"一超多强"的国际格局，事实上是两极格局解体后的震荡期，这一阶段全球治理体系的解构因素大于建构。而进入 21 世纪第二个十年，两极格局解体的余震逐渐减弱，全球治理体系的建构性力量开始崛起。大变局下全球治理体系的再建构，将以区域为起点，通过区域间联结，逐步扩散至全球；由"中政治"领域起步，通过议题联结，渗透至"低政治"领域，影响"高政治"领域。因此，新的全球治理体系建构性中心将至少具备以下三个特征：一是处于全球政治经济新兴活跃区域；二是具备联结多个区域、中心的特质；三是具备一定的治理资源性实力。

东盟：由"边缘"走向"中心"？

（一）谁可能成为"中心"

基于上述反思性分析，笔者提出了新中心的三个特征，接下来我们将会着重考虑这三个特征，由此来考察新的"中心"的可能性。

第一，处于全球政治经济新兴活跃区域。当前全球最具活力的区域无疑是亚洲东部地区，其范围涵盖中国、日本、韩国、朝鲜、蒙古和东南亚国家。第二，具备联结多个区域、平衡多个中心的特质。在亚洲东部地区，中国和日本、日本和韩国之间存在着尚未完全化解的历史遗留性矛盾，同时美国主导的美日韩同盟与中国有着地缘政治结构矛盾。第三，具备一定的治理资源性实力。经济实力是治理资源性实力的基础，蒙古国 2021 年 GDP 为 151 亿美元，人均 GDP 不足 5000 美元；东南亚国家中，经济体量最大的是印度尼西亚，2021 年 GDP 接近 12000 亿美元，但其人均 GDP 刚刚超过 4000 美元，也处于较不发达状态；东南亚国家中人均 GDP 最高的是新加坡，2021

年人均 GDP 超过了 7 万美元，但国家体量较小，经济总量不到 4000 亿美元。总体上看，无论是蒙古国还是单个东南亚国家，都不满足治理资源性实力的要求。

而进一步我们可以发现，作为东南亚国家集团的东盟，恰好比较符合上述三个特征。其位于广义上的东亚区域，与本地区中心国家/行为体以及对本地区有重要影响力的外部中心国家/行为体——美国、俄罗斯、欧盟等——均保持了良好的关系。而事实上，东盟在现实中也确实表现出了新中心的色彩，并开始在区域和全球治理中发挥一定程度上的"中心"或者"准中心"的作用。

（二）区域治理的中心：东盟

东南亚国家普遍属于传统意义上的边缘国家。不过，在地缘政治经济意义上，东南亚地区可以说处于"中心"位置，正如著名东南亚史学者安东尼·瑞德近年新著《东南亚史》（A History of Southeast Asia: Critical Crossroads）的副标题，东南亚是"关键的十字路口"。在全球化进程中，东南亚国家借助其地缘优势，在经济层面迅速崛起，不少国家逐步由边缘上升为半边缘。经济领域的腾飞与主体身份的觉醒，催化了东南亚国家对于本地区事务的自主、自决意识及对于本地区治理事务的权利伸张与权力声索。不过，尽管借力地缘政治经济意义上的中心性实现了快速崛起，但东南亚国家仍普遍属于半边缘或边缘国家，单个国家的治理实力和能力有限，无法在区域治理中扮演足够重要的角色。因此，东南亚国家以"组团"的形式克服实力与能力不足的问题，在不断扩大的过程中，东盟在区域合作中的中心性也逐步建立起来，进而获取了区域治理的中心地位和主要权力。

东盟在一定程度上取得了区域治理的中心地位，一是源于其成员国总体实力的不断增长，二是源于其作为地理意义上的边缘重叠区而获得的空间政治力。东南亚地区在地理意义上是多个传统中心的地缘张力平衡点，东盟则是这一地缘平衡力的承载者。东盟在地区事务与地区秩序中通常并不具备直接权力，其领导力更多地表现为维持合作过程等间接权力，正如秦亚青教授所指出的，这种间接权力是由主体间的关系互动与平衡以及合作过程中产生的共识和规范所建构的。三是基于上述基础的外部合作方的承认与地位赋予。在大国（中心）竞争加剧的情况下，原来的"边缘"反而被赋予了更大的权力，在区域乃至全球治理中的话语权显著提升。

（三）大变局下东盟治理"权力"的延伸

中国学者在翻译瑞德的《东南亚史》时，在副标题中使用了一个形容词——"危险的"（critical）。"十字路口"在带来地缘优势的同时，也带来一系列问题。世界体系中的边缘和半边缘位置，叠加地理意义上的边缘重叠区，使得东南亚成为治理问题的高发地区之一，同时也使得其区域性问题更容易转化为全球性问题。最为典型的便是本地区的安全治理。

东南亚是国际角逐较为激烈的地区，以美国为代表的西方国家频繁介入该地区安全事务，导致区域安全问题全球化、全球安全问题区域化。本区域的安全问题被外部势力纳入大国战略竞争范畴，大国战略竞争的具体"斗争"被置入本区域安全问题。这一方面使得本区域的治理问题复杂化，另一方面也为东盟介入全球安全治理提供了一个切口。东南亚地区由此成为两种相反力量的作用点，在这个作用点上，第三方的力度和方向将极大影响最终的合力。从这个意义上讲，东盟的权力在特定时空得到了放大。例如，随着特朗普和拜登政府持续推行对华战略竞争，南海问题国际化愈演愈烈，在各方拉锯中，东盟在南海问题治理领域逐步走上前台，成为这一问题上举足轻重的中心，而以南海问题为切入点，东盟也在全球安全治理上获得了更大的话语权和影响力，东盟区域治理的权力由此逐步延伸至全球层面。

（四）全球治理变革中的东盟角色

东盟在经济和传统安全领域全球治理上的影响力，随着东南亚国家先后崛起而不断增强。如今东盟已经逐步成为全球经济和传统安全治理的主要参与方之一，其借助自身不断增长的政治经济实力和特有的地缘政治经济优势，通过对于国际规范和国际机制重塑的建设性参与，成为区域和跨区域治理的中心，并深刻地影响了全球治理的变革进程。

当前，传统的全球经济合作组织和经济治理机制陷入运转失灵，大国"退群"等逆全球化事件层出不穷，"全球化 3.0"遭遇挫折，新一轮全球化的形态仍在变局中酝酿，全球经济治理体系也面临着剧烈变革，世界急需新的治理规范和机制。在这一背景下，更高程度的区域化有望通过跨区域联结成为新一轮全球化的前形态，而全球经济治理规范和机制也有望经由区域、跨区域路径生成，在这方面，东盟倡议发起和推动的《区域全面经济伙伴关系协定》（RCEP）做出了一些有益的尝试。

在地理上，东盟国家处于西太平洋的中心地带，位于南亚和东亚的交汇点；在经济上，东盟国家是当前区域乃至全球产业链、价值链中举足轻重的节点；在政治上，东盟与世界各大国均保持了良好的合作关系。地理、经济、政治上的"中心"优势赋能，使东盟有可能逐步成为新一轮区域、跨区域经济治理规范和机制供给的"中心"。东盟已经深刻地意识到自身的新角色，牵头并推动RCEP就是东盟对这种"中心性"赋予自身的权力与责任的最好回应。RCEP既是一个区域经济合作协定，同时事实上也是一种区域、跨区域的经济治理新机制，其背后的合作精神与规范脱胎于东盟在区域合作中的多年实践（包括"10＋1"和"10＋3"等）。在全球治理的新旧变革期，东盟已具有成为全球治理知识生产和公共产品供给新中心的可能。

"中心"与"新中心"的互动：中国的角色

二战后，尽管历经纷繁复杂的国际形势变化，中华人民共和国始终是世界体系的中心之一。随着综合国力的提升，作为全球第二大经济体和联合国安理会常任理事国，中国已经成为全方位意义上的全球治理中心之一。在全球层面，中国以多边机制为舞台，在团结广大发展中国家的基础上，努力肩负起大国责任，充分发挥作为中心的影响力，以更加积极的姿态参与全球治理体系改革和建设，推动建立更加公正合理的国际政治经济新秩序。

在区域治理中，传统中国是基于一种差序格局思维，从周边起步，不断强化周边制度安排，推动东亚区域治理向更高的阶段迈进。而随着东盟作为区域治理的"新中心"逐渐成长起来，中国也积极参与东盟引领的制度安排。这两个路径往往产生交集，最典型的例子就是东盟与中日韩（10＋3）领导人会议、中国—东盟（10＋1）领导人会议和东亚峰会机制。在东亚区域治理事务中，中国并没有完全将自身的实力和能力转化为直接的治理权力，而是赋能于东盟牵头的区域性国际机制，充分尊重"东盟中心地位"，借助东盟作为"新中心"的平衡力、牵引力，推动各方在以东盟为中心的多边平台形成区域治理的合力。这可以说是一种"生而不有，为而不恃，功成而不居"的中国式区域治理智慧。

国家通常是根据自己的发展水平来定义最紧迫威胁和最重要利益，因此各国对各种全球性威胁的优先度排序并不相同。作为全球体系中的新兴经济体，中国和东盟拥有众多的共同利益和共

同认知，在全球治理的具体事务和全球治理体系变革中拥有广泛的共同利益和共同诉求，借助各自的"中心"和"新中心"的地位，中国和东盟在全球治理事务中密切合作，实现了错位协同。

随着中美战略竞争不断持续，中国在全球治理中的影响力和作用力屡受掣肘，对于中国提出的全球治理方案，部分国家可谓"逢中必反"。在此背景下，作为"新中心"的东盟，更多地在规范层面承担起了引领责任，为广大发展中国家和新兴经济体发声，中国则借助自身政治经济实力为东盟站台和赋能，与东盟一道维护国际公义，推动全球治理体系变革。RCEP便可被视为中国和东盟共同捍卫多边主义、积极推动全球经济治理良性发展的典范。作为坚定维护多边贸易体系的切实行动，东盟牵头推动RCEP谈判，中国则率先批准了相关协定，为其正式落地注入了强心剂。

随着全球化的深入和边缘国家主体意识的觉醒，在多中心格局形成的同时，部分治理领域已经出现去中心化趋势；伴随参与行为体的互动加深，民族国家更多借力多边平台参与治理，多边平台也在广泛吸纳有影响力的非国家行为体，治理参与主体也出现去中心化；在经历一段时期的议题分治后，各方开始意识到议题的边界性正在模糊化，单一议题的界限很难限定。"去中心"已经成为未来的一个可能趋势。

这一趋势，使得传统全球治理理念、规范和制度已大大滞后于现实发展与需求，世界急需与时俱进的、超越"中心—边缘"思维的新全球治理观与方案。中国以长时段、大历史的系统性眼光，深刻把握到这一系列新变化、新趋势，提出了"人类命运共同体"这一超越"中心—边缘"思维的全球治理理念和方案。在推动人类命运共同体由理念变为现实的进程中，基于历史与现实，中国尤为重视从周边起步，进一步加强与东盟在全球治理和区域治理中的合作，中国—东盟命运共同体和澜湄国家命运共同体的构建，成为人类命运共同体建设的先行先试和金色样板，也将是推动全球治理体系朝着更加公正合理的方向发展的关键支撑。

【作者单位：云南大学国际关系研究院】
（摘自《探索与争鸣》2022年第8期）

克服知行矛盾：中国—东盟
合作与地区秩序优化

翟　崑

探讨冷战结束后中国对周边的地区合作，是中国外交和国际关系领域中一项新兴的重要研究议程。这是因为自冷战结束以来，中国面向周边开创性地开展了一系列富有成效的地区合作实践，有助于发展中国特色的外交战略和国际关系中的地区合作理论。其中，中国与东南亚开展了长时段、多层次和宽领域的合作，成果尤为突出，被习近平主席誉为亚太地区最为成功和最具活力的合作。双方在合作中积累了宝贵的信任资产、合作经验与机制化成果。2021 年是中国与东盟建立对话关系三十周年，双方领导人于 11 月 22 日召开了纪念峰会，总结了合作的成功经验，将双方关系从战略伙伴关系升级为全面战略伙伴关系，并发表面向未来合作的联合声明。

近年来，中国学界对中国与东盟合作的研究有很大进展，其中就包括解释这项地区合作的长期成功因素。本文简要回顾几位代表性学者的研究成果，如张蕴岭认为，利用东盟平台构建与东南亚地区的综合新关系，是中国构建周边新关系与秩序的重要尝试。王玉主认为，中国—东盟关系是经济利益捆绑的战略伙伴关系，中国提出与东盟国家共建命运共同体的倡议以深化和提升双方合作关系，释放了与东盟共赢的诚意和信心。魏玲认为，中国—东盟伙伴合作是后冷战时期东亚和平与繁荣的基石，是东亚地区主义的核心。创造战略机遇、构建发展和平、坚持东盟中心这三大原则及其指导下的实践，是中国—东盟关系富有活力、产生实效的重要原因和基本经验。全毅和尹竹分析了中国—东盟地、次区域合作机制与合作模式创新，并将中国与东南亚地区合作视为中国参与地区治理和构建地区秩序的重要试验田。卢光盛和聂姣认为，中国在与东南亚的地区合作中，将命运共同体理念作为构建地区新秩序的重要载体。聂文娟认为，命运共同体倡议反映了中国互惠合作的关系秩序理念，并将"东盟＋"框架下的合作串联起来，使中国在东南亚地区秩序的演变中逐渐占据主导地位。张洁等学者则分别分析了中国对东南亚围绕反恐、基础设施建设、公共卫生治理、反洗钱等新兴议题合作策略的成功之道。

以上代表性研究的贡献在于：1. 强调理论构建的中国本位、中国实践和中国视角，具有很强的理论创新意义，有益于中国的对外战略和国际关系理论中的地区合作研究；2. 涵盖双边、次区域、东盟和东亚等多个层次，均把中国对东南亚的多层次地区合作实践作为一个有机联动的整体；3. 从不同角度对双方合作的成功模式做了理论解释；4. 均认为中国与东盟合作推动了东亚地区合作，有益于东亚地区秩序的构建。本文尝试在以上优秀研究成果的基础上，进一步丰富和完善该研究进程—系统梳理和解释中国与东盟的合作，如何以及为什么能够优化东亚地区秩序，其进程、表现、原因、机制和未来发展趋势如何。

因此，本文要解决的核心问题是，为什么中国—东盟合作能够持续不断地优化东亚地区秩序？本文尝试提供一个简洁而综合的分析框架，其核心观点是：中国与东盟能够不断克服地区合作的知行矛盾，进而带动优化东亚地区秩序。1. 这首先是一个中国与东盟不断解决地区合作知行矛盾的过程。知是中国对东南亚的地区合作观的演进，行是中国对东南亚的地区合作战略的发展。双方不断克服各种知行矛盾，从而推进合作，扩大地区秩序优化的范围。2. 本文将首次提出中国与东盟合作的模式，是以东盟为基准上下浮动的多层次地区合作模式，从而为双方多层次的地区合作找出一条基准线。3. 中国逐步形成以东盟为基准的地区合作基本框架，包括地区意识的形成、地区战略的完善、地区责任的扩展，以及地区治理的进步。4. 中国与东盟合作优化东亚地区秩序的主要机制有三种，一是带动东亚地区合作中关于东盟中心地位的认同；二是带动各大国通过竞争性合作丰富东亚合作的内容；三是东盟不断完善在东亚合作中的"东盟＋"结构。5. 最后，在中美战略博弈加剧、"印太秩序"兴起的背景下，中国与东盟合作面临的新知行矛盾（或者说对前述成功经验的考验），是能否继续升级合作以应对并优化新兴的"印太秩序"。本文认为，中国和东盟可以在"东盟印太展望"（AOIP）的框架下继续加强合作，从而优化更广域的印太包容性地区秩序。

一　中国与东南亚合作的"东盟基准"

从二战结束后到1991年冷战结束之前，中国对东南亚的整体认知和外交实践被美苏两大阵营二元化。冷战结束后，中国对东南亚更加自觉的整体认知和外交实践快速兴起。从发展历程看，中国与东南亚的合作大致以东盟为基准，分为三个层次，即东盟、东盟以内和东盟以外。"东盟基准"是指中国对东盟这个地区组织的认知与合作；东盟以内是指中国与东南亚国家的双边合作和次地区合作；东盟以外是指中国在东盟建立的东亚合作架构内的地区合作和跨地区合作，以及中国与东盟在全球范围内的合作，具体又可分为

多个层次。

（一）中国与东盟国家的双边合作

1991年，中国与所有东南亚国家建立关系、恢复关系或关系正常化。1997年12月，中国—东盟领导人会议发表了关于建立面向21世纪的睦邻互信伙伴关系的联合宣言，成为中国与东盟国家深化双边关系的指导准则。在21世纪的前21年，中国与所有东盟国家的关系都有所发展，建立了各种形式的伙伴关系。2013年习近平主席在印尼国会发表演讲，首次提到愿同东盟国家缔结睦邻友好合作条约；2019年中国同柬埔寨、老挝先后签署了《构建命运共同体行动计划》；2020年1月习近平主席访问缅甸期间，中缅双方就构建中缅命运共同体达成重要共识。近三十年间中国与东盟国家的双边合作成果丰硕，重要进展参见表1。

表1　中国与东盟国家双边合作重要进展（1991—2020）

1991—2000年	2001—2010年	2011—2020年
1991年9月，中国与文莱建立外交关系。 1991年11月，中国与越南两党两国关系实现正常化。 1996年，中国与菲律宾两国领导人同意建立中菲面向21世纪的睦邻互信合作关系。 1999年，中国与马来西亚签署关于未来双边合作框架的联合声明。 2000年4月，中国与新加坡签署关于双边合作的联合声明。 2000年11月，中国元首首次访问老挝，两国确定发展长期稳定、睦邻友好、彼此信赖的全面合作关系。	2001年8月，中国与泰国共同发表联合公报，就推进战略性合作达成共识。 2004年，中国与马来西亚两国领导人就发展中马战略性合作达成共识。 2005年4月，中国与印尼发表战略伙伴关系联合宣言。 2005年，中国与菲律宾建立致力于和平与发展的战略性合作关系。 2008年6月，中国与越南建立全面战略合作伙伴关系。 2009年9月，中国与老挝建立全面战略合作伙伴关系。 2010年12月，中国与柬埔寨建立全面战略合作关系。	2011年6月，中国与缅甸建立全面战略合作伙伴关系。 2012年4月，中国与泰国建立全面战略合作伙伴关系。 2013年，中国与文莱建立战略合作关系，中马建立全面战略伙伴关系，中印尼发表全面战略伙伴关系未来规划。 2015年11月，中国与新加坡签署关于建立与时俱进的全方位合作伙伴关系的联合声明。 2016年9月，中国与老挝签署共建"一带一路"谅解备忘录。 2016年10月，中国与柬埔寨签署共建"一带一路"谅解备忘录。 2017年5月，中国与新加坡签署共建"一带一路"谅解备忘录。 2017年9月，中国与泰国签署共建"一带一路"谅解备忘录。 2017年11月，中国老挝两国元首一致同意共同构建中老具有战略意义的命运共同体，签署共建中老经济走廊谅解备忘录。 2017年，中国与马来西亚、中国与文莱签署共建"一带一路"谅解备忘录。2018年9月，中国与缅甸签署共建中缅经济走廊谅解备忘录。 2018年11月，中国与菲律宾建立全面战略合作关系，签署共建"一带一路"谅解备忘录。 2018年11月，中国与印尼签署共建"一带一路"谅解备忘录。 2018年，中国与文莱建立战略合作伙伴关系。 2019年4月，中国与柬埔寨签署构建中柬命运共同体行动计划，中国与老挝签署构建中老命运共同体行动计划。 2020年1月，中国与缅甸两国领导人宣布构建中缅命运共同体。

资料来源：作者自制。

（二）中国与东南亚的次地区合作

中国与东南亚的次地区合作分别从陆上和海上两个方向展开。1991年柬埔寨谈判的完成使得陆上东南亚的战略形势彻底缓和，中国在谈判过程中与东盟国家的协调，也奠定了与多个海上东南亚国家合作的基础。1992年中国参与亚洲开发银行（ADB）主导的大湄公河次区域经济合作机

制（GMS），由此开启了中国的次地区合作进程。2021年9月9日，李克强总理参加大湄公河次区域经济合作第七次领导人会议时称，"大湄公河次区域经济合作机制成立近30年来保持稳定发展势头，在基础设施建设、次区域经济一体化等领域合作务实、成效显著、运作成熟，既惠及我们各自国家的经济社会发展和民生改善，也为地区

的稳定和繁荣提供助力"。2014 年中国发起澜沧江—湄公河合作（即"澜湄合作"），是中国与柬埔寨、老挝、缅甸、泰国及越南共同发起和建设的新型次区域合作机制，旨在深化澜湄六国睦邻友好和务实合作，促进沿岸各国经济社会发展，打造澜湄流域经济发展带，建设澜湄国家命运共同体，助力东盟共同体建设和地区一体化进程，为推进南南合作和落实联合国 2030 年可持续发展议程作出贡献，共同维护和促进地区持续和平和发展繁荣。从海上次地区来看，2006 年前后中国广西发起面向海上东盟国家的泛北部湾经济合作，以南宁—新加坡经济走廊为轴，以大湄公河次区域合作区、泛北部湾经济合作区为翼，构建中国—东盟"一轴两翼"的区域经济合作新格局。此外，中国政府还积极推进与东盟东部增长区的合作。习近平主席在 2018 年访问菲律宾时承诺加大对东盟东部增长区的投入，并在 2020 年 11 月举行的第十七届中国—东盟博览会和中国—东盟商务与投资峰会开幕式上，提出推动中国—东盟东部增长区合作走深走实。李克强总理在 2021 年 10 月举行的第 24 次中国—东盟领导人会议上提出，愿同东盟继续深化中国—东盟东部增长区合作，助力东盟一体化进程。总的来看，中国与东盟国家的陆上次地区合作进程要领先于海上次地区合作。

（三）中国与东盟的地区合作

1991 年，中国与东盟正式开启对话进程。30 年来，中国东盟关系实现跨越式发展，取得令人瞩目的成就，给 11 国 20 多亿民众带来了实实在在的利益。1991 年双方建立对话关系是历史性的突破，表明中国把东盟当作一个整体来看待。而 1995 年越南加入东盟并得到中国的认可，在标志着东盟性质转变的同时，也意味着中国对东盟整体的认识出现转折性变化。自此，东盟作为一个整体在中国对外战略中的地位不断提升。1996 年，中国与东盟正式建立对话伙伴关系，标志着中国开始与东盟整体进行制度化合作。1997 年东南亚金融危机爆发后，中国政府展现负责任大国形象，发挥建设性作用帮助东盟国家渡过难关，为密切双方关系提供契机。同年 12 月，首次中国—东盟领导人会议发表《联合宣言》，确定建立面向 21 世纪的睦邻互信伙伴关系。在 2002 年 11 月第六次中国—东盟领导人会议上，中国与东盟签署《中国与东盟全面经济合作框架协议》，确定了 2010 年建成中国—东盟自由贸易区（CAFTA）的目标。在这次会议上，中国与东盟各国签署了《南海各方行为宣言》（DOC），该宣言是中国与东盟签署的第一份有关南海问题的政治文件，对维护中国主权、保持南海地区和平稳定、增进中国与东盟互信具有重要积极意义。中国于 2003 年作为东盟对话伙伴率先加入《东南亚友好合作条约》（TAC），与东盟建立了面向和平与繁荣的战略伙伴关系。此后，双方多次举行建立对话关系和战略伙伴关系的纪念峰会活动，政治互信不断增强，各领域务实合作成果丰硕。2013 年第十六次中国—东盟领导人会议确定了未来十年的"2+7"合作框架，体现了中国政府以东盟为周边外交优先方向的承诺。当年底，双方发布《纪念中国—东盟建立战略伙伴关系 10 周年联合声明》。2015 年 11 月，双方签署《关于修订〈中国—东盟全面经济合作框架协议〉及项下部分协议的议定书》，标志着中国—东盟自贸区升级谈判正式结束。2018 年 11 月，中国与东盟发布《中国—东盟战略伙伴关系 2030 年愿景》，为维护地区和平稳定、增进中国与东盟间互信和信心、提升合作水平奠定了基础。2019 年 11 月，中国与东盟国家领导人共同发布《关于"一带一路"倡议同〈东盟互联互通总体规划 2025〉对接合作的联合声明》，推动双方就高质量共建"一带一路"迈出重要步伐，为本地区实现全面互联互通注入新动力。2021 年 11 月 22 日，习近平主席主持召开中国—东盟建立对话关系 30 周年纪念峰会，11 国领导人将中国东盟战略伙伴关系升级为全面战略伙伴关系，并签署联合声明。

（四）中国与东盟在东亚合作架构内的地区合作

这一合作进程的起点是 1994 年中国加入东盟主导的亚太安全对话机制——"东盟地区论坛"（ASEAN Regional Forum，简称 ARF），标志着中国对东盟作为地区安全对话架构主导者的认可。2010 年 10 月，东盟建立东盟防长扩大会（ADMM plus），与八个对话伙伴加强安全和防务合作，以促进该地区和平、稳定与发展。1997 年亚洲金融危机后，中国与东盟在东亚合作架构内的经济合作迅速兴起：从 1997 年底到 2001 年是"10+1"和"10+3"东亚合作框架的初建阶段；从 2001 到 2005 年是东亚合作框架的迅速发展阶段；从 2006 年起到 2010 年是"10+3"和"10+6"乃至后来的东亚峰会（"10+8"）的平行发展阶段。其间，澳大利亚、新西兰、印度，以及美国和俄罗斯陆续加入东亚峰会；2010 年以后，东盟发起东盟互联互通总体规划，希望大国支持本地区基础设施建设。在面临《跨太平洋伙伴关系协定》（TPP）的压力时，东盟于 2012 年发起《区域全面经济伙伴关系协定》（RCEP）谈判，中国积极推动；2013 年以后，"一带一路"

建设与《东盟互联互通总体规划 2025》对接；2017 年以后，美日印澳等国发起旨在排斥"一带一路"的"印太战略"；东盟则于 2019 年发起"东盟印太展望"，明确提出在"印太战略"中维护东盟的中心地位，强调包容性的地区合作。《中国—东盟建立对话关系 30 周年纪念峰会联合声明》重申了"东盟印太展望"的原则，习近平主席在峰会上的讲话中提到，要高质量共建"一带一路"，同东盟提出的"印太展望"开展合作。

（五）中国也特别强调与东盟在全球层面的合作

1997 年，中国最早提出与东盟在全球层面的合作。当年 12 月发布的《中国与东盟国家首脑会晤联合声明》就地区金融形势提到，鼓励中国和东盟国家与国际货币基金组织、世界银行、亚洲开发银行和国际监管机构密切配合。长期以来，中国赞赏和支持东盟在国际和地区事务中发挥积极作用，东盟也认为一个和平、稳定和繁荣的中国是世界，特别是亚太地区长期和平、稳定与发展的重要因素。2004 年《落实中国—东盟面向和平与繁荣的战略伙伴关系联合宣言的行动计划》单独设置一章，谋划双方在国际和地区事务上的合作。此后，中国和东盟在全球层面上开展广泛合作：一是在联合国框架下的合作，双方在联合国改革、反恐、发展和其他共同关心的问题上展开对话与合作，中国与东盟成员国常驻联合国代表定期举行会晤，紧密协调；二是在世贸组织内部合作推进多哈发展议程谈判，并通过完善特殊和差别待遇原则、扩大对发展中国家技术援助、支持老挝和越南加入世贸组织等方式，一道推动世贸组织充分反映发展中国家的利益关切；三是在跨地区方面，除了在东盟地区论坛中保持密切协调外，中国和东盟还在能源、农业、金融等领域加强合作，共同推进亚洲合作对话进程。双方在亚太经合组织、亚欧会议等场合加强协调与合作，并通过东亚—拉美合作论坛、亚非次区域合作等机制落实南南合作。针对近年来日益上升的贸易保护主义和逆全球化，双方在《中国—东盟战略伙伴关系 2030 年愿景》中表示坚定反对，强调积极融入经济全球化，促进经济一体化，包括支持建立东亚共同体长期目标。在落实联合国 2030 年可持续发展议程方面，2021 年《中国—东盟建立对话关系 30 周年纪念峰会联合声明》认同中方提出的全球发展倡议，以及东盟推动的《东盟共同体愿景 2025》与联合国 2030 年可持续发展议程相互促进。深化地区和国际合作是中国—东盟面向和平、安全、繁荣和可持续发展的全面战略伙伴关系的核心内涵之一，双方将合力

构建一个基于《联合国宪章》原则和国际法，遵循开放包容、透明、相互尊重、公平正义、互利共赢理念的国际体系，并加强在气候变化、公共卫生、生物多样性保护、粮食和能源安全等全球问题上的沟通合作。

由此可见，中国对东南亚的地区合作总体上以东盟为基准，上下拓展，在双边、次地区、地区、跨地区、全球层面全面展开，取得巨大进展。这些不同层次的合作虽然起点不一，内容不同，但越往当前发展就越是齐头并进，形成中国在东南亚地区多层次、多渠道、多进程的合作模式，这在冷战后中国面向全球的地区合作中并不多见。之所以将东盟作为基准，因其是固定的组织，是代表整个东南亚（东帝汶除外）的地区组织，也能体现中国对东盟的尊重。这从中国领导人的官方声明可以看出："我愿重申，中方将坚定不移以东盟为周边外交优先方向，坚定不移支持东盟团结和东盟共同体建设，坚定不移支持东盟在区域架构中的中心地位，坚定不移支持东盟在地区和国际事务中发挥更大作用。"

二 中国与东盟突破地区合作的"知行矛盾"

中国对东南亚的合作是在突破知行矛盾，也就是在解决外交实践困境和战略思想难题的过程中形成的。

（一）中国与东盟合作中的外交难题和思想实验

中国对东南亚的地区合作的形成发展非常迅速，堪称中国对外战略尤其是周边战略的最佳实践。但是每一次合作的进步，都是克服外交实践难题之后的发展。而在外交实践难题的背后，则是理念和思想，以及思想背后的利益碰撞、交锋和磨合。比如，中国加入 GMS 推进次地区合作，以及加强与东盟的合作，是中国外交面临的新生事物，并没有现成的经验。而在当时，虽然有地区主义和新地区主义等理论支撑，但其远远跟不上形势的发展，也很难直接套用。

中国在东南亚践行地区合作，有几对知行矛盾贯穿始终：一是双边与多边的关系问题，其实质是资源分配与协调问题。双边是基础，多边是舞台，孰轻孰重？双边肯定是基础、是最重要的，但随着地区合作的兴起，多边的重要性日益突出。在具体实践中，双边与多边势必有交叉重合的地方，哪些合作放在双边层次，哪些合作放在多边层次？二是一个更加聚合团结的东盟对中国更有利，还是一个分崩离析的东盟对中国更有利？其本质是中国如何看待和应对东盟的一体化和整体性问题。多数学者认为"合好于分"，少数学者

认为"分好于合"，也有学者认为应善施分合之道，该合则合，该分则分。中国一贯的政策是支持东盟一体化建设，但中国加强与湄公河国家的合作也时常被视为分裂东盟之举，这也是中国与海上东盟国家推进次地区合作进展缓慢的原因之一。三是如何应对东盟的变与不变，其本质是如何应对东盟不断调整变化的地区合作战略问题。不变是指东盟成员基本确定，在可预见的未来仅可能接纳东帝汶为成员。变是指东盟的合作架构不断变化，东盟的地区战略观也从东亚扩展到印太地区。因此，中国需要不断适应并调整与东盟的合作战略。四是大国竞争地区主导权与东盟维护中心地位的问题，其本质是地区秩序的构建问题。东盟中心地位是逐渐兴起的外交理念，其针对的正是传统的大国竞争地区主导权问题。当前局面是包括中国在内的大国都尊重东盟主导权，但同时也在发展各自主导的地区合作，比如中国的"一带一路"倡议和美国的"印太战略"等。当然，知行矛盾远不止这些，在发展过程中还会出现其他的矛盾，但中国和东盟总是能不断克服这些知行矛盾，推进合作。

（二）中国逐步形成以东盟为基准的地区合作基本框架

中国在与东盟克服地区合作知行难题的过程中，逐步形成一整套推进合作、优化地区秩序的基本框架。一是如前所述，中国形成以东盟为基准上下浮动的地区意识。二是形成以东盟为基准的地区合作战略。东盟是中国全方位外交布局的结合部：东盟除了是"周边是首要"的优先方向，"大国是关键"的重点竞合博弈区，还是"发展中国家是基础"的重要合作伙伴，以及"多边是舞台"的重要地区架构平台。三是形成在东南亚的地区责任。从1997年亚洲金融危机、2003年的非典疫情、2008年全球金融危机，一直到2020年的新冠疫情，中国都肩负起了地区责任，保障东南亚地区的繁荣发展，并与东盟在应对危机的过程中形成"转危为机"的地区合作动力。四是形成以东盟为重点的地区治理。近年来，地区治理成为全球治理的新发展趋势。中国与东盟在多次应对非传统安全问题，如SARS、禽流感、疫情、生态环境等地区性问题的基础上，逐渐形成地区治理机制。在新冠疫情背景下，中国与东南亚开展了公共卫生治理合作。中国与东盟于2020年2月20日召开关于新冠肺炎问题的特别外长会，提出合作应对疫情与促进地区经济的九点建议。同年4月"10＋3"的抗击新冠疫情领导人特别会议和6月的"10＋3"抗击新冠疫情经贸部长特别会议，都重申协调地区合作，强

调金融稳定、互联互通、产业链畅通和旅游业复苏方面的合作。此后，中国建立和不断完善"中国—东盟疫苗之友"平台，并在第三次澜湄合作领导人会议和第52届东亚外长系列会议期间提出了一系列合作倡议，推动以东盟为重点，面向东南亚地区公共卫生治理合作的制度化。

（三）中国与东南亚地区合作的成就是多利益相关方共同推动的结果

这里特别强调知行共同体的作用。1991年以后，中国与东盟国家的各方不断融入地区合作进程，包括各国领导人、部委和地方的政策制定者和实践者、商人、战略思想家、各种专业研究人员等。他们围绕地区合作这一目标，发挥合力，形成知行共同体。当然，这不是一个一开始就心往一起想，劲往一处使的理想状态，而是克服知行矛盾，利益协调和重组的过程。不同利益相关方的身份和利益不同，观点存在差异，需要多方磨合，在实践中解决知行矛盾。在一些重大问题特别是存在分歧的问题上，需要领导人指明战略方向发挥引领作用；各行各业的实践者提供经验教训；研究人员提供智力支持；部委和地方政府等决策推进。以中国—东盟自贸区建设为例，在早期提出建立中国—东盟自贸区的问题上，也就是在中国加入WTO以后，各方认识到应该加强地区经济合作。朱镕基总理提出希望启动谈判，在谈判进程中，考虑到东盟欠发达国家的事实，各方又提出适合这些国家的早期收获计划。随着其他国家纷纷与东盟签署标准较高的经贸协定，加之中国东盟经贸合作关系的发展，2012年以后李克强总理又在各方研判基础上提出中国东盟自贸区升级版。随着RCEP的谈成落实，双方领导人在2021年11月22日中国东盟建立对话关系30年纪念峰会上，决定推动中国东盟自贸区3.0版的建设。

三 中国—东盟合作持续优化东亚地区秩序

中国与东盟合作对地区秩序构建的正面战略效应不只局限于双方，在全球和地区秩序结构大变迁的背景下，有助于更大范围的东亚地区的秩序优化。主要体现在以下三方面：

（一）带动了东亚地区合作的认同

这种认同主要是围绕东盟和东盟在东亚合作中的中心地位展开的。东盟成立于1967年，之后建立了以组织整体与西方国家对话谈判的机制，取得一定的成效，形成最初版本的"东盟＋"结构，加强了东盟自身的认同和一体化进程。但是，有的大国仅仅认同东盟的整体性，而相应的政策配套和外交实践却没有跟上。从这个角度看，虽

然中国作为东盟的对话伙伴是后来者，但中国与东盟在东亚合作框架下的合作却后来者居上。在中国的带动下，一方面是东盟必须加强自身认同，不断加强一体化建设进程以整体身份回应来自中国的合作。另一方面是中国的做法带动了其他大国提升对东盟的认同与合作。在1997年亚洲金融危机中，美国和欧盟等东盟的对话合作伙伴并未发挥实质性作用，反倒刺激东盟创建了"10 + 3"合作框架，优化了"东盟 +"结构。在东亚合作之前，大国对东盟的认同度较低，战略资源的注入和实质性的合作推进相对有限。中国则在东亚合作框架下积极主动地推进东亚合作，发挥了创新和引领作用。21世纪初，中国率先推进与东盟的自贸区建设、加入《东南亚友好合作条约》、与东盟建立战略伙伴关系、达成《南海各方行为宣言》，以及加强非传统安全合作等，这一轮认识突破和实践创新触发了东亚合作的发展。日、韩、澳、新、印、美、俄等国也纷纷跟上，加强与东盟合作，形成各方相互复制与东盟合作的政策及相互竞争对东盟影响力的局面。在中国之后，日、韩、俄、澳、欧盟和美国先后加入《东南亚友好合作条约》。2005年，美国和东盟发布《关于加强伙伴关系的联合愿景声明》，双方于次年签署了《贸易和投资框架》（TIFA）。东盟为了应对大国急剧上升的合作意愿与合作政策，又不断加强自身整体性和认同，加固了东盟的中心地位。2007年1月，第十二届东盟峰会签署《宿务宣言》，决定提前于2015年实现东盟共同体。这在很大程度上克服了东亚地区合作的知行矛盾：大国很难主导东亚地区合作，由中小国家组成的地区组织来引领包含地区大国在内的地区合作反倒成功了。各方都把东盟作为一个整体，更加自觉地承认东盟中心地位，促进东亚地区合作，这是个相互促进的过程。如果哪一方对东盟的合作意愿降低，认同下降，则会被视为不尊重东盟中心地位，落入东盟设下的"道义陷阱"。例如，2007年美国总统布什和国务卿赖斯相继缺席东盟重要会议，当即招致各方的批评。时任美国传统基金会亚洲研究中心主任的洛曼指出："这种蔑视的态度会累积起来，将亚洲人指向一个没有美国的未来。"

（二）丰富了东亚地区合作的内容

中国与东盟的制度化合作日益完善，也带动东亚地区合作制度化的发展。一是从合作内容看，从传统领域扩展到新兴领域，并且不断纳入和创造新兴领域。双方初期主要是加强经济合作；之后快速开展安全合作和非传统安全合作，共同管控南海分歧；进而在此基础上陆续加入教育文化、

妇女儿童、海上合作、互联互通、数字经济、绿色低碳、公共卫生、国际发展、科学技术等领域的合作。二是从合作平台看，中国与东盟在东盟主导的多层次对话平台和机制中建立了多个合作机制，几乎覆盖所有部委。并且随着地区形势的变化，建立新的合作机制和平台，比如疫情暴发后双方建立了加强区域供应链建设的平台。三是从合作类型看，中国与东盟主张合作共赢，把合作分为硬联通、软联通和心相通。硬联通主要是基础设施建设的互联互通，软联通是制度和规则的互联互通，心相通则是民心民意的相通，共同致力于更紧密的中国—东盟命运共同体建设。总体来看，中国与东盟合作的程度普遍高于其他地区。比如，《"一带一路"国家基础设施发展指数报告2021》显示，东南亚地区基建发展势头强劲，居各地区之首。中国与新加坡、菲律宾、马来西亚等东盟国家标准化机构签署合作文件。RCEP生效进一步深化中国—东盟规则标准合作机制，实现标准"软联通"与合作"硬机制"相互促进。北京大学"一带一路"沿线国家"五通指数"显示，中国—东盟民心相通总体水平领先于其他地区。中国与东盟的合作确实对其他国家产生了示范、带动的作用，而且相互竞争学习，使得各伙伴国与东盟的合作内容、平台架构和基本类型趋同，均有长期化、制度化、全方位等特点。多组"东盟 + 1"形成"你追我赶"的竞争局面，这在一些新兴合作领域中的表现尤其明显，丰富了东亚合作的内容。比如，东盟近年来制定了不少加强数字合作的规则，中国迅速于2020年与东盟建立数字经济合作伙伴关系，随后美国、日本、韩国、澳大利亚等国，以及欧盟，也纷纷加强了与东盟的数字经济合作。

（三）改善了东亚地区秩序结构

在中国与东盟合作的带动下，东亚地区形成了一个以东盟为中心的"东盟 +"地区合作结构，改变了过去大国主导地区结构的模式。在东亚合作框架下，形成以东盟为中心，以多对"10 + 1"为子系统，以"东盟 +"为结构发挥协调作用的地区合作系统。中国是最早提出并始终坚持东盟中心地位的国家。"东盟 +"结构对优化东亚地区秩序有如下作用：一是相对缓解大国战略博弈的刚性结构。"东盟 +"结构使得东南亚成为更具韧性的竞合区，面对地区内可能出现的大国影响力干预，东盟的考量是引入域外新力量，扩大东亚合作范围，借此对冲潜在的独立性与自主性受损。东盟在2005年底创建东亚峰会，引入印度、澳大利亚和新西兰构造"10 + 6"机制。2011年，东盟再次邀请美国和俄罗斯加入东

亚峰会，其合作机制由此扩大至"10＋8"。二是大国逐渐适应角色变迁。中、美、日、韩、印、澳等国渐渐认可了东盟的角色和地位，甘心做"东盟＋"结构中的合作者而非主导者。这无异于一种优化地区秩序的战略磨合，有利于"东盟＋"结构的进一步制度化和道义化。在相互竞争的局面下，大国都会将支持东盟中心地位作为起码的政策宣示，否则就会被认为是不道义。美国也越来越认可东盟的中心地位，特朗普政府在发布《印太战略报告》时也开始反复重申对东盟中心地位的承诺。印度、欧盟、英国、法国等均在各自的"印太战略"中重申支持东盟中心地位。三是东盟塑造地区经济和安全架构。目前，东亚峰会（EAS）和"东盟印太展望"（AOIP）是各方都认可的地区合作机制。"东盟＋"结构的经济合作功能比较成功，RCEP实现了东亚经济合作的进一步整合，不过还没有将美国、欧盟等纳入结构。安全方面"东盟＋"结构的安全合作功能有所发展。2021年8月，国务委员兼外长王毅以视频方式出席第28届东盟地区论坛外长会时表示，面对疫情冲击和地缘政治回潮，中方认为，维护地区和平稳定，必须践行真正的多边主义，通过加强团结合作，共同应对好本地区面临的新冠疫情、非传统安全、地缘对抗、强权政治、地区热点等安全挑战。

四 中国—东盟可以促进"东盟印太展望"的包容性地区秩序

在中美东南亚的战略博弈加剧，各方"印太战略"兴起的背景下，中国与东盟的合作能否带动创建更广域的包容性地区秩序？这是中国与东盟合作面临的新知行矛盾，需要进一步创新发展双方合作、优化地区秩序的模式。本文认为，中国接纳并推动"东盟印太展望"，符合本地区秩序发展的新趋势，理论上有助于在更大的框架内缓和中美战略博弈，实践上能够顺应地区秩序发展的新态势。

（一）东南亚成为"印太战略"博弈核心竞合区

目前，美、日、印、澳、英、法、德等国以及东盟，均以印度洋—太平洋地区为地缘政治经济空间，推进地区秩序建构。但各方的"印太战略"的范围、内容、属性、策略不尽相同。新冠疫情背景下，各方战略力量向印太地区汇聚的趋势不降反升。各主要战略力量的"印太战略"都有制衡中国的意图，并且多以拉拢东盟作为主要手段。如美日印澳四边对话机制就是拉拢东盟国家，针对"一带一路"倡议。法国、德国、英国

的"印太战略"也把东盟作为优先合作对象。俄罗斯近年来提出"大欧亚战略"，将东盟纳入其大欧亚伙伴关系计划，在政治、安全、灾害管理、技术、旅游、抗疫等合作领域深化双方战略伙伴关系。2019年东盟提出的"东盟印太展望"与以上国家"印太战略"的根本区别在于，不针对第三方，旨在本地区建立容纳各方的包容性秩序。我国的"一带一路"也覆盖印太地区。根据国家发改委与原国家海洋局2017年发布的《"一带一路"建设海上合作构想》，三条蓝色经济通道的两条首先经过东南亚地区。习近平主席在主持中国—东盟建立对话关系三十周年纪念峰会时指出：要高质量共建"一带一路"，同东盟提出的"印太展望"开展合作，这是中国第一次正面提出与"东盟印太展望"合作。由此可见，东南亚是美国等的"印太战略"、东盟的东亚合作，以及"一带一路"的基础和互动的交集。也就是说，东南亚处于印太地区的中心，是各国"印太战略"的重合区和"核心竞合区"，东盟则是各种地区性战略的连接点。目前，各主要国家都尊重并支持"东盟印太展望"，这就意味着各方可以在该框架内协调"印太秩序"问题。

（二）东盟将在"印太秩序"构建中继续保持中心地位

新兴的"印太秩序"是个复杂竞合系统，其主要特性为：一是具有长期的复杂动态演变性。世界主要力量向本地区聚集，世界政治经济中心进一步东移；涉及空间范围广，向亚欧大陆和非洲大陆延伸；涉及地缘、安全、经济、文化、社会、科技、生态、环保等多方面内容的联动。二是各战略行为体的多样性和差异性显著。其中既有中美两强，也有日本、印度、俄罗斯等地区强国，英法德等欧洲国家，韩国和澳大利亚等中等国家，以及东盟及其成员国，构成复杂多变的"印太大博弈"。各方都在新一轮的相互适应过程中，通过不断地学习、试探、磨合、竞合等，形成一个具有自组织功能的系统。三是多种复杂的地区结构并存。美国、中国等各自引领不同的地区结构，而"东盟＋"结构的作用将更加凸显：1．"东盟＋"结构的覆盖范围已经从亚太地区扩展到印太地区；2．"东盟＋"结构成为各方塑造"印太秩序"的最大公约数；3．"东盟印太展望"作为"印太秩序"构建的蓝图得到认可。因此，印太地区战略互动的本质是以东南亚为核心竞合区的地区战略博弈和地区秩序构建。在各方对"东盟印太展望"没有形成共识，没有与之进行战略对接之前，东盟的中心地位被削弱。比如，美国推进四方安全对话机制、美英澳三边安全伙

伴关系等，在印太地区另起安全架构，就削弱了东盟中心地位。一旦各方接纳并与"东盟印太展望"接轨的话，东盟中心地位将得以在"新印太"框架内存续、维持和加强，并在未来"印太秩序"构建中发挥重要作用。尤其是，中美都支持"东盟印太展望"，给东盟居间协调中美关系，缓解中美在本地区的观念冲突，优化共处模式提供了契机。

（三）"东盟印太展望"具有聚合协调各方战略利益的功能

在各种"印太战略"中，"东盟印太展望"的战略理念最具共识性和普适性，最能为各国普遍接受。不同于美日等国强调的旨在制华、遏华的"规则秩序"，"东盟印太展望"中关于"印太"的相关定义、合作的重点领域以及相关表述相对中立，强调包容性，反对针对和排除中国。"东盟印太展望"战略理念中的规则秩序主要包含四层含义：1. 由东盟定义"印太"的地理空间和经济空间；2. 坚持传统的"东盟方式"而非法律文件或条约；3. 使用现有的东盟规范和机制，例如《东南亚友好合作条约》和东亚峰会、东盟地区论坛、东盟防长扩大会、东盟海事论坛扩大会议以及其他"东盟＋"的相关机制；4. 尊重国际法，如《联合国宪章》《东盟宪章》以及其他东盟相关的条约和协定。东盟以自身理念驱动地区秩序的重构，在展望中提出由东盟"引导塑造地区经济和安全架构""在不断演变的地区架构中维持中心地位""将中心地位作为促进印太地区合作的根本原则"等。总体上，"东盟印太展望"对本地区现有战略倡议加以整合，在战略的创新性与连通性之间取得平衡；顺应合作共赢理念，重视开放而非排他，聚焦发展而非安全；推进东盟共同体建设，增强该组织自身实力作为战略落脚点，在基础设施互联互通、经贸合作、金融稳定、可持续发展等方面推动东盟一体化迈向更高层次。综上，东盟提出"东盟印太展望"，既反映了其对地区秩序变化的担忧，也体现了东盟在构建印太和平、安全、繁荣的地区秩序方面

的独立思考和综合考量。

（四）中国—东盟合作可以作为"东盟印太展望"的主要支柱

"印太秩序"已经在路上，东盟的各大合作伙伴都将尝试与"东盟印太展望"进行新一轮的战略对接。中国与东盟的合作关系经过三十年的发展，相互的认知与合作趋于成熟。双方在重大战略走向问题上仍需进一步统一立场，成为彼此最重要的支持者。鉴于中国与东盟的制度化合作开展较为顺利，双方的合作向"东盟印太展望"框架下扩展是顺理成章，难度不大，而且效益会很高。具体而言：第一，中国可在坚持"亚太"概念的基础上，与东盟协调立场并支持"东盟印太展望"的理念。中国可以在"东盟印太展望"的框架内与东盟及相关国家开展对话合作，争取战略主动并缓解地区紧张局势。第二，中国可以在该框架下进一步加强与东盟的合作，借此带动其他大国增加对本地区的战略投入，帮助东盟在大国战略博弈中争取主动，巩固东盟的团结。第三，"东盟印太展望"涵盖政治、经济和安全等多个领域。中国可与东盟建立专项工作组，先就经济领域的合作内容和路径进行协商完善。比如，探讨如何在该框架下推进"后RCEP时代"的广域经济合作等，协调与CPTPP、美国"印太经济框架"等的关系等。此外，重点深化蓝色经济合作，在未来推动合作成果向和平解决争端、维护海上安全等传统和非传统安全领域外溢，促进地区稳定与繁荣。第四，"东盟印太展望"提出要维护以规则为基础的地区架构，在解决地区问题上又重视东盟方式。这与美日印澳等国的规则叙事有异，也为中国与东盟就印太地区规则问题的讨论和建构提供了谈判与合作的空间。中国可与东盟合作塑造新的包容性的地区规则，支持各类开放、包容的地区合作倡议，防止划分阵营或迫使东盟国家选边站的情况发生。

【作者单位：北京大学国际关系学院】
（摘自《太平洋学报》2022年第2期）

区域与国别视阈下的大洋洲研究

汪诗明

2012 年，根据《国家中长期教育改革和发展规划纲要》与中国共产党十七届六中全会提出的"服务国家外交战略，促进教育对外开放"的要求，教育部在部分高校和研究机构成立了 42 个国别和区域研究以及国际教育培育基地。这些培育基地已成为国内区域与国别研究的重要阵地。2017 年，教育部又对 395 个高校国别和区域研究中心进行了备案登记并予以政策、资金及人员等方面的必要支持。与大洋洲研究有关的研究机构，如华东师范大学澳大利亚研究中心、聊城大学太平洋岛国研究中心、中国矿业大学澳大利亚研究中心、江苏师范大学澳大利亚研究中心等入选。2021 年 12 月，国务院学位委员会下发《博士、硕士学位授予和人才培养学科专业目录（征求意见稿）》，其中将区域国别学列为交叉学科门类下的一级学科。对于像大洋洲那样在学术界处于较为边缘的区域来说，这无疑是一个好消息。

与其他大洲研究相比，国内的大洋洲研究起步较晚。零星的或个体的研究也许不比其他大洲晚，但从形成一种学术氛围或有一支相当规模的专业研究队伍来衡量，大洋洲研究只能算是姗姗来迟。不仅如此，受到学术界话语体系的制约的影响，大洋洲研究一直处在学科建设、专业建设以及学术研究的边缘地位。比如，在传统学科背景下，大洋洲研究分散在世界史、外国语言文学、国际关系、国际政治（学）、世界经济学等学科。在这些一、二级学科中，欧美国家及相关主题研究占据主导地位，比如世界史学科注重与欧美史有关的学科或专业的设置。教学实践也是如此，即便是讲授广义的世界史，澳洲、大洋洲史往往只有三言两语；国际关系或国际政治（学）学科主要演绎大国政治或大国关系，澳洲、大洋洲区域关系或区域政治很少被提及，如此等等。虽然早有人呼吁要注重学科的均衡发展以及摒弃学科领域的"欧美中心论"的窠臼，但学科体系一旦建立并成为一种遵循，相应的话语体系也就随之而立。话语体系的影响是多方面的，它可以在宏观层面决定学科或专业的发展大势，也能够在微观层面影响甚至左右一个人的研究偏好、思维方式以及研究范式。从学科自身演进的规律来看，

短时间内改变某一态势是非常困难的，甚至是不可能的。所以，寄望于传统学科体系的修正或"善意"来给澳洲、大洋洲研究以一席之地，是很不现实的。那么澳洲大洋洲研究的出路或机遇在哪里？

深入改革和进一步对外开放战略不仅为我国在国际上赢得了广泛的赞誉，也为学术界开展相关问题研究提供了很好的问题导向并创造了良好的学术氛围。与历史上很多大国不同的是，中国奉行在相互尊重、平等相待的基础上发展与他国的友好合作关系；主张国家不分大小、强弱、贫富，一律平等；中国秉持人类命运共同体理念，摒弃零和博弈和与邻为壑的冷战思维和狭隘观念；中国崇尚"和而不同"，主张世界多元化。在我国大力践行新外交理念和努力构建全方位对外开放与互惠合作格局下，大洋洲地区在我国对外战略中的地位有了显著提升。中国国家主席习近平于 2014 年和 2018 年先后两次访问了太平洋岛屿国家，并与中国建交的太平洋岛屿国家领导人举行了集体会晤，便是中国与太平洋岛屿国家关系翻开新的一页的有力依凭。作为"21 世纪海上丝绸之路"南线的一支，大洋洲国家拥有独特的区位优势和对接便利。正因为如此，新西兰于 2017 年 3 月与我国签署了关于加强"一带一路"倡议合作的安排备忘录，成为西方发达国家中第一个与中方签署合作文件的国家。2021 年 1 月，中国与基里巴斯签署了共建"一带一路"谅解备忘录。这标志着中国同所有建交和复交的十个太平洋岛国签署了"一带一路"合作备忘录。上述例证表明，我国的"一带一路"倡议所诠释的平等协商、合作共赢的理念已被大洋洲地区多数国家的政府和人民所接受，是契合太平洋岛国实际需要、受到岛国真诚欢迎的国际公共产品；是开放包容的经济合作倡议，决不是封闭排他的"地缘政治工具"；是一个个看得见摸得着的务实合作项目，绝不是"白象工程""空头支票"；是增进岛国民生福祉的惠民"馅饼"，绝不是所谓"债务陷阱"。2021 年 10 月 21 日，中国与太平洋岛国举行外长会。与会各方"积极评价新冠疫情发生以来中国和太平洋岛国的抗疫合作。太平洋岛

国赞赏中方疫情防控取得的重大战略成果，感谢中国积极提供医疗物资、疫苗和资金支持"。"各方一致同意加强高层和各级别交往，扩大政府部门、立法机构、政党之间的交流合作，加强治国理政经验交流，不断增进相互了解和政治互信。各方同意建立中国—太平洋岛国外长定期会晤机制。"2022年1月14—15日，南太平洋岛国汤加海底火山剧烈喷发，突如其来的天灾给汤加王国造成沉重打击。1月19日，中国国家主席习近平向汤加国王图普六世致慰问电，代表中国政府和人民向汤加政府和人民致以诚挚的慰问。习近平表示，"中汤是相互支持、守望相助的全面战略伙伴。中国愿为汤方提供力所能及的支持，帮助汤加人民战胜灾害，重建家园"。随后，中国政府有关部门通过多种渠道驰援汤加，除向汤加提供紧急人道主义现汇援助外，还分多批向对方提供人道主义物资援助，包括饮用水、应急食品、发电机、水泵、电锯等，成为全球首先向汤方提供援助的国家。中国的及时援助不仅彰显了中国作为一个大国的国际担当，还用实际行动践行了"人类命运共同体"的理念。

毫无疑问，中国与太平洋国家关系不断发展的事实以及双方对今后扩大合作的期待，为国内学界从事相关学术研究创造了有利时机，而提供有关岛屿国家的历史文化、风土人情、政情商情、法律与制度、区域合作进展等方面的系统信息，对岛屿国家及其所属的大洋洲地区开展系统性的国别和区域研究，就成为时代赋予我国知识界和学术界的一项使命。

一 大洋洲研究的进展

大洋洲研究近年来发展较快。如果要确立一个时间节点，那么21世纪的第二个十年就是一个转折点。教育部一系列推动区域与国别研究的政策与措施就是在这一时期出台的，这并非一个时间上的巧合，二者之间有着内在的逻辑关联甚至有着因果联系。在区域与国别研究视阈之下，大洋洲区域与国别研究正有条不紊地向前推进。

（一）研究机构的纷纷建立

研究机构的建立，是一个学科、一个领域的研究已达到一定阶段的产物。也可以说，研究机构的建立是为了推动某个学科、某个领域研究的持续、稳定与健康发展。我国的大洋洲领域的研究机构在20世纪70年代末就登台亮相了，但那个时候以及此后陆续建立的一批澳大利亚研究中心都把澳大利亚文学或文化作为主要研究对象。1994年，中国社会科学院亚太研究所建立了澳大利亚新西兰南太平洋研究中心。在中国人文社会

科学最有影响的学术研究机构内设立大洋洲研究中心，这本身就具有标志意义。2012年5月，中山大学率先建立了国内高校第一家大洋洲研究中心，并有幸入选教育部国别和区域研究培育基地。同年9月，聊城大学的领导独具慧眼，另辟蹊径，在地利不被看好的情况下，有效地调动和整合了校内学术资源，建立了国内第一家太平洋岛屿国家研究中心。这个集全校之力建立的研究中心自成立后就一直备受学界关注。此后，北京大学大洋洲研究中心、广东外语外贸大学太平洋岛国战略研究中心、北京外国语大学太平洋研究中心、福建农林大学南太平洋岛国研究中心、北京邮电大学南太平洋地区研究中心也相继建立。值得关注的是，2019年中国社会科学院世界史研究所建立了太平洋与太平洋国家史研究室，这是在党中央关怀下成立的研究室。虽然目前尚处在初创阶段，但凭借其高水平的学术平台以及得天独厚的研究资源，该研究室必将在我国太平洋与太平洋国家史或大洋洲史研究领域扮演越来越重要的角色。现在回过头来看，如果国家层面没有把区域国别研究提至议事日程并给予相关政策的扶持，那么这些以大洋洲、太平洋、太平洋岛国、南太平洋岛国来命名的区域研究中心就很难建立起来。

（二）学术交流的机制化

学术交流是推进学术水平提升的一条重要路径。一个学科或一个研究领域的学术研究水准如何，学术交流的规模、等级以及频次是重要的衡量参数。区域与国别研究兴起前，大洋洲研究的学术会议只有两年一度的澳大利亚研究国际学术研讨会。显而易见，这是一个国别学术研究论坛，且讨论的议题以文学为主。区域与国别研究兴起后，大洋洲研究的学术交流开始变得活跃起来，如一些大洋洲研究中心或太平洋岛国研究中心经常性地举办专题研讨会或学术工作坊，或不定期举办学术讲座等。而一年一度的大洋洲研究高层论坛已给学术界留下了深刻印象。这个创建于2018年的学术论坛已成为大洋洲研究学术交流的一个机制性平台，每年举办一次，至今已成功举办过三次。创建伊始，该学术论坛就被界定在区域与国别研究的背景之下。正因为如此，会议议题是开放的和包容的，既讨论大洋洲国别和区域历史的演进，又关照当代现实问题；既剖析政治、经济、外交和防务战略，又畅谈文学、文化和教育；既梳理学术史流变，也交流教学方面的经验与体会。如今参与论坛的专家和学者越来越多，学术影响力也越来越大。每次论坛的成果均被整理成文，刊登在中国社会科学网上。从一个鲜有人问津、无学术交流平台支撑的研究领域到一个

稳定在七八十名专家和学者参加的全国性学术会议，大洋洲研究的学术交流实现了从无到有、从试探性之举到一个大家期待的制度性交流的转变，这是一个了不起的突破。

（三）研究议题的拓展

传统学科背景下，大洋洲研究主要聚焦澳新两国，探讨的议题亦较为通常，比如英国在澳洲的殖民模式、澳洲原住民问题、澳大利亚华人华侨问题、"白澳政策"的兴废、澳美同盟关系的建立与发展、澳亚（洲）关系的变迁、新西兰幼儿与中小学教育、澳新两国高等教育的国际化、毛利人文化及其复兴、澳新两国多元文化主义以及移民政策等。区域与国别视野下的大洋洲研究被赋予了新的内涵：一方面提倡用新视角、新方法、新资料对传统议题进行新的探讨，以期丰富和更新已有认知；另一方面更加注重新领域、新议题的发掘，像环境史、海洋史、科社史等以前很少进入研究视野的新领域或新议题，现在却成了大洋洲研究的新宠。研究议题的拓展还体现在太平洋岛屿国家受到了大洋洲学界的重视。这个在传统学科背景下几无存在感的区域，现在理所应当地成了大洋洲研究框架或体系中不可或缺的部分，研究的议题也从对一般时政动态的评论转向时政问题分析与基础研究并重。

（四）学术成果的不断涌现

学术成果的多寡是考察一个研究领域是否受到学界关注的重要参数之一。十多年前，大洋洲领域的研究成果屈指可数，有影响的成果更是难得一见。这方面的原因主要有两点：一是研究人员不多，专家则更少；二是多数刊物以没有相关栏目设置、论题关注度不高、二次引用率低等为由，对大洋洲领域的研究成果多是婉拒。"投稿无门"或"十投九拒"成了这一领域从业者的共同体验。

随着区域国别研究渐成气候，国内的刊物生态开始出现悄然变化。以前将这一领域的稿件一概拒之门外的一些学术期刊，也渐渐敞开了大门。与此同时，一些较早开展区域与国别研究的高校也乘势而为，创办了自己的学术园地，如北京大学区域与国别研究院主办的《区域国别研究学刊》、北京外国语大学主办的《区域与全球发展》、北京语言大学主办的《国别和区域研究》、聊城大学主办的《太平洋岛国研究》等。这些刊物多为学术集刊，有着鲜明的时代印记和显著的专业、学科特色。虽然目前它们在学术影响力上尚无法与传统核心期刊相提并论，但由于其显著的专业性以及较高的学术水准而受到学术界越来越多的关注。

除此之外，一些较有影响的学术期刊，在坚持其传统的办刊原则和办刊特色的前提下，与时俱进，把推进适应时代需求的学术研究作为其使命之一，如《俄罗斯研究》近年来就新增了"国别与区域研究"专栏，每年刊发一定数量的和国别与区域研究有关的专题论文，这些成果涉及国别与区域研究的概念、理论、研究方法和模式、与具体国别、地区有关的诸多问题，等等，收到了很好的学术反响。传统刊物的逐步开放以及新刊物的接续问世，给大洋洲研究成果的发表带来了福音，使得这一领域的研究成果与日俱增。如果要对大洋洲研究成果进行学术梳理的话，十年前从事这项工作并不困难，因为需要搜索的成果数量有限，而且对成果的分类梳理并不复杂；五年前从事这项工作就得付出较多的时间和精力，因为需要评述的成果不仅数量多，而且学术水准高；现在要对过去一年的研究成果进行综述的话，这项工作做起来也并不如我们想象得那样轻松。

（五）智库工作的稳步推进

2015年1月，教育部印发了《国别和区域研究基地培育和建设暂行办法》，从国家层面对高校国别和区域研究工作进行顶层设计，重申"国别和区域研究基地要以咨政服务为首要宗旨，以政策研究咨询为主要任务，以完善组织形式和管理方式为重点，扎实做好人才培养工作，不断提高研究质量，着力推进成果利用，努力建成具有专业优势和重要影响的研究中心"。该《办法》为国别和区域研究规划了明确的发展方向。与其他大洲区域与国别研究相比，大洋洲区域与国别的基础研究方面确实存在不小的差距，但在对接社会、提供政策建议等智库工作方面却显示出后发优势，且逐步形成了自己的特色。这方面的原因主要有三点：一是大洋洲研究真正意义上的兴起和发展是在区域与国别研究日益受到重视的时代背景和学术语境之下，这是一个至关重要的因素。二是得益于大洋洲相关研究机构的准确定位。比如聊城大学太平洋岛国研究中心初创之时就确立了如下目标："通过严谨扎实的学术研究，服务国家战略和区域经济社会发展，增进中国人民与太平洋岛国人民之间的了解和友谊，推动中国与太平洋岛国的友好合作和经贸往来。"该中心成立十年来，已承担了多项国家有关部门委托的专项研究课题，并与中联部、外交部、商务部的研究部门建立了业务往来，适时提供具有参鉴价值的研究成果和咨询报告。三是有众多海外生活、工作和求学经历人士的加盟。比如现任北京外国语大学太平洋研究中心执行主任兼秘书长的牛丽女士，曾于2001—2008年在汤加工作。在她以及其他同事的多方努力下，海颐智库（Haiyi Institute）于 2018 年正式成立。该智库致力于全球问题、外交政策和国际经济政策的研究，为政府和企业提供国际合作的智力服务。为发挥教育科研平台和智库为市场经济服务的双重作用，自 2020 年 7 月 30 日起，海颐智库推出《海颐讲坛》系列直播讲座。2021 年，《海颐讲坛》设立了"RCEP 合作系列"和"太平洋岛国系列"两个系列主题讲座。从 7 月 30 日首播至今，已经播送了 35 期，每月定时两期，受到了社会、学界和企业界的广泛关注。

二 大洋洲研究的路径探索

研究方法是指在研究中试图去发现新现象、新事物、新问题，或提出新概念、新理论、新观点、新视角，以及揭示事物内在运行规律的一种工具和手段，是人们在生产实践和科学研究中不断观察、思考和试验的经验总结。这里就涉及哲学领域的认识论与本体论的关系问题。不同的学科、不同的研究领域、不同的议题有不同的本体论范畴，而不同的研究个体又决定了对本体论的认识是不同的。如果把这二者有机地结合起来，就会出现不同的研究方法。既然大洋洲研究被纳入区域与国别研究范畴，那么其研究方法或研究路径就必然刻上区域与国别研究的印记。

（一）多学科或跨学科研究

区域与国别研究注重对特定区域或国家的整体性或综合性研究，与特定区域或国家相关的政治、经济、司法、外交、防务、文化与文学、教育、环境、医疗卫生等问题无不在研讨之列。按照传统学科的分类，这些领域或方面的研究各有所属。这就是说，单一学科或专业是无力承担区域与国别研究之使命的。

前面述及，区域与国别研究探讨的是一个作为整体的区域或国家，而非区域或国家的某一方面。一个国家或区域的情况是复杂多变的，而且相互之间难以切割，甚至连理同枝。这就预设了这样的认知框架：观察和认识某个区域或某个国家，不能局限于单个角度或维度。多角度或多维度的嵌入，不仅能够丰富人们的认知，还可以纠正某些片面的认识，而那些常常被忽视的角度或方面往往被证明是独特而有效的认知路径。比如说，研究一个国家的对外战略，政治、经济、安全与防务是三个最常见的分析视角，文学或文化很少被考虑进去。人们总认为文学或文化对一国对外战略的影响是微乎其微的，甚至互不相干。其实不然。"在某一个时候，文化积极地与民族或国家联系在一起，从而有了'我们'和'他

们'的区别，而且时常是带有一定程度的排外主义。文化这时就成为身份的来源，而且火药味十足……"爱德华·W. 萨义德进而认为，"到 19 世纪 40 年代，英国小说可以说是英国社会中唯一的美学形式，并获得了主要表现者的显著地位。由于小说在'英国事务'问题上占有了如此重要的地位，我们可以认为它也参与了英国的海外帝国"；"英国贸易与帝国扩张的特殊结合是多么依赖于例如教育、新闻、异族通婚、阶级等文化和社会的因素"。萨义德考察的是处在大规模对外扩张时期的英国。这一时期，英国的小说或其他文化载体在刻意渲染本民族优等文化基因与特质方面极尽浮夸之能事，而对异族及其文化则无所不用其极地予以贬抑和丑化，对殖民扩张过程中的种种非人道行为通常保持缄默或有意掩饰，甚至蓄意否认，因而自觉或不自觉地充当了英国海外殖民与扩张的帮凶。而在当下，欧美国家在开展包括对外援助在内的对外战略时，文化因素又何尝不占据一个重要位置呢？

在传统学科背景下，文学或文化注重其本色研究；而在区域与国别研究视野下，文学或文化研究就应被置于一个广泛的人文与社会语境之下，这是我们考察一个国家、民族、族群属性的重要符号或重要路径。要实现文学或文化研究的上述功能，跨学科研究就是一条变通之途。比如，在对大洋洲区域或国家的历史、对外关系进行研究时，文化甚至文学领域就不能离开人们的研究视线，反之亦然。

（二）文本研究与田野考察相结合

大洋洲地区的研究议题非常广泛，不仅指涉人文学科，也关乎社会学科，甚至与其他学科也有着不同程度的关联。人文学科倚重文本检拾与释读，社会学科推崇调查研究（包括访谈），即田野考察，其他学科也有其独到之法。它们在区域与国别研究中都有用武之地，可以相互借重，互为补位，发挥各自独特的优势。

首先，文本研究是最通用的研究手段。前人或他人留下的文本，包括通过田野考察得来的文本有其独到的参考价值，因为通常情况下，"任何著作者都以破旧立新为己任，都希望有所建树，并力图做到这一点"。在学术研究中，每个人都有自己的问题意识、研究视阈和旨趣，一部成功的作品往往是研究者非凡的人生之路和学术之路的真实写照。通过阅读文献作品，可与作者在文本中对话，了解其研究理路，感知文本的真实意义，借此开阔学术视野，提升研究能力；也可以通过咀嚼现有文本，发现作者没有发现或解读不深的问题，甚至匡正某些舛误。这就是文本研究

的魅力与价值所在。

囿于一些主客观条件，国内的区域与国别研究通常依赖于文本资料，属于吕万和所称的"遥研"。研究者通过对文献本义的准确研读与合理演绎，能够成就一部载誉之作。这在学术史上不乏其例。鲁思·本尼迪克特就是大家耳熟能详的名字，她对日本、日本人以及日本文化的"遥研"，成就了经典著作——《菊与刀》。就国内大洋洲学界来说，尽管有些学者在实地考察与调研方面有着比较便捷的通道，但文献解读与分析仍是学者们乐此不疲的选择。然而，不可否认的是，文本资料无论其研究价值有多高，其"间接"资料的身份是无法改变的，即资料的使用者是借用他人的"眼睛"来观察世界的；依赖"间接"资料可以得出与"直接"资料相同或相似的结论，但二者在情境、意境以及说服力方面难画等号。

其次，田野调查具有独特价值。田野调查是人类学家的伴侣。"人类学家必须发展研究日常琐事的技术，因为，他所研究的部落中的这些日常琐事，与他本国相应的事物相比截然不同。当他想理解某一部落中被视为最恶毒的或另一部落中被视为最胆怯的行为时，当他试图了解在特定情况下，他们将如何行动、如何感受时，他就会发现，必须大力进行观察并注意细节，这些，在对文明民族进行研究时常常是不大注意的。人类学家有充分的理由相信，这些乃是最关键的，并且也知道如何进行挖掘。"区域与国别研究是一门包括多学科的学问，需要人类学家和民族学家的知识供给。在观察与研究人类早期阶段的演化以及特定时期的社会习俗与文化时，人类学家具有其他领域的专家所不具有的专业技能和分析视角。而在民族学者那里，"原始文明所提供的各种事例是极其重要的，因为它们非常简单。因此，在人类活动的所有领域内，民族学者的考察往往会给人们带来货真价实的启发，使有关人类制度的研究得到更新"。

大洋洲研究涉及很多岛屿国家，有些岛屿上的族群长期与外界隔绝或少有接触，处在比较低级的发展阶段，其族群架构、生活习惯以及文化传统几乎经年不变、代代相袭。了解这些族群的生活方式，感受其传统文化的影响力，仅仅靠研读他人留下的文献资料是不够的，需要走近原住民社会，亲身体验那里的生活，感受原住民社会的生活脉动。然而，必须指出的是，观察和研究一个问题，需要对所收集到的诸多信息进行分类和筛选。这个过程需要研究者自身具备较强的识别、分析和判断能力。田野调查虽然能够取得很多第一手或有价值的材料，但材料本身不会说话，

需要研究者替它说话。选择什么样的场合，说什么样的话，希望达到何种目的，终究取决于研究者的心境、态度、能力和动机。

（三）宏观、中观与微观研究相结合

任何一个事物都存在于一定的时空环境中，任何人都是在一个给定的时空环境中生存和从事某种社会活动的，因此，对任何事物或人物的认知与评价必须且只能在一定时空环境中进行。

从时间维度来看，时间可分为长时段、中时段和短时段，分别对应于宏观、中观和微观视角。拟研究的对象应置于什么时段来考察，取决于被研究对象的性质或属性以及研究者的主观设想。有些研究对象必须放在长时段来考察；有些适合中时段来检视；而有些却只能置于特定的时段即短时段来审视。三个时段的视角广泛应用于历史研究。这一研究视角的开创者也是集大成者，是年鉴学派第二代掌门人费尔南·布罗代尔。他在《菲利普二世时代的地中海和地中海世界》中提出了著名的三个时段的历史概念，即历史的长时段、中时段和短时段。所谓长时段的历史指的是"一种几乎静止的历史——人同他周围环境的关系史。这是一种缓慢流逝、经常出现反复和不断重新开始的周期性历史"，这种历史几乎是"置身于时间之外的与无生命物打交道的历史"。而"在这种静止的历史之上，显现出一种有别于它的、节奏缓慢的历史。人们或许会乐意称之为社会史，亦即群体和集团史，如果这个词语没有脱离其完整的含义"。这就是中时段的历史。还有另一种时段的历史，即属于"传统历史的部分，换言之，它不是人类规模的历史，而是个人规模的历史，是保尔·拉孔布和弗朗索瓦·西米昂撰写的事件史。这是表面的骚动，是潮汐在其强有力的运动中激起的波涛，是一种短促迅速和动荡的历史"。当我们用三个时段的历史观去审视大洋洲历史时，一幅清晰且立体感很强的历史画面便跃然纸上。大洋洲的地质构造及其变迁、大洋洲的生态系统的形成及其独特性、人与自然环境的复杂关系就宜在长时段下去认识，这是大洋洲史令人印象深刻的一面，读者也可从中窥见目前世界上环境保护相对较好当然也是最脆弱的一个大洲在时间的长河里的衍变轨迹。在人类日常居住的大洲中，大洋洲是两种文明或文化对比最显著、碰撞最激烈的区域，如何解读这一现象及其影响，采用中时段历史分析视角很可能会让我们蹙紧的眉头变得舒展起来。至于个人史或事件史，这在大洋洲地区是不占显著地位的。该地区相当缓慢的历史演进节奏、政治环境的独特性以及远离世界政治与经济中心，使得短时段历史缺乏公

众关注的视点或焦点。

另一个就是空间维度。空间维度的解释有较大的自由度。比如说，如果把大洋洲纳入空间层面来认知的话，全球范围无疑就是宏观层面，亚太地区属于中观层面，大洋洲就是微观层面；如果把大洋洲区域本身视为一个宏观层面的话，那么中观层面就是三大文化圈，即美拉尼西亚、波利尼西亚和密克罗尼西亚，微观层面就是个体岛国；如果把个体岛国视为一个宏观层面的话，那么各岛屿（指有人居住的）或群岛就是中观层面，岛屿社区就是微观层面。不同空间维度下的观察能向读者呈现出一个立体、多面和真实的大洋洲，一个成为整个世界不可分割的一部分且又处于边缘地位的大洋洲。

所以，无论是时间上的"三观"还是空间维度上的"三观"，它们都是考察和分析大洋洲相关问题的独特视角；在呈现大洋洲具体样态方面，它们有着各自独特的功能，互不取代，且相得益彰。

（四）陆地史观、海洋史观与全球史观相结合

就世界文明的起源来看，陆地文明似乎比海洋文明要早得多；从世界文明的变迁来看，近代以前，陆地文明或农业文明一直主导着人类文明变迁的节奏和轨迹。新航路的开辟，不仅使得海洋成为人类活动的一个新的经常性场域，而且发现了"新大陆"，甚至连传说中的"南方大陆"也尽收眼底。至此，一个完整意义上的地理世界或人类世界就呈现在世人面前了。

海洋史是考察和认识大洋洲的一个重要起点，海洋史观则是分析大洋洲历史演进的一个重要视角。当以这种视角来观察大洋洲时，我们看到的是两个不同世界的遭遇、碰撞和冲突，以及白人与有色人种之间的极度不平等。正如汤因比所揭批的那样，"帝国主义征服者的另一种倾向是，把当地居民划归为'土著'（natives）——这个词本来是没有道德含义的，但现在一说起来几乎只能引起人们最轻蔑的联想。'优胜者'把其他社会的成员贬低为'土著'，也就断定他们在政治和经济上微不足道，因而否定他们的人格"；"把异族居民看作'土著'，也就很容易把他们说成低等种族，断定他们绝对无可争议的低劣。这是'优胜者'给'劣败者'打上的最坏的烙印"。从这个意义上说，大洋洲进入人类的认知视阈是以这种屈辱的身份开始的。而第二次世界大战后兴起的全球史观则强调把研究对象置于建立了普遍联系的"世界"之中，这使得长期处于依附或被统治地位的大洋洲成为西方殖民霸权的一种注

脚。由此可见，海洋史观下的殖民语境让大洋洲进入西方世界的话语体系之中，只不过在这一话语体系中，大洋洲是一个被征服的对象，处在一个边缘化的地位。此外，全球化环境下的大洋洲的发展显得极不平衡，澳新入列发达国家，而广大的太平洋岛国依旧积贫积弱，成为全球化链条中最薄弱的环节之一。

当海洋史观和全球史观在描绘大洋洲历史演进画面所具有的独特作用得到肯定的时候，我们无意忽视或低估陆地史观的功能。这是因为，在被纳入西方殖民体系之前，大洋洲地区早已有人类居住了，而且在此繁衍栖息了几万年之久甚至更长的时间；原住民在被殖民前就已经创造了多姿多彩的文化，并且构建了层级分明、管理有序的族群社会，过着与土地为伍、与海洋做伴的宁静生活。有些地方甚至出现了较为清晰的土地所有权制度，因此，这里并不是西方殖民强盗所臆想或杜撰的无主之地。从这个意义上说，当我们运用陆地史观来剖析新航路开辟前的欧洲社会时，也在用另一种方式来诠释大洋洲的悠久历史以及原住民当下的生存状态。

（五）借鉴其他区域与国别研究之径

由于区域与国别间的自然属性即物理属性、政治属性、社会属性和其他属性有宵壤之别，所以不同的区域与国家所呈现的样貌是有很大差异的，而人们对其认知的需求和期待也不在一个层面。由于发达国家在传统学科背景下受到了较多和较为广泛的关注，所以相比较而言，无论是学界还是社会公众，对其进一步认知的需求和期待就不如较少受到关注甚至被忽视的欠发达或很不发达国家或地区，而这正是新时期倡导加强区域与国别研究的动因之一。欠发达或很不发达国家在民族国家建构和发展中往往经历过一些相同或相似的问题，如党派的兴起与重组、社会分层和流动的加剧、民粹主义的兴起、族群意识的膨胀、由地缘政治而引发的国外干预，等等。这些通常被纳入国家或社会"转型"研究之范畴。"转型"研究之所以受到国内学界的青睐，是因为苏东剧变后一些新独立的原苏联加盟共和国正在经历一场史无前例的包括政治、经济、文化、外交、防务安全等领域的重要转型，如哈萨克斯坦、乌克兰等国。对于一个脱离旧制的国家或民族来说，寻求转型似乎是一个前进中的选择，但这委实是一个相当艰辛且漫长的过程，有时会伴随挫折或失败。这就是当下学界仍用"转型"理论或视角去考察中亚和东欧国家成长与发展的一个重要背景或原因。"转型"研究是不是只适用于中亚和东欧国家？梳理一下"转型"理论就会发现，这

种理论同样适用于大洋洲区域或国家问题研究。因为这一地区的所有国家在非殖民化运动前都是英国等西方国家的殖民地、托管地或附属地；取得民族独立或自治后，它们都面临政治、经济和社会等方面的转型，而且在转型进程中，也会遇到一些与中亚和东欧国家相同或相似的问题，比如传统文化与现代意识的碰撞、族群自治与分离主义的兴起等。

研究方法是在问题与答案之间架起的一座桥梁。研究方法本身不是捷径，也非答案，不能把研究方法或研究路径教条化；另一方面，研究某个问题，也许不止有一种研究方法或研究路径，存在两种或三种方法和路径都是有可能的，因为"殊途同归"是学术研究中的一个常见现象。

三 大洋洲研究的不足与挑战

区域与国别视阈下的大洋洲研究已在很多方面取得了不小的进展，这是有目共睹的。然而，随着学术研究日渐走向深入以及社会需求的不断提升，大洋洲研究中的不足或存在的问题就变得明显起来，并对大洋洲研究向纵深方向的发展形成了制约。

（一）基础研究薄弱

任何一个学科或研究领域的创新原动力都来自基础研究，这是学界的共识。基础研究的不足几乎是所有学科或专业领域的共性问题。大洋洲研究之所以长期处在一个较为边缘的地位，其原因之一就是基础研究差强人意。

什么是区域与国别研究的基础？目前学术界在这一问题上的看法不尽一致，但多数学者还是肯定了历史知识或历史研究的基础地位。在区域与国别研究语境之下，参与大洋洲研究的人员不断增多，也取得了一些突破性的研究成果。但是，伴随而来的却是同质化研究现象的出现。当然，这绝不只是大洋洲研究领域存在的现象。大洋洲地区有 20 多个主权国家、自治领或托管地，学界对它们的认知还处在初步阶段，有很多未知的领域需要探究。然而，为何出现多人对同一问题展开几乎大同小异的研究？抛开其他原因不表，仅从学术创新的必要条件来看，基础研究薄弱或怯于基础研究是一个无法否认的原因。基础研究不足所带来的后果之一，就是人的思维空间、想象力和创造力受到了极大地抑制，进而有意无意地取易舍难或"炒冷饭。"

（二）母语研究缺乏

语言是观察世界的窗口。所谓母语研究，就是使用研究对象国的语言或文字材料来从事知识建构或学理阐发。大洋洲地区岛屿国家众多，语

言或方言五花八门。因此，若想获得第一手材料，就必须知晓当地的语言。英国学者马林诺夫斯基在这方面似乎很有心得。他于 1914 年获得了去巴布亚新几内亚做研究的机会，在那里一待就是四年。在一个叫特罗布里恩（Trobriand）的小岛上，他与岛民朝夕相处，学会了土著语言，见识了各种风俗，写了好几本意味隽永的著作，如《巴洛马：特罗布里恩岛的亡灵》（Baloma: the Spirits of the Dead in the Trobriand Islands，1916）、《野蛮社会的犯罪与习俗》（Crime and Custom in Savage Society，1926）、《野蛮人的性生活》（The Sexual life of Savages，1929）、《珊瑚园艺与巫术》（Coral Gardens and Their Magic，1935）等。其中最著名的当数《西太平洋上的航海者》（Argonauts of the Western Pacific: An Account of Native Enterprise and Adventure in the Archipelagoes of Melanesian New Guinea，1922）。试想一下：如果马林诺夫斯基不去特罗布里恩岛潜心学习当地原住民语言，哪来的勇气、自信来撰写这些反映岛民生活点滴的著作？哪来的知识和智慧就岛民日常生活、社会治理和国家管理中的一些独特现象发表自己的真知灼见？

英语是世界上进行知识交流最广泛的方式或工具。但区域与国别研究不再仅仅是知识层面的交流了，它需要对对象国开展田野考察、系统认知和深度探究。这样一来，对所研究的对象国的母语甚至方言的掌握就显得必不可少。这也是目前区域与国别研究所遇到的瓶颈或难题之一。就大洋洲来说，英国在这里长达二百多年的殖民统治所留下的遗产之一就是英语成为这一地区的通用语言。然而，当地的族群语言众多，在某些地方或某些场合，地方语言交流比英语交流更为便捷。学习和掌握土著语言不仅是了解当地风土人情、宗教文化的一把钥匙，而且是将其历史与现实建立内在联系的密码。国内的一些区域与国别研究机构已经意识到母语学习之于区域与国别研究的重要意义，故而有针对性地采取了一些举措予以补救。比如近年来北京外国语大学就开设了很多小语种课程，其中有些就与大洋洲研究有关，如皮金语。但是，一门语言从学习、到基本掌握再到娴熟运用是有一个过程的。这就是目前大洋洲研究所面临的一个现实挑战。

（三）国别研究不平衡

从研究机构的数量来看，目前国内澳大利亚研究中心有近 40 家，数量不可谓不多，而新西兰研究中心、太平洋岛国研究中心或大洋洲研究中心都只是个位数，迄今为止尚无一个以某个岛国名字来命名的研究机构。大洋洲地区国别研究的

不平衡现象由此可见一斑。从专业研究人员的数量来看，绝大多数是澳研学者，新西兰和太平洋岛国方面的研究人员数量明显偏少。从研究成果来看，大洋洲领域的研究成果主要集中在澳研方面。

传统学科背景下的国别研究是不平衡的，这里既有客观上国际政治发展不平衡的原因，又有人们主观认识的因素。区域与国别研究的兴起，在某种意义上就是要修正国别研究失衡的局面，使人们对世界的认知更加全面，也更加切合实际，其根本旨归是为人与人之间的交往、国与国之间的合作、文明与文明之间的交流互鉴创造更加有利的条件。

（四）通识性研究人才缺乏

传统学科背景下，区域与国别研究也是存在的，但那时的区域与国别研究强调学科与专业的专有属性。受制于学科与专业的指挥棒，学者们的阵营划分也是泾渭分明：要么以历史研究自居，要么把国际关系或国际政治研究作为自己的职业追求，很少有二者兼顾的。这种研究范式需要的是相应领域的专业性人才，因此而出现的一个必然结果是，研究历史的对国际关系或国际政治研究不太擅长或不感兴趣，反之亦然。这种对被研究对象国的历史与现状的条块分割，既不利于人们对对象国的整体认知，也不利于研究者个人的学术进步，更满足不了社会的需求。当下的区域与国别研究就是要打破传统思维方式和传统研究模式下的块状研究格局，实现这一目标就需要从事这方面研究的通识性人才。就大洋洲研究来说，这里所讲的"通识性"人才有三个层面的含义：（1）研究者不仅要通晓大洋洲的历史，还要了解其现状；（2）不仅要研究澳大利亚，还要关注新西兰和太平洋岛国；（3）不仅能够成就高水平的学术论著，还能撰写受广大读者喜爱的知识性和趣味性作品。

四 结束语

随着综合国力的增长以及国际影响力的日益提升，我国的"一带一路"倡议得到了越来越多的国家和国际组织的响应、支持与参与。这一倡议的根本目的就是在全球化日益加深的背景下，充分发挥我国作为世界第二大经济体、拥有世界上最完整的产业结构以及世界上最大的潜在消费市场的优势，与"一带一路"沿线国家分享优质产能，共商项目投资，共建基础设施，共享合作成果，建立一个"政治互信、经济互融、人文互通"的利益共同体、命运共同体和责任共同体。实现上述战略目标，需要我们加强与有关国家的合作，而这种合作须建立在对有关国家的历史文化、风土人情、法律制度、宗教信仰、经济和社会发展状况以及国家战略的了解之上，否则不仅不会出现合作机遇，反而会造成相互误解、产业合作失配等不该出现的局面。因此，相互了解是合作的前提或基础。这是我们在从事区域与国别研究时必须具有的政治高度和时代意识。

无论是作为政治学意义上的一个政治地理单元，还是作为历史学层面的一个区域研究单元，大洋洲都是一个较为"独立"或自成一体的研究对象。然而，传统的学科分类以及学术界重视欧美世界研究而轻视其他区域研究，使得大洋洲研究处在一个可有可无的状态。区域与国别研究受到重视，尤其是将区域国别学列为交叉学科门类下的一级学科，客观上为大洋洲研究提供了一个准确把握自身定位、迎头赶上其他区域与国别研究的有利时机。但无论是作为一门学科，还是一个研究方向或一个研究议题，大洋洲研究都面临着一些无法回避的问题与挑战。这些问题与挑战既有与其他区域国别研究相同或相似的地方，也有其自身的独特性。如何看待这些问题与挑战？作为一个新兴研究门类，这些问题与挑战的出现并不令人感到惊讶，可以视为一个新生事物在其成长过程中必然出现的现象。

解决这些问题的关键在于正确认识其产生的原因，以及制定相应的学术研究规范予以正确引导。相信在国家大力提倡和鼓励创新精神的激励下，在国内学术生态不断向好的态势下，区域与国别视阈下的大洋洲研究一定会一步一个脚印，不断进取，逐步构建起有自身特色的研究范式，会有越来越多的优秀成果面世。

【作者单位：华东师范大学政治与国际关系学院】

（摘自《俄罗斯研究》2022 年第 2 期）

"印太战略"对太平洋岛国
地区秩序的影响

陈晓晨　常玉迪

世界秩序是世界政治中具有全局性、长期性和战略性的重大问题，也是研究当下变革时代的重要切入点之一。地区秩序是世界秩序的子集。冷战结束后，地区的重要性不断提高，乃至如彼得·卡赞斯坦（Peter Katzenstein）所说，我们处在一个"地区构成的世界"。因此，研究地区秩序及其变化是认识当下世界秩序的重要路径。

太平洋岛国地区（Pacific Islands Region，PIR）主要由14个太平洋岛国（Pacific Island Countries，PICs），兼由8个太平洋岛屿领地（Pacific Island Territories，PITs）共同组成。虽然该地区陆地面积小，人口少，相当长时期"处在世界的边缘地带"，但近年来在国际事务中的重要性不断上升。在此背景下，2009年至2017年间，太平洋岛国对本地区秩序的主导权有所上升，太平洋岛国引领并广泛参与的太平洋岛国地区主义显著发展，"大海洋国家"成为太平洋岛国自我认同的新定位，澳新等西方国家对该地区的主导性有所下降。

不过，自从美国等西方国家开始在太平洋岛国实施"印太战略"，太平洋岛国地区秩序的演进出现了新趋势：在地区权力格局上，西方的主导性重新上升，特别表现为美国的主导性增强；在地区制度格局上，西方建立了若干以其为主体的地区安全机制，使得地区机制排他性增强；在地区规范格局上，西方在该地区构筑了一套冲突性话语叙事体系。短期看，西方国家强化了对太平洋岛国地区秩序的控制，但对这种变化的原因还欠缺系统分析。有鉴于此，笔者认为有必要系统探讨"印太战略"对太平洋岛国地区秩序的影响，以及这种影响产生的路径与具体过程。

一　概念与文献回顾

本文首先简述关于世界与地区秩序及其构成的既有文献，然后对地区秩序及其变化进行界定，最后尝试概括学界对当前太平洋岛国地区秩序的讨论。

近年来，一些学者有意识地从认识论角度出发，理解和认识世界秩序的构成和演变。阿米塔·阿查亚（Amitav Acharya）从高度（权力的分配）、长度（秩序的程度和扩散）、深度（秩序的质量、活力和合法性）和时间（秩序的短暂性）四个维度观察他所称的"复合世界秩序"。江忆恩（Alastair Iain Johnston）以归纳法将其国际秩序概念操作化分解为建构性秩序、军事秩序、政治发展秩序、社会发展秩序、国际贸易秩序、国际金融和货币秩序、环境秩序以及国际信息秩序。在国内学者中，秦亚青认为物质性权力、制度性权力和合法性权力支撑了特定的世界秩序。贺凯和冯惠云将秩序分为规范层次、权力层次与制度层次三个层次类型。至此，学界对世界秩序及其构成的认识论界定逐渐形成共识。

学界对地区秩序的理论探讨也逐渐清晰化。塔尼娅·博泽尔（Tanja A. Börzel）和托马斯·里塞（Thomas Risse）等欧洲学者更强调地区化（地区内聚力与互动）和地区主义（地区制度）的多种组合构成地区秩序。门洪华、徐秀军和顾炜等学者认为地区权力结构、地区机制与地区认同是考察地区秩序的要件。总之，学界对世界与地区秩序及其构成的界定已取得一定共识，认为地区权力格局、地区制度格局和地区规范格局是构成地区秩序的三个主要维度。

基于前述文献，本文按照认识论路径，将地区秩序定义为由地区权力格局、地区制度格局和地区规范格局三个维度构成，规制地区行为体的行为和互动的运行状态。其中，地区权力格局指的是地区内外行为体间的政治、经济和军事等领域权力的分配状况，是地区秩序的基础；地区制度格局与地区主义关系密切，是地区治理所需的制度化安排和组织结构，是地区秩序的主要外在表现；地区规范格局则体现为基于地区内价值和观念体系形成的共同的规范准则，是地区秩序的情感内化和叙事表达。

地区秩序变迁的动力和机理是一项重要研究议程。一些学者以结构主义视角，强调全球秩序对地区秩序的影响。例如，卡赞斯坦认为，地区核心国家与"美国帝权"之间的联系，是不同地区秩序差异的背景。另一些学者强调了施动者（Agent）的施动性（Agency）对秩序变迁的作用。阿查亚将施动性定义为"能够行动或者使用权力的能力、条件或状态"，认为施动者具有推动秩序变化的能力，从而以施动性为因，阐释了"什么塑造了全球与地区秩序"的问题。

由此，本文将地区秩序的变化定义为地区秩序在权力、制度和规范三个维度所发生的改变。这是一种描述性定义，有助于将较为抽象的地区秩序变化分解为多个可观察的维度。本文按照阿查亚等人的视角，认为行为体的施动性是地区秩序变化之因，进而探讨行为体的何种行动怎样塑造了地区秩序变化。需要说明的是，本文没有将地区秩序按不同领域预先分为"地区经济秩序""地区安全秩序"等，而是首先将地区秩序视为整体，再根据情况分领域考察。

太平洋岛国地区秩序近年来的变化引发了学术界的热烈讨论。学界主要以还原主义视角，考察关键行为体对太平洋岛国地区秩序的影响。目前，西方学界的主流研究遵循"中国冲击—西方反应"路径，认为中国是太平洋岛国地区现存秩序的挑战者，而"印太战略"是对"中国冲击"的反应，将地区秩序的变化视为大国权力博弈特别是所谓"中国地缘政治影响力"的结果，聚焦"影响力谁大"和"谁能赢"的问题。不过，这类研究的缺陷在于从西方视角出发，将中国在太平洋岛国地区加强存在视为先验的原因，反而忽视了西方自身作为变量对太平洋岛国地区秩序的影响。也有学者着重关注西方盟友内部关系调整对地区秩序的影响。不过，这仍然是西方视角下太平洋岛国地区秩序的片段，缺乏从地区秩序构成的角度对"印太战略"影响的全方位多维度考察。国内学界对"印太战略"在太平洋岛国地区的实施已有不少研究，但还缺乏关于地缘政治新环境背景下的不同行为体如何对太平洋岛国地区秩序产生影响的专门分析。

二 在太平洋岛国地区实施"印太战略"的主要行为体与影响机制

"印太战略"在太平洋岛国地区的实施，主要表现为美国以"全政府方式"推行"印太战略"、澳大利亚在"印太战略"下推行"太平洋升级"（Pacific Step-up）战略以及新西兰将其"太平洋重置"（Pacific Reset）战略纳入"印太战略"之下，通过权力投射（Power Projection）、机制构建（Institution-building）和话语叙事（Narrative Discourse）三条路径，分别对太平洋岛

国地区权力、制度和规范格局产生影响。

（一）"印太战略"的主要行为体及主要表现

美国、澳大利亚和新西兰（统称"美澳新"，ANZUS）是在太平洋岛国地区实施"印太战略"的主要行为体。这三个国家不仅在太平洋岛国地区进行经济和安全等领域的权力扩展，而且战略性与目的性较强，均有意识地将"印太战略"应用于太平洋岛国地区。

美国在太平洋岛国地区实施"印太战略"的战略性和目的性最强。2018年2月制定的《美国"印太战略"框架》明确了"印太战略"在地理范围上包含太平洋岛国地区。2019年6月，美国国防部发布《"印太战略"报告》，首次公开将太平洋岛国列为"印太战略""至关重要的组成部分"，表示将"重振"美国对太平洋岛国的介入，提升太平洋岛国作为美国安全伙伴的地位。2019年8月，美国国务院宣布发起"太平洋承诺"（Pacific Pledge），成为美国在太平洋岛国地区实施"印太战略"的重要经济工具。2020年，新冠疫情全球大流行后，美国内政部、国务院等部门宣称，以"全政府方式"支持太平洋岛国抗疫和恢复经济。拜登上台后，美国继续以"全政府方式"在太平洋岛国地区实施"印太战略"。2022年2月，拜登政府发布了《美国印太战略》文件，进一步突出了太平洋岛国地区在美国"印太战略"中的地位。

澳大利亚在太平洋岛国地区实施"印太战略"的主要战略工具是"太平洋升级"。该战略在澳大利亚《2017年外交政策白皮书》中首次提出，旨在强化在太平洋岛国的战略存在。2018年11月，澳大利亚总理斯科特·莫里森（Scott Morrison）重新定义了"太平洋升级"，与"印太战略"结合更紧密。此后，澳大利亚在外交、经济、安全与地区抗疫合作等多方面，推进"太平洋升级"的实施。

新西兰与美澳有一定区别，其路径为先推出针对太平洋岛国地区的"太平洋重置"战略，后将其纳入"印太战略"之下。2019年开始，新西兰一步步向"印太战略"靠拢，2020年2月提出了一整套关于新西兰参与"印太战略"的原则立场，并将太平洋岛国视为新西兰实施"印太战略"的关键地区，完成了将"太平洋重置"纳入"印太战略"的过程。

美澳两国是本文聚焦的起主导作用的行为体。其中，美国作为在地理上远离该地区的全球大国，大力加强对该地区的权力投射，是最突出的变量之一；澳大利亚将战略重心从他处转移到近邻地区，力图巩固在该地区的传统影响力；新西兰虽

然与美澳之间存在一定的政策差异，但共性大于差异，而且新西兰体量比美澳小，对地区秩序变化所起的作用比美澳也要小。

除了美澳新外，日本、英国、法国、德国等西方国家也加强了对太平洋岛国地区的投入。其中，日本参与了多个美澳新主导的针对该地区的经济项目；英国推出了"太平洋抬升"（Pacific Uplift）战略。不过，这些域外西方国家发挥的作用次于美澳新三国。例如，日本更多扮演从属角色且在"印太战略"下实际投入增量不明显；"脱欧"等因素限制了英国对太平洋岛国的注意力。因此，本文仍将美澳新尤其是美澳视为"印太战略"的主要行为体。

（二）"印太战略"对太平洋岛国地区秩序的影响机制

本文认为，美澳新特别是美澳两国在太平洋岛国地区实施"印太战略"，通过权力投射、机制构建和话语叙事三条作用路径，分别由权力资源的跨空间运用、机制的创建、维护与议程设置以及话语叙事的扩散传播这三类行动，分别对太平洋岛国地区的权力格局、制度格局和规范格局产生影响，从而影响太平洋岛国地区秩序。

第一，"印太战略"的权力投射，通过权力资源的跨空间运用，作用于地区权力格局。权力投射是国际关系中的基本概念之一。任何行为体都会面临权力资源的分配与跨空间运用问题，尤其是像美国这样的全球大国和澳大利亚这样的"中等强国"（Middle Power），将权力资源跨空间运用到哪个或哪些目标地区，都会对目标地区的权力分配格局产生重要影响。美澳新等国通过强化安全与经济介入等权力资源的跨空间运用，巩固了军事与安全控制力，增强了经济影响力，促进了地区抗疫合作，使得西方主导性上升与地区权力格局的外源化。外源化是指在地区事务中起主导作用的行为体和驱动力更多来自该地区以外的趋势。

第二，"印太战略"的机制构建，通过机制的创建、维护、议程设置与机制间关系，作用于地区制度格局。阿查亚将机制构建定义为"国家政府发展协调与合作的框架"，强调了国家作为施动者在机制构建中的主体性。美澳新等国通过建立若干以其为主体的地区安全与经济机制，乃至完全由西方国家构成的俱乐部式"小多边主义"（Minilateralism），使得地区机制排他性增强。排他性增强主要表现为：这些地区机制由西方国家主导，有的是西方国家单独构成，准入缺乏开放性；决策权掌握在出资者（主要为西方国家）手中，参与缺乏包容性，尤其是缺乏本地区的代

表性；不少机制尤其是安全机制针对中国，构成了"排他性制度制衡"——从现有制度中将制衡目标国排除在外的战略选择。这些西方主导的新机制与已有的太平洋岛国论坛（PIF）、太平洋共同体（SPC）和太平洋岛国发展论坛（PIDF）等主要地区组织之间关系较为模糊，职能多有重叠，使该地区的制度网络呈现出复杂化的格局。

第三，"印太战略"的话语叙事，通过扩散传播以及与具体行动相配合，作用于地区规范格局。话语是"产生意义的结构"，是国际关系实践中不可或缺的组成部分；叙事是"行为体将世界合理化并以特定方式有序组织起来的配置工具"。叙事理论认为，叙事总是与权力有关，叙事转化为规范的方式是构成具有"情节"（Plot）的完整故事，而冲突性的故事情节往往由"坏人"（Villain）、"受害者"（Victim）、"困难"（Problem）、"英雄"（Hero）和"道义评判"（Moral Judgement）各环节串联起来。故事情节为行为体的特定行为提供合法性解释，将特定的观念加以传播形成特定的地区规范。此外，将话语叙事转化为地区规范还需要与行动相配合，为权力投射与机制构建提供合法性与"黏合剂"，从而对特定的地区秩序起到固化作用。美澳新等国实施"印太战略"，通过构筑一套冲突性话语叙事体系，通过话语打击中国在该地区的存在，传播西方价值观念，为其权力投射和机制构建提供合法性。

西方主导的地区权力格局的外源化、"排他性制度制衡"推动的地区制度网络的复杂化以及西方影响的地区规范，共同构成了"印太战略"对太平洋岛国地区秩序的影响，使得太平洋岛国地区秩序的三个维度偏离了2009年至2017年间太平洋岛国对地区秩序主导权上升、太平洋岛国自行驱动的地区主义显著发展和太平洋岛国自我认同彰显的态势。

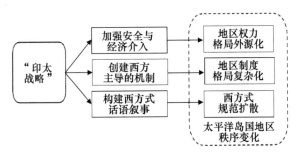

图1 "印太战略"影响太平洋岛国地区秩序的作用机理

需要说明的是，秩序变化往往并非一个或一类行为体单方面施动的结果，而是多个或多类行

为体的复杂互动。为简化计，并考虑到美澳新之间共性大于差异，本文将美澳新视为同一类行为体，仅研究这类行为体对单个地区秩序的影响，以实现研究太平洋岛国地区秩序变化这个有限目标，但这套分析框架同样有潜力适用于多类行为体对多层次秩序的复合作用。

接下来，本文将分别探讨"印太战略"通过权力投射、机制构建和话语叙事三条路径，对太平洋岛国地区秩序各个维度的影响。在每个维度中，均按照过程分析法，首先梳理美澳新在相应领域采取的具体行动，评估其所产生的作用效果，然后总结这些行动对地区秩序相应维度的具体影响。

三 权力投射与西方主导性的上升

地区权力格局是地区秩序的基础。在"印太战略"下，美澳新等国加大对该地区的权力投射，构成了改变地区权力格局的显著变量。这意味着域外国家相对域内国家的权力增强，西方对地区政治经济权力格局的主导性上升。

（一）巩固军事与安全控制力

美澳新加强对太平洋岛国地区的军事与安全介入，是实施"印太战略"的先导，巩固了其在军事与安全领域的控制力。

美国加快了将太平洋岛国与岛屿领地的军事化，将其作军事部署用途，纳入对华战略竞争的框架内，采取的具体行动包括：加强在太平洋岛国地区"第二岛链"特别是关岛和北马里亚纳联邦的军事部署；在帕劳、密克罗尼西亚联邦（密联邦）和马绍尔群岛等国试行"远征前进基地作战"，躲避和反制美军假想的所谓"中国导弹打击"；提高"第二岛链"内外的机动性并进行相应的部署性训练；大幅度提高向太平洋岛国提供军事援助的力度，并加强美式价值观的传播和军警官校友网络的构建。

澳大利亚在"太平洋升级"框架下采取的具体行动包括：加强了与太平洋岛国的双边防务安全合作，2018 年 6 月起先后与所罗门群岛、图瓦卢、瑙鲁、汤加和瓦努阿图等签订或升级双边安全合作协议；推进美军人员参与澳军在太平洋岛国的行动；扩大在美澳军力态势倡议（USFPI）下涉及太平洋岛国地区的联合部署、联合训练、部队轮换与军事演习等。

尽管新西兰军事实力相对有限，但也在"太平洋重置"战略下加强了对太平洋岛国的军事安全投入，具体行动包括：加强并展示新西兰军队对太平洋岛国的投射与介入能力；与澳大利亚联合组建"聚焦太平洋快速反应部队"（Pacific-Fo-

cused RRF）；与美国军事合作不断升温，2020 年 1 月起，在"印太战略"下举行新美两军战略与政策磋商。

以上这些都是美澳新采取的军事与安全领域的权力投射举措，展示了美澳新的军事实力，加快了太平洋岛国和岛屿领地军事化，使后者服务于大国战略竞争目的。

（二）增强经济影响力

加大经济投入是"印太战略"在太平洋岛国地区实施的保障，增强了美澳新等国在该地区的经济影响力。

美国将"太平洋承诺"作为在太平洋岛国地区推行"印太战略"的经济工具，首期援助额为 1 亿美元。与此同时，美国与帕劳、密联邦和马绍尔群岛三个自由联系国（Freely Associated States，FASs）进行《自由联系协定》续约谈判，以继续获得美军独享进入自由联系国领土（包括领海和领空）等特殊权力，为此美国须每年向自由联系国提供援助，目前每年援助额约为对帕劳 1.3 亿美元、对密联邦 1.1 亿美元、对马绍尔群岛 7000 万美元。2020 年 10 月，美国宣布为"太平洋承诺"追加超过 2 亿美元预算外援助，其中超过 1 亿美元用于三个自由联系国。这将巩固美国在自由联系国的特殊地位，并对美国在"第二岛链"的军事部署形成经济支撑。

澳大利亚官方列出的"太平洋升级"在经济领域的重点项目包括澳大利亚基础设施融资基金（AIFFP）、"太平洋劳动力流动计划"（PLMS）和"珊瑚海线"海缆工程（CSCS）。其中，最大的项目是澳大利亚基础设施融资基金，这是澳大利亚外交部专门为实施"太平洋升级"而设立并直接管理的金融机构，资金规模达 20 亿澳元（约合 15 亿美元）。该基金的直接影响是支持太平洋岛国的基础设施项目，"软性"影响是制定符合西方的融资准则，从而在项目和规则两个层面削弱他国与太平洋岛国的基础设施合作。

新西兰在"太平洋重置"下宣布，从 2019 财年到 2023 财年新增 7.14 亿新元（约合 5 亿美元）对外援助资金，其中主要流向太平洋岛国地区。新西兰特别重视"软性"经济援助，在上述预算之外，另投入约 5000 万新元支持太平洋岛国媒体、园艺与农业、文化体育外交等，不断扩大"认证季节性雇主计划"（RSE），并设立"太平洋公共服务中心"（PSF）对太平洋岛国公务员进行培训。新西兰虽然经济投入绝对量不如美澳，但更加注重实效，尤其在"软性"经济影响力方面与美澳形成互补。在加大经济投入的同时，美澳等国采取多种具有对抗性的对华制衡手段，阻止中国企业获得关键基建项目。在美澳看来，海缆事关数据资源的掌握和数字经济的先机，对地理上封闭隔绝的太平洋岛国意义重大，认为华为海洋网络有限公司（简称"华为海洋"）等中国海缆企业在太平洋岛国的商业活动对其产生了威胁。

（三）促进地区抗疫合作

新冠疫情是2020年以来影响最为广泛深刻的全球危机，对太平洋岛国尤为明显的影响是作为其经济支柱之一的旅游业受到重创。有研究认为，该地区经济在2020年缩水5%，人均收入减少约9%，生活水平至少倒退10年。太平洋岛国应对疫情的能力普遍低下，是疫苗等防疫物资的净需求方，这给美澳新创造了以疫苗等防疫物资谋求政治外交目的的机会。在此背景下，美澳新等国试图主导地区抗疫合作，掌握另一个权力投射与施加影响力的渠道。

美国宣称以"全政府方式"支持太平洋岛国抗疫和恢复经济，2020年在"太平洋承诺"框架下将1.3亿美元用于太平洋岛国抗疫。当然，其中的大部分即1.03亿美元提供给了美国的三个自由联系国，显示出美国支持太平洋岛国抗疫的不均衡性。

支持太平洋岛国抗疫是澳大利亚和新西兰（统称"澳新"，ANZ）实施"太平洋升级"和"太平洋重置"战略在最新阶段的重要手段之一。该地区发现疫情以来，澳新高层与多个太平洋岛国领导人或外交部长通话，捐资支持世界卫生组织（WHO）"太平洋地区准备和响应新冠肺炎行动计划"。2020年4月，太平洋岛国论坛特别外长会议建立了"太平洋应对新冠肺炎人道主义途径"，同年6月形成议定书，涵盖技术人员、海关与生物多样性、移民、归国和清关5个重点领域。在该机制下，物资供应的渠道主要掌握在澳新手中。通过加大对太平洋岛国的抗疫与相关领域援助，澳新希望树立"在太平洋岛国邻居遇到困难时予以支持"的形象。

（四）对地区权力格局的外源化效应

美澳新在"印太战略"下的权力投射，加强了西方对太平洋岛国地区军事安全、经济和公共卫生等领域的影响力，地区权力格局呈现外源化态势。

首先，安全领域是太平洋岛国最容易对美澳新形成依赖的领域，因而"印太战略"的军事权力投射构成了影响该地区权力格局的最直接因素之一。美澳将太平洋岛国和岛屿领地军事化，使太平洋岛国地区服务于大国战略竞争目的，还起到绑定太平洋岛国安全政策的作用，强化了军事权力外源主导格局。

其次，美澳新显著加强对该地区的经济投入，有利于提升经济控制力，促使太平洋岛国形成路径依赖。太平洋岛国由于小而遥远、人口少、自然资源有限、经济结构单一、远离世界市场以及易受市场波动的冲击等原因，经济发展比其他地区更脆弱。虽然近年来太平洋岛国经济独立性有所增强，但总体上仍较为依赖外援，这种依赖在疫情等冲击下尤为突出。此外，美澳对海缆等重点行业予以控制，使美澳对未来太平洋岛国的数字基础设施和数字化发展掌握了更多发言权，尽管这种经济胁迫行为也容易引发太平洋岛国的反弹。

在新冠疫情背景下，太平洋岛国对美澳新提供物资的依赖提升了美澳新的主导能力。例如，澳大利亚直接向巴新政府施加压力，阻挠中国与巴新的疫苗合作和中国企业在巴新复工复产。此外，在疫情引发关注重点转向公共卫生议题的背景下，太平洋岛国重点关注的气候、海洋等地区议题，难以获得如疫情前一般的关注度，因此削弱了太平洋岛国的博弈能力。

在"印太战略"作用下，特别是在美澳新对不同太平洋岛国的权力投射不均衡的牵引下，太平洋岛国内部的分裂倾向有加剧趋势。首先，美国投入较大的帕劳等少数国家，主动要求军事化，配合美澳对华进行恶意舆论攻击，背离了太平洋岛国历史上追求和平与不结盟的传统。在此情况下，虽然大部分太平洋岛国不希望卷入大国竞争，但是，全体太平洋岛国达成集体共识的难度增加。再者，美澳新之间的权力投射不均衡乃至美澳新内部矛盾，加剧了太平洋岛国内部的分裂倾向。2021年2月，帕劳等5个位于该地区北部的密克罗尼西亚岛国宣布启动退出太平洋岛国论坛的程序。这一事件的直接起因是密克罗尼西亚与其余太平洋岛国之间对新任太平洋岛国论坛秘书长人选存在分歧，但也有学者认为美澳对太平洋岛国论坛内部分裂负有责任。这些因素使得2021年3月达梅·梅格·泰勒（Dame Meg Taylor）在离任太平洋岛国论坛秘书长前发出警告，认为地缘政治将使这个地区"筋疲力尽"、分裂并使集体利益受到削弱。这些都是美澳新等国导致太平洋岛国地区权力格局"外源化"的具体表现，泰勒的警告尤其体现了"印太战略"的分裂效应。

四　机制构建与排他性地区机制网络

地区机制的创立与运行是地区秩序的主要表现形式。美澳新等国在太平洋岛国地区构建以其为主体的地区安全机制，乃至完全由西方国家构成的俱乐部式小多边主义机制。与太平洋岛国论坛等该地区已有的包容性、开放性较强的机制不同，这些西方主导的机制具有较强的排他性和封闭性。这些机制与现有的地区组织机制交织，使得地区制度网络走向复杂化。

（一）以美澳新为主体的地区安全机制

美澳新在各自版本的"印太战略"下，新建了以其为主体的安全机制，构建了以西方国家为中心、以传统安全议题为基础、指向性明确和排他性强烈的地区安全网络，试图在制度上巩固太平洋岛国对美澳新的安全依赖。

美国在太平洋岛国地区安全机制的构建中从以往的幕后角色走向前台。其中，"大洋洲海上安全倡议"（OMSI）是美国主导的最重要的地区安全机制。在该机制下，美国海岸警卫队与所谓自由联系国以外的其他11个太平洋岛国均建立了伙伴关系，合作条款包括太平洋岛国可邀请美国海岸警卫队在其专属经济区内代为巡逻，针对"非法、不报告和不受管制的捕捞"（IUU）等行为开展执法行动，美国海军为此提供保障。此前，太平洋岛国论坛渔业局（FFA）等本地区组织是地区海上安全机制的主要构建者，重点合作内容为海洋环境保护等非传统安全议题。而"大洋洲海上安全倡议"的主导者来自域外，给地区海上安全机制增加了域外地缘政治因素。

构建由澳大利亚主导的地区安全机制是澳大利亚"太平洋升级"的重要支柱，重点项目包括"太平洋海上安全计划"（PMSP）、太平洋融合中心（PFC）、"太平洋支援部队"（Pacific Support Force）、黑岩营地（Blackrock Camp）建设等。澳大利亚还创建了以安全领域人员培训和人际关系网络构建为宗旨的地区安全机制，包括"卓越警务训练中心"和澳大利亚太平洋安全学院（AP-SC）。这些机制都由澳大利亚发起并主导，有助于澳大利亚巩固对地区安全合作的主导权。从议题上看，这些机制聚焦军警等强力部门，传统安全色彩突出，准入门槛高，目标指向明显，与太平洋岛国更加习惯地聚焦非传统安全议题、强调开放合作的安全观存在显著差异。与此同时，澳大利亚军方明确拒绝了斐济军方组建一支完全由太平洋岛国士兵组成的"太平洋旅"（Pacific Brigade）的提议，发出了对斐济等太平洋岛国自行提供地区安全公共产品的否定信号，从侧面凸显了澳大利亚试图垄断地区安全公共产品的供给。

新西兰虽然国防实力相对较弱，但也积极参与构建适合其能力与专长的地区安全机制，例如发起了"太平洋领袖发展计划"（PLDP），为太平洋岛国培养军警官与安全机构人员。

（二）西方俱乐部式小多边主义

此外，美澳等国还建立了完全由西方国家组成的俱乐部式小多边主义机制，具有强烈的封闭性和排他性。其中最具标志性的举措之一是美澳新联合建立了太平洋安全合作对话（Pacific Security Cooperation Dialogue）机制。这是一个仅由美澳新三国组成的三边安全论坛，是自1951年澳新美同盟正式形成以来三国首次创设针对太平洋岛国地区安全合作的正式机制。论坛参会者包括代表三国的外交、国防、执法、海岸警卫队、国土安全、内政、发展援助和贸易等领域的军官和文职人员。在2018年6月的首届太平洋安全合作对话上，美澳新三方共同强调了其在"繁荣、稳定和安全的印太地区"的共同利益以及"共享的太平洋邻居关系"，将维护港口安全、涉海信息共享、共同支持澳大利亚太平洋安全学院、打击跨国犯罪和促进军事合作列为五大优先领域。

2021年9月，澳大利亚、美国和英国宣告成立名为澳英美联盟（AUKUS）的三边安全伙伴关系，首先披露的重点实质项目为美英协助澳大利亚发展核潜艇并获得相关技术。尽管澳英美三方的联合声明并未明确提到中国，也没有提及太平洋岛国，但制衡中国是该联盟不言自明的目标，也有媒体分析认为，遏制中国在太平洋岛国的影响力是其中一个目的。在整个过程中，澳英美任何一方均未与任何太平洋岛国或地区组织进行外交沟通，体现了它们对太平洋岛国本土地区机制的漠视。这是西方俱乐部式小多边主义威胁既有的本土地区机制，进而影响地区秩序的最新表现。

（三）对地区制度格局的排他化效应

上述这些排他性的地区机制加强了西方对地区安全与经济秩序的控制，使得地区制度格局趋向排他化。

以美澳新为主体的地区安全机制的建立运行，加强了美澳新对地区安全秩序的控制。第一，通过这些安全合作机制与安全保障供给，以及拒绝斐济在军事安全合作中发挥领导力，美澳新重新确认并巩固了其地区安全公共产品提供者的角色。第二，这些安全机制之间形成了相互协同的关系，构成了一套地区安全治理体系，美澳新在这套体系中主导性较强，太平洋岛国则相对边缘，在有的机制中被排除在外，中国更是被针对的对象。第三，教学培训、人际关系网络、巡逻行动等方式会形成路径依赖效应，有助于巩固太平洋岛国对美澳新的制度依赖和规范依赖。

以澳英美联盟为代表的西方俱乐部式小多边主义更是使得太平洋岛国在本地区事务中被边缘化。澳大利亚作为无核国家发展核潜艇，威胁了太平洋岛国地区核不扩散机制的基石——《南太平洋无核区条约》，违背了该条约的三大原则——拒绝参与核扩散、停止核军备竞赛、防止整个南太平洋地区的放射性污染。另一方面，澳英美联盟强调地缘政治对抗，势必挤占太平洋岛国关心的气候变化、海洋环境治理和人类发展等地区治理议程，挑战太平洋岛国近年来不断增长的自主性，乃至威胁太平洋岛国地区总体和平稳定的地区秩序。考虑到澳英美联盟是一个秘密风格极强、还在不断进展中的新机制，其对太平洋岛国地区秩序的影响还可能继续扩大。

五 "印太战略"话语叙事体系及其地区规范影响

地区叙事为特定的行为提供合法性规范，对特定的地区秩序起到固化作用。"印太战略"的话语叙事在太平洋岛国地区形成了包括"他者—类我二元对立叙事""中国威胁叙事""势力范围叙事""脆弱小国叙事"和"家长保护叙事"在内的话语叙事体系，为美澳新强化协调介入该地区提供了合法性，对其权力投射与机制构建起到固化作用，并通过话语打击中国在该地区的存在。这传播了一种冲突性特征较强的话语体系，扩散了西方式的价值规范。

（一）"印太战略"话语叙事体系

在太平洋岛国地区，"印太战略"话语叙事体系主要体现为以下五个互有关联的叙事：

第一，"他者—类我二元对立叙事"。"他—我"冲突是"印太战略"的地区秩序理念，也是"印太战略"话语叙事体系在太平洋岛国地区的核心特征。"类我"意象通过"类似意向"（Like-minded）这个说辞成为流行叙事，强调中国是与"我们"不同的"他者"。美国《一个自由开放的"印太战略"》、澳大利亚《2017年外交政策白皮书》和新西兰《2018年战略性国防政策声明》等官方文件，均强调在太平洋岛国地区与"类似意向"国家协作一致对华。基于这种叙事的地区秩序观本质上具有冲突性。正因为这种叙事及其背后的冲突性秩序观，安全合作在美澳新试图主导的地区秩序构建中具有首要性。

第二，"他者威胁叙事"。在"他者—类我二元对立叙事"基础上，"印太战略"的太平洋岛国地区秩序观，就是作为"类我"的"西方民主联盟"和"他者"之间的二元冲突，地区秩序的目标就是共同应对"他者威胁"。在这种叙事下，太平洋岛国的自主性被忽略。太平洋岛国或为对美澳新特别是美澳产生威胁的"跳板"，或为美澳新"印太战略"的结盟对象和以军事安全部署

的"岛链"，总之不被视为具有自主性。

第三，"势力范围叙事"。尽管旨在为美澳划定各自在太平洋的势力范围的《拉德福德—柯林斯协定》现今已少有人提及，但是势力范围观念已经嵌入该地区，在"印太战略"下重新成为公开的话语叙事。澳大利亚太平洋安全学院学者詹姆斯·巴特利（James Batley）用"准门罗主义"（Quasi-Monroe Doctrine）形容澳大利亚对太平洋岛国的外交战略。澳大利亚总理莫里森针对太平洋岛国地区明确宣示："这是我们的'小土地'（Patch）；这是我们这部分的世界；这是我们负有特殊责任的地方。"时任澳大利亚外交部长朱莉·毕晓普（Julie Bishop）、前驻华大使孙芳（Frances Adamson）等澳大利亚高级别官员更是明确使用了"势力范围"说辞。

第四，"家长保护叙事"。"脆弱小国叙事"暗含了一个推论：因为太平洋岛国无力保护自己的主权，所以需要西方大国来保护，扮演传统意义上的"家长"角色。其中，美国强调其"太平洋国家"（Pacific Nation）身份；澳新尤其是澳大利亚更是使用"太平洋家庭"（Pacific Family）说辞，给了美澳新插手干涉乃至使用军事化手段提供了道义说辞——这是整套"印太战略"叙事的现实目的。例如，澳大利亚《2017年外交政策白皮书》宣称，"太平洋升级""将帮助太平洋岛国整合进澳大利亚和新西兰经济和我们的安全制度中"，"这对太平洋岛国地区的长期稳定和经济前景至关重要"。

（二）对合法性规范的影响

如前文所述，叙事转化为规范的方式是构成由"受害者""英雄"等环节串联起来的有开头、过程和结尾的完整故事情节，太平洋岛国主权被描述为"受害者"，"英雄"角色由西方特别是美澳新扮演；保护太平洋岛国主权为美澳新的介入提供"合法性"叙事，并将加入美澳新主导的机制贴上合法性标签。

如前文所述，除了将上述故事情节加以传播外，将话语叙事转化为地区规范还需要与行动相配合。在太平洋岛国地区，上述故事情节在具体领域与"印太战略"的具体行动紧密结合，为美澳新的权力投射与机制构建提供"合法性"与"黏合剂"。例如，美澳近两年加强了对太平洋岛国地区海上安全介入，将IUU问题政治化、安全化乃至军事化。"困难"被描述为太平洋岛国海上执法能力不足，而解决这些困难的"英雄"包括美国海军、美国海岸警卫队、澳大利亚"太平洋支援部队"等，以此为由证明"大洋洲海上安全倡议""太平洋海上安全计划"等美澳主导的

地区安全机制的必要性和正当性。在这种叙事下，澳大利亚主导的"太平洋融合中心"的突出职能被解释为可以通过对渔船的动态监控识别 IUU 行为；太平洋安全学院则通过澳大利亚教员的培训课程渲染 IUU 威胁，起到影响太平洋岛国安全政策制定的固化作用。

结论

本文认为，美国及其盟友伙伴通过权力投射、机制构建和话语叙事三条路径对太平洋岛国地区秩序产生影响，促使地区权力格局外源化、地区制度格局复杂化和西方式规范的扩散。

当然，西方国家并非唯一一类影响太平洋岛国地区秩序的行为体。一方面，太平洋岛国确实受到"印太战略"的影响；另一方面，太平洋岛国并非完全被动，而是主动应对包括"印太战略"在内的地缘政治新环境。太平洋岛国同样通过三条路径对地区秩序产生影响：通过"借力"（Borrowing Power），借助外部权力资源增强自身权力，改善因实力弱小而面临的不利的权力格局，维护太平洋岛国内部团结；通过议程设置（Agenda-setting）等方式在抗疫的同时推动地区气候、海洋、防灾减灾和可持续发展治理；通过"蓝色太平洋"（Blue Pacific）叙事发展并扩散一套不同于西方的本土话语叙事，坚持以"太平洋方式"（Pacific Way）为核心的太平洋岛国本土价值观。

中国与太平洋岛国的关系，近期也受到了"印太战略"与新冠疫情的叠加影响。不过，中国克服这些不利因素影响，继续发展与太平洋岛国的关系。第一，中国继续推进与太平洋岛国高质量共建"一带一路"。在政策沟通层面，太平洋岛国表示欢迎中方提出的"全球发展倡议"，愿意支持和加入这一重要倡议，并将该倡议同太平洋岛国的"蓝色太平洋"2050 战略相衔接，加强"一带一路"各领域合作。在实际操作层面，中国重点支持太平洋岛国抗疫和防灾减灾，组织"一带一路"太平洋岛国重点项目的复工复产。2022 年 1 月汤加火山灾情发生后，中国第一时间开展救援行动，包括派遣两架运－20 运输机和两艘舰艇携带大量救灾物资驰援汤加，创下了运－20 服役以来对外投送距离最远的记录。第二，中国重点加强了中太之间的合作机制构建，与太平洋岛国共同建立了中国—太平洋岛国外长定期会

晤机制，举办了中国—太平洋岛国渔业合作发展论坛，宣布将成立中国—太平洋岛国减贫与发展合作中心和中国—太平洋岛国应对气候变化合作中心，筹建中国—太平洋岛国应急物资储备库并在汤加火山爆发后首次启用。这些合作机制集中回应了太平洋岛国在应对气候变化、海洋治理、防灾减灾和可持续发展等非传统安全问题上的重大关切，并且通过包容共建的方式来构建，与西方的排他性小多边主义形成鲜明对比。针对太平洋岛国地区核不扩散机制受到威胁的情况，中国与太平洋岛国共同重申维护国际核不扩散体系和南太平洋无核区的坚定立场，呼吁有关各方履行条约义务，促进地区和平稳定。此外，针对美国和其他西方国家对中太合作的话语污蔑，中方进行了针锋相对的回应。例如，针对美国炒作所谓"中国渔船 IUU 威胁"，中国外交部发言人表示，中国是负责任的渔业国家，对远洋渔船违规违法行为实行"零容忍"，这些只不过是美国国务院制造和传播的系列谎言之一。另一方面，中太双方也采取切实合作，通过举办中国—太平洋岛国渔业合作发展论坛并发布《广州共识》，加强中太双方的常态化渔业管理合作，解决中太渔业合作中出现的问题，推动中太渔业合作向全产业链延伸。总的来说，中国采取了以实际行动回应关切、解决问题的路径，克服地缘政治与新冠疫情叠加的不利因素影响，继续深化中国与太平洋岛国相互尊重、共同发展的全面战略伙伴关系。随着时间的推移，包括西方国家、太平洋岛国和中国等不同行为体对地区秩序的影响效果还会发生进一步变化。因此，太平洋岛国地区秩序的长期走向还取决于多类行为体的复杂作用与互动。

总之，太平洋岛国地区提供了一个观察"印太战略"如何影响地区秩序的研究案例。太平洋岛国虽然国小民寡，但却是"一带一路"与"印太战略"的交汇区，具有系统重要性。而且，正因为其小，研究者可以充分观察"印太战略"影响地区秩序的完整逻辑链条，从而见微知著，以此为案例基础构建一套以施动者的行动为自变量解释地区秩序变化的中层理论框架，并为研究"印太战略"对各个地区秩序的影响，以及理解当下这个变革时代的世界秩序提供参考。

【作者单位：华东师范大学亚洲和太平洋地区研究中心；中国人民大学国际关系学院】

（摘自《社会科学》2022 年第 3 期》）

斐济民族国家构建中的民族因素与治理

赵少峰　　程振宇

在太平洋岛屿地区的 14 个国家中，斐济和巴布亚新几内亚是多民族国家的典型代表。斐济仅有 88.4 万人，是当下太平洋岛国中体量较大的经济体，也是为数不多的能不依靠外国援助而实现经济增长的国家，在经济水平、现代化程度、发展潜力等方面位居太平洋岛国前列。然而，其他太平洋岛屿国家独立后没有出现政变，斐济独立建国后却屡次发生，这引发了政治家和学者的思考。1970 年，斐济摆脱英国殖民者的统治成为共和国，此后发生了四次政变。政变加深了斐济的民族分裂，越来越多的印度裔斐济人移民国外，凸显了以民族为基础的政治和社会治理问题。本文意在考察斐济民族问题的由来、发展，特别是民族问题与斐济四次政变的关系，进而探讨斐济民族国家构建中存在的困境，以及小岛屿民族国家如何塑造和谐的族际关系，进行民族国家治理。

一　斐济民族问题的缘起

斐济成为多民族国家是由西方国家的殖民侵略造成的。建国后，斐济发生了四次政变，时至今日民族矛盾依然没有得到彻底解决。

斐济的民族问题源于英国殖民时期印度契约劳工及 20 世纪印度移民的涌入。在 1879—1916 年间，斐济总督阿瑟·戈登（Sir Arthur Gordon）从印度招募了大量契约劳工进入当地种植园工作，多数劳工及其亲眷后裔定居在斐济。由于印度裔斐济人人口自然增长率比较高，到 1946 年，印度裔斐济人的数量已超过土著斐济人，1970 年斐济独立之时占斐济总人口的 50%。印度裔斐济人与土著斐济人成为斐济的两大主体民族。从 20 世纪 60 年代开始，印度裔斐济人逐渐向澳大利亚、美国等国家移民，而土著斐济人口急剧上升，印度裔斐济人所占人口比例出现了不同程度的下降。1987 年，土著斐济人数量超过了印度裔斐济人。在 2007—2017 年间，印度裔斐济人占比保持在 35%—40% 之间。

经过一个多世纪的发展，两大民族客观存在的民族文化差异，使其难以实现民族间真正意义上的融合。土著斐济人与印度裔斐济人在宗教、习俗和价值观上的文化差异反映在社会生活诸多方面。土著斐济人几乎都是基督教徒，使用各地区的南岛语系方言；印度裔斐济人大多是印度教徒，还有 15% 的穆斯林，主要讲印地语和英语。土著斐济人有自己管理生活和财产的一套习俗和法律，而英国殖民当局通过规章和条例保留了这些习俗和法律的大部分内容。两个民族在经济活动的参与方面存在很大差异。大多数印度裔斐济人依靠租赁土著斐济人的土地，而大多数土著斐济人则严重依赖印度裔斐济人的企业和专业服务。在最为核心的土地问题上，土著斐济人将土地视为民族文化的遗产，印度裔斐济人则将土地视为商品。

斐济传统的社会治理模式在民族国家构建过程中没有得到及时调整，土著斐济人与印度裔斐济人的冲突主要体现在两个方面：一方面土著酋长们感觉传统权力受到"威胁"；另一方面在经济上积聚了财富的印度裔斐济人认为没有获得适当的政治地位和社会认可。斐济是传统的酋长制社会，酋长分为四个等级，并设有大酋长委员会和酋长院，其中大酋长委员会成员既有世袭的酋长，也有各省和地方的酋长代表。英国在殖民时期对斐济采取间接统治的方式，依靠高级酋长和乡村管理系统。这是英国殖民者统治斐济的有效手段，而这种成规模建制的殖民组织体系在一定程度上强化了土著斐济人的特权地位。

在斐济独立过程中，土著斐济人政治上享有至高无上地位的信念再次得到强化，他们一直掌握着斐济的最高政治权力。相比之下，印度裔斐济人没有成为酋长的机会，缺乏政治上的话语权，具有一定经济实力的印度裔斐济人不断追求政治地位。当土著斐济人认为其政治权力受到威胁时，便不会致力于推进民主进程。正如学者所言："民族矛盾的激化，是民族权益得不到有效保障和协调的结果。"

受现代经济观念的影响，两大民族的经济主张与利益分歧愈加明显。殖民统治时期，斐济无形中建立了"三层式的社会经济结构"，欧洲人居上层，印度移民居中间，土著人居底层。欧洲人经营大型商业种植园、糖厂、工厂、采矿、旅游和其他行业，他们和移民工人居住在港口和城镇。土著斐济人在农村生活，随着受教育程度的提高，他们试图改变这种局面。20世纪后期，绝大多数土著斐济人沿袭传统部落大家庭的生活模式，充当现代经济的边缘参与者，通过土地租金获取收入，以现代经济的积极参与者，以相对低廉的租金从土著斐济人手里获取了大量优质可耕地。到了20世纪末21世纪初期，随着经济的发展，40%以上的斐济人生活在城市或城市周边地区，一个庞大且迅速增长的中产阶级逐渐形成。土著斐济人精英阶层日益参与到加工、销售、进出口等经济活动中，两民族由过去的经济上的互补逐渐转化为经济利益的冲突，在土地问题上表现得更加明显。一些拥有土地的土著斐济人在租约到期后想要收回土地，重新耕种或开发商业或房地产，或者利用不续租的威胁以达成获取更多租金的诉求。

斐济社会内部求变的呼声不断出现。随着经济的发展和西方文化的传播，斐济的传统社会结构逐渐发生变化。传统观念认为政府事务是酋长的特权，而现代化的发展正在削弱酋长的权力。与此同时，从澳大利亚、新西兰、美国等西方国家留学回来的新一代斐济人已经成长起来，他们以城市为基础，拥有与传统地方领导人不同的价值观，期望凭借个人的努力取得成功，并试图挑战酋长的权威。斐济各地区发展存在较大的不均衡性，各地都在为地区利益进行争夺。维提岛（Viti Levu）东部以及劳群岛（Lau）的土著斐济人与汤加人和其他波利尼西亚人有密切的关系；西部和中部的土著斐济人更具美拉尼西亚人的特征，两地发展出不同的社会治理制度。东部酋长一直掌握着斐济政府的主要权力，东西部酋长对权力的争夺是斐济政变的原因之一。印度裔斐济人内部也存在地区主义和族群认同的问题，来自印度南部和北部移民存有较大差异。地区差异在议会选举中体现得非常明显，并在2000年斯佩特领导的平民政变中表现出来，有学者认为2000年政变的真正推动力是土著斐济人内部的权力竞争。

斐济有尚武的传统，在斐济传统社会中，武士（Bati）阶层一直都是社会的重要组成部分。英国殖民者到来之前，斐济处于群雄割据、部落林立的混乱时代，战争是解决争端的有效手段，由武士阶层世袭传承下来的斐济军队成为社会发展中的重要力量。在现代斐济社会，军事统治者扮演了平息民族分歧的角色。尽管现代斐济军队没有参与民族解放斗争的英雄历史，也没有面临保卫领土免受外来严重威胁的压力，但是其作用不容忽略。在最初的政变中，军队充当了土著斐济人精英的工具。在2006年的军事政变中，军队不仅与大酋长委员会

和教会对峙，而且还对澳大利亚和新西兰等海外势力的干涉形成了一定的威慑。

随着时代的发展，传统的社会治理模式逐渐不能适应现代社会的需求，各种因素错综交错，使斐济成了亚太地区最容易发生政变的国家之一。

二 政变折射出斐济民族国家构建中的问题

自1970年独立以来，斐济在1987年、2000年、2006年发生了四次政变，其中发生在1987年5月、9月及2006年的政变为军事政变，2000年的政变为平民政变。作为政治事件的政变，背后折射出的是斐济在民族国家构建中存在的问题，特别是民族因素的结构性问题，即族际关系的不稳定直接导致政治的动荡。

（一）政变推动了宪法改革，但没有从根本上解决族际矛盾

1987年的斐济政变肇始于代表印度裔斐济人利益的民族联合党在大选中获胜。在1987年4月举行的大选中，工党和全国联邦党（NFP）组成的选举联盟击败了卡米塞塞·马拉（Kamisese Mara）总理领导的联盟政府。由于此前斐济政权一直掌握在土著斐济人手中，蒂莫西·巴万德拉（Timoci Bavadra）对印度裔斐济人的宽松政策，引起了土著斐济人的恐慌。1987年5月12日，陆军中校西蒂韦尼·兰布卡（Sitiveni Rabuka）发动了南太平洋现代史上的第一次军事政变。9月23日，联盟党与联合党达成协议，组成两族分权的政府。然而，兰布卡认为实现土著斐济人绝对统治的政治目标并未达到，于当年9月25日再次发动政变。

2000年的平民政变由商人乔治·斯佩特（George Speight）发动。1999年5月，印度裔斐济人马亨德拉·乔杜里（Mahendra Chaudhry）赢得大选并宣誓就任斐济首位非土著人总理，并得到了总统马拉的支持。由于乔杜里的印度裔身份，以及他试图改变斐济土地所属权，招致土著人的强烈反对。2000年5月19日，斯佩特发动政变，并于第二天宣誓就任斐济新总理。政变最初遭到了马拉总统、前总理兰布卡、斐济军方及警方的反对，但很快马拉与兰布卡就转变了态度，对政变表示支持。在这种情形下，以斐济海、陆军总司令、海军准将弗兰克·姆拜尼马拉马（Frank Bainimarama）为首的斐济军于5月30日接管了国家权力。政变后，斐济成立了以土著斐济人莱塞尼亚·恩加拉塞（Laisenia Qarase）为总理的看守政府。

2006年的军事政变由海军准将弗兰克·姆拜尼马拉马发动。恩加拉塞领导的团结斐济党（United Fiji Party，斐济语缩写为SDL）在2001年和2006年的议会大选中接连获胜。为了维护土著斐济人的利益，恩加拉塞提出《促进和解、宽容和团结法案》，要求赦免2000年政变的发动者斯佩特，引起了与斯佩特有个人恩怨的姆拜尼马拉马的强烈不满，而且自2001年大选以来，斐济军方与恩加拉塞政府的关系逐渐恶化，并在2006年大选之后达到了顶点，恩加拉塞试图在姆拜尼马拉马出访海外时剥夺其军事指挥权，而姆拜尼马拉马向恩加拉塞提出9项要求遭到了拒绝。2006年12月5日，姆拜尼马拉马发动军事政变，解除了恩加拉塞的总理职务，并任命过渡总理。

从上述四次政变来看，国家治理结构不完善，民族关系处理不当，进而引发了政治动荡。为了缓和族际矛盾，斐济多次修改宪法，先后颁布、废除了《1970年宪法》《1990年宪法》《1997年宪法》。《1970年宪法》采取根据民族划分选民的方式，客观上强化了民族差异，加重了参选政党的民族属性。《1990年宪法》是兰布卡政变后的产物，在宪法中明确了土著斐济人拥有至高无上的权力，进一步加剧了斐济族际关系的紧张。《1997年宪法》是一部兼顾各民族利益的宪法，得到了斐济人的广泛认可，但支撑这部宪法的精神，包括多民族合作精神、法律规定的平等权利、平等的公民权、通过代议制民主扩大共同空间的精神，在一个长期按民族划分的国家是无法贯彻下去的。当前斐济使用的是由姆拜尼马拉马政府制定的2013年宪法，该宪法建立了一院制的立法机构，赋予总理广泛的行政权力，宪法第10章还授予军方广泛且不可修改的豁免权，适用于所有与政变有关的行动。2013年宪法取消了基于民族的选民名册、基于民族的席位配额、基于地区的代表权、未经选举产生的上议院以及世袭酋长委员会。修改后的选举法允许海外国民可以通过邮寄选票的方式参与选举，给予拥有双重国籍的印度裔斐济人改变政局的机会。数量庞大的海外印度裔斐济人使斐济大选中两族选票再次出现数量上的不对等，蕴含着爆发灾难性冲突的风险。在新的选举制度下，姆拜尼马拉马实现了连任，有力地保障了政策的连续性与2013年宪法的长期使用。政变促进了宪法改革，然而宪法改革的不彻底又成为引发下一轮政变的导火索。

（二）政变折射出的多重民族问题

与缅甸、印度尼西亚等国家的政变不同，斐济发生的四次政变具有独特性，民族因素始终伴随其中。

第一，政变发动者的个人政治追求隐藏于民族主义和"善政"旗帜之下。从政变的领导者看，

兰布卡发动政变的一个动机是提升自身的政治地位；斯佩特是一名木材商人，在政变前刚刚宣布破产，并将面临法院的诉讼，他将自己对议会的不满隐藏在民族主义的旗帜之后；姆拜尼马拉马与恩加拉塞政府的关系一直紧张。虽然政变者的个人诉求各不相同，但他们都认为自己有权推翻民选政府，并利用族际关系的不稳定性，通过宣扬民族主义为政变寻求合法性依据。1987年和2000年的政变推翻了民选政府，兰布卡和斯佩特都是斐济民族主义的支持者，宣称政变是为了维护土著斐济人的权利，并与土著人运动（iTaukei Movement）相互呼应。与1987年和2000年政变不同，2006年政变推翻的是土著斐济总理恩加拉塞领导的民选政府。政变领导者姆拜尼马拉马宣称"斐济的总体治理状况已经倒退到灾难性的水平"，印度裔斐济人的政治诉求没有得到重视。同时，他认为斐济共和国陆军（RFMF）的接管是根据宪法履行其维护社会安全的责任。这场政变是以"善政"、反腐败和反民族主义的名义进行的，并获取了基督教领袖和民间社会活动家以及斐济东部一些酋长的支持。可以说，政治领导人将个人的主张和意图隐藏在了民族主义之后。

第二，斐济民族矛盾、地区矛盾、阶层矛盾相互交织，政变是民族矛盾激化的体现。前文已述，斐济的民族问题是殖民时期形成的，外来民族与本土民族没有很好地融合，和谐的民族关系尚未建立起来。随着斐济由传统社会向现代社会过渡，出现了新的利益集团，以区域、党派、宗教等划分的利益集团形成了新的多元社会形态，利益集团间的竞争与合作也日益频繁。在1987年的政变中，

斐济平民和印度裔斐济工人联手反对传统酋长和印度裔斐济商界精英的统治地位。中产阶级和底层民众对统治者的不满也为1987年和2000年的政变提供了支撑力量。地区主义加剧了土著斐济人的内部矛盾，酋长之间的争斗、平民对首领的反抗、14个省的紧张关系成为政变的影响因素。从宗教信仰来看，信仰的分歧加剧了民族差异。斐济基督教领袖及其信徒不愿意与印度教领袖和穆斯林打交道，进一步激化了民族矛盾。土著人运动的领导者托拉就是一名穆斯林皈依者，致力于反抗以卫理公会为主体的斐济教会。

第三，军队是族际冲突中的一支特殊力量。斐济军队直接参与了1987年和2006年的军事政变。2000年的平民政变造成了政治上的对峙，斐济军队又以军事接管的方式结束了政局。可以说，自1987年发动第一次政变以来，军队一直是斐济政治的"最终仲裁者"。斐济军队的构成具有明显的

民族特征，2007 年斐济军队 3527 名全职军人中只有 15 名印度裔斐济人。民族联盟党（NFP）和工党（FLP）都曾呼吁对军队进行改革，消除军队的民族界限，调整军队的职能。尽管 2013 年的宪法试图建立多民族治理的框架，但军队依然存在例外，在 3500 名现役士兵和 6000 名预备役人员中，土著斐济人占 99%。自 2006 年以来，军官们也渗透到了上层公务员队伍中，斐济军队逐渐转变为一支成熟的独立政治力量，不仅拥有干预政治变革的权力，而且政府还通过宪法的形式模糊了警务和安全角色的界限，部队取代警察成为斐济社会生活中安全秩序的主导力量。

综上所论，民族国家的权力在各民族间的分享和分配，是影响多民族国家民族关系的一个重要变量。斐济政变的发生与政变后局势的稳定，都紧紧围绕这一变量而展开。在权力分配和分享相对公平和公正的条件下，民族矛盾得到缓解，族际政治趋于稳定，反之亦然。

三 当前斐济民族国家构建的困境

2006 年斐济政变发生后，姆拜尼马拉马表示要采取多民族国家治理模式，使印度裔斐济人与土著斐济人真正融合为斐济民族。2008 年 8 月 6 日，斐济临时政府成立建设更美好斐济全国委员会，发布了《变革、和平与进步人民宪章》草案，旨在"将斐济重建为一个不分民族、文化充满活力、团结、治理良好、真正民主的国家，通过基于择优的机会平等与和平寻求进步和繁荣"。然而，美好的民族融合图景在社会制度跨越较大的环境中难以落地。

（一）为构建多民族国家的治理框架，姆拜尼马拉马推行系列改革

首先，积极推进经济和社会改革。姆拜尼马拉马通过政策和制度导向，改革公共部门，提高私营部门的作用，力图解决斐济日益严重的社会不平等和贫困问题。2011 年，姆拜尼马拉马颁布了《2011 年国家基本产业（就业）法令》，以"确保民族基本工业目前的生存能力和可持续性发展"。其次，废除大酋长委员会。2012 年 3 月 14 日，姆拜尼马拉马宣布废除大酋长委员会，称其在现代社会"已被政治化，损害了斐济对共同目标和平等公民目标的追求"。第三，改革选举制度。2013 年宪法废除了按民族投票制，规定只要是斐济人，无论归属于何种民族或宗教，都拥有投票的权力。第四，制定新宪法，为印度裔斐济人和土著斐济人创造更公平的政治环境。同时，姆拜尼马拉马政府实行的针对民众生计和恢复经济的政策赢得了印度裔斐济穷人和土著斐济人的

支持，使其在 2014 年的大选中占据了优势。2014 年的斐济大选是 2006 年政变以来的第一次大选，大选投出了近 50 万张选票，姆拜尼马拉马赢得了 20 多万张选票，成功当选总理。尽管如此，斐济的族际关系问题仍未得到彻底解决。印度裔斐济人投票支持姆拜尼马拉马，部分原因是担心姆拜尼马拉马一旦落选，他们会受到土著民族主义者的摆布。

笔者在田野调查中发现，大量土著斐济人认为大酋长委员会的废除是导致目前斐济社会"礼乐崩坏"的直接因素之一，对酋长和传统的不尊重导致青少年群体迅速西化堕落、道德败坏，传统认识论的改变成了新一代斐济人面临的严峻社会问题。

（二）当下制约斐济国家发展的民族因素

尽管姆拜尼马拉马上台后通过各种措施努力缓和族际矛盾，协调族际利益分配，但是斐济的四次政变已经塑造了脆弱的族际关系，进而影响到斐济族际政治发展。当前，民族因素依然是制约斐济国家构建和发展的关键所在。

1. 斐济政党具有鲜明的民族属性，政党政治异化为族群政治

政党在族际政治中的立场和表现，对多民族国家的族际政治往往具有根本性的影响。斐济的政党政治是在沿袭西方政治制度的基础上，结合其传统制度发展而来。传统制度赋予了土著斐济人至高无上的政治权力，西方的民主制度不仅没有解决斐济的族际冲突，而且与斐济独特的族群结构相结合，演化为以族群为导向的政党政治。

斐济政党政治与选举制度的结合构成了独特的族际政治现象，在选举过程中表现得最为明显。在 2001 年的斐济大选中，斐济工党在 19 个印度裔社区得票率大多超过了 70%，其中劳达拉（Laucala）印度裔社区得票率达到了 87.3%。争取族群利益是政党动员选民的口号，政党通过制造族群对立、强化民族界限、动员选民的政治参与性来获取选票，强化了族群认同。通过对 2018 年斐济选举结果分析可知，斐济优先党和主要竞争对手社会民主自由党（SODELPA）在中部、北部及东部选区获得了数量相近的选票，但是斐济优先党赢得了西部选区的选举，获得了超过 60% 的选票，详见表 1。支持斐济优先党的大部分西部选民来自楠迪（Nadi）和劳托卡地区，楠迪是斐济印度教和伊斯兰教的重镇，劳托卡是斐济第二大城市，它们都拥有庞大的印度裔斐济人口。这得益于姆拜尼马拉马实行的多民族国家治理模式，改善了选举环境，使斐济优先党扩大了选民基础，从而获得了多数印度裔斐济人的支持。从

最大反对党社会民主自由党在 2014 年以及 2018 年两次选举中的得票数可以看出斐济民族主义呈现抬头趋势。2018 年社会民主自由党的选票比 2014 年增加了 41215 票，议会席位也从 2014 年的 15 个增加到 21 个。社会民主自由党坚定地支持斐济传统（土著）政治模式，获得了传统势力和土著斐济民众的支持。

如何实现不同族群之间合理的权力分配仍然是制约斐济族际政治发展的关键问题，也是决定在 2022 年斐济大选中谁能获胜的核心要素。

表 1　2018 年大选中斐济优先党和社会
民主自由党选票统计表

选区	政党	选票	占比
中部选区	社会民主自由党	67255	45.40%
	斐济优先党	65901	44.48%
西部选区	斐济优先党	91902	60.15%
	社会民主自由党	43813	20.68%
北部选区	斐济优先党	31073	45.99%
	社会民主自由党	30919	45.77%
东部选区	社会民主自由党	35013	45.62%
	斐济优先党	34291	44.68%

2. 政变弱化了国家认同

对多民族国家而言，强化国家认同对维护族际关系、维护社会稳定具有重要作用。正如本尼迪克特·安德森将民族（nation）定义为"一种想象的政治共同体"，如何划分想象共同体的范围，推动民族认同与国家认同的良性发展，是斐济构建国家认同的关键。有专家指出，"多民族国家必须通过培植和强化各个民族的国家认同，构建政权合法性和国家合法性"。印度裔斐济人和土著斐济人缺乏对国家政治共同体的认同，这是阻碍斐济族际政治良性发展的症结所在。

当前，斐济对国家认同的构建处于初级阶段。一是斐济社会的部落治理模式在基层依旧占主导地位。许多斐济人继续生活在以酋长为首的部落村庄中。以部落村庄为基础形成的传统文化强化了族群认同，影响了民族国家的构建。二是宗教属性与族群身份紧密结合。斐济宪法允许宗教信仰自由，倡导文化多元。斐济人的宗教信仰大多由其族群身份决定，大多数土著斐济人都是基督教徒，而印度裔斐济人大多是印度教徒或穆斯林。三是土著斐济人和印度裔斐济人缺乏对斐济法律和政治制度的政治认同。土著斐济人长期以来形成了根深蒂固的政治优越性，要求至高无上的政治地位，印度裔斐济人则在数次政变中受到排斥，

要求平等的政治地位。两大族群均对当前制度感到不满或缺乏信心。

3. 土著斐济人和印度裔斐济人族际矛盾难以调和

实现不同派系的和解，是化解族际冲突、深化政府治理的基础，也是消除土著斐济人和印度裔斐济人族际矛盾的关键。在斐济，政治精英及军政关系的族群化特征非常明显。姆拜尼马拉马政府实施的多民族治理模式在一定程度上促进了政治上的去族群化与文化上的多元化，但是从根本上去除斐济政治精英的族群化是个缓慢的过程。在当前议会的三大党派中，社会民主自由党与民族联盟党分别代表了土著斐济人与印度裔斐济人的利益。新的选举制度在一定程度上消除了民族隔阂，但是并未完全消除族群界限，族群依然是最重要的政治组织形式。

斐济军队与政府的派系斗争也是影响族际政治发展的重要因素。斐济族际之间业已存在脆弱的权力平衡关系，而军队的民族构成、社会影响力与镇压政变的历史使其成为打破族际权力平衡的不稳定一环。

4. 大国的介入进一步加深了斐济族际政治的复杂性

斐济作为南太平洋地区的"十字路口"，其地缘政治价值吸引了大国的关注。在 1987 年大选中获胜的巴万德拉宣布反对大国在南太平洋运输、试验、储存和制造核武器或倾倒核废料，此举威胁到美国在该地区的战略利益，而主张与美国政府紧密合作的马拉在大选中失败，使美国深感失望。为此，有学者认为 1987 年的政变是由美国中央情报局与某些地方政客合作煽动策划的。除美国外，俄罗斯、日本、澳大利亚、新西兰等国也逐渐加强与斐济的联系，其中澳大利亚是与斐济关系最为密切的国家。作为斐济最大的贸易伙伴，斐济的政局稳定与否关系着澳大利亚在西南太平洋地区的利益。2006 年政变发生后，澳大利亚时任总理约翰·霍华德（John Howard）紧急表示"采取措施准备对可能的事态发展做出适当反应"。2018 年，澳大利亚时任总理斯科特·莫里森（Scott Morrison）宣布在西南太平洋地区投入 30 亿美元的基础设施资金。斐济独立 50 年来，尚未建立一套属于自己的发展坐标、认知框架来处理国家面临的发展问题以及斐济与大国的关系，大国的新殖民主义行为又使这一问题更为错综复杂。

四　对斐济民族国家治理的思考

斐济作为海洋国家，与其他多民族国家的发展模式存在着巨大差异，特别是它直接由部落社

会迈入现代社会，传统社会治理模式与现代政治制度尚存在冲突，需要几代政府领导人不断地进行完善和整合。结合斐济民族国家构建中的困境，笔者对如何完善国家治理进行了思考。

第一，强化斐济公民的国家认同，以此消除两大民族的文化隔阂，弥合族际关系。长期以来，土著斐济人和印度裔斐济人在经济和文化上的分歧因民族政策而深化。土著斐济人的领导者坚持认为，因为经济权力被印度裔斐济人掌握，所以土著斐济人必须掌握政治权力。这种认识已经影响了民族国家的构建。新一代的土著斐济人对市场经济的参与度不断提高，老一辈和乡村地区的土著斐济人依然重视传统、文化、习俗的传承和保护，更习惯在"斐济模式"下过着"慢条斯理"的日子，基层社区组织、教会、酋长在村庄（社区）中依然发挥着关键作用，这与重视培养政治精英、迅速积累财富、严格时间观念的印度裔斐济人在观念、信仰、习俗方面有巨大差异。从长期来看，构建共同的国家认同、"斐济民族"认同、发展道路认同是改变旧有观念的必要手段。

第二，斐济政党应建立以国家为基础的政策机制和意识形态机制，消除政党在成员、政策、组织形式、意识形态方面的民族性特征。斐济政党的民族属性随着四次政变进一步强化，既是政治精英竞选和实现政治目标的工具，也加剧了民族之间的分野。姆拜尼马拉马政府改变了基于民族的选举、人口普查等政策，并初见成效。2007年斐济统计局公布了民族的人口普查结果，但2017年公布的人口普查结果是基于地域而非民族，进一步弱化了民族特征。2013年的宪法消除了政党的民族色彩，而"公开名单"（Open List）制度增加了选举的复杂性。依托宪法改革，从根本上解决斐济的民族问题，弱化族群在政党选举中的政治身份和动员力量，进而营造和谐发展的族际关系，是促进斐济民族国家构建的重要路径。

第三，通过建立民族平等意识，加强民族互助，逐渐实现社会和解与政治和解，构建合理的族际利益格局。斐济在现代化过程中出现了城市化进程不均衡、土地争端不断、就业率低、传统经济和现代经济的冲突等问题。土著斐济人拥有约88%的斐济土地，在公务员、政府高级职位和军队中的占比具有绝对优势。土著斐济人缺乏货币经济的概念，依赖于传统的生活方式，在市场经济的发展中处于劣势，大多数土著斐济人生活在社会的底层，处在现代化边缘的土著斐济人将贫困问题归咎于印度裔斐济人。印度裔斐济人重视教育和经济活动，吃苦耐劳，重视团结协作，

积累了社会财富，在社会中的地位日益提升，特别是进入政坛的印度裔斐济人越来越多。斐济政局不稳，导致大量印度裔斐济人移民国外，人才流失对斐济经济造成重大打击。每一次政变后斐济各政党都会达成民族利益和解协议，充分说明了协调族际利益关系的重要性。没有印度裔斐济人精英的支持，斐济政局难以维持有效运转；没有斐济总理的默许和认可，印度裔斐济人的各方利益难以得到维护，只有良好的族际利益关系，才能真正实现斐济多民族的共赢发展。

第四，斐济的族际冲突可通过妥协对话解决，但是不能出现权力的转移。两大民族政治家在应对政治、经济、外交、社会治理等重大社会问题上存在差异，互不满意对方的处理方式，但是在面对困境推进社会发展时两个民族又总是能携手共进并达成一致。在国家权力问题上，土著斐济人不会进行国家权力的让渡，也就是印度裔斐济人不能担任国家总理。尽管印度裔斐济人力图提升政治地位，但是从近十年的人口占比来看，印度裔斐济人占全国总人口比例始终保持在37%左右。没有人口优势，也就不太可能有在大选中获胜的机会。为此，实行多党政府是解决斐济政治问题的创新方案，是在两个主体民族之间建立共识的机会。

五　结语

斐济独立以来，政府力图构建基于族际政治的和谐民族国家治理模式，但是四次政变塑造了脆弱的族际关系，影响了民族国家构建。由于缺乏共同的身份认同，土著斐济人担心土地所有权和政治统治地位被印度裔斐济人取代；印度裔斐济人越来越感到被疏远和边缘化，不满于土著斐济人所拥有的特权。伴随着全球化进程，斐济社会正在发生巨大变化。快速的城市化、日益增长的现代经济和人口结构的变化正在侵蚀根深蒂固的民族分歧。在社会发展的新阶段，基于社会和经济地位而非出身逐渐成为一种常态，不同民族的人一起生活和工作，个人与本民族以及其他民族成员之间的交往会越来越多。历史已经证明，土著斐济人需要与印度裔斐济人合作发展，共同构建斐济民族国家。只有跨越了狭隘的民族界限，塑造了和谐、平等、包容的民族政治模式，土著斐济人拥有的政治优势和法律赋予的土地所有权才能有保障，印度裔斐济人也才能继续扮演经济上的重要角色。

【作者单位：聊城大学太平洋岛国研究中心】
（摘自《世界民族》2022年第4期）

区域国别学视域下的太平洋岛国研究

陈晓晨

2021 年 12 月，国务院学位委员会下发《博士、硕士学位授予和人才培养学科专业目录（征求意见稿）》，其中将"区域国别学"列为"交叉学科"门类下的一级学科。区域国别学被纳入一级学科，将促进小国、弱国和传统上不受重视的"边缘"区域国别的研究，同时也对相关研究提出了新要求。太平洋岛国（Pacific Islands Countries, PICs）就属于这样一组国家。按照一门学科的内在要求，区域国别学的内涵包含研究主体、研究对象、研究目标和研究工具等方面。换言之，就是"谁研究""研究什么""为什么研究"和"怎样研究"。太平洋岛国研究作为特定区域国别研究，其内涵与外延既符合区域国别学的一般性，又有其自身的特殊性。基于此，笔者对中国太平洋岛国研究的内涵与外延进行分析，以期为区域国别学范畴内的太平洋岛国研究的未来发展提供思路。

一　研究主体

"谁研究"是区域国别学在学科建设上的首要问题。明确研究主体及其所处的背景，进而把握研究主体与研究对象之间的关系，是区域国别学与其他学科相比的突出特点。

（一）研究主体的形成背景

构建区域国别学是大国的"标配"。其中，对世界上的边缘区域国别产生研究需求是全球性大国的标志。西方的太平洋岛国研究证明了这一点。如果算上记述性成果的话，西方的太平洋岛国研究可以上溯到 18 世纪下半叶的《库克船长日记》。不可否认的是，建立、扩大、维护、延长和有序结束殖民统治是很长一段时间西方太平洋岛国研究的根本出发点和背后推力，不少研究在主观或客观上都为此服务。此外，学术兴趣也是很多西方学者的毕生追求，从而发展出一个非常具有特色的研究领域。时至今日，西方的太平洋岛国研究已经较为成熟，"政治推力"和"学术推力"交织并存。在研究主体上，美国、澳大利亚、新西兰和英国是西方太平洋岛国研究的四个主要国家；澳大利亚国立大学、新西兰奥克兰大学、美国夏威夷大学（含东西方中心）和澳大利亚昆士兰大学是最具影响力的四所西方高校。同时，英国、美国、澳大利亚和新西兰也是不同时期在太平洋岛国地区最具影响力的西方国家，从中折射出区域国别学知识结构与特定权力结构之间的关联。

对太平洋岛国这样一个传统上较为"边缘"的地区来说，研究主体的国家利益与研究对象之间的关联度是研究开展的一个重要因素，尤其突出体现在中国的太平洋岛国研究发展史上。中国南太平洋地区研究的一个热潮出现在 20 世纪 40 年代，直接推动因素就是当时国人对二战太平洋战场的关注，这波热潮也随着太平洋战争的结束而消退。此后相当长一段时间，南太平洋地区研究在中国都是名副其实的"冷门"。进入 21 世纪，受益于我国全方位对外开放格局以及"一带一路"建设，中国的太平洋岛国研究重新开始由"冷"变"热"。一方面，中国与太平洋岛国共建"一带一路"是国内太平洋岛国研究的外部推力；另一方面，中国学者的研究能力不断提升、学术兴趣不断拓展是太平洋岛国研究发展壮大的内在持久推力。正如钱乘旦先生在第二届中国太平洋岛国研究高层论坛上所说，世界上每一块地方对于中国来说都是非常重要的，都需要了解。

（二）研究进展

21 世纪以来，中国的太平洋岛国研究快速发展，为在区域国别学范畴内开展太平洋岛国研究奠定了基础。我们不妨从研究成果、研究力量与学术共同体建设三个维度来考察国内太平洋岛国研究的进展（见表 1）。

首先，研究成果是核心因素，因为成果（尤其是公开的研究成果）能够跨越时空，以文献为载体持续地影响他人和后人，形成这个研究领域的知识积累。其次，研究力量是带领这个研究领域向前发展的行动主体。最后，学术共同体建设是某个研究领域建设可以观察到的阶段性结果，显示了学术传承的可持续性。

表1　21世纪国内太平洋岛国研究分阶段进展

发展阶段	研究成果	研究力量	学术共同体
萌芽阶段 2000—2006年	成果初显:第一本学术专著,出现硕博士论文	力量初现:中国国际问题研究所南太平洋研究中心成立,开始出现一批专门研究人员(仅数人)	开始酝酿
奠基阶段 2006—2014年	稳步增长:学术专著2本,专题论文增加,硕博士论文增加	逐渐扩大:现代国际关系研究院南太平洋研究室、中山大学大洋洲研究中心、聊城大学太平洋岛国研究中心等成立,专业研究人员队伍扩大(20—30人)	呼之欲出:2014年中国首届"太平洋岛国研究高层论坛"举办,有学术交流、无密切合作
起步阶段 2014年至今	大量涌现:学术专著7本,硕博士论文猛增,大量专题研究,《列国志》太平洋岛国系列,《太平洋岛国发展报告》蓝皮书,《太平洋岛国研究》辑刊	初具规模:多种成果形式涌现,已有的专门研究机构不断发展,更多专门研究机构建立,更多高校综合平台、智库机构投入,集教学、科研、智库和国际交流功能于一体的学术中心形成,研究队伍进一步扩大(50—60人)	初步形成:学术交流机制化,建立学会组织,跨机构研究合作有所进展,国际交流扩大,产生社会影响力,初步建立学术"生态系统"

(三) 主要研究机构与学术共同体

2017年,教育部将国别和区域研究对"一带一路"国家实现全覆盖列入工作要点,推动了高校太平洋岛国研究机构的建设。五年来,研究机构格局有了新变化,值得再次"盘点"。

聊城大学太平洋岛国研究中心仍然是目前国内研究人员最多的太平洋岛国研究专门机构。2019年起,该中心还承担了中国太平洋学会太平洋岛国研究分会秘书处的职能,并负责《太平洋岛国发展报告》蓝皮书和《太平洋岛国研究》辑刊的主编工作。聊城大学是目前以太平洋岛国为主题的硕博士论文产量最高的高校。该中心研究员梁甲瑞是目前国内太平洋岛国研究最高产的学者,已出版3部学术专著,发表30余篇期刊文章以及其他类型成果若干篇。

中山大学大洋洲研究中心在国内太平洋岛国研究中发挥着重要作用。每年举行的《大洋洲发展报告》蓝皮书发布会已成为包括太平洋岛国研究在内的大洋洲研究学术共同体定期交流与对外发布的机制。此外,该中心还定期发布《大洋洲研究通讯》等研究产品。

华东师范大学在数十年大洋洲研究的基础上,近年来通过各种方式加强了太平洋岛国研究,形成一批研究成果。2021年12月,在澳大利亚研究中心、亚洲和太平洋地区研究中心等已有机构的基础上成立了外语学院国别与区域研究所,进一步加强了包括太平洋岛国研究在内的区域国别学研究。

近几年,广东外语外贸大学太平洋岛国战略研究中心、北京外国语大学太平洋研究中心、福建农林大学南太平洋岛国研究中心、北京邮电大学南太平洋地区研究中心等机构相继成立,扩大了高校太平洋岛国研究队伍。

智库在国内太平洋岛国研究中发挥着不可或缺的作用。其中,中国社会科学院亚太与全球战略研究院及其下设的澳大利亚新西兰南太平洋研究中心是国内最早的太平洋岛国研究专门机构。该中心在进行学术研究的同时,还着力开展国际交流、提供咨询和培训服务等。中国人民大学重阳金融研究院、中国(深圳)综合开发研究院和海颐智库等不同类型的智库也在不同时期从各个角度开展太平洋岛国研究,丰富了国内太平洋岛国的研究主体。

在这些机构与其他机制的支持下,中国太平洋岛国研究初步形成由数十个稳定队伍构成的学术共同体,中国亚太学会大洋洲研究分会、中国太平洋学会太平洋岛国研究分会的成立更是标志着学术共同体建设的组织化、机制化,《太平洋岛国发展报告》蓝皮书和《太平洋岛国研究》辑刊成为刊载太平洋岛国研究成果的平台,越来越多的学者和研究生有志于从事太平洋岛国研究。这些都巩固了中国太平洋岛国研究的研究主体。

二　多层次的研究对象

"研究什么"是判断一个学科领域发展方向的首要问题。顾名思义,太平洋岛国研究主要以目前的14个太平洋岛国、兼以8个尚未拥有主权但有一定自治权的太平洋岛屿领地(Pacific Island Territories, PITs)为研究对象。随着地区化与全球化交互发展,一方面特定地区内国家与地区层次之间的联系日益紧密,另一方面地区与全球层次之间的互动也日益凸显,两组进程并没有随着全球地缘政治形势的变化而产生根本逆转。在这种新的学术语境下,如果忽视国际大环境这一外部因素的影响,区域国别研究就会陷入"只见树木、不见森林"的困境。太平洋岛国虽然国小民寡，地理上远离传统的政治经济中心，但内部层次多样，与外部世界互动不断增强，符合区域国别学研究对象的多层次共性。

首先，国家构成最基本的研究层次。14个太平洋岛国是区域国别学视域下太平洋岛国研究的基本研究对象和单元。一方面，太平洋岛国拥有许多共同特征，其中"小岛国、大海洋"是其突出特征，包括由此衍生的孤立性、脆弱性与海洋性等。此外，汪诗明和王艳芬还总结了太平洋岛国的其他属性，如面积小、人口少、走和平渐进的非殖民化道路、同为世界贫困国家的现状等。另一方面，从拥有超过800万人口和46万平方公里陆地国土的最大岛国巴布亚新几内亚，到人口只有1500的纽埃以及陆地国土面积只有21平方公里的瑙鲁，太平洋岛国内部也具有明显的差异性。

其次，地区是区域国别学的关键单元。地区研究与区域国别研究密切相关，有学者认为二者可以互换，指的都是针对特定地区或国家的多学科、多领域的研究。一些学者还特别强调国际区域学的独立地位，将地区作为一个整体加以研究。14个太平洋岛国和8个尚未拥有主权的太平洋岛屿政治实体通过其共享的地理空间、共有的特性、模式化互动、地区治理机制以及在此过程中形成的地区认同构成太平洋岛国地区。其中尤为突出和值得研究的是太平洋岛国的地区主义和地区治理。小国、弱国如何自我构建地区机制，则是太平洋岛国地区主义研究为小国外交理论能提供的案例贡献。

最后，次区域也是太平洋岛国研究应当重视的层次。太平洋岛国可笼统地分为美拉尼西亚、波利尼西亚和密克罗尼西亚三个文化圈，每个文化圈构成一个次区域，其内部展开互动，各自构成美拉尼西亚先锋集团（MSG）、波利尼西亚领导人集团（PLG）和密克罗尼西亚总统峰会（MPS）等次区域治理机制。三个次区域之间拥有同为太平洋岛国的共性和共同利益，但也有矛盾，如2021年2月密克罗尼西亚次区域五国宣布退出太平洋岛国论坛就是例证。这种复杂互动也应成为国内太平洋岛国深入地区层次却又在国家层次之上关注的研究对象。

按照彼得·卡赞斯坦（Peter Katzenstein）的观点，当今"由地区构成的世界"存在"多层次嵌套"，任何地区都存在与更大范围的国际体系（可能是一个更大的地区）之间的互动。对太平洋岛国来说，尤为特殊的因素就是太平洋岛国与澳大利亚、新西兰（统称"澳新"）有着极为密切的关联，这在全世界其他地区并不多见。虽然

"澳新两国在人们的思维空间里被人为地从太平洋岛屿国家划分出去，但在地缘政治大行其道的今天，很难把澳新两国从这个空间区域隔离开"。当然，也有学者（包括澳新学者）将澳大利亚视为太平洋岛国的"他者"。因此，当前的地缘政治格局是包括澳新和太平洋岛国在内的"大洋洲地区"（Oceanic Region）与不包括澳新的太平洋岛国地区并存并立。后者"嵌入"前者，构成多层次的太平洋地区。近期，澳新分别实施"太平洋升级"（Pacific Step-up）和"太平洋重置"（Pacific Reset）战略，各自及协同加强了对太平洋岛国的权力投射，澳新与太平洋岛国的关系仍在不断变动中。澳新是太平洋岛国研究的又一个特殊因素，也是太平洋岛国研究绕不开的问题。

太平洋岛国研究还包括更宏观的层次。第一，太平洋岛国属于亚太的一部分，也属于亚洲和太平洋地区的一部分，二者之间存在重合与差异。亚太研究应当包含太平洋岛国，但目前从亚太研究出发对太平洋岛国的关照还太少。第二，在全球层次上，全球治理是太平洋岛国发展的推动力，也应当是太平洋岛国研究的一个着眼点。绝大部分太平洋岛国属于小岛屿发展中国家，也同属联合国的弱势会员国或"脆弱国家"，是"全球发展倡议"格外关注的对象。第三，更具有历史纵深的整体视角将太平洋岛国与岛屿放在更大范围内的"太平洋史"视角下，研究跨越整个太平洋范围的人类与环境互动。第四，太平洋岛国已经成为"一带一路"与"印太战略"的交汇区，日益受到全球地缘政治格局的影响，同时也发挥自身的能动作用。

由此可见，太平洋岛国地区的关系结构是多层次的，包括地区内国家间、次区域间、地区间、跨地区与全球—地区多种关系。因此，太平洋岛国研究虽然传统上被视为"小"领域，但与其他区域国别研究同样具有多层次特征。在这个意义上，太平洋岛国研究的边界并不等同于太平洋岛国实体边界，而是具有更广的外延。

三 多领域、多维度的研究任务与目标

从研究任务上看，区域国别研究是"关于某个地区或国家的综合研究"，甚至可以说是对对象国或区域的一切问题的研究，具有跨学科、多领域的综合性。从研究目标上看，区域国别学既是旨在解释特定区域国别的知识生产，也是由国家推动的旨在实现特定政治目标的实践活动，因而承担着学理研究与经世致用的双重使命。

以此观之，太平洋岛国研究的边界应当是关

区域国别学视域下的太平洋岛国研究

于太平洋岛国的一切有价值问题的研究。对太平洋岛国语言、历史、文化、社会等领域的学术基础研究，对太平洋岛国外交战略等领域的应用研究，旨在为决策者提供发展中太关系等问题的政策研究，以国际交流手段推进公共外交的实践活动，以及通过媒体等渠道与国内外社会大众就太平洋岛国问题进行沟通，是国内太平洋岛国研究的多维度任务。

（一）学术基础研究

学术基础研究是太平洋岛国研究长期可持续发展的基石。正如汪诗明所说，"太平洋岛国的基础研究是指对构成岛国的基本认知的研究，如族群、种族和民族的源起、语言和文化的传承、历史变迁以及政治制度的演进等"，而"基础研究是根基、源泉和动力，没有全面、细致和扎实的基础研究，其他类型的研究就如同水中月、镜中花"。目前，国内太平洋岛国基础研究还未得到足够关注。这是需要着眼长期的工作，高校是最适合承担这类工作的主体。

语言是区域国别学的基础。英语是大部分太平洋岛国的通用语言，也是主要的学术语言，因此太平洋岛国研究可以英语语言文学与文化为语言能力基础，英语专业下的太平洋岛国研究未来可期。当然，这个地区的非通用语也不可或缺，而这是我们目前亟待加强的环节之一。

太平洋岛国的人类学研究、民族学研究与社会文化研究等是认识太平洋岛民独特社会生态的透镜。"南岛语族"起源等问题则与当下两岸关系和民心相通密切相关。酋长制、外来移民、气候移民、岛屿民族分离主义等问题均是太平洋岛国民族学研究的重点主题，也对回答当前这些热点问题提供基础研究支撑。

历史研究有助于对现实问题做出更好的解答。例如，对斐济现代化、南太平洋委员会的研究分别与近年来斐济内政外交、太平洋岛国地区主义等密切关联，给在现实中更好地发展中太关系提供了有益参考。太平洋史和太平洋国家史给认识太平洋岛国史提供了更宏大的整体史认识论。选择太平洋岛国历史学选题做硕博士论文的同学也越来越多，这是一个可喜现象。

地区主义与地区合作是太平洋岛国地区秩序的基本构成因素。太平洋岛国普遍"小"而"弱"，寻求地区合作、"抱团取暖"是应对单个国家能力不足的必然举措，也是这个地区相比其

他一些地区的突出特征。近年来，国内学界这方面的研究成果不断增多，但仍需要持续投入。

最关键的是这些不同领域研究的交叉、综合与融会贯通。区域国别学基础研究不是不同领域的简单"拼盘"，而是多个领域的创新式融合，对太平洋岛国这样一个"小"领域来说更是如此。诸如太平洋跨地区族群交流史、太平洋岛国地区气候治理、海洋环境与地区秩序变迁这样的交叉研究应当得到更多重视。

（二）应用与政策研究

应用研究与政策研究是区域国别学中的两个不同概念，前者包括外交战略等特定区域国别应用领域的学术研究，后者还包括向决策者提供基础研究成果作为针对特定区域国别的决策参考。在太平洋岛国研究领域，二者具有很大的相关性。

国际关系与外交战略是中国太平洋岛国研究的重要内容，是国家决策最为需要的领域。其中，中太关系、西方与太平洋岛国的关系是两大热门主题。美国、澳大利亚等国在太平洋岛国实施"印太战略"构成新的研究增长点。

气候变化、环境与防灾减灾等是在太平洋岛国研究中具有独特重要性的领域，需要将自然科学与社会科学、基础研究与应用研究、学术研究与政策研究结合起来。例如，南太平洋气候科学研究和太平洋岛国地区气候治理研究之间可以有更好的结合。2022年1月汤加火山爆发后，在国家有关部门召集组织下，从事火山地质学、大气科学的自然科学研究者与从事社会科学的太平洋岛国研究者共同研判汤加火山爆发的成因、发展和影响，并为决策者提供下一步应对、援助和风险防范措施建议，就是这种结合的一次实践。

在区域国别学研究中，基础研究与应用研究、学术研究和政策研究应当相辅相成，共同发展。对太平洋岛国研究来说，政策研究的需要使这样一个传统上较为"边缘"的领域受到更多的学术关注，推动了整个领域的发展；而研究的可持续又有赖于基础与学术研究的持续投入。目前国内太平洋岛国研究的问题是，上述两个方面的成果（见表2）都不能满足需要，亟须发展。对太平洋岛国研究这个"小"领域来说，将学理探究与经世致用结合，打通学术研究和政策研究、兼具两种角色是一种可行路径。

表2　关于太平洋岛国研究的部分国家社科基金已立项

立项年份	学科分类	负责人	项目名称
2020	国际问题研究	高文胜	"主体的综合外交战略"下的日本对太平洋岛国外交研究
2019	国际问题研究	张瑛	中古旅游发展方案与太平洋岛国发展理念、发展战略对接研究
2019	世界历史	王作成	太平洋岛国非殖民化研究
2019	国际问题研究	郭丹凤	中国与南太小岛国环境外交研究
2018	世界历史	吕桂霞	斐济独立后对外关系研究
2018	民族学	和文臻	"一带一路"背景下中国—南太平洋岛国文化互动的民族志研究
2016	世界历史	李增洪	太平洋岛国论坛发展史研究
2015	国际问题研究	于洪君	太平洋岛国研究

（三）国际交流与社会责任

无论是从与国际尤其是西方学界对话的角度，从更多对接当地本土话语的角度，还是从传播中国声音的角度，加强国际交流与对话都是必需的。当前，中国已经成为太平洋岛国研究中不可或缺的研究主体，但无论是国际会议与国际学术交流活动、英文成果发表，还是英语媒体采访，都难觅中国学者的身影，经常是谈论中国但中国人并不在场。造成这种局面有很多因素，如太平洋岛国对中国的"理解赤字"还比较大，太平洋岛国的几大利益相关方和学术研究强国恰恰属于当下对华最为疑虑的国家，在澳新美英期刊发表站在中国立场的英文文章难度越来越大等。不过，从自我检视的角度看，总体缺乏国际对话能力与意愿是自身原因，特别是缺乏国际对话的激励机制已成为一个瓶颈，这也是国内太平洋岛国研究亟待提高的方面。

在公众对知识的需求日益增加的新时代背景下，太平洋岛国研究和其他区域国别研究一样，还要承担向公众提供专业分析和知识公共产品的社会责任。通过包括新媒体在内的媒体进行知识传播是这个时代区域国别研究者的重要任务。

四　理论指导、研究方法与途径

"怎么研究"是实现预定研究任务与目标的路径，包括理论指导、研究方法和研究途径等。

在理论指导上，马克思历史唯物主义是区域国别学最根本的理论基础。马克思关于发展不平衡的原理有助于理解太平洋岛国历史与现实发展困境。马克思、恩格斯关于"太平洋时代"的论述有助于以前瞻性视角看待太平洋岛国研究的前景。新时代的中国太平洋岛国研究要以习近平外交思想为指导，深入领会构建人类命运共同体的思想，特别是理解"全球发展倡议"下脆弱国家发展的路径，为中国与太平洋岛国高质量共建"一带一路"、落实"全球发展倡议"服务。

在研究方法上，正如钱乘旦先生所说，"区域国别研究的最大特点是：它依靠多个学科参与，共同聚焦于一个地区或国家，相互配合、彼此融合，激发出任何一个单独学科都无法形成的知识谱系——这就是交叉学科的价值所在"。在这一点上，国内太平洋岛国研究主体从一开始就是来源多元的。学术共同体成员从各自的学科领域进入这个新领域，必然还带着各自学科领域的研究方法，因此学科背景与研究方法从一开始就呈现多元性。这有利于按照区域国别学的要求打破学科壁垒的束缚，防止被现有学科体系解构，避免美国区域国别研究的教训。在中国太平洋岛国研究界，基于文学与史学方法的描述性研究、基于社会科学方法的解释性研究与应用对策研究并存，方法论意识正在不断增强。

在研究途径上，总体要加大投入力度，"把蛋糕做大"，形成各方面支持太平洋岛国研究的新局面。具体而言，要通过课题合作等方式，促进理论、历史与现实研究的结合，形成研究合力；要坚持"问题导向"，以目前我国面临的涉太平洋岛国紧迫问题为抓手，以现实需求带动学术研究；要正视包括太平洋岛国在内的"小"领域研究成果刊发难等现实问题，制订有针对性的研究成果支持计划和研究人员晋升通道；要实施人才培养，促进区域国别学的知识传播与传承，教学相长、教研并进，为太平洋岛国研究提供可持续动力；要支持重点研究机构建设，巩固和扩大太平洋岛国研究主体，以多种途径综合推进中国的太平洋岛国研究。高校的太平洋岛国研究学术机构可以更偏向基础研究的"供给侧"部分；智库可以更偏向应用与政策研究的"需求侧"部分。二者的通力合作是推动国内太平洋岛国研究进步的关键。

【作者单位：华东师范大学外语学院国别与区域研究所】
（摘自《苏州科技大学学报》（社会科学版）2022年第3期）

J. W. 戴维森与太平洋岛屿史研究

王作成　　赵少峰

第二次世界大战后，世界非殖民化进程加速，逐渐波及偏远的太平洋岛屿地区。长期以来被西方学者视为"无历史"的太平洋岛屿地区也逐渐进入史学家关注的视野，新西兰历史学家詹姆斯·怀特曼·戴维森（James Wightman Davidson，1915—1973）在太平洋岛屿史研究中做出了开创性贡献。美国太平洋史学者马特·松田曾言，比较正式的、学科意义上的太平洋史，"通常要追溯至 1954 年澳大利亚国立大学的詹姆斯·戴维森就任首位太平洋史教授之时"。澳大利亚国立大学太平洋史教授布里杰·拉尔也认为，"与历史学中其他大多数研究领域不同的是，太平洋史的学术谱系是明确的且并被广泛接受的。该学科的创始者为詹姆斯·怀特曼·戴维森，其圣地就是位于堪培拉的澳大利亚国立大学太平洋研究学院太平洋历史系"。"太平洋史之父"戴维森所倡导的太平洋史，实际上是内视视角下的太平洋岛屿史，称戴维森为"太平洋岛屿史之父"更为确切。

近年来，国内太平洋岛屿研究与太平洋史研究渐趋升温，不过对太平洋史学史关注较少。对于戴维森这一在太平洋史学术谱系中里程碑式的学者，仅王华教授在《太平洋史：一个研究领域的发展与转向》《国内外学界的夏威夷历史研究述评》等文中有所提及。国外对于戴维森有一定的研究，最主要的研究者为戴维森的学生道格·芒罗（Doug Munro）。芒罗的代表性著作有《戴维森对新西兰史学的贡献》《象牙塔内外：太平洋的参与史学家们》等。另外，为庆祝太平洋史学科诞生 40 周年，澳大利亚国立大学在 1991 年举办了一个国际性的工作坊，对戴维森开创的太平洋史进行了总结、反思与展望，布里杰·拉尔将会议论文编辑成册，并以《太平洋岛屿史：历程与转折》命名出版，部分论及戴维森的史学思想。本文力图对戴维森在太平洋岛屿史研究中的史学主张、贡献及局限做初步探究。

一　戴维森生平

戴维森 1915 年 10 月 1 日生于新西兰惠灵顿。其父乔治·怀特曼·戴维森是澳大利亚出生的商业旅行者其母伊迪丝·梅布尔·布朗早年曾游历过太平洋岛屿地区且对该地区有着颇佳印象，这对戴维森致力于太平洋岛屿研究产生了潜移默化的影响。

戴维森最初在新西兰接受教育，先后就读于怀塔克男子高中、维多利亚大学学院。维多利亚大学学院是新西兰历史最为悠久的大学之一，名师汇集。在维多利亚大学学院读书期间，对戴维森影响较大的教师有两位：一位是德里克·劳埃德·威特菲尔德·伍德（Frederick Lloyd Whitfield Wood），一位是 J.C. 比格霍尔（J. C. Beaglehole）。伍德教授为澳大利亚反战联盟的创始者、悉尼大学首位历史学教授乔治·阿诺德之子，其所创作的《世界中的新西兰》《了解新西兰》《战争中的新西兰人》等作品广受欢迎。与其父亲一样，伍德积极投身于社会公共事务，这对戴维森日后的治学风格产生了一定影响。比格霍尔是研究英国探险家詹姆斯·库克船长的权威，整理出版了库克船长的航海日记，撰写了《太平洋探险》等著作，被戴维森视为对其"影响最大的老师"。比格霍尔教授殖民史，所开设的必读书目包括列宁和霍布森关于帝国主义的论著、美国鲁滨逊新史学派学者帕克·托马斯·穆恩的《帝国主义与世界政治》等，加深了戴维森对帝国史与殖民主义的认识。作为戴维森的硕士论文指导教师，比格霍尔否定了戴维森最初选定的毛利战争的硕士论文选题，认为其应该选一个凸显新西兰历史发展中非英国性因素的题目，在其指导下戴维森顺利完成了硕士毕业论文《新西兰的斯堪的纳维亚人》。

1938 年，戴维森获得斯特拉思科奖学金赴英国剑桥大学圣约翰学院攻读博士学位，师从著名英帝国史研究专家、剑桥大学维尔·哈莫史华慈帝国与海洋史讲席教授埃里克·A. 沃克（Eric A. Walker）。1942 年，戴维森完成毕业论文《欧洲对南太平洋的渗透（1779—1842）》，获得博士学位。戴维森的好友 H. E. 莫德评价说："虽然这不是有关南太平洋史的第一篇博士学位论文，但其新颖的内容和方法使该篇论文成为太平洋研究的新里程碑，并为戴维森自己注定要发展的未来事业指明了方向。"在攻读博士学位期间，戴维森加入了牛津大学玛杰里·佩勒姆教授牵头的非洲殖民地立法机构研究团队，从事北罗得西亚立法委员会问题的研究，研究成果《北罗得西亚立法议会》于1948年出版。1942年至1944年，戴维森被英国海军情报部招募，协助在情报部任职的伦敦经济学院人类学教授雷蒙德·弗斯完成了四卷本的《太平洋岛屿》地理手册的编写工作。英籍新西兰人类学家雷蒙德·弗斯为功能学派创始人之一马林诺夫斯基的高足，致力于对毛利人、所罗门群岛蒂科皮亚人的实地考察与研究，著有《我们，蒂科皮亚人》《人文类型》等经典著作，在太平洋人类学领域享有盛誉。戴维森与弗斯长期保持着亦师亦友的关系，其人类学研究路径和方法对戴维森产生了一定影响。之后，戴维森返回剑桥大学圣约翰学院担任研究员。1947年，戴维森被聘为剑桥大学历史学讲师，从事殖民研究，讲授《欧洲与太平洋》等课程。

二战后，太平洋岛屿受到非殖民化浪潮的冲击，戴维森不仅致力于太平洋岛屿非殖民化历史的研究，而且积极投身于该地区非殖民化运动。1946年，澳大利亚国立大学成立，二战使澳大利亚充分意识到太平洋岛屿与亚洲对澳大利亚的重要，同时也使得澳大利亚意识到对该地区研究的严重缺乏。因而，太平洋研究院成为澳大利亚国立大学建校之初设立的四个学院之一，太平洋研究院下设人类学（社会学）、人口学、经济学、地理学、太平洋历史、政治学（国际关系）6个系部。在澳大利亚大学临时委员会顾问雷蒙德·弗斯的大力举荐下，太平洋研究院聘请戴维森为该校历史上首位太平洋史教授，也是世界上首位太平洋史教授，同时担任首任太平洋历史系主任。在澳大利亚国立大学期间，戴维森撰写了《萨摩亚人的萨摩亚：西萨摩亚独立国的诞生》《万尼科罗群岛的彼得·狄龙：南海的骑士》等著作，积极倡导太平洋岛屿本位视角，提出太平洋史应摆脱帝国史研究桎梏，被视为太平洋史研究的奠基者。另外，戴维森积极投身于太平洋岛屿非殖民化斗争。1947年，戴维森从英国返回新西兰休假，正值联合国托管理事会向西萨摩亚派遣特别使团，调查该地区领导人和代表要求自治的请愿书，在新西兰总理公署常任署长麦金托什举荐下，戴维森被新西兰总理彼得·弗雷泽任命为西萨摩亚政治事务顾问，被派往西萨摩亚，实地调研西萨摩亚政治局势及自治前景，并向新西兰政府提交报告。1949年戴维森担任西萨摩

亚公共服务及立法议会成员，并于1954年再度赴西萨摩亚实地工作。1959年至1961年，戴维森担任西萨摩亚制宪顾问。此外，戴维森还先后参与库克群岛和瑙鲁的制宪工作，并担任密克罗尼西亚联邦议会与巴布亚新几内亚宪法规划委员会制宪顾问。这些政治活动，为他的史学研究奠定了田野数据基础。1973年4月8日，戴维森因心脏病突发病逝于巴布亚新几内亚莫尔斯比港。

二 戴维森的史学思想

1954年，戴维森在澳大利亚国立大学就任太平洋史教授的演说中对其史学研究主张进行了规划。之后，在其著作、论文以及学术实践活动中得以落实，大致归纳如下。

（一）批判西方的帝国史研究模式，倡导岛屿本土视角的史学范式

在戴维森之前，西方历史学者关于太平洋岛屿的记载总体上属于帝国史研究范畴。尽管尼尔·贡萨把这些研究具体划分为四类，即致力于帝国主义问题的历史学家主要研究围绕太平洋岛屿的殖民主义、欧洲政策和国际竞逐；历史地理学家将该地区视为与澳大利亚相关联之区域，聚焦于环太平洋的大陆国家研究；澳大利亚历史学家尤其是关注经济研究的学者，则主要研究澳大利亚在西南太平洋区域的利益；具有跨学科的学者研究关注点置于太平洋岛屿的居民。戴维森认为，"太平洋历史直接起源于帝国史之中……它是特定帝国的历史，是葡萄牙、法兰西、荷兰和英国的历史"。帝国史书写范式主要以宗主国为中心，强调政治与军事层面的活动，而未能展现出殖民各方参与者及其活动领域的多样性和复杂性，"在经济和社会领域，帝国这一概念的用途变得更加有限"，在这一模式中，太平洋岛屿及岛民位于边缘、被动与附属的地位。这一时期较为突出的成果，涉及列强对太平洋岛屿争夺与统治政策的，如盖伊·H.斯科菲尔德的《太平洋的过去与未来》，乔治·赫伯特·赖登的《美国对萨摩亚的外交政策》，西尔维娅·马斯特曼的《萨摩亚国际竞争的起源（1845—1884）》，约瑟夫·W.埃里森的《1880年前外国利益集团对萨摩亚的进入和渗透》，吉恩·英格拉姆·布鲁克斯《太平洋岛屿上的国际角逐》，约翰·M.沃德的《1776—1893年英国对南太平洋的政策》，保罗·H.克莱德的《日本的太平洋委任统治》，E.贾科姆的《法国和英国在新赫布里底》；涉及太平洋探险的，如J.C.比格霍尔的《太平洋探险》，J.戴金的《捕鲸冒险家：澳大利亚水域和

其他南部海域捕鲸的故事》等。

对西方学者的帝国史弊端，J. W. 戴维森早在撰写硕士论文、博士论文时就已经意识到帝国史框架的狭隘性并予以纠正。二战结束后，随着世界民族独立运动的风起云涌及殖民帝国的趋于崩溃，帝国史渐成明日黄花，对第三世界研究与区域研究开始兴起。1946 年，对于已出版的《剑桥英帝国史》前七卷，戴维森敏锐地指出其缺陷："一些编撰者过于关注欧洲的事件，而没有密切地将他们的材料与帝国发展的主题联系起来。""涉及非欧洲人占主体的殖民地的章节，有时没有考虑到社会结构的特殊性。"后来在其就职演说中同样也提到，帝国史书写在涉及政治政策的制定方面，只是基于西方殖民宗主国自己的实践和传统，来指导其殖民地政策的制定，而无视殖民地一方的情况。戴维森说："历史学家们也必须考虑其他的一些因素。殖民政策的实施必须考虑殖民地的实际情况，而这些情况则主要取决于殖民地内部的社会结构，而不是出于与宗主国的政治联系。"他对此进一步阐述"真正能起作用找到解决殖民地问题方法的政治力量，必须由殖民地特定的社会结构来决定。而这种社会结构，反过来，也只能通过那些与帝国关系不大的因素来决定，譬如殖民地的土著传统、内部经济结构、宗教和经济联系等"。他认为帝国史学范式所导致的后果显而易见，"当帝国史所有的材料都建立在帝国因素的基础上，一味地研究欧洲的扩张历史的时候，那么，它实际上就已经站在了真正历史研究的对立面"。

因此，在对帝国史批判的基础上，戴维森明确提出，"为了理解太平洋殖民政府的历史，有必要将研究兴趣中心从宗主国转移到岛屿本身。"强调摈弃旧的以西方宗主国为中心的帝国史模式，立足于岛屿本位视角书写太平洋岛屿史。戴维森观察到，"太平洋的土著文化就像岛屿，外来者可以渗入其沿海地区，但他们永远无法征服其腹地。太平洋地区的人民虽采用了西方形式的政治制度与基督教的信条和仪式，并且从事经济种植和实行雇佣劳动制度，但他们以自己的方式来评价和认识这些变革"，"大多数萨摩亚人仍然认为殖民行政当局是他们国家的一个外来存在，而不是代表整个社区在共同关心的问题上采取行动的一个主权当局。因此，岛屿导向的书写模式强调"多元文化情境"，主张采用一种双向的视角，一反帝国史单向度、狭隘性的做法。在澳大利亚国立大学太平洋历史系早期的规划中，戴维森及其同事"关注的是非西方民族与西方民族文化接触的历史研究，它的兴趣也包括当代的情况，以及

更为传统的意义上所认为的历史学家所研究的题材"。在书写欧洲势力对岛屿的冲击和影响的同时，也将岛屿本土文化的影响置于同等地位进行叙事。相应地，岛屿导向的历史研究的内容也由政治史扩充到经济和社会的变迁、移民与社区、宗教活动、太平洋岛民对欧洲思想和表达的反应等。

（二）主张与人类学、考古学、语言学等学科联手，扩大史料范围，以跨学科方法重构太平洋岛屿史

从帝国史向岛屿导向范式的转变对太平洋岛屿史研究者提出了新的要求。原有的太平洋岛屿史研究严重依赖西方的航海家记录、传教士档案以及殖民官员档案等文献。相对于世界其他地区的研究，太平洋岛屿史研究最为常见的问题是书面文献资料匮乏。在西方殖民者进入之前，该地区书写文化极不发达，文字资料严重匮乏，几乎没有书面文字记录。在此情况下，一些历史学家质疑太平洋岛屿史的构建，如新西兰史学家彼得·蒙兹认为，"在一个没有书面的历史记载或记载的事实呈现为另一种思维方式的社会里，我们通常意义上所说的历史是不可能的"。蒙兹断言，"如果非欧洲历史研究不是仅为欧洲史研究的一种附属品，而是取代欧洲史的研究，那么就如同船底被抽掉，这艘航船迟早会沉没"。

戴维森意识到，以岛屿为导向书写新的太平洋岛屿史仅依靠西方传统的档案文献远远不够，需要与人类学等其他学科结合来挖掘岛屿本土的历史。他提出，"研究多元文化的历史学家必须学会采用新的证据形式，来让自己融入其他文化当中，从而避免用自己文化的模式来解释其他文化的行为方式"。"历史学家很少是哲学家。他倾向于接受自己习以为常的、现成的主要概念，如主权、财产、家庭、国家等。优秀的历史学家知道，这总是会威胁到他分析的准确性。如果他所关注的主题不是按照西方文化模式组织的经验，他的危险就会大大增加。如果他想做真正令人满意的工作，他必须准备澄清或重新思考他的社会哲学，并与人类学家一起去学习。"戴维森批驳了蒙兹的观点，他认为"如果他是一个有能力的学者，他会把考古学家和语言学家的工作拿来为他服务，甚至在适当谨慎的情况下，还会把社会学家和人类学家的工作拿来为他服务"。戴维森对约翰·M. 沃德《1776—1893 年英国对南太平洋的政策》一书提出批评，"更为严重的是，沃德先生拒绝进入他认为属于人类学家的领域，这使得他无法对欧洲人和当地统治者之间的谈判给予充分

的评价"。同时，他指出，"社会科学文献，尤其是人类学的文献，开始被纳入研究范围；新的原始文献——特别是口述资料和岛屿方言记录的资料也已经开始使用"。尤其对于太平洋岛屿地区的宗教活动的研究课题，"历史学家将在很大程度上依赖当地语言的记录；还有一些相当有趣的问题只能从当地语言记录的材料中研究"。戴维森积极鼓励研究者借鉴人类学等其他相关学科的方法，扩大史料搜求范围，通过田野考察广泛搜集鲜活的本土资料，在此基础上撰写岛屿导向的历史。戴维森反对传统的画地为牢的学科界限，称自己为澳大利亚国立大学太平洋研究院的历史学教授，而非仅为太平洋历史系的教授。

（三）倡导参与史学，主张历史研究者要有强烈的参与意识，参与历史的创造

对参与史学的推崇是戴维森史学思想的一个重要内容。戴维森反对学者躲入象牙塔，鼓励历史学者积极参与公共事务，参与历史的创造，书写更好的历史，以回应时代的召唤。在澳大利亚国立大学期间，他要求太平洋历史系教师与学生深入岛屿进行长期的田野考察，或与其一样直接参与岛屿事务。对招聘的教师与招收的研究生也要求熟知岛屿事务，如罗恩·克尔科姆、莫德等均曾担任过岛屿的殖民当局官员。实际上，不只是太平洋历史系，强调田野调查也是整个太平洋研究院的特色。"研究院几乎所有的教职员和学生都要从事研究所必需的某种形式的田野工作；自建院起从经费中留出足够的资金以确保田野调查工作无疑已成为研究院坚持的一大原则。"对此，从太平洋历史系走出的学生克里·豪多年后仍印象深刻，"在戴维森对我的诸多思想影响中，有一点是他强调地方经历对历史学家的重要性。如果你正在研究太平洋某些地区或其他地方，你需要到那里居住一段时间"。戴维森认为，"对近现代史研究的最初动力往往源于学者自己对社会的参与"。"书写有效的历史需要的不仅是技能训练，还需要通过思维活动达成一种充分的理解。历史学家必须了解整个社会思想和行动的方式。""历史学家的训练既来自对人的理解，也来自对书本的理解。"在戴维森看来，历史上做出突出贡献的一流史学家都是积极投身于时代洪流，具有强烈的现实关怀。他举例说："最杰出的历史学家，比如麦考利、德·托克维尔、亨利·亚当斯或者阿克顿，在其静下心来认真研究历史之前，几乎都有投身于公共生活的经历。"

对于其倡导的参与史学，戴维森一生身体力行，以身作则。他强调，"如果我要继续写有关

太平洋事务的文章，那么现在就充分了解太平洋事务是明智的……在任何情况下，我认为从事学术工作的人都应该尽其所能，努力接触实际事务。""就我自己而言，如果对当代社会结构不感兴趣，我就无法令人满意地研究过去；如果研究当代政治脱离其历史背景，我也不会感到高兴。"戴维森的参与史学思想经历了一个逐步完善的过程。在维多利亚大学学院时期，其硕士论文的完成得益于"能够步行走过50年前来自斯堪的纳维亚半岛的定居者们在新西兰七十英里森林披荆斩棘开辟出来的农场，并与最初移民的少数健在者进行交谈"。在剑桥大学求学期间，他跟随玛杰里·佩勒姆从事非洲殖民主义研究，佩勒姆深入非洲进行实地考察的做法也影响到戴维森。另外，戴蒙德·弗斯人类学研究路径与方法也对戴维森产生了潜移默化的影响。之后，戴维森的代表作《萨摩亚人的萨摩亚：西萨摩亚独立国的诞生》的完成，也是基于其亲身经历，他直接参与了萨摩亚宪法的制定并见证了西萨摩亚非殖民化进程中的各方的态度与行动。他关于太平洋诸岛非殖民化的系列文章与其身兼各岛国制宪顾问的经历密切相关。

三 戴维森的史学贡献

戴维森在太平洋岛屿史研究、历史教学、人才培养、创办期刊、发挥历史功用方面均做出了开拓性的贡献。

（一）开展了系统的太平洋岛屿史史料的收集、保存与整理工作，为深化太平洋岛屿史研究奠定了基础

以岛屿为导向的史学在挑战传统帝国史范式的同时，也发现了史料方面存在的问题。太平洋岛屿地区书面文献资料匮乏，且殖民者留下的档案文献多散落于各原宗主国，长期以来形式多样的本土资料搜集遭到忽视。戴维森在就任澳大利亚国立大学太平洋历史系主任之初，意识到这一问题的迫切性。他指出："在太平洋岛屿，由于保存条件差、工作人员不足，加之气候炎热，档案丢失、失传、或已损坏到无法使用等情况司空见惯。幸运的是，这一问题目前开始让政府和历史学家深感忧虑。无论从管理抑或研究的角度看，所有对此感兴趣的人都应携手努力，在进一步的损失发生之前，将岛屿上的档案进行有序整理。"因此，戴维森与莫德等澳大利亚国立大学的教师将大部分精力和资金用于搜集档案资料。

对于史料搜集，戴维森坚持四个原则。一是搜集分散于各国的未发表的涉及太平洋岛屿的殖

民档案、传教士记录及商业公司的记录。1951 年底，戴维森任命多萝西·克罗泽为研究助理，负责调查、搜集西太平洋高级委员会 1920 年以前的档案。1953 年，经戴维森的协商，克罗泽被任命为斐济第一位政府档案管理员，其薪水由澳国立大学与西太平洋高级委员会分担，克罗泽不仅整理了斐济档案，对汤加的部分档案也进行了调查整理。太平洋研究学院的一些学者也在英国和欧洲搜集太平洋岛屿档案。在戴维森领导下，许多研究助理人员参与了剪报、卡片索引和微缩胶片的制作。二是倡导实地调查，注重发掘和利用本国语言资料以及使用口头史料。三是制定相关的制度。他规定每个档案室安排一名职员监督管理，并建议工作人员每年拿出 1/3 的时间搜集与研究文献和数据。在戴维森领导下，许多研究助理人员参与了剪报、卡片索引和微缩胶片的制作。他在《太平洋历史杂志》设置常规手稿栏目，报道新发现文献的新闻，出版对旧文献的检查清单和评论。四是推动收藏机构建立联盟。澳大利亚国立大学的太平洋手稿局的设立也与戴维森的支持密不可分，现收藏有大量的关于太平洋岛屿的档案资料，享誉学界。在戴维森与新南威尔士州立图书馆管理员戈登·理查德森鼓励下，莫德于 1967 年起草了《太平洋研究的文献基础》报告，建议以各图书馆合作的方式，保存和共享太平洋岛屿文献，建立一个交换中心，以记录、复制和储存（原始或缩微胶片形式）与这些岛屿有关的重要未发表材料。1968 年，太平洋手稿局成立，手稿局仿照 1946 年实施的澳大利亚联合复制项目，由太平洋研究专业图书馆财团资助，最初由澳大利亚国家图书馆、米切尔图书馆、维多利亚国家图书馆、亚历山大·特恩布尔图书馆和夏威夷大学图书馆组成。后来，维多利亚州—立图书馆退出了该联盟，美国加州大学圣地亚哥分校图书馆加入了这一联盟。

（二）创办《太平洋历史杂志》，为太平洋岛屿史研究搭建重要学术交流平台

1966 年，戴维森与莫德创办了《太平洋历史杂志》。《太平洋历史杂志》的创刊具有开创性意义，为专业太平洋岛屿史学者提供了一个高端学术平台，推动了太平洋史专业化研究的发展，作为筹划者和创刊者及联合主编的戴维森功不可没。在任职于剑桥大学圣约翰学院之时，戴维森就深刻意识到太平洋岛屿史研究之薄弱、专业期刊之缺乏。他说："太平洋史学家，至少到目前，尚缺乏足够的期刊以尽快地发表自己的研究成果，专业性论文不多且很分散。""太平洋岛屿的相对不受重视在出版物方面也暴露无遗。例如，太平

洋关系研究所的出版物极少主要（详细）讨论大洋洲，且普遍缺乏综合性的研究；没有令人满意的太平洋岛屿史纲，没有关于太平洋岛屿地区的体质人类学、社会人类学抑或土著语言的全面调查，也没有对政府组织的比较研究。"尽管也有部分涉及太平洋岛屿的期刊，如 1932 年美国历史协会太平洋海岸分会创办的《太平洋历史评论》（*The Pacific Historical Review*）也零星刊载太平洋岛屿史相关论文，其他还有《夏威夷历史学会：年度报告》（*Hawaiian Historical ociety：Annual Report*）、《澳大利亚皇家历史学会学报》（*The Royal Australian Historical Society, JournalandProceedings*）、《历史研究：澳大利亚和新西兰》（*Historical Studies：Australia and New Zealand*）、《波利尼西亚学会杂志》（*Th eJournal of the Polynesian Society*）、《海洋学会杂志》（*Journal dela Sociétédes Océanistes*）等，但这些期刊均不把太平洋岛屿研究视为重点。

戴维森赴澳大利亚国立大学就任太平洋史系教授之后，便着手创办专业学术期刊。在此期间，他将莫德招募进太平洋历史系，与其一同筹划创办杂志。据戴维森回忆，"1959 年，哈里·莫德和我开始讨论创办一本有关太平洋岛屿史期刊的问题。我们在'太平洋历史'一词含义及共同承担编辑的正式职责方面达成共识"。戴维森一开始就雄心勃勃，在其规划蓝图中，《太平洋历史杂志》绝不能沦为澳大利亚国立大学太平洋研究院的部门出版物，而是成为一份能够代表整个太平洋史学界且名列前茅的国际知名学术期刊，并希望全世界的太平洋史学者"把《太平洋历史杂志》视为一个信息交换中心，在这里他们可以获取有关记录和其他可用来源的信息，了解哪些学者在他们感兴趣的特定领域从事什么工作，并讨论他们自己的工作和问题"。他还提出，"《太平洋历史杂志》是一份关注太平洋岛屿的历史和当前问题的刊物。因此，它的目的是填补与该区域有关的期刊文献中的一个重大空白"。对于该杂志的内容，戴维森与莫德也进行了详细规划，"《太平洋历史杂志》的读者范围将比一般的学术期刊更广。历史是一门非常接近日常生活的学科，不容易被人为地制度所限制，我们对它范围的定义要足够广泛，包括考古学和史前的贡献；民族历史与传统历史；有关文化动力问题的人类学研究；殖民、宪法和政治历史；经济、商业、宗教和文化历史；当代历史与现代政治发展"。因而，《太平洋历史杂志》要海纳百川，"对于所有积极从事历史研究的人，无论他们自称为历史学家、史前史学家、民族历史学家、人类学家、地理学

家、政治学家或经济学家（或其他任何名称），《太平洋历史杂志》都可提供一个合适的发表渠道。对于研究太平洋事务的学生来说，除了这些原始研究之外，它还提供在其他地方发表过的、最近发现的手稿和获得的档案的相关信息"。戴维森为《太平洋历史杂志》的创办倾注了大量心血，他将自己担任太平洋诸岛宪法顾问的报酬尽数捐献给学术事业，主要是其最为关心的《太平洋历史杂志》。《太平洋历史杂志》促进了世界太平洋岛屿研究界的联系，深化了太平洋岛屿史专业化研究的发展。20 世纪 70 年代中期之后，有关太平洋研究的期刊开始增多，如 1975 年，南太平洋大学推出《太平洋研究》（*Journal of Pacific Studies*），杨百翰大学夏威夷分校 1977 年创办《太平洋研究杂志》（*The Pacific Studies Journal*）。20 世纪 80 年代末，《太平洋评论》（*The Pacific Review*）、《太平洋》（*Pacifica*）、《当代太平洋》（*The Contemporary Pacific*）等三个期刊分别在英国、美国阿拉斯加、美国夏威夷创刊。尽管如此，在澳大利亚国立大学建校 50 周年之际，《剑桥太平洋岛民史》主编、时任澳大利亚国立大学太平洋史系主任的唐纳德·狄侬曾撰文评价，"一门学科的发展离不开一份权威的学术期刊。从 1966 年开始，第一代学者创办《太平洋历史杂志》，助推了太平洋历史研究，发表了大量文章、文件和资料来源调查。20 世纪 80 年代期刊数量的激增虽然改变了《太平洋历史杂志》的角色，但丝毫未削弱它的权威性"。

（三）学术研究与现实参与兼顾，推进了太平洋岛屿地区非

殖民化运动的发展戴维森清醒地认识到殖民主义统治时代落幕，太平洋岛屿非殖民化运动开展及独立成为时代主题。他说："如今，欧洲时代已经结束；在已出现的世界秩序中，所有国家的人民都要求在法律权利和人的尊严方面得到平等承认。对于太平洋史学家——这一生活方式因西方世界的影响而发生改变的地区的学者来说，这种改变具有根本性的重要意义。"自 1962 年西萨摩亚独立开始，继而库克群岛 1965 年自治、瑙鲁 1968 年独立，太平洋岛屿地区非殖民化逐渐步入一个高潮期，20 世纪 70 年代，斐济、汤加、巴布亚新几内亚、所罗门群岛、图瓦卢、基里巴斯相继建国。作为宪法顾问，戴维森为西萨摩亚、瑙鲁、库克群岛、密克罗尼西亚联邦、巴布亚新几内亚等地提供宪法改革方面的建议，促进了太平洋岛屿国家的诞生。这一时期，戴维森相继推出《萨摩亚人的萨摩亚：西萨摩亚独立国的诞生》《大洋洲的非殖民化》《从依附到独立》《斐

济的宪法变革》等著作及论文。学界一般认为，戴维森在这一时期的太平洋岛屿非殖民化研究中起到了引领作用。有学者指出："起到引领潮流作用的是 J. W. 戴维森，他以非凡的努力把历史研究和宪法书写结合在一起，以塑造反映太平洋文化而非帝国主义文化的国家。他于 1973 年在巴布亚新几内亚英年早逝之前所发表的最后几篇关于非殖民化的论文阐明了南太平洋政治变动在国际、国家和地区层面的意义，以及美拉尼西亚诸岛建立新的国家形式的可能性。"戴维森不仅以新的视野书写了太平洋岛屿史，提升了太平洋岛民的民族自豪感和自信心，宣扬了反殖民思想，而且以实际行动参与现实，创造历史，助推了太平洋岛屿非殖民化运动。

（四）打造太平洋岛屿史研究的国际学术重镇，开创了引领风气之先的"堪培拉学派"

戴维森倡导以岛屿为导向，跳出帝国史学范畴；倡导参与史学和跨学科研究，在一定程度上完成了对传统史学研究方法的更新。基于其学术理念，戴维森规划并一手创立了澳大利亚国立大学太平洋历史系，将之打造为太平洋岛屿史研究的学术大本营，成为时代引领者。莫德评论道："澳大利亚国立大学太平洋历史系吸引了当今世界上任何历史系都不可比拟的最多元化的员工和学生。来自其他大学对殖民研究感兴趣的历史学家，探究文化动力的人类学家，来自不同学科研究各种专门问题的太平洋问题专家，最受欢迎的趋势是，来自这些太平洋岛屿本身的学生越来越多。"戴维森领导下的澳大利亚国立大学太平洋历史系所取得的学术成果颇为可观，据 1973 年的统计，"澳大利亚国立大学太平洋史系的学者出版了 20 多部有关太平洋历史的书籍和专著，发表了几百篇研究论文，比其他所有有关太平洋历史的成果加起来还要多"。另外，澳大利亚国立大学太平洋历史系一度成为太平洋岛屿史人才培养的基地，所培养的学生在澳大利亚、新西兰、美国夏威夷及太平洋岛国的高校、研究机构及政府部门开枝散叶。

正如澳大利亚国立大学太平洋史教授拉尔所说，"太平洋史研究中的堪培拉学派是一种信仰，它有一个圣殿——澳大利亚国立大学太平洋历史系所在的库姆斯大楼，一个先知——J. W. 戴维森，以及一种以岛屿为导向的神学思想"。在戴维森的带领下，澳大利亚国立大学太平洋历史系成为太平洋岛屿史研究的学术重镇，也形成了一个学派——"堪培拉学派"或者被称为"戴维森学派"，戴维森在太平洋历史研究方面开创了一个新时代。

四 结语

戴维森虽开一代风气之先，但"以岛屿为导向的史学所产生的问题和其所解决的问题一样多"。戴维森学派诞生于 20 世纪 50 年代，70 年代步入辉煌期，之后渐趋衰落，其间围绕戴维森史学思想的争议一直不断。

戴维森的史学范式遭人诟病之处主要体现在两个方面。一是选题狭窄，视野封闭，导致碎片化倾向明显。太平洋岛屿从地理范围上看，"与马来西亚和太平洋大陆海岸的国家相比，大洋岛屿是微不足道的，它们只是太平洋世界的一小部分"。但是，在历史上，没有一个太平洋岛屿能够脱离广袤而内涵丰富的太平洋区域而存在，忽略太平洋区域中以及区域和全球间的互动与联系而研究太平洋岛屿会不可避免地出现只见树木、不见森林的现象。戴维森虽倡导采用双向视角书写历史，但在实践过程中，"视角上也从一个极端走向另一个极端，双向性视角并不清晰"。戴维森及其追随者们过度沉迷于对太平洋岛屿地区民族国家或单个岛屿的个案研究，在展现岛屿多元性的同时，缺乏视野宏阔的综合研究。汤加学者豪欧法等意识到这一点，将视角由岛屿转向海洋，强调海洋的纽带作用，主张太平洋岛屿史应围绕海洋进行重新挖掘。当前，大卫·阿米蒂奇和马特·松田等新一代学者则主张将太平洋世界置于全球史、跨国史视野下进行审视，为太平洋岛屿史研究提供了更广阔的视角。

二是戴维森并未真正完成太平洋岛屿史的去殖民化。戴维森倡导的以岛屿为导向主要是把岛屿视为西方与太平洋岛民文化接触的舞台，而并非以岛民为中心，其书写的历史往往未真正挖掘出太平洋土著岛民的观点和经验。戴维森过于关注殖民势力进入后的历史，而割断了其与前殖民时期的历史以及西方殖民势力撤出后的岛屿历史之间的关联。他开创的史学范型"仍然严重依赖外来形式和标准来处理历史，以更具自由倾向的历史来取代公开的帝国或殖民历史，仍然是殖民主义的思考"。从方法论上看，戴维森强调注重源自欧洲的正规的史学训练，侧重于证据和档案，体现出浓厚的实证主义和经验主义色彩，其所倡导的史学范型"西方中心论"的印迹依旧明显。20 世纪 80 年代以来，大部分太平洋岛国虽完成了政治上的独立，但不少岛国又陷入长期的政局动荡与发展困境。此外，再加上后现代主义与后殖民主义思潮的冲击，戴维森所开创的堪培拉学派的缺陷与理论上的贫乏日益凸显。

尽管戴维森史学招致诸多非议，但其拓荒之功不容抹杀，如多萝西·珊伯格所说，"尽管澳大利亚国立大学的太平洋史学派别遭受到诸多的批评，但它实际上搜集了大量的有关太平洋的资料，从世界各地搜集相关的手稿并使之应用于研究，这一点却从来没有得到它应得的赞誉"。戴维森所倡导的包容性极强的多元文化情境、接地气的参与史学等理念等至今仍然具有一定生命力。在 21 世纪"海上丝绸之路"的倡议下，中国史学界对太平洋和太平洋岛国的研究热情渐浓，但我国在此领域起步晚，底子薄。他山之石，可以攻玉，戴维森等人的史学思想值得借鉴，为我所用。

【作者单位：聊城大学太平洋岛国研究中心，聊城大学历史文化与旅游学院】

（摘自《史学理论与史学史学刊》2022 年第 1 期）

北极治理的国际制度竞争与权威构建

肖 洋

随着北极开发和全面利用北极航道的愿景日益明朗，为了促进北极善治的国际合作，国际社会认识到需要加强与北极治理相关的国际制度体系构建，以规范各国在北极地区的实践。随着北极治理实践的不断深入，北极治理国际制度的研究视野逐渐从制度构建路径向制度间互动关系扩展。其中，由于北极治理国际制度竞争研究能够为国家通过制度性参与北极治理而获得与国力相称的国际话语权提供理论指引，因此具有重要的学理与实践价值，成为北极治理研究的新兴领域。本文从北极治理国际制度所具有的国家权力工具和国际公共产品的双重属性出发，在阐述北极治理国际制度竞争内在逻辑的基础上，探析北极治理国际制度竞争的发展方向及其时代意义，为后续研究厘清部分思路。

一 北极治理国际制度竞争的必然性

国际制度（International Institution）理论是西方国际关系理论的一个重要分支，西方学者对国际制度这一术语的定义分为广义和狭义两种。广义的国际制度是由罗伯特·基欧汉（Robert O. Keohane）和斯蒂芬·克拉斯纳（Stephen D. Krasner）等学者提出的界定：国际制度是指一整套相互关联并持久存在的正式或非正式的原则（principle）、规范（norm）、规则（rule）和决策程序（decision making procedures），以国际组织（international organization）、国际机制（international regime）和国际惯例（international convention）的形式在国际社会中发挥作用。狭义的国际制度则由芭芭拉·凯里迈诺斯（Barbara Koremenos）和查尔斯·利普森（Charles Lipson）等人提出的界定：国际制度是指国际行为体通过谈判达成的，对行为体行为起规定、禁止或授权作用的一系列准则，以国际规则的形式在国际社会中发挥作用。根据北极治理的制度设计和实践成效，本文认为广义的国际制度概念能够将北极地区既有各类国际规则、国际机制、国际组织和基于国家间默契形成的非正式制度涵盖其中，更符合北极治理的现实。

如今在北极治理的过程中，已经存在多种类型的国际制度，既包括得到绝大多数国家共同认可、旨在维护人类整体利益和共有秩序的全球国际制度，也包括由相关国家基于共同利益和集体共识所自发建立的区域、次区域国际制度。这些国际制度能够推动国家围绕某一北极治理议题进行合作与协调，从而规范国家行为。然而，随着北极治理实践领域的快速扩展，国际制度的供给存在滞后性，而在环保、北极航道开发等传统的北极治理领域，又出现多类国际制度安排。国家面临遵循何种国际制度的选择困境，而对国家行为的约束力则是国际制度权威性的基础，这就造成北极治理国际制度存在权威性之争。因此，要深入解析北极治理国际制度的竞争逻辑，需思考以下三个问题：北极治理为什么会出现国际制度竞争？北极治理国际制度竞争的内在动因是什么？北极治理国际制度竞争的实践基础是什么？

（一）北极治理存在国际制度竞争的现实依据

北极治理为什么需要国际制度？这是研究北极治理国际制度竞争的基础问题。北极治理作为全球治理的重要组成部分，其治理议题领域的影响范围，都超越了北极国家和区域层面，需要在国际制度的作用下，凝聚国际合作的共识与力量。因此，在人类命运共同体的政治语境下，北极治理之所以需要国际制度，就是因为通过构建一套能够对国际行为体具有约束力的规则、原则和决策程序，有助于应对北极事务的跨区域和全球性影响。国际制度的影响力，已经超越特定的北极治理议题，对整个北极地区的稳定与发展产生了重要作用。换言之，国际制度为北极有效治理提供了机构框架和思维路径。

从现实制度主义的视角来看，国际制度存在双重属性：一是在无政府状态下的北极国际体系中发挥重要的公共服务功能，为成员国提供信息渠道、明确行为规则、组织集体实践等制度性公共产品。二是具有利益与权力分配的差异性，容易成为国际制度体系中的主导型国家谋取私利的战略工具。因此，北极治理国际制度一方面能够维护各北极利益攸关方的共同利益，提供相应的制度性国际公共产品，另一方面受到以国家实力为代表的传统国际政治思维的影响，有可能成为国际制度的主导国或国家集团谋求私利的工具。当某类国际制度既能满足北极治理的公共需求，又符合主导国的战略利益，它就具有竞争力。换句话说，国际制度不具有主体性，它仍然是国家间进行协商和妥协的产物。大国是北极治理国际制度竞争的主导性力量，而国际制度竞争的基本逻辑，则是该国际制度的公益属性与主导国的私利目标之间的博弈，最终影响着北极地区国际秩序的演进过程。

理解了北极治理国际体系仍然由大国政治塑造，就理解了当前北极治理国际制度竞争的新特征——那就是争夺国际规则制定权正在取代传统的结盟对抗。随着北极地区大国博弈形式从军事竞争向国际制度主导权竞争转变，北极治理的实践理念也从自助式的"丛林法则"向合作式的"制度法则"演进。这种演进主要源于三个方面的共同作用：一是"核恐怖平衡"抑制了大国通过武力胁迫获取利益的可能。北极地区的美国、俄罗斯都是核大国，而同样拥有核反击能力的英国、法国、中国等国也是北极利益攸关方。在信息化和高科技时代，"核恐怖平衡"转变为"常规战争恐怖平衡"，大国之间难以通过直接军事对抗来解决北极战略利益冲突。二是"复合式相互依赖"创造了大国之间的北极治理共同利益。几乎所有的北极利益攸关方都存在于一个涵盖政治安全、经济贸易、生产链条、物流运输、生态环境等组成的多层面相互依赖网络之中，这种全方位的相互依赖虽不能化解大国间的冲突，但能够有效抑制大国使用武力解决利益争端的冲动性。三是科技与信息竞争成为大国北极竞争的新焦点。各国北极战略的实施基础是极地科技的创新与北极科学信息的积累，这就促使各国不断通过北极科研和科技创新来护持北极权益，同时北极科研和技术创新也是北极大国制定北极专项国际规则的重要依据，大国北极竞争方式也逐渐呈现出以北极科技创新与极地军事威慑并举的新特征。

由此可见，当今北极地区国际关系正发生深刻变化，"核恐怖平衡"使得大国难以承担军事冲突的升级风险，复合相互依赖使得大国更愿意采取谈判的方式来解决分歧，获取科技和信息优势则有助于增强大国的北极战略竞争力。北极地区这种新型的大国关系形态，使得国际制度嵌入北极治理实践、进而影响北极秩序的塑造成为可能，而随之而来的北极治理国际制度竞争，则是这宏大时代背景下的必然产物。

（二）北极治理国际制度竞争的权力因素

由于大国权力竞争仍然是北极治理实践的最大影响因素，因此，大国围绕北极治理国际制度的产生与推广所进行的各类博弈，已经成为当前北极治理研究不容忽视的重要问题。北极治理国际制度竞争的实质，是大国通过主导国际制度的构建过程，来获取对北极治理实践路径的控制权和对其他北极利益攸关方参与北极治理的行动原则规定权，从而获得在北极治理中的制度性霸权。换言之，提升某一北极治理国际制度的权威性就是提升该国际制度主导国的权力和声望。

能够规范国家行为是国际制度具有权威性的集中表现。在现实主义学派的眼中，国际制度得以存在是源于国家的主权有限让渡或授权，甚至是强权政治的附庸。但本文从现实制度主义与北极治理的双重维度出发，认为国际制度既然作为国际行为体共同认可的一系列具有约束力的规则安排，其运转就必然具有一定的公信力，国际制度的主导国在国际规则构建和议题设置领域，通过倡导和推广国际规则来影响和规范他国行为，从而提升该国际制度的权威性和主导国的话语权。

评估某个北极治理国际制度的权威性，通常以"国际合法性""国际认可度"和"制度刚性"作为指标。"国际合法性"是指国际制度有权进行北极治理，能够确保成员国之间的权利公平性，以及成员国的广泛参与性。成员国的权利公平性与广泛参与性是确保国际制度权威性的基本要素，亦是国际制度竞争力的源泉。"国际认可度"是根据认可并遵守该国际制度的国际行为体数目来进行评定。遵守国的数目越多，表明该国际制度的国际认可度就越高，对国际治理的引领效应也就越强。"制度刚性"是指国际制度约束国家行为的程度。"制度刚性"程度越高，表明国际制度的权威性就越高。因此，国际制度的权威性与遵守国的数目、对国家的约束力成正比，遵守国越多、约束力越强的国际制度越有权威性，该国际制度的主导国就越有权力。

权威性强弱差异造成北极治理国际制度体系存在层级结构。据此，当前北极治理的国际制度大致可分为三个层次：权威国际制度、准权威国际制度、非权威国际制度。权威国际制度是指：能够在全球层面被大多数国际行为体高度认同、且具有普遍约束力的制度。准权威国际制度是指：能够在区域治理层面得到相关国际行为体的认可、具有有限约束力的国际制度。这里的有限约束力是指：国际制度的约束对象限定为特定的国际行为体、约束力局限在特定的治理议题和地理范围内。非权威国际制度是指：能够在区域和次区域治理层面被相关国际行为体认同、但无约束力的国际制度。

由此可见，北极治理的国际制度竞争具有明显的权威化导向，任何大国都希望自身主导的国际制度，能够赢得竞争并成为北极治理权威国际制度，从而增强本国的权力优势，维护本国的北极战略利益。

（三）北极治理国际制度竞争的国际规则因素

由于任何国际制度都建立在一系列明确的、具有可操作性的国际规则之上，因此，国际规则是国际制度的基础，所有的国际制度竞争都起源于国际规则竞争。不同国际行为体在北极地区国际组织层面争夺北极治理国际规则的制定权，是北极治理国际制度竞争的重要表现形式。国际规则是指被大多数国家认可和遵守的行为标准与规定，表现为协定、条约、原则与规范。国际规则能够减少集体行动的不确定性，但对不同国家的影响力存在差异性，这就导致实力相对强大的国家具有强烈主导国际规则制定的动机，以最大程度增大本国的相对收益。由于国际规则制定通常遵循一套政治哲学理念和价值观，因此，北极治理的国际规则之争又表现为理念之争。

由于北极治理国际规则竞争的表现形式较为简单，议题领域较为广泛，因此，北极治理研究视角开始从现状解读向国际规则制定转变。国际规则供给不仅能够降低国家间合作的预期成本，更能增强国际规则供给方的国际声望与权威性，这恰恰是各类北极治理行为体积极参与国际规则制定的根本原因。在北极治理中，较早开展国际规则供给的国际行为体，能够获得先发优势，不仅能满足自身降低北极事务参与成本的现实需求，同时也能够在持续有效供给国际规则的过程中，逐渐获得北极治理建章立制的优先权与权威性，最终建立起北极治理国际制度体系。因此，国际规则影响力的差异性决定了北极治理国际制度权威性的层级化。需要说明的是：由于受到自身影响力和内部管理能力等因素的制约，"成为权威国际制度"并非所有北极治理国际制度的统一追求，而往往是那些国际规则构建效率较高、国际公信力较大的国际制度的发展方向。

通过国际规则来塑造国家行为模式进而获得权威性，是北极治理国际制度竞争的目标。为了实现这个目标，各类国际行为体不仅要明确何种国际规则能够被尽可能多的国家认可并接受、何

种议题更适合建章立制，同时也要考虑如何有效应对违约现象。从国际规则竞争的视角来看，北极治理国际制度的竞争，主要集中在以下两个层面。

一种是以推广非强制性国际规则为标志的水平层面竞争，侧重于认可国际规则的国家数目。在这个层面，由于国际规则议题领域的政治敏感度较高，治理难度较大，国际规则制定方往往选择推广无约束力的倡议、宣言、政策建议等，从而尽可能吸引不同类型、不同区域的国家认可并接受该国际规则。

另一种是以推广强制性国际规则为标志的垂直层面竞争，侧重于对国家行为的约束能力。当国际规则的推广范围覆盖了绝大多数北极治理参与方，那么国际制度之间的权威性竞争就会围绕着"谁更能约束国家行为"的方向开展，因此在大国的主导下，相应的北极地区国际组织都将重塑议题结构与决策流程，强化规则倡导的能力建设，构建具有强制约束力的国际规则。在垂直竞争阶段，大国不仅有可能推动其主导的北极国际组织、国际机制围绕同一北极治理议题进行规则供给，同时也可能加大国际规则的约束力来防范其他国际行为体的违约行为，从而提升国际规则的权威性。

由此可见，国际规则的存续直接影响其背后的主导性大国是否能在北极治理中拥有话语优势和制度性资源，也决定了北极治理国际制度的权威性与物质资源的可持续供给。由于权威地位和物质资源都具有稀缺性，这就使得国际规则之间的竞争，已经超过了国际规则自身的存续范畴，而是上升为国际制度融入北极治理的适用性与可持续性问题。

二 北极治理国际制度竞争的发展现状

根据制度化水平的高低，可将北极地区国际制度竞争自低向高分为三个阶段：国际规则竞争、国际组织竞争、国际秩序竞争。国际规则竞争是国际制度竞争的初始阶段，奠定了国际制度稳定运行的基础；国际组织竞争是国际制度竞争的中间阶段，确定了国际制度的正式性；国际秩序竞争是国际制度竞争的最高阶段，国家围绕国际制度竞争的终极目标是建立对己有利的国际秩序，这个国际秩序的性质由权威国际制度的特征来框定，最终使得各个参与北极事务的国际行为体之间形成稳定的行为模式。如今，北极治理的制度化水平落后于北极治理的实践需要，相关国际制度设计仍不完善，深度和广度不足，尚不存在一个综合性的、囊括一系列北极治理事务的国际制

度体系，因此难以建构起整个北极地区的政治议程。总体而言，北极治理的国际制度竞争还处于国际规则竞争阶段，并且国际规则构建存在滞后性和不完善性，整体呈现出"松散化"的特征。所谓"松散化"是指由于国际制度倡导方存在目标差异，因此北极治理国际制度之间缺乏必然联系，使得北极治理国际制度体系的构建缺乏统一目标，导致北极治理的低效化。

北极治理行为体之间的互动关系是影响北极治理国际规则构建的重要因素。国家作为最重要的北极治理国际行为体，在本国北极战略利益的促动下，必然会在北极治理国际制度体系建设和某一国际规则的构建过程中，展示出与其他国际行为体不同的理念冲突和利益分歧，这也是北极治理国际制度竞争的内在动力。随着各北极利益攸关方积极参与北极治理的建章立制进程，北极与全球政治经济格局的联系不断增强，同时北极治理也面临着新的挑战。

（一）北极治理国际制度倡导者之间的利益分歧

北极治理国际制度的倡导者之间存在针对北极治理及其制度构建等议题的认知分歧与利益冲突，因此，探寻北极治理国际制度冲突的根源，需要对这些国际制度倡导者建章立制的动因与分歧等方面进行细致且全面的研究。本文认为北极治理国际制度的倡导者仍然以主权国家为主，国际组织作为北极治理国际体系的重要组成部分，其建章立制的功能实际上仍然是由成员国，特别是主导性成员国通过协商一致所赋予的，本身只是落实各种国际规则的机构。由此，本文认为北极治理国际制度的倡导者主要包括三种类型：北极国家、北极原住民联合体以及非北极国家。这三者围绕北极治理制度建设存在深刻的理念与利益分歧，主要表现在以下几个方面。

第一，北极国家基于地缘优势坚持认为北极治理是由北极国家主导的区域性事务，而北冰洋沿岸五国则是北极治理建章立制的主导国。由于北极国家在综合国力和北极战略目标方面存在差异性，因此各国在北极治理的制度构建问题上也存在立场差异。俄罗斯作为北极最大的国家，一方面希望坚持以本国法律来管理北极航道、北极渔业、北极离岸能源开发等北极海事事务，甚至急于利用本国北冰洋海岸线的宽广优势，实现对北冰洋大陆架的划界。另一方面也希望通过制度性融入北极治理进程，减轻"俄罗斯威胁论"的不利影响，缓解北极地缘安全战略压力。例如，随着近年来北极地区军事对峙愈演愈烈，俄罗斯多次倡导恢复北极理事会国家武装力量总参谋长

定期会议、北极安全部队圆桌会议等北极安全对话机制，以增强北极国家全面政治与军事沟通，但并未得到其他北极国家的积极响应。加拿大在对俄战略博弈中存在国力弱势，因此其发挥西方国家的身份优势，通过倡导由北极八国共同构建北极理事会和北极经济理事会的方式，成功将与俄战略博弈从加拿大独挡俄罗斯的"1v1"态势，转变为北约北极五国集体对抗俄罗斯的"5v1"态势，甚至在乌克兰危机后通过拉拢中立国瑞典和芬兰参与北约军演，形成"5＋2v1"态势。美国由于没有批准《联合国海洋法公约》，在北冰洋划界和航运问题上存在法理依据不足的劣势，并且北极理事会等多边机构实行"全体决策一致"原则，所出台的国际规则对所有北极国家具有同等的约束力，因此美国更倾向于北极治理的弱制度化和国际规则的非强制性，导致建立北极传统安全议题国际规则的动力不足。美国为了维护美国军事力量在北极地区的行动自由和北极事务"领导者"地位，采取军事霸权换取制度霸权的策略，注重通过维护与其他北极国家的军事盟友关系来增强在北极治理制度建设中的话语权。例如，美国和其他北约北极国家在北极理事会框架下拒不回应俄罗斯恢复和构建北极安全对话机制的倡议，这本身就反映出美国有能力以"国际制度"的方式来阻止不利于本国利益的国际制度发展。北欧国家的竞争力虽然弱于俄美加三国，但擅长走"专业化＋特色化"的制度构建路径。例如，芬兰在防止北极核废料泄漏、维护萨米人权利、保护生态环境等方面掌握北极专业知识与技能。挪威作为北极东北航道起点国家，近年来多次更新北极战略，其制度建设的利益目标是维护挪威在西巴伦支海和西北大西洋的经济利益与主权，强化对斯匹次卑尔根群岛的主权管辖力度，并借助其先进的北极离岸油气开采技术，努力倡导北极海上油气开发的行业和环保标准，但挪威为了平衡俄罗斯日益强大的北极军事压力，近年来积极引导北约加强在北极地区的军事活动，其在北极地区安全议题上的立场基本与美国保持一致。瑞典注重通过对北极气候变化研究、环境保护、人文交流等方面的国际合作，来增强自身在北极理事会和巴伦支—欧洲理事会等次区域多边机制的话语权。丹麦作为航运大国，其建章立制的重点是在国际海事组织和北极理事会两个层面建立北极航运的国际规则与行业标准，同时对格陵兰因纽特人自治权的政策立场呈现出逐年保守趋势，旨在确保格陵兰不脱离丹麦的主权管辖，以维护丹麦作为北极国家的法理地位。冰岛主张跨区域北极合作，其倡导的北极圈论坛虽是以务

虚为主的多边平台，但仍然得到众多非北极国家的重视。冰岛充分发挥作为大西洋联通北冰洋的枢纽国身份，在北极渔业开发、北极环保、北极去军事化等议题领域具有较强的制度性话语权。

第二，北极原住民及其跨国组织是北极地区国际组织的永久参与方，在北极环境保护、原住民文化传统延续、原住民谋生方式传承、北极圈自然资源可持续开发等方面具有制度建设的利益诉求。迄今为止，北极原住民包括三大区域性群体：北欧北极地区的萨米（Saamis）人和因纽特（Inuit）人原住民；北美北极地区的因纽特人和阿萨巴斯卡（Athabaskan）人、阿留申（Aleutian）人、哥威迅（Gwich'in）人等原住民；俄罗斯北极地区的科米（Komi）人、雅库特（Yakut）人等原住民。冷战结束后，北极原住民组织的数量不断攀升，呈现出跨国化发展的趋势，对所在国的国内外涉北极决策的影响力不断增强，成为北极治理的重要行为体，推动北极治理主体的多元化。北极理事会和北极经济理事会将阿留申国际协会（Aleut International Association）、北极阿萨巴斯卡理事会（Arctic Athabaskan Council）、哥威迅国际理事会（Gwich'in Council International）、因纽特环北极理事会（Inuit Circumpolar Council）、俄罗斯北方原住民协会（Russian Association of Indigenous Peoples of the North）和萨米理事会（Saami Council）六个北极原住民组织列为永久参与方，这些组织的共同目标是："维护北极原住民权益，保护北极家园。"其中因纽特环北极理事会最具影响力，不仅成功促使北极理事会和北极经济理事会的制度建设需要得到北极原住民的参与和认可，还将维护北极原住民的生存与发展作为北极治理国际规则构建的前提条件，更直接推动北极治理的建章立制过程应用原住民知识体系。需要指出的是：北极原住民组织对北极航运、北极海空搜救等专业化国际规则的影响力非常有限，在北极地区国际组织中也不具有建章立制的最终决策权，因此难以有效影响北极治理的国际博弈态势。

第三，非北极国家为了维护自身北极权益，积极寻求制度性参与北极治理的有效路径。以德法波为代表的西欧国家和以中日韩为代表的东亚国家作为积极参与北极治理的域外国家，普遍存在远离北极的地理劣势，以及只能作为北极理事会和北极经济理事会观察员国的话语权劣势，因此高度关注北极治理的制度建设发展态势。这些非北极国家一方面反对北极国家独揽北极治理事务的"门罗主义"做法，另一方面通过联合北极科考、北极经济开发等方式，

保持与北极国家的合作，并积极参与北极理事会下设工作组的科研工作，以尽可能提升自身对北极治理国际规则构建的知情权。德国和法国致力于巩固北极科考和参与北极经济开发的权利，最终推动欧盟作为独立的行为主体加入北极理事会。英国积极参与《极地规则》的构建，是唯一在北极战略报告中关注北极安全事务的非北极国家。波兰注重通过主办北极和非北极国家参与的多边北极科研活动来增强自身的"协调者"身份，主要关注北极跨区域科研合作制度的构建。在RECP框架下，东亚区域经济合作的内生动力不断增强，抬升了东亚国家与北极国家的经贸互补性。中日韩的北极利益具有较大的同质性，主要关注北极科考、北极航运、北极能源等领域的制度设计。三国一方面都尊重北冰洋沿岸国的主权权力，另一方面以务实低调的态度积极参与北极环保、科研和经济开发事务。中国是北极事务的重要利益攸关方，亦是积极参与者、建设者和贡献者，秉持"尊重、合作、共赢、可持续"的基本原则参与北极航道、非生物资源、渔业、旅游资源的开发与利用，致力于在北极地区构建全方位、多层次、宽领域的合作关系。日本在参与北极治理国际制度的问题上立场较为保守，更多从国际海事组织层面关注与北极航运相关的制度构建与标准设置。韩国与北极国家的双边关系普遍较好，并拥有先进的极地商用船舶建造技术，因此韩国是最积极参与北极事务的亚洲国家，受邀参与北极理事会多个工作组的科研报告撰写工作，增强了韩国在北极治理中的话语权。新加坡关注北极航运基础设施的升级与改造领域的设计制度，尤其是北极海空搜救国际协调机制构建。印度虽然未出台正式的国家北极战略，但仍积极参与各类北极多边平台的活动，倡导建立跨北极环保合作机制。

（二）北极治理国际制度竞争的基本特征

随着北极事务对全球政治经济格局产生显著影响，获得北极治理制度话语权则成为各国护持北极战略利益的重要途径。在北极善治和国家利益的双重推动下，北极治理国际制度竞争呈现出以下四个方面的特征。

首先，北极治理国际制度竞争具有一定的国际法基础。例如，在最重要的北极海事治理和北极环境治理领域，各国际行为体在《联合国海洋法公约》《联合国气候框架公约》等国际公法框架下，开展了国际规则博弈。2017年1月1日，国际海事组织颁布第一份全球性北极海运国际规则《极地水域船舶操作国际规则》（International

Code of Safety for Ships Operating in Polar Waters)，北理事会也出台了《北极海洋石油污染预防与应对合作协议》（Agreement on Cooperationon Marine Oil Pollution Preparedness and Response in the Arctic）等强制性区域性国际规则。此外，北极国家都强调环保优先策略，北极理事会更是出台了一系列对其成员国有约束力的北极环保规则，包括《北极海洋油污防治与应对合作协定》（Agreement on Cooperation on Marine Oil Pollution Preparedness and Response in the Arctic）、《减缓北极黑碳和甲烷排放的建议》（Recommendations to Reduce Black Carbon and Methane Emissions to Slow Arctic Climate Change）等。

其次，既有北极治理国际制度体系不完善，缺乏权威性与系统性。一是没有专门针对北极事务的国际法文件，即使是被北极八国共同认可的《联合国海洋法公约》也仅是体现了国际海洋治理的一般性规定，很难适用于北极航运、北极渔业等特殊治理议题；《联合国海洋法公约》关于大陆架的相关规定，反而有可能加剧俄罗斯、加拿大等北冰洋沿岸国家瓜分北冰洋大陆架的冲突。二是《联合国气候变化框架公约》及其相关国际协定，未能做出针对北极地区的气候与环保条款。北极理事会出台北极环保国际规则的速度滞后于北极生态环境恶化的速度，更遑论这些北极环保国际规则并不具有普遍约束力，而仅仅对北极国家有效。三是北极利益攸关方往往采取多面下注的策略，选择性参与北极理事会、北极圈论坛、国际北极论坛等区域多边平台的建章立制过程，通过国际协商来构建符合自身利益诉求的国际规则。四是目前北极治理的国际制度安排都集中在环保、科考等非传统安全领域，在建立国家间信任、防止军事摩擦升级等传统安全领域尚未构建国际制度。国际行为体也未在既有北极地区国际组织中倡导和构建北极能源开发、跨区域环保合作等具有全球影响力的国际规则。

再次，北极国家的利己主义阻碍了北极治理国际规则的有效性。北极国家作为北极治理的重要力量，反对北极治理国际规则削弱本国主权和利益，大多奉行国内规则高于国际规则的立场。例如，俄罗斯不断加大对北极资源的主权控制，2013年7月出台《北方海航道水域航行规则》，设立了包括破冰船引航许可证制度在内的一系列北方海航道主权管辖规则，进一步加强了对通航北方海航道的外国船舶的管理力度。加拿大则以保护本国北极领土海岸线和北部领土生态环境为由，依照《北极水域污染防治法》严格限制外国船舶进入北极西北航道。

美国出于本国战略利益拒不加入《联合国海洋法公约》《京都议定书》等国际条约，使得这些国际规则在北极治理中的适用性和权威性大打折扣。由此可知，北极国家的主权诉求与北极事务的跨区域影响存在内在矛盾性，在北极国家利己主义的影响下，北极治理国际规则博弈的本质是国家私利与全球公义之间的矛盾。北极国家不断通过国内立法、增设北极军事和行政机构的方式，捍卫本国对北极领土的主权和对北极治理的优先权。为了防止北极治理国际化趋势削弱北极国家的既得利益，北极八国通过设置歧视性制度壁垒，阻挠非北极国家成为北极理事会、北极经济理事会的成员国，以实现北极国家通过控制北极地区国际组织的决策权，继而掌握北极治理国际规则制定权，最终构建以北极国家共同利益为核心的北极治理秩序的目标。

最后，北极治理国际规则存在无序供给，呈现出有限过剩趋势。这主要源于以下三个方面的原因：一是北极治理规则供给的议题范围相对窄化，二是国际行为体供给北极治理规则的无序性与散乱性，三是北极治理的利益攸关方都希望构建符合自身利益的国际规则。由于北极治理议题受到北极国家主权安全的影响，各国在既有北极地区国际组织框架下，避免对国际安全、主权争端等"高级政治"议题进行建章立制，只能围绕环保、航运、科考等"低级政治"议题进行规则倡导和设计，因此，受到议题领域狭窄的限制，北极治理规则供给过剩是相对过剩，而非绝对过剩。不同规则塑造不同行为体身份，若某一议题存在多种国际规则并存，必然造成相关国家的履约身份冲突，特别是在某一治理领域，难以形成统一的集体行动身份。可以预见，在具有天然局限性的北极治理议题框架中，围绕北极航运治理、环境保护等非传统安全议题的国内规则出现了相对过剩，而跨国北极航运和环保合作又急需国际社会共同认可的国际规则，这就促使各北极利益攸关方，尤其是北极大国加大了在北极航运和环保等治理领域的规则倡导力度，使得北极航运和环保的国际规则也显现出供给相对过剩的趋势。因此，相对过剩的国际规则供给导致了国际规则之间、出台国际规则的国际组织之间进行竞争，这亦是北极治理国际制度体系变迁的核心动力。

由此看来，当前北极治理的总体制度化水平有待提高，既有的北极治理国际规则和相关国际制度安排，落后于北极治理的实践需要，难以有效解决各国的北极治理政治关切和公共秩序构建问题，也无法协调北极利益攸关方之间关于北极航运、能源开发、环境保护等领域的利益冲突和理念分歧。在此背景下，当前北极国家之间愈演愈烈的军事竞赛现象是北极治理制度困境的集中反映，同时也催生了国际社会期望北极治理制度体系改革的集体愿望。北极地区之所以难以构建具有广泛适用性、强大公信力的国际制度体系，是由于缺乏权威性的国际规则体系和基于人类共同利益之上的理念创新。北极治理国际制度竞争的"松散化"，不仅抬升了规范国际行为体行动的制度成本，还造成北极治理议题的凝聚力下滑，最终削弱国际制度对北极治理的有效性。

三　国际制度权威缺位对北极开发合作的影响

在北极经济开发与治理实践的过程中，国际社会在北极地区已经建立起多层次的国际制度框架，然而，随着北极治理议题领域和北极利益攸关方的不断增多，现有的北极治理国际制度体系面临权威性缺位的困境，难以凝聚国际行为体的共识，未能充分发挥国际制度对北极善治的促进作用。由于缺乏权威性的国际制度，使得北极开发国际合作面临现实困境，具体表现为以下四个方面：北极治理国际制度的散落化、北极治理国际制度的弱势化、北极治理国际制度的局限性、北极治理国际制度的矛盾性。

（一）北极治理国际制度的散落化

北极治理国际制度散落化的一个表现特征是国际制度架构呈现出单一议题导向。由于北极治理的传统安全议题领域往往具有鲜明的地缘政治特征，政治敏锐性较高，因此相关的国际制度并未真正构建起来并发挥实效，而围绕北极航运、北极环保等具备跨区域影响力的非传统安全议题，则存在多层次且具有部分功能重叠的"国际制度群"，北极治理的国际制度构建速度落后于议题领域的扩展，这不仅造成基于单个治理议题的国际制度无法连接成互联互通的"复合式国际制度网"以降低国际行为体参与北极事务的成本，而且在一定程度上加大了既有北极治理国际制度分布的松散性，形成事实上的国际制度散落化困境。例如，国际海事组织通过的《极地规则》更多的是强调各成员国之间加强北极航运合作、采用统一的抗冰型船舶建造标准、遵守极地航行的相关规定等。北极理事会则侧重于发挥专业知识，其建章立制主要围绕北冰洋生态环境保护、北极科考合作、北极海空搜救等实用性议题，但未对北

极经济开发、北极国家间的军事互信等议题进行国际制度构建实践。

北极治理国际制度散落化的另一个表现特征就是国际制度设计缺乏系统性，未能形成基于专业知识和广泛共识的国际制度框架。时至今日，国际社会不仅没有形成北极治理建章立制的多边平台，更遑论出台权威性的国际法文件。在北极治理的过程中，全球、区域、次区域层面都出现了针对具体治理事务的国际制度构建，但这些国际制度构建是无序的，由于各国际制度构建主体之间缺乏有效协调和议题整合，相关的国际制度呈现出散状分布状态，没有形成具有针对性、权威性的国际制度体系，从而难以对北极治理各类议题进行整合式国际制度设计。例如，北极经济理事会作为最大的北极经济协调多边机构，2017年发布了《北极投资协议》，提出将"负责任的投资"作为北极国家管理外资的核心理念，但并未针对北极跨国海空物流、北极能源开发、北极矿业开发等北极经济国际合作的重要领域建立北极经济治理国际制度体系。

（二）北极治理国际制度的弱势化

北极治理国际制度对国家行为的约束力较弱，议题覆盖面窄化现象已经引起国际社会的高度重视。这表现为两个方面：一是国际社会始终未能在北极治理过程中产生一个领导型的国际组织。即使是联合国也未能针对北极治理事务出台专门的国际制度体系，而北极治理的议题领域又在不断扩展，并且逐渐交织着传统国际安全因素，这都制约着联合国在北极治理过程中发挥引领性作用。随着北约对俄罗斯的地缘战略压力不断增大，俄罗斯与美国等北约北极国家的军事摩擦不断增多，北极经济开发面临的地缘政治风险不断加剧，在此种复杂且具有高度国际政治敏感性的治理环境下，联合国的权威性面临严峻的地缘政治挑战。

二是北极治理主体之间缺乏目标与理念的一致性，不同的北极利益攸关方坚持不同的北极治理国际制度构建原则，造成北极治理国际制度深受国家主权和国家利益冲突的影响。例如，北极国家认为北极治理属于北极国家主权管辖范畴，因此坚持国内法高于国际法，加拿大始终坚持北极西北航道属于本国内水而非公海，不适用《联合国海洋法公约》关于公海航行自由的相关条款。非北极国家则坚持认为北极事务已经超越北极地区的地理范畴，属于全球治理的范畴，理应在全球性国际制度框架下对其进行公域式治理。差异化的北极治理理念不仅无法让北极利益攸关方之间达成建章立制共识并进行有效的协商合作，反而使得既有北极治理国际制度时刻受到国家利

益争端的影响。随着北极国家不断增强主权管辖力度，进一步加剧了北极治理国际制度的弱势化程度。

（三）北极治理国际制度的局限性

北极治理国际制度的局限性包括两个方面：治理成效的局限性和治理领域的局限性。就北极治理成效而言，当前北极国家与非北极国家围绕北极治理的内涵界定、议题设置、理念秉持等存在明显分歧，制约了现有北极治理国际制度凝聚国际共识、协调国家集体行动的作用，造成国际制度的落实能力不足。例如，国际海事组织颁布的《联合国海洋法公约》《极地规则》作为北极治理的重要国际法依据，但在落实的过程中，并非由联合国强制推行，而是由各成员国自主施行。这就导致一方面，由于美国并未加入《联合国海洋法公约》，所以不会将这些国际制度内化为国内制度，严重阻碍了这些国际制度在北极地区的落实成效。另一方面，即使是那些加入这些国际条约的国家，也由于存在国力差异，在履约意愿与履约能力方面也存在差异性。上述客观事实削弱了北极治理国际制度的有效性。

就北极治理领域而言，北极治理国际制度并未覆盖所有的北极治理议题，在一些议题领域尚存在国际制度空白。以北极渔业开发为例，一些北冰洋边缘地区的次区域国际渔业协调机构纷纷制定了相关的规范性安排，但彼此之间并没有进行充分的协商，造成绝大多数北冰洋国际海域的捕捞作业缺乏统一的渔业管理国际制度。随着北冰洋商业捕捞进程的加速，无序的商业捕捞行为不仅危及北冰洋海洋生物资源的可持续发展，还有可能进一步破坏北极地区的生态环境。此外，在北极船舶黑碳减排、船源污染物管控、离岸油气资源开发等北极经济开发实践领域，也存在国际制度匮乏的窘境，而在北极传统安全领域则几乎没有国际制度安排。

（四）北极治理国际制度的矛盾性

北极治理国际制度的构建主体呈现出多元化特征，其中主权国家是国际制度的主体，国家之间既存在北极治理目标的一致性与合作性，也存在利益诉求的矛盾性与竞争性。因此，国家之间的矛盾关系直接影响北极治理国际制度的实施成效。一方面，北极利益攸关方之间存在"封闭式治理"和"开放式治理"的矛盾关系。北极国家奉行"北极是北极国家的北极"的"门罗主义"集体霸权逻辑，利用北极国家丰富的专业化知识和专家体系，长期控制北极治理国际制度设计的专业化渠道，以限制非北极国家制度性参与相关国际组织议题设置与会议议程的方式，削弱非北

极国家对北极治理事务的知情权与话语权。这与广大非北极国家倡导共建、共治、共赢的开放性北极治理诉求之间存在难以调和的现实矛盾。另一方面，不同国家会在同一北极治理议题上支持不同的国际制度。国家利益是国家选择遵守何种北极治理国际制度的重要依据。例如，在北极海洋生物保护问题上，北极理事会下属的"北极动植物保护工作组"与北大西洋海洋哺乳动物委员会就存在治理理念的巨大差异，前者的目标是全面保护北极野生动物，受到芬兰、冰岛、瑞典等国的支持；而后者的目标是确保能够可持续捕杀海豹、鲸等经济类海洋哺乳动物，得到挪威、加拿大、丹麦等国的支持。

由此看来，北极治理国际制度的权威缺失，无法为北极经济开发提供坚实的国际制度保障，当前北极治理国际制度呈现出"各自为政"的现象源自深刻的国际法和地缘政治原因。一是北极治理的法理地位不明确和各治理主体的权责不明确，导致各利益攸关方采取功利主义的视角来对待北极治理国际制度，当国际制度安排与本国北极利益存在冲突时，则选择以捍卫本国利益为主，因此北极治理国际制度难以通过成员国协商一致来提升权威性。二是《联合国海洋法公约》在北极地区的适用性模糊，造成相关国家在援引相关条款时会出现解读冲突，削弱了北极治理国际制度的法理约束力和治理成效。此外，北极地区的地缘政治经济格局变化也加剧了北极国家之间、北极国家和非北极国家之间的利益冲突，这使得构建权威性北极治理国际制度的紧迫性日益凸显。

四 北极治理国际制度权威构建的可能路径

当前，北极治理国际制度竞争的议题覆盖领域不断扩展，但相关北极治理国际制度的构建存在滞后性和碎片化，各类国际规则的实际执行效果并不理想。虽然《联合国海洋法公约》是北极治理重要的国际法依据，但其内容并不包括"北极特例"，难以有效指导北极治理的具体路径构建。此外，北冰洋沿岸国家借用《联合国海洋法公约》相关条款的名义强化对北冰洋公域海域的实际控制，同时加速关于北极领土管辖的立法工作，已经有违于北极善治的目标，不利于构建高效的北极治理跨区域协调机制。

既然北极治理是全球治理的重要组成部分，那么实现北极善治就应向包括非北极国家在内的国际社会打开平等参与北极治理的大门。这既是北极理事会等区域性国际组织需要进行理念革新和议事机制改革的必要性所在，也是国

际社会探寻和构建基于更包容、更开放、更公平理念之上的权威北极治理国际制度的必然要求。由此看来，在联合国框架下进一步推动具有北极地域特征的区域性国际规则体系，改变议题导向型的碎片化治理现状，同时借鉴北极区域和次区域治理的有益经验与做法，有助于构建以全人类共同利益为基础的权威型北极治理国际制度体系。鉴于北极治理进程深受国家主权和地缘政治复杂局势的影响，构建权威型北极治理国际制度体系必将是极其艰难的过程。总体而言，这种权威型北极治理国际制度体系的构建包括以下三种可能模式。

一是北极理事会框架下的域内自理模式。北极理事会秉持"协商谋共识"的理念，实施成员国协商一致的决策模式，不断提升国际规则制定的专业性，在既有治理议题领域获取北极国家认可并积累了国际声望之后，近年来连续出台三个具有约束力的国际规则，北极国家也有意愿进一步提升北极理事会在北极治理国际规则领域的权威性。然而，在客观承认北极理事会的制度影响力不断增强的同时，也要清醒认识到北极国家设置了非北极国家不能晋级为北极理事会成员国的制度壁垒，堵塞了非北极国家参与北极理事会国际制度构建的路径，北极理事会已经事实上沦为北极国家共同行使排他性制度霸权的工具。这种典型的"门罗主义"理念决定了北极理事会出台的国际规则皆是建立在北极国家共同利益基础之上，成为北极国家垄断北极事务的俱乐部。因此，北极国家极力发挥自身卓越的北极知识与科技储备优势，加速出台一系列具有明显专业特征的国际规则，试图获取北极治理国际规则竞争的主导优势，迫使国际社会承认和遵守这一具有明显歧视性和利己性的国际规则体系，以期构建以北极国家集体意志和理念为基础的北极秩序。国际社会对北极理事会的指摘也恰恰表现在不满其明目张胆的制度性排外理念，即使是德法日韩等积极参与北极理事会工作组的永久观察员国，也逐渐明了自身只不过是北极国家提升北极理事会国际影响力和合法性的陪衬者，无论非北极国家在北极理事会工作组做出多大的贡献，也不可能增强自身的制度话语权。正是由于北极国家仍然坚持北极理事会的"排他性开放"理念，使得非北极国家对北极理事会出台的国际规则的公正性产生怀疑，更遑论去遵照执行。况且当前北极理事会的国际规则，只对北极国家有约束力，这削弱了北极理事会建章立制的公信力和权威性。

二是北极利益攸关方协商一致的公约治理模式。北极利益攸关方可以根据共同利益，构建《北极公约》体系。以《北极公约》作为构建北极治理国际制度体系的国际法基础，在此基础上逐渐出台一系列国际规则并赋予各签约方相应的权利与义务。设置"北极公约协商会议"作为北极治理制度构建的决策机构，参加协商会议的国家既包括拥有决策权的《北极公约》签约国，还包括作为观察员的相关国际组织、原住民代表和跨国企业。各方通过在《北极公约》协商会议及其下设的委员会和工作组层面的协商，围绕共同关心的议题制定具有国际法效力的"建议"和"措施"，共同维护北极地区的可持续发展。《北极公约》治理模式还可以借鉴《斯瓦尔巴德条约》所代表的次区域国际法治理经验，即保障非北极缔约方参与北极事务和经济开发的权利、设置非军事化区域。《北极公约》治理模式需要创建与北极治理共同需求相一致的基本原则与国际规则体系，根据政治敏感度不同的议题领域，采取从"非传统安全"向"传统安全"循序渐进的规则构建思路，建立在北极航运、科考、搜救、国家间信任措施等领域的制度性权威。

三是联合国框架下的协商治理模式。协商治理模式最大的优点是赋予非北极国家平等参与北极治理制度构建的机会，其出台的国际规则能够得到国际社会的广泛遵守。虽然在协商治理模式下构建北极治理国际制度的过程较为复杂，但不能否认联合国作为最具权威的政府间国际组织，已经在航运和环保这两个备受各国关注的北极治理议题领域，具有无可比拟的制度性权威。由于联合国处于全球气候变化"科学评估＋权责界定"双轨治理结构的核心地位，拥有在全球气候治理领域建章立制的专业型权威，因此得到了包括北极国家在内的国际社会的高度认可，有助于构建北极气候治理领域的权威国际规则。此外，北冰洋沿岸国家对北极航道的司法权受到《联合国海洋法公约》的约束，这意味着那些试图单方面加大航运管理力度的北冰洋沿岸国，需要持续关注国际海事组织对强制性《极地水域船舶操作国际规则》的推广进程。这些基于国际海事组织规则框架内的协商，不但有助于扩展北极国家和非北极国家在提升跨北极航运治理国际合作成效方面的细分领域，而且有助于在北极航运环境保护领域构建新的国际规则，使得国际海事组织作为联合国参与北极航运治理制度设计的重要平台，能够有效协调北极航道开发与北极环境保护之间的矛盾。

由此看来，尽管构建权威的北极治理国际制

度体系符合北极治理的现实需要，但上述三种构建北极治理权威国际制度体系的模式，存在理念秉持和实践路径的差异性：域内自理模式虽然能够减少集体行动的协商成本，但这种将北极事务作为北极国家"私物化"的国际制度安排，显然得不到国际社会的广泛认可，难以深化非北极国家和北极国家之间的合作领域。公约治理模式偏向于国际法治理，但北极国家早在《伊鲁萨利特宣言》中就明确反对仿照《南极条约》的方式来构建北极治理国际法体系，尤其是反对限制北冰洋沿岸国家的主权管辖。因此，在由北极国家分割管理的北极地区建立一套约束北极国家的国际制度体系，必然会直面北极国家的强烈反应，也难以在跨北极利益攸关方之间构建真正平等的协商平台。协商治理模式的优势在于其秉持的平等性理念，其建章立制的过程必然基于各北极利益攸关方的共同利益之上，因此公信力和权威性较高，并且能够产生溢出效应和规模集聚效应，加速相关北极治理领域国际制度构建进程，最有可能形成国际社会广泛认可的权威型北极治理国际制度体系。

五 结语

北极治理国际制度竞争源于北极利益攸关方之间对北极战略价值的争夺，其内核是国际规则之争，并具有全球性影响。北极国家追求主权至上，其主张的北极治理制度设计内嵌着"排外意识"；非北极国家追求权益保障，其倡导的北极治理制度体系蕴含"公平意识"，因此北极国际制度竞争又是北极治理"区域化"与"全球化"的思维导向冲突，这种对立已经蔓延到北极治理各个层面。多元化的治理议题与白热化的权益博弈共同造成北极治理国际制度设计的滞后性与碎片化，北极治理国际制度竞争是一种"进行时"竞争，其起步于国际规则竞争，聚焦于国际组织之争，止步于国际秩序之争。北极利益攸关方之所以围绕国际规则设置权和国际组织主导权展开竞争，既是源于对捍卫本国北极权益的考量，更是为了构建符合本国长远战略利益的国际秩序。由此可见，北极治理国际制度竞争是现实主义与制度主义之间的又一次双向融合，其最终目标是构建北极治理新秩序。

综上所述，北极治理国际制度竞争正在成为全球治理实践的重要内容，重构了国家之间的权责界定关系，相较于全球气候治理在发达国家和发展中国家的责任分担领域出现了区别对待实践，北极治理则进一步提出了跨区域合作的国别权责认定的可能性，并为非北极国家参与北极治理提供了气候正义的道德高地。包括中国在内的有实力且有治理意愿的北极利益攸关方，应该在尊重北极国家主权的前提下，积极探索在联合国框架下如何构建更加公正合理的北极治理新秩序。本文撰写的初衷不仅在于探索权威北极治理国际制度体系的生成路径，更在于寻找实现北极善治的可能方向——那就是随着这块冰封之地的加速融化，困扰国际关系界多年的国际制度有效性问题，北极利益攸关方需要跳出国家主权和国家利益影响国际制度构建的思维禁锢，尝试从制度融合的视角，在北极地区建立一个符合各北极利益攸关方共同权益需求的区域性国际秩序框架，这将是践行"人类命运共同体"理念的重要成就，为构建新型北极治理攸关方关系指明方向。

【作者单位：北京第二外国语学院北极问题研究中心】
（摘自《东北亚论坛》2022年第3期）

美国北极战略演进研究

王传兴

国内有关美国北极战略的研究可追溯到 1952 年《美国北极战略圈中的冰岛》一文，此后是长达半个多世纪的沉寂。2009 年美国《北极地区政策》发布以来，美国北极战略研究逐渐蔚为大观，大致可以分为三类：其一，基于北极地缘政治视角的研究；其二，基于比较视角的研究；其三，对美国新出台的北极政策或战略报告的跟踪研究。

这些研究虽然极大地丰富了对美国北极战略的研究，但并未将美国北极战略置于美国国家安全战略框架中进行，因而在总体上缺乏纵深感。因此，对于决定美国北极战略变化和走势的深层次根源有待进一步研究。这正是本文试图弥补的空白。

一 美国北极战略的雏形

从 18 世纪末美国开始涉足北极到二战时期北极问题进入美国的战略视野，再到冷战时期美国北极战略雏形初现，美国的北极战略经历了一个漫长的过程。冷战时期，美国北极战略开始了第一阶段。

（一）美国涉足北极

美国涉足北极曾有专著进行介绍。美国关注北极可追溯到 18 世纪末。1765 年，经本杰明·富兰克林（Benjamin Franklin）介绍，美国自然科学家、耶鲁大学校长伊兹拉·斯蒂尔斯（Ezra Stiles）书面建议俄国科学院院士米哈伊尔·罗蒙诺索夫（Mikhil Vasilievich Lomonosov）联合开展北极气象、地磁极、植物等学科考察。1789 年，美国国会首次支持对巴芬湾的考察，以证实约翰·彻奇曼关于地磁漂移的理论，并考察从大西洋经北冰洋至太平洋的西北航线。1850—1851 年，美国首位北极探险家埃德温·杰西·德黑文（Edwin Jesse DeHaven）负责指挥在北极搜寻英国探险家约翰·富兰克林爵士（Sir John Franklin）的远征活动（第一次格林内尔远征，The First Grinncll Expedition）

1867 年 3 月 30 日，美国花费 730 万美元从急速衰落的俄国手中买下阿拉斯加（在当时的价格相当于 2 美分每平方公里），从此成为北极国家。

美国的边疆扩张因而不再限于西进，向北极地区"北进"与西进一道，使美国"边疆越来越变得具有美国性"；而位于北极地区的阿拉斯加，则开始成为美国"激起不同地理上的想象的丰富资源"。

（二）北极进入美国战略视野

北极进入美国对外战略视野是在第二次世界大战期间，标志性事件是 1941 年美国与丹麦共同在格陵兰岛建立空军基地。在此期间，同盟国与轴心国对北极航线的争夺战凸显出北极（潜在的）巨大军事安全价值。

二战时期的北极航线通常是指起点为冰岛，终点为苏联北方两个港口摩尔曼斯克（Murmansk）和阿尔汉格尔斯克（Arkhangelsk）的航线。该航线从冰岛至摩尔曼斯克距离约 1800 海里（约合 3300 公里），至阿尔汉格尔斯克距离约 2200 海里（约合 4000 公里），普通运输船航行需 10—14 个昼夜，其中阿尔汉格尔斯克港还有长达半年的冰封期；该航线沿途经过的海域基本在北极圈内、气候恶劣，沿途不时会出现暴风、浓雾和流冰，和平时期很少有船只航行。战争中，该航线成为同盟国与苏联联系的重要交通线。1940 年，纳粹德国在格陵兰岛东部建立雷达及气象站，以支持在北大西洋作战的德国舰艇；德国还在挪威部署了大量飞机、潜艇和军舰，随时可以投入作战，北极航线可以说是危机四伏。

北极航线在二战时期的军事战略价值体现在两个方面。其一，北极航线是苏联重要的国际交通线。当时通往苏联的国际交通线有三条：一是以海参崴为终点的太平洋航线；二是以黑海诸港口为终点的伊朗铁路；三是以北方诸港口为终点的北极航线。其中前两条路线受战火、政治或地理上的限制，运输量微乎其微，因此美英向苏联运送物资的主要交通线只剩下北极航线。

其二，北极航线对同盟国赢得第二次世界大战有着重大的贡献。从 1941 年 9 月至 1945 年 5 月，同盟国向苏联先后派出 743 艘运输船，将包括 14000 架飞机、7056 辆坦克、409526 辆汽车、10000辆吉普车、8218门高射炮、131600挺机枪等在内的约400万吨物资运到苏联。这些物资极大提高了苏军的机动能力和战斗力。经由北极航道运送到苏联的粮食几乎相当于苏军战时消耗粮食的11%，汽车则占苏军装备汽车总数的2/3。这些对于国际反法西斯联盟战胜纳粹德国具有非常积极的意义。

鉴于此，美国总统罗斯福在1944年的一次全国广播讲话中，强调了北极对美国的永久性意义。与此同时，美国海军开始实行在阿拉斯加北坡勘探石油的10年计划。

（三）冷战时期的美国北极战略雏形

美国在1971年和1983年先后发布了两份重要的北极政策文件。文件内容显示，由于受限于美苏间的争霸，美国北极战略完全服务于其军事战略需要，因此这一时期的美国北极战略只是雏形初现。

1. 冷战时期的美国北极战略初现

1955年7月18日至23日在瑞士日内瓦召开二战结束后的首次美英苏法四大国首脑会议上，艾森豪威尔总统向苏联提出"开放天空"（Treaty on Open Skies）和"北极地带监测计划"。1971年12月22日，尼克松政府发布《国家安全决策备忘录第144号》，阐述了美国的北极政策。备忘录决定创立部门间北极政策小组，负责审查美国北极政策的执行和评估；表示美国将支持合理地开发北极，并以尽量减少对环境的负面影响为指针；要求国家安全委员会提出行动方案来增进美国与其他国家合作勘探、开发北极资源、进行科学研究，并提高美国在北极行动和存在的能力。

1983年，里根总统签署并发布了《美国北极政策指令第90号》，强调"美国在北极地区有着独特的关键性利益"，并规定了美国北极政策的基本要素。该指令强调，在北极地区的利益直接关系到美国的国家安全、资源及能源开发、科学调查和环境保护，从而把美国对北极的科学研究、经济利益和战略考量联系在一起。1984年，美国国会通过《北极考察和政策法案》；该法案要求组建两个直接隶属于总统和国会的平行机构：一是部门间北极研究政策委员会，二是北极考察委员会。北极考察委员会由总统直接任命的8名各领域专家组成，主要负责向总统和国会就北极科学研究事务提出意见和建议，作为美国北极战略制定的基础。美国政府要求北极考察委员会每个财政年度要向总统和国会提交一份报告。

由此观之，虽然冷战时期美国并没有严格意义上的北极战略，但1971年和1983年两份文件的出台，标志着美国北极战略雏形和轮廓已然初现。

2. 冷战时期的美国北极战略特点

冷战时期的美国北极战略呈现以下两个特点。第一，美苏争霸决定了冷战时期美国北极战略的军事化特点。纵观冷战时期，北极地区在长远战略上"具有不可忽视的重要性"。因此，"美国在从阿拉斯加州到冰岛的漫长北极线上都部署了远程相控阵雷达、战略核潜艇等，形成了强大的联合作战力量"；并从1946年开始在北极地区"收集苏联情报，监视苏联核潜艇的动向，建立空军基地、海军基地，还有无线电站和气象台、雷达站等军事装备和设施、北方预警系统等。"

冷战开始后美国在北极采取了一系列措施：二战结束后继续保留在格陵兰岛的图勒空军基地（Thule Air Base）、1947年在阿拉斯加北坡巴罗（Barrow）成立美国海军北极研究所（the Naval Arctic Research Laboratory at Barrow, Alaska）、1950年开始实施从阿拉斯加州至冰岛的庞大军事设施建设计划、1951年签署美国—丹麦联合防卫条约、1951年开始建立由美国军方控制的浮冰漂流观测站、1955年美国和加拿大联合建立北美防空预警系统、1955年日内瓦首脑会议上艾森豪威尔总统提出建立国际性"开放天空"和"北极地带监测计划"、1958年美科学院成立极地研究委员会并开始建弹道导弹早期预警系统等。

在北极地区的军事竞争中，美苏在争夺核弹发射阵地、争夺世界航空要冲和海洋战略通道、争夺军事情报重地等三个领域尤其激烈。在这场北极争夺战中，苏联略占上风，苏军潜艇极地航行次数达152次，远超过美国，冰下航行的技巧和水平也强于美国。苏联潜艇在北极航行过程中，解决了冰下发射导弹的问题，试验了新型的武器装备。苏联潜艇部队在北极取得的战略优势，保证了苏联在冷战中与美国保持战略平衡。

第二，从属于美国国家安全战略的美国北极战略，随美国国家安全战略变化而出现相应的阶段性变化。冷战时期的美国对苏遏制战略，是"较长时间内的美国全球总战略"，其"实质是在欧亚大陆的边缘地带保持美国的军事优势，以压制苏联向边缘地带突破，进而向西方海上力量挑战。"虽然"历经至少九任总统，除了操作层面上的侧重点有所不同，基本延续了遏制的战略方向"；但落实到具体阶段，美国国家安全战略目标却存在差异。冷战的第一个高潮期间，随着美国遏制战略付诸实践，艾森豪威尔坚信在遏制苏联时"美国必须用强大的军事力量做后盾"。

20世纪70年代初，由于美国陷入越南战争，因此1973年发布的《国家安全的现实主义威慑战略》报告强调，"尼克松政府的目标是一代人的和平和所有美国人更好的生活质量。为此需要做出四个转变：从战争到和平的转变、从战时经济到和平时期经济的转变、从冲突时代到谈判时代的转变、从军备竞赛到军备限制的转变"。随着冷战第二个高潮期美国国际环境的改善，1987年发布的首份《美国国家安全战略报告》再次大力强调"美国对苏采取遏制战略"。

相应地，美国总统艾森豪威尔于1955年提出了遏制苏联的"北极地带监测计划"；与1971年《国家安全决策备忘录144号》中美国北极政策目标依次为"开发、互惠、安全、科研"不同，1983年《国家安全决策指令第90号》中的相关目标依次调整为"安全、开发、科研、互惠"，安全目标排序从第三位上升到了第一位。这种排序调整并非随意为之，而是与当时美国国家安全战略的总体需要密切相关。

二 美国北极战略的成型

冷战以来的美国国家安全战略，先后经历了从冷战时期（从杜鲁门政府到老布什政府前期）到后冷战时期（从老布什政府后期到小布什政府）、再到奥巴马—特朗普时期三个宏观阶段的变化。相应地，美国北极战略也经历了三个不同阶段的变化。后冷战时期是美国北极战略的第二阶段，即美国北极战略成型阶段。

（一）后冷战时期的美国国家安全战略

后冷战时期美国国家安全战略变化的前提是冷战结束后的国际体系转型；后冷战时期的美国国家安全战略变化起点是"超越遏制战略"。美国在自身力量大于苏联的历史条件下推行的这项战略，"预示了长期以来美国决策层以意识形态为导向的大战略规划模式告一段落"；建立自由主义国际秩序的预期则"奠定了后冷战时期美国大战略发展的基调"。在冷战结束之初，布什政府携冷战"胜利"之余威，其战略重心是要构建国际新秩序。因此，"美国的国家利益和目标包括美国作为自由和独立国家的生存，伴之以其根本价值完好无损、其制度和人民安全无虞；健康增长的美国经济，以确保个人繁荣和美国在国内外进行努力的资源基础；稳定安全的世界，以促进政治自由、人权和民主制度；与盟国和友好国家之间健康、合作和在政治上充满活力的关系。"在克林顿时期，"孤独的超级大国"美国将战略目标调整为"令人信服地以准备好战斗的军事力量维持我们

的安全、加强美国经济的振兴、在国外促进民主"；并在未来15—20年里保持美国"对目前和未来对手的军事优势"。到小布什时期，911恐怖袭击的发生使得美国战略目标调整为"击败恐怖主义网络、彻底保护美国国土、塑造处于战略十字路口国家的选择、防止敌对国家和非国家行为体获得或使用大规模杀伤性武器。"

总之，作为唯一超级大国，虽然从老布什到小布什各届政府的美国国家安全战略具体目标存在差异，但其总体目标都是要维持美国的"首要地位"。

（二）后冷战时期的北极环境双重变化

后冷战时期北极环境变化具有双重含义：一是指北极自然环境变化，二是指因北极自然环境变化与国际政治变化共同作用下的北极政治安全环境变化。

1. 北极自然环境变化

20世纪后半叶以来，总面积达2100万平方公里的北极，是对全球气候变暖反应最"敏感"的地区之一；北极地区气候迅速变暖导致北冰洋海冰加速融化。有预测认为，如果全球二氧化碳排放量继续以目前的速度增加，到2100年北极温度预计将上升10摄氏度以上，这种情况正在导致诸多恶性后果。温度上升带来的北极冰冻沼泽地区融化导致大量甲烷释放，进而"导致大气温度进一步升高……加剧全球变暖。"在占北极地表面积达1/5的永久冻土下面是几十亿吨甲烷状态的碳；而甲烷是比二氧化碳危害更大的温室气体，其威力是后者的30倍。

2. 北极政治安全环境变化

北极地区自然资源丰富。随着北极气候变化导致的北极地区环境变化，人类对北极地区各种资源的利用越来越有可能成为现实，从而带来诸多传统和非传统安全挑战。结果，在北极地区，安全概念"深化""拓展"的逻辑指向是"从传统安全研究演进到非传统安全研究"；北极地区的安全议题因而从冷战时期的军事领域，拓展到包括军事、经济、政治、社会或身份、环境等多领域。具体而言，北极政治出现了以下主要的新发展：其一，北极环境变化与北极航道开通预期；其二，北极成为全球新的关键战略竞技场之一，北极国家对北极主权的竞争和争夺加剧；其三，北极国家对北极资源的竞争和争夺加剧；其四，全球生态安全面临重大挑战；其五，对北极原住民社会的影响；其六，北极环境变化导致北极治理提上议事日程。

（三）后冷战时期的美国北极战略成型

后冷战时期美国北极战略成型的前提条件包

括：第一，后冷战时期的国际体系变化；第二，北极自然环境和社会环境的变化；第三，美国国家安全战略的变化。从冷战结束时的老布什政府到小布什政府期间（1989.1—2009.1），美国北极战略进入第二阶段，即美国北极战略成型阶段。

1. 后冷战时期的美国北极战略

美国先后于 1994 年 6 月 9 日和 2009 年 1 月 9 日发布了两份重要北极政策文件：《总统政策指令/国家安全委员会 26 号，美国北极和南极地区政策报告》和《国家安全总统指令/国土安全总统指令 25 号，北极地区政策报告》。其中 2009 年的文件标志着美国北极战略开始成型，这与 21 世纪第一个十年结束前后其他北极七国同期发布的北极战略报告时间一致。成型阶段美国北极战略的主要内容和特点如下。

第一，美国北极战略的内容。1994 年美国北极政策报告中的战略目标包括：应对后冷战的国家安全和国防需要；保护北极环境和养护北极生物资源；确保该地区的自然资源管理和经济发展在环境上是可持续的；加强 8 个北极国家之间的合作制度；使北极原住民参与到影响他们的决定中来；使北极监测和研究进入本地的、区域的和全球的环境议题之中。与之相比，除有些措辞不同外，2009 年北极政策报告中的战略目标无实质性差异。由此观之，美国的北极战略已然成型。

第二，美国北极战略的特点。1994 年和 2009 年的两份美国北极政策报告，均延续了 1983 年《美国北极政策报告》以"北极政策""指令"发布的做法；与 1983 年的北极政策报告相比，虽然传统安全议题仍在其中被置于首位，但环境保护、资源可持续开发和利用、原住民参与、国际合作等议题，却在后两份报告中更受关注和重视。从中可以看出，后冷战时期美国北极战略呈现出以下四个方面的特点：其一，由聚焦传统安全议题转向非传统安全议题，重视北极地区气候变化和环境安全等议题；其二，在北极治理中强调国际合作，对原住民等非国家行为体和北极域外国家参与北极治理持开放立场，例如北极理事会吸纳包括中国在内的域外国家成为其观察员国；其三，关注北极航道价值，强调北极资源的可持续开发和利用；其四，由于向"低级政治"议题的聚焦转变，因此美国国内政治在一定程度上对美国北极战略形成制约。

2. 后冷战时期美国北极战略的根源

从总体上看，一方面，由于从属于美国总体国家安全战略需要，美国北极战略因而呈现出安全化涉及对象扩大、诸多非传统安全议题被纳入其中的特点。另一方面，相对于其他北极国家，

尤其是北极大国俄罗斯和加拿大，这一阶段的美国北极战略相对"滞后"，"美国对北极事务的重视程度和资源投入都'保持一种低姿态'"。之所以如此，是因为这一时期"北极在美国战略规划中的地位明显下降"。

具体而言，首先，鉴于老布什政府时期美国实力超群，其战略重心是要构建国际新秩序，北极地区在美国国家安全战略中无疑处于边缘位置。其次，在克林顿时期，美国不仅于 1994 年发布了冷战后的第一份北极政策报告，而且在 1998 年的《新世纪国家安全战略》报告中提出"需要继续与北欧国家和俄罗斯一道工作，以缓解北极的核污染和非核污染"。这是冷战后美国发布的相关《国家安全战略报告》中第一次提及北极，并且是从应对北极环境污染问题进行国际合作的非传统安全角度提及的。最后，虽然在离任前不到两周的时间，小布什政府发布了冷战后第二份美国北极政策报告，但在此期间的相关《美国国家安全战略报告》中，北极地区却从未曾被提及。这种情况符合小布什政府国家安全战略首要目标，即击败恐怖主义的需要。

三 美国北极战略的确立和新发展

奥巴马当政时期，美国北极战略进入第三阶段，即美国北极战略确立阶段。随着 2008 年金融危机爆发、美国国力相对下降和中国等国家的群体性崛起，美国国家安全战略重心开始从反恐转向制衡中国等新兴经济体。这种变化也在奥巴马政府 2013 年发布的首份《美国国家北极地区战略》报告中得到了体现，即美国北极战略"回归"对传统安全议题的侧重。随着特朗普时期美国国家安全战略重回大国竞争，美国北极战略出现军事化趋势。

（一）从奥巴马时期到特朗普时期的美国国家安全战略调整

1. 奥巴马时期的美国国家安全战略"回归"地缘政治博弈

奥巴马上任时，后冷战初期美国的绝对优势地位，"因伊拉克和阿富汗战争的失败以及 2008 年全球金融危机而受到了一定程度的损害"，而其余国家的崛起则"使美国的国际环境变得更为糟糕"；到"奥巴马任期即将结束的时候"，冷战结束以来"美国大战略所追求的'首要地位'已经面临重大困境"。在这种背景下，奥巴马"坚信一种更巧妙的美国领导"。与克林顿、小布什前两任总统并无不同，奥巴马在基本利益与战略目的的界定上认为，"美国必须增强其力量和影响力的来源，必须塑造能够克服 21 世纪挑战的国

际秩序"。"在延续这一共同认知的基础上，奥巴马政府又结合内外环境的变化，将安全、繁荣、价值观和国际秩序确定为美国应该优先追求的国家利益"，即"美国、美国公民、美国盟国和伙伴的安全；在促进机遇和繁荣的开放国际经济体系中强大，创新和增长的美国经济；在国内外和全世界尊重普世价值，以及因美国领导而得到促进的基于规则的国际秩序；通过为应对全球挑战而进行更坚定的合作，美国的领导因而促进了和平、提升了安全、增加了机遇"。

到奥巴马第二任期最后两年，美国国防战略三个支柱包括"保护国土，以威慑和击败对美国的攻击、支持行政当局缓解潜在攻击和自然灾难的影响；在全球加强安全，以维持地区稳定、威慑敌手、支持盟国和伙伴，并与他国合作应对共同安全挑战；投放力量并决定性地获胜，以打败侵略、瓦解和摧毁恐怖网络，并提供人道主义援助和灾难救助"；时任美国国防部长查克·蒂莫西·哈格尔（Charles Timothy Hagel）强调说，美国"寻求对军队进行改造、重塑和再平衡，以应对其未来面临的战略挑战和机遇"。

总之，奥巴马时期美国"整个大战略关注的地缘战略重心出现了转移。奥巴马政府几乎颠覆了美国地缘政治重心在欧洲的传统，逐渐将亚太视为美国最关注的地区。与战略重心转移相伴随的是，美国的关注视野逐渐出现了向大国关系，尤其是亚太地区的大国关系回归的势头"。

2. 特朗普时期的美国国家安全战略时隔26年再次强调大国竞争

国际环境变化导致的美国对国家安全威胁判断的变化，在历年的《美国国家安全战略报告》中得到了反映。1987年美国发布的首份《国家安全战略报告》认为，"对美国安全和国家利益的最重大威胁是由苏联全球挑战造成的"；此外是"国际恐怖主义"威胁。这一判断持续到1991年苏联解体；当年的《美国国家安全战略报告》认为，对美国的安全威胁包括：第一，苏联的"潜在威胁"——"虽然苏联军队不再造成短期预兆、战区范围的进攻，但他们依然对侧翼或地区造成强大威胁"；第二，地区争端。此后历经克林顿、小布什和奥巴马三任总统、六届政府（1993.1—2017.1），历年的《美国国家安全战略报告》主题基本上围绕核武器扩散和大规模杀伤性武器、地区不稳定和地区冲突、恐怖主义、环境损害和气候变化等议题，尽管以传统安全为内容的大国地缘政治博弈"回归"在奥巴马时期已开始出现苗头。

真正打破了以往"常规"的是2017年的《美国国家安全战略报告》，时隔26年再次把大国威胁置于首位。该报告认为"中国和俄罗斯挑战美国权力、影响力和利益，企图侵蚀美国的安全和繁荣"；鉴于大国竞争回归，特朗普政府认为美国需要"对我们在全世界面临的日益增加的政治、经济以及军事竞争做出反应"。这种变化的根本原因在于"美国确实处于衰落的进程之中"。

具体表现为，其一，"美国国内生产总值（GDP）曾经占全球GDP的比重为50%，而如今则缩减至24%"；其二，"在国内方面，美国同样面临着巨大的压力"。美国国防部2018年发布的四年防务评估报告进一步强化了上述立场，认为"与中国和俄罗斯的长期竞争是主要的优先事项"。特朗普政府的美国国家安全战略因而具有"回归"冷战时期大国竞争的特点。

（二）从奥巴马时期到特朗普时期的美国北极战略变化

奥巴马上任前，美国在北极地区"保持一种低姿态"，因而被称为一个"勉强的北极大国"。奥巴马当政以来，尤其是在他的第二个任期，美国开始转而大幅提升对北极地区的重视，并发布了首份正式的美国北极战略报告。特朗普政府的美国北极战略目标和实施手段，则发生了进一步的重大变化。

1. 奥巴马时期的美国北极战略正式确立及特点

2009年1月9日小布什政府卸任前夕发布的《北极地区政策》，是奥巴马政府北极战略形成的起点。奥巴马第一任期的美国北极战略基本上遵循《北极地区政策》中的目标，并进行相应的部署和采取一定的行动，总体上具有"萧规曹随"的特点。

具体措施包括四个方面：其一，美国海军在2009年11月公布《美国海军北极路线图》，并致力于回答美国海军进入北极的时间节点、北极地区的国家安全威胁、美国海军是否需要加大介入北极的力度和为满足美国海军进入北极所需投入的资源等四个重大问题。其二，作为隶属于国土安全部重要海上力量的美国海岸警卫队管辖美国的三艘破冰船；2011年，美国国土安全部发布的《美国海岸警卫队北极战略路径》的指令，为在北极地区执行任务提供更好的战略指导，增强能力建设。其三，联邦政府多部门也出台了本部门的北极政策文件。其四，2011年7月，根据第13580号总统令宣布成立协调阿拉斯加州能源开发和许可的部门间工作小组，由内政部统领，主要职责是监管和协调阿拉斯加陆上和近海能源开发和与基础设施建设相关的联邦政府各个部门活动。

在奥巴马第二任期，美国开始更加注重提高联邦政府的"北极意识"，并不断扩展联邦政府在北极事务中的参与力度；随着国际环境和北极地区态势变化，奥巴马政府的北极战略不断丰富和完善。

2013年5月10日奥巴马政府颁布的《北极地区国家战略》是美国首份正式的北极战略报告。报告明确了美国在北极地区的国家利益和战略目标：其一，促进美国的安全利益，涉及北极水面、上空、水下的船舶和飞机符合国际法的运行，合法的商业，安全利益——从支持安全的商业和科学运作到国防；其二，追求对北极地区进行负责任的管理，涉及环境保护和资源养护，建立完整统一的北极管理框架并使之制度化，制定北极航线，利用科学研究和传统知识增加对北极的了解；其三，加强国际合作，即通过双边关系和多边机构——包括北极理事会，以做出推动共同利益、促进北极国家繁荣、保护北极环境、提高地区安全的安排，通过进入《联合国海洋法公约》开展工作。《北极地区国家战略》的发布，标志着美国北极战略的正式确立。该报告不仅对美国在北极的战略利益做出了清晰的界定，并且进行了配套的战略部署。奥巴马政府于2014年和2015年先后两次发布《北极地区国家战略实施方案》（Implementation Plan for National Strategy for the Arctic Region），旨在落实美国北极战略。

2. 特朗普政府的北极战略内容和军事化趋势

特朗普政府北极战略的内容见诸两类战略报告之中：其一，美国国防部发布的北极战略报告；其二，美国单一军种发布的北极战略报告。

第一，《向国会提交的国防部北极战略》报告（Reportto Congress, Arctic Strategy）。这一报告最集中地体现了特朗普政府美国北极战略内容。根据2019年《麦凯恩国防授权法》第1071部分，美国对2016年《国防部北极战略》进行了更新（具体而言是对北极战略目标的更新），其中包括一个不对外公开的附件。

报告认为，美国在北极的安全利益包括：其一，作为美国家园的北极；其二，作为共有区域的北极；其三，作为潜在战略竞争通道的北极。

美国国家安全在北极面临的风险包括：其一，北极作为美国家园面临的风险——北极是战略地形，是袭击美国本土的潜在线路；其二，北极作为共有区域面临的风险——俄罗斯和中国正以不同方式挑战基于规则的北极地区秩序；其三，北极作为潜在战略竞争通道面临的风险——北极的

新变化有可能直接或间接限制美国国防部在全球使美国军队流动的能力，并更广泛地影响美国在"印太"地区和欧洲与中国和俄罗斯进行竞争的相关战略目标。

美国的北极战略目标包括：其一，美国国家安全利益目标，美国强调自己是一个拥有领土主权和海洋主权的北极国家，"国防部必须准备好保卫美国的北极主权"；其二，维持有利于美国的北极均势目标，认为北极地区的力量格局将会以直接或者间接的方式限制美军在全球范围内的投射能力，影响美国在"印太"地区和欧洲地区的战略竞争能力，强调"北极地区是介于'印太'地区和欧洲与美国家园之间范围扩大的潜在战略竞争通道……国防部必须做好准备保卫美国的国家利益，途径是在北极地区采取适当行动，以作为维持'印太'地区和欧洲有利均势的组成部分"；其三，塑造美国主导下的北极秩序，强调美国"国防部应确保不断进入北极是为了合法的非军事、商业和军事目的"，并无端指责中俄试图改变北极地区的治理规则。

第二，特朗普时期的美国各军种北极战略报告。在特朗普时期，除上述美国国防部发布的北极战略报告外，美国空军、海军和海岸警卫队纷纷发布或更新了有关北极的战略报告。其一，2020年7月21日由美国空军部发布的《空军部北极战略》，是美国第一份单一军种发布的北极战略正式报告。该报告在行动纲要中指出，"空军部的北极战略完全支持2018年的《美国国家国防战略》，并实施2019年国防部的北极战略"。其二，早在2009年11月，美国海军作战部副部长就批准签署的海军《北极路线图》；2014年，美国海军又颁布了《美国海军北极路线图2014—2030》，勾画出美国海军在未来15年计划完成的数十项具体任务和时间期限；2021年1月5日，美国海军部长肯尼斯·布雷思韦特、海军作战部长迈克·吉尔迪、海军陆战队司令大卫·伯格联合签发《蓝色北极——北极战略蓝图》。《蓝色北极——北极战略蓝图》以美国《国家安全战略》《国防战略》《国防部北极战略》《海上优势：以一体化多域海上力量取胜》《新版海上战略》等文件为指导，以美海军、海岸警卫队各自的《北极战略展望》为支撑，提出了未来几十年美国在北极地区的主要安全利益和目标以及相应的战略举措；美国海军在北极的三个战略目标包括：保持和增强北极存在；加强合作伙伴关系；建设一支更强大的北极海军部队。其三，2013年5月，美国海岸警卫队发布《海岸警卫队北极战略》后，于2019年4月22日再次发布《北极战略展

望》，"重申了海岸警卫队通过伙伴关系、合作和创新，实现美国在北极地区领导地位的承诺"。

第三，特朗普时期的美国北极战略军事化趋势。在国际政治中，"'军事化的'国家间危机是通往战争的最后一站，即战争与和平结果未定的一站"；军事化争端可被定义为"合并在一起的历史案例，其中一个成员公开对另一个国家的政府、官方代表、官方武力、财产或领土威胁、展示或使用除战争之外的军事力量。"就此而言，特朗普时期的美国北极战略军事化色彩浓厚；特朗普政府认为，"北极地缘政治环境因大国竞争复活而受到实质性影响……北极地区正日益被视为美、俄、中之间地缘政治竞争的场所"；结果导致"美国的军事力量开始在其规划和行动中更多地关注北极"。

3. 奥巴马时期和特朗普时期美国北极战略变化的根源

随着美国国家安全战略的调整，奥巴马政府的美国北极战略首要目标开始"回归"传统安全，强调要促进美国的安全利益。美国国防部2013年11月发布的《北极战略报告》强调"北极作为一个安全稳定的地区"的重要性，从而进一步印证了这种"回归"。事实上，早在2010年2月1日发布的《四年防务评估报告》中奥巴马政府就认为，"随着全球政治、经济和军事权力分配的扩散，随着中印等国的崛起，美国需要对力量进行再平衡"。美国国防部2011年5月随即向国会提交了《北极行动报告》，强调美国在北极地区主要战略目标包括"防止和威慑北极地区的冲突；准备好对一系列广泛的挑战和偶发事件做出回应——如果可能，与其他国家联合行动；如果必要则独立行动"。

奥巴马时期对北极战略的重视和变化，还从美国历年发布的《国家安全战略报告》和《四年防务评估报告》中得到了体现。迄今，白宫和国防部分别发布了17份国家安全战略报告（其中只有两份是在冷战结束前发布的，即1987年发布的第一份和1988年发布的第二份）和6份四年国防评估报告（第一份在1997年发布）。冷战结束后，上述23份报告中只有6份提及北极地区，占比不到三分之一；其中除1998年的《新世界国家安全战略》报告和2017年的《国家安全战略报告》外，其他4份提及北极地区的报告都是在奥巴马时期发布的。它们分别是2010年2月和2014年3月的《四年防务评估报告》、2010年5月和2015年2月的《国家安全战略报告》，占上述冷战后提及北极地区报告的2/3。2010年《四年防务评估报告》强调美国"需要特别注意为探索北

极开发领域感知工具"；2010年《国家安全战略报告》从"满足我们的国家安全需求、保护环境、对资源进行负责任的管理、对原住民社会负责、支持科学研究、加强国际合作"等方面，重视美国在北极的国家利益；2014年《四年防务评估报告》涉及国际合作应对气候变化对北极的影响；2015年《国家安全战略报告》涉及北极的议题包括气候变化影响、空中和海洋安全合作、降低潜在能源冲突等三个方面。从中可以看出，与1998年《新世界国家安全战略报告》强调继续与北欧国家和俄罗斯一道工作来"缓解北极的核污染和非核污染"的目标相比，奥巴马时期的美国北极战略目标不仅范围和内容得以大大拓宽，而且已上升到美国国家战略层面。

近年来，北极地区政治呈现出军事部署不断增加、北极治理机制趋向失效，尤其是北极地区经济活动日益活跃，"域外"国家和地区更加积极地参与相关事务。由此在一定程度上刺激了美国对北极地区的更大关注。2017年《美国国家安全战略报告》在谈及北极地区时强调，"一系列的国际制度确立了国家、工商界、个体如何在陆地和海洋、北极、外太空以及数字领域进行互动的规则"，而"对美国的安全和繁荣来说，为有助于使这些公共领域（commondomains）保持开放和自由的规则提供支撑的制度是至关重要的"。在"北极将变得越来越重要，尤其是在航道已经开放的情况下"，特朗普政府担心"美国已经落后了，落后于其他所有北极国家，甚至中国"；美国作为唯一的超级大国，绝不允许在欧亚大陆的东西两端有任何挑战者崛起。为此，美国国务卿蓬佩奥于2019年5月在芬兰表示，美国将争夺在北极的影响力，并反击将北极作为战略保护区的国家；美国必须遏制通过商业投资来介入该地区的中国、俄罗斯。综上所述，由于特朗普政府的国家安全战略强调大国竞争，因此美国北极战略军事化特点明显。

四 美国北极战略展望

对二战结束后美国北极战略三阶段——冷战时期的雏形阶段、后冷战时期的成型阶段以及奥巴马时期的确立、伴之特朗普时期的新发展阶段——变化趋势的理解，需要在美国国家安全战略的总体框架中进行。战后美国国家安全战略经历了从冷战时期遏制战略优先，到后冷战时期建立美国"世界新秩序"战略和反恐战略优先，以及其底色为强调大国竞争、"美国优先"的重返亚太战略、"印太"战略优先的变化，其中分别反映了不同时期美国对国家安全威胁的认识和据

此确立的不同国家安全战略目标。这种趋势也相应地在不同时期的美国北极战略中得到了充分体现。这一美国北极战略变化趋势的共性意味着对拜登政府乃至其后的美国北极战略进行展望或评估，同样需要将其置于美国国家安全战略的总体框架之中。

从拜登和美国其他高官已有讲话或声明可以发现，拜登政府的美国国家安全战略具有"回归"与"延续"兼具的特点。所谓"回归"，就是回归到奥巴马时期美国国家安全战略中强调国际合作的一面。拜登政府强调，面临"危机中的气候"等各种挑战，如果要获胜"我们就必须合作"。所谓"延续"，就是延续特朗普政府的大国竞争战略。拜登政府指出，美国需要接受所谓的"中国这个最严重的挑战者"构成的挑战，并能够"在竞争中胜出"；美国必须与所谓的"俄罗斯下决心损害和破坏我们的民主"进行交战。因此，拜登政府试图既避免奥巴马"不再强调大国竞争的错误"，又避免特朗普政府不重视国际合作的"美国优先"错误；认为美国"不能只聚焦于国家间的竞争……或只聚焦于全球性挑战"，而是"必须力争与我们的盟友和伙伴协调一致地两件事情都做"，因为"国家间能够同时存在竞争与合作。"

拜登政府的美国国家安全战略的这种双重构想意味着，一方面，由于"美国将带领"世界应对包括"清洁能源、航空、航运、北极、海洋、可持续发展"等与全球气候挑战相关的议题，例如拜登政府的"国土安全部部长将考虑北极气候变化的影响"，因此北极地区的非传统安全议题会在拜登政府的美国北极战略中一定程度"回归"，从而出现国家间合作的可能性和机遇。但需要警惕的是，拜登政府北极战略一定程度"回归"的目的，乃是要在包括北极地区在内的世界事务中"建立新的、更符合美国利益的、更高层次的多边规则"。另一方面，基于拜登政府对特朗普时期的美国国家安全战略中大国竞争的延续，美国北极战略军事化趋势不仅不会减缓，甚至还会进一步朝"高边疆化"方向发展。

将拜登政府国家安全战略"回归"与"延续"的双重性与拜登政府的"竞争—合作—对抗"对华政策框架结合起来看，中美两国在北极地区依然存在合作的空间。更重要的是，中国在与美国的关系中虽然不惧斗争，但追求"中美关系总是要好起来"这一目标符合我国利益。具体而言，包括中美两国在内的北极国家、近北极国家和北极地区利益攸关方，在传统安全领域和非传统安全领域都存在合作的可能性和必要性。就非传统安全领域而言，中美两国在北极地区的社会、经济、环境，尤其是涉及人类安全的气候变化治理方面有着共同利益。就传统安全领域而言，北极地区的去安全化符合所有各方利益，因为北极地区安全化乃至军事化、"高边疆化"势必严重制约和危及上述北极地区非传统安全领域中的国际合作。由此观之，即使在传统安全议题上，如果将其与非传统安全议题结合起来，中美两国也存在合作的空间。

【作者单位：同济大学极地与海洋国际问题研究中心】

（摘自《东北亚论坛》2022年第3期）

論 点 摘 編

1+1＞2：区域国别学为学科融合开新局

钱乘旦、兰旻在《中国社会科学报》2022 年 6 月 16 日第 5 版中对为何增设区域国别学、增设区域国别学对学科融合发展的影响以及如何推动区域国别学实现高质量发展等方面的问题展开了论述。首先增设区域国别学是时代要求和国家之需，随着对外交流活动不断增加，对区域国别研究的需求也日益凸显，国家对区域国别研究的重视程度逐步提高。将区域国别学提升为一级学科，为区域国别研究和人才培养奠定制度基础。增设区域国别学将开启学科融合发展的新局面。区域国别研究有其确定内涵，它既是学科交叉，也是交叉学科。通过区域国别研究，可以形成全面的观察，达到完整了解，从而为国家决策、企业发展等提供智力支持。相对于现有各一级学科，区域国别学意味着做加法，是"1+1＞2"，通过多学科交叉形成对外部世界的全新认识，导向新的知识体系。对于如何实现区域国别学的高质量发展，提出三点建议。一是明确目标，加快构筑区域国别研究的"四梁八柱"。二是守正创新，围绕人才培养推进学科发展。三是凝聚共识，构建中国特色的区域国别研究体系。区域国别研究是一个跨学科的学术领域，未来需要各学科同心协力，共同将其建设成有中国特色、国际领先的新学科。

高质量建设国别和区域研究智库

王飞在《中国社会科学报》2022 年 7 月 7 日第 2 版中对智库定位、智库的研究实力以及智库的内部治理这三个问题展开论述。首先，智库定位要"瞄的准"，明确功能定位是智库建设的基本前提。其次，智库的研究实力要"立得住"，高质量的研究成果是智库的立足之本。区域国别学跨学科的特点和智库以问题为导向的性质相匹配，利用智库建设推动学科建设水到渠成。一是不断加强基于外语能力的区域国别学学科建设。二是强化扎实的理论研究对高质量对策研究的支撑作用。三是重视"既会外语又懂专业"的复合型人才培养。最后，智库的内部治理要"求创新"，顺畅的内部治理机制是激化智库活力的有效手段。激活高校外语院系国别和区域研究智库的研究能力，需要在人才管理机制、组织管理机制和成果管理机制三方面"多管齐下"。一是明晰身份定位，确立管理边界。二是统筹不同语种，打造智库平台。三是创新管理体系，强化流程管理。

构建中国特色区域国别学是时代所需

张蕴岭在《中国社会科学报》2021 年 6 月 16 日第版中撰文就区域国别理论的研究特色、区域国别理论的研究方法创新以及区域国别学理论的构建三个方面展开论述。区域国别研究有三个特性，即：差别性、内在性和共同性。又包括区域和国别两个层次，因此需要新兴交叉学科的支撑。研究方法创新方面，传统的区域国别研究在很大程度上基于人文学科方法。现代的区域国别研究则运用社会科学方法，力图以不同的方法认识区域国别问题，提出分科性的区域国别研究分析框架。在区域国别学理论构建方面，从学科发展的角度，我国设立区域国别学一级学科，对于我国区域国别研究和人才培养是一个重要举措。新时代我们需要培养大批具有交叉学科知识的新型人才，充实到各部门组织中。从提升国际话语权的角度，推出具有中国特色的区域国别学理论成果，向世界推介，可以提升中国的影响力，在对外关系、国际交往中获得话语权的主动性。构建中国特色区域国别学理论体系，需要动员和组织国内研究机构、高校的力量一起做。作为一项系统工程，需要做好顶层设计，进行统筹与合理规划，把理论构建与服务国家战略，与新时代人才培养紧密结合起来，与提升我国在国际上的话语权紧密结合起来，这样也会使得区域国别学科建设在实践中得到更好的发展。

"区域国别视角下的非洲中文教育研究"主持人语

李宝贵在《语言教育》2022年第3期中撰文提出了加强区域国别国际中文教育研究以及中非命运共同体等相关问题。指出加强区域国别国际中文教育研究对找准国际中文教育学科的目标定位、明确建设重点、厘清发展思路起到关键作用。国际中文教育虽然经过70年的发展但还是存在一些不足。一是研究缺少统筹规划；二是学术供给与政策需求匹配度不足；三是研究缺乏规范的方法指导，研究的科学性和应用性受限。提出加强区域国别国际中文教育研究需要从三个方面入手。第一，应以国别研究为基础，以区域研究为核心，突破地理区划，不断拓宽视野。第二，研究的内容应囊括语情动态、中文教育机构建设等维度。第三，研究应综合运用文献计量、大数据分析等方法开展实证研究。中非命运共同体是最早提出的区域命运共同体，具有典范作用和世界意义。《中文纳入南非国民教育体系现状、动因、挑战与对策》《埃塞俄比亚中文教育发展调查与研究》以及《加纳中文教育发展研究》这三篇文章立足不同国别，讨论了推进非洲国家中文教育深入发展的有效路径。重视区域国别国际中文教育研究是十分重要的，期待未来有更多专家学者提出新的学术增长点，共同助力国际中文教育高质量发展。

"区域国别与世界历史研究"学术研讨会综述

贾珺、考耏在《史学史研究》2022年第3期中总结了多位专家学者对于区域国别与世界历史研究的相关观点。于沛阐述了区域国别理论对构建中国特色的世界历史理论体系的重要作用以及区域国别研究的方法论体系。钱乘旦指出，区域国别研究和区域国别学这两个概念的关联与区别。瞿林东指出区域国别史和世界史的研究，不能仅限于历史知识，还要考虑到国家安全等内容。陈奉林指出区域国别学的建设需要考虑四个问题。一是明确新的区域国别研究与旧的区域国别研究最根本的区别；二是建立区域国别学科体系；三是区域国别研究的重点与核心问题；四是理论体系问题。胡莉指出区域国别一级学科设立后，世界史有必要积极融入，从区域国别学的视野重新看待世界史研究。首先是研究内容的再拓展，其次是研究方法的再更新，再次是研究意义的再定位。贾珺指出区域国别研究的重要内容之一，是和平时期的军事建设和战争时期的军事活动。李兴指出世界历史学、国际关系学和区域国别学这三个涉外学科是破解西方中心论、欧美中心论的武器。蒋重跃指出要有一国的立场、多国的研究，然后才能形成世界的眼光。区域国别学大有可为，当然也面临着很多问题要去解决。

构建区域国别学，世界现代史大有可为

梁占军在《史学集刊》2022年第4期中撰文就为何要开展区域国别研究、现阶段世界现代史所面临的机遇与挑战以及在构建区域国别学中世界现代史有何作用等问题展开讨论。指出开展区域国别研究是国家发展的现实需求，区域国别研究都是以国家和区域为单位，以现实问题为导向、以跨学科协同为特征的应用性研究，其动力均源于时代发展的现实需要。目前的世界现代史研究还无法有效地对接区域国别研究的实际需求。具体有以下三个方面的问题：首先，我国的世界史学科基础总体偏弱。其次，现有的国别史和区域史研究主要集中在欧美等主要大国。最后，世界现代史研究受制于一手材料的不足，对现实问题的关注度不够高。构建区域国别学交叉学科需要相关学科的协同。世界现代史作为最早参与区域国别研究的主干学科之一，应在解决现实问题的过程中切实发挥史学的资政功能。第一，利用世界现代史研究密切连接现实问题的优势，为全面深刻地理解和处理现实问题提供具体支撑。第二，把现实问题纳入历史纵向发展的进程中进行整体考察，揭示现实问题的本质及其所蕴涵的时代特点，避免研究碎片化。第三，借鉴世界史"语言＋专业"的复合型人才培养经验，探索区域国别研究双复合型人才培养新模式。

关于区域国别研究的几点浅见

陈晓律在《苏州科技大学学报》（社会科学版）2022年第3期中对区域国别研究的学术渊源和内涵、区域国别学需要研究解决什么问题、区域国别研究的大致方向及其学科设置等问题进行了讨论。首先是其学术渊源和大致的内涵。区域国别研究始自当代美国。只有具备世界主人的心态，才会将世界划分为各个区域，将它们全部纳入自己的研究范围，区域研究的核心是世界主人的这种心态。所以厘清区域研究在我国的定位显然至关重要。其次是我们的区域国别学需要研究解决什么问题，与我们对外交往和发展利益相关

的各类问题都是研究对象。这必然要求多学科的合作。多学科合作有主导权的问题，笔者认为只能以现有的世界史学科为主导。从此，区域国别研究应该以发展研究为主导，这主要有以下几个考虑。其一，发展一直是我国关注的重点。其二，发展研究与现代化研究是一个钱币的两面。其三，我们的区域国别研究是要关注全球的动态性问题，无论是发达国家还是发展中国家都是我们必须研究的对象。最后，一级学科的设置和评审的具体操作问题，我认为，要把一件事情做好，资质问题至关重要。进入这一行的门槛必须厘清。如果资质问题解决了，那么，这种跨学科本身的评价标准就应该建立。

国别史研究的新范式：知识谱系、区域视角与时代意识

汪诗明在《史学集刊》2022年第4期中对国别史研究的知识谱系、区域视角以及时代意识这三个方面展开了论述。首先是知识谱系方面，就国别史研究而言，在传统学科背景下大国的国别史受到重视，中小国家的历史研究则处在边缘位置。研究内容的单一和对中小国研究的忽视造成了知识供给不足的问题。对区域国别背景下的国别史研究来说，如要构建一个完整的知识谱系，将诸如文学史等纳入其中就是必要之举。其次是区域视角方面，在区域国别研究框架下，国别史的研究离不开对区域环境的考察。所谓区域视角就是把国别史研究纳入它所在的区域组织体系、区域治理体系、区域认同体系的构建进程中。此外，"区域视角"并不是一成不变的，它随着研究对象国国力的升降、国际环境的变化而变化。在梳理民族国家发展史等方面，区域视角的确能提供一个富有想象力的思考空间和清晰的分析理路。最后，区域国别史研究需要时代意识。传统学科背景下的国别史研究的不足之处就是学术研究缺乏应有的时代意识，而时代意识恰恰是区域国别视域下区域史或国别史研究的内在要求和特质所在。学术研究中的时代意识是指在学术研究活动中，研究者要把个人的学术研究活动与国家和社会的需求结合起来；要有问题意识，要做经得起时间拷问和实践检验的学问。

今天我们如何开展区域国别研究

任晓在《国际关系研究》2022年第4期撰文阐述了区域国别研究的总体学术史，区域国别研究在中国的形势和任务以及如何进一步开展区域

国别研究的问题。任晓指出中国积极推进区域国别研究，目的在于更好地了解和把握外部世界，从而更有效地维护我国在海外的合法权益。提出了中国特色区域国别研究需要进一步研究的问题，涵盖了当前及今后一段时间内我国开展区域国别研究需要厘清和解决的五个主要问题。第一，比较视阈下区域国别研究的历史缘起、思想源流与智力资源供给；第二，外国语言基础与区域国别研究：关系、地位和作用；第三，学科理论与区域国别研究：关系、地位和作用；第四，区域国别研究中特定区域专门知识的获得；第五，中国特色区域国别研究的制度保障、学科布局及人才培养。

论建设具有中国特色的区域国别学：以东南亚研究为列

曹云华在《东南亚研究》2022年第3期撰文详细阐述了我国区域国别研究的起源与发展，我国东南亚区域国别研究的现状以及区域国别学框架下的中国东南亚研究这三个问题。提出了中国东南亚区域国别研究的六个新特点与新趋势。首先是从冷门到显学的转变；其次是研究方法的革命；再次是研究内容的扩张；复次是从象牙塔的纯学术研究走向官产学相结合；最后是实现了新老交替和学术传承；除此之外还实现了人才培养的制度化和常规化。区域国别学的设立，为中国的东南亚区域与国别研究拓宽了道路，在此框架下提出了五点思考和建议：第一是要夯实理论基础；第二是要加强学科之间的融合；第三要求老中青学者通力合作，形成合力；第四是要充分调动全国性学术团体和专业学会的积极性；第五是要充分发挥学术期刊的引领与示范功能。

区域国别学的西方传统和中国路径

李秉忠在《史学集刊》2022年第4期撰文阐述了西方的区域国别研究传统及反思以及中国区域国别研究的时代要求、实践与规划这两个问题。他指出美国区域国别学的本质是将人文学科与社会科学深度链接，在全世界范围内确立美国的主导地位与霸权性解释话语，这对我们有诸多启示。其一要重视语言教学和跨学科研究；其二要重视以课程设置为内核的、成熟的区域国别类人才培养模式；其三要重视数据库建设。但是西方的区域国别研究也至少有两个方面需要反思：第一，西方意义上的区域国别研究被认为是大国之学，

但这并不能准确定性区域国别研究，我们需要强调区域国别研究中的非西方中心色彩；第二，西方的区域国别研究过度追求实用性，影响了对学理的探究。中国的区域国别研究的基本出发点是支持亚非拉各国民族解放运动，是在确立和倡导中国的世界观和中国的国际社会义利观。在中国的区域国别研究规划中，有两点需要重视。第一是要强调中华文明在区域国别研究中的独特地位与特殊经验。第二是中国的区域国别研究应该规划好长线、中线与短线的关系，要注重制度化建设。

区域国别学科建设中的知识追求和学科建制

周方银在《**亚太安全与海洋研究**》2022年第3期撰文详细阐述了区域国别研究的学科建设与学科归属感，是追求对研究对象的整体性认识还是选择性认识，是追求特殊知识还是追求一般知识以及建立独立学科建制还是建立混合学科建制这四个问题。他指出在过去的十余年区域国别研究总体呈现繁荣的局面，但是中国区域国别的学科建设较为滞后，这对区域国别研究的长期可持续造成了不利影响，且区域国别学的特殊性也使得许多区域国别研究人员的学科归属感不强。这就需要尽快完善区域国别的学科建设，实现学科发展的良性循环。同时对研究对象的整体性认识在客观上是不可能实现的，要根据现实需求以及学术研究的需求，根据其在知识体系中的价值对研究对象的信息进行取舍。同样对于追求特殊知识还有一般知识的问题也进行了讨论，区域国别研究具有强调特殊知识的传统，但是学科建设对一般性知识追求提出了新要求，在跨学科合作背景下我们需要实现特殊知识与一般知识之间的平衡。对于学科建设方面，区域国别学如何处理好与已有学科的关系是各大高校面临的现实难题，这需要在区域国别学科建设、共同性知识基础奠定过程中加以解决。

区域国别学如何担当智库使命

王珩、王玉琴在《**中国社会科学报**》2022年5月19日第2版中撰文指出新形势下探讨区域国别学如何更好地服务国家战略、区域合作、社会进步和人的全面发展，如何更好地担当智库使命，是学界面临的重要任务。从历史看，区域国别学从诞生起就带着天然的智库基因；从现实看，区域国别学与智库都是大国之需、时代之需，两者相辅相成，互相促进。在"一带一路"国际合作不断走深走实，构建新发展格局的脚步不断加快的背景下，区域国别学应发挥交叉学科优势，承担战略研究、咨政建言、人才培养、舆论引导、公共外交等方面的重要使命。为了更好地树立社会主义中国的良好形象，推动中华文化和当代中国价值观走向世界，迫切需要发挥区域国别学学科与智库双重功能，不断增强我国的国际影响力和国际话语权。

区域国别研究的使命担当：从"大国之学"到"大学之学"

罗林在《**中国社会科学报**》2022年6月16日第5版中撰文中论述了区域国别研究成为一级学科的必要性以及高校如何实现区域国别研究的学科化这俩方面的问题。区域国别研究是一种以实体研究对象为核心，以满足国家对外交往需求为目标，集中现有学科体系内人文社会科学的研究力量对海外知识发掘梳理和组织整合的学问。区域国别研究在方法论体系上坚持以研究对象整体原则为指导，运用不同学科之间的高度聚合形成整体性的知识体系。区域国别研究要满足国家对外交往的现实需求、解答现实问题，就必须牢牢抓住国家和区域两个层面的实体研究对象。区域国别研究应建立独立的学科体系，以改变在现有学科目录中"无处安身"的尴尬境地，以获得可持续发展。区域国别研究经历了三个发展阶段。第一阶段是外国语言文学一级学科内部融通发展，第二阶段是外国语言文学、世界历史、政治学各一级学科协同交叉的阶段，第三阶段是交叉学科门类下多领域交叉融合发展。区域国别研究学科要真正地在高校落地生根，还要将学科建设与人才培养紧密地结合在一起，将各学科的知识体系、研究方法整合在新一代区域和国别人才身上，以综合型、交叉型区域国别研究人才作为打破学科壁垒的突破口。

试论中国的区域国别研究：路径选择与专业写作

吴小安在《**史学理论研究**》2022年第2期中撰文就当前中国区域国别研究存在的问题、区域研究的关联主题与历史发展阶段、中国东南亚研究与新亚洲研究这三个问题做了详细的论述。提出研究中的两个不平衡、不对称的问题。首先是译介与原创成果不平衡、不对称。其次，国际与国内研究被接受程度的不平衡、不对称。在学科建设方面也存在着人才培养，建设中国学派等问题。中国区域国别研究关联的主题主要是全球中国、全球华人、中国周边地区等方面。中国的区域研究分为三个阶段：其一，鸦片战争后学习、翻译、引进西学；其二，中华人民共和国成立后，苏东与亚非拉成为研究重点；其三，改革开放后，重新向西方学习，并开始关注周边，这一过程是当下重要的前进方向。中国东南亚研究因其历史具有特定的优势，新亚洲研究则具有强烈的后冷战全球化时代特色，具有强烈的本土民族国家身份认同。对于中国区域国别研究的专业书写路径选择来说，需要明确三点。其一，要以民族国家作为基本分析单位。其二，要以民族国家的本土语言为书写媒介，以各自国家为面向，以国家自身利益为主要宗旨。其三，中国区域国别研究的专业书写，有两个相互关联的重要面向非常关键：一是中长期研究的学术专业面向，而不仅是面向报刊媒体与政府职能机构；二是面向对象国家地区的国际化研究，而不仅是关起门来面向中国本土的专业市场。

我们需要什么样的区域国别研究：基于美国实践的省思

张扬在《史学理论研究》2022 年第 2 期中对区域国别研究的学术定位、国际定位以及观念与视域等方面展开了论述。学术定位方面一个无法回避就是偏学理性建设还是偏问题构建。美国区域研究在高校成功建制后，大多数学者仍保留明确的专业属性；当提及另一重身份时，则倾向用区域问题专家来代指。然而，区域研究并非不追求学理上的贡献，只不过项目设计者将视野放在社会科学这个更大的思考范畴。当然，区域研究发展的核心动力仍然是现实需求，但无论在哪个社会，这一需求不会长期存在。因此需要在学理与问题之间寻求平衡。在国际定位方面，主要是知识和人员跨国流动中权力构建的问题。区域研究获得有组织地推动和大规模的资助后，必然会引发极其显著的知识和人员跨国流动的现象。这样一种以田野调查为主要方法的学术活动，会引发大规模的人际交流和知识传递，以及其间产生的诸多重要的学术权力和话语权力构建问题。对现阶段的中国来说，制定区域研究的国际化战略是当务之急。对于观念与视域方面，一个根本性的问题是：我们以何种世界观和认识方式来指导区域研究。中国范式的区域国别研究，其固有的认识论应当是"去西方中心主义"，可以同其他

区域和国家共享和共情。从这个角度来看，"人类命运共同体"这一全球价值观的提出对区域研究有重要启示意义。

再论国别与区域研究的学科建设

李晨阳在《世界知识》2021 年第 18 期中就国别与区域研究的研究内容及其边界，二级学科或研究方向的确定以及研究的理论和方法这三个方面展开了讨论。他指出在考虑国别与区域研究学科的边界时，应该把特定国别和区域的人文社会科学以及自然科学都包括进来，真正体现这个学科的交叉性。关于设立二级学科的问题，提出了建设性的意见，认为设立以下六个二级学科更为合理：国别与区域研究的理论与方法、发达国家研究、发展中国家研究、区域治理研究、文明互鉴与交流研究、重大专项研究。关于研究的理论与方法，他提出对于新时代中国特色的国别与区域研究而言，马克思主义、历史唯物主义的指导是不可或缺的；人类命运共同体理论是习近平外交思想的重要组成部分，是我国国别与区域研究必须坚持的重要理论。对于中国特色的国别与区域研究方法论，既要汲取前人和其他国家的成功经验，也要借鉴其他学科的研究方法，总体上要把握"民心相通"的主基调，强调较高的对象国语言水平、丰富的田野调查经历、突出的跨文化交际能力等。

作为交叉学科的区域国别学学科构建：反思与建议

陈杰、骆雪娟在《外语学刊》2022 年第 4 期中提出了学科建设过程中既有学科构建的成长性与非均衡性问题，我国区域国别学本体研究中存在的问题，我国区域国别研究人才培养中存在的问题以及中国特色的区域国别学学科构建的问题。在区域国别学的构建过程中学科间、各学科内部存在严重的非均衡性，现阶段区域国别本体研究及人才培养局限在少数几个一级学科内部，同时在这些学科偏重于区域国别学的不同侧面，也使得区域国别本体研究和人才培养割裂开来。区域国别本体研究中也存在很多问题，在研究对象和视野层面，外国现阶段存在着重区域研究、轻国别研究，重大国研究、轻小国研究，重应用研究、轻基础研究，重政经研究、轻人文研究，重外部归因、轻内部归因等问题；在研究方法和方式层面存在着文献调研多、田野调查少，英语使用多、非英语语言使用少，单学科独立研究多、多学科

合作研究少，单方独白式研究多、中外互动式研究少等问题。现阶段区域国别研究人才培养方面存在着阶段性目标体系不明晰，课程体系不完善，教材体系不完善，平台体系供给不足等问题。关于中国特色的区域国别学学科构建要注重相关支撑学科的"交叉"，本体研究要注重"综合"，人才培养要注重"协同"，学术刊物要提升研究议程的"开放度"。

《神曲》的托喻问题：寓言、注疏与白话文学

常无名在《外国文学评论》2022 年第 2 期提出但丁冥界之旅的叙事其实是在当时的白话文学中常见的一个波爱修斯式寓言，《神曲》的白话寓言注疏所体现的正是西方现代文学传统和公共话语空间同出一源的特点。当前但丁学界一般认为，《神曲》并非如早期读者所理解的那样是一部借助冥界之旅讲述现世生活中灵魂皈依历程的虚构寓言，而是一个假装彼岸之旅为自身真实经历，从而模仿《圣经》的"历史托喻"。作者关注《神曲》的翻译/注疏性质及该性质对其托喻模式的影响，试图说明这部作品与同时期意大利早期白话文本一样吸收了学院注疏传统，并采用波爱修斯式寓言的形式对拉丁文经典作品进行注疏。因此，但丁的冥界之旅其实象征着诗人对《埃涅阿斯纪》第六卷的解读，其中的维吉尔则是这部史诗的象征。

法国失能老人长期照护制度缘起、实践模式及其启示

杨蓓蕾、万梦娴在《法国研究》2021 年第 3 期就法国失能老人长期照护制度缘起、实践模式及对我国的启示进行了阐述。人口老龄化及随之而来的失能老人数量急剧上升，已成为全球面临的共同挑战。随着我国人口日益老龄化和高龄化，老年人口中的失能人数也愈益增长，需要照护的失能老人基数巨大，而相关长期照护制度却尚在探索之中。法国在 20 世纪 80 年代末即开始了对失能老人照护问题的系统性研究和讨论，在制度和实践上已积累了相当成熟的经验。作者在梳理法国失能老人长期照护制度的形成与发展的基础上，从享受对象、服务内容、运行机制、资金来源、存在问题等角度分析该模式，并基此提出该模式对我国的启示，以期为构建具有中国特色的失能老人长期照护制度提供有益借鉴。

角色理论视角下"欧洲的德国"及对中欧关系的影响

石坚、张璐在《社会科学研究》2022 年第 3 期中从角色理论对"欧洲的德国"以及中欧关系的影响进行了分析。作为全球三大经济体的欧盟和中国，在疫情防控、经贸投资、气候变化等方面存在广泛的合作空间，中欧重启务实合作对双方而言都是明智之举。"欧洲的德国"角色受德国国内环境以及他者角色期望的影响，尤其是来自跨大西洋国际关系以及与俄罗斯战略接触的压力。"欧洲的德国"也是在自我角色内化与他者角色期望中逐渐被强化。在角色理论的基础上，德国如何平衡高期望和国家利益与欧洲整体利益之间的冲突，并以新冠疫情、数字主权、绿色协议为例分析"欧洲的德国"发挥不同角色的表现。在欧洲一体化深陷危机之际，"欧洲的德国"趁势强化欧盟共同领导权，这是德国自我角色内化和他者角色期望所致。中国可以利用他者角色期望与德国产生互动，而不只是被动接受德国成为欧盟共同领导者以及"不情愿的霸权国"，从而为中欧合作争取更多的主动和共同利益。

西班牙中文教育发展现状与前瞻

陈晨、李乾超、杨湫晗在《天津师范大学学报》（社会科学版）2021 年第 3 期对西班牙中文教育发展现状进行了阐述，并提出了一些建设性意见。西班牙基础教育阶段和高等教育阶段的中文教育区域性发展特征逐渐显现，各所孔子学院因地制宜，积极探索服务当地需求的特色化发展模式。但是，从整体发展情况来看，西班牙中文教育的本土化程度还有待提升。应进一步发挥西班牙当地政府和教育部门在中文教育发展中的主导作用，加快中文纳入国民教育体系进程；应构建当地政府部门、高校、孔子学院和企业四位一体的培养模式，完善本土中文师资培养体系；应继续保持与汉学领域的有效联通，充分发挥当地"介质受众"的影响力；应重视当地民间机构对中文教育的助推作用，孔子学院、华文学校和中文教育非政府组织多方联动，形成发展合力，构建西班牙中文教育本土化、多元化的可持续发展模式。

欧盟乡村治理模式与理念的转型

王战在《人民论坛》2022 年第 10 期中对欧盟乡村治理模式与理念的转型背景、内容及路径

探索进行了阐述。20世纪80年代后半期，欧盟开启了由外生向内生型的乡村治理转型，治理模式自90年代起进行了根本性的调整。欧盟从外生向内生型的乡村治理模式变化可被概述为从"等级制主导的干预"向"合作为主"的变化。自下而上的治理模式是欧盟乡村发展模式转型的核心之一，通过对乡村发展活动中的行动主体、权力结构及决策流程的调整，欧盟与成员国政府在乡村发展中扮演的角色由主导者变为辅助者，原本处于执行层的非政府个人与组织更多承担了政策和行动的决策权。同时，地方政府通过社区进行间接治理，将乡村发展的主导权更多让渡到地方性的群众与组织，极大激励了以农民为主体的乡村发展内生动力的生成。

欧洲福利国家危机的政治经济学分析

刘慧、李文见在《政治经济学评论》2022年第1期中对欧洲福利国家危机的政治经济学进行了分析，主要包括新自由主义与福利国家的内在矛盾、欧洲福利国家的危机及政策调整、欧洲福利国家危机的前景三部分内容。20世纪70年代以来，福利国家的危机日益加剧，凯恩斯主义在欧洲各国不同程度地被新自由主义所取代。新自由主义从意识形态、全球化与竞争力、不平等、经济与社会政策、公共财政等方面对福利国家发起了攻击，其目的不是取消福利国家，而是改变福利国家的内涵，使之服务于新自由主义，其核心利益关切点不再是社会大众，而是金融资本。在这一背景之下，欧洲许多国家改革了福利国家的一些基本要素，主要体现为工人权利削弱、劳动力市场弹性化、社会保护体系市场化、社会对话弱化、公共部门缩减、社会包容性下降。就欧洲福利国家的发展前景来看，欧盟无法在欧洲一体化的开放议程与传统福利国家目标之间建立新的平衡。同时，中左翼的第三条道路已无能为力，而激进右翼政党的民粹主义立场难以影响福利国家的收缩趋势。总体来看，欧洲福利国家的危机深深植根于金融资本的全球积累及其造成的危机。随着金融资本主义的延续，危机将不断加剧，欧洲复兴福利国家的前景将更加渺茫。

启示与建构：法国文学和文化理论在中国的接受

王宁在《浙江社会科学》2020年第11期对法国文学和文化理论在中国的接受进行了阐述。在改革开放的年代，法国文学和文化理论伴随着大量的西方文学理论思潮被译介到中国，对中国当代文学和文化批评理论产生了巨大的影响，同时也给中国学者的理论建构以极大的启示。萨特的存在主义哲学和文学理论不仅对中国当代文学有着深刻的影响，同时也对中国的文学理论批评产生了重要的影响和启迪。德里达的解构主义哲学和批评理论同时影响了中国的文学批评和翻译研究，在一定程度上促成了中国的后现代主义变体的出现。巴迪欧作为一位坚定的法国"毛主义"知识分子，对中国当代知识分子重新认识毛泽东的政治和文化遗产的世界性影响也作出了应有的贡献。但是我们对法国理论的译介和接受并非我们的最终目的，我们在这些法国理论的启示下，也提出了具有中国特色并取自中国的文学和理论批评经验的世界诗学建构，并试图以此对世界文学和文论建设作出中国的贡献。

中产阶级的教科书：英国时尚小说与文化领导权的争夺

陈智颖在《外国文学评论》2021年第4期中对英国时尚小说和其影响下的文化领导权的争夺进行了阐述。19世纪初，英国社会涌现出一批被称为时尚小说的流行读物。这些以描绘上流社会生活为主要内容的作品不仅受到了中产阶级的广泛阅读与大力追捧，也得到了土地贵族的关注。事实上，在中产阶级与土地贵族于经济、政治与社会领域展开较量且双方斗争集中外显于政治领域的1832年前后，文化正上升为双方博弈的新场域，时尚小说则在这一隐蔽的新场域中充当了土地贵族的意识形态工具。此后，当中产阶级的政治与经济实力发生逆转的态势逐渐成形，文化领导权随之更迭，时尚小说的衰落与适应新时代精神的小说的兴起便成为历史的潮流。

欧洲对抗与亚洲突围：全球转型中的欧亚新博弈

冯绍雷在《俄罗斯研究》2020年第1期中从全球转型视角阐述了欧亚新博弈。"全球转型"是近年来国际问题研究界为探究当代世界变迁所提出的一个概念。这一概念看似平常，但含有新意，包含三个基本思想：19世纪形成的全球转型改变了国际关系、涵盖了三个向度主要内容的宏大进程以及若干长时段因素深刻作用于全球转型发展走向。21世纪初以来，全球转型经历了从"中心化"到"非中心化"的转折。在经历冷战后的高速增长阶段以后，全球经济进入相对低速增长时期。在此时期，国际竞争将更加残酷无情。与欧洲呈现出胶着对抗的状态形成对比，亚洲的成长与发展有望成为长期趋势。亚洲需要通过自己的努力，避免西方危机对于亚洲的扰动，而且可以积极有为地影响西方，发挥地缘经济的巨大优势，借助"亚洲地中海"的构想，以合作抵御对抗，以共赢争得民心，为亚洲以及全球发展创造有利的国际环境。

法国马克龙政府的"印太战略"探析

田小惠、田佳禾在《**法国研究**》2021年第4期中对法国马克龙政府的"印太战略"进行了探析。法国是紧随美国最早提出"印太战略"的欧洲大国。基于国际和地区局势的变化、法国国内经济形势的需求以及亚太政策的调整，马克龙总统任职一年后即提出法国的"印太战略"构想。此后，外交部、国防部和国民议会等陆续发布政策报告，从不同角度阐释法国"印太战略"。印太战略核心内容主要包括三方面：明确"印太地区"的多重重要性、明确法国在"印太地区"的多重行动目标以及强调中国南海的重要战略地位。2021年7月，法国政府正式发布《法国"印太战略"》，标志法国版"印太战略"的成熟与完善，也是马克龙政府谋求大国外交和加强欧洲战略自主的区域性体现。法国"印太战略"的出台，加剧了"印太地区"安全形势的复杂性，强化了法国与"印太"国家的多边经济合作，也增加了对华关系中竞争性和对抗性的风险。但从长远来看，法中两国在"印太地区"仍拥有广泛的合作基础和积极的合作前景。

战后英国有色人种移民问题研究述评

于明波在《**史学月刊**》2021年第3期中对战后英国有色人种移民问题研究进行了评述。第二次世界大战结束后，来自英属殖民地以及英联邦国家与地区的有色人种移民源源不断地进入英国，导致英国由单质的白人社会逐渐转变为多元文化多种族社会，其社会影响广泛而深远。在英国学界，战后英国有色人种问题研究逐渐成为英国移民史研究中的热点问题。20世纪50年代以来，任何关于英国移民及其影响的讨论都通常将"移民"同"种族""肤色""种族关系"等术语同等看待。于是，围绕着"移民""种族"等概念及其关联，战后英国有色人种移民问题研究呈多方位与多角度逐渐展开，这些研究大致可被归纳为以下四个渐次推进与深入的焦点议题：种族关

系理论的构建、移民与种族政治问题、移民与种族关系政策以及移民融合问题。该课题研究的发展趋势表现为从零散到系统、从单一到多元、从宏观到微观、从浅层到深层等，与现实社会政治联系密切是其显著特征。

美国对中国湄公河政策的"话语攻势"

任华、卢光盛在《**东南亚研究**》2022年第1期撰文指出，2019年以来，美国在湄公河问题上不断加大舆论投入，逐渐形成结构完善、功能齐全的对中国湄公河政策话语体系，其目的不仅在于以合适的身份介入湄公河问题，更在于塑造和恶化针对中国的舆论环境。在话语主体结构上，美国对中国湄公河政策的话语呈现出以美国为中心的水平话语结构和垂直话语结构相结合的特点；在内容结构上，则表现出强烈的互文性，将科学话语转换为政治话语，政治化和安全化湄公河问题。其话语功能是在道德上美化美国，聚合本方力量，通过夸大中国对湄公河的负面影响、隐喻中国对湄公河责任缺失的方式，离间中国与湄公河国家之间的合作。因此，中国需从丰富话语主体结构和内容结构、改变在湄公河问题上的话语模式和鸵鸟心态等方面，扭转在湄公河问题上话语缺失的不利状况。

美国霸权秩序理论的两种版本

陈建洪在《**当代中国与世界**》2022年第3期撰文指出，当今世界，美国追求霸权、遏制其他大国尤其是遏制中国发展的行动不仅没有停歇，而且进一步加剧。美国为世界秩序提供了由其支配的全球霸权秩序方案，这个霸权秩序分为新保守主义和自由主义国际秩序两种具体思路。这两个版本都具有典型的美国中心论、美国例外论特征。充分了解美国新保守主义和自由主义国际秩序及其基本精神并展开批判性地反思，对于中国在崛起过程中做到知己知彼并有效应对美国的霸权主义和遏制政策，都有较为重要的意义。无论是新保守主义者还是自由主义国际秩序理论家，其实都没有把美国及其盟友之外的世界共存者看作是真正的对话者。美国的主要方式是，要么在斗争中打垮你，要么以协商的方式逼迫你承认我定的规则。新保守主义和自由主义国际秩序作为近年来美国两党政治的框架理论，既有互相攻讦之处，也有几乎完全一致的立场。在一些议题上，两者具有合流的趋势。自由主义国际秩序也可以说着自由主义的话，做着帝国主义的事。

何炳棣与加拿大不列颠哥伦比亚大学的汉学发展

张莉在《**汉籍与汉学**》2021 年第 2 辑撰文指出，何炳棣是 UBC 汉学研究的重要建设者、发展者。他在 UBC 所进行的汉学课程设计、汉籍购入，尤其是蒲坂藏书的购入，以及他本人突出的汉学研究成果，为 UBC 成为北美汉学研究重镇做了基础性工作。UBC 历史系是何炳棣从事汉学研究的第一个重要学术平台，对他个人的汉学研究发展起了重要的促进作用。尽管何炳棣对 UBC 表现出矛盾情绪，但是，不能否认的是何炳棣与 UBC 之间是互相成就的关系。何炳棣在 UBC 工作 15 载，是 UBC 汉学教学研究的核心人物。他在 UBC 的汉学成果是他汉学成就的重要组成部分，也为他未来的汉学研究做了必要的学术积淀。何炳棣在 UBC 取得的研究成果，为他本人和 UBC 的汉学研究赢得了国际声誉。他为该校汉学发展所做的多方面努力，是推动加拿大汉学重镇从加东向加西，特别是向 UBC 转移的一种力量，也为加拿大的汉学研究起到了一定的促进作用。

废奴小说与美国内战

罗小云在《**英语研究**》2021 年 1 月第十三辑撰文指出，关于美国内战爆发的原因，许多作家一直在努力探索并不断推出佳作，尤其表现在废奴小说创作方面。内战前的这类作品着重揭示奴隶制存在的根源和扩张到国内更多地区的可能性，聚焦随着工业化进程加快、西部地区的开拓和经济文化差异的扩大而导致的南北之间日益加剧的冲突，预警内战不可避免。而从内战结束以来直到 21 世纪的废奴小说着力于重建历史，给人们新的启迪。从这些废奴小说可以看出，南方白人、北方白人和黑人对美国历史和建国初衷的理解截然不同。南方人认为当初加入联邦是出于自由意志，也是为了追求自由的抉择，当他们感到不能自由施行蓄奴制时，自然可以退出联邦。然而北方人将其看作分裂与叛国的行为，他们在国家机器中掌握更多话语权，认为足以对叛乱的南方采取军事行动。具有讽刺意味的是，南方人一直将这种叛乱称为第二次独立战争，旨在摆脱北方的独裁统治。尽管不少人，特别是南方人，强调内战不是为了奴隶制，但正是奴隶制使美国走向分裂，任何绥靖和妥协都无济于事。当时的南北双方已逐步形成两种不同的社会制度，演变成两个不同的国家，甚至可能会出现第三个国家，因为中间势力已极为强大，而西部未决地区也在不断加入中间势力。

《上帝帮助孩子》中的肤色隐喻与美国后种族时代神话

王卓在《**当代外国文学**》2020 年第 3 期撰文指出，2015 年，托尼·莫里森出版了小说《上帝帮助孩子》。这是当时已 84 岁高龄的莫里森当代书写的首秀。该小说以肤色返祖隐喻重构种族歧视现场，在历史和当下之间建构起自由往返的桥梁，使得莫里森能立足当下，对所谓后种族时代特有的肤色歧视和肤色消费问题进行深入思考，从而揭示出美国后种族神话的荒谬。莫里森聚焦当下，以高超的写作技巧铺设出往返历史和当下的桥梁，并赋予了种族关系问题以新的维度。可见"当代"的确"像液体流变"（Hoby），但并非没有"抓手"，历史和当下之间的互动和呼应永远是小说创作中最好的抓手。肤色返祖建构的种族歧视的历史现场成为揭示"后种族时代"幻象和谎言的最为有效的策略。从这一意义上说，这部小说是对 2008 年奥巴马当选美国总统之后充溢的所谓的"色盲文本"的有力回击，也是莫里森当代书写首秀的最大意义。莫里森和很多美国黑人作家一样，在 21 世纪的今天面对的是一个杜波依斯（W. E. B. DuBois）在百年之前提出的"肤色界限"的老问题，但又遭遇到"后奥巴马时代"的黑色消费、黑色审美等的新问题。不过显然，和哈维·扬所描绘的"后奥巴马时代"的"悲观主义"不同，莫里森秉持的是有保留的乐观主义。

拉美政治发展的钟摆效应与新一轮左翼浪潮的特点

李菡、袁东振在《**国外理论动态**》2022 年第 3 期撰文指出，左右翼政党相互竞争、交替发展、轮流执政，是拉美政治发展的重要现象，被学术界称之为拉美地区政治发展进程中的钟摆效应。新世纪以来，拉美地区又发生了新的左右翼轮替，相继出现了两次左翼浪潮。这两次左翼浪潮既有某种相似性，又有各自的特殊背景和独特原因；既是拉美政治发展钟摆效应的必然结果，也与右翼执政党因业绩不佳而失去民心等因素密切相关。新一轮左翼浪潮极大地改变了地区政治生态和政治力量对比，但并不意味着左翼政党能长久执政。从目前来看，拉美左翼执政党既面临着体制性制约，也面临着巨大的现实执政压力，执政前景存在着诸多不确定性。从中长期来看，拉美具备有利于左翼发展的环境，但左右翼之间的竞争和争夺将更加激烈，政治钟摆效应难以消除。新一轮左翼浪潮的出现表明，拉美左翼有着强大的生命力。左翼力量再次崛起极大地改变了拉美地区政治生态和政治力量的对比。但是，拉美左翼执政党面临着巨大的执政压力，左翼发展受到诸多约束，难以从根本上扭转地区政治发展的钟摆效应。

"萨瓦托三角"创新模式的运行机制及历史地位

宋霞在《拉丁美洲研究》2021年第4期撰文指出，"萨瓦托三角"是由拉美人自己提出的科技创新模式，也是世界最早的科技创新模型，类似于西方盛行的国家创新体系和三螺旋理论结构，但比后者早二三十年，是根据拉美国家的国情和特征提出的。萨瓦托三角分别代表科技基础设施、生产结构和政府三大行为体。这三大行为体若按理论构想中闭合式流通的有机内循环运行，则科学技术即可高效融入经济生产，成为发展的内在变量，拉美的科技创新能力将得到很大发展，经济竞争力将得到极大提高。实际上，从20世纪60年代末以来，阿根廷、哥伦比亚、巴西等国都依据"萨瓦托三角"模式积极践行科学技术创新体系的建设，试图实现科学技术创新发展的制度化。但在拉美部分国家的实践中，由于内动力不足，萨瓦托三角一直处于撕裂状态，跨国公司等外部因素的介入加剧了其不稳定性，导致拉美科技创新体制的脆弱与低效。尽管如此，从20世纪60年代到90年代末的30余年间，作为拉美许多国家科技创新机制和战略构建的依据，萨瓦托三角模式有其重要的历史地位。

人类命运共同体视域下非洲中文传播的实践进路

王辉、郑崧在《西亚非洲》2022年第5期撰文指出，中非从来都是命运共同体，非洲中文传播与中非命运共同体构建相辅相成、相互促进。中文在非洲有意识的传播经历了20世纪上半叶的肇始和初兴期、20世纪下半叶的发展期和2000年以来的跨越式发展期，其实践进路也相应地经历了从单向线性传播、双向互动传播向社会化网络传播模式的转变。非洲中文传播始终保持着良好发展态势，并成为推动构建中非命运共同体的联系纽带和重要力量。未来，非洲中文传播应借势历史最好的传播环境，树

立语言传播新理念，运用混合传播模式，增强中文传播能力，发挥不同路径传播优势，创新语言传播理论，实现非洲中文传播的可持续高质量发展，为构建高水平中非命运共同体作出应有贡献。中文国际传播的理论创新需要立足中国实践，着眼于构建人类命运共同体的长远需求，构建具有中国特色、适用于解释非洲乃至全球中文传播的相关理论，并将部分能解释语言传播一般规律的中文国际传播理论提升为语言传播理论。

气候地缘竞合背景下的非洲议题与中非合作

于宏源、汪万发在《西亚非洲》2022年第1期撰文指出，全球气候治理进程将深刻影响地缘关系，地缘竞合关系同时也将塑造全球气候治理的合作走向。地缘政治背景下，非洲气候问题成为大国竞合的前沿议题之一，非洲在全球气候治理中的角色变得更加复杂，并随非洲自主性增加和大国竞争牵动而呈现新的变局。随着世界范围内新一轮工业革命加速和全球碳中和趋势的加强，特别是经济社会发展向绿色低碳转型，以及世界地缘政治格局重组、国际秩序转型，全球气候地缘竞合转型中的非洲气候议题存在非洲自主和大国竞合的双重逻辑。在气候地缘竞合影响下，非洲正在成为各大主要力量博弈和竞争的舞台，主要体现在气候领导力、气候方案供给和气候能力建设等方面，其中关键内涵是气候地缘竞合变化。大国在非洲应对气候变化进程中扮演竞争性角色，同时也有合作的一面，集中于多边气候谈判、多边国际开发合作等。面向未来，在推动构建新时代中非应对气候变化战略合作伙伴关系和新时代中非命运共同体目标指引下，中非双方应进一步加强在全球气候治理中的战略协作，在传统合作的方式上进一步探索创新、提升合作效率和成效。

新冠疫情下非洲地区形势特点与中非合作展望

姚桂梅在《当代世界》2022年第5期撰文指出，百年变局叠加世纪疫情，中非合作的国际环境日趋复杂。伴随着世界大国逐渐认识到非洲在国际关系重塑过程中所处"中间地带"角色的重要性，国际对非合作总体呈现竞争与排他大于合作与互补的态势，这既不利于非洲国家实施自主

发展与国际协调并重的发展方略，也使中非合作面临巨大压力与挑战。俄乌冲突久拖不决，美西方制裁导致俄罗斯在非洲的影响力遭到较大削弱。但美国与欧洲盟友并非铁板一块，尤其是欧洲在俄乌冲突中损失惨重，在此背景下，中欧在非合作机会增多。未来，中国应抓住构建世界新秩序的战略机遇，以务实视角经略大国在非关系，在新基建、油气资源、工业化、粮食安全、医药卫生、气候变化和教育领域拓展以"中非欧"等"中非+第三方"合作为主线、符合非洲需求和发展议程的国际合作项目，持续营造开放性、多维度、兼容各方利益的对非合作方式，使非洲成为国际多方合作的大舞台，为中非合作提供新动能和更为宽松的外部环境。

推进新时期中非治国理政经验交流的路径

罗建波在《当代世界》2022年第8期撰文指出，中非治国理政经验交流迄今已取得丰硕成果，在新时期推动中非互学互鉴迈上新的台阶，既要用好中非治国理政经验交流中的既有合作机制，也要进一步创新路径和方式，充分发挥政党外交、公共外交和民间外交的合力与作用，强化中非合作论坛机制的牵引效应，探索推进中非治理经验交流的多边尝试，以及打造融通中外的新概念新范畴新表述。打造融通中外的新概念新范畴新表述。与非洲国家交流治国理政经验，既要展现中国道路和制度的特色，也需要最大程度抓住双方在发展领域的最大公约数。从发展的角度讲，中国经验在本质上是发展中国家追求现代化的一种成功探索，是人类社会在解决发展和治理问题上的一种重要实践。中国共产党正是充分把握中国历史文化特点和具体国情需要，与时俱进地推进马克思主义中国化，独立自主地探索出适合自身的发展道路，实现经济社会的发展和中华文明的复兴。

基于"发展—安全关联"观的 日本非洲政策

王一晨、吕耀东在《西亚非洲》2022年第2期撰文指出，冷战结束后，国际社会发展政策与安全政策相互融合的趋势日益显著。日本自1993年建立"东京非洲国际发展会议"平台开启全面对非合作以来，一直着眼于非洲发展与安全挑战，积极参与非洲事务，维护其在非洲的利益。具体而言，日本对非官方发展援助、经贸投资、安全合作等政策总体上保持了"发展和安全兼顾"的

特点，且两者相互关联融合的特征也愈发明显；尤其是，日本在"印太战略"框架下确定对非安全政策重点，通过参与联合国在非维和行动、在海洋安全和反恐援助等方面加大介入力度。日本对非政策及其举措的本质，是基于其在非洲的战略利益、政治利益、经济利益和安全利益，以及提升其国际影响力等因素，是将自身的发展与安全置于首要和突出的位置，其目的是在非洲谋取实利。当下，日本已进行发展与安全政策的整合协调，确立了"社会、经济、安全"三大对非合作支柱。岸田文雄政府继承安倍晋三"自由开放的印太"的政治遗产，出于维护日本在非洲的利益需要，将保持日本对非政策的连贯性。

修正派犹太复国主义思想的源流及嬗变

刘中民、王利莘在《阿拉伯世界研究》2022年第5期撰文指出，修正派犹太复国主义运动由泽耶夫·亚博廷斯基创立于20世纪初阿犹冲突时期，它基于民族主义和自由主义，主张犹太人对"大以色列"的所有权，并发展出了"贝塔""伊尔贡""利库德"等组织。亚博廷斯基思想主要包括三方面：反对唯物主义，强调"精神"的重要性；反对以阶级斗争为民族发展动力，主张为保留民族"特性"而斗争；反对左翼以经济和外交等手段解决民族矛盾，主张先增强武力，构筑对阿拉伯人的绝对优势（即"铁墙"）。继亚博廷斯基之后的修正派领导人分别对其思想进行继承与调整，共同点是加深民族主义与宗教思想的捆绑，强调犹太人对巴勒斯坦"历史权利"的绝对性和"复国"合法性，否定巴勒斯坦民族的存在及其建国权利，崇尚实力优先的强权哲学。修正派犹太复国主义思想主张在"以色列地"重建犹太国，是以色列右翼集团在巴以问题上立场强硬、否定"两国方案"的思想根源。

伊拉克亚述人的族群—国家认同

黄民兴、张娟娟在《世界民族》2022年第3期撰文指出，亚述人起源于两河流域北部，以聂斯托里派和迦勒底教派信徒为主，是伊拉克最大的基督教少数群体之一。20世纪初，亚述人深受"民族自决原则"和民族主义思潮的鼓舞，以"民族"身份凝聚族群，寻求政治独立和族群共同体自治。伊拉克建国后，亚述人延续其独立活动，与英国殖民政府合作，拒绝承认其公民身份，从而催生了诸如族群认同和宗教认同挑战国家认同、族群认同遭遇国家的暴力裹挟和民族同化、

族裔民族主义运动冲击并消解国家认同、库尔德政府认同与国家认同相抵牾等一系列的族群—国家认同问题。在后萨达姆时代，亚述人的认同问题在宗派碎片化和国家政局动荡的情势下进一步复杂化，未来也将继续考验伊拉克民族国家构建和族群治理的有效性。伊拉克亚述人的族群—国家认同问题既反映了伊拉克国家族群治理的结构性困境，也是现代中东宗教少数族群的普遍遭遇，当下亦难有恰当的解决范式，在可预见的未来仍将继续影响伊拉克的国家重建进程。

沙特阿拉伯社会转型中的精英集团与王权政治

韩小婷、王铁铮在《西亚非洲》2022 年第 2 期撰文指出，沙特阿拉伯的家族统治和伊斯兰君主制是一种独特的政治形态，在中东尤其是海湾国家具有典型性。二战结束以来，伴随石油工业的崛起，沙特在原有社会结构和传统精英集团的基础上，衍生出一些新的精英阶层，它们在王国的政治、经济和社会发展中扮演不同角色。沙特不同精英集团形成和发展及其各种互动关系的变化，可以通过同心环圈层模型为主体框架加以分析：基于历史上形成的家族统治传统和牢固的政教联盟赋予沙特家族"王权神授"的"合法性"，作为核心精英集团的沙特王室始终主导它同其他精英集团的互动关系，而后者由于自身的各种局限，总体上处于依从地位。与此同时，核心精英集团也借助它所掌控的资源，并通过不断地渐进改革，对王权进行必要的改良和适度的权利让渡，以顺应时代发展，迎合民意诉求，维系王权的长治久安。

古埃及：一个不重视历史的文明

郭子林在《历史教学》2021 年第 8 期撰文指出，古埃及拥有悠久而辉煌的历史。在几千年文明史上，古埃及人创造了大量伟大业绩。然而，古埃及人没有把自己古老文明和伟大成就载入史册，没有对金字塔时代和新王国时期的伟业予以秉笔直书，没有对英雄人物和广大民众的历史贡献进行歌功颂德。他们把一切发明创造、丰功伟绩、文化进步归功于神。然而，古埃及精英们费心设计出来的仪式活动和耗费巨资描绘出来的仪式场面，没有使埃及避免第一中间期（FirstInter-mediatePeriod）、第二中间期、第三中间期的混乱，没有使埃及摆脱王朝的不断更替，也没有使埃及人民免遭外来入侵和统治。约经过一千多年

外来文化影响和外族统治，古埃及人的思想不断发生着变化。到公元 6 世纪，埃及人已完全不理解圣书体文字（象形文字），埃及人赫拉波罗试图解读象形文字，但未能成功。多数埃及人皈依了基督教，供奉埃及传统神祇的神庙被城市基督徒摧毁。随着埃及人对自己文字的遗忘和对基督教的皈依，古埃及文明走向了终结。

文明兴衰视野下的"海上民族"考论

金寿福在《历史研究》2022 年第 4 期撰文指出，"海上民族"一直被视为导致公元前 12 世纪前后爱琴海和东地中海地区多个政治体先后灭亡的罪魁祸首，其主要依据是埃及第十九王朝国王拉美西斯二世、麦内普塔和第二十王朝国王拉美西斯三世描写他们迎击"海上民族"的铭文。然而，埃及国王关于抗击"海上民族"的描写属于"国王神迹"题材，并不符合历史事实。而且，将"海上民族"置于黎凡特、安纳托利亚、塞浦路斯岛、克里特岛和爱琴海时空框架中进行考察可以发现，该区域文明衰亡的原因各不相同，绝非简单用"海上民族"所能解释。相反，该区域人口流动是文明衰亡造成的后果，而非其原因。实际上"海上民族"是西方学者以古埃及国王夸大其词的铭文为基础，而建构起来的虚拟存在。爱琴海和东地中海地区青铜时代文明从公元前 12 世纪开始走向没落，经历约一个世纪。把如此广大区域和长时段内发生的复杂政治演变和社会转型，解释为"海上民族"迁徙的后果，未免过于简单，实际上模糊和掩盖了历史转折时期这一地区不同族群的不同境遇及其应对。

"同盟困境"管理与日本对华关系变迁

吴怀中在《日本学刊》2022 年第 5 期中撰文对如何管理同盟困境与复交早期日本对华关系，如何管理"奥巴马悬念"与对华关系两面性，如何应对"特朗普冲击"与调整对华关系以及拜登时期的日美同盟态势与中日关系等相关问题展开了论述。首先，中日复交前后开始的近 30 年，日美同盟经历了三次矛盾与困境，日本的应对路径分别是巩固日美同盟、改变或适度调整对华关系。由于冷战格局下存在"联合抗苏"需求或中国在中日美三角中居于弱势地位，这种双轨对应路径及方式对华影响总体呈正向。中日美关系开始发生实质性变化，起自奥巴马执政时期。此时，围绕中美日关系、历史认识问题、海洋与领土争端等问题，日美同盟常发生不和谐现象。该时期安

倍政府一方面稳固同盟，另一方面，日本开始小步摸索缓和对华关系。日美同盟因"特朗普冲击"受到了严峻的考验，特朗普上台后造成同盟承诺的不确定性，促使日本对华靠拢与中国改善关系，中日一度开启建设性安全关系发展进程，于2018年正式启动了谈判多年未果的海空联络机制。当拜登上台后，其对华战略是联合盟友的力量，在对华问题上结成统一战线，实施全方位对华打压。日本采取的仍是双管齐下的对策，第一是强固他们并使之深度介入地区事务；第二是采取"主副"结合的对华政策，一方面采取强硬对抗，但同时也避免对华正面冲突。

19世纪末20世纪初俄国城市基础设施建设

张广翔在《**陕西师大学报**》（**哲学社会科学版**）2020年第5期中对俄国城市基础设施建设动因、俄国城市道路建设、俄国城市交通及通信设施的建设以及俄国城市给排水系统的建设问题进行了讨论。首先，由于工商业的发展给城市规模扩大提供了根本动力，交通运输的发展起到了促进作用，俄国城市自治机构对基础设施完善发挥了重要作用。其次，关于城市道路建设问题，19世纪末随着城市工商业的发展，城市道路设施不断完善，总体路面状况较差，但是自19世纪70年代起，维尔特大街至莫斯科中心的道路开始修缮，道路照明设施也快速改善。城市路况不断完善是城市工商业发展的基础，路况改善是城市交通和通讯设施不断完善的前提。再次，关于城市交通与通信设施的问题，交通系统逐渐现代化，有轨电车加速了城市交通结构的变更；通信设施也逐渐完善，从人工邮政向电报和电话转变。最后，关于城市给排水系统建设问题，分别完成了对供水系统和排水系统的建设与完善。19世纪末20世纪初俄国城市基础设施建设领域所取得的成就是俄国城市化和现代化的重要组成部分，是社会整体进步的标志，也是政治、经济和文化等领域深刻变革的体现。

高丽重阳诗中的中国文化意象

尹允镇、梁旭在《**延边大学学报**》（**社会科学版**）2022年第3期中就韩国重阳习俗和中国重阳习俗、高丽重阳诗的盛行、诗中的登高和龙山、菊花和东篱以及诗中的中国文人墨客等方面展开了详细的阐述。首先，韩国的重阳习俗与中国有密切关系，从《高丽史》等资料可以看出当时不仅有登高、赏菊等习俗，还有国王作诗并"命儒

臣和进"的风气，也促进了重阳诗的盛行。其次，借用重阳诗展现社会现实和作者对时局的各种看法，是高丽重阳诗与中国重阳诗所不同的特点。高丽文人把重阳诗与自己眼前的社会现实密切结合在一起，把它当作结合社会现实抒发自己情感的艺术载体来使用。再次，与中国的重阳诗不同，每当提到登高，高丽重阳诗常常会提到龙山，龙山往往与登高连在一起，起到增强重阳意象的作用。从此，高丽重阳诗常把菊花与东篱联系起来，让人联想到陶渊明，这不仅丰富了诗歌的意象，而且给诗歌注入了浪漫的情调和色彩。这也与陶渊明在韩国人心目中的地位有关。重阳佳节借用菊花意象联系陶渊明，是高丽重阳诗的又一个鲜明特征。最后，除陶渊明外，高丽重阳诗借用的中国文人墨客还有陆士衡、杜甫、杜牧、邵康节等。高丽重阳诗广泛借用有关中国文人典故也体现出高丽重阳诗区别于中国重阳诗的显著特征。

后疫情·后安倍时代的中日经济关系笔谈

庞德良、卜睿、张季风、陈子雷、王厚双、王柏、张玉来在《**现代日本经济**》2021年第1期中分别阐述了对后疫情时代中日经济关系的看法。庞德良、卜睿讨论了后疫情时代中日经济关系走势与发展，提出了后疫情时代，中日双方"底层结构"的合作愿望仍然相当强烈，底层结构的需求有进一步扩大的需要和动力。同时，他们认为中日经济关系也面临挑战和机遇，来自日本的技术与规则之战是中日经济关系的重要挑战因素；中国超大规模市场优势和新发展格局是中日经济关系最重要的机遇。最后，提出了一些推动中日经济关系发展的政策建议。张季风则提出了基于相互投资视角下的中日经济关系，回顾了新冠疫情下发生的所谓"撤资"风波，及中日相互直接投资的情况。陈子雷则阐述了日本的全球自贸战略及其展望。对比分析了日本在日欧EPA、日英EPA的战略目标，分析了日本关于日美双边协定的战略目标，日本在CPTPP的战略目标，以及菅义伟政府的自贸战略。王厚双、王柏论述了后安倍时代中日经贸合作的走势，他们认为中日关系走势受制于中美关系发展的大局；中日经贸合作"离心力倾向"和"向心力倾向"的合力方向左右着中日经贸关系的广度和深度。提出了如何推动后安倍时代中日经贸合作健康发展的对策。张玉来通过对中日互惠依存型产业的合作现状，贸易摩擦与疫情双重冲击全球价值链的情况，中日

共同打造区域价值链体系的可行性以及展望以区域价值链对接"双循环"的新格局，提出了共同打造区域价值链体系的重要观点。

近代中日外贸枢纽港的空间位移与东北亚市场整合

樊如森、郭婷在《江西社会科学》2020 年第12 期撰文对中国对日外贸枢纽港的南北向空间位移和重心摆动、日本对华外贸枢纽港的东西向空间位移和重心摆动以及中日交通和贸易现代化与东北亚国际市场的整合问题进行了阐述。关于第一个问题，传统时期有山东半岛向南一直推移到闽粤沿海；近代时期则由闽粤沿海向北转移到浙苏沿海及环渤海地区。关于第二个问题，传统时期是以九州沿海为枢纽港；近代口岸开放与对华贸易枢纽港开始向东京湾和大阪湾转移；最终大阪湾成为对华贸易的枢纽港和重心区。关于第三个问题，近代东北亚市场不断发育的物质基础和核心内容，是在中日两国主导下，以外贸枢纽港发展和位移为基础的进出口贸易，随着《中日马关条约》的签订及日本对华投资，使得东北亚经济得到提升，并且，中日两国长期的海上交通和贸易交流，日本全面侵华战争前的东北亚交通网络，已经高度现代化，从而成为该地区进出口贸易和国际市场整合的强大物质和技术支撑。

竞争性多边主义与国际秩序的演进趋向：基于国际制度合法性视角的解释

刘昌明、杨慧在《东北亚论坛》2021 年第4 期中撰文指出近年来，竞争性多边主义作为一种国际制度现象和国家在国际制度框架中的优势竞争行为呈现兴起之势。从国际制度合法性流变的视角来看，竞争性多边主义是特定领域国际制度"去合法化"及相关行为体对制度"再合法化"分歧而导致制度参与行为分化的结果，是制度改革失效后制度体系演进的必经阶段。在全球层次，国际经贸和金融领域的竞争性多边主义兴起均与各自领域制度体系的合法化困境有关。在地区层次，亚太地区小多边机制的涌现也是地区制度合法性长期缺失的结果。将对特定领域和地区制度合法性的探讨延伸到关于国际制度体系合法性的观察可知，制度体系合法性下降是秩序转型的主要诱因。竞争性多边主义不断解构着现行国际制度体系，因而成为推动国际秩序演进的重要动力。当前美国主导下的自由主义国际秩序因美国制度霸权与制度合法性的动态演进规律之间的根本性矛盾而面临"再合法化"难题，未来秩序转型的结果将取决于新兴国家的广泛崛起之势能否保持以及秩序主导国美国的霸权护持态度是否出现转变。

日本中世家与寺社

马藤在《日本问题研究》2022 年第2 期中撰文指出由于中世日本的特质，作为政治势力的院政、公家、幕府均无法单独代表统一政权，所以与其讨论权力内部结构，不如以国家性质的活动作为衡量标准，各方打破壁垒，联合实施政策时，中世日本才被作为整体的国家来看待。特别是在确立宗教秩序，对寺社进行约束、安抚乃至镇压的过程中，公武政权相互配合，体现了较强的中世国家观念。通过分析以上活动，我们得出保元至承久年间以及弘长至观应年间两个高涨期：第一期是以制定约束寺社的公武新制作为代表，第二期则以国家祈祷活动作为代表。在此期间寺社武装斗争贯穿始终，政权的联合应对作为重要的国家事务，武士的形成、诉讼制度、官制的完备均由此衍生。在内乱期寺社武装还主动参与政权争夺。总之，有关寺社的国家活动是考察中世日本是否具有国家概念的重要标准，上述两个国家活动的高涨期在某种程度上即可视为日本作为中世国家的两种形态。

元代的鹰猎习俗与高丽鹰坊

乌云高娃在《西部蒙古论坛》2021 年第2 期撰文就蒙古人的狩猎习俗、元代的鹰坊及昔宝赤、高丽鹰坊及元朝捉鹰使以及高丽鹰坊的弊端及其废除等问题展开了详细的论述。由此指出鹰猎是蒙古人传统的狩猎习俗之一。蒙元时期的鹰猎习俗、制度与辽金时期契丹人、女真人的鹰猎习俗和制度是一脉相承的。元代的鹰猎习俗及其制度影响到高丽，高丽的鹰坊及鹰坊使在元朝与高丽的朝贡关系中起到了重要的作用。忽必烈时期，元朝常派捉鹰使到高丽。高丽派鹰坊使随元朝捉鹰使到诸道捕捉鹰鹘。元朝捉鹰使与高丽鹰坊有着密切的关系。高丽鹰坊制度有一定的弊端，因此，在高丽忠宣王、忠穆王、恭愍王时期，高丽的鹰坊经历了多次设立、废除、再设立的过程。

东南亚地区中美战略均衡的机制论

聂文娟在《国际政治科学》2022 年第1 期中就东南亚地区的权力格局、东南亚地区体系大国与地区大国的战略均衡机制、中美竞争格局下的战略均衡也即第三方受损机制以及第三方受损机制的案例研究等方面展开了详细的论述。从东南亚地区的权力格局出发，探讨了东南亚地区在中美竞争格局下如何形成战略均衡的问题。指出，东南亚地区形成的中美竞争格局是一种地区大国和体系大国在地区层面形成的相互竞争格局，它不同于两大体系大国在第三地区的霸权之争，也不同于同一地区两个大国的地区领导权之争。在中美竞争格局下，原有的划分势力范围、离岸平衡、权威分散机制都难以发挥作用，第三方受损机制将会在新的历史时期有助于东南亚地区形成战略均衡。第三方受损机制指的是当一大国推动第三方反对另一大国，其作用力越大，第三方为了规避利益受损，越容易对另一大国采取战略协调与合作，战略均衡从而得以维持。大国在一定程度上陷入了一个"战略均衡的悖论"，越着力于打破战略均衡，越容易形成地区的战略均衡。在东南亚地区的中美竞争格局下，地区战略均衡的形成具有一定的必然性，这一研究发现对思考我国的地区外交政策具有一定的启示。

东南亚政治领袖"个人权威"现象研究

周方治在《南洋问题研究》2021年第3期中就东南亚政治领袖的类型与特征、其"个人权威"的形成原因及其不确定性等方面展开了详细的论述。首先，将政治领袖分为三个类型，即："承继型""资历型"和"感召型"并阐述了各自的特征；其次，关于"个人权威"形成的原因，提出了政治权力结构调整"动因—路径"的"国家安全环境变化—单线进程""国家意识形态变化—复线进程""国家发展道路分歧—多线进程"比较研究范式，在此基础上探讨了东南亚政治领袖"个人权威"现象的成因及其不确定性。由此，提出了东南亚政治领袖"个人权威"现象的形成与发展对"一带一路"的影响利弊兼具。从有利方面来看，政治领袖"个人权威"能在对象国发挥统合作用，有助于"一带一路"与对象国的发展更好地结合；从不利方面来看，政治领袖"个人权威"作为政治权力结构调整过程中的特殊现象，存在相当的不确定性风险。

新加坡国有企业改革及其对中国的启示

姚云贵、吴崇伯在《广西社会科学》2022

年第5期撰文论述了新加坡国有企业在经济与社会发展中的作用、国有企业存在的问题、改革的政策措施、改革的成效与主要障碍以及改革对中国的启示。新加坡国有企业在推动国民经济增长稳定市场经济秩序、创造就业机会促进劳动保障、保证重要经济部门独立及抗击新冠疫情确保公共卫生安全等方面具有重要作用，但是由于其高度垄断极大限制了市场竞争、效率日渐降低、存在制度寄生性腐败等问题，它的发展也面临着严峻挑战。对此，新加坡采取了加强政府对国有企业的监管、实行滚动式私有化计划、引进外资参与国有企业改造、优化国有企业结构等改革措施。改革后新加坡国有企业依然发挥重要作用，国有企业上缴利润增加并呈递增趋势，但也面临持续盈利能力堪忧、市场化程度依旧不高等问题。新加坡国有企业改革给我国提供了如下启示：借鉴新加坡国有企业私有化中的有益经验，但中国要基于自身国情正确取舍；借鉴新加坡国有民营中的有益经验，突出内涵式管理；完善社会保障体系，缓解企业压力；管理体制改革应适应市场经济发展；淡马锡模式并非万能，须辩证看待。

哈拉帕遗址与二里头遗址 经济发展比较研究

王茜、王建新在《西北大学学报》（哲学社会科学版）2021年第1期撰文详细阐述了哈拉帕和二里头的农业、手工业及其聚落。指出哈拉帕遗址与二里头遗址分别是印度河文明与中国早期文明的代表性遗址。在不同的地理环境影响下，两个地区走向文明的路径不同。印度河文明建立了地域集团基础上的早期"城邦"国家，在"城邦"松散的权力结构影响下，哈拉帕文化形成了开放式经济体系，以市场为导向，对外贸易繁荣，在经济生活中占有重要的地位；中国早期文明建立了广域王权国家，在金字塔式权力结构影响下，二里头文化的经济体系以国家为主导，为统治者阶层服务，对外贸易在经济结构中比重较低。两个遗址的差异是两个地区早期文明发展模式差异的缩影，具有重要的研究价值。

跨文化交流视野下的高剑父南亚壮游：动因、知识来源于南亚题材山水画风格考释

吴天跃在《美术学报》2021年第2期撰文详

细论述了高剑父南亚壮游的动因与时代背景、南亚的知识来源及其从南亚归国后的影响与南亚题材山水画风格考释。首先，构成高剑父南亚壮游的契机乃是代表中国教育界参加 1930 年 12 月 26 日至 30 日在印度具纳城举行的由印度教育联合会发起的"全亚细亚教育会议"，但其壮游的真正动因并非单一。康有为、梁启超的影响与"艺术革命"诉求；与以诗人 R. 泰戈尔、冈仓天心（1863—1913）为中心的中国、印度、日本艺术家的密切交流以及高剑父对佛学的兴趣与近现代的佛教复兴运动都使得其开始南亚壮游。其次，赴南亚之前，高剑父自然要做一番知识准备。当时关于南亚的知识主要来自日本学者高楠顺次郎（1866—1945）的南亚知识。最后，1932 年 2 月高剑父从南亚归国后，广州各文化艺术团体联合在番禺中学举行了"欢迎高剑父先生归国展览会"。这场展览会是高剑父南亚壮游的写生与创作首次接受社会各界的评鉴。南亚壮游后高剑父吸收了"印度画"等长处，自述"摆脱一切，完全自我表现"。

二元困境、"反思主义"与澳大利亚的对外政策调整

李途在《国际论坛》2021 年第 4 期中从二元困境和"反思主义"对澳大利亚的对外政策调整进行了阐述。冷战结束以来澳大利亚国内主要有三波对中美经济—安全利益分离的二元困境的反思。"第一波反思主义"是对霍华德政府过于坚持以澳美同盟为主导而忽视东亚地区政治外交政策的质疑。"第二波反思主义"开始对美国霸权地位的衰落以及澳美同盟的必要性进行实质性的反思。"第三波反思主义"讨论的核心内容是对美安全依赖的可靠性以及对华经济依赖的可靠性。回顾冷战结束以来澳大利亚国内反思，有助于更为全面地理解澳大利亚对外政策的变化，特别是近些年来中澳关系为何频频出现紧张局面。首先，尽管经历了三波对中美关系的"反思主义"讨论，澳大利亚最终还是回到了"与强国结盟"的传统。其原因在于，澳大利亚无法摆脱对美国的安全依赖。特朗普"美国优先"的外交政策，一方面加剧了盟友之间的利益分歧，另一方面又迫使盟友做出更多的努力与保证来换取美国的安全承诺。其次，尽管中国是澳大利亚最重要的贸易伙伴，但是这种经济影响力并没有成功转化为政治影响力。最后，尽管澳大利亚对澳美同盟的依赖性在短时间内不会发生根本性的改变，但是澳

大利亚与美国之间的特殊关系已经不再特殊，澳大利亚开始加强国防领域的独立性。澳大利亚要想获得真正的外交政策独立性，应该避免从意识形态或历史情感的角度来制定对外政策，减少对美国的安全依赖和战略依附，在全面遏制中国的问题上与美国拉开距离。

国家利益、威胁认知与澳大利亚对华政策的重置

许少民在《国际论坛》2021 年第 4 期中从国家利益、威胁认知对澳大利亚对华政策的重置进行了阐述。2000 年以来，中澳关系长期保持了良好发展的态势。但自 2016 年起，双边关系出现大幅恶化。作者对于澳大利亚政府为何在 2016—2018 年间全方位"重置"对华政策进行了阐述，认为澳大利亚国家利益应是理解澳大利亚政府"重置"对华政策的出发点和落脚点。从澳大利亚独特的战略地理、历史和文化来看，澳大利亚国家利益由内到外大体可分为四环：第一环是确保澳大利亚本土和通往澳大利亚的海上和空中航道的安全，第二环是维护周边地区的安全和稳定，第三环是维护亚太/印太地区的稳定和繁荣，第四环是维护"以规则为基础"的国际秩序。2016—2018 年，澳大利亚政策界普遍认为中国的战略意图发生改变，即中国致力于取代美国在印太地区的主导地位，而且认定中国的一系列政策和行动冲击了澳大利亚的四环国家利益，最终导致澳大利亚政府全方位"重置"对华政策，中澳关系进入"新常态"。因此，中澳有必要在"新常态"的基础上更加务实地处理双边关系。

国内澳日"准同盟"关系研究述评

汪诗明在《山东师范大学学报》（社会科学版）2021 年第 3 期中对国内澳日"准同盟"关系研究进行了评述。二战后至今，澳日关系经历了戏剧性变化，即由战后初期的敌对国家关系发展成为今天的"特殊战略伙伴"关系或"准同盟"关系。澳日关系的衍变为国内学界观察和研究亚太地区国际关系格局的变化提供了很好的案例。近年来，国内学界对澳日"准同盟"关系给予了期待之中的关注，涌现了一些有独特视角的研究成果。这些成果主要围绕澳日"准同盟"关系构建的时间、动因、机制、影响以及前景来铺展。其中有些观点较为中肯，但也有一些观点是值得商榷的。澳日"准同盟"

关系仍在发展之中，需要学界予以持续关注。未来这一方面的研究需要把现状考察与史实梳理、宏观分析与微观透视、学理阐发与文本解读等有机地结合起来。

地缘竞争背景下的欧盟新北极政策

房乐宪、谭伟业在《当代世界与社会主义》2022年第2期中撰写指出，北极治理中，欧盟以往扮演的更多是较为边缘的角色，以管理欧洲北极地区事务和支持区域合作为主。但由于北极地区气候变化造成的冲击日益显著、规范制定竞争空前激烈以及军事竞争加剧等因素，欧盟最近出台了新北极政策以更好地维护自身利益。与以往政策相比，新北极政策将北极事务纳入欧盟对外政策主流，更加关注地缘安全，同时试图塑造更高标准的规范，旨在回应北极地区面临的多重挑战。然而，欧盟要在北极施加更多地缘政治影响的愿景却受到了政策内部矛盾、外部力量反对及自身能力不足等因素的制约，欧盟新北极政策落实的前景仍不明朗。欧盟在北极塑造规范的同时，也在传播其"法治、人权、可持续发展、包容性、基于规则的多边主义"等方面的价值观，以维护在北极地区的利益。但是，欧盟新北极政策仍暴露了一些固有矛盾，可能会制约政策的落实。同时，欧盟仍然面临来自域内其他国家的反对及自身能力不足等诸多挑战。特别是，北极仍然是一个国家主权高度敏感的地区，欧盟提出的覆盖整个北极地区的倡议能否被域内国家采纳仍是未知数。随着各北极国家更多参与北极事务，未来区域内国家间的竞争态势有可能进一步凸显，北极前景依旧非常不明朗。因此，欧盟最终是否能通过新北极政策确立其作为北极关键参与者的角色，并实现其地缘政治目标仍有待观察。

意大利共产党百年社会主义探索：历史嬗变与现实挑战

李凯旋在《马克思主义与现实》2021年第6期撰文指出，成立于1921年的意大利共产党，在经历了反法西斯斗争的淬炼和"新党"缔造之后，从本国国情出发进一步提出了"通向社会主义的意大利式道路"，取得了令人瞩目的成就。在"经济奇迹"结束后，意大利经济社会的结构性弊端充分暴露。20世纪70年代，意大利共产党进入"历史性妥协"时期，并提出了"欧洲共产主义"，即所谓的"第三条道路"，不久后便随着"历史性妥协"的失败而陷入沉寂。意大利共产党开启向社会民主主义的蜕变，于1991年解散，随后又重建。意大利共产党的命运始终与世界社会主义运动的演变密切相关，但是其衰落的内部因素，如去马克思主义化的理论革新、民主集中制的弱化和"缺失"也是不容忽视的。20世纪90年代以来，以传承和革新意大利共产主义传统为己任的意大利重建共产党等多支共产党，逐步陷入组织分裂与政治边缘化困境。面对挑战意大利共产党人只有坚持统一思想认识、重建联系群众机制、强化党在政治联盟中的作用等原则，才有可能推动意大利社会主义运动走向复兴。

拜登政府的非洲政策：优先事项与本质内涵

张宏明在《西亚非洲》2022年第4期撰文指出，中美战略关系恶化，两国在非洲关系发生变化。特朗普政府基于美国的全球战略，出台了"新非洲战略"，扭转了"九一一"事件之后反恐至上的对非政策取向，该战略旨在遏制中国在非洲不断增长的影响力。由于特朗普政府的执政理念以及一些偶然因素都影响或迟滞了美国"新非洲战略"的实施，直至拜登政府上台后将之完善并付诸实践。拜登政府通过一系列举措修复了美非关系，为了进一步推进美非关系，拜登政府将促进卫生合作、应对气候危机、密切经贸联系、维护和平与安全、振兴民主机制列为推进美国对非工作的优先事项。拜登政府和特朗普政府虽然都是从战略高度运筹美非关系，但由于两者的战略视野不同，非洲在各自战略构想中的角色定位亦存在差异。拜登政府对非工作追寻的政策目标并不局限于应对大国在非洲地区的竞争，还试图干扰中国在非洲的经济布局，挤压中国在非洲的外交空间，削弱中国的"外交根基"，进而消解非洲在中国国际战略中的功能。拜登政府的对非外交既有美国对非政策本身的目标追求，也更契合美国全球战略目标指向。